# 에듀윌과 함께 시작하면,
# 당신도 합격할 수 있습니다!

에듀윌 IT자격증은 학문을 연구하지 않습니다.
가장 효율적이고 빠른 합격의 길을 연구합니다.

IT자격증은 '사회에 내딛을 첫발'을 준비하는 사회 초년생을 포함하여
새로운 준비를 하는 모든 분들의
'시작'을 위한 도구일 것입니다.

에듀윌은
IT자격증이 여러분의 최종 목표를 앞당기는 도구가 될 수 있도록
빠른 합격을 지원하겠습니다.

누구나 합격할 수 있습니다.
시작하겠다는 '다짐', 이루겠다는 '목표'면 충분합니다.

마지막 페이지를 덮으면,

**에듀윌과 함께**
IT자격증 합격이 시작됩니다.

# 합격자 수 1위 에듀윌

합격자 모임 실제 현장 (서울 강남 코엑스)

# 합격자 수 1위 에듀윌

## 합격자 수가 선택의 기준

공인중개사 최다 합격자 배출 공식 인증 (KRI 한국기록원 / 2019년 인증, 2021년 현재까지 업계 최고 기록)

# 에듀윌을 선택한 이유는 분명합니다

### 매출액 폭발적 성장
# 1,413%

### 명품 강의 만족도
# 98.1%

### 트리플(선택, 만족도, 선호도)
# 1위

## 에듀윌 IT자격증을 선택하면 합격은 현실이 됩니다.

# IT자격증 매출액
# 1,413%<sup>*</sup> 폭발적 성장

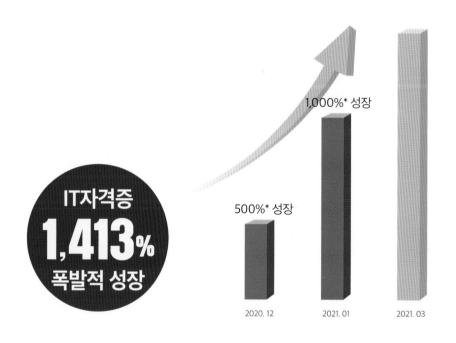

IT자격증
**1,413%**
폭발적 성장

1,000%* 성장

500%* 성장

2020. 12          2021. 01          2021. 03

가격만 싼 타사의 오래된 강의?
에듀윌은 지금 신강의 업데이트 중!

| 합격 최적화<br>맞춤 커리큘럼 | + | 10명 중 9명 추천*<br>합격 전문 교수진 | + | 교수가 직접<br>1:1 밀착학습관리 |

* 에듀윌 IT자격증 온라인 매출 기준 (2020.03 vs 2021.03)          * 2021년 에듀윌 IT자격증 강의 만족도 설문조사 결과
* 에듀윌 IT자격증 온라인 매출 기준 (2019.12 vs 2020.12)
* 에듀윌 IT자격증 온라인 매출 기준 (2020.01 vs 2021.01)

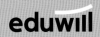

# 선택, 만족도, 선호도 트리플 1위[*]

 에듀윌 IT자격증으로
취업 스펙을 단기에 완성합니다!

선택

만족도

선호도

* 2021년 1, 2회 필기 시험 당일 주요 업체 네이버 트랜드 키워드별 검색 비중
* 2021 대한민국 브랜드만족도 IT자격증 교육 1위
* IT교육기관 선호도, 합격서비스 만족도 1위(2018 에듀윌 수강생 설문조사)

# 우리 함께 공부할래?
# IT자격증 오프라인 스터디 모집

매월 모집하는
## 소수정예 오프라인 스터디
※ 선정 후 스터디 수료자에게 기프티콘 지급(스타벅스 아메리카노 Tall)
※ 사회적 거리두기 단계에 따라 Zoom 화상 스터디로 진행할 수도 있음

확실한 단기 합격 보장
## IT공학 박사의 족집게 과외

한 번에 합격했다면 누구나
## 합격 축하 지원금 지급
※ 합격인증 및 수기 작성자에 한함

## IT자격증 단기 합격 보장
## 오프라인 스터디 모집 안내

**신청 기간**　상시
**신청 방법**　QR 코드 스캔 → 신청서 작성
**선정 기준**　신청서(지원 사유) 확인 후 내부 기준에 따라 선정하며, 선정 인원은 매월 상이
**발　표**　매월 첫 주 개별 연락 또는 EXIT 합격 서비스 [공지사항 게시판]
**문　의**　EXIT 합격 서비스 → [Q&A 게시판]

※ 내부 사정에 따라 진행되지 않을 수 있습니다. 자세한 사항은 EXIT 합격 서비스 [공지사항 게시판]을 확인해 주세요.

스터디 신청
바로 가기

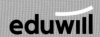

# 가장 빠른 IT자격증 합격출구
# EXIT 합격 서비스

 IT자격증 단기 합격을 위한
모든 것을 드립니다!

## EXIT 합격 서비스 바로 가기
## (exit.eduwill.net)

EXIT 합격 서비스
바로 가기

1 저자에게 바로 묻는 실시간 질문답변

2 핵심만 모아 공부시간을 줄이는 무료강의

3 더 공부하고 싶은 수험생을 위한 PDF 학습자료

4 답 없이 한 번 더! 회차별로 기출을 풀어보는 필기CBT

5 실기 합/불합을 바로 확인하는 실기 채점 프로그램

6 모바일로 한 번 더! 과목별로 기출을 풀어보는 에듀윌 합격앱

7 매월 모집하는 소수정예 오프라인 스터디 & 족집게 과외

8 IT자격증 유료인강 1만 원 할인 + 3일 무제한 수강

| 교재<br>구매인증<br>방법 | EXIT 합격 서비스<br>(exit.eduwill.net)<br>접속 | ▶ | 회원가입 후<br>로그인 | ▶ | 우측 구매도서 인증<br>아이콘 클릭 | ▶ | 인증 요청 문구 입력<br>(교재별 7쪽 참고) |

※ EXIT 합격 서비스의 [실시간 질문답변 게시판]과 [필기CBT 게시판]을 이용하기 위해서는 교재구매 인증이 필요합니다.
※ 각 서비스별 이용경로 및 교재구매 인증 문구는 교재별 7쪽 참고

# 독자님의 목소리에 귀 기울입니다

**2022 에듀윌 IT자격증 EXIT 고객 만족 설문**

안녕하세요? ㈜에듀윌입니다. 먼저 설문에 응해주셔서 감사합니다.
설문 내용을 바탕으로 에듀윌 IT자격증을 믿고 선택해주신 여러분께 더욱 완성도 있는 콘텐츠와 서비스로 보답하겠습니다.
＊보내주신 의견은 통계분석으로 이용(전체 통계자료로 활용되고, 개인의 신상이나 개별자료가 드러나지 않음)됩니다.
＊모든 설문지 문항을 빠짐없이 답변하여야 제출이 가능합니다.

* 필수항목

**1. 구입한 교재명은 무엇입니까? ***

○ 컴퓨터활용능력 1급 필기
○ 컴퓨터활용능력 1급 실기
○ 컴퓨터활용능력 2급 필기
○ 컴퓨터활용능력 2급 실기
○ 워드프로세서 필기
○ 워드프로세서 실기

불편한 점이나
더 필요한 서비스가 있다면
말씀해 주세요.

에듀윌 IT자격증을
믿고 선택해 주신 여러분께
더욱 완성도 있는 콘텐츠로
보답하겠습니다.

## 설문조사 참여 시
## 스타벅스 아메리카노 지급

| **참여 방법** | QR 코드 스캔 → 설문조사 참여(1분만 투자하세요!) |
|---|---|
| **추첨 방법** | 매월 적극적으로 의견을 주신 2분을 추첨하여 개별 연락 |
| **경 품** | 스타벅스 아메리카노 Tall |

IT자격증 설문조사
바로 가기

에듀윌이
너를
지지할게
ENERGY

세상을 움직이려면
먼저 나 자신을 움직여야 한다.

– 소크라테스(Socrates)

2022

# 에듀윌 컴퓨터활용능력

1급 필기

가장 빠른 IT자격증 합격출구
# EXIT

# 1

## 시험에 나온! 나올! 것만
## 모았습니다

기출분석 기반으로 시험에 나왔던 내용만,
또한 개정 출제기준에 따라
앞으로 출제가 예상되는 내용만 모았습니다.
짧은 시간 내에
알짜만을 암기할 수 있습니다.

# 2

## 공부의 우선순위를
## 정해드립니다

앞으로의 시험에 대한 실마리는
이전 기출에서 찾을 수 있습니다.
6개년, 15회분의 기출분석을 통해 출제횟수를 확인하고
다음 시험에는 어떤 개념이 출제될지 가늠하여
집중적으로 대비할 수 있습니다.

# 이것이 다릅니다

## 3

### 합격생의 학습패턴을 담았습니다

문제은행 시험의 특성에 맞추어
기출문제를 반복 학습하는
합격생의 학습패턴을 담았습니다.
쉽고 빠르게 기출문제를 반복 학습할 수 있습니다.

## 4

### EXIT 합격 서비스를 드립니다

저자에게 바로 묻는
실시간 질문답변 게시판부터
소수정예 오프라인 스터디까지
합격을 위한 모든 것을 드립니다.

# 컴퓨터활용능력 1급 사용설명서

## 시험에 나온! 나올! 것만 모았다! 노른자 요약노트

① **노른자**

2021 최신 상시시험 기출복원문제 5회분과 2020~2016 정기시험 기출문제 10회분의 기출분석 기반으로 추출한 진짜 핵심 요약 개념

② **확인문제**

개념이 어떻게 문제화되는지 확인할 수 있는 핵심 기출문제

※ 최빈출 노른자에만 제시됨

③ **최빈출 노른자**

노른자 중에서도 출제횟수가 많은 최빈출 출제개념

③ **형광펜**

한 번 더 짚고 넘어가야 하는 설명은 형광펜 표시

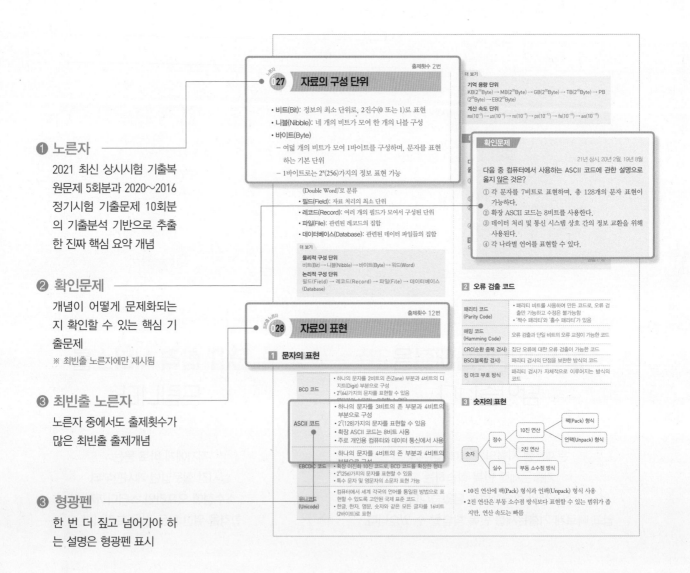

# 합격생의 학습패턴을 그대로! 답만 보는 기출문제

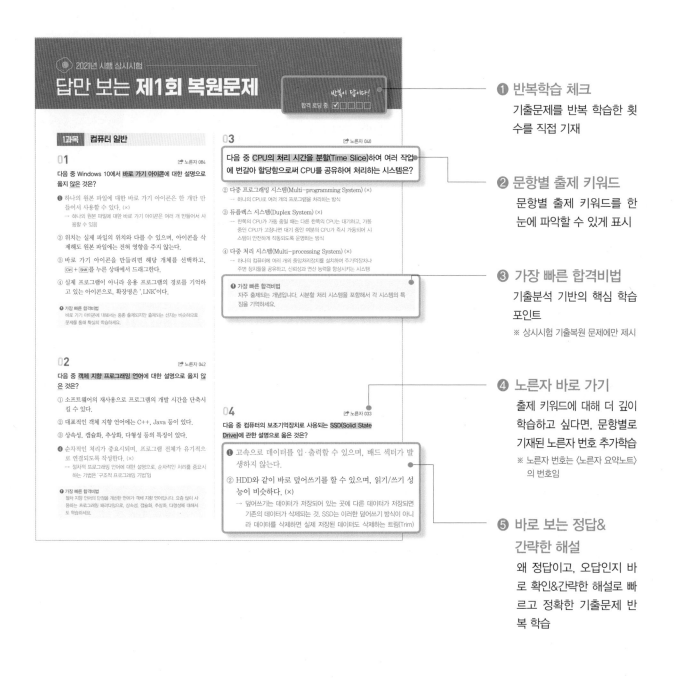

**2021년 시행 상시시험**

## 답만 보는 제1회 복원문제

반복이 답이다!
합격 로딩 중 ☑□□□

**1과목 컴퓨터 일반**

**01**
노른자 004

다음 중 Windows 10에서 **바로 가기 아이콘**에 대한 설명으로 옳지 않은 것은?

❶ 하나의 원본 파일에 대한 바로 가기 아이콘은 한 개만 만들어서 사용할 수 있다. (×)
→ 하나의 원본 파일에 대한 바로 가기 아이콘은 여러 개 만들어서 사용할 수 있음

② 위치는 실제 파일의 위치와 다를 수 있으며, 아이콘을 삭제해도 원본 파일에는 전혀 영향을 주지 않는다.

③ 바로 가기 아이콘을 만들려면 해당 개체를 선택하고, Ctrl + Shift 를 누른 상태에서 드래그한다.

④ 실제 프로그램이 아니라 응용 프로그램의 경로를 기억하고 있는 아이콘으로, 확장명은 '.LNK'이다.

❗ **가장 빠른 합격비법**
바로 가기 아이콘에 대해서는 종종 출제되지만 출제되는 선지는 비슷하므로 문제를 통해 확실히 학습하세요.

**02**
노른자 042

다음 중 **객체 지향 프로그래밍 언어**에 대한 설명으로 옳지 않은 것은?

① 소프트웨어의 재사용으로 프로그램의 개발 시간을 단축시킬 수 있다.

② 대표적인 객체 지향 언어에는 C++, Java 등이 있다.

③ 상속성, 캡슐화, 추상화, 다형성 등의 특징이 있다.

❹ 순차적인 처리가 중요시되며, 프로그램 전체가 유기적으로 연결되도록 작성한다. (×)
→ 절차적 프로그래밍 언어에 대한 설명으로, 순차적인 처리를 중요시하는 기법은 '구조적 프로그래밍 기법'임

❗ **가장 빠른 합격비법**
절차 지향 언어의 단점을 개선한 언어가 객체 지향 언어입니다. 요즘 많이 사용하는 프로그래밍 패러다임으로, 상속성, 캡슐화, 추상화, 다형성에 대해서도 학습하세요.

**03**
노른자 040

다음 중 CPU의 처리 시간을 분할(Time Slice)하여 여러 작업에 번갈아 할당함으로써 CPU를 공유하여 처리하는 시스템은?

② 다중 프로그래밍 시스템(Multi-programming System) (×)
→ 하나의 CPU로 여러 개의 프로그램을 처리하는 방식

③ 듀플렉스 시스템(Duplex System) (×)
→ 한쪽의 CPU가 가동 중일 때는 다른 한쪽의 CPU는 대기하고, 가동 중인 CPU가 고장나면 대기 중인 여분의 CPU가 즉시 가동되어 시스템이 안전하게 작동되도록 운영하는 방식

④ 다중 처리 시스템(Multi-processing System) (×)
→ 하나의 컴퓨터에 여러 개의 중앙처리장치를 설치하여 주기억장치나 주변 장치들을 공유하고, 신뢰성과 연산 능력을 향상시키는 시스템

❗ **가장 빠른 합격비법**
자주 출제되는 개념입니다. 시분할 처리 시스템을 포함해서 각 시스템의 특징을 기억하세요.

**04**
노른자 033

다음 중 컴퓨터의 보조기억장치로 사용되는 SSD(Solid State Drive)에 관한 설명으로 옳은 것은?

❶ 고속으로 데이터를 입·출력할 수 있으며, 배드 섹터가 발생하지 않는다.

② HDD와 같이 바로 덮어쓰기를 할 수 있으며, 읽기/쓰기 성능이 비슷하다. (×)
→ 덮어쓰기는 데이터가 저장되어 있는 곳에 다른 데이터가 저장되면 기존의 데이터가 삭제되는 것. SSD는 이러한 덮어쓰기 방식이 아니라 데이터를 삭제하면 실제 저장된 데이터도 삭제하는 트림(Trim)

❶ **반복학습 체크**
기출문제를 반복 학습한 횟수를 직접 기재

❷ **문항별 출제 키워드**
문항별 출제 키워드를 한눈에 파악할 수 있게 표시

❸ **가장 빠른 합격비법**
기출분석 기반의 핵심 학습 포인트
※ 상시시험 기출복원 문제에만 제시

❹ **노른자 바로 가기**
출제 키워드에 대해 더 깊이 학습하고 싶다면, 문항별로 기재된 노른자 번호 추가학습
※ 노른자 번호는 〈노른자 요약노트〉의 번호임

❺ **바로 보는 정답& 간략한 해설**
왜 정답이고, 오답인지 바로 확인&간략한 해설로 빠르고 정확한 기출문제 반복 학습

# 컴퓨터활용능력 1급 사용설명서

## [부록] 필수기능 33선

### 시험에 자주 출제되는 필수기능만 모았다!

실습과 병행하면 쉽고 빠르게 이해할 수 있는
엑셀/액세스 필수 기능을 모았다.

① 엑셀/액세스의 기능별로 간단한 개념 수록
② [실습문제]를 따라하여 쉽고 빠르게 학습 가능
③ 노른자 요약노트 링크로 출제 키워드에 대해 깊이 있는 공부 가능

※ [부록]을 따라하기 위해서는 실습파일과 완성파일을 다운로드해야 함
※ 실습파일, 완성파일 다운로드: EXIT 합격 서비스 접속 … 로그인 … 자료실 게시판
    … 다운로드

## [ PDF + 무료강의 ] 반복 출제되는 기출 & 개념 100선

### 반복 출제되는 기출문제만 모았다!

반복하여 출제되는 기출문제,
자주 출제되는 개념을 모아 과목별로 정리하였다.

① 왜 정답이고, 오답인지 바로 확인
② 간략한 해설로 빠르고 정확하게 기출문제 반복 학습
③ 노른자 요약노트 링크로 출제 키워드에 대해 깊이 있는 공부 가능

※ PDF 다운로드: EXIT 합격 서비스 접속 … 로그인 … 자료실 게시판 … 다운로드
    (PDF에 설정된 암호는 교재별 차례에서 확인)
※ 무료강의 수강: EXIT 합격 서비스 접속 … 로그인 … 무료강의 게시판 … 수강하기

# EXIT 합격 서비스

EXIT 합격 서비스
바로 가기

**1 | 저자에게 바로 묻는**
## 실시간 질문답변

[이용 방법]
① EXIT 합격 서비스 접속 ⋯ ② 로그인 ⋯
③ 교재 구매인증 ⋯ ④ 실시간 질문답변 게시판 ⋯ ⑤ 질문하기

※ 교재 구매인증 필요

**2 | 핵심만 모아 공부시간을 줄이는**
## 무료강의

[이용 방법]
① EXIT 합격 서비스 접속 ⋯ ② 로그인 ⋯
③ 무료강의 게시판 ⋯ ④ 수강하기

**3 | 더 공부하고 싶은 수험생을 위한**
## PDF 학습자료

[이용 방법]
① EXIT 합격 서비스 접속 ⋯ ② 로그인 ⋯
③ 자료실 게시판 ⋯ ④ 다운로드 받기

※ PDF에 설정된 암호는 교재별 차례에서 확인

**4 | 답 없이 한 번 더! 회차별로 기출을 풀어보는**
## 필기CBT

[이용 방법]
① EXIT 합격 서비스 접속 ⋯ ② 로그인 ⋯
③ 교재 구매인증 ⋯ ④ 필기CBT 게시판 ⋯ ⑤ 응시하기

※ 교재 구매인증 필요

**5 | 실기 합/불합을 바로 확인하는**
## 실기 채점 프로그램

[이용 방법]
① EXIT 합격 서비스 접속 ⋯ ② 로그인 ⋯
③ 자료실 게시판 ⋯ ④ 다운로드 받기

※ 2021년 12월 중순부터 서비스 예정

**6 | 모바일로 한 번 더! 과목별로 기출을 풀어보는**
## 에듀윌 합격앱

[이용 방법]
① 모바일 App Store 또는 Google Play ⋯ ② 에듀윌 합격앱 다운로드
⋯ ③ IT자격증 ⋯ ④ 딱풀 ⋯ ⑤ 응시하기

※ 2021년 10월 말부터 서비스 예정

**7 | 매월 모집하는**
## 소수정예 오프라인 스터디 & 족집게 과외

[이용 방법]
① QR코드 스캔 ⋯ ② 신청서 작성하기

※ 선정자 개별 연락 또는 EXIT 합격 서비스
　[공지사항 게시판]

**8 | IT자격증 유료인강**
## 1만 원 할인 + 3일 무제한 수강

[이용 방법]
① QR코드 스캔 ⋯ ② 로그인 ⋯
③ 이벤트 참여 후 혜택 받기

## 교재 구매인증 방법

※ EXIT 합격 서비스의 [실시간 질문답변 게시판]과 [필기CBT 게시판]을 이용하기 위해서는 교재 구매인증이 필요합니다.

① EXIT 합격 서비스(exit.eduwill.net) 접속 ⋯ ② 로그인 ⋯ ③ 우측 구매도서 인증 아이콘 클릭 ⋯ ④ 61쪽 노른자 85번 제목 입력

# 시험 절차

## 시행 기관

대한상공회의소(https://license.korcham.net/)

## 시험 절차

**필기 원서접수**

- 상시시험: 매주 시행(시험 개설 여부는 시험장 상황에 따라 다름)
- 원서접수: 대한상공회의소 자격평가사업단
- 검정 수수료: 19,000원(인터넷 접수 시 대행 수수료 1,200원 별도)

**필기 시험**

- 시험시간: 60분
- 합격선: 100점 만점에 과목당 40점 이상, 평균 60점 이상
- 준비물: 신분증, 수험표

PASS

**필기 합격자 발표**

※ 필기 유효기간: 필기 합격 발표일로부터 만 2년/1급 합격 시 1급, 2급 실기 시험에 모두 응시 가능

**실기 원서접수**

- 상시시험: 매주 시행(시험 개설 여부는 시험장 상황에 따라 다름)
- 원서접수: 대한상공회의소 자격평가사업단
- 검정 수수료: 22,500원(인터넷 접수 시 대행 수수료 1,200원 별도)

**실기 시험**

- 시험시간: 90분(과목별 45분)
- 합격선: 100점 만점에 70점 이상(1급은 두 과목 모두 70점 이상)
- 프로그램: MS Office 2016
- 준비물: 신분증, 수험표

PASS

**최종 합격자 발표**

**자격증 발급**

- 자격증 신청: 대한상공회의소 자격평가사업단 홈페이지를 통한 인터넷 신청만 가능
- 자격증 수령: 등기우편으로만 수령 가능

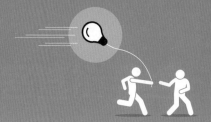

# 필기CBT

## CBT란?

CBT란 메인 컴퓨터에 많은 문제를 저장시켜 놓고(문제은행) 시험 당일 수험자용
컴퓨터가 문제은행에서 랜덤으로 문제를 출제하여 수험자는 모니터를 보면서
정답에 클릭하는 시험 방식

## CBT 체험 안내

큐넷(http://q-net.or.kr/) 우측 하단의 'CBT 체험하기' 클릭

## CBT 화면 미리 보기

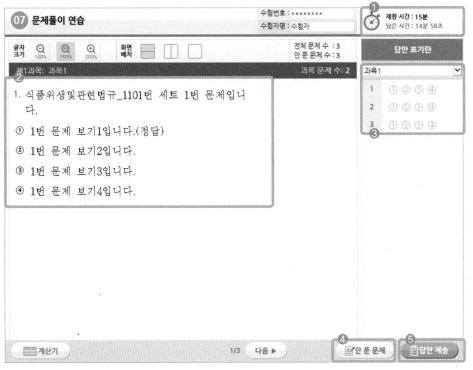

❶ 제한 시간과 현재 남은
시간 확인

❷ 문제를 읽고 해당 선
택지를 클릭하면 답안
입력 가능

❸ 답안표기란의 번호를
클릭해서도 답안 입력
가능

❹ 안 푼 문제에 표시되는
번호를 클릭하면 해당
문제로 이동

❺ 답안 제출을 하거나
시험시간이 경과되면
시험이 종료됨

※ 제시된 CBT 화면은 큐넷에서 제공하는 'CBT 체험하기' 서비스로, 실제 컴퓨터활용능력 1급 필기CBT 화면과 상이한 점이 있음

# 컴퓨터활용능력 1급 기출패턴 분석

| 1과목 | 컴퓨터 일반 | 전체 출제 비중 33.3% |
|---|---|---|

## 최근 기출 15회분 챕터별 출제 비중

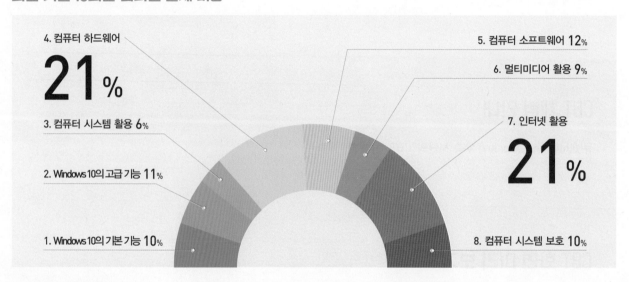

4. 컴퓨터 하드웨어
**21**%

3. 컴퓨터 시스템 활용 **6**%

2. Windows 10의 고급 기능 **11**%

1. Windows 10의 기본 기능 **10**%

5. 컴퓨터 소프트웨어 **12**%

6. 멀티미디어 활용 **9**%

7. 인터넷 활용
**21**%

8. 컴퓨터 시스템 보호 **10**%

## 최근 기출 15회분 챕터별 출제 키워드 TOP 6

| | Chapter | 출제 키워드 |
|---|---|---|
| 1 | Windows 10의 기본 기능 | [시작] 메뉴, 바로 가기 키, 파일 탐색기, 휴지통 |
| 2 | Windows 10의 고급 기능 | 레지스트리, 프린터, 개인 설정, 시스템, 사용자 계정, 공유 |
| 3 | 컴퓨터 시스템 활용 | 자료의 구성 단위, 자료의 표현, 오류 검출 코드 |
| 4 | 컴퓨터 하드웨어 | 중앙처리장치(CPU), RAM, 캐시 메모리, 포트, 시스템 최적화 |
| 5 | 컴퓨터 소프트웨어 | 소프트웨어 종류, 운영체제, 소프트웨어 구분, 프로그래밍 언어, 언어 번역 |
| 6 | 멀티미디어 활용 | 멀티미디어, 그래픽 데이터의 표현 방식, MPEG, 그래픽 파일 형식 |
| 7 | 인터넷 활용 | 정보통신망, OSI 7계층, IP 주소, 프로토콜, FTP, 인터넷 관련 용어 |
| 8 | 컴퓨터 시스템 보호 | 저작권, 정보사회, 컴퓨터 범죄, 컴퓨터 바이러스, 정보보안 서비스, 방화벽 |

## 단기 합격 가이드

자주 출제되는 기출 포인트를 꼭 짚고 넘어가자. 1과목은 생소한 용어 때문에 힘들어하는 과목이기도 하지만, 컴퓨터 이론에 대해 출제되었던 문제가 다시 출제되는 확률이 높은 과목이므로 반복 학습을 통해서 용어와 친숙해지는 것이 중요하다. 그리고 기출문제를 반복해서 학습하는 것이 단기 합격의 지름길이다. 컴퓨터 이론 중에서, 특히 컴퓨터 시스템 관리, 인터넷 자료의 활용 부분이 출제빈도가 높은 편이다.

**2과목** 　　**스프레드시트 일반**　　　전체 출제 비중 **33.3%**

## 최근 기출 15회분 챕터별 출제 비중

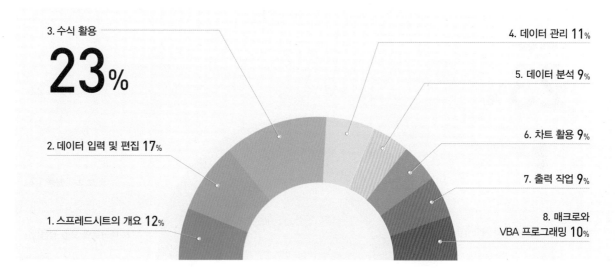

3. 수식 활용
# 23%

2. 데이터 입력 및 편집 **17**%

1. 스프레드시트의 개요 **12**%

4. 데이터 관리 **11**%

5. 데이터 분석 **9**%

6. 차트 활용 **9**%

7. 출력 작업 **9**%

8. 매크로와 VBA 프로그래밍 **10**%

## 최근 기출 15회분 챕터별 출제 키워드 TOP 6

| | Chapter | 출제 키워드 |
|---|---|---|
| 1 | 스프레드시트의 개요 | Excel 옵션, 통합 문서, 시트 선택, 시트 보호, 워크시트 |
| 2 | 데이터 입력 및 편집 | 데이터 입력, 채우기 핸들, 셀 서식, 사용자 지정 서식, 데이터 편집 |
| 3 | 수식 활용 | 조건부 서식, 연산자, 셀 참조, 오류 메시지, 함수, 배열 |
| 4 | 데이터 관리 | 정렬, 자동 필터, 고급 필터, 데이터 유효성 검사, 외부 데이터 |
| 5 | 데이터 분석 | 통합, 데이터 표, 시나리오, 피벗 테이블, 피벗 차트, 목표값 찾기 |
| 6 | 차트 활용 | 차트 작성, 차트 종류, 차트의 구성 요소, 차트 편집, 추세선 |
| 7 | 출력 작업 | 페이지 설정, 페이지 나누기와 보기 형식, 인쇄 |
| 8 | 매크로와 VBA 프로그래밍 | 매크로 기록 및 실행, 편집, 보안, VBA 프로그래밍, Worksheets 개체, Range 개체 |

## 단기 합격 가이드

2과목은 이론만으로 습득하기 어려운 내용이다. 실기에서도 엑셀 과목이 포함되므로 실습을 통해 정확히 익혀두자. 엑셀에서 함수는 절대로 빼놓을 수 없는 부분이면서 건너가야 하는 강이다. 수식 활용 부분이 가장 출제 빈도가 높고, 다음으로 데이터 관리 및 분석, 매크로 프로그래밍, 데이터 입력 및 편집, 출력, 차트 생성 및 활용, 스프레드시트의 순으로 출제 빈도가 높게 출제되고 있다.

# 컴퓨터활용능력 1급 기출패턴 분석

**3과목** 데이터베이스 일반
전체 출제 비중 33.3%

## 최근 기출 15회분 챕터별 출제 비중

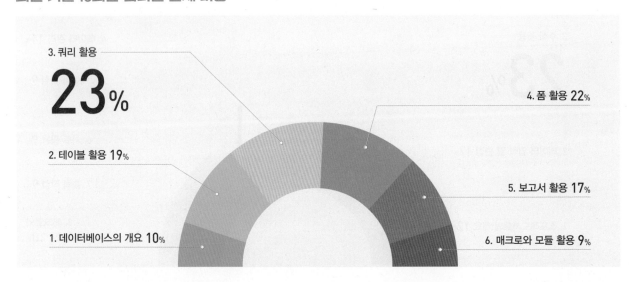

3. 쿼리 활용
**23**%

4. 폼 활용 22%

2. 테이블 활용 19%

5. 보고서 활용 17%

1. 데이터베이스의 개요 10%

6. 매크로와 모듈 활용 9%

## 최근 기출 15회분 챕터별 출제 키워드 TOP 6

| | Chapter | 출제 키워드 |
|---|---|---|
| 1 | 데이터베이스의 개요 | DBMS, 스키마, 개체 관계 모델, 관계 데이터베이스의 구조, 정규화 |
| 2 | 테이블 활용 | 테이블, 데이터 형식, 기본 키, 입력 마스크, 조회 속성, 테이블의 구조 변경 |
| 3 | 쿼리 활용 | 쿼리, DCL, DDL, DML, 함수 |
| 4 | 폼 활용 | 폼의 개념, 탭 순서, 하위 폼, 컨트롤, 조건부 서식 |
| 5 | 보고서 활용 | 보고서, 보고서의 구성, 그룹화, 페이지 번호, 페이지 설정 |
| 6 | 매크로와 모듈 활용 | 매크로, 매크로 함수, 모듈, 이벤트, 개체 |

## 단기 합격 가이드

3과목도 실습을 통해 이해하고 기능을 익히는 것이 효율적이고 개념에 대한 확실한 이해가 필요하다. 쿼리 작성 부분이 가장 출제 빈도가 높고 폼 작성, 테이블 작성, 보고서 작성, 데이터베이스 개요, 데이터베이스 프로그래밍 순서로 빈도가 높게 출제되고 있다. 철저한 기출 문제 분석을 통하여 시험에 완벽하게 대비하자.

# 저자의 합격 자신감

## " 단기 합격을 " 보장합니다

산업계의 정보화가 진전됨에 따라 여러 분야에서 경영 분석은 물론 데이터 관리가 중요시되면서 각 기업체에서는 컴퓨터활용능력 자격증을 필수로 요구하고 있습니다.

이 책은 가장 짧은 기간에 자격증을 취득할 수 있도록 핵심 요소만 뽑아내어 중점적으로 다루었습니다. 또한 이 책은 여러분의 시간과 노력을 최소화하고, 자격증을 취득할 수 있는 가장 효율적인 길잡이이며, 빠른 합격을 위한 지름길을 안내하고 있습니다.

우리의 목표는 '합격'입니다. 합격을 위한 꿀팁! 기출문제를 공부하면서 어떤 종류의 문제가 출제되고 있는지, 어느 정도 수준의 문제가 출제되고 있는지 파악하고 공부의 방향을 설정한 후에 핵심 이론을 중점적으로 살펴보세요! 수험생 여러분들의 합격을 기원합니다.

저자 ㅣ 문혜영

국민대학교 BIT전문 대학원 박사 수료(경영정보학)
(現) 용인예술과학대학교 겸임교수
(現) 한양여자대학교 외래교수
(現) 아이티고 멀티미디어교육 콘텐츠개발 책임연구원
(前) 인덕대학교 외래교수
(前) 농협대학교 외래교수

## " 4차 산업혁명시대에 " 맞는 인재가 되자

현재 우리나라에서 가장 많은 사람이 응시하는 자격증 시험이 무엇일까요? 한국산업인력공단에서 매해 조사를 하는데 바로 '컴퓨터활용능력시험'이라고 합니다.

그렇다면 왜 그렇게 많은 사람이 컴퓨터활용능력시험 시험에 응시하는 것일까요? 4차 산업혁명시대에서 모든 데이터는 컴퓨터로 수집되어 활용됩니다. 여기에서 가장 기본적으로 활용되는 기술이 바로 컴퓨터활용능력시험 자격증에 담겨있습니다. 여러분의 목표는 단순히 컴퓨터활용능력시험 자격증 합격에 있지 않습니다.

컴퓨터활용능력시험 자격증을 손에 쥐고 그다음은 4차 산업혁명시대에 맞는 인재가 되는 것입니다. 시험 준비가 힘들고 지칠 수 있겠지만, 여러분의 미래를 생각하며 오늘도 열심히 학습하기 바랍니다.

저자 ㅣ 이상미

성균관대학교 정보통신대학원 졸업(컴퓨터공학 전공)
(現) 에듀윌 컴퓨터활용능력 1급, 2급 강사
(現) 세종사이버대학교 컴퓨터 · AI 공학과 교수
(現) 호서전문학교 사이버해킹보안과 교수
(現) 한국데이터산업진흥원 빅데이터 분야 전문강사
前) 가천대학교, 김포대학교, 유니텔원격연수원, 서울시 등 강의

## 최고의 콘텐츠를 만듭니다
## 에듀윌 컴퓨터활용능력 1급 필기 전문 감수진

| 오재우 | IT정보기술학 공학 박사<br>現) 지안에듀 공무원 전산직 전임교수<br>現) 삼성전자 IT직무교육 전문강사<br>한성전문학교 인터넷정보학과 전임교수 | 이상흠 | 소프트웨어공학 석사<br>그린컴퓨터아카데미 정보처리기사(산업기사) 전문강사<br>더조은컴퓨터아카데미 정보처리기사(산업기사) 전문강사 |
|---|---|---|---|

# 차례

## 합격에 영양 만점 노른자 요약노트

## 답만 보는 상시시험 기출복원문제

## 답만 보는 정기시험 기출문제

🔒 [PDF] 반복 출제되는 기준&개념 100선

**비밀번호**: eduexcel1600

※ EXIT 합격 서비스(exit.eduwill.net)의 [자료실 게시판]에서 다운로드

합격에 영양 만점

# 노른자 요약노트

## 기출분석을 기반으로
## 시험에 나온! 나올! 것만 모았다

### 노른자

2021 최신 상시시험 기출복원문제 5회분과
2020~2016 정기시험 기출문제 10회분의
기출분석 기반으로 추출한
진짜 핵심 요약 개념

### 최빈출 노른자

노른자 중에서도 출제횟수가 높은 최빈출 출제 개념

# 노른자 요약노트 한눈에 보기

# 컴퓨터 일반

출제횟수 5번

## 001 Windows 10의 특징

- GUI(Graphical User Interface): 키보드나 마우스를 사용하여 메뉴나 아이콘을 선택하면 수행되는 환경 지원
- PnP(Plug & Play): 컴퓨터에 새로운 하드웨어를 설치할 때 해당 하드웨어를 사용하는 데 필요한 시스템 환경을 자동으로 구성
- 선점형 멀티태스킹(Preemptive Multi-tasking): 운영체제가 프로그램의 제어권을 가지므로 응용 프로그램의 오류가 발생했을 경우 오류가 발생한 응용 프로그램만 강제 종료할 수 있음
- OLE(Object Linking and Embedding): Windows 환경에서 각종 응용 프로그램 간에 데이터 교환을 위해 서로의 데이터를 공유하는 기능 지원
- NTFS(New Technology File System): 성능, 보안, 안정성 면에서 고급 기능을 제공하는 파일 시스템 사용
  - 파일 및 폴더에 대한 액세스 제어를 유지하고 제한된 계정 지원
  - Active Directory 서비스 제공
  - 하드디스크의 파티션 크기를 256TB까지 지원하여 디스크 공간의 효율적 활용 가능(Windows 10 버전 1709 이상에서 최대 8PB 볼륨 지원)

**더 보기**

**Active Directory 서비스**
사용자, 사용자 그룹, 네트워크 데이터 등을 하나로 통합 관리하는 새로운 인터페이스

- Windows Defender 방화벽: Windows에 포함된 보안 소프트웨어로, 스파이웨어 및 그 밖의 원치 않는 침입으로부터 컴퓨터를 보호할 수 있음
- 에어로 피크, 에어로 스냅, 에어로 셰이크 등의 에어로 인터페이스 기능 제공

- 에어로 피크(Aero Peek): 모든 창을 최소화할 필요 없이 바탕 화면을 빠르게 미리 보거나, 작업 표시줄의 해당 아이콘을 가리켜서 열린 창을 미리 볼 수 있게 하는 기능
- 에어로 스냅(Aero Snap): 화면의 가장자리로 창을 드래그하면 자동으로 배열하는 기능
- 에어로 셰이크(Aero Shake): 창을 흔들면 열려있는 다른 모든 창을 최소화하거나 다시 원래의 상태로 나타내는 기능
- 핫 스왑(Hot Swap): 컴퓨터가 동작하는 상태에서 컴퓨터 시스템의 장치를 연결하거나 분리하는 기능 지원

## 002 바로 가기 키

| | |
|---|---|
| F2 | 선택한 파일 또는 폴더 이름 변경 |
| F3 | 파일 탐색기에서 검색 상자 선택 |
| F4 | 파일 탐색기에서 주소 표시줄 목록 표시 |
| F5 | 활성 창을 새로 고침 |
| F6 | 창이나 바탕 화면의 화면 요소들을 순환 선택 |
| F10 | 활성 앱의 메뉴 모음 활성화 |
| Shift + F10 | 선택한 항목의 바로 가기 메뉴 표시 |
| Shift + Delete | 휴지통으로 이동하지 않고 영구 삭제 |
| Ctrl + C | 선택한 항목 복사 |
| Ctrl + X | 선택한 항목 잘라냄 |
| Ctrl + V | 선택한 항목 붙여넣기 |
| Ctrl + A | 모든 항목 선택 |
| Ctrl + Z | 실행 취소 |
| Ctrl + Esc | [시작] 메뉴 표시 |
| Ctrl + Shift + Esc | [작업 관리자] 창을 표시하여 문제가 생긴 앱 강제 종료 |
| Alt + F4 | 현재 창 종료(활성 앱이 없으면 [Windows 종료] 창 표시) |
| Alt + Tab | [작업 전환] 창을 이용해 작업 창 전환 |
| Alt + Esc | 다음 활성 창으로 전환 |
| Alt + Enter | 선택한 항목의 [속성] 대화상자 표시 |

| Alt + Spacebar | 활성 창의 바로 가기 메뉴 열기 |
|---|---|
| Alt + PrintScreen | 활성 창을 클립보드에 복사 |
| PrintScreen | 화면 전체를 클립보드에 복사 |
| ⊞ | [시작] 메뉴 표시 |
| ⊞ + D | 열려있는 모든 창을 최소화하거나 원래의 크기로 나타냄 |
| ⊞ + E | 파일 탐색기 실행 |
| ⊞ + I | [Windows 설정] 창 표시 |
| ⊞ + L | 컴퓨터 잠금 또는 사용자 전환 |
| ⊞ + M | 모든 창을 최소화 |
| ⊞ + R | [실행] 창 표시 |
| ⊞ + S | 작업 표시줄의 검색 상자 선택 |
| ⊞ + Pause | 시스템 속성 창 표시([설정]-[시스템]-[정보]) |
| ⊞ + Shift + S | 스크린샷 캡처 |

**더 보기**

**[시작] 메뉴**
- Ctrl + Esc나 ⊞를 눌러서 표시
- 컴퓨터에 설치된 모든 앱들이 숫자순, 영문순, 한글순으로 정렬되어 표시됨
- 시작 화면에 앱을 고정하려면 해당 앱에서 마우스 오른쪽 단추를 클릭하고 바로 가기 메뉴에서 [시작 화면에 고정], 제거하려면 [시작 화면에서 제거] 선택

출제횟수 2번

## 003 작업 표시줄

- 현재 수행 중인 프로그램이 표시되는 부분으로, 한 번의 클릭으로 응용 프로그램 간의 작업을 전환할 수 있음
- 작업 표시줄의 위치를 상하좌우로 변경할 수 있음
- 작업 표시줄의 크기는 화면의 1/2까지만 늘릴 수 있음
- 작업 표시줄을 자동으로 숨길 수 있으나 마우스 포인터를 작업 표시줄에 올려놓으면 다시 표시됨
- 작업 표시줄의 앱 단추가 하나의 작은 아이콘으로 표시됨
- 작업 표시줄의 바로 가기 메뉴에서 [계단식 창 배열], [창 가로 정렬 보기], [창 세로 정렬 보기], [바탕 화면 보기], [작업 표시줄 잠금], [작업 표시줄 설정]을 지정할 수 있음
- **작업 표시줄의 점프 목록**
  - 프로그램의 점프 목록을 보려면 작업 표시줄의 프로그램 아이콘을 마우스 오른쪽 단추로 클릭

- 점프 목록에서 항목을 열려면 프로그램의 점프 목록에서 해당 항목 선택
- 점프 목록에 항목을 고정하려면 해당 프로그램의 점프 목록에 마우스 포인터를 올려놓고 [이 목록에 고정] 아이콘() 클릭
- 점프 목록에서 항목을 제거하려면 프로그램의 점프 목록의 '고정됨'에서 [이 목록에서 제거] 아이콘(📌) 클릭

출제횟수 6번

## 004 바로 가기 아이콘

- 바로 가기 아이콘에 원본 파일을 연결하면 빠르고 간편하게 해당 파일을 실행시킬 수 있음
- 바로 가기 아이콘의 확장명은 .LNK로 지정됨
- 바로 가기 아이콘의 왼쪽 아랫부분에 화살표 모양(↗)이 표시됨
- 파일, 폴더, 디스크 드라이브, 프로그램, 프린터, 네트워크 등의 개체에 바로 가기 아이콘을 만들 수 있음
- 하나의 바로 가기 아이콘에는 하나의 원본 파일만 지정할 수 있음
- 하나의 원본 파일에 대해서 여러 개의 바로 가기 아이콘을 만들 수 있음
- 바로 가기 아이콘을 삭제해도 연결된 원본 파일은 삭제되지 않음
- 원본 파일이 있는 위치와 관계없이 만들 수 있음
- **바로 가기 아이콘의 [속성] 창**
  파일 형식, 위치, 크기, 날짜 등의 정보를 확인하고 연결된 대상 파일을 변경하거나 바로 가기 키를 지정
- **바로 가기 아이콘 만들기**

  **방법1** 바탕 화면의 바로 가기 메뉴에서 [새로 만들기]-[바로 가기] 선택

  **방법2** 파일의 바로 가기 메뉴에서 [바로 가기 만들기] 선택

  **방법3** 파일 선택 → Ctrl + Shift + 드래그

  **방법4** 파일을 Ctrl + C로 복사 → 바탕 화면의 바로 가기 메뉴에서 [바로 가기 붙여넣기] 선택

**더 보기**

**바탕 화면의 바로 가기 메뉴에서 가능한 작업**
- 폴더, 바로 가기, 텍스트 문서, 압축(ZIP) 폴더 등을 새로 만들기
- 아이콘의 정렬 기준 변경
- 아이콘의 크기 변경
- 디스플레이 설정 표시
- 개인 설정 표시

## 005 휴지통

### 1 휴지통의 기능

- 삭제한 파일이나 폴더를 임시 보관하는 장소로, 필요한 경우 복원 가능
- 휴지통에는 이름, 원래 위치, 삭제된 날짜, 크기, 항목 유형, 수정된 날짜 등의 정보 표시
- 복원될 때 경로를 지정할 수 없고 원래 위치로 자동 복원됨
- 휴지통의 용량이 초과되면 보관된 파일 중 가장 오래된 파일부터 자동으로 삭제됨
- 휴지통에 보관된 파일은 이름을 변경하거나 실행할 수 없음
- 휴지통의 파일은 실제로 각 드라이브의 '$Recycle.bin' 폴더에 저장됨

### 2 휴지통의 속성

- 하드디스크 드라이브마다 휴지통의 최대 크기를 설정할 수 있음
- 파일을 휴지통에 버리지 않고 삭제할 때 바로 제거되도록 설정할 수 있음
- 파일이 삭제될 때 [파일 삭제]나 [여러 항목 삭제]와 같은 삭제 확인 창이 표시되지 않도록 설정할 수 있음

### 3 휴지통에 들어가지 않는 경우

- Shift + Delete 로 삭제한 경우
- USB 드라이브, 네트워크 드라이브에서 삭제한 경우
- [휴지통 속성] 창에서 최대 크기를 0MB로 설정한 경우
- [명령 프롬프트] 창에서 삭제한 경우
- '파일을 휴지통에 버리지 않고 삭제할 때 바로 제거'로 설정한 경우

## 006 파일 탐색기/폴더의 [속성] 창

### 1 파일 탐색기

- 컴퓨터에 있는 파일, 폴더 및 드라이브의 계층적 구조를 표시하고 관리
- 왼쪽에는 탐색 창, 오른쪽에는 폴더 내용 창 표시
- BackSpace 를 누르면 현재 폴더에서 상위 폴더로 이동
- 파일 및 폴더의 복사, 이동, 이름 바꾸기, 검색 등을 할 수 있음
- 문서를 열지 않고 바로 인쇄할 수 있는 인쇄 기능 제공
- [보기] 탭-[창] 그룹: 탐색 창, 미리 보기 창, 세부 정보 창의 표시 여부 선택
- [보기] 탭-[레이아웃] 그룹-[자세히]: 이름, 수정한 날짜, 파일 유형, 파일 크기 표시
- [보기] 탭-[현재 보기] 그룹-[열 추가]: 수정한 날짜, 유형, 크기, 만든 날짜, 태그 등을 추가
- 즐겨찾기
  - 자주 사용하는 폴더를 추가하여 사용하는 기능
  - 즐겨찾기의 순서는 변경할 수 있음
  - 폴더, 저장된 검색, 라이브러리 또는 드라이브를 즐겨찾기에 추가하려면 탐색 창의 '즐겨찾기( ⭐ 즐겨찾기 )'로 드래그해야 함

#### 더 보기

**라이브러리(Library)**
실제로 항목을 저장하지 않고 여러 위치에 저장된 파일 및 폴더의 모음을 표시하여 신속하고 편리하게 파일을 관리하는 기능

### 2 폴더의 [속성] 창

- 해당 폴더의 크기, 만든 날짜, 포함하고 있는 하위 폴더 및 파일의 개수를 알 수 있음
- 읽기 전용과 숨김 속성을 설정하거나 해제할 수 있음
- 폴더를 네트워크의 다른 컴퓨터에서 접근하도록 공유할 수 있음
- 문서나 사진, 음악 등 폴더의 최적화 유형을 설정하거나 폴더 아이콘을 변경할 수 있음

더 보기

**드라이브의 색인 설정**
- 해당 드라이브에 색인을 설정하여 빠르게 검색하는 기능
- 파일 탐색기에서 드라이브 선택 → 마우스 오른쪽 단추를 클릭하고 바로 가기 메뉴에서 [속성] 선택 → [속성] 대화상자의 [일반] 탭에서 '이 드라이브의 파일 속성 및 내용 색인 허용'에 체크

출제횟수 5번

 **007 파일과 폴더**

## 1 파일이나 폴더의 선택

- **연속적으로 여러 개 선택**: 첫 번째 파일이나 폴더를 클릭하고 Shift를 누른 상태에서 마지막 파일이나 폴더 클릭
- **불연속적으로 여러 개 선택**: 파일이나 폴더를 클릭하고 Ctrl을 누른 상태에서 선택한 파일이나 폴더를 연속해서 클릭
- **전체 선택**: Ctrl + A

## 2 복사와 이동

| | 복사 | 이동 |
|---|---|---|
| 바로 가기 키 | Ctrl + C → Ctrl + V | Ctrl + X → Ctrl + V |
| 같은 드라이브 | Ctrl + 드래그 | 드래그 또는 Shift + 드래그 |
| 다른 드라이브 | 드래그 또는 Ctrl + 드래그 | Shift + 드래그 |

## 3 파일이나 폴더의 검색

- 검색 상자에 찾으려는 파일이나 폴더를 입력하면 자동으로 검색되어 결과가 표시됨
- *나 ? 등의 와일드카드 문자(만능 문자)를 사용하여 검색할 수 있음

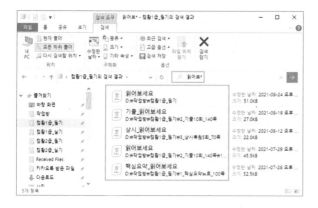

- 검색 내용에 '-'를 붙이면 해당 내용이 포함되지 않은 파일이나 폴더 검색

- 검색 저장 기능을 이용하면 다음에 사용할 때 해당 검색과 일치하는 최신 파일을 표시함
- [시작](⊞)의 오른쪽에 있는 검색 상자에서는 검색 필터를 사용할 수 없음

## 4 연결 프로그램

- 문서나 그림 등의 데이터 파일을 더블클릭할 때 자동으로 실행되는 응용 프로그램
- 파일의 바로 가기 메뉴에서 [연결 프로그램]을 선택하여 변경
- 연결 프로그램이 지정되지 않았을 경우 파일을 더블클릭하면 연결 프로그램을 선택하기 위한 창이 표시됨

출제횟수 4번

 **008 폴더 옵션**

- 항목을 실행하는 방법과 항목의 표시 여부 등 폴더에 관한 각종 옵션을 지정할 수 있음
- 파일 탐색기에서 [보기] 탭-[옵션]을 클릭하여 [폴더 옵션] 대화상자 실행

| | |
|---|---|
| [일반] 탭 | • 폴더 찾아보기: 같은 창에서 폴더 열기, 새 창에서 폴더 열기<br>• 항목을 다음과 같이 클릭: 한 번 클릭해서 열기, 두 번 클릭해서 열기<br>• 개인 정보 보호: 즐겨찾기에서 최근에 사용된 파일 표시, 즐겨찾기에서 최근에 사용된 폴더 표시<br>• [기본값 복원] 단추를 클릭하면 '같은 창에서 폴더 열기'와 '두 번 클릭해서 열기'가 선택됨 |
| [보기] 탭 | • 폴더 보기: 모든 폴더에 적용, 모든 폴더를 원래대로<br>• 고급 설정: 미리 보기에 파일 아이콘 표시, 보호된 운영체제 파일 숨기기, 숨김 파일 및 폴더 또는 드라이브의 표시 여부, 알려진 파일 형식의 파일 확장명 숨기기, 제목 표시줄에 전체 경로 표시 등 |
| [검색] 탭 | • 검색 방법: 폴더에서 시스템 파일을 검색할 때 색인 사용 안 함(색인을 허용하면 검색이 빨라짐)<br>• 색인되지 않은 위치 검색 시: 시스템 디렉터리 포함, 압축 파일(ZIP, CAB 등) 포함, 항상 파일 이름 및 내용 검색 |

더 보기

**삭제할 경우 시스템에 영향을 미칠 수 있는 대표적인 파일**
확장명이 .EXE, .COM, .SYS, .INI 등인 파일

## 009 공유와 암호화

### 1 공유

- 파일, 폴더, 프린터 등 컴퓨터 자원을 다른 사용자가 접근하여 사용할 수 있도록 설정하는 기능
- 폴더의 [속성] 창의 [공유] 탭에서 [공유] 단추를 클릭하여 지정
- 공유 폴더에 대한 접근 권한을 사용자에 따라 다르게 설정할 수 있음
- 탐색기의 주소 표시줄에 '\\localhost'를 입력하면 네트워크를 통해 공유한 파일이나 폴더를 확인할 수 있음
- 공유한 파일명 뒤에 $ 기호를 붙이면 '숨긴 공유 폴더'가 되어 목록에 보이지 않으므로 다른 사용자가 공유 여부를 알 수 없음

### 2 파일이나 폴더의 암호화

- 폴더의 [속성] 창의 [일반] 탭에서 [고급] 단추를 클릭하고 [고급 특성] 대화상자에서 '데이터 보호를 위해 내용을 암호화'에 체크

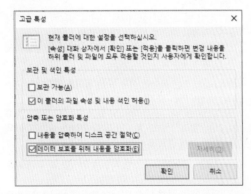

- 폴더 또는 파일을 처음 암호화할 때 암호화 인증서가 자동으로 생성됨
- 암호화한 파일 또는 폴더에 대한 액세스를 원하는 다른 사용자는 자신의 EFS(Encrypting File System, 암호화 파일 시스템) 인증서를 미리 해당 파일에 추가해야 함
- 파일 또는 폴더의 암호화에 사용되는 암호화 키는 항상 암호화 인증서와 관련되어 있거나 연결되어 있음

## 010 작업 관리자

- 현재 실행 중인 응용 프로그램이나 프로세스에 대한 정보를 확인할 수 있음
- Ctrl + Shift + Esc 를 누르거나 Ctrl + Alt + Delete 를 누른 후 [작업 관리자]를 선택하여 [작업 관리자] 창 실행
- 실행 중인 앱을 [작업 끝내기]로 종료할 수 있으나 실행 순서를 변경할 수는 없음
- 현재 사용중인 CPU, 메모리, 디스크, 네트워크 등의 사용 현황을 확인할 수 있음
- 컴퓨터에 연결된 사용자 및 작업 상황을 확인할 수 있고, 둘 이상의 사용자가 연결된 경우 사용자에게 메시지를 보낼 수 있음

## 011 레지스트리

- 컴퓨터 구성에 대한 정보가 저장되어 있으며, 시스템의 모든 하드웨어와 소프트웨어의 실행 정보를 관리하는 계층적 데이터베이스
- 각 사용자의 프로필과 시스템 하드웨어, 설치된 프로그램 및 속성 설정에 대한 정보가 포함됨
- 레지스트리 편집기인 'regedit.exe'를 실행하면 레지스트리를 수동으로 편집할 수 있음
- 레지스트리 정보는 Windows가 작동하는 동안 계속 참조됨
- 레지스트리가 손상되면 Windows에 치명적인 손상을 줄 수 있으므로 편집하기 전에 반드시 백업 필요
- 사용자 프로필과 관련된 부분은 'ntuser.dat'에 저장됨

## 012 개인 설정과 글꼴

### 1 개인 설정

- [시작]( ) - [설정] - [개인 설정] 또는 바탕 화면의 바로 가기 메뉴에서 [개인 설정] 선택
- 배경: 바탕 화면의 배경 화면을 '사진', '단색', '슬라이드 쇼' 중에서 설정할 수 있음
- 잠금 화면: 잠금 화면의 배경을 '사진'이나 '슬라이드 쇼' 중에서 설정할 수 있으며, 화면 보호기도 설정할 수 있음

- 테마: 바탕 화면의 배경, 색, 소리, 마우스 커서 등을 하나의 그룹으로 묶어 놓은 것으로, 테마를 선택할 수 있음
  - **바탕 화면 아이콘 설정**: 컴퓨터, 휴지통, 문서 등 바탕 화면에 표시되는 아이콘을 변경하거나 삭제된 아이콘을 다시 표시할 수 있음

## 2 글꼴

- [시작](  )-[설정]-[개인 설정]-[글꼴] 또는 [제어판]-[글꼴] 선택
- 글꼴 파일의 확장명은 .TTF, .OTF, .FON 등
- 시스템에서 사용하는 글꼴은 'C:\Windows\Fonts' 폴더에 파일 형태로 저장됨
- TrueType 글꼴과 OpenType 글꼴을 제공하고 프로그램이나 프린터에서 작동함

## 013 디스플레이

- [시작](  )-[설정]-[시스템]-[디스플레이] 또는 바탕 화면의 바로 가기 메뉴에서 [디스플레이 설정] 선택
- 화면 해상도를 설정할 수 있음
- 화면에 표시되는 텍스트 크기, 앱 및 기타 항목의 크기를 배율로 변경할 수 있음
- 디스플레이의 방향을 '가로', '세로', '가로(대칭 이동)', '세로(대칭 이동)'로 지정할 수 있음
- 여러 개의 모니터를 사용할 수 있는 '여러 디스플레이'를 설정할 수 있음

출제횟수 2번

## 014 앱 및 기능

- [시작](  )-[설정]-[앱]-[앱 및 기능] 선택
- 컴퓨터에 설치된 앱을 수정하거나 사용하지 않는 앱을 제거하여 하드디스크의 공간 확보할 수 있음
- **선택적 기능**: Windows에서 제공하는 기능을 선택적으로 추가하거나 제거할 수 있음
- **앱 실행 별칭**: 동일한 이름의 앱이 있을 경우 실행할 때 사용할 이름을 선택
- 앱을 정렬 기준에 따라 이름, 크기, 설치 날짜로 정렬할 수 있음

- 필터 기준으로는 모든 드라이브, 로컬 디스크(C:), 그 외 디스크로 지정할 수 있음

더 보기

**[제어판]-[프로그램 및 기능]**
- 새로운 Windows 업데이트를 수행하거나, 설치된 업데이트 내용을 제거하거나, 변경할 수 있음
- 시스템에 설치된 프로그램의 목록을 확인 및 제거, 변경할 수 있지만, 새로운 프로그램을 설치할 수 없음
- 설치된 Windows의 기능을 사용 또는 사용 안 함을 지정할 수 있음

출제횟수 7번

## 015 시스템

- [시작](  )-[설정]-[시스템]-[정보] 또는 [제어판]-[시스템]-[정보] 선택
- Windows 사양, 프로세서(CPU), 설치된 메모리(RAM), 시스템 종류(32비트/64비트), 펜 및 터치 등을 확인
- 컴퓨터 이름을 변경하거나 Windows 정품 인증 여부에 대한 정보와 제품 키를 변경할 수 있음
- **[시스템 속성] 대화상자([시스템]-[정보]-[고급 시스템 설정])**

| [컴퓨터 이름] 탭 | 컴퓨터 이름, 컴퓨터 설명, 작업 그룹 등을 확인하거나 변경 |
|---|---|
| [하드웨어] 탭 | • 장치 관리자: 장치들의 드라이버를 식별하거나 업데이트하고 하드웨어가 올바르게 작동하는지 확인<br>• 장치 설치 설정: 장치 드라이버 소프트웨어의 자세한 정보와 자동 다운로드 여부 설정 |
| [고급] 탭 | • 성능: 시각 효과, 프로세서 일정, 메모리 사용 및 가상 메모리 등을 지정<br>• 사용자 프로필: 사용자 로그인에 관련된 바탕 화면 설정<br>• 시작 및 복구: 시스템 시작, 시스템 오류 및 디버깅 정보 지정 |
| [시스템 보호] 탭 | • 컴퓨터를 이전 복원 지점으로 되돌려서 시스템 변경을 취소하는 기능<br>• 시스템 복원은 사용자 문서, 사진 또는 개인 데이터에는 영향을 주지 않음<br>• 시스템 복원 시 Windows Update에 의한 변경 사항도 복원됨 |
| [원격] 탭 | 원격 지원에 대한 사용 여부 지정 |

더 보기

**시스템 복원이 필요한 경우**
- 새 장치를 설치한 후 시스템이 불안정할 때
- 로그온 화면이 나타나지 않으며, Windows가 실행되지 않을 때

**016 마우스와 키보드**

## 1 마우스

• [시작]()-[설정]-[장치]-[마우스]-[추가 마우스 옵션] 또는 [제어판]-[마우스] 선택

• [마우스 속성] 대화상자

| [단추] 탭 | 오른쪽 단추와 왼쪽 단추 기능 바꾸기, 두 번 클릭 속도, 클릭 잠금 설정 |
|---|---|
| [포인터] 탭 | 마우스 구성표, 포인터 지정, 포인터 그림자 사용 설정 |
| [포인터 옵션] 탭 | 포인터 속도 선택, 포인터 자국 표시, 입력할 때는 마우스 숨기기, Ctrl을 누르면 마우스 위치 표시 설정 |
| [휠] 탭 | 휠을 한 번 돌리면 스크롤할 양, 휠을 상하로 이동할 때 스크롤할 문자의 수 설정 |
| [하드웨어] 탭 | 사용하고 있는 마우스 장치의 이름, 종류, 장치 속성 표시 |

## 2 키보드

• [제어판]-[키보드] 선택
• 키 재입력 시간, 키 반복 속도, 커서 깜박임 속도 조절
• 키보드 장치와 장치 속성 지정
• 커서의 모양은 설정할 수 없음
• [시작]()-[설정]-[접근성]-[키보드]에서 고정 키, 보호 키, 필터 키 사용 등을 설정할 수 있음

 **017 사용자 계정**

• [시작]()-[설정]-[계정] 또는 [제어판]-[사용자 계정] 선택
• 사용자 계정의 사진 변경, 계정 유형 변경, 다른 계정 관리, 사용자 계정 컨트롤 설정 등을 변경할 수 있음
• 계정 유형

| 관리자 계정 | • 소프트웨어나 하드웨어를 설치하고 모든 파일에 액세스할 수 있음<br>• 다른 계정의 계정 유형, 계정 이름, 암호를 변경할 수 있음 |
|---|---|
| 표준 계정 | • 소프트웨어 및 하드웨어를 설치하거나 제거할 수 없고, 설치된 프로그램은 실행할 수 있음<br>• 자신의 계정에 대한 암호를 설정할 수 있음<br>• 다른 사용자나 컴퓨터 보안에 영향을 주는 설정은 할 수 없음 |

• 사용자 계정 컨트롤(UAC; User Account Control)
  – Windows에서 유해한 프로그램이나 불법 사용자가 컴퓨터 설정을 임의로 변경하려는 경우 이를 사용자에게 알려 컴퓨터를 제어할 수 있도록 도와주는 기능
  – **항상 알림**: 앱에서 관리자 수준 권한이 필요한 컴퓨터 변경 작업을 수행하거나 사용자가 직접 Windows 설정을 변경할 때 알림 표시
  – **기본값**: 앱에서 사용자 모르게 컴퓨터를 변경하려는 경우에만 알림이 표시되며, 사용자가 직접 Windows 설정을 변경하는 경우에는 알림이 표시되지 않음

 **018 접근성 센터**

• [제어판]-[접근성 센터] 선택
• 신체적으로 시각장애나 청각장애가 있는 사용자들을 위해서 다양한 기능을 제공하여 컴퓨터를 편리하게 사용할 수 있도록 도와주는 기능
• **돋보기**: 화면에서 원하는 영역을 확대하여 크게 표시할 수 있음
• **고대비**: 화면에서 텍스트와 이미지를 더 뚜렷하고 쉽게 식별할 수 있음
• **내레이터**: 화면의 모든 텍스트를 소리내어 읽어주도록 설정할 수 있음
• **화상 키보드**: 키보드가 없어도 입력 가능한 화상 키보드를 표시할 수 있음

 **019 관리 도구**

• [제어판]-[관리 도구] 선택
• Windows 관리를 위한 도구로, 시스템 관리자 및 고급 사용자용 도구가 포함됨
• [컴퓨터 관리]()-[디스크 관리]: 볼륨 확장 및 축소·삭제, 드라이브 문자 변경, 포맷 실행 등을 할 수 있음

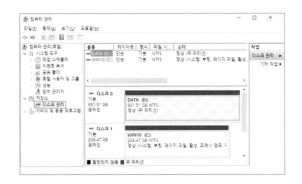

더 보기

**포맷(Format)**
- 하드디스크의 트랙 및 섹터를 초기화하는 작업
- 포맷을 실행하면 디스크의 모든 데이터가 지워짐
- 포맷 창 설정 가능 항목: 파일 시스템 선택, 할당 단위 크기, 볼륨 레이블 입력, 빠른 포맷 설정

- **[이벤트 뷰어]()**: [보기]-[분석 및 디버그 로그 표시] 메뉴를 선택하여 분석 및 디버그 로그를 표시할 수 있음

출제횟수 2번

## 20 백업과 복원

- [시작](■)-[설정]-[업데이트 및 보안]-[백업] 또는 [제어판]-[백업 및 복원] 선택
- 백업은 원본 데이터의 손실에 대비하여 중요한 데이터를 하나 더 저장하는 기능
- 여러 파일이 백업된 경우 원하는 파일을 선택하여 복원할 수 있음
- 특정 날짜와 시간에 백업할 수 있도록 백업 주기를 지정할 수 있음
- 백업 파일의 확장명은 .BKF임
- 백업 파일을 복원할 경우 복원 위치를 지정할 수 있음

## 21 원격 지원

- [시작](■)-[Windows 보조프로그램]-[원격 데스크톱 연결] 선택
- 현재의 컴퓨터 앞에서 원격 위치의 데스크톱 컴퓨터에 연결하여 응용 프로그램을 해당 콘솔 앞에서 실행하고, 파일 및 네트워크 리소스에 액세스할 수 있는 것을 의미

- 원격에 있는 컴퓨터에서 음악 또는 기타 소리를 사용자의 컴퓨터에서 재생하거나 녹음할 수 있음
- 원격 작업을 하려면 네트워크에 연결되어 있는 컴퓨터와 제2의 원격 컴퓨터가 있어야 함

- **원격 지원을 허용하는 방법**

  **방법1** [시작](■)-[Windows 시스템]-[제어판]-[시스템]의 왼쪽 창에서 [원격 설정]을 선택하고 [시스템 속성] 대화상자의 원격 데스크톱에서 '이 컴퓨터에 대한 원격 연결 허용'에 체크

  **방법2** [시작](■)-[설정]-[시스템]-[원격 데스크톱]에서 '원격 데스크톱 활성화'를 '켬'으로 설정

출제횟수 2번

## 22 시스템 구성

- [시작](■)의 오른쪽에 있는 검색 상자에 '시스템 구성' 또는 'msconfig'를 입력하여 실행할 수 있음
- Windows 부팅에 문제가 있을 때 문제를 식별하도록 도와주는 고급 도구
- [시스템 구성] 대화상자의 [일반] 탭, [부팅] 탭, [서비스] 탭, [시작프로그램] 탭, [도구] 탭으로 구성

- **시작 모드 선택**

| ❶ 정상 모드 | 모든 장치 드라이버 및 서비스 로드 |
|---|---|
| ❷ 진단 모드 | 기본 장치 및 서비스만 로드 |
| ❸ 선택 모드 | 시스템 서비스 로드, 시작 항목 로드, 원래 부팅 구성 사용 |

- '안전 부팅'의 '최소 설치': 중요한 시스템 서비스만 실행되는 안전 모드로 Windows를 시작하고 네트워킹은 사용할 수 없음

더 보기

**멀티부팅(Multi-booting)의 기능**
- 컴퓨터를 시작할 때 실행할 Windows의 버전을 선택하는 기능
- 새 버전의 Windows를 별도의 파티션에 설치하고 이전 버전의 Windows를 컴퓨터에 유지할 수 있게 하는 기능
- 멀티부팅을 하려면 컴퓨터의 하드디스크에 각 운영체제에 사용할 개별 파티션이 필요함

출제횟수 1번

## 노른자 023 보조프로그램

### 1 메모장

- 텍스트 파일이나 웹페이지를 편집하며, 기본 파일 확장명은 .TXT임
- 그림이나 차트 등의 OLE 개체는 삽입할 수 없음
- 특정한 문자열을 찾고 바꾸거나, 창의 크기에 맞춰 줄을 바꿀 수 있음
- F5를 누르거나 첫 줄 왼쪽에 '.LOG'를 입력하여 현재의 시간과 날짜를 자동으로 삽입할 수 있음
- 글꼴, 글꼴 스타일, 글자 크기의 변경은 가능하지만, 글자 색은 변경할 수 없음
- [편집]-[이동] 메뉴를 선택하여 문서의 특정 줄로 이동할 수 있으나, 자동 줄 바꿈이 설정된 경우에는 이동할 수 없음
- [파일]-[페이지 설정] 메뉴를 선택하고 [페이지 설정] 대화상자에서 머리글과 바닥글을 설정할 수 있음

### 2 그림판

- 그림 편집 프로그램으로, 기본 파일 확장명은 .PNG임
- 파일 확장명을 .BMP, .JPG, .GIF, .TIF 등으로 저장할 수 있음
- 레이어 기능은 이용할 수 없음

### 3 명령 프롬프트

- MS-DOS 명령 및 기타 컴퓨터 명령을 텍스트 기반으로 실행
- [시작](■)-[Windows 시스템]-[명령 프롬프트] 선택 또는 [실행] 창에 'cmd' 입력 후 [확인] 단추 클릭
- [명령 프롬프트] 창에서 'exit'를 입력하여 종료할 수 있음

- [명령 프롬프트] 창에서 표시되는 텍스트를 복사하여 메모장에 붙여넣을 수 있음
- [명령 프롬프트] 창의 제목 표시줄의 바로 가기 메뉴에서 [속성]을 선택하면 글꼴, 글꼴 크기, 색, 커서 크기 등을 지정할 수 있음

출제횟수 3번

## 노른자 024 프린터

### 1 프린터의 설치 방법

- [시작](■)-[설정]-[장치]-[프린터 및 스캐너]-[프린터 또는 스캐너 추가] 선택
- **설치할 프린터 유형**: 로컬 프린터와 네트워크, 무선 또는 블루투스(Bluetooth) 프린터
- 로컬 프린터 설치 시 USB 모델은 프린터를 컴퓨터에 연결하면 Windows에서 자동으로 검색하고 설치함
- 블루투스 프린터를 설치하려면 컴퓨터에 블루투스 무선 어댑터를 연결하거나 켠 후 [프린터 추가]를 실행
- 네트워크 프린터는 포트를 지정하지 않음

### 2 기본 프린터

- 특정 프린터를 설정하지 않았을 때 자동으로 인쇄 작업을 처리하는 프린터
- [장치 및 프린터] 창에서 기본 프린터에는 프린터 아이콘에 확인 표시(▣)가 나타남
- 기본 프린터는 한 대만 지정할 수 있고, 다른 프린터로 변경할 수 있음
- 기본 프린터로 설정된 프린터도 삭제할 수 있음
- 원하는 프린터를 선택하고 [관리]-[기본 값으로 설정]을 선택하여 기본 프린터로 지정

더 보기

**레이저 프린터(Laser Printer)**
- 회전하는 드럼에 토너를 묻혀서 인쇄하는 방식
- 비충격식이어서 비교적 소음이 적고 속도가 빠름
- 해상도가 높고 복사기와 같은 원리

### 3 프린터의 공유

- 프린터를 선택하고 [관리]-[프린터 속성]을 선택한 후 [프린터 속성] 대화상자의 [공유] 탭에서 설정

- 한 대의 프린터를 여러 대의 컴퓨터에서 공유하여 사용할 수 있음
- 같은 네트워크에서 여러 대의 프린터를 공유할 수 있음

## 025 프린터 스풀과 인쇄 관리자

### 1 프린터 스풀(SPOOL)

- [프린터 속성] 대화상자의 [고급] 탭에서 설정
- 프린터와 같은 저속의 입·출력장치를 CPU와 동시에 작동시켜서 컴퓨터의 전체 효율을 향상시키는 기능
- 프린터에서 인쇄하기 전에 인쇄 내용을 하드디스크에 임시로 보관하는 것
- 인쇄 도중에도 다른 작업을 할 수 있는 병행 처리가 가능하지만, 인쇄 속도가 빨라지는 것은 아님

### 2 인쇄 관리자

- 인쇄가 실행될 때 작업 표시줄의 알림 영역에 프린터 모양의 아이콘(🖨)을 더블클릭하여 [인쇄 관리자] 창을 열 수 있음
- 인쇄 대기 중인 문서의 출력 대기 순서를 임의로 변경할 수 있음
- 인쇄 작업이 시작된 문서도 중간에 강제로 종료할 수 있음
- 인쇄 대기 중인 문서를 삭제할 수 있음

더 보기

**프린터의 단위**
- DPI(Dots Per Inch): 프린터의 해상도로, 1인치에 몇 개의 점이 인쇄되는지 나타내는 단위로, DPI가 높을수록 인쇄 품질이 좋음 (해상도 관련 단위)
- CPS(Character Per Second): 초당 인쇄되는 수로, CPS가 높을수록 인쇄 속도가 빠름(인쇄 속도 관련 단위)
- PPM(Paper Per Minute): 분당 인쇄되는 수로, PPM이 높을수록 인쇄 속도가 빠름(인쇄 속도 관련 단위)

## 026 컴퓨터의 발전과 분류

### 1 컴퓨터의 세대별 발전

| | 주요 소자 | 특징 |
|---|---|---|
| 제1세대 | 진공관 | • 하드웨어 개발 중심<br>• 기계어와 어셈블리어 사용<br>• 일괄 처리 시스템 |
| 제2세대 | 트랜지스터 | • 운영체제(OS) 등장<br>• 실시간 처리 시스템 |
| 제3세대 | 집적회로(IC) | • 시분할 처리 시스템<br>• 다중 처리 시스템 |
| 제4세대 | 고밀도 집적회로(LSI) | • 개인용 컴퓨터(PC) 사용<br>• 네트워크의 발전 |
| 제5세대 | 초고밀도 집적회로(VLSI) | • 인공지능 연구<br>• 전문가 시스템<br>• 퍼지(Fuzzy) 이론 |

더 보기

**기계식 계산기**
파스칼(Pascal)의 계산기(덧셈과 뺄셈 가능) → 라이프니츠(Leibniz)의 계산기(사칙연산 가능) → 배비지(Babbage)의 차분 기관 → 배비지의 해석 기관(현재 디지털 컴퓨터의 모체) → 홀러리스(Hollerith)의 천공카드 시스템(일괄 처리의 효시) → 에이큰(Aiken)의 MARK-1(최초의 기계식 자동 계산기)

**전자식 계산기**
- 에니악(ENIAC): 최초의 전자식 계산기, 외부 프로그래밍 방식
- 에드삭(EDSAC): 최초로 프로그램 내장 방식 도입
- 에드박(EDVAC): 폰 노이만(John von Neumann)이 제작, 프로그램 내장 방식
- 유니박(UNIVAC): 최초의 상업용 전자계산기

### 2 컴퓨터의 분류

| | 디지털 컴퓨터 | 아날로그 컴퓨터 | 하이브리드 컴퓨터 |
|---|---|---|---|
| 입력 형식 | 숫자, 문자 등의 이산 데이터 | 전류, 전압, 온도 등 | 디지털 컴퓨터와 아날로그 컴퓨터의 장점을 조합한 컴퓨터 |
| 출력 형식 | 숫자, 문자 등의 이산 데이터 | 곡선, 그래프 등 | |
| 구성 회로 | 논리 회로 | 증폭 회로 | |
| 주요 연산 | 산술 논리 연산 | 미적분 연산 | |
| 프로그래밍 | 필요 | 필요 없음 | |
| 기억 기능 | 있음 | 없음 | |
| 목적 | 범용 컴퓨터 | 과학 연구 등의 특수 목적용 컴퓨터 | |

# 027 자료의 구성 단위

- **비트(Bit)**: 정보의 최소 단위로, 2진수(0 또는 1)로 표현
- **니블(Nibble)**: 네 개의 비트가 모여 한 개의 니블 구성
- **바이트(Byte)**
  - 여덟 개의 비트가 모여 1바이트를 구성하며, 문자를 표현하는 기본 단위
  - 1바이트로는 $2^8$(256)가지의 정보 표현 가능
- **워드(Word)**: CPU가 한 번에 처리할 수 있는 명령 단위로, '하프 워드(Half Word)', '풀 워드(Full Word)', '더블 워드(Double Word)'로 분류
- **필드(Field)**: 자료 처리의 최소 단위
- **레코드(Record)**: 여러 개의 필드가 모여서 구성된 단위
- **파일(File)**: 관련된 레코드의 집합
- **데이터베이스(Database)**: 관련된 데이터 파일들의 집합

> **더 보기**
>
> **물리적 구성 단위**
> 비트(Bit) → 니블(Nibble) → 바이트(Byte) → 워드(Word)
>
> **논리적 구성 단위**
> 필드(Field) → 레코드(Record) → 파일(File) → 데이터베이스(Database)

# 028 자료의 표현

## 1 문자의 표현

| | |
|---|---|
| BCD 코드 | • 하나의 문자를 2비트의 존(Zone) 부분과 4비트의 디지트(Digit) 부분으로 구성<br>• $2^6$(64)가지의 문자를 표현할 수 있음<br>• 영문자의 소문자는 표현할 수 없음 |
| ASCII 코드 | • 하나의 문자를 3비트의 존 부분과 4비트의 디지트 부분으로 구성<br>• $2^7$(128)가지의 문자를 표현할 수 있음<br>• 확장 ASCII 코드는 8비트 사용<br>• 주로 개인용 컴퓨터와 데이터 통신에서 사용 |
| EBCDIC 코드 | • 하나의 문자를 4비트의 존 부분과 4비트의 디지트 부분으로 구성<br>• 확장 이진화 10진 코드로, BCD 코드를 확장한 형태<br>• $2^8$(256)가지의 문자를 표현할 수 있음<br>• 특수 문자 및 영문자의 소문자 표현 가능 |
| 유니코드<br>(Unicode) | • 컴퓨터에서 세계 각국의 언어를 통일된 방법으로 표현할 수 있도록 고안된 국제 표준 코드<br>• 한글, 한자, 영문, 숫자와 같은 모든 글자를 16비트(2바이트)로 표현 |

> **더 보기**
>
> **기억 용량 단위**
> KB($2^{10}$Byte) → MB($2^{20}$Byte) → GB($2^{30}$Byte) → TB($2^{40}$Byte) → PB($2^{50}$Byte) → EB($2^{60}$Byte)
>
> **계산 속도 단위**
> ms($10^{-3}$) → $\mu$s($10^{-6}$) → ns($10^{-9}$) → ps($10^{-12}$) → fs($10^{-15}$) → as($10^{-18}$)

**확인문제**

다음 중 컴퓨터에서 사용하는 ASCII 코드에 관한 설명으로 옳지 않은 것은?

① 각 문자를 7비트로 표현하며, 총 128개의 문자 표현이 가능하다.
② 확장 ASCII 코드는 8비트를 사용한다.
③ 데이터 처리 및 통신 시스템 상호 간의 정보 교환을 위해 사용된다.
④ 각 나라별 언어를 표현할 수 있다.

**정답 해설** ④는 전 세계의 모든 문자에 고유 숫자를 부여하여 만든 문자 체계인 유니코드(Unicode)에 대한 설명

정답 | ④

## 2 오류 검출 코드

| | |
|---|---|
| 패리티 코드<br>(Parity Code) | • 패리티 비트를 사용하여 만든 코드로, 오류 검출만 가능하고 수정은 불가능함<br>• '짝수 패리티'와 '홀수 패리티'가 있음 |
| 해밍 코드<br>(Hamming Code) | 오류 검출과 단일 비트의 오류 교정이 가능한 코드 |
| CRC(순환 중복 검사) | 집단 오류에 대한 오류 검출이 가능한 코드 |
| BSC(블록합 검사) | 패리티 검사의 단점을 보완한 방식의 코드 |
| 정 마크 부호 방식 | 패리티 검사가 자체적으로 이루어지는 방식의 코드 |

## 3 숫자의 표현

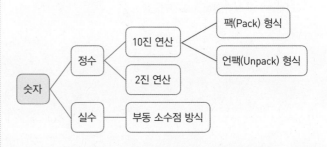

- 10진 연산에 팩(Pack) 형식과 언팩(Unpack) 형식 사용
- 2진 연산은 부동 소수점 방식보다 표현할 수 있는 범위가 좁지만, 연산 속도는 빠름

- 실수를 표현하는 부동 소수점 방식은 '부호(1Bit)', '지수부', '가수부'로 구분하여 표현
- 컴퓨터 연산에서 덧셈 연산을 이용하여 뺄셈을 수행하기 위해 보수 사용

| 1의 보수 | 0은 1로, 1은 0으로 바꿈<br>**예시** 2진수 1100 → 0011 |
|---|---|
| 2의 보수 | 1의 보수에 1을 더함<br>**예시** 2진수 1100 → 0011 + 1 → 0100 |

 **029 진법 변환**

## 1 진법의 종류

| 2진수 | 0, 1로 표현 |
|---|---|
| 8진수 | 0~7까지의 숫자로 표현(한 자리를 표현하는 데 3비트 필요) |
| 10진수 | 0~9까지의 숫자로 표현 |
| 16진수 | 0~9까지의 숫자와 A~F까지의 문자로 표현(한 자리를 표현하는 데 4비트 필요) |

## 2 진법 변환 방법

- 2진수, 8진수, 16진수를 10진수로 변환
  정수 부분과 소수 부분을 나누어서 변환하려는 각 진수의 자리값과 자리의 지수승을 곱한 결과값을 모두 더하여 계산
  **예시** 8진수 → 10진수
  $456.4_{(8)} = 4 \times 8^2 + 5 \times 8^1 + 6 \times 8^0 + 4 \times 8^{-1} = 302.5$

- 10진수를 2진수, 8진수, 16진수로 변환
  10진수 값을 변환할 진수로 나누어서 더 이상 나뉘어지지 않을 때까지 나누고, 몫을 제외한 나머지를 역순으로 표시
  **예시** 10진수 → 2진수

  ```
  2 ) 41
  2 ) 20  … 1
  2 ) 10  … 0
  2 )  5  … 0
  2 )  2  … 1
        1  … 0
  ```
  (결과값) 101001

- 8진수를 16진수로 변환
  8진수를 2진수로 변환한 후 2진수 네 자리는 16진수 한 자리에 해당하므로 네 자리씩 묶어 16진수로 변환
  **예시** $45_{(8)}$ → ⓪010 0101₍₂₎ → $25_{(16)}$

- 16진수를 8진수로 변환
  16진수를 2진수로 변환한 후 2진수 세 자리는 8진수 한 자리에 해당하므로 세 자리씩 묶어 8진수로 변환
  **예시** $7D0_{(16)}$ → 011 111 010 000₍₂₎ → $3720_{(8)}$

**Chapter 4** 컴퓨터 하드웨어

 **030 중앙처리장치(CPU)**

- 명령어를 해석하고, 프로그램의 연산을 실행 및 처리하는 컴퓨터 시스템의 핵심적인 장치
- CPU(Central Processing Unit): 클록 주기에 따라 명령을 수행하며, 클록 주파수가 높을수록 연산 속도가 빠름
- '제어장치', '연산장치', '레지스터'로 구성

| 제어장치 | • 컴퓨터의 모든 동작을 지시하고 제어하는 장치<br>• 프로그램 카운터(PC; Program Counter), 명령어 레지스터, 부호기, 명령어 해독기, 번지 해독기 등으로 구성 |
|---|---|
| 연산장치 | • 산술 연산과 논리 연산을 수행하는 장치<br>• 가산기, 보수기, 누산기 등으로 구성 |
| 레지스터 | • CPU의 내부에서 특정한 목적에 사용되는 일시적인 기억 장소로, 메모리 중 가장 빠른 속도로 접근 가능<br>• 플립플롭(Flip-Flop)이나 래치(Latch)를 직렬 또는 병렬로 연결 |

- **연산장치의 구성 요소**

| 가산기(Adder) | 두 개 이상의 2진수의 덧셈을 수행하는 회로 |
|---|---|
| 보수기(Complementor) | 2진수의 뺄셈을 수행하기 위해 보수로 변환하는 데 사용하는 회로 |
| 누산기(AC; ACcumulator) | 연산된 결과를 일시적으로 저장하는 레지스터 |
| 데이터 레지스터(Data Register) | 연산에 사용할 데이터를 기억하는 레지스터 |
| 상태 레지스터(Status Register)<br>플래그 레지스터(Flag Register) | 연산 중에 발생하는 여러 가지 상태 값을 기억하는 레지스터 |
| 인덱스 레지스터(Index Register) | 주소를 변경하기 위해 사용하는 레지스터 |

- **제어장치의 구성 요소**

| 프로그램 카운터<br>(PC; Program Counter) | 다음에 수행할 명령어의 주소를 기억하는 레지스터 |
|---|---|
| 메모리 주소 레지스터(MAR; Memory Address Register) | 기억장치에 입·출력되는 데이터의 주소 번지를 기억하는 레지스터 |

| 메모리 버퍼 레지스터(MBR; Memory Buffer Register) | 메모리 주소 레지스터의 내용을 기억하는 레지스터 |
|---|---|
| 명령어 레지스터 (IR; Instruction Register) | 현재 수행 중인 명령어의 내용을 기억하는 레지스터 |
| 명령어 해독기 (Instruction Decoder) | • 현재 실행 중인 명령어를 해독하는 회로<br>• 현재 수행해야 할 명령어를 해독한 후 수행할 수 있는 여러 가지 제어 신호를 발생시킴 |
| 번지 해독기 (Address Decoder) | 명령어 레지스터가 보낸 주소를 해독한 후 저장되어 있던 데이터를 메모리로 보내는 회로 |
| 부호기(Encoder) | 명령어 해독기로 해독한 내용을 신호로 변환하여 각 장치에 전달하는 회로 |

더 보기

- MIPS(Million Instruction Per Second): 1초 동안에 처리할 수 있는 명령의 개수를 100만 단위로 표시
- FLOPS(FLoating point Operations Per Second): 1초 동안에 처리할 수 있는 부동 소수점 연산의 횟수

 확인문제

20년 2월, 19년 8월, 17년 3월

다음 중 CPU의 제어장치를 구성하는 레지스터에 관한 설명으로 옳지 않은 것은?

① 프로그램 카운터: 프로그램의 실행된 명령어의 개수를 계산한다.
② 명령 레지스터: 현재 실행 중인 명령을 기억한다.
③ 부호기: 해독된 명령에 따라 각 장치로 보낼 제어 신호를 생성한다.
④ 메모리 주소 레지스터: 기억장치에 입·출력되는 데이터의 번지를 기억한다.

정답 해설 프로그램 카운터(PC; Program Counter)는 다음에 실행할 명령어의 번지를 기억하는 레지스터

정답 | ①

출제횟수 6번

**031 마이크로프로세서**

- 제어장치, 연산장치, 레지스터가 하나의 반도체 칩에 내장된 장치
- 개인용 컴퓨터의 중앙처리장치(CPU)로 사용되며, 작은 규모의 임베디드 시스템이나 휴대용 기기에도 사용

더 보기

임베디드 시스템(Embedded System)
전자제품에 마이크로프로세서를 내장시킨 시스템으로, TV와 냉장고 등의 가전제품에 주로 사용

- 클록 주파수와 내부 버스의 비트(Bit) 수로 성능 평가
- 마이크로프로세서의 설계 방식

| | CISC (Complex Instruction Set Computer) | RISC (Reduced Instruction Set Computer) |
|---|---|---|
| 특징 | 많은 수의 명령어와 주소 지정 모드 지원 | 적은 수의 명령어와 주소 지정 모드 지원 |
| 명령어 길이 | 가변적 | 고정적 |
| 처리 속도 | 느림 | 빠름 |
| 가격 | 비쌈 | 저렴 |
| 전력 소모 | 많음 | 적음 |
| 용도 | 개인용 컴퓨터(PC)에 주로 사용 | 성능이 좋은 그래픽용이나 워크스테이션에서 주로 사용 |

출제횟수 4번

**032 주기억장치**

**1 ROM(Read Only Memory)**

- 전원이 공급되지 않아도 기억된 내용이 지워지지 않는 비휘발성 메모리
- 컴퓨터의 기본적인 입·출력 프로그램(BIOS), 자가진단(POST) 프로그램 등의 펌웨어(Firmware)가 저장되어 있어 부팅할 때 실행됨
- 펌웨어(Firmware)
  - 하드웨어와 소프트웨어의 중간 형태로, ROM에 기록됨
  - 하드웨어를 제어하고, 하드웨어 교체 없이 업그레이드할 수 있음
  - 기계어 처리, 데이터 전송, 부동 소수점 연산, 채널 제어 등의 처리 루틴을 가지고 있음
- ROM의 종류

| Mask ROM | 제조 과정에서 내용을 미리 기록한 ROM으로, 수정할 수 없음 |
|---|---|
| PROM | • Programmable Read Only Memory<br>• 사용자가 한 번만 기록할 수 있음 |
| EPROM | • Erasable Programmable Read Only Memory<br>• 자외선(UV)을 이용하여 기록된 내용을 변경하거나 새로 기록할 수 있음 |

| EEPROM | • Electrically Erasable and Programmable Read Only Memory<br>• 전기적인 방법으로 기록된 내용을 변경하거나 새로 기록할 수 있음 |
|---|---|

## 2 RAM(Random Access Memory)

• 전원이 공급되지 않으면 내용이 모두 지워지는 휘발성 메모리
• 현재 사용 중인 응용 프로그램이나 데이터가 저장됨
• 재충전 필요 여부에 따라 'SRAM(Static RAM)'과 'DRAM (Dynamic RAM)'으로 분류

|  | SRAM | DRAM |
|---|---|---|
| 재충전 | 필요 없음 | 필요함 |
| 구성 | 트랜지스터 | 콘덴서 |
| 접근 속도 | 빠름 | 느림 |
| 전력 소모 | 많음 | 적음 |
| 집적도 | 낮음 | 높음 |
| 용도 | 캐시 메모리 | 주기억장치 |

## 033 보조기억장치

### 1 하드디스크(Hard Disk)

• 고속으로 회전하는 디스크의 표면에 데이터를 저장하는 장치로, 데이터는 동심원 모양의 트랙에 기록됨
• 논리적인 영역을 확보하기 위해 디스크를 파티션(Partition) 하여 사용할 수 있음
  – 하나의 물리적인 하드디스크를 여러 개의 논리적 영역으로 나누거나 다시 합치는 작업
  – 파티션 작업을 실행한 후에는 반드시 포맷해야 하드디스크를 사용할 수 있음
  – 각 파티션 영역에는 다른 운영체제를 설치할 수 있음
  – 하나의 파티션에는 하나의 파일 시스템을 사용할 수 있음

• 인터페이스 방식

| PATA<br>(Parallel ATA) | • 하드디스크, CD-ROM 등의 기억장치를 병렬로 연결하는 표준 인터페이스<br>• IDE, EIDE 방식이 포함됨 |
|---|---|
| SCSI<br>(Small Computer System Interface) | 하드디스크, CD-ROM, 스캐너 등의 주변 기기를 직렬로 연결하는 표준 인터페이스 |
| SATA<br>(Serial ATA) | • 직렬 인터페이스 방식<br>• PATA 방식보다 편의성과 안정성이 향상되었고 핫 플러그(Hot Plug) 기능 지원 |

## 2 RAID(Redundant Array of Inexpensive Disks)

• 여러 개의 하드디스크를 모아서 하나의 하드디스크처럼 사용할 수 있도록 하는 기술
• 장애 발생 시 자동으로 복구해 주는 기술
• 미러링과 스트라이핑 기술을 결합하여 안정성과 속도를 향상시킨 디스크 연결 기술

| 미러링(Mirroring) | 실시간 백업 기능 |
|---|---|
| 스트라이핑(Striping) | 데이터를 일정한 크기로 나누어 분산 저장하는 기능 |

## 3 SSD(Solid State Drive)

• 반도체를 이용한 기억장치로, 초고속 메모리 칩(Chip)에 데이터를 저장하는 방식
• 하드디스크보다 속도가 빠르고 외부의 충격에도 강함
• 기계적 지연이나 오류의 확률, 발열, 소음, 전력 소모가 적음
• 소형화, 경량화할 수 있음
• 기억 매체로 플래시 메모리나 DRAM을 이용하므로 배드섹터(Bad Sector)가 발생하지 않음

### 확인문제

21년 상시, 19년 8월, 16년 10월

다음 중 HDD와 비교할 때 SSD에 대한 특징으로 옳지 않은 것은?

① 초고속 메모리 칩(Chip)에 데이터를 저장한다.
② 속도가 빠르나 외부의 충격에는 매우 약하다.
③ 발열, 소음, 전력 소모가 적다.
④ 소형화, 경량화할 수 있다는 장점이 있다.

정답 해설 SSD는 HDD처럼 외부 충격에 약하지 않음

정답 | ②

### 4 블루레이 디스크(Blu-ray Disk)

• HD급 고화질 비디오를 저장할 수 있는 차세대 광학장치
• 단층 구조는 한 면에 최대 27GB, 듀얼 구조는 50GB의 데이터를 기록

최빈출 노른자

# 034 기타 기억장치

## 1 캐시 메모리(Cache Memory)

- CPU와 주기억장치 사이에 위치하여 두 장치 사이의 속도 차이를 줄여서 처리 속도를 향상시키는 일종의 버퍼 메모리
- SRAM이 사용되어 접근 속도가 매우 빠름
- 캐시 적중률이 높을수록 컴퓨터 시스템의 전체 처리 속도가 향상됨

## 2 가상 메모리(Virtual Memory)

- 보조기억장치의 일부를 주기억장치처럼 사용해서 주기억장치의 용량을 확대하여 사용하는 방법
- 주기억장치보다 용량이 큰 프로그램을 실행할 때 유용함
- 가상 메모리 주소를 실제 메모리 주소로 변환하는 주소 매핑(Address Mapping) 작업이 필요함

## 3 연관 메모리(Associative Memory)

주소 대신 기억된 데이터의 내용을 이용하여 원하는 정보에 접근하는 기억장치

## 4 플래시 메모리(Flash Memory)

- 비휘발성 메모리인 EEPROM의 일종으로, 정보의 입·출력이 자유로움
- 블록 단위로 저장됨
- 전송 속도가 빠르고 전력 소모가 적음
- 디지털카메라나 MP3, 개인용 정보 단말기, USB 드라이브 등 휴대용 기기에서 대용량 정보를 저장하는 용도로 사용

### 더 보기

**기억장치 접근 속도(빠른 것 → 느린 것)**
레지스터 → 캐시 메모리 → 주기억장치 → 보조기억장치

**기억장치 용량(큰 것 → 작은 것)**
보조기억장치 → 주기억장치 → 캐시 메모리 → 레지스터

---

### 확인문제

다음 중 컴퓨터에서 사용하는 기억장치에 관한 설명으로 옳지 않은 것은?

① 플래시(Flash) 메모리는 비휘발성 기억장치로, 주로 디지털카메라나 MP3, 개인용 정보 단말기, USB 드라이브 등 휴대용 기기에서 대용량 정보를 저장하는 용도로 사용된다.
② 하드디스크 인터페이스 방식은 EIDE, SATA, SCSI 방식 등이 있다.
③ 캐시(Cache) 메모리는 CPU와 주기억장치 사이에 위치하여 두 장치 간의 속도 차이를 줄여 컴퓨터의 처리 속도를 빠르게 하기 위한 메모리이다.
④ 연관(Associative) 메모리는 보조기억장치를 마치 주기억장치와 같이 사용하여 실제 주기억장치 용량보다 기억 용량을 확대하여 사용하는 방법이다.

**정답 해설** ④는 가상 메모리에 대한 설명. 연관 메모리는 기억장치에서 자료를 찾을 때 주소로 접근하지 않고, 기억된 내용의 일부를 이용하여 접근하는 기억장치

정답 | ④

---

 최빈출 노른자

# 035 바이오스와 포트

## 1 바이오스(BIOS; Basic Input Output System)

- 기본 입·출력장치나 메모리 등 하드웨어 작동에 필요한 프로그램
- EPROM이나 플래시메모리 칩에 저장되어 있고 '펌웨어(Firmware)'라고 함
- 전원이 켜지면 자동으로 가장 먼저 기동되고, 기본 입·출력장치나 메모리 등 하드웨어의 이상 유무 검사
- 칩을 교환하지 않고도 업그레이드 가능

### 확인문제

다음 중 BIOS(Basic Input Output System)에 관한 설명으로 옳지 않은 것은?

① BIOS는 메인보드에 위치한 EPROM, 혹은 플래시 메모리 칩에 저장되어 있다.
② 컴퓨터의 전원을 켜면 자동으로 가장 먼저 기동되며, 기본 입·출력장치나 메모리 등 하드웨어의 이상 유무를 검사한다.

---

③ CMOS 셋업 프로그램을 이용하여 시스템의 날짜와 시간, 부팅 순서 등 일부 BIOS 정보를 설정할 수 있다.
④ 주기억장치의 접근 속도 개선을 위한 가상 메모리의 페이징 파일 크기를 설정할 수 있다.

## 2 CMOS

- 부팅 시에 필요한 하드웨어 정보를 담고 있는 반도체
- 일반적으로 Delete, F2 등을 이용하여 전원이 켜질 때 CMOS 셋업에 들어갈 수 있음
- CMOS에서 설정할 수 있는 항목: 시스템 날짜와 시간, 칩셋 설정, 부팅 순서, 시스템 암호, 하드디스크의 타입 등
- 칩셋(Chip Set): 메인보드에 설치된 다양한 장치들을 설정하면 비효율적이므로 칩셋을 통하여 여러 장치들을 제어하고 역할을 조율함

## 3 포트(Port)

컴퓨터와 주변 장치를 연결하기 위한 접속 부분

| PS/2 포트 | 마우스나 키보드 연결에 사용 |
| --- | --- |
| USB(Universal Serial Bus) 포트 | • 범용 직렬 장치를 연결시키는 컴퓨터 인터페이스<br>• 허브를 이용하면 최대 127개의 주변 기기를 연결할 수 있음<br>• USB 1.1(12Mbps), USB 2.0(480Mbps), USB 3.0(5Gbps), USB 3.1(10Gbps)의 최대 전송 속도 가능<br>• 핫 플러그(Hot Plug) 기능과 플러그 앤 플레이(Plug & Play) 기능 모두 지원 |
| IEEE 1394 | • 전기전자기술자협회(IEEE)에서 표준화한 직렬 인터페이스<br>• 컴퓨터와 디지털 가전기기를 연결해 데이터를 교환할 수 있게 하는 직렬(Serial) 인터페이스 방식 |
| IrDA(Infrared Data Association) | 적외선을 이용하여 데이터를 전송하는 무선 직렬 포트 |
| HDMI (High Definition Multi-media Interface) | • 영상 신호와 음향 신호를 압축하지 않고 통합하여 전송하는 고선명 멀티미디어 인터페이스<br>• S-비디오, 컴포지트 등의 아날로그 케이블보다 고품질의 음향 및 영상을 감상할 수 있음 |

# 036 하드웨어 관련 용어

## 1 표시 장치 관련 용어

- 픽셀(Pixel): 화면을 이루는 최소 단위
- 해상도(Resolution): 화면의 이미지를 얼마나 세밀하게 표시할 수 있는지를 나타내며, 픽셀의 수가 많아질수록 해상도는 높아짐
- 점 간격(Dot Pitch): 픽셀 사이의 공간을 나타내는 것으로, 간격이 가까울수록 영상이 선명함
- 재생률(Refresh Rate): 화면을 유지하기 위해 1초에 전자빔을 쏘는 횟수로, 재생률이 높을수록 모니터의 깜빡임 감소
- 플리커 프리(Flicker Free): 70KHz 이상의 수직 주파수를 사용해 사람이 깜빡임 현상을 인식하지 못하게 하는 것으로, 깜빡임을 제거하여 눈의 피로와 두통을 줄이는 효과가 있음
- 모니터 크기는 화면의 대각선 길이를 센티미터(cm) 단위로 나타냄

## 2 하드웨어 관련 용어

- 인터럽트(Interrupt): 컴퓨터에서 정상적인 작업을 수행하는 도중에 외부의 어떠한 변화 때문에 해당 프로그램의 실행이 정지되고, 변화에 대응하는 다른 프로그램이 먼저 실행되는 일

| 외부 인터럽트 | 전원 이상 인터럽트, 외부 신호 인터럽트, 기계 착오 인터럽트, 입·출력 인터럽트 등 |
| --- | --- |
| 내부 인터럽트 | 잘못된 명령이나 잘못된 데이터를 사용할 때 발생 |
| 소프트웨어 인터럽트 | 사용자가 프로그램을 실행시키거나 감시 프로그램(Supervisor)을 호출하는 동작을 수행하는 경우에 발생 |

- 채널(Channel): CPU 대신 주변 장치에 대한 입·출력을 관리하는 입·출력 전용 프로세서로, CPU와 입·출력장치 사이의 속도 차이 때문에 발생하는 문제점을 해결함

| 셀렉터 채널 | 고속 입·출력장치에 사용. 한 개의 장치 독점 |
| --- | --- |
| 멀티플렉서 채널 | 저속 입·출력장치에 사용. 여러 개의 장치 제어 |
| 블록 멀티플렉서 채널 | 셀렉터 채널과 멀티플렉서 채널의 장점을 혼합 |

- DMA(Direct Memory Access): CPU의 간섭 없이 주기억장치와 입·출력장치 사이에서 직접 전송되는 방식
- 버스(Bus): 컴퓨터에서 데이터를 주고받는 통로로, 사용 용도에 따라 '내부 버스', '외부 버스', '확장 버스'로 구분

| 내부 버스 | CPU의 내부에서 레지스터 간을 연결하는 버스 |
| 외부 버스 | CPU와 주변 장치를 연결하는 버스 |
| 확장 버스 | 메인보드에서 지원하는 기능 외에 다른 기능을 지원하는 장치를 연결하는 버스 |

확인문제

21년 상시, 19년 3월, 17년 9월

다음 중 컴퓨터 시스템에서 사용하는 채널(Channel)에 관한 설명으로 옳지 않은 것은?

① 주변 장치에 대한 제어 권한을 CPU로부터 넘겨받아 CPU 대신 입·출력을 관리한다.

② 입·출력 작업이 끝나면 CPU에게 인터럽트 신호를 보낸다.

③ CPU와 주기억장치의 속도 차이를 해결하기 위하여 사용된다.

④ 채널에는 셀렉터(Selector), 멀티플렉서(Multiplexer), 블록 멀티플렉서(Block Multiplexer) 등이 있다.

정답 해설 ③은 캐시 메모리(Cache Memory)에 대한 설명

정답 | ③

출제횟수 6번

# 037 컴퓨터의 관리와 문제 해결

## 1 컴퓨터의 관리

• 직사광선과 습기가 많거나 자성이 강한 물체가 있는 곳은 피하여 설치

• 컴퓨터 전용 전원 장치를 단독으로 사용하고, 전원을 끌 때는 사용 중인 프로그램을 먼저 종료해야 함

• 컴퓨터의 성능 향상을 위해 주기적으로 오류 검사, 디스크 정리, 드라이브 조각 모음 및 최적화 등을 실행하는 것이 좋음

• 외장 하드디스크의 주위에 강한 자성 물체를 놓지 않음

• 예상치 않은 상황에 대비하여 주기적으로 백업을 함

• **무정전 전원 공급장치(UPS)**: 갑자기 정전되었을 때 이를 감지하여 빠르게 전원을 공급하는 장치

• **자동 전압 조절기(AVR)**: 컴퓨터 시스템 운영 시 전압이 일정하게 유지되도록 조절해 주는 장치

## 2 컴퓨터의 문제 해결

| 메모리가 부족한 경우 | • 불필요한 프로그램 종료<br>• 시스템 재부팅<br>• 불필요한 시작 프로그램 삭제 |

| 하드디스크 용량이 부족한 경우 | • 디스크 정리를 수행하여 불필요한 파일 삭제<br>• 사용하지 않는 Windows 구성 요소와 응용 프로그램 제거<br>• 사용 빈도가 낮은 파일은 백업한 후 하드디스크에서 삭제<br>• 휴지통 비우기 |
| 하드디스크 인식이 안 되는 경우 | • 백신 프로그램으로 바이러스의 감염 여부 확인<br>• 하드디스크의 전원 연결 상태 점검<br>• CMOS 셋업에서 하드디스크의 설정 내용 확인<br>• USB나 CD-ROM으로 부팅되면 하드디스크 손상 점검 후 운영체제를 다시 설치 |
| 시스템의 속도가 느려진 경우 | 드라이브 조각 모음 및 최적화를 수행하여 하드디스크의 단편화 제거 |
| 모니터 화면이 보이지 않는 경우 | 모니터의 전원 및 연결 부분 점검 |
| 인쇄되지 않는 경우 | • 프린터의 전원이나 케이블의 연결 상태 확인<br>• 프린터 드라이버 재설치<br>• 프린터의 기종과 등록 정보가 올바르게 설정되어 있는지 확인<br>• 스풀 공간이 부족하면 하드디스크에서 스풀 공간 확보<br>• 스풀 오류가 발생하면 프린터 스풀러 서비스를 중지하고 저장소의 파일을 삭제한 후 다시 인쇄해야 함 |

더 보기

**백화 현상(白化現象)**
모니터의 전원이 정상적으로 들어왔지만 화면이 하얗게 나오는 현상으로, 모니터의 액정 패널이나 메인보드의 문제 때문에 발생함

## 3 컴퓨터의 업그레이드

• 컴퓨터 처리 성능의 개선을 위해 하드웨어를 업그레이드함

• 컴퓨터의 처리 속도가 느려지거나 제대로 동작하지 않으면 상황에 따라 RAM 업그레이드가 필요함

• 하드디스크를 교체할 때는 연결 방식의 종류와 버전을 확인해야 함

• 장치 제어기를 업그레이드하면 하드웨어를 교체하지 않고 향상된 기능으로 하드웨어를 사용할 수 있음

• **수치가 클수록 좋은 것**: CPU 클록 속도, 하드디스크 용량 등

• **수치가 작을수록 좋은 것**: RAM, HDD와 같은 기억장치의 접근 속도

더 보기

**컴퓨터 사양의 예**

| 프로세스의 종류 | Intel Core i5-8세대 |
| 그래픽카드의 종류 | Intel UHD Graphics 620 |
| RAM의 용량과 종류 | 16GB DDR4 RAM |
| 저장장치의 용량과 종류 | SSD 256GB |

## 38 시스템 최적화

### 1 오류 검사

- 파일과 폴더 및 디스크의 논리적 오류와 물리적 오류를 검사하여 발견된 오류를 복구하는 기능
- 하드디스크의 [속성] 창의 [도구] 탭에서 오류 검사를 실행할 수 있음
- **오류 검사를 할 수 없는 경우: CD-ROM, 네트워크 드라이브**
- 하드디스크 자체의 물리적 오류를 찾아서 복구하므로 완료하는 데 시간이 오래 걸릴 수 있음
- 하드디스크 드라이브를 검사하는 동안에도 드라이브를 계속 사용할 수 있음
- 시스템 성능 향상을 위해 정기적으로 수행하는 것이 좋음

### 2 디스크 정리

- 불필요한 파일을 삭제하여 디스크의 사용 가능한 공간을 좀 더 넓게 확보하는 기능
- **정리 대상 파일**: 임시 파일, 휴지통에 있는 파일, 다운로드한 프로그램 파일, 임시 인터넷 파일 등

### 3 드라이브 조각 모음 및 최적화

- 디스크에 단편화되어 조각난 파일들을 모아서 디스크의 실행 속도를 높여줌
- **디스크 조각 모음을 할 수 없는 경우: CD-ROM 드라이브, 네트워크 드라이브, Windows가 지원하지 않는 형식의 압축 프로그램 등**
- 수행 후에는 디스크의 접근 속도를 높여주지만, 용량이 증가하는 것은 아님
- 일정을 구성하여 예약 실행을 할 수 있음

---

| **Chapter 5** | 컴퓨터 소프트웨어 |
|---|---|

## 39 소프트웨어의 종류

### 1 시스템 소프트웨어(System Software)

컴퓨터와 사용자의 중간에서 시스템을 효율적으로 운영할 수 있도록 도와주는 프로그램

**예시** 부트 로더, C 런타임 라이브러리, 장치 드라이버 등

| 운영체제 | 사용자가 응용 프로그램을 편리하게 사용하고, 하드웨어의 성능을 최적화하는 프로그램으로, 반드시 설치되어야 컴퓨터를 사용할 수 있음 |
|---|---|
| 언어 번역 프로그램 | 프로그래밍 언어로 작성한 프로그램을 기계어로 변환하는 프로그램 |
| 유틸리티 프로그램 | 컴퓨터의 실행 과정에 필요한 업무의 수행을 지원하는 프로그램 |

**더 보기**

**압축 프로그램**
- 디스크 공간을 효율적으로 사용할 수 있고, 파일의 전송 시간과 비용도 절약할 수 있음
- 여러 개의 파일을 압축하여 하나의 파일로 생성할 수 있음
- 대부분의 압축 프로그램에는 분할 압축이나 암호 설정 기능이 있음
- 파일은 여러 번 압축해도 파일 크기에는 변화가 없음

### 2 응용 소프트웨어(Application Software)

사용자들이 특정한 용도에 맞게 활용하기 위해 작성된 소프트웨어

**예시** 워드프로세서, 스프레드시트, 프레젠테이션, 그래픽 소프트웨어, 인사 관리 및 회계 관리 소프트웨어 등

## 40 운영체제

### 1 운영체제의 구성

- 컴퓨터 시스템과 사용자 간의 편리한 인터페이스를 제공하는 프로그램
- 컴퓨터가 동작하는 동안 주기억장치에 위치하여 효율적인 자원 관리 서비스 제공
- 프로세스 관리, 기억장치 관리, 주변 장치 관리, 파일 관리 등의 기능 처리
- 운영체제는 '제어 프로그램'과 '처리 프로그램'으로 구성

| 제어 프로그램 | 감시 프로그램, 작업 관리 프로그램, 데이터 관리 프로그램 |
|---|---|
| 처리 프로그램 | 언어 번역 프로그램, 서비스 프로그램, 문제 처리 프로그램 |

**더 보기**

**슈퍼바이저(Supervisor)**
시스템의 모든 동작 상태를 관리하고 감독하는 제어 프로그램의 핵심 프로그램

## 2 운영체제의 목적

- **처리 능력(Throughput) 단축**: 일정 시간 안에 시스템이 처리하는 일의 양을 향상시킴
- **반환 시간(Turn Around Time) 향상**: 작업을 의뢰한 시간부터 처리가 완료될 때까지 걸린 시간을 단축시킴
- **신뢰도(Reliability) 향상**: 주어진 문제를 정확하게 해결하는 정확도를 향상시킴
- **사용 가능도(Availability) 향상**: 컴퓨터 시스템의 한정된 자원을 여러 사용자가 요구할 때 신속하고 충분히 지원해 줄 수 있는 사용 가능도를 향상시킴

## 3 운영체제의 운영 방식

| 일괄 처리 시스템<br>(Batch Processing System) | 데이터를 일정량 또는 일정 시간 동안 모아서 한꺼번에 처리하는 방식 |
|---|---|
| 실시간 처리 시스템<br>(Real-time Processing System) | 처리할 데이터가 입력될 때마다 즉시 처리하는 방식으로, 각종 예약 시스템이나 은행 업무 등에서 사용 |
| 시분할 처리 시스템<br>(Time Sharing System) | 여러 명의 사용자가 사용하는 시스템에서 처리 시간을 나누어 각 사용자에게 차례대로 할당하는 방식 |
| 다중 처리 시스템<br>(Multi-processing System) | 여러 개의 CPU와 하나의 주기억장치를 이용하여 여러 프로그램을 동시에 처리하고 신뢰성과 연산 능력을 향상시키는 방식 |
| 다중 프로그래밍 시스템<br>(Multi-programming System) | 하나의 CPU와 주기억장치를 이용하여 여러 프로그램을 동시에 처리하는 방식 |
| 분산 처리 시스템<br>(Distributed Processing System) | • 여러 대의 컴퓨터가 작업한 결과를 통신망을 이용하여 상호교환할 수 있도록 연결된 방식<br>• 클라이언트/서버 방식: 클라이언트와 서버가 모두 처리 능력을 갖추었고, 분산 처리 환경에 적합한 방식<br>• 동배 간 처리(Peer-to-Peer) 방식: 서버 없이 개인 대 개인으로 연결하여 파일을 공유하는 방식으로, 유지보수 및 데이터의 보안 유지가 어려움 |
| 듀얼 시스템<br>(Dual System) | 두 개의 CPU가 같은 업무를 동시에 처리한 후 결과를 상호점검하면서 운영하는 방식 |
| 듀플렉스 시스템<br>(Duplex System) | 두 개의 CPU로 하나가 가동될 때 다른 하나는 고장을 대비해 대기하는 방식 |
| 클러스터링 시스템<br>(Clustering System) | 여러 대의 컴퓨터를 병렬로 연결하는 방식 |

출제횟수 6번

## 041 소프트웨어의 구분

- **상용 소프트웨어(Commercial Software)**: 정식으로 사용료를 내고 사용하는 소프트웨어로, 해당 소프트웨어의 모든 기능을 사용할 수 있음
- **공개 소프트웨어(Open Source Software)**: 소스 코드를 공개해 누구나 해당 코드를 무료로 이용 및 수정하거나 재배포할 수 있는 소프트웨어
- **프리웨어(Freeware)**: 라이선스 없이 무료로 배포되어 자유롭게 사용할 수 있는 소프트웨어
- **셰어웨어(Shareware)**: 특정 기능이나 사용 기간에 제한을 두고 무료로 배포하는 소프트웨어
- **애드웨어(Adware)**: 광고를 보는 대가로 무료로 사용할 수 있는 소프트웨어
- **데모 버전(Demo Version)**: 프로그램의 홍보를 목적으로 주요 기능을 시연하는 소프트웨어
- **트라이얼 버전(Trial Version)**: 일정 기간 무료로 사용할 수 있는 체험판 소프트웨어
- **알파 버전(Alpha Version)**: 베타 테스트를 하기 전에 제작 회사에서 테스트할 목적으로 제작된 프로그램

- 베타 버전(Beta Version): 정식 버전이 출시되기 전에 테스트용으로 제작되어 일반인에게 공개하는 소프트웨어
- 패치 프로그램(Patch Program): 이미 배포된 프로그램의 오류 수정이나 기능 향상을 위해 프로그램의 일부를 변경해 주는 프로그램 예시 Windows Update 프로그램
- 번들 프로그램(Bundle Program): 특정한 하드웨어나 소프트웨어에 함께 제공하는 소프트웨어

 42 **프로그래밍 언어**

## 1 프로그래밍 언어의 종류

- 저급 언어(Low Level Language): 컴퓨터가 이해할 수 있는 기계 중심의 언어

| 기계어 | 컴퓨터가 직접 이해할 수 있는 2진수로 구성된 언어 |
| --- | --- |
| 어셈블리어 | 기계어와 일대일로 대응시켜서 코드화한 기호 언어 |

- 고급 언어(High Level Language): 사람이 이해하기 쉽게 만들어진 프로그래밍 언어
  예시 FORTRAN, COBOL, ALGOL, BASIC, PASCAL, C, C++, LISP, SNOBOL, PL/1, Java 등

## 2 객체 지향 프로그래밍(Object-Oriented Programming)

- 프로그램에서 사용하는 데이터 구조의 데이터형과 사용하는 함수까지 객체로 정의하는 프로그래밍 기법으로, 절차형 언어의 문제점을 해결하기 위해 개발
- 객체 지향 언어: C++, Actor, Smalltalk, Java 등
- 특징: 추상화, 캡슐화, 정보 은닉, 상속성, 다형성 등
- 소프트웨어의 재사용으로 프로그램 개발 시간을 단축할 수 있음
- 시스템의 확장성이 높고 정보 은폐가 쉬움

| 클래스(Class) | 유사한 객체(Object)들을 묶어서 하나의 공통된 특성으로 표현한 것으로, 동일한 속성, 오퍼레이션, 관계 등을 가지고 있는 객체들의 집합 |
| --- | --- |
| 메서드(Method) | 객체가 수행하는 실제 기능을 기술한 코드 |

 43 **언어 번역**

## 1 언어 번역 과정

| 원시 프로그램 (Source Program) | 사용자가 고급 언어로 작성한 프로그램 |
| --- | --- |
| 목적 프로그램 (Object Program) | 컴파일러를 통해 원시 프로그램을 기계어로 번역한 프로그램 |
| 링커(Linker) | 목적 프로그램을 연계 편집하는 프로그램 |
| 로드 모듈(Load Module) | 실행하기 위해 주기억장치로 적재할 수 있게 만든 프로그램 |
| 로더(Loader) | 실행 가능한 프로그램을 주기억장치에 적재하는 프로그램 |

## 2 언어 번역 프로그램

- 어셈블러(Assembler): 어셈블리어로 작성한 프로그램을 기계어로 번역하는 프로그램 예시 Assembly
- 컴파일러(Compiler): 전체 프로그램을 한 번에 번역하여 목적 프로그램을 생성하는 번역 프로그램 예시 Java, C, C++
- 인터프리터(Interpreter): 원시 프로그램을 한 단계씩 기계어로 해석하여 실행하는 프로그램 예시 Phython, Perl
- 컴파일러와 인터프리터의 비교

| 컴파일러(Compiler) | 인터프리터(Interpreter) |
| --- | --- |
| 전체를 한 번에 번역 | 행 단위로 번역 |
| 목적 프로그램 생성 | 목적 프로그램을 생성하지 않음 |
| 실행 속도가 빠름 | 실행 속도가 느림 |

 44 **웹 프로그래밍 언어**

- HTML(HyperText Mark-up Language): 인터넷용 하이퍼텍스트 문서 제작에 사용하는 언어
- HTML5: 차세대 웹 표준 언어. 텍스트와 하이퍼링크를 중심으로 작성했던 문서로 구성된 기존 표준 언어에 비디오, 오디오 등의 다양한 부가 기능을 추가하여 최신 멀티미디어 콘텐츠를 ActiveX 없이 웹 서비스로 제공할 수 있는 언어

- SGML(Standard Generalized Mark-up Language): 다양한 형태의 전자 문서들을 서로 다른 시스템 사이에서 정보의 손실 없이 효율적으로 전송 및 저장, 자동 처리를 하기 위한 웹 프로그래밍 언어
- XML(eXtensible Mark-up Language): SGML의 복잡성과 HTML의 단순함을 개선한 인터넷 언어로, 웹에서 구조화된 폭넓고 다양한 문서들을 상호교환할 수 있도록 설계된 언어. 사용자가 새로운 태그를 정의할 수 있는 기능을 가진 확장성 마크업 언어
- DHTML(Dynamic HTML): 이미지의 애니메이션을 지원하고, 사용자와의 상호작용에 따른 동적인 웹페이지의 제작이 가능한 언어
- VRML(Virtual Reality Modeling Language): 3차원 가상 공간을 표현하기 위한 언어
- Java: 대표적인 객체 지향 언어로, 가상 바이트 머신 코드를 사용하는 언어
- ASP(Active Server Pages): 웹 서버에서 동적으로 수행되는 페이지를 만들기 위한 스크립트 언어로, Windows 계열의 운영체제에서 실행할 수 있음
- JSP(Java Server Page)
  - 웹 서버에서 동적으로 웹페이지를 생성하여 웹 브라우저에 돌려주는 스크립트 언어
  - HTML 문서에 자바 코드를 삽입하며 〈% … %〉와 같은 형태로 작성
  - 다양한 운영체제에서 실행할 수 있음
- PHP(Hyper-text Pre-processor): 웹 서버에서 동적으로 수행되는 웹페이지를 생성하는 스크립트 언어로, 다양한 운영체제에서 실행 가능
- Java Script: 웹페이지에서 사용자로부터 특정 값을 입력받아 동적으로 처리할 수 있는 객체 기반의 스크립트 프로그래밍 언어
- CSS(Cascading Style Sheets): 웹 문서의 스타일을 미리 저장해 둔 스타일시트
- WML(Wireless Markup Language): 무선 접속을 통하여 휴대폰이나 PDA 등에 웹페이지가 표시되도록 지원하는 언어

**더 보기**

**UML(Unified Modeling Language)**
시스템 개발 과정에서 의사소통을 위한 표준화 모델링 언어

출제횟수 5번

## 045 멀티미디어와 하이퍼미디어

### 1 멀티미디어(Multi-media)

- 텍스트, 그래픽, 사운드, 동영상 등 다양한 매체를 통해 정보를 전달한다는 의미
- 멀티미디어의 특징

| | |
|---|---|
| 통합성 | 텍스트, 그래픽, 사운드, 동영상 등의 다양한 미디어 통합 |
| 디지털화 | 아날로그 형태의 다양한 데이터를 컴퓨터가 인식하도록 디지털화 |
| 쌍방향성 | 정보 제공자와 사용자 간의 상호작용으로 데이터가 전달됨 |
| 비선형성 | 순차적으로 진행되는 것이 아니라 사용자와의 상호작용을 통해 진행 상황 제어 |

### 2 하이퍼미디어(Hyper-media)

- '하이퍼텍스트(Hyper-text)'와 '멀티미디어(Multi-media)'를 합한 개념
- 특정 텍스트나 이미지 등의 다양한 미디어를 클릭하면 연결된 문서로 이동
- 문서를 읽는 순서가 사용자의 의도에 따라 결정되는 비선형 구조
- 하나의 데이터를 여러 사용자가 서로 다른 경로를 통해 검색 가능

### 3 멀티미디어의 활용

- 주문형 비디오(VOD; Video On Demand): 영화, 드라마, 뉴스 등의 프로그램을 원하는 시간에 다시 볼 수 있는 서비스
- 가상 현실(VR; Virtual Reality): 컴퓨터가 만든 가상세계의 다양한 경험을 체험할 수 있도록 하는 컴퓨터 그래픽 기술과 시뮬레이션 기능 등의 관련 기술
- 화상 회의 시스템(VCS; Video Conference System): 초고속 정보통신망을 이용하여 멀리 떨어져 있는 사람들과 비디오와 오디오를 통해 회의하는 시스템
- 키오스크(Kiosk): 지하철, 박물관, 백화점, 쇼핑센터 등에서 보통 터치스크린(Touch Screen)을 이용하여 운영되는 무인 종합 정보 안내 시스템

## 046 그래픽 데이터

### 1 그래픽 데이터의 표현 방식

| 비트맵(Bitmap) 방식 | • 이미지를 점의 집합으로 표시하는 방식으로, '래스터(Raster) 이미지'라고 함<br>• 확대하면 테두리가 거칠어지는 계단 현상 발생<br>• 벡터 방식보다 파일의 크기가 큼<br>• 화면에 표시하는 속도는 벡터 방식보다 빠름<br>• 다양한 색상을 사용하여 사실적 이미지 표현<br>• 확장명: BMP, JPG, GIF, PNG 등<br>• 프로그램: 포토샵, 그림판, 페인트샵 프로 등 |
|---|---|
| 벡터(Vector) 방식 | • 점과 점을 연결하는 직선이나 곡선을 이용하여 이미지 표현<br>• 확대해도 계단 현상이 발생하지 않음<br>• 확장명: WMF, AI 등<br>• 프로그램: 일러스트레이터, 플래시, 코렐드로 등 |

#### 확인문제

21년 상시, 18년 3월, 17년 9월

다음 중 컴퓨터 그래픽과 관련하여 벡터(Vector) 이미지에 관한 설명으로 옳지 않은 것은?

① 이미지의 크기를 확대해도 화질에 손상이 없다.
② 점과 점을 연결하는 직선이나 곡선을 이용하여 이미지를 구성한다.
③ 대표적인 파일 형식에는 AI, WMF 등이 있다.
④ 픽셀로 이미지를 표현하며, '래스터(Raster) 이미지'라고도 한다.

정답 해설 ④는 이미지를 픽셀의 집합으로 표현하여 테두리가 거칠고 사실적인 이미지 표현에 사용되는 비트맵 방식에 대한 설명

정답 | ④

### 2 그래픽 파일의 형식

| BMP | • Windows의 표준 이미지 형식<br>• 압축하지 않아 파일의 용량이 매우 큼 |
|---|---|
| JPEG | • 정지 화상을 위해 만들어진 압축 방식의 표준<br>• 웹에서 사진과 같이 색이 다양한 정지 영상을 표현하기에 적합<br>• 24비트 컬러를 사용하여 트루컬러로 이미지 표현<br>• 손실, 무손실 압축 기법을 모두 사용하지만, 무손실 압축 기법은 잘 쓰지 않음<br>• 저장할 때 사용자가 임의로 압축률을 조정할 수 있음<br>• 압축률이 높을수록 이미지의 질이 떨어짐 |
| PNG | • 트루컬러를 지원하는 무손실 방식의 그래픽 파일<br>• 8비트 알파 채널을 이용하여 부드러운 투명층 표현 |
| GIF | • 무손실 압축 기법 사용<br>• 8비트 컬러로, 256($2^8$)색 표현<br>• 간단한 애니메이션 효과를 지정할 수 있음 |

### 3 그래픽 관련 용어

| 앨리어싱<br>(Aliasing) | 비트맵 이미지를 확대할 때 이미지의 경계선이 매끄럽지 않고 계단 형태로 나타나는 현상 |
|---|---|
| 안티앨리어싱<br>(Anti-aliasing) | 2차원 그래픽에서 계단 현상(앨리어싱)을 제거하여 경계면을 부드럽게 보이게 하는 기법 |
| 모델링<br>(Modeling) | 물체의 형상을 컴퓨터 내부에서 3차원 그래픽으로 어떻게 표현할 것인지를 정하는 과정 |
| 렌더링<br>(Rendering) | 3차원 그래픽에서 사물 모형에 명암과 색상을 추가하여 사실감을 더하는 과정 |
| 디더링<br>(Dithering) | 표현할 수 없는 색상이 있을 경우 색상을 조합하여 비슷한 색상을 내는 효과 |
| 인터레이싱<br>(Interlacing) | 화면에 이미지를 표시할 때 한 번에 표시하지 않고 천천히 표시되면서 선명해지는 효과 |
| 모핑(Morphing) | 하나의 이미지를 다른 이미지로 서서히 변화시키는 특수 효과 |

#### 확인문제

19년 8월, 19년 3월, 17년 3월

다음 중 2차원 또는 3차원 물체의 모형에 명암과 색상을 입혀 사실감을 더해주는 그래픽 기법은?

① 모델링(Modeling)
② 애니메이션(Animation)
③ 리터칭(Retouching)
④ 렌더링(Rendering)

오답 해설 ① 어떠한 방법으로 렌더링할 것인지를 정하는 과정 ② 여러 장의 화면을 연속 촬영하고 조작하여 화면이 움직여 보이게 만든 기법이나 영상 ③ 이미지의 상태를 향상시키기 위하여 새로운 형태로 수정 및 보정하는 작업

정답 | ④

## 047 사운드 데이터

### 1 사운드 파일의 형식

• WAV(WAVeform audio file format)
  – 무압축 방식으로, 아날로그 사운드를 디지털 사운드로 바꾼 방식
  – 자연의 음향과 사람의 음성 표현이 가능하고 파일의 용량이 큰 편임
  – 녹음 조건에 따라 파일의 크기가 가변적임
• MIDI(Musical Instrument Digital Interface)
  – 전자 음향장치나 디지털 악기 간의 통신 규약
  – 용량이 작고, 사람의 목소리나 자연음은 재생할 수 없음

- MP3(MPEG-1 audio layer 3)
  - 소리에 대한 사람의 청각 특성을 잘 살려 압축하는 기법
  - CD 수준의 음질을 들을 수 있는 고음질 오디오 압축 표준 형식
  - MP3 파일의 크기(Byte) = 표본 추출률(Hz) × 샘플 크기(Bit)/8 × 1(모노) 또는 2(스테레오) × 시간(초)
- FLAC(Free Lossless Audio Codec): 오디오 파일을 무손실 압축하는 방식으로, 음원의 손실이 없음
- AIFF(Audio Interchange File Format): 비압축 무손실 압축 포맷으로, Mac OS에서 표준으로 사용하는 오디오 파일 형식

## ② 사운드 관련 용어

- 샘플링(Sampling): 아날로그 신호를 디지털 신호로 변환해 주는 작업
- 샘플링 레이트(Sampling Rate): 1초에 몇 개의 샘플을 추출할 것인지를 정하는 것으로, 샘플링 레이트(샘플링률)가 높을수록 원음에 가까움. 단위는 헤르츠(Hz) 사용

출제횟수 3번

# 048 동영상 데이터

## ① 동영상 파일의 형식

| MPEG | • 동영상 전문가 그룹인 Motion Picture Experts Group에서 제안한 동영상 압축 기술의 국제 표준 규격<br>• 동영상과 오디오 압축에 관한 일련의 표준 |
|---|---|
| AVI | • Windows에서 기본적으로 지원하는 표준 동영상 파일 형식<br>• 별도의 하드웨어 장치 없이 재생 가능 |
| MOV | • 애플(Apple)에서 개발한 동영상 파일 형식<br>• Windows에서 재생하려면 Quick Time for Windows 프로그램을 설치해야 함 |
| ASF | • 마이크로소프트에서 개발한 동영상 파일 형식<br>• 용량이 적고 음질이 뛰어나 주로 스트리밍 서비스를 하는 인터넷 방송국에서 사용 |
| H.264 | • 비디오 코딩 전문가 그룹(VCEG)과 ISO/IEC의 동영상 전문가 그룹(MPEG)이 공동으로 조인트 비디오팀(JVT; Joint Video Team)을 구성하고 표준화를 진행하여 만든 고선명 동영상 압축 표준 형식<br>• 고선명 비디오를 녹화, 압축, 배포하기 위한 가장 일반적인 포맷으로, 데이터 압축률이 매우 높음 |

### 더 보기

**DVI**
- 카메라 또는 캠코더 등의 장치로 촬영한 영상 정보를 컴퓨터에서 처리할 수 있도록 입력시켜 주는 인터페이스 장치
- 디지털TV를 만들기 위해 개발된 기술을 동영상 압축 기술로 개발함

**DIVX**
- MPEG-4와 MP3를 재조합한 것으로, 코덱을 변형해서 만듦
- 한두 장의 CD 분량으로 DVD와 유사한 수준의 화질로 영화를 볼 수 있게 지원

## ② MPEG 규격

| MPEG-1 | 비디오테이프 수준의 화질을 제공하고 비디오 CD 제작에 사용 |
|---|---|
| MPEG-2 | 높은 화질과 음질을 제공하고 DVD, HDTV 등에 사용 |
| MPEG-4 | 멀티미디어 통신을 위해 만들어진 영상 압축 기술 |
| MPEG-7 | 동영상 데이터 검색과 전자도서관, 전자상거래 등에 적합하도록 개발 |
| MPEG-21 | 디지털 콘텐츠의 생성, 유통, 전달, 관리 등 모든 과정을 관리할 수 있음 |

## ③ 동영상 관련 용어

- 코덱(CODEC): 음성 신호나 영상 신호를 디지털 신호로 변환하는 코더(Coder)와, 그 반대로 변환시켜 주는 디코더(Decoder)의 기능을 함께 갖춘 기술
- 스트리밍(Streaming): 전송되는 데이터를 끊임없이 지속적으로 처리 가능하기 때문에 파일을 다운로드하면서 재생할 수 있는 기능

### 더 보기

**동영상 파일의 [속성] 대화상자에서 확인할 수 있는 비디오 정보**
[속성] 대화상자의 [자세히] 탭에서 동영상의 길이, 프레임 속도, 프레임 너비, 프레임 높이, 총 비트 전송률 등을 확인할 수 있지만, 비트 수준은 표시되지 않음

**Chapter 7** 인터넷 활용

출제횟수 4번

# 049 정보통신망

## ① 정보의 전송 방식

- 단방향 전송: 한쪽으로만 데이터를 전송하는 방식
  예시 라디오, TV 방송

- **반이중 전송**: 양쪽으로 데이터를 전송하지만, 동시 전송은 불가능한 방식 예시 무전기
- **전이중 전송**: 양쪽으로 동시에 데이터를 전송하는 방식
  예시 전화

## 2 네트워크의 구성 형태

| 성(Star)형  | • 모든 컴퓨터를 중앙 컴퓨터와 일대일로 연결한 형태<br>• '포인트 투 포인트(Point-to-Point)' 방식이라고도 함<br>• 통신망의 처리 능력 및 신뢰성이 중앙 컴퓨터의 제어 장치에 좌우됨 |
|---|---|
| 트리(Tree)형  | • 허브를 이용하여 계층적으로 구성한 형태<br>• 많이 확장되면 트래픽이 가중될 수 있음 |
| 링(Ring)형 | • 여러 대의 컴퓨터를 원형 모양으로 서로 연결한 형태<br>• 단방향의 경우 특정 노드에 이상이 생기면 전체 통신 망에 영향을 미침 |
| 버스(Bus)형  | • 하나의 통신 회선에 여러 대의 컴퓨터를 연결한 형태<br>• 케이블 종단에는 종단장치가 있어야 함<br>• 증설이나 삭제가 쉬움 |
| 망(Mesh)형 | • 모든 컴퓨터를 그물 모양으로 서로 연결한 형태<br>• 특정 노드에 이상이 생겨도 전송할 수 있고 응답 시 간이 빠름 |

출제횟수 3번

### 050 정보통신망의 종류

## 1 정보통신망의 유형

- **근거리 통신망(LAN; Local Area Network)**
  - 집, 학교, 회사 등 한정된 공간에서 자원을 공유할 목적으로 연결된 통신망
  - 전송 거리가 짧고, 고속 전송이 가능하며, 오류 발생률이 낮은 통신망
- **도시권 정보 통신망(MAN; Metropolitan Area Network)**
  LAN과 WAN의 중간 형태로, 대도시와 같은 지역에 데이터 전송을 제공하는 통신망
- **광역 통신망(WAN; Wide Area Network)**
  - 국가나 대륙 등 넓은 지역을 연결하는 통신망
  - 거리의 제한이 없지만, 다양한 경로를 거쳐서 도달하므로 속도가 느리고 오류 발생률이 높은 통신망
- **부가 가치 통신망(VAN; Value Added Network)**: 통신 회선을 임대하여 기존의 정보에 새로운 정보나 서비스를 추가하여 다수의 이용자에게 판매하는 통신망

- **광대역 종합 정보통신망(B-ISDN; Broadband Integrated Services Digital Network)**: 광대역 네트워크에서 데이터, 음성, 고해상도의 동영상 등 다양한 서비스를 디지털 통신 망을 이용하여 제공하는 고속 통신망
- **무선 가입자 통신망(WLL; Wireless Local Loop)**: 전화국 과 가입자 단말 사이에 무선 시스템을 이용하여 구성하는 통신망

더 보기

**중앙 집중 방식**
중앙 컴퓨터가 모든 단말기에서 요구하는 데이터 처리를 전담하는 방식

**클라이언트/서버 방식**
서버와 클라이언트가 모두 처리 능력을 가지며, 분산 처리 환경에 적합한 방식

**P2P(Peer-to-Peer, 동배 간 처리) 방식**
- 컴퓨터와 컴퓨터가 동등하게 연결되는 방식
- 각 컴퓨터는 클라이언트인 동시에 서버가 될 수 있음
- 인터넷에서 이루어지는 개인 대 개인의 파일 공유를 위한 기술
- 유지 보수가 어렵고 데이터의 보안이 취약함

## 2 LAN의 전송 방식

- **베이스밴드 전송**: 디지털 데이터 신호를 변조하지 않고 원 래의 신호를 그대로 직접 전송하는 방식
- **브로드밴드 전송**: 디지털 데이터 신호를 아날로그 신호로 변조하여 다수의 통신 채널로 데이터를 동시에 전송하는 방식

더 보기

**제3세대 이동통신**
WCDMA, WiBro, IMT 2000

**제4세대 이동통신**
LTE-Advanced, WiBro-Evolution

출제횟수 6번

### 051 OSI 7계층과 네트워크 장치

## 1 OSI 7계층

- 네트워크에서 통신에 필요한 프로토콜을 7단계로 구분하고 정의한 표준 계층 모델
- 컴퓨터 네트워크 프로토콜 디자인과 통신을 계층으로 나누어 정의한 통신 규약

| 제1계층 | 물리 계층<br>(Physical Layer) | • 전송 매체에서의 전기 신호 전송 기능과 제어 및 클록 신호 제공<br>• 작동 장치: 리피터, 허브 |
|---|---|---|
| 제2계층 | 데이터 링크 계층<br>(Data Link Layer) | • 포인트 투 포인트(Point-to-Point) 간 신뢰성 있는 전송을 보장하기 위한 계층<br>• 동기화, 흐름 제어, 순서 제어 기능 제공<br>• 작동 장치: 브리지, 스위치 |
| 제3계층 | 네트워크 계층<br>(Network Layer) | • 정보 교환 및 중계 기능, 경로 설정 기능 제공<br>• 작동 장치: 라우터 |
| 제4계층 | 전송 계층<br>(Transport Layer) | • 송·수신 시스템 간의 논리적 안정과 균일한 서비스 제공<br>• 작동 장치: 게이트웨이(전 계층에서 작동) |
| 제5계층 | 세션 계층<br>(Session Layer) | 사용자와 전송 계층 간의 인터페이스를 위한 연결 제공 |
| 제6계층 | 표현 계층<br>(Presentation Layer) | 네트워크에서 일관성 있게 데이터를 표현하도록 코드 변환, 데이터의 재구성, 암호화 등 담당 |
| 제7계층 | 응용 계층<br>(Application Layer) | 응용 프로세스 간의 정보 교환, 파일 전송 등 제공 |

## 2 네트워크 장치

| 모뎀(MODEM) | 디지털 신호를 아날로그 신호로 변환하여 전송하고, 수신된 신호를 다시 디지털 신호로 변환하는 장치 |
|---|---|
| 허브(Hub) | 네트워크에서 여러 대의 컴퓨터를 연결하고 각 회선을 통합 관리하는 장치 |
| 브리지(Bridge) | • 독립된 두 개의 근거리 통신망을 상호접속하는 연결 장치<br>• OSI 7계층에서의 데이터 링크 계층(제2계층)에 포함됨<br>• 통신량 조절 |
| 라우터(Router) | 데이터 전송을 위한 최적의 IP 경로를 찾아 전송하는 장치 |
| 리피터<br>(Repeater) | 약해진 신호를 증폭하며 다음 구간으로 전달하는 장치 |
| 게이트웨이<br>(Gateway) | • 한 네트워크에서 다른 네트워크로 들어가는 입구 역할을 하는 장치<br>• 서로 구조가 다른 두 개의 통신 네트워크를 연결하는 데 사용 |

더 보기

• **디지털 서비스 유니트(DSU)**: 원거리 전송에 적합하도록 디지털 신호의 형태로 변형하는 장치
• **통신제어장치(CCU; Communication Control Unit)**: 통신 회선과 정보처리장치 사이에 위치하여 단말장치와 정보 신호를 제어하는 장치

## 052 네트워크 명령어

• **Ping**: 지정된 호스트에 대해 네트워크 계층의 통신이 가능한지를 확인하는 서비스
• **Tracert**: 송신한 패킷이 어떤 경로로 가는지 추적하는 명령어
  – IP 주소, 목적지까지 거치는 경로의 수, 각 구간 사이의 데이터 왕복 속도 확인
  – 특정 사이트가 열리지 않을 때 해당 서버가 문제인지, 인터넷망이 문제인지 확인
  – 인터넷 속도가 느릴 때 어느 구간에서 정체를 일으키는지 확인
• **Netstat**: 현재 자신의 컴퓨터에 연결된 다른 컴퓨터의 IP 주소나 포트 정보를 확인하는 명령어
• **Nslookup**: DNS가 가지고 있는 특정 도메인의 IP Address를 검색하는 서비스

## 053 IP 주소

### 1 IPv4

• 인터넷에 연결된 컴퓨터의 고유한 주소
• 32비트로 구성된 주소 체계로, 점(.)을 이용해 8비트씩 네 부분(옥텟, Octet)으로 나누어 구분
• 각 부분은 0~255의 10진수로 표시
• 네트워크의 규모에 따라 A 클래스에서 E 클래스까지 5단계로 구분됨

|  | 기능 | 첫째 옥텟 범위 |
|---|---|---|
| A 클래스 | 국가나 대형 통신망에 사용 | 0~127 |
| B 클래스 | 중대형 통신망에 사용 | 128~191 |
| C 클래스 | 소규모 통신망에 사용 | 192~223 |
| D 클래스 | 멀티캐스트용으로 사용 | 224~239 |
| E 클래스 | 실험용으로 사용 | 240~255 |

• **서브넷 마스크**: IP 주소에서 네트워크 주소와 호스트 주소를 구분하고, 하나의 네트워크를 여러 개의 서브 네트워크로 나누기 위해 사용하는 32Bit 숫자

### 2 IPv6

• IPv4의 주소 부족 문제를 해결하기 위해 개발

- 128비트 주소 체계로, 16비트씩 여덟 부분으로 나누고, 콜론(:)으로 구분
- 각 부분은 네 자리의 16진수로 표현하고, 각 블록의 앞자리에 있는 0은 생략할 수 있음
- IPv4와의 호환성이 우수하고 품질을 쉽게 보장할 수 있음
- IPv4보다 주소의 확장성, 융통성, 연동성이 뛰어남
- 실시간 흐름 제어로 향상된 멀티미디어 기능 지원
- 인증성, 기밀성, 데이터 무결성의 지원으로 보안 문제를 해결할 수 있음
- **주소 유형**: 유니캐스트, 애니캐스트, 멀티캐스트 형태

## 054 도메인 네임과 URL

출제횟수 2번

### 1 도메인 네임(Domain Name)

- IP 주소를 사용자가 이해하기 쉬운 문자 형태로 변환한 것
- 소속 국가명, 소속 기관명, 소속 기관의 종류, 호스트 컴퓨터명의 순서로 구성되며, 왼쪽에서 오른쪽으로 갈수록 상위 도메인을 의미함
- DNS(Domain Name Server, Domain Name System)
  - 문자로 만들어진 도메인 네임을 IP 주소로 변환해 주는 시스템
  - DNS에서는 모든 호스트를 도메인별로 계층화시켜서 관리

### 2 URL(Uniform Resource Locator)

- 인터넷에 있는 각종 자원이 있는 위치를 나타내는 표준 주소 체계

- 형식

| 프로토콜://호스트 서버 주소[:포트 번호][/파일 경로] |

 http://www.eduwill.net/a.jpg
ftp://id:pass@192.168.1.234/a.jpg
mailto:somebody@mail.somehost.com

**더 보기**

**잘 알려진 포트**
HTTP-80, FTP-21, TELNET-23, News-119, Gopher-70

## 055 프로토콜

출제횟수 12번

### 1 프로토콜의 기능

- **동기화**: 프레임의 시작과 끝을 구분하기 위해 송·수신기를 같은 상태로 유지
- **연결 제어**: 통신 개체(Entity) 간에 '연결 설정', '데이터 전송', '연결 해제'의 3단계로 제어
- **흐름 제어**: 송신 측이 수신 측의 처리 속도보다 더 빨리 데이터를 보내지 못하도록 조절
- **오류 제어**: 데이터 전송 도중에 발생하는 오류 검출

### 2 TCP/IP

- 서로 다른 기종의 컴퓨터 간에 데이터를 송·수신하기 위해 개발된 인터넷 표준 프로토콜로, TCP와 IP를 포함한 관련 프로토콜을 모두 포함
- TCP(Transmission Control Protocol)
  - 메시지를 송·수신 주소와 정보로 묶어 패킷 단위로 나눔
  - 일부 망에 장애가 있어도 다른 망으로 통신할 수 있는 신뢰성 제공
  - 전송 데이터의 흐름을 제어하고 데이터의 오류 검사
  - OSI 7계층의 전송 계층(제4계층)에 해당
- IP(Internet Protocol)
  - 패킷 주소를 해석하고 최적의 경로를 결정하여 전송
  - 신뢰성이 보장되지 않는 비신뢰성, 비연결형 서비스 수행
  - OSI 7계층의 네트워크 계층(제3계층)에 해당

**TCP/IP의 계층 구조**

| 제4계층 | 응용 계층 | 사용자가 컴퓨터에 접근할 수 있도록 서비스 제공 |
|---|---|---|
| 제3계층 | 전송 계층 | 호스트들 간의 신뢰성 있는 통신 지원 |
| 제2계층 | 인터넷 계층 | 데이터 전송을 위한 주소 지정 및 경로 설정 지원 |
| 제1계층 | 네트워크 인터페이스 계층(링크 계층) | 물리적 연결 구성 정의 |

• TCP/IP 속성

| IP 주소 | 현재 컴퓨터에 설정된 IP 주소 |
|---|---|
| 서브넷 마스크 | IP 주소의 '네트워크' 부분과 '호스트' 부분을 구별하여 하나의 IP를 여러 개로 나누어서 사용 |
| 기본 게이트웨이 | 프로토콜이 서로 다른 통신망을 상호접속하기 위한 장치 |
| DNS 서버 주소 | 도메인 네임을 숫자로 된 IP 주소로 변환하는 DNS 서버의 IP 주소 |

**고급 공유 설정 항목**
네트워크 검색, 파일 및 프린터 공유, 공용 폴더 공유, 미디어 스트리밍, 파일 공유 연결, 암호로 보호된 공유

## 3 기타 프로토콜

• HTTP(HyperText Transfer Protocol): 웹 서버와 브라우저 사이에서 하이퍼텍스트를 주고받기 위한 프로토콜
• DHCP(Dynamic Host Configuration Protocol): IP 주소를 동적으로 할당해 주는 프로토콜
• ARP(Address Resolution Protocol): IP 주소(IP Address)를 물리적 하드웨어 주소(Mac Address)로 변환하는 프로토콜
• RARP(Reverse Address Resolution Protocol): 물리적 하드웨어 주소(Mac Address)를 IP 주소(IP Address)로 변환하는 프로토콜
• UDP(User Datagram Protocol): 전송 계층에서 동작하는 비연결 지향형 프로토콜

21년 상시, 18년 9월, 18년 3월

다음 중 TCP/IP를 구성하는 각 계층에 관한 설명으로 옳지 **않은** 것은?

① 응용 계층은 응용 프로그램 간의 데이터 송·수신을 담당한다.
② 전송 계층은 호스트들 간의 신뢰성 있는 통신을 지원한다.
③ 인터넷 계층은 데이터 전송을 위한 주소 지정 및 경로 설정을 지원한다.
④ 링크 계층은 사용자가 컴퓨터에 접근할 수 있도록 서비스를 제공한다.

**정답 해설** ④는 '응용 계층'에 대한 설명. TCP/IP 계층 구조는 '링크 계층(제1계층)' – '인터넷 계층(제2계층)' – '전송 계층(제3계층)' – '응용 계층(제4계층)'으로 구성되는데, 링크 계층은 물리적 연결 구성을 정의함

정답 | ④

출제횟수 2번

## 056 전자우편과 전자우편 프로토콜

### 1 전자우편(E-mail)

• 기본적으로 7비트의 ASCII 코드를 사용하여 메시지 전송
• 한 사람이 동시에 여러 사람에게 같은 전자우편을 보낼 수 있음
• 보내기, 회신, 첨부, 전달, 답장 등의 기능이 있음
• **전자우편 주소**: 사용자 ID@호스트 주소
• **전자우편 헤더의 구성**: 발신자 주소, 수신자 주소, 참조인 주소, 숨은 참조인 주소, 작성 날짜, 제목

### 2 전자우편 프로토콜

• SMTP(Simple Mail Transfer Protocol): 사용자가 작성한 이메일을 다른 사람의 계정으로 전송해 주는 프로토콜
• POP3(Post Office Protocol 3): 메일 서버의 이메일을 사용자의 컴퓨터로 가져오기 위한 프로토콜
• MIME(Multi-purpose Internet Mail Extensions): 멀티미디어 전자우편을 주고받기 위한 인터넷 메일의 표준 프로토콜
• IMAP(Internet Message Access Protocol): 서버에 직접 접속하여 메일을 확인하는 방식으로, 메일을 수신해도 서버에 메일이 남아있는 프로토콜

**3 전자우편 관련 용어**

- 스팸(Spam) 메일: 수신인이 원하지 않는 메시지나 정보를 일방적으로 보내는 행위
- 옵트인(Opt-in) 메일: 수신인이 사전에 받기로 수락한 광고성 이메일로, 법적으로 문제가 되지 않음

## 057 웹 브라우저

**1 웹 브라우저의 종류와 기능**

- 웹 문서를 사용자에게 보여주는 프로그램
- 종류: 익스플로러(Explorer), 넷스케이프(Netscape), 모자이크(Mosaic), 링스(Lynx), 오페라(Opera), 아라크네(Arachne), 삼바(SAMBA), 핫자바(HotJava), 파이어폭스(Firefox) 등
- 웹페이지의 내용을 사용자 컴퓨터에 저장하거나 인쇄할 수 있음
- 전자우편을 보내거나 FTP 서버에 접속할 수 있음
- HTML 및 XML 형태의 소스 파일을 볼 수 있음
- 플러그인(Plug-in)을 설치하여 비디오, 애니메이션과 같은 멀티미디어 파일을 재생할 수 있음

**2 웹 브라우저 관련 용어**

- 플러그인(Plug-in): 웹 브라우저에 추가 기능을 부여하는 프로그램
- 쿠키(Cookie): 웹 사이트의 방문 정보를 기록하는 텍스트 파일
- 웹 캐시(Web Cache): 자주 사용하는 사이트의 자료를 저장한 후 같은 사이트에 접속할 경우 자동으로 자료를 불러오는 기능

**더 보기**

**[인터넷 옵션] 대화상자**

| | |
|---|---|
| [일반] 탭 | • 홈페이지 추가<br>• 마지막 세션 또는 기본 홈페이지로 웹 브라우저의 시작 여부를 설정<br>• 임시 파일, 열어본 페이지 목록, 쿠키 등을 삭제<br>• 웹 페이지의 색, 언어, 글꼴, 접근성 등을 설정 |
| [보안] 탭 | 인터넷, 로컬 인트라넷, 신뢰할 수 있는 사이트, 제한된 사이트를 설정 |
| [개인 정보] 탭 | 쿠키 처리 방법, 팝업 차단 등을 설정 |
| [프로그램] 탭 | 기본 웹 브라우저와 HTML 편집 프로그램을 설정 |

## 058 인터넷 서비스

**1 인터넷 서비스의 종류**

- WWW(World Wide Web): 하이퍼텍스트를 기반으로 멀티미디어 정보를 검색할 수 있는 서비스
- FTP(File Transfer Protocol)
  - 파일을 송·수신할 때 사용되는 원격 파일 전송 프로토콜
  - 파일 업로드, 다운로드, 삭제, 이름 변경 등의 작업을 할 수 있음
  - FTP 서버의 응용 프로그램은 다운로드한 후 실행할 수 있음
  - 익명(Anonymous) FTP: FTP 서버에 계정이 없는 익명의 사용자도 접속하여 사용할 수 있는 서비스
  - ASCII 코드의 텍스트 파일은 ASCII 모드로, 그림, 동영상, 실행 파일, 압축 파일 등은 Binary 모드로 전송
- IRC(Internet Relay Chat): 여러 사람이 관심 있는 분야별로 각자의 채널에서 대화할 수 있는 서비스
- WAIS(Wide Area Information Server): 여러 곳에 분산된 전문 주제 데이터베이스의 자료를 키워드를 사용하여 검색할 수 있는 서비스
- 유즈넷(Usenet): 인터넷의 전자게시판으로, 특정한 주제나 관심사에 대해 의견을 제시하고 자료를 등록할 수 있는 서비스
- 텔넷(Telnet): 멀리 떨어져 있는 컴퓨터에 접속하여 자신의 컴퓨터처럼 사용할 수 있게 하는 서비스
- 이커머스(E-Commerce): 전자상거래(Electronic Commerce) 약자로, 온라인에서 네트워크를 통해 상품과 서비스를 사고 파는 것
- VoIP(Voice over Internet Protocol)
  - IP 기술을 이용하여 음성을 전송하는 기술로, 네트워크를 통해 음성을 패킷 형태로 전송
  - 일반 전화보다 요금이 저렴하지만, 트래픽이 많아지면 통화 품질이 떨어질 수 있음
- IPTV: 초고속 인터넷을 이용하여 동영상 콘텐츠, 정보 서비스 등 기본 텔레비전 기능에 인터넷 검색이 가능한 서비스
- 인트라넷(Intranet): 인터넷을 이용해 일정 지역 안에서 정보를 교환하거나 공동 작업을 하기 위한 목적으로 구축한 통신망으로, 인터넷 관련 기술을 기업의 전자우편, 전자결재 등과 같은 정보 시스템에 적용할 수 있음

- **엑스트라넷(Extranet)**: 인터넷을 이용해 일정 지역 안에서 정보를 교환하거나 공동 작업을 하기 위한 목적으로 구축한 통신망으로, 인터넷 기술을 사용하여 '공급자-고객-협력 업체' 사이의 인트라넷을 연결하는 협력적 네트워크
- **포털 사이트(PS; Portal Site)**: 전자우편, 뉴스, 쇼핑, 게시 판 등 다양한 서비스를 통합하여 제공하는 사이트
- **미러 사이트(Mirror Site)**: 인터넷에서 동시 접속자 수가 너무 많아 과부하가 걸리거나 속도가 느려지는 것을 막기 위해 같은 사이트를 여러 곳에 복사해 놓은 사이트

## 2 신기술 관련 용어

- **LBS(Location Based Services)**: 이동통신망이나 위성 신호 등을 이용하여 모바일 단말기의 위치를 측정하고, 정보 서비스를 제공하는 모바일 커뮤니케이션 서비스
- **DMB(Digital Multi-media Broadcasting)**: 휴대용 기기에서 디지털 영상 및 오디오 방송을 전송하는 방송 기술로, 커뮤니케이션 서비스로는 볼 수 없음
- **블루투스(Bluetooth)**
  - 1994년 스웨덴의 에릭슨(Ericsson)이 최초로 개발한 근거리 통신 기술
  - 휴대폰, 노트북, 이어폰, 헤드폰 등의 휴대용 기기를 서로 연결해 정보를 교환하는 근거리 무선 기술 표준
  - IEEE 802.15.1 규격을 사용하는 PAN(Personal Area Network)의 산업 표준
- **와이파이(Wi-Fi)**
  - IEEE 802.11 기술 규격의 브랜드명으로, 'Wireless Fidelity'의 약어
  - 사용 거리에 제한이 있고, 전송 속도가 3G 이동통신보다 빠르며, 전송 비용이 저렴함
  - 무선 신호를 전달하는 AP(Access Point)를 중심으로 데이터를 주고받는 '인프라스트럭처(Infrastructure) 모드'와 AP 없이 데이터를 주고받는 '애드혹(Ad hoc) 모드'가 있음
  - IEEE 802.11b 규격은 최대 11Mbps의 속도를, IEEE 802.11g 규격은 최대 54Mbps의 속도를 지원

> **더 보기**
>
> **3D 프린터**
> - 입력한 도면을 바탕으로 3차원 입체 물품을 만들어내는 프린터
> - 잉크를 종이 표면에 분사하여 2D 이미지를 인쇄하는 잉크젯 프린터의 인쇄 원리와 같음
> - 인쇄 방식으로는 레이어로 쌓아 입체 형상을 만드는 '적층형 방식'과 작은 덩어리로 깎아서 만드는 '절삭형 방식'이 있음
> - 기계, 건축, 예술, 우주 등의 수많은 분야뿐만 아니라, 의료 분야에서도 활발히 활용되고 있음

- **와이브로(WiBro)**: 이동 중에도 초고속 인터넷을 이용할 수 있는 무선 휴대 인터넷 서비스
- **테더링(Tethering)**: 컴퓨터나 노트북 등의 IT 기기를 스마트폰에 연결하여 무선 인터넷을 사용할 수 있게 하는 기능
- **텔레매틱스(Telematics)**: 자동차와 무선 통신을 결합한 기술로, 운전 경로를 안내하거나 차량 사고를 감지할 수 있음
- **유비쿼터스 센서 네트워크(USN; Ubiquitous Sensor Network)**: 각종 센서에서 감지한 정보를 무선으로 수집하는 기술

> **더 보기**
>
> **유비쿼터스 컴퓨팅 기반 기술의 종류**
> - 유비쿼터스 컴퓨팅이 가능하기 위한 고속의 네트워크 전송 기술
> - 휴대성을 극대화하기 위한 초소형, 초경량의 하드웨어 제조 기술
> - 개인별 최적화된 소프트웨어의 제작 및 유통 기술

- **사물 인터넷(IoT; Internet of Things)**
  - 인터넷을 기반으로 다양한 사물, 사람, 공간 등을 연결하고, 상황을 분석 및 예측, 판단해서 지능화된 서비스를 제공하는 기술
  - 스마트 센싱 기술과 무선 통신 기술을 융합하여 실시간으로 데이터를 주고받는 기술
  - 개인 맞춤형 스마트 서비스를 지향하고, 스스로 사물에 의사 결정을 내리는 단계로 발전하고 있음
  - 사물 인터넷 기반 서비스는 개방형 아키텍처가 필요하므로 정보 공유에 대한 부작용을 최소화하기 위한 정보보안 기술의 적용이 필요함
- **웨어러블 컴퓨터(Wearable Computer)**: 소형화, 경량화를 비롯해 음성과 동작 인식 등 다양한 기술이 적용되어 장소에 구애받지 않고 컴퓨터를 활용할 수 있도록 몸에 착용하는 컴퓨터
- **RFID(Radio Frequency IDentification)**: 사물에 전자 태그를 부착하고, 무선 통신을 이용하여 제품 식별, 출입 관리 등 다양한 분야에서 활용하는 기술
- **데이터 마이닝(Data Mining)**: 대량의 데이터에서 일정한 패턴을 찾아내고, 이로부터 가치 있는 정보를 추출하는 기술

> **더 보기**
>
> **데이터 관련 용어**
> - **데이터 웨어하우스(Data Warehouse)**: 의사 결정을 지원하기 위해 데이터베이스에 축적된 데이터를 공통의 형식으로 변환한 데이터의 집합
> - **데이터 마이그레이션(Data Migration)**: 데이터를 새로운 시스템으로 이관하는 것으로, 데이터의 위치나 형식을 모두 변경함
> - **메타데이터(Metadata)**: 어떤 목적을 가지고 만들어진 데이터로, 데이터를 효율적으로 이용하기 위해 데이터 정보를 구조화함

18년 9월, 17년 3월, 16년 10월

다음 중 정보통신기술 관련 용어에 대한 설명으로 옳지 <u>않은</u> 것은?

① IoT: 사물에 센서를 부착하여 실시간으로 정보를 모은 후 인터넷을 통해 개별 사물들 간에 정보를 주고받게 하는 기술
② WiBro: 고정된 장소에서 초고속 인터넷을 이용할 수 있게 하는 무선 인터넷 서비스
③ VoIP: 음성 데이터를 인터넷 프로토콜 네트워크를 통해 전송하여 통화할 수 있게 하는 음성 통신 기술
④ RFID: 제품 식별, 출입 관리 등 다양한 분야에서 활용되는 기술로, 전파를 이용하여 정보를 인식하는 기술

정답 해설 와이브로(WiBro)는 고정된 장소가 아닌, 이동하면서 초고속 인터넷을 이용할 수 있는 무선 휴대 인터넷 서비스

정답 | ②

---

**Chapter 8** 컴퓨터 시스템 보호

## 059 저작권 보호

### 1 저작권법

• 저작자의 권리와 이에 인접하는 권리를 보호하고, 저작물의 공정한 이용을 도모하여 문화의 향상 및 발전에 이바지하는 것이 목적임
• 저작재산권의 보호 기간
 − 저작재산권은 특별한 규정이 있는 경우를 제외하고는 저작자가 생존하는 동안과 사망한 후 70년간 존속
 − 공동저작물의 저작재산권은 맨 마지막으로 사망한 저작자가 사망한 후 70년간 존속
 − 저작재산권의 보호 기간은 저작자가 사망하거나 저작물을 공표한 다음 해 1월 1일부터 기산
• 저작재산권의 제한 사항
 − 재판 절차에 필요하여 저작물을 복제한 경우
 − 방송사업자가 자체방송을 위해 일시적으로 녹음하거나 녹화한 경우
 − 영리를 목적으로 하지 않는 공연 또는 방송인 경우
 − 시각장애인이나 청각장애인 등을 위해 점자로 복제한 경우

 − 도서관에 보관된 자료를 복제하는 경우

### 2 컴퓨터 프로그램 보호법

• 프로그램 저작권은 프로그램이 창작된 때부터 발생하고, 어떠한 절차나 형식의 이행은 필요 없음
• 프로그램을 작성하기 위해 사용하는 프로그램 언어, 규약 및 해법에는 저작권법을 적용하지 않음

## 060 정보사회

### 1 정보사회의 특징

• 처리하려는 정보의 종류와 양이 증가함
• 정보처리 기술의 발달로 사회의 변화 속도가 빨라짐
• 사이버 공간에서 새로운 인간관계와 문화가 형성됨

### 2 정보사회의 문제점

• 정보의 편중으로 계층 간의 정보 차이가 커짐
• 중앙 컴퓨터 또는 서버의 장애나 오류 때문에 사회적, 경제적으로 혼란이 발생할 수 있음
• 정보 기술을 이용한 새로운 범죄가 증가할 수 있음
• VDT 증후군(Video Display Terminal Syndrome)이나 테크노스트레스(Technostress)와 같은 직업병이 발생할 수 있음
• 정보처리 기술로 인간관계의 유대감이 약화될 수 있음

출제횟수 7번

## 061 컴퓨터 범죄

### 1 컴퓨터 범죄의 유형

• **피싱(Phishing)**: 기업이나 금융기관 등의 가짜 웹 사이트나 이메일로 유인하여 개인의 금융 정보를 빼내는 행위
• **스니핑(Sniffing)**: 네트워크의 주변을 돌아다니는 패킷을 엿보면서 계정과 패스워드를 알아내는 행위
• **스푸핑(Spoofing)**: 검증된 사람이 네트워크를 통해 데이터를 보낸 것처럼 데이터를 변조하여 접속을 시도하는 행위
• **키로거 공격(Key Logger Attack)**: 키보드의 키 입력 시 캐치 프로그램을 사용하여 개인 정보를 빼내는 행위

- 서비스 거부 공격(DoS; Denial of Service): 일시에 대량의 데이터를 한 서버에 집중 및 전송시키는 공격 방식으로, 시스템에 오버플로를 발생시켜서 정상적인 서비스를 수행하지 못하도록 만드는 범죄 행위
- 분산 서비스 거부 공격(DDoS; Distributed Denial of Service): 여러 대의 컴퓨터를 일제히 동작시키는 방법으로 대량의 데이터를 한 곳의 서버 컴퓨터에 집중적으로 전송시켜서 특정 서버가 정상적으로 동작하지 못하게 하는 공격 방식
- 피기배킹(Piggybacking): 정당한 사용자가 정상적으로 시스템을 종료하지 않고 자리를 떠났을 때 비인가된 사용자가 바로 그 자리에서 계속 작업하여 불법적으로 접근하는 범죄 행위
- 웜(Worm): 네트워크를 통해 연속적으로 자신을 복제하여 시스템을 과부하시키는 프로그램
- 트로이 목마(Trojan Horse): 시스템에 다른 프로그램 코드로 위장하여 침투시키는 행위
- 매크로 바이러스(Macro Virus): 마이크로소프트의 엑셀이나 워드와 같은 파일을 매개로 하고, 특정 응용 프로그램에서 매크로를 사용하면 감염이 확산되는 컴퓨터 바이러스
- 백도어(Back Door), 트랩 도어(Trap Door): 시스템에 침입한 해커가 다시 쉽게 침입하기 위해서 만들어 놓은 불법 침입 경로

## 2 컴퓨터 범죄의 예방 대책

- 보호하려는 컴퓨터나 정보에 비밀번호를 설정하고 주기적으로 변경
- 바이러스 백신 프로그램을 설치하고 '자동 업데이트'로 설정
- Windows 업데이트는 기본적으로 '자동 설치' 설정

출제횟수 8번

## 062 컴퓨터 바이러스

## 1 컴퓨터 바이러스의 특징

- 컴퓨터의 정상적인 작동을 방해하여 운영체제나 저장된 데이터에 손상을 입힐 수 있는 프로그램
- 디스크의 부트 영역이나 프로그램 영역에 숨어 있음
- 자신을 복제하거나 다른 프로그램을 감염시킬 수 있음

- 인터넷과 같은 통신 매체뿐만 아니라 USB 메모리 등을 이용하여 외부에서 가져온 파일을 통해서도 감염시킬 수 있음
- 소프트웨어뿐만 아니라 하드웨어의 성능에도 영향을 미칠 수 있음

## 2 컴퓨터 바이러스의 유형

- 연결형 바이러스: 프로그램의 위치 정보를 바이러스의 위치 정보로 바꾸는 바이러스
- 기생형 바이러스: 프로그램을 손상시키지 않으면서 프로그램의 앞이나 뒤에 기생하는 바이러스
- 산란형 바이러스: 바이러스를 확장명이 COM인 파일로 만들어서 실행 파일 확장명인 EXE보다 먼저 실행되도록 만드는 바이러스
- 겹쳐쓰기형 바이러스: 원래 프로그램의 일부에 겹쳐쓰는 바이러스

## 3 컴퓨터 바이러스의 예방법

- 최신 버전의 백신 프로그램을 사용할 것
- 다운로드한 파일은 작업 전에 반드시 바이러스 검사를 할 것
- 의심스러운 이메일은 내용을 확인하지 않고 곧바로 삭제할 것
- 네트워크 공유 폴더의 파일은 '읽기 전용'으로 지정할 것

**확인문제**

19년 8월, 17년 9월, 17년 3월

다음 중 바이러스에 대한 설명으로 옳지 않은 것은?
① 감염 부위에 따라 부트 바이러스와 파일 바이러스로 구분한다.
② 사용자 몰래 스스로 복제하여 다른 프로그램을 감염시키고, 정상적인 프로그램이나 다른 데이터 파일 등을 파괴한다.
③ 주로 복제품을 사용하거나 통신 매체를 통하여 다운받은 프로그램에 의해 감염된다.
④ 컴퓨터 하드웨어와 무관하게 소프트웨어에만 영향을 미친다.

**정답해설** 바이러스의 종류에 따라 하드디스크의 내용을 파괴하거나 시스템을 느리게 할 수 있으므로 컴퓨터 소프트웨어와 하드웨어에 모두 영향을 미침

정답 | ④

# 063 정보보안 서비스

## 1 정보보안 서비스의 조건

| 기밀성(Confidentiality) | 시스템의 정보와 자원은 인가된 사용자에게만 접근이 허용되어야 함 |
|---|---|
| 무결성(Integrity) | 정보를 전송하는 과정에서 변경되지 않고 전달되어야 함 |
| 인증(Authentication) | 사용자를 식별하고 접근 권한을 확인할 수 있어야 함 |

## 2 정보보안 위협의 유형

- **가로막기**: 데이터의 전달을 가로막아 수신자 측으로 정보가 전달되는 것을 방해하는 행위
- **가로채기**: 전송되는 데이터를 전송 도중에 도청 및 몰래 보는 행위
- **변조/수정**: 전송된 원래의 데이터를 다른 내용으로 수정하여 변조하는 행위
- **위조**: 다른 송신자로부터 데이터가 송신된 것처럼 꾸미는 행위

## 3 암호화(Encryption)

데이터에 암호 알고리즘을 적용하여 허가받지 않은 사람들이 정보를 볼 수 없도록 암호문으로 변환하는 기법

| 비밀키 암호화 기법 (대칭키, 단일키) | • 같은 키로 데이터를 암호화하고 복호화함<br>• 대표적인 알고리즘은 DES(Data Encryption Standard)<br>• 비밀키 암호의 안전성은 키의 길이 및 키의 비밀성 유지 여부에 영향을 받음<br>• 장점: 알고리즘이 간단하고, 암호화와 복호화 속도가 빠름<br>• 단점: 키의 분배가 어렵고, 사용자가 증가하면 관리해야 할 키의 개수가 많아짐 |
|---|---|
| 공개키 암호화 기법 (비대칭키, 이중키) | • 암호화 키와 복호화 키가 서로 다름<br>• 암호화 키는 공개(공개키)하고, 복호화 키는 비밀(개인키)로 함<br>• 대표적인 알고리즘은 RSA(Rivest-Shamir-Adleman)<br>• 장점: 키의 분배가 쉽고, 관리해야 할 키의 개수가 적음<br>• 단점: 알고리즘이 복잡하고, 암호화와 복호화 속도가 느림 |

# 064 방화벽

- 보안이 필요한 네트워크의 통로를 단일화하여 관리하는 기능으로, 외부 네트워크와 내부 네트워크의 사이에 위치함
- 통신을 허용할 프로그램 및 기능 설정
- 각 네트워크의 위치 유형에 따른 외부 연결의 차단과 알림 설정
- 로그 정보를 통해 역추적하는 기능이 있어 외부 침입자의 흔적을 찾을 수 있음
- 외부로부터의 침입은 막을 수 있지만, 내부에서 일어나는 해킹은 막을 수 없음
- 방화벽(Firewall)을 사용하면 네트워크의 부하가 증가하고, 전송 처리 속도가 느려질 수 있음

**더 보기**

**프록시 서버(Proxy Server)**
클라이언트와 서버 사이에서 데이터를 중계하는 서버로, 어떤 사이트에 접속할 때 프록시 서버에서 데이터를 가지고 와서 전달하는 방화벽 기능과 캐시 기능 제공

**확인문제**

20년 7월, 19년 3월, 17년 9월

다음 중 시스템 보안을 위해 사용하는 방화벽(Firewall)에 대한 설명으로 적절하지 **않은** 것은?

① IP 주소 및 포트 번호를 이용하거나 사용자 인증을 기반으로 접속을 차단하여 네트워크의 출입로를 단일화한다.
② '명백히 허용되지 않은 것은 금지한다.'라는 적극적 방어 개념을 가지고 있다.
③ 방화벽을 운영하면 바이러스와 내/외부의 새로운 위험에 효과적으로 대처할 수 있다.
④ 로그 정보를 통해 외부 침입의 흔적을 찾아 역추적할 수 있다.

**정답해설** 방화벽은 외부의 위협은 막을 수 있지만, 내부에서 일어나는 위협은 막지 못함

정답 | ③

# 스프레드시트 일반

| Chapter 1 | 스프레드시트의 개요 |
| --- | --- |

출제횟수 10번

**065 엑셀 화면**

## 1 화면 구성

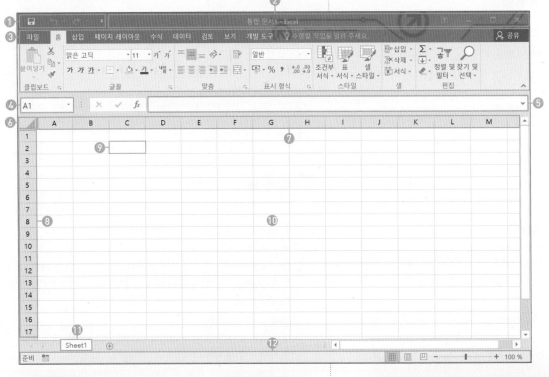

**더 보기**

**리본 메뉴의 최소화 방법**

방법1 엑셀 창의 오른쪽 위에 있는 [리본 메뉴 표시 옵션] 단추(圇)−
[리본 메뉴 자동 숨기기] 선택

방법2 Ctrl + F1

방법3 리본 메뉴의 활성 탭 이름을 더블클릭

❶ **빠른 실행 도구 모음**: 자주 사용하는 도구들을 모아놓은 도
구 모음으로, 사용자가 추가 및 제거하거나 리본 메뉴의 아
래쪽에 표시할 수 있음

❷ **제목 표시줄**: 현재 작업중인 파일의 이름이 표시되고, [리
본 메뉴 표시 옵션](圇), [최소화](━), [이전 크기로 복원]
(▣)/[최대화](▢), [닫기] 단추(✕)를 사용할 수 있음

❸ **리본 메뉴**: [파일] 탭, [홈] 탭, [삽입] 탭, [페이지 레이아웃]
탭, [수식] 탭, [데이터] 탭, [검토] 탭, [보기] 탭, [개발 도
구] 탭이 있고, 클릭하면 각 탭에 포함되는 도구가 표시됨

　– Alt 또는 F10을 누르면 리본 메뉴에는 바로 가기 키가, [빠
른 실행 도구 모음]에는 일련번호가 표시됨

　– ⊟를 누르면 활성화된 탭이 오른쪽 탭으로 변경됨(이때
바로 ⊟를 누르면 워크시트의 셀이 오른쪽으로 이동함.
따라서 Alt를 눌러 리본 메뉴에서 탭을 선택한 상태에서
⊟를 눌러야 함)

❹ **이름 상자**: 현재 선택한 셀 주소나 이름이 표시되고, 차트
나 그리기 개체를 선택하면 개체의 이름이 표시됨

❺ **수식 입력줄**: 셀에 입력한 데이터나 수식이 표시되는 영역

❻ [모두 선택] 단추(): 워크시트의 모든 셀이 선택됨

❼ 열 머리글: 시트의 각 열을 의미하고, 클릭하면 열이 선택됨

❽ 행 머리글: 시트의 각 행을 의미하고, 클릭하면 행이 선택됨

❾ 셀: 데이터가 입력되는 기본 단위로, 각 셀의 주소는 열 번호와 행 번호로 표시

　　예시 [C2] 셀: C열과 2행이 만나는 셀

❿ 워크시트: 데이터를 입력하고 결과가 표시되는 공간으로, 1,048,576행×16,384열로 구성

⓫ 시트 탭: 통합 문서에 포함되어 있는 시트의 이름 표시

⓬ 상태 표시줄: 현재 작업 상태에 대한 기본적인 정보 표시

－ 선택 영역에 대한 평균, 개수, 숫자 셀 수, 최소값, 최대값, 합계 등을 표시할 수 있음

－ 시트의 보기 상태를 '기본' 보기(▦), '페이지 레이아웃' 보기(▤), '페이지 나누기 미리 보기'(▥)로 지정

－ 확대/축소 슬라이드바 표시

---

**더 보기**

**워크시트의 수 지정 방법**
새로운 통합 문서를 열었을 때 기본적으로 만들어지는 워크시트 수는 [파일] 탭-[옵션]을 선택하고 [Excel 옵션] 창의 '일반' 범주를 선택한 후 '새 통합 문서 만들기'의 '포함할 시트 수'에서 지정

---

## 2 화면의 확대/축소

• 현재 시트를 확대하거나 축소하는 기능으로, 인쇄할 때는 적용되지 않음

• [보기] 탭-[확대/축소] 그룹-[확대/축소]를 클릭하거나 상태 표시줄에서 지정하고, 10~400% 범위에서 확대 및 축소할 수 있음

• 설정한 확대/축소 배율은 통합 문서의 해당 시트에만 적용

• 여러 시트를 선택하고 확대/축소 배율을 변경하면 선택된 모든 시트에 확대/축소 배율이 적용됨

• Ctrl을 누른 상태에서 마우스의 스크롤을 위로 올리면 화면이 확대되고 아래로 내리면 화면이 축소됨

• 특정 영역을 범위로 지정하고 [보기] 탭-[확대/축소] 그룹-[선택 영역 확대/축소]를 클릭하면 범위로 지정한 부분이 한 화면에 보이도록 배율을 자동으로 설정할 수 있음

---

21년 상시, 20년 2월, 16년 6월

다음 중 엑셀의 화면 확대/축소 작업에 관한 설명으로 옳지 않은 것은?

① 문서의 확대/축소는 10%에서 400%까지 설정할 수 있다.

② 설정한 확대/축소 배율은 통합 문서의 모든 시트에 자동으로 적용된다.

③ 화면의 확대/축소는 단지 화면에서 보이는 상태만 확대/축소하는 것으로, 인쇄 시 적용되지 않는다.

④ Ctrl을 누른 채 마우스의 스크롤을 위로 올리면 화면이 확대되고, 아래로 내리면 화면이 축소된다.

정답 해설 설정한 확대/축소 배율은 통합 문서의 모든 시트가 아니라 해당 시트에만 적용됨

정답 | ②

---

출제횟수 4번

### 066 저장과 파일 형식

## 1 일반 옵션

• [다른 이름으로 저장] 대화상자에서 [도구] 단추-[일반 옵션] 선택

• 파일을 저장할 때 백업 파일의 작성 여부와 열기/쓰기 암호, 읽기 전용 권장 등 저장 옵션을 설정할 수 있음

• [일반 옵션] 대화상자

| ❶ 백업 파일 항상 만들기 | 파일 저장 시 자동으로 백업용 복사본 저장 |
|---|---|
| ❷ 열기 암호 | 열기 암호를 입력해야 파일을 열 수 있음 |
| ❸ 쓰기 암호 | 쓰기 암호를 몰라도 파일을 열 수 있고, 원래 이름으로 저장할 수 없음 |
| ❹ 읽기 전용 권장 | 파일을 열 때 읽기 전용으로 열지 묻는 메시지 창 표시 |

## ② 파일 형식

| *.xlsx | Excel 통합 문서 |
|---|---|
| *.xlsm | Excel 매크로 사용 통합 문서 |
| *.xlsb | Excel 바이너리 통합 문서 |
| *.xltx | Excel 서식 파일(VBA 매크로 코드를 저장할 수 없음) |
| *.xml | XML 데이터 |
| *.txt | 탭으로 분리된 텍스트 파일 |
| *.prn | 공백으로 분리된 텍스트 파일 |
| *.csv | 쉼표로 분리된 텍스트 파일 |

## 067 화면 제어

### ① 틀 고정

- 화면을 스크롤해도 특정 행이나 열이 계속 표시되도록 설정하는 기능
- [보기] 탭-[창] 그룹-[틀 고정] 클릭
- '틀 고정', '첫 행 고정', '첫 열 고정'이 있음
- 셀 포인터의 위쪽과 왼쪽에 틀 고정 구분선이 생기고, 틀 고정 구분선은 드래그하여 위치를 조절할 수 없음
- 화면에 표시되는 틀 고정 형태는 인쇄할 때 적용되지 않음
- 셀 편집 모드이거나 [페이지 레이아웃] 상태일 때는 틀 고정을 설정할 수 없음

### ② 창 나누기

- 화면을 여러 개로 나누어 하나의 화면으로 표시하기 어려운 경우 떨어져 있는 데이터도 한 화면에 볼 수 있는 기능
- [보기] 탭-[창] 그룹-[나누기] 클릭
- 화면을 두 개나 네 개의 영역으로 분할할 수 있고, 셀 포인터의 위쪽과 왼쪽에 창 분할선이 생김
- 분할선을 드래그하여 분할된 지점을 변경할 수 있음
- 창 나누기는 [실행 취소] 명령(↶)으로 해제할 수 없고, 분할선을 더블클릭하여 해제할 수 있음
- 현재의 창 나누기 상태를 유지하면서 추가로 창 나누기를 지정할 수 없음
- 창 나누기는 인쇄할 때 적용되지 않음
- 틀 고정과 창 나누기를 동시에 수행할 수 없음

**[보기] 탭-[창] 그룹**

① **새 창**: 현재 활성화된 통합 문서를 새 창에 하나 더 표시
② **모두 정렬**: 현재 열려있는 통합 문서를 '바둑판식', '계단식', '가로', '세로'의 네 가지 형태로 배열
③ **숨기기**: 현재 활성화된 통합 문서 창을 보이지 않도록 숨김

## 068 시트의 선택, 그룹, 복사/이동

### ① 시트의 선택

- **연속적인 시트 선택**: 시트 탭에서 첫 번째 시트 탭을 선택하고 Shift를 누른 상태에서 마지막 시트 탭 선택
- **떨어져 있는 시트 선택**: 시트 탭에서 Ctrl을 누른 상태에서 차례대로 시트 탭 선택
- **모든 시트 선택**: 시트 탭의 바로 가기 메뉴에서 [모든 시트 선택] 선택

- Ctrl + PageUp: 이전 워크시트로 이동
- Ctrl + PageDown: 다음 워크시트로 이동

### ② 시트의 그룹

- 여러 개의 시트 탭을 한 번에 선택하면 제목 표시줄의 파일명 옆에 '[그룹]'()이 표시됨
- 그룹 상태에서 데이터 입력이나 편집을 하면 그룹으로 설정된 모든 시트에 같이 실행됨
- 그룹이 설정된 상태에서는 도형, 그림, 차트 등의 그래픽 개체를 삽입할 수 없으며, 정렬이나 필터 등의 데이터 작업도 할 수 없음
- 그룹으로 묶은 시트에서 복사하거나 잘라낸 데이터는 다른 한 개의 시트에만 붙여넣을 수 없음

### ③ 시트의 복사와 이동

- **시트 복사**: 시트 탭을 선택하고 Ctrl을 누른 상태에서 원하는 위치로 드래그

- 시트 이동: 시트 탭을 선택하고 원하는 위치로 드래그
- 같은 통합 문서에서 시트 탭을 복사하면, 원래의 시트 이름에 '(일련번호)' 형식이 추가되어 시트명이 생성됨

## 069 시트의 삽입, 삭제, 숨기기

### 1 시트의 삽입

- [홈] 탭-[셀] 그룹-[삽입]-[시트 삽입] 또는 시트 탭의 바로 가기 메뉴에서 [삽입] 선택
- Shift + F11 : 선택한 시트 탭의 개수만큼 왼쪽에 새로운 시트 탭이 삽입됨

### 2 시트의 삭제

- [홈] 탭-[셀] 그룹-[삭제]-[시트 삭제] 또는 시트 탭의 바로 가기 메뉴에서 [삭제] 선택
- 삭제된 시트는 실행 취소로 되살릴 수 없음
- Ctrl 이나 Shift 를 이용해 여러 개의 시트 탭을 선택해서 한꺼번에 삭제할 수 있음

### 3 시트 숨기기

- [홈] 탭-[셀] 그룹-[서식]-[숨기기 및 숨기기 취소]-[시트 숨기기] 또는 시트 탭의 바로 가기 메뉴에서 [숨기기] 선택
- 모든 시트를 숨길 수는 없고 화면에 보이는 시트가 적어도 하나는 있어야 함
- 시트를 숨긴 경우 시트 탭에는 표시되지 않지만, 다른 시트나 통합 문서에서 계속 참조할 수 있음

## 070 시트 이름 바꾸기, 시트 배경, 탭 색

### 1 시트 이름 바꾸기

- 시트 탭에서 시트 이름을 더블클릭하여 변경 가능 상태(Sheet1)로 만든 후 원하는 이름 입력
- 시트 이름은 공백을 포함하여 최대 31자까지만 지정할 수 있음

- 시트 이름에 ₩, /, ?, *, [,] 등의 문자는 사용할 수 없음
  예시 시험 & 1분반 (○), BOOK / 1 (×)
- 하나의 통합 문서에서는 같은 시트 이름을 지정할 수 없음
- 시트의 이름을 변경하지 못하게 하려면 [검토] 탭-[변경 내용] 그룹-[통합 문서 보호]를 클릭하여 통합 문서를 보호해야 함

### 2 시트 배경

- [페이지 레이아웃] 탭-[페이지 설정] 그룹-[배경]을 클릭하여 시트 배경 이미지를 표시할 수 있음
- 시트 배경 이미지는 인쇄되지 않음

### 3 탭 색

- 시트 탭의 바로 가기 메뉴에서 [탭 색] 선택
- 시트 탭에 색을 지정할 수 있음
- 시트 탭에 같은 색을 지정할 수 있음

## 071 시트 보호와 통합 문서 보호

### 1 시트 보호

- 시트의 내용, 개체, 시나리오를 보호하도록 설정하는 기능
- [검토] 탭-[변경 내용] 그룹-[시트 보호] 클릭

- 시트의 모든 셀은 기본적으로 '잠금' 속성이 설정되어 있지만, 시트를 보호하기 전까지는 효과가 전혀 없음
- 시트 보호를 설정하면 셀에 데이터를 입력하거나 수정할 때 경고 메시지 창이 나타남
- 시트 보호를 설정하면 기본적으로 셀의 선택만 가능하므로 셀의 내용을 수정할 수 있게 하려면 [셀 서식] 대화상자에서 '잠금' 설정을 해제해야 함

- 차트 시트의 경우 차트 내용을 변경하지 못하도록 보호할 수 있음
- 시트 보호 암호를 지정할 수 있고, 암호를 지정하지 않으면 모든 사용자가 시트 보호를 해제할 수 있음

**더 보기**

**범위 편집 허용 방법**
[검토] 탭-[변경 내용] 그룹-[범위 편집 허용]을 선택하여 [범위 편집 허용] 대화상자를 열고 보호된 워크시트에서 특정 사용자가 범위를 편집할 수 있도록 허용 가능

### 2 통합 문서 보호

- 시트 삽입, 삭제, 이동, 숨기기, 이름 바꾸기 등의 작업을 할 수 없도록 보호하는 기능
- [검토] 탭-[변경 내용] 그룹-[통합 문서 보호] 클릭

- 통합 문서를 보호해도 포함된 차트, 도형 등의 그래픽 개체를 변경 및 이동, 복사할 수 있음
- 통합 문서를 보호하면 시나리오 요약 보고서를 만들 수 없고, 별도의 워크시트에 피벗 테이블 보고서를 표시할 수 없음

출제횟수 7번

## 072 통합 문서 공유

- 공유 네트워크 폴더를 이용하여 여러 사용자가 공유된 통합 문서를 공동으로 작업할 수 있게 하는 기능
- [검토] 탭-[변경 내용] 그룹-[통합 문서 공유] 클릭
- 통합 문서가 공유되면 제목 표시줄의 파일명 옆에 '[공유]' ([ 공유 ])가 표시됨
- 공유된 통합 문서에서는 입력과 편집이 가능하지만, 조건부 서식, 차트, 시나리오 등을 추가하거나 변경할 수 없음
- 공유된 통합 문서는 여러 사용자가 동시에 변경할 수 있음
- 필요할 때 공유 통합 문서에서 특정 사용자의 연결을 끊을 수 있음
- 암호로 보호된 공유 통합 문서에서 보호를 해제하려면 먼저 통합 문서의 공유 상태를 해제해야 함

- 공유 통합 문서를 네트워크의 위치에 복사해도 다른 통합 문서와의 연결은 그대로 유지됨
- 상위 버전에서 작성한 공유 통합 문서는 하위 버전에서 사용할 수 없음

---

**Chapter 2** 데이터 입력 및 편집

출제횟수 18번

## 073 데이터 입력

### 1 데이터의 형식

| 문자 데이터 | • 문자, 숫자, 기호 등이 조합된 데이터<br>• 숫자 앞에 작은따옴표(')를 붙이면 문자로 인식<br>• 왼쪽 맞춤으로 정렬됨 |
|---|---|
| 숫자 데이터 | • 숫자와 함께 +, −, ( ), 쉼표, /, $, %, 소수점, 지수 기호 등이 조합된 데이터<br>• 오른쪽 맞춤으로 정렬됨<br>• 분수는 '0'을 입력한 후 한 칸 띄우고 입력<br>예시 0 2/3 → '2/3'으로 입력됨<br>• 셀 너비보다 긴 숫자는 지수 형식으로 표시됨 |
| 날짜 데이터 | • 하이픈(−)이나 슬래시(/)로 구분하여 입력<br>• 오른쪽 맞춤으로 정렬됨<br>• 날짜는 1900년 1월 1일을 1로 시작하는 일련번호로 저장<br>• 연도와 월만 입력하면 자동으로 해당 월의 1일로 입력됨<br>• 날짜의 연도를 두 자리로 입력할 때 연도가 30 이상이면 1900년대로, 29 이하이면 2000년대로 인식함<br>• 날짜와 시간을 하나의 셀에 같이 입력하려면 공백으로 날짜와 시간 구분<br>• 현재 시스템의 날짜 입력: Ctrl + ; |
| 시간 데이터 | • 콜론(:)으로 구분하여 입력<br>• 오른쪽 맞춤으로 정렬됨<br>• 시간 데이터는 소수로 저장되고, 낮 12시는 0.5로 계산<br>• 날짜와 시간을 하나의 셀에 같이 입력하려면 공백으로 날짜와 시간 구분<br>• 시간은 24시각제로 입력되므로 12시각제로 입력하려면 시간 뒤에 한 칸을 띄우고 'AM' 또는 'PM' 입력<br>예시 9:00 PM<br>• 현재 시스템의 시간 입력: Ctrl + Shift + ; |
| 수식 데이터 | • 등호(=)나 더하기(+) 기호로 시작함<br>• 셀에는 수식의 결과가, 수식 입력줄에는 입력한 수식이 표시됨<br>• 입력된 수식 보기: Ctrl + ~<br>• 수식이 아닌 상수로 입력: 수식을 입력한 후 바로 F9 누름 |
| 기타 데이터 | • 한자: 한글을 입력하고 한자를 누른 후 표시되는 한자 목록에서 해당 한자 선택<br>• 특수 문자: 한글 자음을 입력하고 한자를 누른 후 해당 특수 문자 선택 |

**고정 소수점이 포함된 숫자 입력하기**
[파일] 탭-[옵션]을 선택하고 [Excel 옵션] 창의 '고급' 범주에서 '소수점 자동 삽입'에 체크한 후 '소수점 위치' 설정

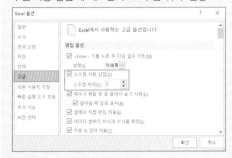

21년 상시, 20년 7월, 19년 8월

다음 중 엑셀에서 날짜 데이터의 입력 방법에 대한 설명으로 옳지 <u>않은</u> 것은?

① 날짜 데이터는 하이픈(-)이나 슬래시(/)를 이용하여 년, 월, 일을 구분한다.
② 날짜의 연도를 생략하고 월과 일만 입력하면 자동으로 현재 연도가 추가된다.
③ 날짜의 연도를 두 자리로 입력할 때 연도가 30 이상이면 1900년대로 인식하고, 29 이하이면 2000년대로 인식한다.
④ Ctrl + Shift + ;을 누르면 오늘 날짜가 입력된다.

**정답** 해설
• 오늘 날짜를 나타내는 바로 가기 키: Ctrl + ;
• 현재 시간을 나타내는 바로 가기 키: Ctrl + Shift + ;

정답 | ④

## 2 데이터 입력

• 데이터 입력 도중에 입력 취소: Esc
• 셀 안에서 줄 바꿈: Alt + Enter
• 여러 셀에 같은 데이터 입력: 범위를 지정하고 데이터를 입력한 후 Ctrl + Enter
• 데이터 입력하고 위의 셀 선택: Shift + Enter
• 셀에 입력하는 문자 중 처음 몇 글자가 해당 열에 입력한 내용과 일치하면 나머지 글자가 자동으로 완성됨. 데이터 자동 완성은 텍스트나 '텍스트 + 숫자' 조합에만 해당됨
• 범위를 지정하고 Enter를 누르면 지정한 범위 안에서만 셀 포인터가 이동함
• 셀을 선택하고 Alt + ↓를 누르면 같은 열에 입력된 문자열 목록이 표시됨

---

**셀 포인터의 이동 방법**

| | |
|---|---|
| 원하는 셀의 위치로 이동 | 이름 상자에 셀 주소 입력 후 Enter |
| 한 행 위로 이동 | Shift + Enter |
| 해당 행의 A열로 이동 | Home |
| [A1] 셀로 이동 | Ctrl + Home |
| 데이터가 포함된 마지막 셀로 이동 | Ctrl + End |
| [이동] 대화상자에서 셀 주소 입력 | F5 |

19년 8월, 17년 3월, 16년 10월

다음 중 데이터 입력에 대한 설명으로 옳지 <u>않은</u> 것은?

① 동일한 문자를 여러 개의 셀에 입력하려면 셀에 문자를 입력한 후 채우기 핸들을 드래그한다.
② 숫자 데이터의 경우 두 개의 셀을 선택하고 채우기 핸들을 선택 방향으로 드래그하면 두 값의 차이만큼 증가/감소하며 자동 입력된다.
③ 일정 범위 안에 동일한 데이터를 한 번에 입력하려면 범위를 지정하여 데이터를 입력한 후 바로 이어서 Shift + Enter를 누른다.
④ 사용자 지정 연속 데이터 채우기를 사용하여 데이터를 입력하는 경우 사용자 지정 목록에는 텍스트나 텍스트/숫자 조합만 포함될 수 있다.

**정답** 해설 범위를 지정하고 데이터를 입력한 후 바로 이어서 Ctrl + Enter를 눌러야 일정한 범위 안에서 같은 데이터를 한 번에 입력할 수 있음

정답 | ③

출제횟수 7번

**074** 자동 채우기

## 1 자동 채우기 핸들(  )의 이용

데이터를 입력한 후 해당 셀의 자동 채우기 핸들(+)을 드래그하면 데이터의 종류 및 형태에 따라 결과값이 다를 수 있음

| 문자 데이터 | 같은 데이터가 복사됨 |
|---|---|
| 숫자 데이터 | • 한 개의 셀을 선택하고 자동 채우기 핸들을 드래그하면 숫자 데이터가 복사됨<br>• 두 개의 셀을 범위로 지정하고 자동 채우기 핸들을 드래그하면 두 셀의 차이만큼 증가함<br>• Ctrl을 누른 상태에서 자동 채우기 핸들을 드래그하면 1씩 증가함 |

| 문자 + 숫자 | 문자는 복사되고 숫자는 1씩 증가함 |
|---|---|
| 날짜/시간 데이터 | • 날짜는 1일 단위로, 시간은 1시간 단위로 증가함<br>• 채우기 옵션: 일, 평일, 월, 연 단위 채우기<br> |
| 수식 데이터 | 수식이 자동으로 채워져서 결과값이 표시됨 |
| 사용자 지정 목록 | • [파일] 탭−[옵션]을 선택하고 [Excel 옵션] 창의 '고급' 범주에서 [사용자 지정 목록 편집] 단추를 클릭한 후 [사용자 지정 목록] 대화상자에서 목록 추가<br>• 엑셀에서 기본적으로 제공된 목록은 수정하거나 삭제할 수 없음<br>• 사용자 지정 목록은 다른 통합 문서에서도 사용할 수 있음<br>• 등록된 문자 데이터를 입력하고 자동 채우기 핸들을 드래그하면 목록 순서대로 입력됨 |

**더 보기**

• 위쪽 셀의 내용으로 채우기: Ctrl + D
• 왼쪽 셀의 내용으로 채우기: Ctrl + R

## 2 연속 데이터 채우기

데이터를 입력한 후 데이터의 입력 방향과 유형에 따라 연속으로 입력할 수 있음

• [연속 데이터] 대화상자

| ❶ 선형 | '단계 값'만큼 더하여 입력 |
|---|---|
| ❷ 급수 | '단계 값'만큼 곱하여 입력 |
| ❸ 날짜 | '날짜 단위'에서 지정한 값만큼 증가하여 입력 |
| ❹ 자동 채우기 | 자동 채우기 핸들을 드래그한 것과 같은 결과 표시 |

# 075 메모, 윗주, 하이퍼링크

## 1 메모

• 셀에 입력된 내용에 대한 보충 설명을 기록할 때 사용
• 메모는 문자, 숫자, 특수 문자도 입력 가능하고, 텍스트 서식도 지정할 수 있음
• 메모를 삽입할 셀을 선택하고 Shift + F2를 누르거나 [검토] 탭−[메모] 그룹−[새 메모] 클릭
• 메모가 항상 표시되도록 설정할 수 있고, 메모에 입력된 텍스트에 맞도록 메모 크기를 자동으로 조정할 수 있음
• 메모가 삽입된 셀을 이동하면 메모의 위치도 셀과 함께 변경됨
• 메모는 시트에 표시된 대로 인쇄하거나 시트의 끝에 인쇄할 수 있음
• 시트의 모든 메모를 표시하려면 [검토] 탭−[메모] 그룹−[메모 모두 표시] 클릭
• 메모를 삭제하려면 메모가 삽입된 셀의 바로 가기 메뉴에서 [메모 삭제] 선택
• [홈] 탭−[편집] 그룹−[지우기]−[모두 지우기]를 선택하여 셀을 지우면 메모도 함께 삭제됨
• 하나의 시트에 여러 개의 메모가 삽입된 경우 [검토] 탭−[메모] 그룹에서 [이전] 또는 [다음]을 클릭하여 메모를 탐색할 수 있음

## 2 윗주

• 셀에 대한 주석을 작성하는 기능으로, 반드시 문자 데이터가 입력된 셀에만 표시할 수 있음
• [홈] 탭−[글꼴] 그룹−[윗주 필드 표시/숨기기]−[윗주 편집]을 선택하여 입력
• 윗주는 바로 표시되지 않고, [홈] 탭−[글꼴] 그룹−[윗주 필드 표시/숨기기]−[윗주 필드 표시]를 선택해야 표시됨
• 윗주의 서식을 변경할 수 있지만, 일부분의 서식을 별도로 변경할 수는 없음
• 셀에 입력된 데이터를 삭제하면 윗주도 함께 삭제됨

## 3 하이퍼링크

• 기존 파일, 웹페이지, 현재 문서, 새 문서, 전자우편 주소 등의 링크를 만드는 기능
• [삽입] 탭−[링크] 그룹−[하이퍼링크] 클릭

• 하이퍼링크는 도형에는 지정할 수 있지만, 단추에는 지정할 수 없음

출제횟수 8번

# 076 데이터 편집

## 1 셀 선택과 범위 지정

• **연속된 셀 선택**: 첫 번째 셀을 선택하고 [Shift]를 누른 상태에서 마지막 셀 선택
• **떨어져 있는 범위 선택**: 첫 번째 범위를 선택하고 [Ctrl]을 누른 상태에서 다음 범위 선택
• **행 또는 열 선택**: 행 머리글이나 열 머리글 클릭
• **현재 행 선택**: [Shift] + [Spacebar]
• **현재 열 선택**: [Ctrl] + [Spacebar]
• **전체 셀 선택**: [모두 선택] 단추(▨)를 클릭하거나 [Ctrl] + [A]

## 2 데이터 수정

• 해당 셀을 더블클릭하여 수정
• 수식 입력줄에서 수정
• [F2]를 누르면 입력된 내용의 맨 뒤에 커서가 나타나서 데이터를 수정할 수 있음

## 3 데이터 지우기

| 데이터 내용 지우기 | [Delete] 또는 [홈] 탭-[편집] 그룹-[지우기]-[내용 지우기] |
|---|---|
| 범위의 첫 셀만 지우기 | 범위를 지정하고 [BackSpace] |
| 모두 지우기 | [홈] 탭-[편집] 그룹-[지우기]-[모두 지우기] |
| 서식 지우기 | [홈] 탭-[편집] 그룹-[지우기]-[서식 지우기] |
| 메모 지우기 | [홈] 탭-[편집] 그룹-[지우기]-[메모 지우기] |

• **삭제 옵션**: 셀을 왼쪽으로 밀기, 셀을 위로 밀기, 행 전체, 열 전체

확인문제

21년 상시, 19년 8월

다음 중 아래 그림에서 바로 가기 메뉴 [삭제]의 삭제 옵션을 선택하여 실행한 결과로 가능하지 <u>않은</u> 것은?

오답 해설 ① '셀을 왼쪽으로 밀기'를 선택한 경우 ② '셀을 위로 밀기'를 선택한 경우 ④ '열 전체'를 선택한 경우

정답 해설 ③ '내용 지우기'의 경우로, 삭제와는 관련 없음

정답 | ③

출제횟수 2번

# 077 이동/복사, 선택하여 붙여넣기

## 1 이동/복사

• 셀을 선택하여 이동하거나 복사하는 경우 수식, 결과값뿐만 아니라 셀 서식, 메모를 포함한 셀 전체가 이동되거나 복사됨
• 영역을 선택하고 잘라내거나 복사를 하면 선택 영역의 주위에 선택 영역임을 의미하는 점선이 표시됨
• 클립보드에는 최대 24개의 항목이 저장되므로 여러 데이터를 클립보드에 저장했다가 붙여넣을 수 있음
• 선택한 복사 영역에 숨겨진 행이나 열이 있는 경우 숨겨진 영역도 함께 복사되거나 이동됨
• 마우스를 이용하여 복사나 이동을 하려면 [파일] 탭-[옵션]을 선택하고 [Excel 옵션] 창의 '고급' 범주에서 '채우기 핸들 및 셀 끌어서 놓기 사용'에 체크해야 함

• 이동/복사 방법

| | 이동 | 복사 |
|---|---|---|
| 마우스 | 선택 영역의 테두리를 드래그 | 선택 영역의 테두리를 Ctrl + 드래그 |
| 메뉴 | [홈] 탭-[클립보드] 그룹-[잘라내기] → [홈] 탭-[클립보드] 그룹-[붙여넣기] | [홈] 탭-[클립보드] 그룹-[복사] → [홈] 탭-[클립보드] 그룹-[붙여넣기] |
| 바로 가기 키 | Ctrl + X → Ctrl + V | Ctrl + C → Ctrl + V |

## 2 선택하여 붙여넣기

• 복사한 데이터를 붙여넣을 때 서식, 값, 수식 등 일부 내용만 선택하여 붙여넣는 기능
• 잘라내기한 상태에서는 선택하여 붙여넣을 수 없음
• 선택 영역을 복사하고 [홈] 탭-[클립보드] 그룹-[붙여넣기]-[선택하여 붙여넣기] 클릭 또는 Ctrl + Alt + V 누름
• [선택하여 붙여넣기] 대화상자

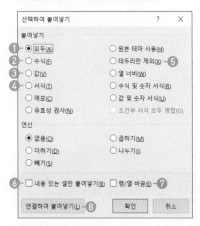

| ❶ 모두 | 원본 데이터를 그대로 붙여넣음 |
|---|---|
| ❷ 수식 | 서식은 제외하고 수식만 붙여넣음 |
| ❸ 값 | 서식은 제외하고 화면에 표시된 값만 붙여넣음 |
| ❹ 서식 | 데이터는 제외하고 셀 서식만 붙여넣음 |
| ❺ 테두리만 제외 | 테두리를 제외하고 나머지 서식과 내용을 붙여넣음 |
| ❻ 내용 있는 셀만 붙여넣기 | 복사할 영역에 빈 셀이 있는 경우 붙여넣을 영역의 값을 바꾸지 않음 |
| ❼ 행/열 바꿈 | 복사한 데이터의 행과 열을 서로 바꿔서 붙여넣음 |
| ❽ 연결하여 붙여넣기 | 원본 셀의 값이 변경되었을 때 붙여넣기한 셀의 내용도 자동으로 변경됨 |

## 078 찾기 및 바꾸기

• 워크시트에 입력된 특정한 데이터를 찾거나 다른 데이터로 바꾸는 기능으로, 숫자, 특수 문자, 한자 등도 찾을 수 있음
• [홈] 탭-[편집] 그룹-[찾기 및 선택]-[찾기] 또는 [바꾸기] 선택
• Ctrl + F 또는 Shift + F5 : [찾기] 탭이 선택된 [찾기 및 바꾸기] 대화상자 표시
• Ctrl + H : [바꾸기] 탭이 선택된 [찾기 및 바꾸기] 대화상자 표시
• 이전 항목을 찾으려면 [찾기 및 바꾸기] 대화상자에서 Shift 를 누른 채 [다음 찾기] 클릭
• [찾기 및 바꾸기] 대화상자의 [찾기] 탭

| ❶ 찾을 내용 | 검색할 내용을 입력하는 곳 |
|---|---|
| ❷ 서식 | 특정 서식이 적용된 셀을 찾을 수 있음 |
| ❸ 범위 | 찾을 범위를 '시트' 또는 '통합 문서'로 지정 |
| ❹ 검색 | 검색 방향을 '행' 또는 '열'로 지정 |
| ❺ 찾는 위치 | 찾을 데이터를 '수식', '값', '메모' 중에서 선택 |
| ❻ 대/소문자 구분 | 영문자의 대·소문자를 구분하여 검색 |
| ❼ 전체 셀 내용 일치 | '찾을 내용'과 내용이 완전히 일치하는 데이터 검색 |

• 와일드카드 문자(만능 문자)

| ? | 한 문자를 대신하여 사용 예시 한? → 한국, 한우, 한기 등 |
|---|---|
| * | 여러 문자를 대신하여 사용 예시 *국 → 대한민국, 미국 등 |
| ~ | 찾으려는 만능 문자의 앞에 물결표(~) 입력 예시 ~?, ~* |

## 079 셀 서식

### 1 셀 서식 지정 방법

• [셀 서식] 대화상자

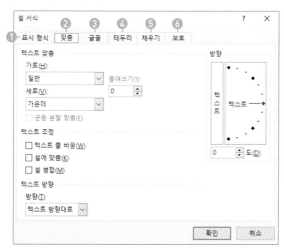

| ❶ [표시 형식] 탭 | 데이터가 표시되는 형식 지정 |
|---|---|
| ❷ [맞춤] 탭 | • 텍스트 맞춤: 가로 맞춤, 세로 맞춤 지정<br>• 텍스트 줄 바꿈: 데이터가 셀의 너비보다 긴 경우 자동으로 줄을 나누어 표시<br>• 셀에 맞춤: 데이터가 셀의 너비보다 긴 경우 글자의 크기를 자동으로 줄임<br>• 셀 병합: 여러 셀을 병합하는 경우 맨 왼쪽 위의 셀만 남기고 나머지는 지움. 두 개 이상의 셀을 하나로 병합함<br>• 텍스트 방향: 텍스트 방향을 '왼쪽에서 오른쪽'으로 또는 '오른쪽에서 왼쪽'으로 지정<br>• 방향: 데이터를 세로 방향으로 설정하거나 회전 각도를 지정하여 방향 설정 |
| ❸ [글꼴] 탭 | 글꼴, 글꼴 스타일, 크기, 밑줄, 색 등을 지정 |
| ❹ [테두리] 탭 | 선택 영역에 테두리 지정 |
| ❺ [채우기] 탭 | 배경색과 무늬 색, 무늬 스타일 지정 |
| ❻ [보호] 탭 | 셀의 잠금이나 숨김 지정 |

### 2 셀 서식 관련 바로 가기 키

| Ctrl + 1 | [셀 서식] 대화상자 표시 |
|---|---|
| Ctrl + 2 | 글꼴 스타일 '굵게' 적용, 다시 누르면 취소 |
| Ctrl + 3 | 글꼴 스타일 '기울임꼴' 적용, 다시 누르면 취소 |
| Ctrl + 4 | 선택한 셀에 밑줄 적용, 다시 누르면 취소 |
| Ctrl + 5 | 취소선 적용, 다시 누르면 취소 |

## 080 사용자 지정 서식

### 1 숫자 서식

| # | 유효한 자릿수만 표시하고, 유효하지 않은 0은 표시하지 않음 |
|---|---|
| 0 | 유효하지 않은 자릿수를 0으로 표시 |
| ? | 유효하지 않은 0 대신 공백을 삽입하고 소수점 기준으로 맞춤 |
| , | • 천 단위 구분 기호로 콤마(,) 삽입<br>• 맨 끝에 표시하면 천 단위가 생략되고 반올림된 값 표시<br> 예시 #,##0, → '539680'을 입력하면 '540' 표시 |
| % | 숫자에 100을 곱하고 %를 붙여서 표시 |

### 2 문자 서식

| @ | 문자 데이터를 그대로 표시<br> 예시 @"귀하" → '홍길동'을 입력하면 '홍길동귀하' 표시 |
|---|---|
| * | * 뒤의 문자를 셀 너비만큼 채워서 표시<br> 예시 @*! → '가자'를 입력하면 셀 너비만큼 !가 반복된 '가자!!!!!!!' 표시 |

### 3 날짜 서식

| yy | 연도 | 두 자리 | yyyy | 연도 | 네 자리 |
|---|---|---|---|---|---|
| m | 월 | 1~12 | mm | 월 | 01~12 |
| mmm | | Jan~Dec | mmmm | | January~December |
| d | 일 | 1~31 | dd | 일 | 01~31 |
| ddd | 요일 | Sun~Sat | dddd | 요일 | Sunday~Saturday |

### 4 시간 서식

| h | 시간 | 0~23 | hh | 시간 | 00~23 |
|---|---|---|---|---|---|
| m | 분 | 0~59 | mm | 분 | 00~59 |
| s | 초 | 0~59 | ss | 초 | 00~59 |

**더 보기**

• [hh]: 경과된 시간 표시
• [mm]: 경과된 분 표시
• [ss]: 경과된 초 표시

### 5 사용자 지정 표시 형식

• 각 구역은 세미콜론(;)으로 구분하고 '양수, 음수, 0, 문자'의 표시 형식을 순서대로 지정

$$\#,\#\#0;[빨강](\#,\#\#0);0.00;@"귀하"$$
ㄴ양수　ㄴ음수　　ㄴ0 값　ㄴ문자

→ 양수는 천 단위 구분 기호를 넣어 표시하고 음수는 괄호에 넣어 빨간색으로 표시함. 0은 '0.00'으로 표시하고 문자 데이터의 끝에 '귀하'를 추가함

- 조건이나 색 이름은 대괄호([ ]) 안에 표시

**더 보기**

**통화 형식**
통화 기호가 숫자의 바로 앞(　₩500　)에 표시되고, 통화 기호의 표시 여부를 선택할 수 있음

**회계 형식**
통화 기호가 셀의 왼쪽 끝(₩　500　)에 표시되고, 음수의 표시 형식을 지정할 수 없으며, 입력된 값이 0일 경우 하이픈(−)으로 표시됨

---

**확인문제**

20년 7월, 20년 2월, 17년 3월

다음 중 서식 코드를 셀의 사용자 지정 표시 형식으로 설정한 경우 입력 데이터와 표시 결과가 옳지 <u>않은</u> 것은?

|  | 서식 코드 | 입력 데이터 | 표시 |
|---|---|---|---|
| ⓐ | # ???/??? | 3.75 | 3　3/4 |
| ⓑ | 0.00#, | -6789 | -0.007 |
| ⓒ | *-#,##0 | 6789 | *----6789 |
| ⓓ | ▲#;▼#;0 | -6789 | ▼6789 |

① ⓐ　　　② ⓑ　　　③ ⓒ　　　④ ⓓ

**정답 해설** '*-#,##0'에서 '*-'은 * 기호의 다음에 있는 특정 문자 '-'을 셀의 너비만큼 반복하여 채우므로 결과값은 '----6,789'

정답 | ③

---

출제횟수 3번

**081 셀 스타일**

- 글꼴과 글꼴 크기, 숫자 서식, 셀 테두리, 셀 음영 등의 정의된 서식의 집합으로, 셀 서식을 일관성 있게 적용하는 기능
- 기본 제공 셀 스타일을 수정하거나 복제하여 사용자 지정 셀 스타일을 직접 만들 수 있음
- 사용 중인 셀 스타일을 수정하면 해당 셀에는 자동으로 셀 스타일이 적용됨
- '표준' 셀 스타일은 삭제할 수 없음

- 셀 스타일을 삭제하면 해당 스타일이 적용되었던 영역에 '표준' 셀 스타일이 적용됨
- 사용자가 만든 셀 스타일은 기본적으로 현재 엑셀 통합 문서에서 사용할 수 있음
- 특정 셀을 다른 사람이 변경할 수 없도록 셀을 잠그는 셀 스타일을 사용할 수도 있음

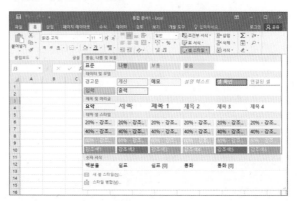

출제횟수 4번

**082 조건부 서식**

- 선택한 영역에서 특정 조건을 만족하는 셀에만 서식을 지정하는 기능
- [홈] 탭−[스타일] 그룹−[조건부 서식] 클릭
- 셀 값이 변경되어 규칙을 만족하지 않으면 적용된 서식은 해제됨
- 둘 이상의 규칙이 '참'이면 규칙에 지정된 서식이 모두 적용되지만, 서식이 충돌하는 경우에는 우선순위가 높은 규칙의 서식만 적용됨
- 사용자가 지정한 서식보다 조건부 서식의 서식이 우선 적용됨
- 조건부 서식의 서식 스타일에는 데이터 막대, 색조, 아이콘 집합 등이 있음
- [홈] 탭−[편집] 그룹−[찾기 및 선택]−[조건부 서식]을 선택하면 조건부 서식이 적용되고 있는 셀의 범위를 알 수 있음
- [홈] 탭−[스타일] 그룹−[조건부 서식]−[새 규칙]을 선택하고 [새 서식 규칙] 대화상자에서 규칙 유형을 선택할 수 있음

예시 조건부 서식의 수식을 사용하여 표의 홀수 행마다 배경색을 노란색
으로 채우는 경우

---

**Chapter 3** 수식 활용

## 083 연산자와 셀 참조

### 1 연산자

| 산술 연산자 | +, −, *, /, %(백분율), ^(거듭제곱) |
|---|---|
| 비교 연산자 | >, <, >=, <=, =, <> |
| 문자열 연산자 | & |
| 참조 연산자 | 콜론(범위 연산자), 쉼표(구분 연산자), 공백(교점 연산자) |

### 2 셀 참조

| 상대 참조 | 셀의 위치가 변경되면 수식의 주소가 자동으로 변경됨<br>예시 A1, B2 |
|---|---|
| 절대 참조 | 셀의 위치가 변경되어도 수식의 주소가 변경되지<br>않음 예시 $A$1, $B$2 |
| 혼합 참조 | 행이나 열 중에서 하나만 절대 참조로 지정됨<br>예시 $A1, A$1, $B2, B$2 |
| 다른 워크시트의<br>셀 참조 | • 시트 이름과 셀 주소 사이에 느낌표(!)로 구분<br>예시 =Sheet1!A3<br>• 시트 이름에 한글, 영문 이외의 문자가 있으면 작은따옴표(' ')로 묶음<br>예시 ='1월'!A3 |
| 다른 통합 문서의<br>셀 참조 | 통합 문서의 이름을 대괄호([ ])로 표시<br>예시 =[실적.xlsx]Sheet1!$A$3 |
| 3차원 참조 | • 여러 시트의 동일한 셀 데이터나 셀 범위 데이터에 대한 참조<br>예시 =SUM(Sheet2:Sheet4!A2)<br>→ [Sheet2] 시트에서 [Sheet4] 시트의 [A2] 셀 값을 모두 더함<br>• 배열 수식에는 3차원 참조를 사용할 수 없음<br>• SUM 함수, AVERAGE 함수, COUNTA 함수, STDEV 함수 등을 사용할 수 있음 |

---

## 084 이름 정의

• 선택한 셀이나 범위에 이름을 정의하는 기능
• 이름은 기본적으로 절대 참조로 정의됨
• 이름의 첫 글자는 문자나 밑줄( _ ), 역슬래시(\)만 사용할 수 있고, 영문자의 대·소문자를 구분하지 않음
• 이름에는 공백을 사용할 수 없음
• 셀 주소와 같은 형태의 이름은 사용할 수 없음
• 여러 시트에서 같은 이름으로 정의할 수 없음
• 이름 정의 방법
  방법1 이름을 정의하려는 영역을 범위로 지정하고 이름 상자에 이름을 입력한 후 Enter
  방법2 [수식] 탭-[정의된 이름] 그룹-[이름 정의]
  방법3 [수식] 탭-[정의된 이름] 그룹-[선택 영역에서 만들기]

---

## 085 오류 메시지

| #### | 결과값이 셀 너비보다 길어서 셀에 결과값을 모두 표시할 수 없는 경우 |
|---|---|
| #DIV/0! | 특정 값을 0 또는 빈 셀로 나눈 경우 |
| #N/A | 수식에서 잘못된 값으로 연산을 시도한 경우 |
| #NAME? | 잘못된 함수 이름이나 정의되지 않은 셀 이름을 사용한 경우<br>예시 =SUM(A3A9) |
| #NULL! | 교차하지 않은 두 영역의 교차점을 지정한 경우<br>예시 =SUM(A1 B1) |
| #NUM! | 수식이나 함수에 잘못된 숫자값이 포함된 경우 |
| #REF! | 셀 참조를 잘못 사용한 경우 |
| #VALUE! | 잘못된 인수나 피연산자를 사용한 경우 |
| 순환 참조 경고 | 수식에 자기 자신의 셀을 참조하려는 경우 |

**더 보기**

**[오류 추적] 단추(◆▾)**
[파일] 탭-[옵션]을 선택하고 [Excel 옵션] 창의 '수식' 범주에서 '오류를 반환하는 수식이 있는 셀'에 체크하면 오류가 발생한 부분에 [오류 추적] 단추(◆▾)가 표시됨

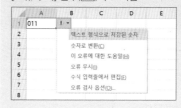

**086** 날짜/시간 함수

| NOW( ) | 현재 날짜와 시간 반환 |
|---|---|
| TODAY( ) | 현재 날짜 반환 |
| DATE(연,월,일) | '연', '월', '일'에 대한 날짜 데이터 반환 |
| YEAR(날짜)<br>MONTH(날짜)<br>DAY(날짜) | '날짜'의 연도, 월, 일 반환 |
| TIME(시,분,초) | '시', '분', '초'에 대한 시간 데이터 반환 |
| HOUR(시간)<br>MINUTE(시간)<br>SECOND(시간) | '시간'의 시, 분, 초 반환 |
| WEEKDAY(날짜,반환값) | • '날짜'에 해당하는 요일 번호 반환<br>• 반환값<br>  – 1 또는 생략: 일요일이 1<br>  – 2: 월요일이 1<br>  – 3: 월요일이 0 |
| DATEVALUE(날짜) | '날짜'의 일련번호 반환 |
| DAYS(종료 날짜,시작 날짜) | '시작 날짜'부터 '종료 날짜' 사이의 일수 계산하여 반환 |
| EDATE(시작 날짜,개월 수) | '시작 날짜'를 기준으로 이전이나 이후 날짜의 일련번호 반환 |
| EOMONTH(시작 날짜,개월 수) | '시작 날짜'를 기준으로 이전이나 이후 달의 마지막 날짜의 일련번호 반환 |
| WORKDAY(시작 날짜,날짜 수,휴일) | '시작 날짜'에서 토요일, 일요일, 지정한 '휴일'을 제외하고 지정한 '날짜 수'만큼 경과한 날짜를 반환 |
| NETWORKDAYS(시작 날짜,끝 날짜,휴일) | 지정한 '휴일'을 제외하고 '시작 날짜'와 '끝 날짜' 사이의 작업일 수 계산하여 반환 |
| WEEKNUM(날짜,반환 유형) | '날짜'가 일 년 중 몇 번째 주인지 반환 |

 **087** 논리 함수

| IF(조건식,값1,값2) | '조건식'이 참이면 '값1', 거짓이면 '값2' 반환 |
|---|---|
| NOT(조건식) | '조건식'의 결과를 반대로 반환 |
| AND(조건1,조건2,…) | 모든 조건이 참이면 'TRUE', 나머지는 'FALSE' 반환 |
| OR(조건1,조건2,…) | 조건 중 하나라도 참이면 'TRUE', 나머지는 'FALSE' 반환 |
| IFERROR(식 또는 값,반환값) | '식 또는 값'이 오류이면 '반환값' 반환 |
| TRUE( ) | 'TRUE' 반환 |
| FALSE( ) | 'FALSE' 반환 |

 **088** 수학/삼각 함수

| ABS(숫자) | '숫자'의 절대값을 반환 |
|---|---|
| EXP(숫자) | e를 '숫자'만큼 거듭제곱한 값을 반환 |
| FACT(숫자) | 1×2×3×…×숫자로 계산한 계승값을 반환 |
| INT(숫자) | '숫자'에서 가장 가까운 정수로 내린 값을 반환 |
| MDETERM(배열) | '배열'로 저장된 행렬에 대한 행렬식을 산출 |
| MINVERSE(배열) | '배열'로 저장된 행렬에 대한 역행렬을 산출 |
| MMULT(배열1,배열2) | '배열1'과 '배열2'의 행렬 곱을 계산 |
| MOD(수1,수2) | '수1'을 '수2'로 나눈 나머지를 반환 |
| PI( ) | 원주율 값을 반환 |
| POWER(수1,수2) | '수1'을 '수2'만큼 거듭제곱한 값을 반환 |
| PRODUCT(수1,수2,…) | 인수를 모두 곱한 결과 반환 |
| QUOTIENT(수1,수2) | '수1'을 '수2'로 나눈 몫을 반환 |
| RAND( ) | 0과 1 사이의 난수를 반환 |
| RANDBETWEEN(수1,수2) | 지정한 두 수 사이의 임의의 수를 반환 |
| ROUND(숫자,자릿수) | '숫자'를 지정한 '자릿수'로 반올림하여 반환 |
| ROUNDDOWN(숫자,자릿수) | '숫자'를 지정한 '자릿수'로 내림하여 반환 |
| ROUNDUP(숫자,자릿수) | '숫자'를 지정한 '자릿수'로 올림하여 반환 |
| SIGN(숫자) | '숫자'의 부호를 반환<br>• 양수: 1<br>• 음수: −1<br>• 0: 0 |
| SQRT(숫자) | '숫자'의 양의 제곱근을 반환 |
| SUM(수1,수2,…) | '숫자'의 합계를 반환 |
| SUMIF(범위,조건,합계 범위) | '범위'에서 '조건'을 만족하는 경우 '합계 범위'에서 합계를 반환 |
| SUMIFS(합계 범위,범위1,조건1,범위2,조건2,…) | '범위1'에서 '조건1'을 만족하고 '범위2'에서 '조건2'를 만족하면 '합계 범위'에서 합계를 반환 |
| SUMPRODUCT(배열1,배열2) | 배열에서 해당 요소들을 모두 곱하고 그 곱의 합계를 반환 |
| TRUNC(숫자,자릿수) | '숫자'에서 지정한 '자릿수' 이하의 숫자를 버리고 반환 |

19년 8월, 17년 9월, 17년 3월

다음 중 수식의 결과가 나머지 셋과 다른 것은?

① = ABS(INT(-3/2))
② = MOD(-3,2)
③ = ROUNDUP(RAND( ),0)
④ = FACT(1,9)

**정답해설** ① INT(-3/2)는 '-3/2'보다 크지 않은 정수를 구하면 '-2'가 되고, ABS(-2)는 -2를 절대값으로 표시하여 '2'가 됨 ②, ③, ④의 결과값은 '1'

정답 | ①

출제횟수 8번

 **089 통계 함수**

| AVERAGE(수1,수2,…) | 숫자의 평균을 반환 |
|---|---|
| AVERAGEA(인수1,인수2,…) | 텍스트와 논리값을 포함한 모든 인수의 평균을 반환 |
| AVERAGEIF(범위,조건,평균 범위) | '범위'에서 '조건'을 만족하는 경우 '평균 범위'에서 평균을 반환 |
| AVERAGEIFS(평균 범위,범위1,조건1,범위2,조건2,…) | '범위1'에서 '조건1'을 만족하고 '범위2'에서 '조건2'를 만족하면 '평균 범위'에서 평균을 반환 |
| COUNT(인수1,인수2,…) | 인수 중에서 숫자의 개수를 반환 |
| COUNTA(인수1,인수2,…) | 공백이 아닌 인수의 개수를 반환 |
| COUNTBLANK(범위) | '범위'에서 공백 셀의 개수를 반환 |
| COUNTIF(범위,조건) | '범위'에서 '조건'을 만족하는 셀의 개수를 반환 |
| COUNTIFS(범위1,조건1,범위2,조건2,…) | '범위1'에서 '조건1'을, '범위2'에서 '조건2'를 만족하는 경우의 개수를 반환 |
| FREQUENCY(배열1,배열2) | '배열2'의 범위에 대한 '배열1' 요소의 빈도수를 반환 |
| GEOMEAN(수1,수2,…) | 기하 평균을 반환 |
| HARMEAN(수1,수2,…) | 조화 평균을 반환 |
| LARGE(범위,K) | '범위'에서 K번째로 큰 값을 반환 |
| SMALL(범위,K) | '범위'에서 K번째로 작은 값을 반환 |
| MAX(수1,수2,…) | 인수 중에서 가장 큰 값을 반환 |
| MAXA(인수1,인수2,…) | 텍스트와 논리값을 포함한 모든 인수 중에서 가장 큰 값을 반환 |
| MIN(수1,수2,…) | 인수 중에서 가장 작은 값을 반환 |
| MINA(인수1,인수2,…) | 텍스트와 논리값을 포함한 모든 인수 중에서 가장 작은 값을 반환 |
| MEDIAN(수1,수2,…) | 숫자들의 중간값을 반환 |

| MODE(수1,수2,…) | 숫자들 중 빈도가 가장 높은 값을 반환 |
|---|---|
| PERCENTILE(범위,수) | '범위'에서 지정한 '수' 번째 백분위수 값을 반환 |
| RANK.EQ(수,범위,방법) RANK.AVG(수,범위,방법) | • '범위'에서 '수'의 순위를 반환<br>• RANK.EQ: 순위가 같으면 가장 높은 순위 반환<br>• RANK.AVG: 순위가 같으면 평균 순위 반환<br>• '방법'을 생략하거나 0으로 지정하면 내림차순으로, 나머지는 오름차순으로 반환 |
| STDEV(수1,수2,…) | 인수들의 표준 편차를 반환 |
| VAR(수1,수2,…) | 인수들의 분산을 반환 |

21년 상시, 20년 7월, 17년 3월

다음 중 아래의 워크시트에서 작성한 수식으로 결과값이 다른 것은?

| | A | B | C |
|---|---|---|---|
| 1 | 10 | 30 | 50 |
| 2 | 40 | 60 | 80 |
| 3 | 20 | 70 | 90 |
| 4 | | | |

① =SMALL(B1:B3,COLUMN(C3))
② =SMALL(A1:B3,AVERAGE({1;2;3;4;5}))
③ =LARGE(A1:B3,ROW(A1))
④ =LARGE(A1:C3,AVERAGE({1;2;3;4;5}))

**정답해설** ②의 'AVERAGE({1;2;3;4;5})'에서 1, 2, 3, 4, 5의 평균을 구하면 결과값은 '3'. [A1:B3] 영역에서 세 번째로 작은 값을 구하면 결과값은 '30'. ①, ③, ④의 결과값은 '70'

정답 | ②

출제횟수 6번

 **090 텍스트 함수**

| CONCATENATE(문자열1,문자열2,…) | '문자열1'과 '문자열2'를 연결하여 반환 |
|---|---|
| LEFT(문자열,개수) | '문자열'의 왼쪽에서 지정한 '개수'만큼 문자 추출하여 반환 |
| RIGHT(문자열,개수) | '문자열'의 오른쪽에서 지정한 '개수'만큼 문자 추출하여 반환 |
| MID(문자열,시작 위치,개수) | '문자열'의 지정한 '시작 위치'에서 '개수'만큼 문자 추출하여 반환 |
| LOWER(문자열) | '문자열'을 모두 영문자의 소문자로 반환 |
| UPPER(문자열) | '문자열'을 모두 영문자의 대문자로 반환 |

| PROPER(문자열) | 단어의 첫 글자만 영문자의 대문자로, 나머지는 영문자의 소문자로 반환 |
|---|---|
| LEN(문자열) | '문자열'의 길이를 숫자로 반환 |
| TRIM(문자열) | 단어 사이의 한 칸의 공백을 제외하고 나머지 공백 모두 삭제하여 반환 |
| FIND(문자열1,문자열2,시작 위치)<br>FINDB(문자열1,문자열2,시작 위치) | • '문자열2'의 '시작 위치'부터 '문자열1'을 찾아 시작 위치 반환<br>• 영문자의 대·소문자 구분하고 와일드카드 문자는 사용할 수 없음<br>• FIND 함수는 각 문자를 한 글자로 계산<br>• FINDB 함수는 영문과 숫자는 한 글자로, 한글과 특수 문자는 두 글자로 계산 |
| SEARCH(문자열1,문자열2,시작 위치)<br>SEARCHB(문자열1,문자열2,시작 위치) | • '문자열2'의 '시작 위치'부터 '문자열1'을 찾아 시작 위치 반환<br>• 영문자의 대·소문자를 구분하지 않고 와일드카드 문자는 사용할 수 있음<br>• SEARCH 함수는 각 문자를 한 글자로 계산<br>• SEARCHB 함수는 영문과 숫자는 한 글자로, 한글과 특수 문자는 두 글자로 계산 |
| REPLACE(문자열1,시작 위치,개수,문자열2) | '문자열1'의 '시작 위치'에서 '개수'만큼 '문자열2'로 교체하여 반환 |
| SUBSTITUTE(문자열,인수1,인수2,변환할 문자 위치) | '문자열'에서 '인수1'을 '인수2'로 교체하여 반환 |
| TEXT(인수,형식) | '인수'를 지정된 '형식'의 문자열로 바꾸어 반환 |
| FIXED(인수,자릿수,논리값) | 숫자를 나타낼 소수점 '자릿수'나 쉼표의 표시 여부에 맞게 반환 |
| VALUE(문자열) | 숫자 형태의 '문자열'을 숫자로 변경하여 반환 |
| EXACT(문자열1,문자열2) | 두 개의 텍스트를 비교하여 같으면 'TRUE', 다르면 'FALSE' 반환 |
| REPT(문자열,개수) | '문자열'을 '개수'만큼 반복하여 반환 |

출제횟수 17번

## 091 찾기/참조 영역 함수

| CHOOSE(검색값,값1,값2,…) | '검색값'이 1이면 '값1', 2이면 '값2' 등의 순서로 값을 반환 |
|---|---|
| HLOOKUP(값,범위,행 번호,방법) | • '범위'의 첫 번째 행에서 '값'을 찾아 지정한 행에서 대응하는 값을 반환<br>• 방법<br> − 0 또는 FALSE: 정확히 일치<br> − 1 또는 TRUE 또는 생략: 유사 일치 |
| VLOOKUP(값,범위,열 번호,방법) | '범위'의 첫 번째 열에서 값을 찾아 지정한 열에서 대응하는 값을 반환 |

| LOOKUP(기준값,범위,결과 범위) | '범위'에서 '기준값'을 찾은 후 '결과 범위'에서 같은 위치에 있는 값을 반환 |
|---|---|
| INDEX(범위,행,열) | '범위'에서 지정한 '행'과 '열'의 교차 값을 반환 |
| MATCH(검색값,배열,검색 유형) | • 검색값'과 일치하는 '배열' 요소를 찾아 상대 위치 반환<br>• 검색 유형<br> − 1: 검색값보다 작거나 같은 값 중 가장 큰 값(오름차순)<br> − 0: 검색값과 같은 첫 번째 값<br> − −1: 검색값보다 크거나 같은 값 중 가장 작은 값(내림차순) |
| COLUMN(셀이나 범위) | '셀이나 범위'의 열 번호 반환 |
| COLUMNS(배열이나 범위) | '배열이나 범위'에 들어있는 열 수 반환 |
| ROW(셀이나 범위) | '셀이나 범위'의 행 번호 반환 |
| ROWS(배열이나 범위) | '배열이나 범위'에 들어있는 행 수 반환 |
| OFFSET(범위,행,열,높이,너비) | '범위'에서 지정한 '행'과 '열'만큼 떨어진 위치의 영역을 반환<br>예시 =OFFSET(B3,−1,2): [B3] 셀에서 −1행(1행 위) 2열(2열 오른쪽) 떨어진 셀을 반환 → [D2] 셀의 값 표시 |
| TRANSPOSE(범위) | 세로 셀의 '범위'와 가로 셀의 '범위'를 바꾸어 반환 |
| ADDRESS(행 번호,열 번호,참조 유형) | '행 번호'와 '열 번호'를 사용하여 셀 주소를 반환 |
| AREAS(범위) | 참조 범위에 있는 영역 수 반환 |
| HYPERLINK(위치) | 인터넷에 있는 문서에 대한 하이퍼링크 지정 |
| INDIRECT(텍스트) | '텍스트' 문자열로 지정된 참조 반환 |

확인문제

21년 상시, 20년 7월, 16년 6월

다음 중 아래의 워크시트에서 수식의 결과로 '부사장'을 출력하지 <u>않는</u> 것은?

| | A | B | C | D |
|---|---|---|---|---|
| 1 | 사원번호 | 성명 | 직함 | 생년월일 |
| 2 | 101 | 구민정 | 영업 과장 | 1980-12-08 |
| 3 | 102 | 강수영 | 부사장 | 1965-02-19 |
| 4 | 103 | 김진수 | 영업 사원 | 1991-08-30 |
| 5 | 104 | 박용만 | 영업 사원 | 1990-09-19 |
| 6 | 105 | 이순신 | 영업 사원 | 1971-09-20 |
| 7 | | | | |

① =CHOOSE(CELL("col",D3),C2,C3,C4,C5,C6)

② =CHOOSE(TYPE(B4),C2,C3,C4,C5,C6)

③ =OFFSET(A1:A6,2,2,1,1)

④ =INDEX(A2:D6,MATCH(A3,A2:A6,0),3)

정답 해설 ①의 'CELL("col",D3)'은 [D3] 셀의 열 번호인 '4'를 반환하므로 CHOOSE 함수에서 네 번째 값인 [C5] 셀의 '영업 사원'이 표시됨

정답 | ①

21년 상시, 19년 8월, 18년 3월

다음 중 [A13] 셀에 수식 '=INDEX((A1:C6,A8:C11),2,2,2)'를 입력한 결과는?

① 690　　② 340　　③ 2800　　④ 3550

**정답 해설** =INDEX((A1:C6,A8:C11),2,2,2)는 [A1:C6] 영역과 [A8:C11] 영역 중 두 번째에 있는 [A8:C11] 영역에서 2행 2열이 교차하는 [B9] 셀 값 '3550'이 표시됨

정답 | ④

출제횟수 1번

## 092 데이터베이스 함수

=데이터베이스 함수(데이터베이스,필드,조건 범위)

- **데이터베이스**: 레코드와 필드로 이루어진 관련 데이터의 목록
- **필드**: 어떤 필드가 함수에 사용되는지를 지정, 필드명을 지정하거나 열 번호로 지정
- **조건 범위**: 찾을 조건이 들어있는 셀 범위로, 필드명과 함께 지정

| 함수 | 설명 |
|---|---|
| DSUM(데이터베이스,필드,조건 범위) | 조건을 만족하는 '필드'의 합계를 반환 |
| DAVERAGE(데이터베이스,필드,조건 범위) | 조건을 만족하는 '필드'의 평균을 반환 |
| DCOUNT(데이터베이스,필드,조건 범위) | 조건을 만족하는 '필드'의 숫자 개수를 반환 |
| DCOUNTA(데이터베이스,필드,조건 범위) | 조건을 만족하는 모든 '필드'의 개수를 반환 |
| DMAX(데이터베이스,필드,조건 범위) | 조건을 만족하는 '필드'의 최대값을 반환 |
| DMIN(데이터베이스,필드,조건 범위) | 조건을 만족하는 '필드'의 최소값을 반환 |
| DVAR(데이터베이스,필드,조건 범위) | 조건을 만족하는 '필드'의 분산을 반환 |
| DSTDEV(데이터베이스,필드,조건 범위) | 조건을 만족하는 '필드'의 표준 편차를 반환 |
| DGET(데이터베이스,필드,조건 범위) | 조건을 만족하는 단일값을 반환 |
| DPRODUCT(데이터베이스,필드,조건 범위) | 조건을 만족하는 '필드'의 곱을 반환 |

출제횟수 1번

## 093 재무 함수

| 함수 | 설명 |
|---|---|
| FV(이자,기간,금액,현재 가치,납입 시점) | • 미래 가치를 반환<br>• 매월 일정한 금액을 불입했을 때 만기일에 받을 원금과 이자 계산<br>• 납입 시점: 0 또는 생략은 투자 주기 말, 1은 투자 주기 초 |
| PV(이자,기간,금액,미래 가치,납입 시점) | 현재 가치를 반환 |
| NPV(할인율,금액1,금액2,…) | 투자의 현재 가치를 반환 |
| PMT(이자,기간,현재 가치,미래 가치,납입 시점) | • 정기적으로 상환할 금액을 반환<br>• 일정 금액을 대출받았을 때 이자를 포함하여 매월 상환해야 할 금액 계산 |

출제횟수 4번

## 094 정보 함수

| 함수 | 설명 |
|---|---|
| ISBLANK(인수) | '인수'가 빈 셀이면 'TRUE' 반환 |
| ISERROR(인수) | '인수'가 오류값이면 'TRUE' 반환 |
| ISERR(인수) | '인수'가 #N/A를 제외한 오류값이면 'TRUE' 반환 |
| ISEVEN(인수) | '인수'가 짝수이면 'TRUE' 반환 |
| ISODD(인수) | '인수'가 홀수이면 'TRUE' 반환 |
| ISLOGICAL(인수) | '인수'가 논리값이면 'TRUE' 반환 |
| ISNUMBER(인수) | '인수'가 숫자이면 'TRUE' 반환 |
| ISTEXT(인수) | '인수'가 텍스트이면 'TRUE' 반환 |
| ISNONTEXT(인수) | '인수'가 텍스트가 아니면 'TRUE' 반환 |
| N(인수) | '인수'를 숫자로 변환하여 반환<br>• 문자 형태의 숫자 → 숫자<br>• 날짜 → 일련번호<br>• TRUE → 1<br>• 그 외 → 0 |

| TYPE(인수) | '인수'의 데이터 형식을 숫자로 표시<br>• 숫자 → 1<br>• 문자열 → 2<br>• 논리값 → 4<br>• 오류값 → 16 |
|---|---|
| CELL(정보 유형,셀<br>주소) | 셀의 서식 지정이나 위치, 내용 등에 대한 정보<br>반환 |

## 095 배열 수식과 배열 상수

### 1 배열 수식

- 배열 범위에서 여러 계산을 한꺼번에 수행하는 것으로, 하나의 결과 또는 다양한 결과를 반환할 수 있음
- 배열 수식에 사용되는 배열 인수의 행 수와 열 수는 같아야 함
- 배열 수식을 입력하고 Ctrl + Shift + Enter를 누르면 수식의 앞 뒤에 중괄호({ })가 자동으로 입력됨
- 조건을 지정할 때 AND 조건은 '*', OR 조건은 '+' 사용
- 배열 수식에서 잘못된 인수나 피연산자를 사용할 경우 '#VALUE!' 오류 발생

[예시] 배열 수식을 이용하여 [D2:D5] 영역에 한 번에 금액 구하기

| D2 | ▾ | : | × | ✓ | fx | {=B2:B5*C2:C5} |
|---|---|---|---|---|---|---|

| | A | B | C | D |
|---|---|---|---|---|
| 1 | 제품명 | 수량 | 단가 | 금액 |
| 2 | 디지털 카메라 | 10 | 350,000 | 3500000 |
| 3 | 전자사전 | 15 | 205,000 | 3075000 |
| 4 | 모니터 | 20 | 155,000 | 3100000 |
| 5 | 태블릿 | 5 | 550,000 | 2750000 |

### 2 배열 상수

- 배열 수식에서 사용하는 인수
- 배열 상수는 숫자, 텍스트, 논리값, 오류값 등을 사용할 수 있고, 수식은 사용할 수 없음
- 같은 배열 상수에 다른 종류의 값을 사용할 수 있음
- $, 괄호, %, 길이가 다른 행이나 열, 셀 참조는 배열 상수로 사용할 수 없음
- 열은 쉼표(,)로, 행은 세미콜론(;)으로 구분함

[예시] ={1,2,3,4;6,7,8,9}

| A1 | ▾ | : | × | ✓ | fx | {={1,2,3,4;6,7,8,9}} |
|---|---|---|---|---|---|---|

| | A | B | C | D | E |
|---|---|---|---|---|---|
| 1 | 1 | 2 | 3 | 4 | |
| 2 | 6 | 7 | 8 | 9 | |
| 3 | | | | | |

### 3 배열 수식의 활용

| | 조건이 한 개인 경우 | 조건이 여러 개인 경우 |
|---|---|---|
| 합계 | {=SUM((조건)*합계를 구할 범위)} | {=SUM((조건1)*(조건2)*합계를 구할 범위)} |
| | {=SUM(IF(조건,합계를 구할 범위))} | {=SUM(IF((조건1)*(조건2),합계를 구할 범위))} |
| 평균 | {=AVERAGE(IF(조건,평균을 구할 범위))} | {=AVERAGE(IF((조건1)*(조건2),평균을 구할 범위))} |
| 개수 | {=SUM((조건)*1)} | {=SUM((조건1)*(조건2))} |
| | {=SUM(IF(조건,1))} | {=SUM(IF((조건1)*(조건2),1))} |
| | {=COUNT(IF(조건,1))} | {=COUNT(IF((조건1)*(조건2),1))} |
| 최대값 | {=MAX((조건)*최대값을 구할 범위)} | {=MAX((조건1)*(조건2)*최대값을 구할 범위)} |
| | {=MAX(IF(조건,최대값을 구할 범위))} | {=MAX(IF((조건1)*(조건2),최대값을 구할 범위))} |
| 최소값 | {=MIN((조건)*최소값을 구할 범위)} | {=MIN((조건1)*(조건2)*최소값을 구할 범위)} |
| | {=MIN(IF(조건,최소값을 구할 범위))} | {=MIN(IF((조건1)*(조건2),최소값을 구할 범위))} |
| K번째로<br>큰 값 | {=LARGE((조건)*K번째로 큰 값을 구할 범위,K)} | {=LARGE((조건1)*(조건2)*K번째로 큰 값을 구할 범위,K)} |
| | {=LARGE(IF(조건,K번째로 큰 값을 구할 범위),K)} | {=LARGE(IF(조건,K번째로 큰 값을 구할 범위),K)} |
| K번째로<br>작은 값 | {=SMALL((조건)*K번째로 작은 값을 구할 범위,K)} | {=SMALL((조건1)*(조건2)*K번째로 작은 값을 구할 범위,K)} |
| | {=SMALL(IF(조건,K번째로 작은 값을 구할 범위),K)} | {=SMALL(IF(조건,K번째로 작은 값을 구할 범위),K)} |
| INDEX,<br>MATCH,<br>MAX 함수 | {=INDEX(결과를 구할 범위,MATCH(MAX((조건)*최대값을 구할 범위),(조건)*최대값을 구할 범위, 방법))} ||

### 확인문제

18년 9월, 17년 9월, 16년 6월

아래 시트에서 [D2:D5] 영역을 선택한 후 배열 수식으로 한 번에 금액을 구하려고 한다. 다음 중 이를 위한 수식으로 옳은 것은? (금액 = 수량 * 단가)

① {=B2*C2}

② {=B2:B5*C2:C5}

③ {=B2*C2:B5*C5}

④ {=SUMPRODUCT(B2:B5,C2:C5)}

**정답** **해설** '금액'은 '수량'×'단가'이므로 [B2:B5] 영역과 [C2:C5] 영역을 이용하여 수식을 입력하고 Ctrl+Shift+Enter를 눌러 배열 수식으로 계산하면 각 배열에 해당하는 값끼리 계산해서 결과값이 표시됨

정답 | ②

---

**Chapter 4** 데이터 관리

출제횟수 8번

## 096 외부 데이터 가져오기

### 1 외부 데이터 가져오기

• 데이터베이스 파일과 텍스트 파일 등을 워크시트로 가져오거나 쿼리 형태로 변경하여 엑셀에서 사용할 수 있도록 하는 기능
• [데이터] 탭-[외부 데이터 가져오기] 그룹-[Access], [웹], [텍스트], [기타 원본에서] 클릭
• **가져올 수 있는 파일 형식:** 데이터베이스 파일(SQL, Access, dBASE, FoxPro, Oracle, Paradox), 텍스트 파일(.txt, .prn), 엑셀 파일(.xlsx), 쿼리 파일(.dqy), OLAP 큐브 파일(.oqy) 등
• **가져올 수 없는 파일 형식:** 한글 파일(.hwp), MS-Word 파일(.doc), PDF 파일(.pdf), 압축된 Zip 파일(.zip) 등
• 웹페이지에서 텍스트, 서식이 설정된 텍스트 영역, 테이블의 텍스트 등은 가져올 수 있지만, 그림과 스크립트의 내용은 가져올 수 없음
• 원본 데이터가 변경될 경우 가져온 데이터에 반영되도록 설정할 수 있음

### 2 텍스트 파일 가져오기

• 텍스트 파일을 워크시트로 가져오는 기능
• [데이터] 탭-[외부 데이터 가져오기] 그룹-[텍스트] 클릭
• 탭, 세미콜론, 쉼표, 공백 등이 구분 기호로 기본 제공되고, 사용자가 원하는 구분 기호를 설정할 수 있음
• 열 데이터 서식을 지정하거나 특정 열만 지정하여 가져올 수 있음

### 3 Microsoft Query 가져오기

• 외부 데이터베이스에서 여러 테이블을 조인(Join)한 결과를 가져오거나 원본 데이터와 동기화할 수 있는 기능
• [데이터] 탭-[외부 데이터 가져오기] 그룹-[기타 원본에서]-[Microsoft Query] 선택
• 데이터베이스 파일(SQL, Access, dBASE), 쿼리 파일, OLAP 큐브 파일을 가져올 수 있음

**확인문제**

20년 7월, 18년 9월, 17년 9월

다음 중 '외부 데이터 가져오기' 기능에 대한 설명으로 옳지 않은 것은?

① 텍스트 파일은 구분 기호나 일정한 너비로 분리된 모든 열을 엑셀로 가져오기 때문에 일부 열만 가져올 수는 없다.
② 액세스 파일은 표, 피벗 테이블, 워크시트의 특정 위치 등으로 다양하게 불러올 수 있다.
③ 웹의 데이터 중 일부를 워크시트로 가져오고, 새로 고침 기능을 이용하여 최신 데이터로 업데이트할 수 있다.
④ 기타 원본의 Microsoft Query 기능을 이용하면 외부 데이터베이스에서 가져올 데이터의 추출 조건을 설정하여 원하는 데이터만 가져올 수 있다.

**정답** **해설** '외부 데이터 가져오기' 단계 중 [텍스트 마법사] 대화상자의 3단계에서 '열 가져오지 않음'을 이용하여 일부 열만 가져올 수 있음

정답 | ①

### 4 통합 문서 연결하기

• 통합 문서에서 사용 중인 연결을 만들고 편집 및 삭제할 수 있는 기능
• 시트, 이름, 위치(셀, 범위), 값, 수식 등 통합 문서에서 사용되는 연결 위치 정보가 제공됨
• 여러 개의 통합 문서가 열려있으면 각 통합 문서에서 [데이터] 탭-[연결] 그룹-[모두 새로 고침] 클릭
• [연결 속성] 대화상자에서 일정한 시간 간격으로 외부 데이터를 자동으로 새로 고치거나 업데이트할 수 있음
• [연결 속성] 대화상자에서 통합 문서를 열 때 외부 데이터를 자동으로 새로 고치거나, 외부 데이터를 새로 고치지 않고 즉시 통합 문서를 열도록 설정할 수 있음

• [연결 속성] 대화상자의 새로 고침 옵션

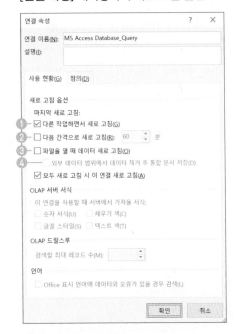

| | ① 다른 작업하면서 새로 고침 | • 백그라운드에서 쿼리를 실행하는 기능<br>• OLAP(OnLine Analytical Processing, 온라인 분석 처리) 쿼리는 백그라운드로 실행할 수 없음 |
|---|---|---|
| | ② 다음 간격으로 새로 고침 | 일정한 시간 간격으로 외부 데이터 새로 고침을 자동으로 실행 |
| | ③ 파일을 열 때 데이터 새로 고침 | 통합 문서를 열 때 자동으로 외부 데이터 새로 고침을 실행 |
| | ④ 외부 데이터 범위에서 데이터 제거 후 통합 문서 저장 | 외부 데이터를 제외하고 통합 문서를 저장하려고 할 때 선택 |

출제횟수 5번

**097 정렬**

• 입력한 자료를 특정한 순서에 따라 재배열하는 기능으로, 최대 64개의 열을 기준으로 정렬할 수 있음
• **정렬 기준**: 값, 셀 색, 글꼴 색, 셀 아이콘
• **정렬 방식**: 오름차순, 내림차순, 사용자 지정 목록(사용자가 정의한 순서대로 정렬 가능)
• 오름차순은 숫자〉텍스트〉논리값〉오류값〉빈 셀의 순으로 정렬
 − 텍스트는 특수 문자〉소문자〉대문자〉한글의 순으로 정렬
 − 텍스트는 왼쪽에서 오른쪽으로 문자 단위 정렬
 − 논리값은 FALSE 다음에 TRUE 순으로 정렬
 − 빈 셀은 오름차순과 내림차순 모두 항상 마지막에 정렬

• 숨겨진 행이나 열은 정렬 결과에 포함되지 않음
• 범위에 병합된 셀이 포함되면 정렬할 수 없음
• **내 데이터에 머리글 표시**: 데이터 목록의 첫 행이 필드명이면 정렬 작업에 포함되거나 제외되도록 설정

• 정렬 옵션

| 대/소문자 구분 | 영문자의 대·소문자를 구분하여 정렬 |
|---|---|
| 방향 | 위쪽에서 아래쪽으로, 왼쪽에서 오른쪽으로 정렬 방향을 선택(기본은 위쪽에서 아래쪽) |

• 정렬 방법
 방법1 [데이터] 탭−[정렬 및 필터] 그룹−[텍스트 오름차순 정렬]/[텍스트 내림차순 정렬]
 방법2 [데이터] 탭−[정렬 및 필터] 그룹−[정렬]

출제횟수 8번

**098 자동 필터**

• 많은 양의 자료에서 설정된 조건에 맞는 자료만 추출하는 기능으로, 지정한 조건에 맞는 행만 표시됨
• [데이터] 탭−[정렬 및 필터] 그룹−[필터] 클릭
• 여러 필드에 조건을 지정하면 AND 조건으로 설정됨
• 여러 필드 간에 OR 조건은 설정할 수 없음
• 하나의 열에 날짜, 숫자, 문자 등의 데이터가 혼합된 경우 셀의 수가 많은 필터로 표시됨
• 날짜 데이터는 연, 월, 일의 계층별로 그룹화되어 계층에서 상위 수준을 선택하거나 선택을 취소하는 경우 해당 수준의 아래쪽에 있는 중첩된 날짜가 모두 선택되거나 선택 취소됨
• '날짜 필터' 목록에서는 일, 주, 월, 분기, 년 등을 필터링 기준으로 사용할 수 있지만, 요일로 필터링할 수는 없음
• 필터링된 데이터는 다시 정렬하거나 이동하지 않고도 복사, 찾기, 편집 및 인쇄할 수 있음
• **상위 10**: 항목이나 백분율을 기준으로 상위나 하위로 데이터의 범위를 지정하여 필터링하는 기능으로, 숫자 데이터 필드에서만 가능

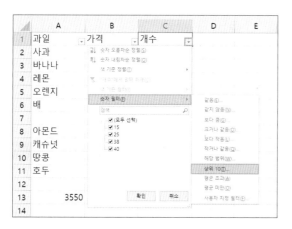

**● 현재 위치에 필터**: 복사 위치를 지정하지 않고 현재 위치에 필터링 결과 표시

**② 다른 장소에 복사**: 복사 위치를 미리 지정하고 복사 위치에 필터링 결과 표시

**③ 조건 범위**: 고급 필터를 실행하기 전에 미리 설정해야 함

- 사용자 지정 필터: 하나의 필드에 한 개 이상의 조건을 지정하여 필터링하는 기능으로, 비교 연산자와 와일드카드 문자 (*, ?)를 사용할 수 있음

- 조건은 수식으로 작성할 수 있음. 이 경우 필드명은 원래의 필드명과 다르게 입력하거나 입력하지 않아야 하며, 조건을 입력하면 셀에는 'TRUE'나 'FALSE'가 표시됨
- 문자 데이터를 필터링할 때 영문자의 대·소문자는 구분되지 않지만, 수식으로 구분하여 검색 가능

- **조건 지정**

| AND 조건 | 조건을 모두 같은 행에 입력 |
| --- | --- |
| OR 조건 | 조건을 서로 다른 행에 입력 |

19년 8월, 19년 3월, 18년 3월

다음 중 자동 필터에 관한 설명으로 옳지 <u>않은</u> 것은?

① 날짜가 입력된 열에서 요일로 필터링하려면 '날짜 필터' 목록에서 필터링 기준으로 사용할 요일을 하나 이상 선택하거나 취소한다.

② 두 개 이상의 필드에 조건을 설정하는 경우 필드 간에는 AND 조건으로 결합되어 필터링된다.

③ 열 머리글에 표시되는 드롭다운 화살표에는 해당 열에서 가장 많이 나타나는 데이터 형식에 해당하는 필터 목록이 표시된다.

④ 검색 상자를 사용하여 텍스트와 숫자를 검색할 수 있으며, 배경 또는 텍스트에 색상 서식이 적용되어 있는 경우 셀의 색상을 기준으로 필터링할 수도 있다.

**예시** '이름'이 세 글자이면서 '이'로 시작하며, 'TOEIC' 점수가 600점 이상 800점 미만인 직원이거나, '직급'이 '대리'이면서 '연차'가 3년 이상인 직원의 데이터를 추출하는 경우

| 이름 | TOEIC | TOEIC | 직급 | 연차 |
| --- | --- | --- | --- | --- |
| 이?? | >=600 | <800 | | |
| | | | 대리 | >=3 |

**예시** '사원명'이 두 글자이면서 전체 실적의 평균을 초과하는 실적 데이터 검색

| 사원명 | 실적 |
| --- | --- |
| ="=??" | =$B2>AVERAGE($B$2:$B$9) |

**정답 해설** 날짜 필터인 경우 주, 달, 분기, 연도 등의 필터링을 제공하지만, 요일은 필터링을 지원하지 않음. 즉 자동 필터의 날짜 필터 목록에 요일은 없음

정답 | ①

출제횟수 11번

**099 고급 필터**

- 여러 필드를 결합하여 복잡한 조건을 지정하거나 필터링 결과를 다른 위치에 복사하는 경우에 사용
- [데이터] 탭-[정렬 및 필터] 그룹-[고급] 클릭

20년 7월, 18년 9월, 16년 10월

다음 중 고급 필터 실행을 위한 조건 지정 방법에 대한 설명으로 옳지 <u>않은</u> 것은?

① 함수나 식을 사용하여 조건을 입력하면 셀에는 비교되는 현재 대상의 값에 따라 'TRUE'나 'FALSE'가 표시된다.

② 함수를 사용하여 조건을 입력하는 경우 원본 필드명과 동일한 필드명을 조건 레이블로 사용해야 한다.

③ 다양한 함수와 식을 혼합하여 조건을 지정할 수 있다.

④ 텍스트 데이터를 필터링할 때 대/소문자는 구분되지 않으나 수식으로 대/소문자를 구분하여 검색할 수 있다.

**정답** **해설** 고급 필터에서 일반식이 아닌 함수나 식의 계산값으로 찾을 조건을 지정하는 경우에는 조건 지정 범위의 첫 행에는 원본 데이터의 필드명과 다른 필드명을 입력하거나 생략해야 함

정답 | ②

## 노른자 100 텍스트 나누기

- 하나의 셀에 입력된 데이터를 원본 데이터의 형식에 따라 구분 기호나 일정한 너비로 분리하여 여러 셀로 나누는 기능
- 범위를 선택하고 [데이터] 탭-[데이터 도구] 그룹-[텍스트 나누기] 클릭
- 나눌 범위에 포함할 수 있는 열은 반드시 한 개만 가능
- 각 열을 선택하여 데이터 서식을 지정할 수 있음
- 선택한 열의 오른쪽에 빈 열이 한 개 이상 있어야 하고, 없는 경우에는 오른쪽 열에 내용이 덮어쓰기됨

- **원본 데이터의 형식**

| 구분 기호로 분리됨 | 각 필드가 탭, 세미콜론, 쉼표, 공백, 기타 문자로 분리된 경우 |
|---|---|
| 너비가 일정함 | 각 필드가 일정한 너비로 정렬된 경우 |

**더 보기**

**각 필드의 너비(열 구분선)를 지정하는 방법**
- **구분선 삽입**: 원하는 위치를 마우스로 클릭하여 삽입
- **구분선 이동**: 원하는 위치로 드래그하여 이동
- **구분선 삭제**: 구분선을 마우스로 더블클릭하여 삭제

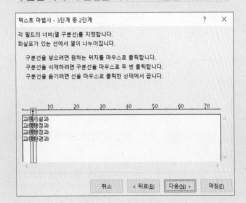

## 노른자 101 윤곽선 설정

- 행 또는 열을 그룹 단위로 묶어서 요약 행이나 요약 열을 빠르게 표시하거나 세부 정보를 표시하는 기능
- [데이터] 탭-[윤곽선] 그룹-[그룹] 클릭

| | A | B | C | D | E | F | G |
|---|---|---|---|---|---|---|---|
| 1 | 이름 | 국어 | 영어 | 수학 | 평균 | 합계 | |
| 2 | 홍길동 | 83 | 90 | 73 | 82 | 328 | |
| 3 | 홍길동 요약 | | | | | 328 | |
| 4 | 이대한 | 65 | 87 | 91 | 81 | 324 | |
| 5 | 이대한 요약 | | | | | 324 | |
| 7 | 한민국 요약 | | | | | 340 | |
| 8 | 평균 | 76 | 84 | 88 | 82.66667 | 330.6667 | |
| 9 | 평균 요약 | | | | | 330.6667 | |
| 11 | 이름 요약 | | | | | 0 | |

- 데이터에 최대 여덟 개 수준까지 하위 수준을 표시할 수 있음
- 안쪽 수준은 상위 수준을, 바깥쪽 수준은 하위 수준을 표시

| 1 | 전체 계산 항목 표시 |
|---|---|
| 2 | 그룹별 계산 항목 표시 |
| 3 | 전체 데이터 표시 |
| - | 하위 수준 숨기기 |
| + | 하위 수준 표시 |

- 윤곽 기호가 나타나지 않으면 [파일] 탭-[옵션]을 선택하고 [Excel 옵션] 창의 '고급' 범주에서 '윤곽을 설정한 경우 윤곽 기호 표시'에 체크하면 표시
- 윤곽에 스타일을 적용하려면 [데이터] 탭-[윤곽선] 그룹-[윤곽선] 아이콘( )을 클릭하고 [설정] 대화상자에서 [자동 스타일]에 체크
- 윤곽을 해제하려면 [데이터] 탭-[윤곽선] 그룹-[그룹 해제]-[윤곽 지우기]를 선택함. 이 경우 요약 정보가 표시된 원본 데이터는 삭제되지 않음

## 노른자 102 중복된 항목 제거

- 선택된 범위 안에서 중복된 레코드 중 하나를 제외하고 나머지를 제거하는 기능
- [데이터] 탭-[데이터 도구] 그룹-[중복된 항목 제거] 클릭
- [중복된 항목 제거]를 클릭하면 같은 데이터의 첫 번째 레코드를 제외한 나머지 레코드가 삭제됨

- [중복된 항목 제거] 대화상자에서 '내 데이터에 머리글 표시'에 체크하면 '열' 목록에 '열 A' 대신 필드명이 표시됨
- 중복 값을 제거하면 선택한 셀 범위나 테이블 값이 제거되지만, 테이블 밖의 값은 변경되거나 이동되지 않음

출제횟수 3번

### 104  통합

- 하나 이상의 원본 영역을 지정하여 하나의 표로 데이터를 요약하는 기능
- [데이터] 탭–[데이터 도구] 그룹–[통합] 클릭

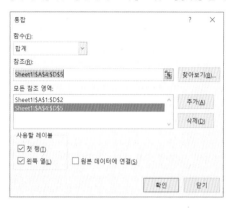

- 데이터 통합은 위치를 기준으로 통합하거나 영역의 이름을 지정하여 통합할 수 있음
- 지정한 영역에 계산될 요약 함수는 합계, 평균, 개수, 최대값, 최소값, 곱, 숫자 개수, 표본 표준 편차, 표준 편차, 표본 분산, 분산 중 선택할 수 있음
- 계산할 범위를 선택하고 [추가] 단추를 클릭하면 '모든 참조 영역'에 추가되고, 다른 통합 문서의 시트도 추가할 수 있음
- '사용할 레이블'에 모두 체크한 경우 각 참조 영역에 결과표의 레이블과 일치하지 않은 레이블이 있으면 통합 결과표에 별도의 행이나 열이 생성됨
- [원본 데이터에 연결]에 체크하면 참조한 원본 데이터가 변경될 때 자동으로 계산 결과가 변경됨

출제횟수 1번

### 103  데이터 유효성 검사

- 데이터의 목록이나 형식을 지정하여 데이터 입력을 제한하는 기능
- [데이터] 탭–[데이터 도구] 그룹–[데이터 유효성 검사] 클릭
- **유효성 조건 제한 대상**: 모든 값, 정수, 소수점, 목록, 날짜, 시간, 텍스트 길이, 사용자 지정

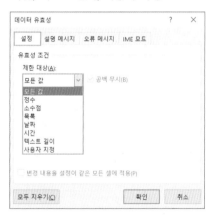

- '제한 대상'에서 '목록'을 선택한 경우 원본으로 정의된 이름의 범위를 사용하려면 등호(=)와 범위의 이름을 입력하고, 직접 입력하려면 값을 콤마(,)로 구분하여 지정
- [오류 메시지] 탭에서 유효성 검사에 맞지 않는 데이터가 입력되었을 때 표시할 오류 메시지를 설정할 수 있음

| 중지 | ❌ | 경고 | ⚠ | 정보 | ℹ |
|---|---|---|---|---|---|

- [IME 모드] 탭에서 열 단위로 데이터 입력 모드(한글/영문)를 다르게 지정할 수 있음

출제횟수 2번

### 105  데이터 표

- 특정 값의 변화에 따른 결과값의 변화 과정을 한 번의 연산으로 빠르게 계산하여 표의 형태로 표시하는 기능
- [데이터] 탭–[예측] 그룹–[가상 분석]–[데이터 표] 선택

- 변수가 한 개이거나 두 개인 데이터 표를 작성할 수 있음
- 변수에 입력될 데이터가 같은 행에 입력되어 있으면 행 입력 셀로, 같은 열에 입력되어 있으면 열 입력 셀로 지정
- 결과값은 반드시 변수를 포함한 수식으로 작성해야 함
- 데이터 표의 결과는 배열 수식으로 작성되므로 부분적으로 수정 또는 삭제할 수 없음

출제횟수 5번

## 106 부분합

- 데이터를 일정한 기준으로 그룹화하여 합계, 평균 등 다양하게 계산하는 기능
- 그룹화할 항목을 기준으로 먼저 정렬하고 [데이터] 탭−[윤곽선] 그룹−[부분합] 클릭
- 부분합을 실행하면 목록에 자동으로 윤곽이 설정됨
- 한 번에 한 개의 함수를 계산하므로 함수를 추가하려면 부분합을 중첩해서 실행해야 함
- [부분합] 대화상자에서 '부분합 계산 항목'으로 선택된 항목에는 SUBTOTAL 함수가 자동으로 입력되어 계산됨
- 부분합을 제거하면 부분합과 함께 표에 삽입된 윤곽 및 페이지 나누기도 모두 제거됨
- [부분합] 대화상자

| ❶ 그룹화할 항목 | 부분합을 계산할 기준 필드로, 미리 정렬되어 있어야 함 |
|---|---|
| ❷ 사용할 함수 | 합계, 평균, 개수, 최대값, 최소값, 곱, 숫자 개수, 표본 표준 편차, 표준 편차, 표본 분산, 분산 함수 |
| ❸ 부분합 계산 항목 | 부분합을 계산하여 표시할 항목 선택 |
| ❹ 새로운 값으로 대치 | 이전 부분합의 결과값을 지우고 새로운 부분합을 구함 |
| ❺ 그룹 사이에서 페이지 나누기 | 페이지 구분선 삽입 |
| ❻ 데이터 아래에 요약 표시 | 부분합의 내용을 세부 데이터의 아래에 표시 |
| ❼ 모두 제거 | 부분합 삭제 |

예시 '이름'으로 그룹화하여 '매출'에 대한 '합계'를 부분합으로 계산

출제횟수 2번

## 107 목표값 찾기

- 수식에서 원하는 결과를 알고 있지만, 그 결과를 얻는 데 필요한 입력값을 구하는 경우에 사용하는 기능
- [데이터] 탭−[예측] 그룹−[가상 분석]−[목표값 찾기] 선택
- 목표값 찾기에서 입력값은 하나만 지정할 수 있음
- [목표값 찾기] 대화상자

| ❶ 수식 셀 | 특정 값이 나오기를 원하는 수식이 들어있는 셀 |
|---|---|
| ❷ 찾는 값 | 원하는 특정 값을 숫자로 직접 입력 |
| ❸ 값을 바꿀 셀 | 목표값을 얻기 위해 데이터를 조절할 셀로, 반드시 수식에서 이 셀을 참조하고 있어야 함 |

예시 전체 평균인 [E5] 셀의 값이 '85'가 되도록 [B3] 셀을 변경하는 경우

출제횟수 10번

## 108 시나리오

- 다양한 상황과 변수에 따른 여러 가지 결과값의 변화를 가상의 상황을 통해 예측하여 분석할 수 있는 기능
- [데이터] 탭−[예측] 그룹−[가상 분석]−[시나리오 관리자] 선택

- [시나리오 관리자] 대화상자에서 '변경 셀'은 '결과 셀'의 값을 예측할 수 있는 숫자값이 입력된 셀이고, '결과 셀'은 수식이 입력된 셀
- 하나의 시나리오에 최대 32개까지 '변경 셀'을 지정할 수 있음
- 시나리오 결과는 요약 보고서나 피벗 테이블 보고서로 작성할 수 있음
- '시나리오'의 이름은 사용자가 직접 입력해야 하고, '설명'은 입력하지 않아도 됨
- '변경 셀'과 '결과 셀'에 이름을 지정한 후 시나리오 요약 보고서를 작성하면 결과에 셀 주소 대신 지정한 이름이 표시됨
- '결과 셀'은 시나리오 요약 보고서를 만들 때는 지정하지 않아도 되지만, 시나리오 피벗 테이블 보고서를 만들 때는 반드시 지정해야 함
- 시나리오 보고서는 현재 시트의 앞에 새 워크시트를 삽입해서 표시하며, 별도의 파일에 저장할 수 없음
- 원본 데이터에서 '변경 셀'의 현재 값을 수정해도 시나리오 요약 보고서는 자동으로 업데이트되지 않음
- 시나리오 관리자에서 시나리오를 삭제해도 시나리오 요약 보고서의 해당 시나리오는 삭제되지 않음
- [시나리오 관리자] 대화상자

| ① 추가 | '시나리오 이름'과 '변경 셀'을 지정할 수 있는 대화상자 표시 |
|---|---|
| ② 삭제 | 선택한 시나리오를 삭제하는 기능으로, 시나리오를 삭제해도 시나리오 요약 보고서의 시나리오는 삭제되지 않음 |
| ③ 편집 | 선택한 시나리오를 편집할 수 있는 대화상자 표시 |
| ④ 병합 | 다른 통합 문서나 다른 시트에 저장된 시나리오를 병합 |
| ⑤ 요약 | 시나리오에 대한 요약 보고서나 피벗 테이블 작성 |
| ⑥ 설명 | 시나리오에 대한 추가 설명으로, 반드시 입력할 필요는 없음 |
| ⑦ 표시 | 선택한 시나리오에 대한 결과값 표시 |

20년 7월, 17년 3월, 16년 10월

다음 중 아래 그림과 같은 시나리오 요약 보고서에 대한 설명으로 옳지 않은 것은?

| 시나리오 요약 | | | |
|---|---|---|---|
| | 현재 값: | 호황 | 불황 |
| 변경 셀: | | | |
| 냉장고판매 | 2% | 4% | -2% |
| 세탁기판매 | 3% | 6% | -3% |
| $C$5 | 5% | 10% | -5% |
| 결과 셀: | | | |
| 예상판매금액 | 516,600,000 | 533,200,000 | 483,400,000 |

① '호황'과 '불황' 두 개의 시나리오로 작성한 시나리오 요약 보고서는 새 워크시트에 표시된다.
② 원본 데이터에 '냉장고판매', '세탁기판매', '예상판매금액'으로 이름을 정의한 셀이 있다.
③ 원본 데이터에서 변경 셀의 현재 값을 수정하면 시나리오 요약 보고서가 자동으로 업데이트된다.
④ 시나리오 요약 보고서의 모든 내용은 수정 가능하며, 자동으로 설정된 윤곽도 지울 수 있다.

정답 해설 원본 데이터 값을 수정하면 시나리오 요약 보고서는 자동으로 업데이트되지 않기 때문에 시나리오 요약 보고서를 다시 작성해야 함

정답 | ③

출제횟수 10번

최여름 노른자

## 109 피벗 테이블과 피벗 차트

### 1 피벗 테이블

- 광범위한 데이터를 다양한 형태로 요약하여 보여주는 대화형 테이블을 만드는 기능
- [삽입] 탭-[표] 그룹-[피벗 테이블] 클릭

- 엑셀의 목록, 외부 데이터, 다중 통합 범위, 다른 피벗 테이블을 기준으로 작성함
- 피벗 테이블 보고서는 새 워크시트나 기존 워크시트에서 시작 위치를 선택할 수 있음
- 새 워크시트에 피벗 테이블을 생성하면 보고서 필터의 위치는 [A1] 셀이고 행 레이블은 [A3] 셀에서 시작함
- 작성된 피벗 테이블의 필드 위치는 행 또는 열로 이동하거나 삭제할 수 있음
- '값' 필드의 필드를 선택하고 [값 필드 설정]을 선택하면 [값 필드 설정] 대화상자의 [값 요약 기준] 탭에서 함수를 변경할 수 있음

- 피벗 테이블에 새로운 수식을 추가하여 표시할 수 있음
- 피벗 테이블에서 '값' 영역의 특정 항목을 마우스로 더블클릭하면 해당 데이터에 대한 세부적인 데이터가 새로운 시트에 표시됨
- **원본의 자료가 변경되면 자동으로 반영되지 않으므로 [데이터] 탭-[연결] 그룹-[모두 새로 고침] 또는 [피벗 테이블 도구]의 [분석] 탭-[데이터] 그룹-[새로 고침]-[모두 새로 고침]을 선택하여 일괄적으로 새로 고침해야 함**
- [피벗 테이블 옵션] 대화상자에서 오류값을 빈 셀로 표시하거나 빈 셀에 원하는 값을 지정하여 표시할 수 있음
- 하위 데이터 집합에도 필터와 정렬, 조건부 서식을 적용하여 원하는 정보만 강조할 수 있음
- 행 레이블이나 열 레이블에서의 데이터 정렬은 수동, 오름차순, 내림차순 중에서 선택할 수 있음

필터: 직위, 행: 사원번호, 열: 부서명, 값: 근속연수의 평균, 그룹: 사원번호2

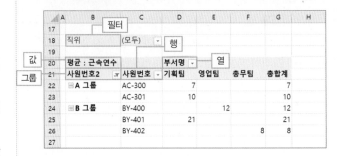

### 확인문제

20년 7월, 19년 3월, 17년 3월

**다음 중 피벗 테이블에 대한 설명으로 옳지 않은 것은?**
① 피벗 테이블 보고서를 작성한 후 원본 데이터를 수정하면 피벗 테이블 보고서에 자동으로 반영된다.
② [피벗 테이블 필드]에서 보고서에 추가할 필드 선택 시 데이터 형식이 텍스트이거나 논리값인 필드를 선택하여 행 영역에 추가한다.
③ 값 영역에 추가된 필드가 2개 이상이면 'Σ 값' 필드가 '열' 또는 '행' 영역에 추가된다.
④ 열 레이블/행 레이블 단추를 클릭하여 레이블 필터나 값 필터를 설정할 수 있다.

**정답 해설** 원본 데이터가 수정된 경우 피벗 테이블의 내용은 자동으로 반영되지 않고 [피벗 테이블 도구]의 [분석] 탭-[데이터] 그룹-[새로 고침]-[모두 새로 고침]을 선택해야 피벗 테이블에 반영됨

정답 l ①

## 2 피벗 차트

- 피벗 차트는 피벗 테이블 보고서를 만들 때 함께 만들거나 피벗 테이블 보고서가 있는 경우 피벗 차트를 작성할 수 있음
- 피벗 차트는 분산형, 주식형, 거품형 차트로 변경할 수 없음
- 피벗 차트에서 필터를 적용하면 자동으로 피벗 테이블 보고서에 적용됨
- 피벗 테이블을 삭제하면 피벗 차트는 일반 차트로 변경됨
- 피벗 차트를 삭제해도 관련된 피벗 테이블 보고서는 삭제되지 않음
- [분석] 탭-[동작] 그룹-[지우기]-[모두 지우기]를 선택하면 피벗 테이블 보고서와 피벗 차트가 모두 제거됨

21년 상시, 18년 9월, 17년 3월

**다음 중 피벗 차트 보고서에 대한 설명으로 옳지 않은 것은?**

① 피벗 차트 보고서에 필터를 적용하면 피벗 테이블 보고서에 자동 적용된다.

② 처음 피벗 테이블 보고서를 만들 때 자동으로 피벗 차트 보고서를 함께 만들 수도 있고, 기존 피벗 테이블 보고서에서 피벗 차트 보고서를 만들 수도 있다.

③ 피벗 차트 보고서를 정적 차트로 변환하려면 관련된 피벗 테이블 보고서를 선택한 후 [분석] 탭-[동작] 그룹의 [모두 지우기] 명령을 수행하여 피벗 테이블 보고서를 먼저 삭제한다.

④ 피벗 차트 보고서를 삭제해도 관련된 피벗 테이블 보고서는 삭제되지 않는다.

**정답** **해설** [모두 지우기] 명령은 피벗 테이블 보고서의 값뿐만 아니라 피벗 차트 보고서의 필드, 값, 서식, 필터 등의 모든 내용을 삭제하므로 정적 차트 보고서를 만드는 방법이 아님. 정적 차트로 변환하려면 피벗 테이블 보고서를 선택한 후 Delete를 눌러 피벗 테이블을 삭제해야 함

정답 | ③

---

**Chapter 6** 차트 활용

출제횟수 1번

**110** **차트의 작성**

• 데이터를 막대, 선, 원 등의 시각적인 요소로 표현하여 데이터의 경향과 흐름을 알아보기 쉽게 표현한 것

• 원본 데이터를 범위로 지정하고 [삽입] 탭-[차트] 그룹에서 세로 막대형 차트나 가로 막대형 차트, 꺾은선형 차트, 영역형 차트, 원형 차트, 분산형 차트 등 다양한 차트 중 원하는 스타일을 클릭하여 작성

• F11 : 새로운 차트 시트에 세로 막대형 차트 작성

• Alt + F1 : 현재 시트에 기본 차트인 묶은 세로 막대형 차트 작성

• 워크시트의 행과 열에서 숨겨진 데이터는 차트에 표시되지 않음

• 차트에서 사용할 데이터가 들어있는 셀을 하나만 선택하고 차트를 만들면 해당 셀을 직접 둘러싸는 셀의 데이터가 차트에 모두 표시됨

---

• 차트에 두 개 이상의 차트 종류를 사용하여 혼합형 차트를 만들 수 있지만, 2차원 차트와 3차원 차트는 혼합할 수 없음

• 차트를 클릭하면 리본 메뉴에 [디자인] 탭과 [서식] 탭이 있는 [차트 도구]가 표시됨

• 사용자가 자주 사용하는 차트를 서식 파일로 저장할 수 있음

• **이중 축 차트**: 차트에 보조 축을 표시하는 차트로, 특정 데이터 계열의 값이 다른 데이터 계열의 값과 크게 차이가 나거나, 데이터의 단위가 다른 경우에 주로 사용

출제횟수 10번

**111** **차트의 종류**

• [차트 도구]의 [디자인] 탭-[종류] 그룹-[차트 종류 변경] 또는 차트의 바로 가기 메뉴에서 [차트 종류 변경] 선택

• 데이터 계열을 선택하고 바로 가기 메뉴에서 [계열 차트 종류 변경]을 선택하면 특정 계열만 차트의 종류를 변경할 수 있음

• **차트의 종류**

| 세로 막대형 차트 | 각 항목 간의 값을 막대의 길이로 비교 및 분석 |
|---|---|
| 꺾은선형 차트 | 월, 분기, 연도와 같이 시간의 흐름에 따라 각 항목의 변화나 경향 표시 |
| 원형 차트 | • 각 항목의 값이 항목 합계의 비율로 표시되고, 하나의 데이터 계열만 표시할 수 있음<br>• 첫째 조각의 각: 첫째 조각이 시작되는 각도로, 기본값은 0° |
| 도넛형 차트 | • 원형 차트의 한 종류로, 원형 차트와 비슷하지만 여러 데이터의 계열 표시<br>• 하나의 고리는 하나의 데이터 계열을 표시하고, 색상으로 데이터 요소를 구분하여 표시 |
| 가로 막대형 차트 | 세로 막대형 차트와 유사하고, 값 축과 항목 축의 위치가 서로 바뀜 |
| 영역형 차트 | 시간의 경과에 따른 변화를 보여주고, 각 값의 합계와 전체에 대한 관계를 비교 |
| 분산형 차트 | • 과학, 통계 및 공학 데이터와 같은 숫자값을 표시하고 비교<br>• 가로 축의 값이 일정한 간격이 아닌 경우나 가로 축의 데이터 요소 수가 많은 경우에 사용<br>• 데이터 요소 간의 차이점보다는 큰 데이터 집합 간의 유사점을 표시하려는 경우에 사용<br>• 다섯 개의 하위 차트(분산형 차트, 곡선 및 표식이 있는 분산형 차트, 곡선이 있는 분산형 차트, 직선 및 표식이 있는 분산형 차트, 직선이 있는 분산형 차트) 제공 |
| 거품형 차트 | 분산형 차트의 한 종류로, 가로 축과 세로 축이 있고, 세 번째 열을 추가하여 거품의 크기를 지정 |

| 주식형 차트 | 주가 변동을 나타내는 차트로, 시가, 종가, 거래량, 저가, 고가 등을 표시 |
| --- | --- |
| 표면형 차트 | 두 개의 데이터 집합에서 최적의 조합을 찾을 때 사용 |
| 방사형 차트 | 가운데에서 뻗어가는 형태의 차트로, 데이터 계열이 많을 때 사용하고, 가로 축이 없음 |

### 더 보기

**3차원 차트 변경이 불가능한 차트**
분산형 차트, 도넛형 차트, 방사형 차트, 주식형 차트

### 확인문제

18년 9월, 17년 9월, 17년 3월

다음 중 각 차트의 종류에 대한 설명으로 적절하지 <u>않은</u> 것은?

① 영역형 차트: 워크시트의 여러 열이나 행에 있는 데이터에서 시간에 따른 변동의 크기를 강조하여 합계 값을 추세와 함께 살펴볼 때 사용된다.

② 표면형 차트: 일반적인 척도를 기준으로 연속적인 데이터를 표시할 수 있으므로 일정 간격에 따른 데이터의 추세를 표시할 때 사용된다.

③ 도넛형 차트: 여러 열이나 행에 있는 데이터에서 전체에 대한 각 부분의 관계를 비율로 나타내어 각 부분을 비교할 때 사용된다.

④ 분산형 차트: 여러 데이터 계열에 있는 숫자 값 사이의 관계를 보여주거나 두 개의 숫자 그룹을 xy 좌표로 이루어진 하나의 계열로 표시할 때 사용된다.

정답 해설 ②는 꺾은선형 차트에 대한 설명. 표면형 차트는 두 데이터 집합 간의 최적 조합을 찾을 때 유용함

정답 | ②

출제횟수 3번

### 112 차트의 구성 요소

• [홈] 탭−[글꼴] 그룹이나 마우스 오른쪽 단추를 클릭하면 나타나는 미니 도구 모음()을 이용하여 차트 구성 요소의 텍스트 서식을 지정할 수 있음

• 차트 구성 요소에 도형 스타일이나 워드아트(WordArt) 스타일을 적용할 수 있음

• 차트 구성 요소들은 도형처럼 맞춤, 그룹, 회전 등을 설정할 수 없음

• **차트의 구성 요소**

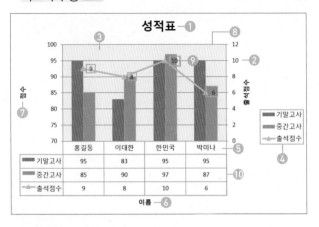

| | | |
| --- | --- | --- |
| ① | 차트 제목 | 차트의 제목 표시 |
| ② | 차트 영역 | 차트의 모든 구성 요소를 포함하는 영역 |
| ③ | 그림 영역 | 가로 축과 세로 축으로 구성된 영역 |
| ④ | 범례 | • 데이터 계열의 항목별 이름으로 색이나 무늬로 데이터 계열을 구분<br>• [범례 서식] 창에서 위치를 상하좌우, 오른쪽 위로 지정<br>• 범례를 삭제하려면 범례를 선택하고 Delete |
| ⑤ | 데이터 계열 | 차트로 나타낼 값을 가진 항목들을 의미 |
| ⑥ | 가로 축 제목 | 가로 축 항목의 전체 의미를 나타내는 제목 |
| ⑦ | 세로 축 제목 | 세로 축에 표현되는 숫자의 전체 의미를 나타내는 제목 |
| ⑧ | 눈금선 | 눈금을 그림 영역에 표시 |
| ⑨ | 데이터 레이블 | 데이터 계열의 값이나 항목을 이름표로 표시 |
| ⑩ | 데이터 표 | 차트의 데이터를 표로 표시하고 범례의 표시 여부를 지정할 수 있음 |

### 더 보기

**막대형 차트에서 계열에 그림 채우기**
• 그림은 파일, 클립보드, 온라인에서 선택할 수 있음
• **늘이기**: 막대의 크기에 비례해서 그림의 너비와 높이가 증가함
• **쌓기**: 원본 그림의 크기에 따라 단위/그림이 달라짐
• **다음 배율에 맞게 쌓기**: 계열 간의 원본 그림 크기가 달라도 단위/그림 같게 설정하면 같은 크기로 표시됨

# 113 차트의 편집

## 1 차트의 크기 조절

- 차트를 선택한 후 크기 조절점을 드래그해 크기를 조절할 수 있음
- Alt를 누른 상태에서 차트 크기를 조절하면 차트의 크기가 셀에 맞춰 조절됨
- 그림 영역, 범례 등을 선택하여 차트의 크기를 조절할 수 있음

## 2 차트 이동

- 차트를 선택한 후 드래그하여 원하는 위치로 이동
- 차트 제목, 축 제목, 범례, 그림 영역 등은 마우스로 드래그하여 이동할 수 있음
- 시트에 삽입된 차트는 '차트 이동' 기능을 이용하여 새로운 시트나 현재 통합 문서의 다른 시트로 이동할 수 있음

## 3 차트 삭제

- 차트 영역을 선택하고 Delete
- 차트를 삭제하면 워크시트에 있는 원본 데이터에 영향을 미치지 않지만, 원본 데이터를 삭제하면 차트도 새로 변경됨

## 4 원본 데이터의 변경

- [차트 도구]의 [디자인] 탭-[데이터] 그룹-[데이터 선택] 또는 바로 가기 메뉴에서 [데이터 선택] 선택
- [데이터 원본 선택] 대화상자

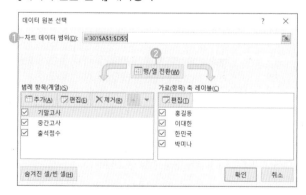

| ❶ 차트 데이터 범위 | 차트에 사용하는 전체 데이터의 범위를 수정할 수 있음 |
|---|---|
| ❷ [행/열 전환] 단추 | 가로 축의 데이터 계열과 범례 항목을 바꿀 수 있음 |

- 데이터 계열이 범례에서 표시되는 순서를 바꿀 수 있음
- 워크시트에서 차트 데이터 영역의 중간에 항목을 삽입하는 경우 차트에서도 항목이 삽입됨

### 확인문제

20년 7월, 18년 9월, 17년 9월

다음 중 차트의 편집에 대한 설명으로 옳지 <u>않은</u> 것은?

① 차트와 연결된 워크시트의 데이터에 열을 추가하면 차트에 자동적으로 반영되지 않는다.

② 차트 크기를 조정하면 새로운 크기에 가장 적합하도록 차트 내의 텍스트의 크기 등이 자동적으로 조정된다.

③ 차트에 적용된 원본 데이터의 행이나 열을 숨겨도 차트에는 반영되지 않는다.

④ 데이터 계열의 순서가 변경되면 범례의 순서도 자동으로 변경된다.

정답 해설 차트에 적용된 원본 데이터의 행이나 열을 숨기면 차트에 반영되어 표시되지 않음

정답 | ③

## 5 축 서식의 변경

- 세로 축의 바로 가기 메뉴에서 [축 서식] 선택
- [축 서식] 창의 [축 옵션](📊)에서 최소값과 최대값 입력

| 가로 축 교차 | '자동', '축 값', '축의 최대값'으로 설정 |
|---|---|
| 로그 눈금 간격 | 데이터의 값 차이가 매우 클 때 사용 |
| 값을 거꾸로 | 세로 축에 표시되는 값을 거꾸로 나열 |

## 6 계열 겹치기와 간격 너비

- 데이터 계열의 바로 가기 메뉴에서 [데이터 계열 서식] 선택
- [데이터 계열 서식] 창에서 [계열 옵션](📊) 선택

| 계열 겹치기 | 숫자값이 클수록 겹쳐지는 부분이 커짐(-100~100%) |
|---|---|
| 간격 너비 | 숫자값이 클수록 항목 사이의 공백이 커짐(0~500%) |

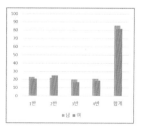

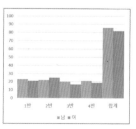

▲ '계열 겹치기'가 '65%'인 경우　　▲ '간격 너비'가 '0%'인 경우

21년 상시, 19년 8월, 18년 9월

다음 중 아래 차트에 대한 설명으로 옳지 <u>않은</u> 것은?

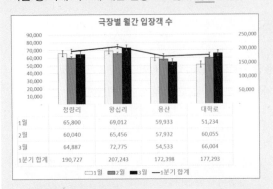

극장별 월간 입장객 수

| | 청량리 | 왕십리 | 용산 | 대학로 |
|---|---|---|---|---|
| 1월 | 65,800 | 69,012 | 59,933 | 51,234 |
| 2월 | 60,040 | 65,456 | 57,932 | 60,055 |
| 3월 | 64,887 | 72,775 | 54,533 | 66,004 |
| 1분기 합계 | 190,727 | 207,243 | 172,398 | 177,293 |

① 계열 옵션에서 '계열 겹치기'가 0%로 설정되어 있다.
② '범례 표지 포함'으로 데이터 표가 표시되어 있다.
③ '보조 축'의 최대값은 250,000이고, 단위(주)를 50,0000
　으로 설정하였다.
④ 오차 막대의 '방향'과 '끝 스타일'은 설정할 수 있다.

**정답 해설** '범례 표지 없음'으로 데이터 표가 표시되어 있음

정답 | ②

---

노른자
**114** **추세선과 오차 막대**

출제횟수 6번

### 1 추세선

- 데이터 계열의 변화 추세나 방향을 표시하는 선으로, 예측 문제를 분석하는 데 사용
- **추세선의 종류**: 지수, 선형, 로그, 다항식, 거듭제곱, 이동 평균
- **추세선이 불가능한 차트**: 3차원 차트, 원형 차트, 도넛형 차트, 방사형 차트, 표면형 차트
- 추세선이 추가된 데이터 계열의 차트 종류를 3차원 차트로 변경하면 추세선은 자동으로 삭제됨
- 하나의 데이터 계열에 두 개 이상의 추세선을 동시에 표시할 수 있음
- 추세선을 삭제하려면 추세선을 선택하고 Delete 를 누르거나 추세선의 바로 가기 메뉴에서 [삭제] 선택

---

### 2 오차 막대

- 데이터 계열에 있는 각 데이터 표식의 잠재적인 오차량을 표시하는 막대
- 3차원 차트는 오차 막대를 표시할 수 없음
- 세로 오차 막대, 가로 오차 막대를 적용할 수 있는 차트: 분산형 차트, 거품형 차트
- 오차 막대의 표시 방향: 모두(기준점을 기준으로 양의 값, 음의 값을 모두 표시), 음의 값, 양의 값
- 오차량: '고정값', '백분율', '표준 편차', '표준 오차', '사용자 지정' 중 선택

---

| Chapter 7 | 출력 작업 |
|---|---|

노른자 최빈출
**115** **페이지 설정**

출제횟수 9번

- 인쇄할 문서의 페이지, 여백, 머리글/바닥글, 시트 등에 관한 사항을 설정하는 기능
- [페이지 레이아웃] 탭-[페이지 설정] 그룹-[페이지 설정] 아이콘(🖾) 클릭
- [페이지 설정] 대화상자

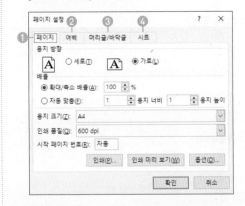

❶ [페이지] 탭

| 용지 방향 | '세로' 또는 '가로' 방향으로 선택 |
|---|---|
| 확대/축소 배율 | 10~400%로 축소 또는 확대 |
| 자동 맞춤 | 지정한 너비와 높이에 맞추어 인쇄하는 기능으로, '용지 너비'와 '용지 높이'에 모두 '1'을 설정하면 여러 페이지를 한 페이지에 인쇄할 수 있음 |
| 용지 크기 | 인쇄 용지의 크기 설정 |
| 인쇄 품질 | 인쇄 품질이 높을수록 선명하게 인쇄 |
| 시작 페이지 번호 | '자동'으로 설정하면 1페이지부터 인쇄 |

❷ [여백] 탭

| 여백 | 인쇄 용지의 상하좌우, 머리글, 바닥글 여백 지정 |
|---|---|
| 페이지 가운데 맞춤 | 페이지의 가로 또는 세로 방향의 가운데에 맞춰 인쇄 |

❸ [머리글/바닥글] 탭

| 머리글 | 모든 페이지의 위쪽에 고정적으로 인쇄되는 내용 지정 |
|---|---|
| 바닥글 | 모든 페이지의 아래쪽에 고정적으로 인쇄되는 내용 지정 |
| 짝수와 홀수 페이지를 다르게 지정 | 짝수 페이지와 홀수 페이지의 머리글 및 바닥글을 다르게 지정 |
| 첫 페이지를 다르게 지정 | 첫 페이지의 머리글과 바닥글을 제거하거나 다르게 지정 |
| 문서에 맞게 배율 조정 | 워크시트와 같은 글꼴 크기와 크기 조정을 사용할지 지정 |
| 페이지 여백에 맞추기 | 머리글이나 바닥글을 표시하기에 충분한 머리글 또는 바닥글 여백을 확보할지 지정 |

• [머리글/바닥글] 단추

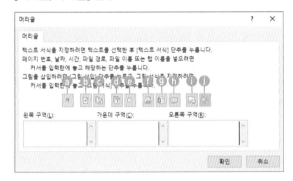

ⓐ 텍스트 서식
ⓑ 페이지 번호 삽입
ⓒ 전체 페이지 수 삽입
ⓓ 날짜 삽입
ⓔ 시간 삽입
ⓕ 파일 경로 삽입
ⓖ 파일 이름 삽입
ⓗ 시트 이름 삽입
ⓘ 그림 삽입
ⓙ 그림 서식

더 보기

**한 개의 앰퍼샌드(&) 문자를 포함시키는 방법**
머리글이나 바닥글의 텍스트에 한 개의 앰퍼샌드(&) 문자를 포함시키려면 앰퍼샌드(&) 문자를 두 번 입력해야 함

❹ [시트] 탭

| 인쇄 영역 | 특정 영역만 선택하여 인쇄하고 숨겨진 행과 열은 인쇄하지 않음 |
|---|---|
| 인쇄 제목 | • 모든 페이지에 반복해서 인쇄할 행과 열 지정<br>• 반복할 행: $1:$3과 같이 행 번호로 표시<br>• 반복할 열: $A:$C와 같이 열 번호로 표시 |

| 인쇄 | • 눈금선: 워크시트의 셀 구분선 인쇄<br>• 메모: 메모의 인쇄 여부로, '(없음)', '시트 끝', '시트에 표시된 대로' 중에서 선택<br>• 간단하게 인쇄: 차트, 도형, 그림, 클립아트 등의 그래픽 요소를 제외하고 텍스트만 빠르게 인쇄<br>• 셀 오류 표시: '표시된 대로', '〈공백〉', '--', '#N/A' 중에서 선택하여 셀 오류 표시<br>• 행/열 머리글: 워크시트의 행 머리글과 열 머리글을 포함하여 인쇄 |
|---|---|
| 페이지 순서 | 여러 페이지가 인쇄될 경우 '열 우선'을 선택하면 오른쪽 방향으로 인쇄한 후 아래쪽 방향으로 진행됨 |

더 보기

**차트의 [페이지 설정] 대화상자**
차트를 선택한 상태에서 [페이지 레이아웃] 탭-[페이지 설정] 그룹-[페이지 설정] 아이콘(🗔)을 클릭하면 [페이지 설정] 대화상자에 [시트] 탭 대신 [차트] 탭이 표시됨

**확인문제**

20년 7월, 19년 8월, 16년 10월

다음 중 엑셀의 인쇄 기능에 대한 설명으로 옳지 않은 것은?

① 차트만 제외하고 인쇄하기 위해서는 [차트 영역 서식] 창에서 '개체 인쇄'의 체크를 해제한다.

② 시트에 표시된 오류값을 제외하고 인쇄하기 위해서는 [페이지 설정] 대화상자에서 '셀 오류 표시'를 '〈공백〉'으로 선택한다.

③ 인쇄 내용을 페이지의 가운데에 맞춰 인쇄하려면 [페이지 설정] 대화상자에서 '문서에 맞게 배율 조정'을 체크한다.

④ 인쇄되는 모든 페이지에 특정 행을 반복하려면 [페이지 설정] 대화상자에서 '인쇄 제목'의 '반복할 행'에 열 레이블이 포함된 행의 참조를 입력한다.

정답 해설 인쇄 내용을 페이지의 가운데에 맞춰 인쇄하려면 [페이지 설정] 대화상자의 [여백] 탭에서 '페이지 가운데 맞춤'의 '가로'와 '세로'에 모두 체크해야 함

정답ㅣ ③

출제횟수 8번

차비중요노른자
**116 페이지 나누기와 보기 형식**

**1 페이지 나누기**

• 인쇄 시 사용자가 임의로 페이지 구분선을 삽입하는 기능

• [페이지 레이아웃] 탭-[페이지 설정] 그룹-[나누기]-[페이지 나누기 삽입] 선택

• 현재 셀 포인터를 기준으로 위쪽과 왼쪽에 페이지 구분선이 삽입됨

- 행 높이와 열 너비를 변경하면 자동 페이지 나누기의 위치가 변경됨
- 용지 크기, 여백 설정, 배율 옵션에 따라 자동 페이지 나누기가 삽입됨
- [페이지 레이아웃] 탭-[페이지 설정] 그룹-[나누기]-[페이지 나누기 모두 원래대로]를 선택하면 페이지를 나누기 전의 원래 상태로 되돌릴 수 있음

## 2 페이지 나누기 미리 보기

- 워크시트 상태에서 페이지 구분선, 인쇄 영역, 페이지 번호 등을 보여주는 보기 상태
- [보기] 탭-[통합 문서 보기] 그룹-[페이지 나누기 미리 보기] 클릭
- 마우스로 페이지 구분선을 드래그하여 페이지를 나눌 위치를 조정할 수 있음
- 수동으로 삽입한 페이지 나누기는 파란색 실선으로, 자동 페이지 나누기는 파란색 점선으로 표시됨
- 수동으로 삽입한 페이지 나누기를 제거하려면 페이지 나누기를 표시하는 파란색 실선을 페이지 나누기 미리 보기 영역의 밖으로 드래그
- 원래 보기 상태로 되돌아가려면 [보기] 탭-[통합 문서 보기] 그룹-[기본] 클릭

## 3 페이지 레이아웃 보기

- 워크시트에 머리글/바닥글 영역이 표시되어 간단히 머리글/바닥글을 추가할 수 있는 보기 상태
- [보기] 탭-[통합 문서 보기] 그룹-[페이지 레이아웃] 클릭

- 마우스로 드래그하여 페이지 구분선을 조정할 수 없음
- 마우스를 이용하여 페이지 여백과 머리글과 바닥글 여백을 조정할 수 있음

- [머리글/바닥글 도구]의 [디자인] 탭-[머리글/바닥글 요소] 그룹에서 미리 정의된 머리글이나 바닥글을 선택할 수 있음
- 페이지 레이아웃 보기에서는 기본 보기와 같이 데이터 형식과 레이아웃을 변경할 수 있음
- 페이지 레이아웃 보기에서 표시되는 눈금자의 단위는 [파일] 탭-[옵션]을 선택하고 [Excel 옵션] 창에서 '고급' 범주를 선택한 후 '표시'의 '눈금자 단위'에서 지정할 수 있음

출제횟수 14번

## 117 인쇄

## 1 인쇄 미리 보기

- 인쇄하기 전의 화면으로, 출력 결과를 미리 확인하는 기능
- [파일] 탭-[인쇄] 또는 Ctrl+F2
- [여백 표시] 단추()를 클릭하면 여백선을 드래그하여 여백의 크기를 조정하거나 열 너비를 조정할 수 있음
- 확대/축소 기능은 인쇄 크기에 영향을 미치지 않음
- 전체 통합 문서의 페이지 번호를 일련번호로 연결하는 방법
  - **방법1** [파일] 탭-[인쇄]를 선택하고 '설정'에서 '전체 통합 문서 인쇄'를 선택하여 인쇄
  - **방법2** 전체 시트를 그룹으로 설정하고 인쇄
  - **방법3** 각 시트의 [페이지 설정] 대화상자에서 [페이지] 탭의 '시작 페이지 번호'를 일련번호에 맞게 설정한 후 인쇄

다음 중 '인쇄 미리 보기' 기능에 대한 설명으로 옳지 않은 것은?

① [페이지 설정] 대화상자의 [페이지] 탭에서 용지의 방향을 설정할 수 있다.
② 인쇄 미리 보기를 실행한 상태에서 마우스 끌기로 여백과 행의 높이를 조절할 수 있다.
③ 인쇄될 내용을 확대하여 볼 수 있다.
④ [페이지 설정] 대화상자의 [시트] 탭에서 눈금선의 인쇄 여부를 설정할 수 있다.

정답 해설 인쇄 미리 보기에서는 머리글, 바닥글, 열의 너비는 조절할 수 있지만, 행의 높이는 조절할 수 없음

정답 | ②

## 2 인쇄 영역

• 인쇄 영역을 정의하고 워크시트를 인쇄하면 해당 인쇄 영역만 인쇄됨
• 인쇄할 영역을 블록 설정하고 [페이지 레이아웃] 탭-[페이지 설정] 그룹-[인쇄 영역]-[인쇄 영역 설정] 선택
• 추가할 인쇄 영역을 선택하고 [페이지 레이아웃] 탭-[페이지 설정] 그룹-[인쇄 영역]-[인쇄 영역에 추가]를 선택하면 인쇄 영역을 확대할 수 있음
• 인쇄 영역은 [홈] 탭-[페이지 설정] 그룹-[페이지 설정] 아이콘(🔲)을 클릭하여 [페이지 설정] 대화상자를 열고 [시트] 탭에서 지정할 수 있지만, 인쇄 미리 보기 상태에서는 인쇄 영역이 활성화되지 않으므로 지정할 수 없음
• 인쇄 영역 설정은 하나의 시트에서만 가능
• 인쇄 영역을 지정하면 이름 상자에 자동으로 'Print_Area'라는 이름이 작성됨
• Ctrl + F3 을 누르거나 [수식] 탭-[정의된 이름] 그룹-[이름 관리자]를 클릭하여 [이름 관리자] 대화상자를 열고 인쇄 영역과 'Print_Area' 이름을 확인할 수 있음

• 여러 영역을 인쇄 영역으로 설정한 경우 설정한 순서대로 서로 다른 페이지에 인쇄됨
• 페이지 나누기 미리 보기에서 인쇄 영역으로 설정된 부분은 밝게, 설정되지 않은 부분은 어둡게 표시됨

다음 중 시트의 특정 범위만 항상 인쇄하는 경우에 대한 설명으로 옳지 않은 것은?

① 인쇄할 영역을 블록 설정한 후 [페이지 레이아웃] 탭-[페이지 설정] 그룹의 [인쇄 영역]-[인쇄 영역 설정]을 클릭한다.
② 인쇄 영역으로 설정되면 페이지 나누기 미리 보기에서는 설정된 부분만 표시된다.
③ 인쇄 영역을 설정하면 자동으로 Print_Area라는 이름이 작성되며, 이름은 Ctrl + F3 또는 [수식] 탭-[정의된 이름] 그룹-[이름 관리자]에서 확인할 수 있다.
④ 인쇄 영역 설정은 [페이지 설정] 대화상자의 [시트] 탭에서 지정할 수 있다.

정답 해설 페이지 나누기 미리 보기에서 인쇄 영역으로 설정된 부분은 정상적으로 밝게, 설정되지 않은 부분은 어둡게 표시됨

정답 | ②

---

**Chapter 8** 매크로와 VBA 프로그래밍

출제횟수 8번

## 118 매크로 기록

• 반복적인 작업이나 자주 사용하는 명령 등을 매크로로 기록하여 작업 과정을 자동화하는 기능
• [보기] 탭-[매크로] 그룹-[매크로]-[매크로 기록] 또는 [개발 도구] 탭-[코드] 그룹-[매크로 기록] 클릭
• **[매크로 기록] 대화상자**

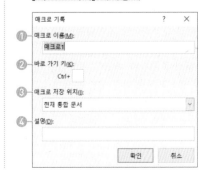

| ❶ 매크로 이름 | • 첫 글자는 반드시 문자로 지정해야 하고, ?, /, −, #, @, $, %, & 등의 기호를 사용할 수 없음<br>• 이름에 공백을 사용할 수 없음<br>• 하나의 통합 문서에서 같은 매크로 이름을 지정할 수 없음 |
|---|---|
| ❷ 바로 가기 키 | • 특수 문자와 숫자는 사용할 수 없고, 영문자만 가능<br>• 바로 가기 키를 반드시 설정할 필요는 없음<br>• 소문자는 Ctrl과 조합해서 사용하지만, 대문자로 지정하면 Ctrl + Shift를 누른 상태에서 해당 문자를 눌러야 함<br>• 매크로 바로 가기 키가 엑셀 바로 가기 키보다 우선임 |
| ❸ 매크로 저장 위치 | • '현재 통합 문서', '새 통합 문서', '개인용 매크로 통합 문서' 중에서 선택<br>• '개인용 매크로 통합 문서'를 선택하면 엑셀을 실행할 때마다 매크로를 사용할 수 있음('XLSTART' 폴더에 'Personal.xlsb'로 저장됨) |
| ❹ 설명 | 매크로에 설명이 필요한 경우 입력할 수 있지만, 반드시 입력할 필요는 없음 |

• 매크로는 Visual Basic 언어를 기반으로 작성되고 Visual Basic 편집기(VB Editor)로 작성하거나 변경할 수 있음
• 매크로를 기록하는 경우 작업 과정의 모든 단계가 매크로 레코더에 기록되고, 리본 메뉴에서의 탐색은 기록된 단계에 포함되지 않음
• 매크로는 통합 문서에 첨부된 모듈 시트로, 하나의 Sub 프로시저로 기록되며, Sub로 시작하고 End Sub로 끝남
• 매크로는 기본적으로 절대 참조로 기록됨. 상대 참조로 기록하려면 [보기] 탭−[매크로] 그룹−[매크로]−[상대 참조로 기록] 클릭 후 매크로 기록

### 확인문제

21년 상시, 19년 3월, 18년 9월

다음 중 매크로를 작성하고 사용하는 방법에 대한 설명으로 옳지 않은 것은?

① 매크로를 기록하는 경우 기본적으로 셀은 절대 참조로 기록되며, 상대 참조로 기록하고자 할 경우 '상대 참조로 기록'을 선택한 다음 매크로 기록을 실행한다.
② 매크로에 지정된 바로 가기 키가 엑셀 고유의 바로 가기 키와 중복될 경우 엑셀 고유의 바로 가기 키가 우선한다.
③ 매크로를 기록하는 경우 실행하려는 작업을 완료하는 데 필요한 모든 단계가 매크로 레코더에 기록되며, 리본 메뉴에서의 탐색은 기록된 단계에 포함되지 않는다.
④ 개인용 매크로 통합 문서에 저장한 매크로는 엑셀을 시작할 때마다 자동으로 로드되므로 다른 통합 문서에서도 실행할 수 있다.

출제횟수 4번

## 119 매크로 실행

• 매크로 실행 방법

| 바로 가기 키 | 매크로 기록 시 지정한 바로 가기 키 누르기 |
|---|---|
| 개체 사용 | • 실행 단추, 온라인 그림, 도형, 차트 등에 매크로를 연결하여 실행<br>• 셀이나 텍스트 등에는 매크로를 지정할 수 없음 |
| [매크로] 대화상자 | • [보기] 탭−[매크로] 그룹−[매크로]<br>• [개발 도구] 탭−[코드] 그룹−[매크로]<br>• Alt + F8 |
| Visual Basic 편집기에서 매크로 실행 | • [도구]−[매크로] 메뉴<br>• F5 : 매크로 실행<br>• F8 : 한 단계씩 매크로 실행 |

• [매크로] 대화상자

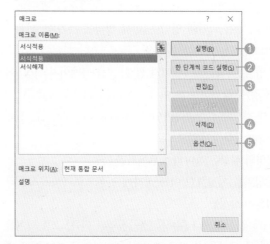

| ❶ 실행 | 선택한 매크로 실행 |
|---|---|
| ❷ 한 단계씩 코드 실행 | Visual Basic 편집기를 실행하여 선택한 매크로를 한 줄씩 실행 |
| ❸ 편집 | Visual Basic 편집기를 실행하여 매크로 이름이나 코드 수정 |
| ❹ 삭제 | 선택한 매크로 삭제 |
| ❺ 옵션 | '매크로 이름'은 수정할 수 없고 '바로 가기 키'와 '설명'은 수정할 수 있음 |

## 120 매크로 편집과 보안

### 1 매크로 편집

- 매크로는 Visual Basic 편집기를 이용하여 편집할 수 있음
- [개발 도구] 탭─[코드] 그룹─[Visual Basic] 클릭 또는 Alt + F11 누름
- 작은따옴표(')가 붙은 문장은 주석으로 처리되어 매크로 실행에 영향을 주지 않음
- 매크로는 모듈 시트에 기록되고 모듈 시트의 이름은 'Module1', 'Module2' 등 순서대로 자동 설정됨
- 하나의 모듈 시트에 여러 개의 매크로를 기록할 수 있음

### 2 매크로 보안

- [개발 도구] 탭─[코드] 그룹─[매크로 보안]을 클릭하여 [보안 센터] 창을 열고 '매크로 설정' 범주에서 설정
- '매크로 설정' 범주 항목
  - 모든 매크로 제외(알림 표시 없음)
  - 모든 매크로 제외(알림 표시)
  - 디지털 서명된 매크로만 포함
  - 모든 매크로 포함(위험성 있는 코드가 실행될 수 있으므로 권장하지 않음)

## 121 VBA 프로그래밍

### 1 프로그래밍의 기본

| 모듈(Module) | 프로젝트를 구성하는 기본 단위로, 프로시저의 집합 |
|---|---|
| 프로시저 (Procedure) | • 특정 기능을 수행하는 명령문의 집합<br>• Sub~End Sub: 결과값을 반환하지 않음<br>• Function~End Function: 결과값 반환 |
| 개체(Object) | • 통합 문서, 셀, 차트, 폼과 같은 엑셀의 구성 요소<br>• 마침표(.)로 구분 |
| 속성(Property) | • 개체가 갖는 고유한 성질<br>• '개체명.속성 = 값'으로 지정<br>예시 Range("A1").Value = 10 |
| 메서드(Method) | • 개체가 실행할 수 있는 동작<br>• '개체명.메서드'로 지정<br>예시 Range("A1").Select |

| 이벤트(Event) | • 마우스나 키보드를 움직이는 동작 등의 사건이나 조작<br>• 이벤트 프로시저는 '개체명_이벤트명'으로 지정<br>예시 txt입력_Click( )<br>→ 'txt입력' 컨트롤이 클릭될 때 |
|---|---|

### 2 VBE(Visual Basic Editor)의 화면

| ① | 프로젝트 탐색기 | 현재 열려있는 모든 통합 문서의 시트와 모듈, 사용자 정의 폼 등을 표시 |
|---|---|---|
| ② | [속성] 창 | 개체에 대한 모든 속성 표시 |
| ③ | 코드 창 | 선택된 모듈의 프로시저 내용 표시 |
| ④ | [직접 실행] 창 | 프로시저를 직접 실행하거나 실행 결과를 미리 확인할 수 있음(Ctrl + G) |

### 더 보기

**양식 컨트롤과 ActiveX 컨트롤**

[개발 도구] 탭─[컨트롤] 그룹─[삽입]을 클릭하면 데이터 표시 및 입력 또는 작업을 수행하기 위해 텍스트 상자, 목록 상자, 옵션 단추, 명령 단추 등의 양식에 넣는 그래픽 개체를 선택할 수 있음

**① 양식 컨트롤**
- [디자인 모드] 상태에서 크기, 이동, 매크로 동작이 모두 가능
- [단추](▭)를 추가하면 [매크로 지정] 대화상자가 자동으로 표시됨

**② ActiveX 컨트롤**
- 양식 컨트롤보다 다양한 이벤트에 반응할 수 있지만, 양식 컨트롤보다 호환성이 낮음
- [디자인 모드] 상태에서 크기 조정과 이동은 가능하지만, 매크로 동작이 실행되지 않음

## 122 VBA 조건문

### 1 If 구문

조건을 검사하여 참(True) 또는 거짓(False)일 경우 서로 다른 명령을 처리하는 구문

형식

```
If 조건식 Then
    명령문1    ← 조건이 참일 경우 실행
Else
    명령문2    ← 조건이 거짓일 경우 실행
End If
```

### 2 Select 구문

조건이 여러 개인 경우 하나의 식을 여러 개의 값과 비교하여 각 조건에 해당하는 명령을 실행하는 구문

형식

```
Select Case 값
    Case 값1
        명령문1
    Case 값2
        명령문2
        ⋮
    Case Else
        명령문3
End Select
```

출제횟수 1번

## 123 VBA 반복문

### 1 For~Next 구문

For문에서 지정한 횟수만큼 명령문을 반복 실행하는 구문

형식

```
For 변수=시작값 To 종료값 Step 단계값
    명령문
Next
```

예시 1부터 10까지의 합계(SUM)를 구하는 경우

```
For i=1 To 10 Step 1
    Sum=Sum+i
Next
```

### 2 For Each~Next 구문

개체 집합이나 배열에 대해 지정된 횟수만큼 명령을 반복 및 처리하는 구문

```
For Each 개체 변수 In 컬렉션 개체
    명령문
Next 개체 변수
```

### 3 Do While~Loop 구문

- 조건을 만족하는 동안 명령을 반복 실행하는 구문
- Do While~Loop: 반복 전에 조건 판단

형식

```
Do While 조건식
    명령문
Loop
```

- Do~Loop While: 반복 후에 조건 판단

형식

```
Do
    명령문
Loop While 조건식
```

### 4 Do Until~Loop 구문

- 조건을 만족하지 않는 동안 명령을 반복 실행하는 구문
- Do Until~Loop: 반복 전에 조건 판단

형식

```
Do Until 조건식
    명령문
Loop
```

- Do~Loop Until: 반복 후에 조건 판단

형식

```
Do
    명령문
Loop Until 조건식
```

## 124 VBA 입·출력문

### 1 MsgBox

- 대화상자에 주어진 메시지를 출력하는 구문
- vbYesNoCancel: [예], [아니요], [취소]의 세 개의 단추 활성화
- vbCritical: 중지 아이콘(❌) 표시
- vbQuestion: 질의 아이콘(❓) 표시
- vbInformation: 정보 아이콘(ℹ️) 표시
- vbExclamation: 경고 아이콘(⚠️) 표시

  예시 a=MsgBox("작업을 종료합니까?", vbYesNoCancel + vbQuestion, "확인")
  ❶ ❷ ❸ ❹

### 2 InputBox

특정 값을 입력받을 때 사용하는 구문

예시 InputBox("이름을 입력하세요", "이름입력")

## 125 Worksheets 개체

### 1 주요 속성

| | | | |
|---|---|---|---|
| Cells | 워크시트의 모든 셀 | Columns | 워크시트의 모든 열 |
| EntireColumn | 지정된 범위의 모든 열 | EntireRow | 지정된 범위의 모든 행 |
| Range | 워크시트의 셀이나 셀 범위 | Rows | 워크시트의 모든 행 |
| Name | 워크시트의 이름 | Visible | 워크시트의 표시 여부 |

### 2 주요 메서드

| | | | |
|---|---|---|---|
| Activate | 해당 워크시트 활성화 | Protect | 워크시트 보호 설정 |
| Add | 새 워크시트 삽입 | Select | 워크시트 선택 |
| Copy | 워크시트 복사 | Unprotect | 워크시트 보호 해제 |

더 보기
- Workbooks.Add: 새 통합 문서 생성
- Workbooks.Close: 현재 활성화된 통합 문서 종료
- Worksheets("Sheet3").Rows(4).Font.Bold = True: 현재 통합 문서의 [Sheet3] 시트에서 4행의 글꼴 스타일을 '굵게(Bold)' 설정

## 126 Range 개체

### 1 주요 속성

| | |
|---|---|
| Address | 참조하는 셀 주소 |
| Cells | 지정된 범위의 모든 셀 |
| Count | 지정된 범위의 셀 수 |
| CurrentRegion | 데이터가 있는 인접 영역의 범위 |
| End | 지정된 범위의 마지막 셀 |
| Next | 지정한 셀의 다음 셀 |
| Offset | 지정된 범위에서 떨어진 범위 |
| Range | 셀이나 영역 범위 |
| Value | 지정된 셀의 값 |

### 2 사용 예

- Range("A5").Select → [A5] 셀로 셀 포인터 이동
- Range("C2").Font.Bold = True → [C2] 셀의 글꼴 스타일을 '굵게' 설정
- Range("A1").Formula = 3 * 4 → [A1] 셀에 수식 '=3 * 4'의 결과인 '12' 입력
- Range("1:1").Font.Bold = True → 1행의 글꼴 서식을 '굵게' 설정
- Range("B3").CurrentRegion.Select → [B3] 셀과 연결된 인접 영역을 블록으로 지정
- Range("A1:C3").Value = 10 → [A1:C3] 영역에 모두 '10' 입력
- Range("A1", "C3").Value = 20 → [A1:C3] 모든 영역에 '20'이 입력되므로 '10'을 모두 '20'으로 변경
- Range("A1,C3").Value = 30 → [A1] 셀과 [C3] 셀에만 '30' 입력

더 보기

**Clear 메서드**
- Clear: 모두 지우기
- ClearContents: 내용 지우기
- ClearFormats: 서식 지우기
- ClearComments: 메모 지우기

21년 상시, 18년 3월, 17년 3월

다음 중 아래의 워크시트에서 〈보기〉의 프로시저 실행 결과로 옳은 것은?

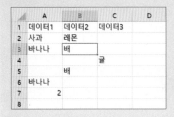

| | A | B | C | D |
|---|---|---|---|---|
| 1 | 데이터1 | 데이터2 | 데이터3 | |
| 2 | 사과 | 레몬 | | |
| 3 | 바나나 | 배 | | |
| 4 | | | 귤 | |
| 5 | | 배 | | |
| 6 | 바나나 | | | |
| 7 | | 2 | | |
| 8 | | | | |

| 보기 |

```
Sub B3선택( )
Range("B3").CurrentRegion.Select
End Sub
```

① [B3] 셀이 선택된다.
② [A1:B3] 영역이 선택된다.
③ [A1:C3] 영역이 선택된다.
④ [A1:C7] 영역이 선택된다.

정답 해설 Range는 워크시트의 셀이나 셀 범위를, CurrentRegion은 데이터가 있는 인접된 영역의 범위를 나타내는 명령어이고, Select는 선택하는 명령어임. 따라서 'Range("B3").CurrentRegion'은 [B3] 셀과 인접된 영역을 모두 포함하는 명령이므로 [A1:C7] 영역이 선택됨

정답 | ④

21년 상시, 16년 10월, 16년 6월

다음 중 각 VBA 코드에 대한 설명으로 옳지 않은 것은?

① Range("A5").Select → [A5] 셀로 셀 포인터를 이동한다.
② Range("C2").Font.Bold = "True" → [C2] 셀의 글꼴 스타일을 '굵게'로 설정한다.
③ Range("A1").Formula = 3 * 4 → [A1] 셀에 수식 '= 3 * 4'가 입력된다.
④ Workbooks.Add → 새 통합 문서를 생성한다.

정답 해설 3 * 4의 계산 결과값인 '12'가 [A1] 셀에 입력됨

정답 | ③

# 데이터베이스 일반

출제횟수 2번

## 127 데이터베이스

- 특정 조직의 업무를 수행하는 데 필요한 상호관련된 데이터의 집합으로, 중복성을 최소화함
- 데이터베이스의 정의

| 통합 데이터<br>(Integrated Data) | 데이터의 중복을 최소화하고 통제가 가능한 중복만 허용하는 데이터 |
|---|---|
| 공용 데이터<br>(Shared Data) | 여러 응용 시스템이 공동으로 소유하고 이용하는 데이터 |
| 저장 데이터<br>(Stored Data) | 데이터베이스는 컴퓨터가 처리하므로 컴퓨터가 접근할 수 있는 매체에 저장된 데이터 |
| 운영 데이터<br>(Operational Data) | 조직의 운영과 주요 기능을 수행하기 위해 지속적으로 유지해야 하는 데이터 |

- 특징: 실시간 접근 처리, 내용에 의한 참조, 자원의 동시 공유, 계속적인 변화

**더 보기**

**데이터 중복성의 문제**
- 데이터가 일치하지 않아 일관성이 없어짐
- 많이 중복되면 갱신 비용이 비싸짐
- 중복된 값에 대해 같은 수준의 데이터 보안이 유지되어야 함
- 제어가 분산되어 데이터 무결성을 유지하기 어려움

출제횟수 7번

## 128 데이터베이스 관리 시스템

### 1 DBMS(DataBase Management System)

- 사용자와 데이터베이스 사이에 위치하여 데이터베이스를 생성하고, 관리하며, 사용자의 요구에 따라 데이터베이스에 대한 연산 수행
- 데이터베이스에 접근하는 방법을 통제하여 데이터의 무결성을 유지 및 관리하는 소프트웨어
- 관계형 데이터베이스 관리 시스템(RDBMS; Relational DBMS): ORACLE, ACCESS, MS-SQL, MY-SQL 등

- DBMS의 장·단점

| 장점 | 단점 |
|---|---|
| • 데이터의 중복 최소화<br>• 데이터의 일관성 유지<br>• 데이터의 무결성 유지<br>• 데이터의 공유<br>• 데이터의 보안성 보장<br>• 데이터의 논리적·물리적 독립성 유지 | • 하드웨어와 DBMS 구매 비용 및 전산화 비용 증가<br>• 백업과 복구에 많은 비용과 시간 소요<br>• 시스템이 복잡해짐<br>• DBMS 전문가와 고급 프로그래머 필요 |

### 2 스키마(Schema)

- 전체 데이터베이스의 논리적인 구조와 정의를 기술하는 것
- 스키마의 종류

| 외부 스키마 | • 사용자나 응용 프로그래머의 관점에서 본 스키마(사용자 View)<br>• 같은 데이터베이스에 대해서도 다른 관점을 가질 수 있음 |
|---|---|
| 개념 스키마 | • 데이터베이스 전체의 논리적 구조<br>• 기관이나 조직체의 관점에서 데이터베이스를 정의한 것 |
| 내부 스키마 | • 데이터베이스의 저장 또는 물리적 구조<br>• 시스템 프로그래머나 시스템 설계자가 보는 관점의 스키마 |

### 3 데이터베이스 언어

- 데이터베이스를 구축하고 사용자와 소통하기 위한 언어
- 절차식 언어: 원하는 결과를 얻기 위해 어떤 연산을 수행해야 하는지 순서를 명확하게 기술하는 언어
- 비절차식 언어: 구체적 수행 과정을 명시하지 않고 원하는 정보만 기술하는 언어. 절차식 언어보다 쉽게 배우고 사용할 수 있지만, 코드의 효율성은 떨어짐
- 데이터베이스 언어의 종류

| 데이터 정의어<br>(DDL; Data Definition Language) | 데이터베이스를 생성하거나 수정하기 위해 사용하는 언어<br>**예시** CREATE, ALTER, DROP |
|---|---|
| 데이터 조작어<br>(DML; Data Manipulation Langue) | 데이터의 삽입, 삭제, 수정, 검색 등의 처리를 요구하기 위해 사용하는 언어<br>**예시** SELECT, INSERT, UPDATE, DELETE |

| 데이터 제어어<br>(DCL; Data Control<br>Language) | 데이터 보안 및 회복, 무결성, 병행 수행 제<br>어 등을 정의하는 언어<br>**예시** COMMIT, ROLLBACK, GRANT, REVOKE |
|---|---|

## 129 데이터베이스의 설계

### 1 데이터 모델링

현실 세계에 존재하는 데이터를 사용자의 요구에 따라 컴퓨터 세계의 데이터베이스로 옮기는 변환 과정

| 개념적 설계 | 현실 세계에서 중요한 데이터를 추출하여 추상적 개념으로 옮기는 과정으로, ERD(Entity Relationship Diagram, 개체 관계 모델)를 생성하는 단계 |
|---|---|
| 논리적 설계 | 개념적 설계를 데이터 모델링을 거쳐 특정 DBMS가 지원하는 논리적 구조로 변환하는 과정 |
| 물리적 설계 | 컴퓨터 시스템의 저장장치에 저장하기 위한 구조와 접근 방법 등을 설계하는 단계 |

### 2 개체 관계 모델
### (E-R Model; Entity-Relationship Model)

- 쉽게 개념적 설계를 하는 방법으로, 1976년 피터 첸(Peter Chen)이 제안
- 개체와 개체 간의 관계를 기본 요소로 하여 현실 세계를 개념적인 논리 데이터로 표현하는 방식으로, 특정 DBMS를 고려한 것은 아님
- '개체(Entity)', '속성(Attribute)', '관계(Relationship)' 등으로 구성됨

| 개체(Entity) | 독립적으로 존재하면서 고유하게 식별할 수 있는 실제의 객체나 개념 |
|---|---|
| 속성(Attribute) | 개체가 가지고 있는 고유한 특성이나 상태 |
| 관계(Relationship) | • 개체 간의 관계나 속성 간의 관계<br>• 일대일, 일대다, 다대다 관계가 있음 |

### 3 E-R 다이어그램(ERD)

- 개체와 관계를 도식으로 표현하여 현실 세계를 개념적으로 모델링한 결과물을 시각적으로 표현
- E-R 다이어그램의 구성 요소

| 사각형 | 개체(Entity) 타입 |
|---|---|
| 마름모 | 관계(Relationship) 타입 |

| 타원 | 속성(Attribute) 타입 |
|---|---|
| 밑줄 타원 | 기본 키 속성 |
| 선 | 개체 타입과 속성 또는 개체 타입 간의 연결 |

## 130 데이터베이스 모델

### 1 데이터베이스 모델의 종류

| 계층 데이터베이스 모델 | 트리(Tree) 구조를 활용하여 데이터를 부모와 자식의 관계로 정의한 모델 |
|---|---|
| 네트워크 데이터베이스 모델 | 데이터베이스의 논리적 구조를 그래프(Graph) 또는 네트워크(Network) 형태로 표현한 모델로, 다대다 관계(N:M) 표현 |
| 관계 데이터베이스 모델 | 데이터베이스의 논리적 구조를 행과 열로 구성되는 테이블 형태로 표현한 모델 |
| 객체 지향형 모델 | 객체 지향 프로그래밍(OOP; Object-Oriented Programming) 기술을 도입하여 저장한 데이터베이스로 모든 정보를 '객체'라는 형태로 표현한 모델 |

### 2 관계 데이터베이스의 구조

| 테이블(Table)/<br>릴레이션(Relation) | 데이터를 표 형태의 행과 열로 표현한 것 |
|---|---|
| 속성(Attribute) | 테이블의 열을 구성하는 항목으로, 개체의 특성이나 상태를 기술하고 데이터베이스를 구성하는 가장 작은 논리적 단위 |
| 튜플(Tuple) 또는 레코드(Record) | 테이블의 행을 의미하는 것으로, 속성으로 구성된 튜플들 사이에는 순서가 없음 |
| 도메인(Domain) | 하나의 속성(Attribute)이 취할 수 있는 값의 범위 |
| 차수(Degree) | 속성의 개수 |
| 기수(Cardinality) | 튜플의 개수 |

**예시** [학생] 테이블 ── 속성/필드(열)

| 학번 | 이름 | 학년 | 학과 |
|---|---|---|---|
| 100 | 김성훈 | 2 | AI학과 |
| 101 | 이규연 | 4 | 정보보안과 |
| 102 | 박수빈 | 3 | 컴퓨터공학과 |
| 103 | 최민희 | 1 | 영문학과 |

── 튜플/레코드(행)

- '학년'의 도메인: 1, 2, 3, 4
- 차수(속성의 개수): 4
- 기수(튜플의 개수): 4

# 131 키와 무결성

## 1 키(Key)

- 데이터베이스에서 튜플을 검색하거나 정렬할 때 튜플들을 서로 구분할 수 있는 기준이 되는 속성
- 키의 종류

| 후보 키<br>(Candidate Key) | 테이블에서 '유일성'과 '최소성'을 만족하는 키<br>– 유일성: 하나의 키 값으로 하나의 튜플을 유일하게 식별할 수 있는 성질<br>– 최소성: 튜플을 유일하게 식별하는 데 꼭 필요한 속성만으로 구성되는 성질 |
|---|---|
| 기본 키<br>(Primary Key) | • 후보 키 중에서 선택한 키<br>• Null 값과 중복된 값을 가질 수 없음 |
| 외래 키<br>(Foreign Key) | • 관계를 맺고 있는 두 테이블에서 다른 테이블의 기본 키를 참조하는 키<br>• 참조하는 기본 키와 일치하는 값을 갖거나 Null 값을 가져야 함 |
| 대체 키<br>(Alternate Key) | 후보 키 중에서 기본 키를 제외한 나머지 키 |
| 슈퍼 키<br>(Super Key) | • 속성의 집합으로 구성된 키<br>• 유일성은 만족시키지만, 최소성은 만족시키지 못하는 키 |

### 예시

직원(**사번**, 성명, 부서명, 주민등록번호)
부서(**부서명**, 팀장, 팀원 수)

- **후보 키**: [직원] 테이블의 '사번', '주민등록번호', [부서] 테이블의 '부서명'
- **기본 키**: [직원] 테이블의 '사번', [부서] 테이블의 '부서명'
- **대체 키**: [직원] 테이블의 '주민등록번호'
- **외래 키**: [직원] 테이블의 '부서명'([부서] 테이블의 '부서명'을 참조)

## 2 무결성 제약 조건

- 정확성과 안정성을 유지하기 위한 제약 조건으로, 테이블에 부적절한 자료가 입력되는 것을 방지하기 위해서 테이블을 생성할 때 정의하는 규칙
- **개체 무결성**: 기본 키는 중복된 값이나 Null 값을 가질 수 없음
- **참조 무결성**
  - 한 테이블이 다른 테이블의 기본 키를 참조하는 외래 키를 가질 때 외래 키는 Null 값이거나 다른 테이블의 기본 키에 있는 값이어야 함
  - 기본 키 값이 있는 테이블의 레코드를 삭제할 경우 참조 무결성이 위배될 수 있음

- 기본 키 값이 있는 테이블에서 레코드를 추가하는 경우에는 참조 무결성이 유지됨

### 확인문제

다음 중 참조 무결성에 대한 설명으로 옳지 않은 것은?

① 참조 무결성은 참조하고 참조되는 테이블 간의 참조 관계에 아무런 문제가 없는 상태를 의미한다.
② 다른 테이블을 참조하는 테이블, 즉 외래 키 값이 있는 테이블의 레코드 삭제 시에는 참조 무결성이 위배될 수 있다.
③ 다른 테이블을 참조하는 테이블의 레코드 추가 시 외래 키 값이 널(Null)인 경우에는 참조 무결성이 유지된다.
④ 다른 테이블에 의해 참조되는 테이블에서 레코드를 추가하는 경우에는 참조 무결성이 유지된다.

**정답 해설** 외래 키 값이 있는 테이블의 레코드는 삭제해도 참조 무결성이 유지되지만, 다른 테이블에 의해 참조되는 테이블의 레코드를 삭제할 때는 참조 무결성이 위배됨

정답 | ②

# 132 정규화

- 추가, 갱신, 삭제 등의 작업 시 이상 현상(Anomaly)이 발생하지 않도록 테이블을 분해하는 과정
- 데이터베이스의 논리적 설계 단계에서 수행
- 정규화(Normalization)를 통해 데이터의 중복을 최소화하고 테이블 간의 종속성을 줄일 수 있으나, 중복을 완전히 제거할 수 없음
- 테이블을 여러 개로 나누기 때문에 테이블의 크기가 작아지지만, 모든 테이블의 필드 수가 같아지는 것은 아님
- 정규형은 제1정규형에서 제5정규형까지 있으며, 단계가 높을수록 하위 단계를 포함하고, 종속성이 제거됨

### 확인문제

다음 중 데이터를 입력 또는 삭제 시 이상 현상(Anomaly)이 일어나지 않도록 데이터베이스를 설계하기 위한 기술을 의미하는 용어는?

① 자동화  ② 정규화  ③ 순서화  ④ 추상화

정답 해설 하나의 릴레이션의 속성이 다양한 종속성과 중복성을 갖게 되면 릴레이션 조작 시 예기치 못한 이상 현상이 발생할 가능성이 높아짐. 따라서 이러한 이상 현상을 제거하기 위하여 중복성 및 종속성을 배제시키는 방법으로 정규화(Normalization)를 사용함

정답 | ②

---

**Chapter 2** 테이블 활용

 출제횟수 2번

**133** **테이블**

- 테이블(Table)은 데이터베이스에서 사용할 데이터를 저장하고 관리하는 개체
- 테이블 작성은 테이블의 구조를 설계하는 것으로, 필드 이름, 데이터의 형식, 속성 등을 지정할 수 있음
- [디자인 보기], [데이터시트 보기], [테이블 가져오기], [테이블 연결] 등을 이용하여 작성할 수 있음
- 필드 이름은 최대 64자까지 지정할 수 있음
- 필드 이름에 마침표(.), 느낌표(!), 악센트 기호('), 대괄호([ ])를 제외한 특수 문자 및 문자, 숫자, 공백 등을 조합하여 포함할 수 있음
- 공백은 첫 글자로 사용할 수 없음
- 테이블 이름과 같은 필드 이름을 지정할 수 있지만, 한 테이블에 같은 이름의 필드를 지정할 수 없음

더 보기

**Access 파일에 암호를 설정하는 방법**
① [파일] 탭-[열기]-[찾아보기]를 선택하고 [열기] 대화상자에서 해당 파일을 선택한 후 [열기] 단추의 목록 단추(▼)-[단독으로 열기] 선택
② 해당 파일이 열리면 [파일] 탭-[정보]-[데이터베이스 암호 설정]을 선택하고 [데이터베이스 암호 설정] 대화상자에서 암호 지정

**Access 파일의 암호를 해제하는 방법**
[파일] 탭-[정보]-[데이터베이스 암호 해독] 선택 → [데이터베이스 암호 해제] 대화상자에 지정한 암호를 다시 입력

---

 출제횟수 7번

**134** **데이터의 형식**

- 필드에 입력할 수 있는 데이터의 종류와 크기 지정

---

- 테이블의 [디자인 보기] 상태(☑)에서 지정하거나 확인할 수 있음
- **데이터 형식의 종류**

| 짧은 텍스트 | • 텍스트나 텍스트와 숫자의 조합<br>• 최대 255자까지 저장 가능 |
|---|---|
| 긴 텍스트 | • 이전 버전의 메모 데이터 형식<br>• 최대 64,000자까지 저장 가능 |
| 숫자 | • 산술 계산에 사용하는 숫자<br>• 바이트, 정수, 정수(Long), 실수(Single), 실수형 (Double), 복제 ID, 10진수가 있음<br>• 기본적으로 정수(Long)인 4바이트가 지정됨 |
| 날짜/시간 | • 날짜 및 시간 데이터 형식의 데이터<br>• 기본 필드 크기는 8바이트 |
| 통화 | • 화폐 형식으로 표시되는 숫자로, 기본 필드의 크기는 8바이트<br>• 소수점 왼쪽으로 15자리까지, 소수점 오른쪽으로 네 자리까지 저장할 수 있음 |
| 일련 번호 | • 레코드가 추가될 때 자동으로 1씩 증가되는 번호<br>• 기본 필드 크기는 4바이트<br>• 사용자가 임의로 입력하거나 수정할 수 없음 |
| Yes/No | • Yes/No, True/False, On/Off 등 두 값 중 하나만 입력<br>• 기본 필드 크기는 1비트<br>• 'Yes' 값에는 '−1', 'No' 값에는 '0' 저장 |
| OLE 개체 | 다른 프로그램에서 만든 문서, 그림, 동영상, 소리 등의 개체 입력 |
| 하이퍼링크 | 웹 사이트나 파일의 특정 위치로 바로 이동하는 주소 데이터 입력 |

더 보기

**날짜/시간 형식**
- **기본 날짜** : 2022-9-5 오후 5:30:20
- **간단한 날짜** : 2022-9-5
- **자세한 날짜** : 2022년 9월 5일 일요일
- **보통 날짜** : 22년 9월 5일

---

 출제횟수 9번

**135** **기본 키**

- 테이블에서 각 레코드를 고유하게 식별해 주는 필드나 필드의 집합
- 기본 키로 지정된 필드는 다른 레코드와 같은 값을 가질 수 없음
- 기본 키 필드에는 Null 값을 입력할 수 없고, 값이 입력되지 않으면 테이블이 저장되지 않음
- 기본 키는 테이블의 [디자인 보기](☑) 상태에서 설정할 수 있음

- [디자인] 탭-[도구] 그룹-[기본 키] 또는 바로 가기 메뉴에서 [기본 키] 선택
- 데이터가 이미 입력된 필드도 기본 키로 지정할 수 있음
- 기본 키로 지정하면 해당 필드의 인덱스 속성이 '예(중복 불가능)'로 자동 설정됨
- 기본 키는 반드시 지정할 필요는 없고, 두 개 이상의 필드로 지정된 복합키를 지정할 수도 있음
- OLE 개체, 첨부 파일 형식의 필드에는 기본 키를 설정할 수 없음
- [데이터시트 보기]에서 새 테이블을 만들면 '일련 번호' 형식의 기본 키가 자동으로 만들어짐
- 하나 이상의 관계가 있는 테이블의 기본 키를 제거하려면 관계를 먼저 삭제해야 함

**더 보기**

**테이블의 [디자인 보기]**

❶ **기본 키 지정**: 한 개 이상의 필드를 선택하여 기본 키 지정
❷ **설명**: 테이블 구조에 영향을 미치지 않고 상태 표시줄에 설명이 표시됨
❸ **[조회] 탭**: 컨트롤을 '텍스트 상자', '목록 상자', '콤보 상자' 중 선택하여 표시

**확인문제**

19년 8월, 19년 3월, 17년 9월

다음 중 Access의 기본 키에 대한 설명으로 옳지 **않은** 것은?

① 기본 키는 테이블의 [디자인 보기] 상태에서 설정할 수 있다.
② 기본 키로 설정된 필드에는 널(NULL) 값이 허용되지 않는다.
③ 기본 키로 설정된 필드에는 항상 고유한 값이 입력되도록 자동으로 확인된다.
④ 관계가 설정되어 있는 테이블에서 기본 키 설정을 해제하면 해당 테이블에 설정된 관계도 삭제된다.

정답 해설 관계가 설정된 테이블의 기본 키는 해제할 수 없음. 기본 키 설정을 해제하려면 먼저 관계를 해제해야 함

정답 | ④

출제횟수 8번

**136** **입력 마스크**

- 데이터 입력 시 지정된 형식에 따라 데이터를 신속하고 정확하게 입력하기 위해 지정
- 입력 마스크는 텍스트, 숫자, 날짜/시간, 통화 형식에서 사용할 수 있음
- **사용자 지정 형식**
  세 개의 구역으로 나누며, 세미콜론(;)으로 구분

$$\underset{❶}{(999)9999-9999};\underset{❷}{0};\underset{❸}{\_}$$

❶ 입력 마스크 지정 문자를 이용하여 입력 마스크 지정
❷ 구분 기호를 데이터와 함께 저장할지 지정
  - **0**: 구분 기호와 함께 저장
  - **1**: 구분 기호 없이 저장
❸ 데이터가 입력되는 자리에 표시할 문자 지정

- **입력 마스크 지정 문자**

| 0 | • 숫자 입력<br>• 덧셈과 뺄셈 기호를 사용할 수 없음 | 필수 |
|---|---|---|
| 9 | • 숫자, 공백 입력<br>• 덧셈과 뺄셈 기호를 사용할 수 없음 | 선택 |
| # | • 숫자, 공백 입력<br>• 덧셈과 뺄셈 기호를 사용할 수 있음 | |
| L | 영문자, 한글 입력 | 필수 |
| A | 영문자, 한글, 숫자 입력 | |
| ? | 영문자, 한글 입력 | 선택 |
| C | 모든 문자나 공백 입력 | |
| 〉 | 대문자로 변환 | |
| 〈 | 소문자로 변환 | |
| ₩ | 뒤에 나오는 문자를 그대로 표시 | |

예시 입력 마스크를 'LA09#'으로 설정→'A상345' 입력 가능

출제횟수 5번

## 137 유효성 검사 규칙

- 필드에 입력될 데이터 값의 종류나 범위를 미리 지정하는 기능
- **유효성 검사 텍스트**: 유효성 검사 규칙에서 지정한 범위 이외의 값을 입력했을 때 표시할 오류 메시지 지정
- 일련번호와 OLE 개체에는 유효성 검사를 지정할 수 없음
- 산술 연산자, 비교 연산자, 논리 연산자, 특수 연산자, 함수 등을 사용하여 규칙을 지정할 수 있음

| 산술 연산자 | +, −, *, /, mod, ^ |
|---|---|
| 비교 연산자 | =, 〉, 〉=, 〈, 〈=, Like |
| 논리 연산자 | NOT, AND, ON |
| 특수 연산자 | • In: 지정한 값 중 하나<br>• Between~And: 지정한 값 사이 |

- **유효성 검사의 예**

| 〈〉0 | 0이 아닌 값만 입력 |
|---|---|
| "총무부" Or "인사부" | '총무부' 또는 '인사부'만 입력 |
| In ("총무부","인사부") | |
| 〉= 1000000 And 〈= 5000000 | 100만 원 이상 500만 원 이하의 값만 입력 |
| Between 1000000 And 5000000 | |
| Is Not Null | 'Null'이 아닌 값만 입력 |
| Like "가*" | '가'로 시작하는 데이터만 입력 |
| 〉=#2022−03−01# And 〈=#2022−03−31# | 2022년 3월의 값만 입력 |

출제횟수 8번

## 138 기타 제약 조건

| 필드 크기 | '짧은 텍스트', '숫자', '일련 번호' 형식에서만 지정할 수 있음 |
|---|---|
| 형식 | 데이터의 표시 형식 지정 |
| 소수 자릿수 | 소수점 이하의 자릿수 지정 |
| 캡션 | [데이터시트 보기] 상태에서 표시될 제목 지정 |
| 기본값 | 레코드 추가 시 필드에 기본으로 입력되는 값 지정 |
| 필수 | 데이터가 꼭 입력되어야 하는 필드에 '예'로 지정 |
| 빈 문자열 허용 | 빈 값의 허용 여부 조정 |

| 인덱스 | • 테이블에서 빠르게 검색하거나 정렬하는 기능<br>• '아니요', '예(중복 가능)', '예(중복 불가능)' 중 선택<br>• 인덱스를 설정하면 레코드의 추가, 수정, 삭제 속도가 느려짐<br>• 인덱스는 여러 개의 필드에 설정할 수 있음<br>• 기본 키는 자동으로 '예(중복 불가능)'가 지정됨 |
|---|---|
| 유니코드 압축 | 입력되는 문자를 2바이트로 나타내는 속성 |
| IME 모드 | 데이터 입력 시 한글이나 영문 입력 상태를 지정하는 기능 |

**더 보기**

**표준 형식**

숫자의 형식을 '표준'으로 지정하면 천 단위 구분 기호(,)를 표시하고, 소수점 이하 자릿수는 기본적으로 두 자리로 지정됨
**예시** 1234 → 1,234.00

**확인문제**

20년 7월, 19년 3월, 16년 6월

다음 중 테이블의 필드 속성 설정 시 사용하는 인덱스에 관한 설명으로 옳지 <u>않은</u> 것은?

① 인덱스를 설정하면 레코드의 검색과 정렬 속도가 빨라진다.
② 인덱스를 설정하면 레코드의 추가, 수정, 삭제 속도는 느려진다.
③ 데이터 형식이 OLE 개체인 필드에는 인덱스를 설정할 수 없다.
④ 인덱스는 한 개의 필드에만 설정 가능하므로 주로 기본 키에 설정한다.

**정답해설** 인덱스는 하나의 테이블에 32개의 인덱스를 만들 수 있으며, 하나의 인덱스에서는 열 개의 필드를 사용할 수 있음

정답 | ④

출제횟수 3번

## 139 조회 속성

- 콤보 상자나 목록 상자에 미리 값을 지정한 후 값을 선택해서 입력하는 기능
- 조회 속성을 이용하면 사용자가 직접 값을 입력하는 과정에서 발생하는 오류를 줄일 수 있음
- 다른 테이블이나 쿼리에 있는 값을 조회하거나 원하는 값을 직접 입력하여 조회 목록을 만들 수 있음
- '짧은 텍스트', '숫자', 'Yes/No' 형식에서만 지정할 수 있음
- [디자인 보기] 상태(⬚)에서 데이터 형식의 '조회 마법사'를 이용하거나 [조회] 탭의 각 속성에서 직접 설정할 수 있음

• 조회 속성

| 컨트롤 표시 | 조회 속성을 지정하려면 콤보 상자나 목록 상자 선택 |
|---|---|
| 행 원본 유형 | '테이블/쿼리', '값 목록', '필드 목록' 중에서 선택<br>– 테이블/쿼리: 테이블이나 쿼리를 원본으로 지정<br>– 값 목록: 직접 입력한 값을 원본으로 지정<br>– 필드 목록: 테이블이나 쿼리의 필드명을 원본으로 지정 |
| 행 원본 | '행 원본' 유형이 '값 목록'이면 세미콜론(;)으로 항목 지정 |
| 바운드 열 | 선택한 목록의 여러 열 중 해당 컨트롤이 저장될 열 지정 |
| 열 개수 | 표시되는 열의 개수 지정 |
| 열 너비 | • 열이 여러 개인 경우 세미콜론(;)으로 구분<br>• '0'으로 지정하면 열이 숨겨짐 |
| 목록 너비 | 콤보 상자의 목록 너비 지정 |
| 목록 값만 허용 | • 지정한 목록 값 이외의 데이터를 입력할 수 있는지 지정<br>• 콤보 상자에서만 설정할 수 있음 |

출제횟수 3번

## 140 테이블의 구조 변경

### 1 필드 삽입

• 테이블에 새로운 필드를 삽입하는 것으로, [디자인 보기](🖊) 상태에서 삽입해야 함
• [디자인] 탭-[도구] 그룹-[행 삽입] 클릭
• 바로 가기 메뉴에서 [행 삽입] 선택
• Insert

### 2 필드 삭제

• 테이블의 필드를 삭제하는 것으로, 필드의 모든 데이터가 함께 삭제됨
• 여러 개의 필드를 한꺼번에 삭제할 수 있고, 삭제한 필드는 되살릴 수 없음
• [디자인] 탭-[도구] 그룹-[행 삭제] 클릭
• 바로 가기 메뉴에서 [행 삭제] 선택
• Delete

### 3 필드 이동

• 행 선택기를 클릭한 채 해당 위치로 드래그
• 바로 가기 메뉴에서 [잘라내기] → [붙여넣기] 선택
• Ctrl + X → Ctrl + V

출제횟수 11번

## 141 관계 설정

### 1 관계 설정 방법

• 서로 관련된 테이블을 공통 필드를 이용하여 관계를 정의하면, 여러 테이블을 연결하여 쿼리, 폼, 보고서 등을 작성할 수 있음
• 기본 테이블의 기본 키와 이를 참조하는 테이블의 외래 키 필드를 서로 연결하여 관계를 설정함
• 기본 키 필드와 외래 키 필드는 이름이 같을 필요는 없지만, 반드시 데이터 형식과 종류가 같아야 함
• 액세스에서는 일대일 관계와 일대다 관계가 자동으로 지정되지만, 두 테이블을 직접 다대다 관계로 설정할 수 없음
• 일대일 관계는 한 테이블의 각 레코드가 다른 테이블의 한 레코드에만 대응되는 관계로, 양쪽 테이블의 연결 필드가 모두 중복할 수 없는 인덱스나 기본 키로 설정된 경우에만 가능함
• 일대다 관계는 한 테이블의 기본 키를 외래 키로 사용하는 다른 테이블 간의 관계를 설정하는 것임
• [디자인 보기] 상태(🖊)로 열려있는 테이블에 대한 관계를 설정할 때 오류가 발생하므로 열려있는 테이블을 먼저 닫고 관계를 설정해야 함
• 테이블 관계를 제거하려면 관계선을 클릭하여 굵게 표시한 상태에서 Delete를 누름

### 2 참조 무결성

• 관련 테이블의 레코드 간 관계가 유효한지 확인하고, 사용자가 관련 데이터를 실수로 변경하거나 삭제했는지 확인하기 위해 사용하는 규칙
• 기본 테이블에서 사용할 필드는 기본 키이거나 고유 인덱스가 설정되어 있어야 함
• 참조 무결성을 지정하려면 관계선을 더블클릭하거나 바로 가기 메뉴에서 [관계 편집]을 선택한 후 [관계 편집] 대화상자에서 '항상 참조 무결성 유지'에 체크해야 함

• [관계 편집] 대화상자

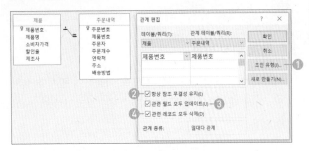

| | |
|---|---|
| ❶ 조인 유형 | '내부 조인', '왼쪽 우선 외부 조인', '오른쪽 우선 외부 조인' 중에서 선택할 수 있음 |
| ❷ 항상 참조 무결성 유지 | [주문내역] 테이블에 입력하려는 '제품번호'는 반드시 [제품] 테이블의 '제품번호'에 있거나 Null 값이어야 함 |
| ❸ 관련 필드 모두 업데이트 | [제품] 테이블의 레코드를 수정하면 [주문내역] 테이블의 관련 레코드도 자동으로 변경됨 |
| ❹ 관련 레코드 모두 삭제 | [제품] 테이블의 레코드를 삭제하면 [주문내역] 테이블의 관련 레코드도 모두 삭제됨 |

확인문제

20년 7월, 17년 3월, 16년 10월

다음 중 [관계 편집] 대화상자에 대한 설명으로 옳지 않은 것은?

① 관계를 구성하는 어느 한쪽의 테이블 또는 필드 및 쿼리를 변경할 수 있다.
② 조인 유형을 내부 조인, 왼쪽 우선 외부 조인, 오른쪽 우선 외부 조인 중에서 선택할 수 있다.
③ '항상 참조 무결성 유지'를 선택한 경우 '관련 필드 모두 업데이트'와 '관련 레코드 모두 삭제' 옵션을 선택할 수 있다.
④ 관계의 종류를 일대다, 다대다, 일대일 중에서 선택할 수 있다.

정답 해설 관계의 종류는 [관계 편집] 대화상자에서 선택하는 것이 아니라 관계를 구성하는 테이블 간의 기본 키와 외래 키의 설정 상태에 따라 자동으로 설정됨. 일반적인 데이터베이스에서 관계의 종류에는 일대다(1:M), 다대다(M:M), 일대일(1:1)이 있음

정답 | ④

노른자

## 142 외부 데이터 가져오기와 테이블 연결하기

### 1 외부 데이터 가져오기

• 다른 형식의 데이터를 현재 데이터베이스 파일로 불러올 수 있는 기능
• [외부 데이터] 탭–[가져오기 및 연결] 그룹에서 가져올 파일 형식 선택

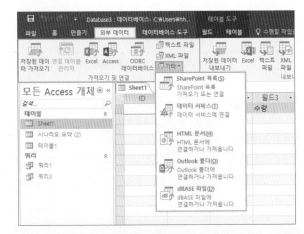

• 가져오기 가능한 형식: Excel, Access, ODBC 데이터베이스, 텍스트 파일, XML 파일, SharePoint 목록, 데이터 서비스, HTML 문서, Outlook 폴더, dBASE 파일 등(Word 파일은 가져올 수 없음)
• 데이터를 가져와도 원본 데이터는 변경되지 않으며, 가져온 데이터를 변경해도 원본 데이터에 영향을 미치지 않음
• Access 파일을 가져오는 경우 테이블, 쿼리, 폼, 보고서, 매크로 및 모듈을 가져올 수 있고, 테이블의 관계도 함께 복사할 수 있음
• 테이블의 정의만 가져오면 데이터가 없는 빈 테이블이 생성됨
• 원본 개체와 같은 이름의 개체가 이미 대상 데이터베이스에 있으면 가져오기 개체의 이름에 숫자(1, 2, 3 등)가 추가됨
• 가져오려는 데이터 원본의 필드가 255개 이상인 경우 처음 255개의 필드만 가져옴
• 엑셀 데이터는 워크시트나 정의된 이름을 선택하여 가져올 수 있음
• 엑셀 데이터는 한 번에 하나의 워크시트만 가져올 수 있으므로 여러 워크시트에서 데이터를 가져오려면 각 워크시트에 대해 가져오기 명령을 반복해서 실행해야 함

## 2 테이블 연결하기

- 원본 데이터의 변경된 내용이 연결된 테이블에 반영되는 기능
- 원본 데이터의 레코드를 삭제하면 연결된 테이블의 레코드도 삭제됨
- 연결된 테이블을 삭제해도 원본 데이터에 영향을 주지 않음
- [외부 데이터 가져오기] 창에서 [연결 테이블을 만들어 데이터 원본에 연결]을 선택하여 테이블을 연결할 수 있음
- 연결된 테이블을 삭제할 수 있고, 삭제해도 원본 데이터에는 전혀 영향이 없음

### 더 보기

**엑셀 통합 문서를 가져오거나 연결하기**
- [외부 데이터] 탭-[가져오기 및 연결] 그룹-[Excel]
- [현재 데이터베이스의 새 테이블로 원본 데이터 가져오기], [다음 테이블에 레코드 복사본 추가], [연결 테이블을 만들어 데이터 원본에 연결 중 하나]를 선택

## 143 데이터 내보내기

- 데이터베이스 개체를 다른 응용 프로그램에서 사용할 수 있도록 형식을 변경하여 출력하는 기능
- [외부 데이터] 탭-[내보내기] 그룹에서 내보낼 대상 선택

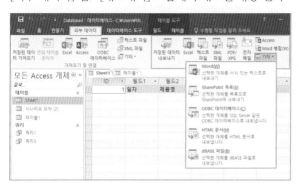

- 내보내기 가능한 형식: Access 데이터베이스의 각 개체, 엑셀, 텍스트 파일, XML 파일, PDF/XPS, 전자메일, Word 병합, SharePoint 목록, ODBC 데이터베이스, HTML 문서 등 (VBA 코드로는 내보낼 수 없음)
- 테이블을 Access 데이터베이스로 내보내는 경우 '정의 및 데이터'를 내보낼 것인지, '정의만' 내보낼 것인지 선택할 수 있음
- 쿼리를 엑셀이나 HTML 형식으로 내보내는 경우 쿼리의 SQL문이 아니라 SQL문의 실행 결과가 저장됨
- 테이블은 내보내지 않고 보고서만 'Word(*.rtf)'로 내보내는 경우 원본 테이블이 없어도 데이터는 표시됨

---

**Chapter 3** 쿼리 활용

출제횟수 4번

## 144 쿼리

### 1 쿼리(Query)의 기능과 종류

- 테이블이나 쿼리를 대상으로 특정 조건을 필터링하여 데이터를 찾거나 계산 또는 요약을 수행하여 결과를 표시하는 개체
- 작성한 쿼리는 폼이나 보고서의 원본으로 사용할 수 있음
- **쿼리의 종류**

| | |
|---|---|
| 선택 쿼리 | 테이블이나 쿼리에서 특정 조건을 지정하여 해당 데이터를 추출하는 쿼리 |
| SQL 쿼리 | SQL문을 이용하여 작성한 쿼리 |
| 매개변수 쿼리 | 쿼리를 실행할 때 값이나 패턴을 묻는 메시지를 표시하고, 조건에 맞는 결과만 표시하는 쿼리 |
| 요약 쿼리 | 데이터를 그룹화하고 요약하는 쿼리 |
| 크로스탭 쿼리 | 필드별 합계, 개수, 평균 등의 요약을 계산한 후 스프레드시트 형태로 표시하는 쿼리 |
| 불일치 쿼리 | 다른 테이블의 레코드와 일치하지 않는 레코드를 찾아서 쿼리를 만드는 기능으로, 반드시 두 개 이상의 테이블이 있어야 함 |
| 실행 쿼리 | 추가 쿼리, 테이블 만들기 쿼리, 삭제 쿼리, 업데이트 쿼리 등 기존 테이블을 변화시키는 쿼리 |

### 2 쿼리의 작성 방법

- 마법사 이용: [만들기] 탭-[쿼리] 그룹-[쿼리 마법사]를 클릭하고 [새 쿼리] 대화상자에서 [단순 쿼리 마법사] 선택

- 쿼리 디자인 이용: [만들기] 탭-[쿼리] 그룹-[쿼리 디자인]을 클릭하고 [테이블 표시] 대화상자의 [테이블] 탭이나 [쿼리] 탭에서 원본 데이터 추가
- SQL 보기 이용: [만들기] 탭-[쿼리] 그룹-[쿼리 디자인]을 선택하고 열려있는 [테이블 표시] 대화상자를 닫음. 회색의 빈 화면에서 마우스 오른쪽 단추를 클릭한 후 바로 가기 메뉴에서 [SQL 보기] 선택

출제횟수 6번

# 145 쿼리의 조건 지정

## 1 조건 지정 방법

- 숫자 데이터 형식: 〉=2000 AND 〈=4000
- 날짜 데이터 형식: 〈 #2019-07-17
- 문자 데이터 형식: 〈〉 "성북구", In ("서울", "부산")
- 특정 패턴과 일치하는 데이터: Like 연산자

## 2 와일드카드 문자를 이용한 조건 지정

| # | 한 개의 숫자 의미 | 1#3 → '103', '113' 등 검색 |
|---|---|---|
| ? | 한 개의 문자 의미 | 특?회원 → '특이회원', '특별회원' 등 검색 |
| ! | 대괄호 안에 있는 문자를 제외하고 검색 | 특[!이]회원 → '특이회원'을 제외하고 찾음 |
| - | 문자 범위 안에서 하나의 문자 검색 | b[a-c]d → 'bad', 'bbd' 등 검색 |

## 3 AND 조건과 OR 조건

- 조건을 같은 행에 입력하면 AND 조건을, 다른 행에 입력하면 OR 조건을 의미함
- '기관명'이 '요양원'으로 끝나고 '주소'가 '서울시'인 레코드를 검색한 경우

| 필드: | 기관명 | 주소 |
|---|---|---|
| 테이블: | 봉사기관 | 봉사기관 |
| 정렬: | | |
| 표시: | ✓ | ✓ |
| 조건: | Like "*요양원" | "서울시" |
| 또는: | | |

- '기관명'이 '요양원'으로 끝나거나 '주소'가 '서울시'인 레코드를 검색하는 경우

| 필드: | 기관명 | 주소 |
|---|---|---|
| 테이블: | 봉사기관 | 봉사기관 |
| 정렬: | | |
| 표시: | ✓ | ✓ |
| 조건: | Like "*요양원" | |
| 또는: | | "서울시" |

출제횟수 1번

# 146 SQL

- 데이터베이스를 관리하기 위해 설계된 특수 목적 언어로, 비절차적 언어에 포함됨
- SQL(Structured Query Language)에서는 영문자의 대·소문자를 구분하지 않음
- 여러 줄에 나누어 입력할 수 있고, 문장의 마지막에는 세미콜론(;)을 입력해야 함
- 기능별로 SQL 구분하기

| 데이터 정의어 (DDL) | 테이블의 생성(CREATE), 변경(ALTER), 제거(DROP) |
|---|---|
| 데이터 조작어 (DML) | 조회(SELECT), 삽입(INSERT), 변경(UPDATE), 삭제(DELETE) |
| 데이터 제어어 (DCL) | 권한 부여(GRANT), 권한 회수(REVOKE), 저장(COMMIT), 취소(ROLLBACK) |

출제횟수 31번

# 147 SELECT문

## 1 SELECT문

- 하나 이상의 테이블이나 쿼리에서 조건에 맞는 데이터를 검색하는 구문
- 여러 개의 필드를 나열할 때는 콤마(,)로 구분하고, 모든 필드를 지정할 때는 별표 기호(*) 사용
- 검색 결과가 중복되지 않게 표시하려면 'DISTINCT' 지정
- 필드 이름이나 테이블 이름에 별명을 지정하려면 'AS' 지정

• 형식

```
SELECT [DISTINCT] 필드 [AS 별명] FROM 테이블 또는 쿼리
[WHERE 조건식]
[GROUP BY 필드 [HAVING 조건]]
[ORDER BY 필드 [ASC|DESC]];
```

확인문제

18년 9월, 17년 9월, 17년 3월

다음 중 SELECT문에 대한 설명으로 옳지 <u>않은</u> 것은?

① FROM절에는 SELECT문에 나열된 필드를 포함하는 테이블이나 쿼리를 지정한다.

② 검색 결과에 중복되는 레코드를 없애기 위해서는 'DISTINCT' 조건자를 사용한다.

③ AS문은 필드 이름이나 테이블 이름에 별명을 지정할 때 사용한다.

④ GROUP BY문으로 레코드를 결합한 후에 WHERE절을 사용하면 그룹화된 레코드 중 WHERE절의 조건을 만족하는 모든 레코드가 표시된다.

정답해설 GROUP BY절에 대한 조건식을 지정할 때는 HAVING절이 와야 함

정답 | ④

## 2 WHERE절

• 조건을 지정하여 특정 조건에 맞는 레코드를 검색할 때 사용

• 산술 연산자, 비교 연산자, 논리 연산자, BETWEEN~AND~, IN, LIKE 등의 연산자 사용

예시 • WHERE 부서 = '영업부'
→ '부서' 필드의 값이 '영업부'인 레코드 검색

• WHERE 나이 BETWEEN 28 AND 40
→ '나이' 필드의 값이 '28' 이상 '40' 이하인 레코드 검색

• WHERE 생일 = #2001-5-10#
→ '생일' 필드의 값이 '2001-5-10'인 레코드 검색

• WHERE 입사연도 = 2014
→ '입사연도' 필드의 값이 '2014'인 레코드 검색

• SELECT * FROM 직원 WHERE 부서번호 IN (SELECT 부서번호 FROM 부서 WHERE '부서명' = '인사부');
→ '부서' 테이블에서 '부서명'이 '인사부'인 직원의 부서번호를 검색한 후 '직원' 테이블에서 해당 직원의 모든 필드 검색

## 3 GROUP BY절

• 특정 필드를 기준으로 레코드를 그룹화하여 검색

• 일반적으로 GROUP BY는 SUM 함수, AVG 함수, COUNT 함수 등과 같은 집계 함수와 함께 사용함

• GROUP BY를 사용할 때는 HAVING절을 사용하여 조건을 지정할 수 있음

예시 SELECT 동아리 FROM 학생 GROUP BY 동아리 HAVING COUNT(*))2; → '학생' 테이블에서 동아리별로 그룹화하여 같은 동아리의 개수가 2보다 큰 '동아리' 필드 검색

## 4 ORDER BY절

• 특정 필드를 기준으로 오름차순(ASC)이나 내림차순(DESC)으로 정렬

• 정렬 방법을 지정하지 않으면 기본적으로 오름차순(ASC) 정렬됨

예시 SELECT 학년, 반, 이름 FROM 평균성적 WHERE 평균 >= 90 ORDER BY 학년 DESC 반 ASC;
→ [평균성적] 테이블에서 평균이 90 이상인 학생들은 '학년' 필드의 내림차순으로, '반' 필드는 오름차순으로 정렬하여 학년, 반, 이름 표시

확인문제

21년 상시, 20년 2월, 19년 8월

[평균성적] 테이블에서 '평균' 필드값이 90 이상인 학생들을 검색하여 '학년' 필드를 기준으로 내림차순, '반' 필드를 기준으로 오름차순 정렬하여 표시하고자 한다. 다음 중 아래 SQL문의 각 괄호 안에 넣을 예약어로 옳은 것은?

```
SELECT 학년, 반, 이름
FROM 평균성적
WHERE 평균 >= 90
( ㉠ ) 학년 ( ㉡ ) 반 ( ㉢ );
```

① ㉠ GROUP BY ㉡ DESC ㉢ ASC

② ㉠ GROUP BY ㉡ ASC ㉢ DESC

③ ㉠ ORDER BY ㉡ DESC ㉢ ASC

④ ㉠ ORDER BY ㉡ ASC ㉢ DESC

정답해설 '학년' 필드를 기준으로 내림차순 정렬하려면 '학년'은 'DESC'로, '반' 필드를 기준으로 오름차순 정렬하려면 '반'은 'ASC'로 지정해야 함

정답 | ③

# 148 CREATE문과 ALTER문

## 1 CREATE문

• 테이블을 생성할 때 사용
• 형식

```
CREATE TABLE 테이블
  (필드 데이터 형식 [NOT NULL][DEFAULT 기본값]
     [PRIMARY KEY (필드)]
     [FOREIGN KEY (필드) REFERENCES 참조하는 테이블]);
```

예시

CREATE TABLE 고객 →[고객] 테이블 생성
  (고객ID CHAR(20) NOT NULL,
  → '고객ID' 필드는 문자 20자로 생성하고, NULL은 안 됨
  고객명 CHAR(20) NOT NULL,
  → '고객명' 필드는 문자 20자로 생성하고, NULL은 안 됨
  연락번호 CHAR(12), → '연락번호' 필드는 문자 12자로 생성
  PRIMARY KEY (고객ID) → '고객ID' 필드는 기본 키로 지정
  );

CREATE TABLE 계좌 →[계좌] 테이블 생성
  (계좌번호 CHAR(10) NOT NULL,
  → '계좌번호' 필드는 문자 10자로 생성하고, NULL은 안 됨
  고객ID CHAR(20) NOT NULL,
  → '고객ID' 필드는 문자 20자로 생성하고, NULL은 안 됨
  잔액 INTEGER DEFAULT 0, → '잔액'은 정수로, 기본값은 '0'
  PRIMARY KEY (계좌번호), → '계좌번호'는 기본 키로 지정
  FOREIGN KEY (고객ID) REFERENCES 고객
  → '고객ID'는 외래 키로, '고객' 테이블 참조
  );

## 2 ALTER문

• 생성된 테이블을 변경할 때 사용
• 형식

```
ALTER TABLE 테이블 ADD 필드 데이터 형식 [DEFAULT 값];
→ 기존 테이블에 필요한 속성 추가
ALTER TABLE 테이블 MODIFY 필드 데이터 형식 [DEFAULT 값];
→ 테이블에 있는 필드의 데이터 형식, 기본값 등의 제약 조건 변경
ALTER TABLE 테이블 DROP 필드 [CASCADE];
→ 테이블에서 필드 삭제(CASCADE는 해당 필드와 연관된 다른 테이블
  의 내용도 연쇄 삭제)
```

예시 ALTER TABLE 고객 DROP 취미 CASCADE;
  → [고객] 테이블의 '취미' 필드를 삭제하고, 해당 필드와 연관된 다른
    테이블의 내용도 삭제

---

# 149 주요 함수

## 1 문자열 함수

| 함수 | 설명 |
|------|------|
| LEFT(문자열,개수) | '문자열'의 왼쪽에서 '개수'만큼 추출 |
| MID(문자열,시작 위치,개수) | '문자열'의 '시작 위치'에서 '개수'만큼 추출 |
| RIGHT(문자열,개수) | '문자열'의 오른쪽에서 '개수'만큼 추출 |
| TRIM(문자열) | '문자열'의 좌우 공백 제거 |
| LTRIM(문자열) | '문자열'의 왼쪽 공백 제거 |
| RTRIM(문자열) | '문자열'의 오른쪽 공백 제거 |
| InStr(시작 위치,문자열,찾을 문자열,옵션) | '문자열'의 '시작 위치'에서 '찾을 문자열'의 위치를 표시하는 기능 (옵션: 0-영문자의 대·소문자 구분, 1-영문자의 대·소문자 구분 없음) |
| STRCOMP(문자열1,문자열2) | '문자열1'과 '문자열2'를 비교해서 같으면 0, 다르면 -1 반환 |
| LEN(문자열) | '문자열'의 길이 반환 |
| LENB(문자열) | '문자열'의 길이를 바이트로 반환 |
| LCASE(문자열) | '문자열'을 모두 소문자로 변환 |
| UCASE(문자열) | '문자열'을 모두 대문자로 변환 |
| STRREVERSE(문자열) | '문자열'을 역순으로 정렬하여 반환 |

예시
• RIGHT([주민번호],2) = "01"
  → '주민번호' 필드에서 맨 뒤의 두 자리가 '01'인 레코드 추출
• INSTR("ABCDABCDAB","CD")
  → 'ABCDABCDAB'에서 'CD'의 위치를 찾으므로 결과값은 '3'

## 2 날짜/시간 함수

| 함수 | 설명 |
|------|------|
| NOW( ) | 현재 날짜와 시간 표시 |
| DATE( ) | 현재의 날짜 표시 |
| TIME( ) | 현재의 시간 표시 |
| YEAR(날짜) | '날짜'의 연도 표시 |
| MONTH(날짜) | '날짜'의 월 표시 |
| DAY(날짜) | '날짜'의 일 표시 |
| HOUR(시간) | '시간'의 시 표시 |
| MINUTE(시간) | '시간'의 분 표시 |
| SECOND(시간) | '시간'의 초 표시 |
| WEEKDAY(날짜,방법) | '날짜'에 해당하는 요일 번호 표시 |
| DATEADD(간격,숫자,날짜) | '날짜'에 지정한 기간을 더한 날짜를 구함 |
| DATEDIFF(간격,날짜1,날짜2) | '날짜1'과 '날짜2'의 차이를 구함 |

---

| DATESERIAL(년,월,일) | 지정된 값을 날짜로 반환 |
|---|---|
| TIMESERIAL(시,분,초) | 지정된 값을 시간으로 반환 |

예시 YEAR(DATE( ))→현재 날짜의 연도 표시

### 3 논리 함수

| IIF(조건,값1,값2) | '조건'이 참이면 '값1', 거짓이면 '값2' 실행 |
|---|---|
| CHOOSE(숫자,값1,값2) | '숫자'가 1이면 '값1', 2이면 '값2' 실행 |
| SWITCH(조건1,값1,조건2,값2,…) | '조건1'이 참이면 '값1', '조건2'가 참이면 '값2' 실행 |

예시 IIF(1,2,3) → 조건이 '1'이면 참을 의미하므로 결과값 '2' 반환

### 4 자료 형식 변환 함수

| CDATE | 날짜 형식으로 된 문자열을 날짜로 변환 |
|---|---|
| CINT, CLNG | 정수로 변환(2Byte, 4Byte) |
| CSTR | 숫자를 문자로 변환 |
| CBOOL | 'TRUE'나 'FALSE'로 변환 |
| VAL | 숫자로 된 문자열을 숫자로 변환 |
| STR | 숫자를 문자열로 변환 |

### 5 집계 함수

| AVG(필드) | '필드'의 평균을 구함 |
|---|---|
| SUM(필드) | '필드'의 합계를 구함 |
| COUNT(필드) | '필드'의 레코드 수를 구함 |
| MAX(필드) | '필드'에서의 최대값을 구함 |
| MIN(필드) | '필드'에서의 최소값을 구함 |

더 보기

**FORMAT 함수(값, "형식")**
값을 지정된 형식으로 표시하는 함수
예시 FORMAT([금액], "0.0"): '금액' 필드의 값을 소수점 이하 첫째 자리까지 표시

출제횟수 5번

## 150 조인

### 1 조인(Join)의 기능과 유형

• 두 개의 테이블을 연결하여 관계를 설정하고, 쿼리에서는 관계가 조인으로 표시됨

• 조인에 사용되는 기준 필드의 데이터 형식은 같거나 호환되어야 함
• 필드 이름의 앞에 테이블 이름을 마침표(.)로 구분하여 사용
예시 사원.사번→[사원] 테이블의 '사번' 필드
• 관계가 설정되지 않아도 조인을 수행할 수 있음
• 관계선을 더블클릭하여 [조인 속성] 창을 열고 조인 유형을 지정함

• 조인 유형: 내부 조인(Inner Join), 왼쪽 외부 조인(Left Join), 오른쪽 외부 조인(Right Join)

### 2 내부 조인(Inner Join)

관계가 설정된 두 테이블에서 조인된 필드가 일치하는 레코드만 포함하여 표시

```
SELECT 필드 FROM 테이블1 INNER JOIN 테이블2 ON 테이블1.필드 = 테이블2.필드;
```

예시 SELECT 동호회.*, 사원.* FROM 동호회 INNER JOIN 사원 ON 동호회.사번 = 사원.사번;
→[동호회] 테이블과 [사원] 테이블에서 '사번'이 일치하는 레코드만 표시

### 3 왼쪽 외부 조인(Left Join)

왼쪽 테이블에서는 모든 레코드를, 오른쪽 테이블에서는 조인된 필드가 일치하는 레코드만 포함하여 표시

```
SELECT 필드 FROM 테이블1 LEFT JOIN 테이블2 ON 테이블1.필드 = 테이블2.필드;
```

### 4 오른쪽 외부 조인(Right Join)

오른쪽 테이블에서는 모든 레코드를, 왼쪽 테이블에서는 조인된 필드가 일치하는 레코드만 포함하여 표시

```
SELECT 필드 FROM 테이블1 RIGHT JOIN 테이블2 ON 테이블1.필드 = 테이블2.필드;
```

예시 SELECT 부서정보.부서번호, 부서명, 번호, 이름, 실적 FROM 부서정보 RIGHT JOIN 사원정보 ON 부서정보.부서번호 = 사원정보.부서번호;
→ 오른쪽 외부 조인으로 [부서정보] 테이블의 레코드는 [사원정보] 테

이블의 '부서번호'와 일치되는 것만 포함하고, [사원정보] 테이블에서는 모든 레코드를 포함하여 결과 표시

## 151 실행 쿼리

출제횟수 11번

### 1 추가 쿼리(INSERT문)

- 테이블에 새 레코드를 추가하는 쿼리
- 필드값을 직접 지정하거나 다른 테이블의 레코드를 추출하여 추가할 수 있음
- INSERT문으로 테이블에 값을 삽입하는 경우 기본 키 필드에는 반드시 값이 입력되어야 함
- 레코드의 전체 필드를 추가할 경우 필드 이름을 생략할 수 있음
- 한 개의 INSERT문으로 하나의 테이블에 여러 개의 레코드를 삽입할 수 있지만, 여러 개의 테이블에 동시에 레코드를 추가할 수는 없음
- 형식

```
INSERT INTO 테이블(필드1, 필드2, …) VALUES(값1, 값2, …);
```

예시 INSERT INTO 사원(사번, 이름, 직위) VALUES("21001", "홍길동", "부장");
→ [사원] 테이블에 '사번'은 '21001', '이름'은 '홍길동', '직위'는 '부장'인 새로운 레코드 추가

### 2 업데이트 쿼리(UPDATE문)

- 테이블의 필드값을 변경하는 쿼리
- 형식

```
UPDATE 테이블 SET 필드1 = 값1, 필드2 = 값2… WHERE 조건;
```

예시 UPDATE 사원 SET 급여=급여*1.2 WHERE 직급='관리자';
→ [사원] 테이블에서 '직급'이 '관리자'인 '사원'의 '급여'를 20%씩 인상

더 보기

'지역'이 '서울'이거나 '모집인원'이 '1000'보다 큰 경우 '모집인원'을 '2000'으로 업데이트하기

| 필드: | 모집인원 | 지역 |
|---|---|---|
| 테이블: | 테이블1 | 테이블1 |
| 업데이트: | 2000 | |
| 조건: | | "서울" |
| 또는: | >1000 | |

```
UPDATE 테이블1 SET 모집인원 = 2000 WHERE 지역="서울"
OR 모집인원〉1000;
```

확인문제

19년 8월, 18년 3월, 17년 3월

다음 중 [사원] 테이블에서 호봉이 6인 사원의 연봉을 3% 인상된 값으로 수정하는 실행 쿼리를 작성하고자 할 때 아래의 각 괄호에 넣어야 할 구문을 순서대로 나열한 것은?

```
UPDATE 사원
(      ) 연봉 = 연봉*1.03
(      ) 호봉 = 6;
```

① FROM, WHERE
② SET, WHERE
③ VALUE, SELECT
④ INTO, VALUE

정답 해설 UPDATE문에서 수정 내용(연봉=연봉*1.03)은 SET절에 작성하고 수정해야 할 대상을 정하는 조건(호봉=6)은 WHERE절에 작성함

정답 | ②

### 3 삭제 쿼리(DELETE문)

- 테이블의 레코드를 삭제하는 쿼리
- 형식

```
DELETE * FROM 테이블명 WHERE 조건;
```

예시 DELETE FROM 사원 WHERE 나이〉=30;
→ [사원] 테이블에서 '나이'가 '30' 이상인 레코드 모두 삭제

### 4 테이블 만들기 쿼리

- 테이블의 데이터를 복사하거나 보관해야 할 때 사용
- 새로운 테이블을 생성하는 쿼리

## 152 기타 쿼리

출제횟수 11번

### 1 매개변수 쿼리(Parameter Query)

- 쿼리를 실행할 때 매개변수를 입력받아 조건에 맞는 결과만 표시하는 쿼리
- 매개변수 대화상자에 표시할 텍스트는 [디자인 보기] 상태() 디자인 눈금 영역의 조건 행에 대괄호([ ])로 묶어서 입력

- 매개변수 대화상자에 표시할 텍스트에 마침표(.), 느낌표(!), 대괄호([ ])와 같은 특수 문자는 포함할 수 없음
- 두 개 이상의 정보를 물어보는 쿼리를 만들 수 있음

**예시** >=[조회할 최소 나이 입력]→조회할 고객의 최소 나이를 입력받아 검색하는 매개변수 쿼리 작성

## 2 크로스탭 쿼리(Cross-tab Query)

- 행과 열을 기준으로 그룹화하여 특정 필드의 합계, 평균, 개수와 같은 요약값을 표시하는 쿼리
- 맨 왼쪽에 세로로 표시되는 행 머리글과 맨 위에 가로 방향으로 표시되는 열 머리글로 구분하여 데이터를 그룹화
- 열과 행이 교차하는 곳에는 숫자 필드, 날짜 필드, 텍스트 필드를 선택하여 요약
- 레코드의 개수, 합계, 평균, 최대값, 최소값, 분산, 표준 편차 등을 계산
- 열 머리글에는 한 개의 필드만 지정하고, 행 머리글에는 세 개까지의 필드를 지정할 수 있음
- 크로스탭 쿼리의 [데이터시트 보기]에서 데이터를 직접 편집할 수 없음

## 3 통합 쿼리(Union Query)

- 두 개의 테이블이나 쿼리를 합쳐 모든 레코드를 포함하면서 하나의 목록을 만드는 쿼리
- 두 개의 테이블의 필드 개수가 같아야 함
- 결과에는 먼저 지정한 테이블의 필드 이름이 표시됨
- 결과에 중복 레코드를 포함할지를 지정할 수 있음

| UNION | 중복 레코드를 제외하고 합침 |
| --- | --- |
| UNION ALL | 중복 레코드를 포함하고 합침 |

**예시** 성적(학번, 이름, 학과, 점수) 테이블의 레코드 수가 열 개, 평가(학번, 전공, 점수) 테이블의 레코드 수가 다섯 개인 경우

```
SELECT 학번, 학과, 점수 FROM 성적 UNION ALL
SELECT 학번, 전공, 점수 FROM 평가 ORDER BY 학번
```

- 쿼리 실행 결과 필드는 '학번', '학과', '점수' 필드와 같이 세 개의 필드가 만들어짐
- 총 15개의 레코드가 만들어짐
- '학번'을 기준으로 오름차순 정렬됨

## 4 불일치 검색 쿼리

- 다른 테이블의 레코드와 일치하지 않는 레코드를 찾아서 쿼리를 만드는 기능
- 두 개 이상의 테이블이 있어야 함

## 5 중복 데이터 검색 쿼리

테이블이나 쿼리에서 중복된 필드값이 있는 레코드를 찾는 쿼리

**확인문제**

19년 8월, 18년 3월, 17년 9월

다음 중 요약 데이터를 보다 쉽게 이해할 수 있도록 합계, 평균 등의 집계 함수를 계산한 다음 데이터시트의 측면과 위쪽에 두 세트의 값으로 그룹화하는 쿼리 유형은?

① 선택 쿼리  ② 크로스탭 쿼리
③ 통합 쿼리  ④ 업데이트 쿼리

**정답 해설** 크로스탭 쿼리는 엑셀의 피벗 테이블과 유사하며, 테이블의 특정 필드의 요약값(합계, 개수, 평균 등)을 표시함. 해당 값을 그룹별로 묶은 집합은 데이터시트의 왼쪽에, 또 하나의 집합은 데이터시트의 위쪽에 나열함

정답 | ②

---

**Chapter 4** 폼 활용

출제횟수 7번

## 153 폼

- 테이블, 쿼리, SQL을 원본으로 하여 데이터를 입력하거나 편리하고 쉽게 조회, 편집 등의 작업을 할 수 있도록 지원하는 개체
- 폼에서 데이터를 입력하거나 수정하면 연결된 테이블이나 쿼리에 변경된 내용이 반영됨
- 사각형, 선 등의 도형 컨트롤을 삽입할 수 있음
- 컨트롤 마법사를 이용하여 매크로를 실행하는 단추를 만들 수 있음
- 이벤트 속성을 설정하여 매크로와 모듈이 특정 기능을 수행할 수 있음

- 사용자는 폼을 통해서 원본에 접근할 수 있으므로 데이터베이스의 보안성을 높일 수 있음
- 폼은 데이터가 연결되어 있는지에 따라 '바운드 폼(Bound Form)'과 '언바운드 폼(Unbound Form)'으로 구분됨
  - 바운드 폼: 테이블이나 쿼리의 레코드와 연결된 폼
  - 언바운드 폼: 테이블이나 쿼리의 레코드와 연결되지 않은 폼
- 폼의 구성 요소

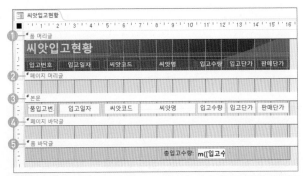

| | | |
|---|---|---|
| ❶ 폼 머리글 | • 폼의 제목이나 각 레코드에 공통으로 적용되는 정보가 표시됨<br>• [인쇄 미리 보기]에서는 첫 페이지의 위쪽에 한 번만 표시됨 | |
| ❷ 페이지 머리글 | • 각 페이지의 위쪽에 인쇄되는 정보가 표시됨<br>• [폼 보기]에서는 표시되지 않고 [인쇄 미리 보기]에서만 확인 가능 | |
| ❸ 본문 | • 실제 레코드를 표시하는 부분<br>• [폼 보기] 형식에 따라 하나의 레코드만 표시하거나 여러 개의 레코드 표시 | |
| ❹ 페이지 바닥글 | • 각 페이지의 아래쪽에 인쇄 정보가 표시됨<br>• [폼 보기] 형식에서는 표시되지 않고 [인쇄 미리 보기]에서만 확인 가능 | |
| ❺ 폼 바닥글 | • 폼 요약 정보 등 각 레코드에 공통으로 적용되는 정보가 표시됨<br>• [인쇄 미리 보기]에서는 마지막 페이지의 본문 다음에 한 번만 표시됨 | |

더 보기

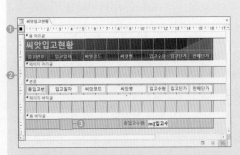

❶ 더블클릭하면 폼의 [속성] 창이 열림
❷ 세로 눈금자를 클릭하면 본문의 모든 컨트롤을 선택할 수 있음
❸ 더블클릭하면 폼 바닥글의 [속성] 창이 열림

## 154 폼 작성

### 1 폼의 작성 방법

- [만들기] 탭–[폼] 그룹에서 폼을 작성할 수 있음

| | | |
|---|---|---|
| ❶ 폼 | 한 번에 한 개의 레코드에 대한 정보를 표시하는 폼 | |
| ❷ 폼 디자인 | 빈 양식의 폼에서 사용자가 직접 텍스트 상자, 레이블, 단추 등의 필요한 컨트롤을 삽입하여 작성 | |
| ❸ 새 폼 | 컨트롤이나 형식이 없는 폼 작성 | |
| ❹ 폼 마법사 | 사용자가 간단하게 지정할 수 있는 폼 마법사를 이용하여 작성 | |
| ❺ 여러 항목 | 한 번에 여러 개의 레코드를 표시하는 폼 작성 | |

### 2 폼 분할

- [데이터시트 보기]와 [폼 보기]를 동시에 표시하는 폼
- [데이터시트 보기]와 [폼 보기]는 같은 원본에 연결되어 있고, 항상 상호 동기화됨
- 폼의 두 가지 보기([데이터시트 보기], [폼 보기]) 중 하나에서 필드를 선택하면 다른 보기에서도 같은 필드가 선택됨
- 원본 데이터는 [폼 보기]와 [데이터시트 보기]에서 모두 변경할 수 있음
- 분할 표시 폼을 만든 후 컨트롤의 크기를 조정하거나 필드를 추가할 수 있음
- 폼의 [속성 시트] 창에서 '분할 표시 폼 방향' 항목을 이용하면 데이터시트를 폼의 상하좌우 위치로 설정할 수 있음

확인문제

21년 상시, 20년 7월, 18년 9월

다음 중 분할 표시 폼에 대한 설명으로 옳지 않은 것은?

① 분할 표시 폼은 [만들기] 탭–[폼] 그룹–[폼 분할]을 클릭하여 만들 수 있다.
② 분할 표시 폼은 [데이터시트 보기]와 [폼 보기]를 동시에 표시하는 기능이며, 이 두 보기는 같은 데이터 원본에 연결되어 있어 항상 상호동기화된다.

③ 분할 표시 폼을 만든 후 [레이아웃 보기]에서 컨트롤의 크기 조정과 이동이 가능하고 기존 필드를 추가할 수 있지만, 새로운 필드는 추가할 수 없다.

④ 폼 속성 창의 '분할 표시 폼 방향' 항목을 이용하여 데이터시트가 표시되는 위치는 폼의 위쪽과 아래쪽으로만 설정할 수 있다.

**정답** **해설** 폼 속성 창의 '분할 표시 폼 방향' 항목을 이용하여 폼의 위쪽, 아래쪽, 왼쪽, 오른쪽에 데이터시트가 표시되는 위치를 설정할 수 있음

정답 | ④

## 3 모달 대화상자

• 모달 대화상자가 실행된 상태에서는 다른 폼이나 개체를 선택할 수 없음
• [만들기] 탭-[폼] 그룹-[기타 폼]-[모달 대화 상자]를 선택하면 새로운 폼이 만들어지고, [확인] 단추와 [취소] 단추가 생성됨
• [확인] 단추나 [취소] 단추를 클릭하면 저장 여부를 묻고 대화상자가 닫힘

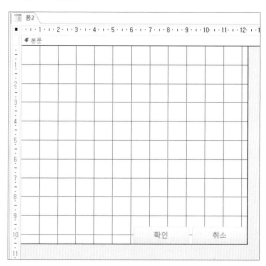

**더 보기**

**레이아웃 보기**
• [폼 보기]와 [디자인 보기]를 혼합한 형태
• 컨트롤의 크기를 조절하고, 이동 가능하며, 제한적 컨트롤만 사용할 수 있음

**폼 보기**
데이터의 입력, 수정, 삭제 등이 가능하고, 컨트롤은 추가할 수 없음

21년 상시, 20년 2월, 19년 8월

다음 중 폼 작성에 대한 설명으로 옳지 <u>않은</u> 것은?

① [폼 디자인 도구]의 [디자인] 탭에서 [컨트롤 마법사 사용] 여부를 선택할 수 있다.

② 폼에서 연결된 테이블의 레코드를 삭제한 경우 영구적인 작업이므로 되돌릴 수 없다.

③ 폼에 컨트롤을 삽입하면 탭 순서가 위에서 아래로, 왼쪽에서 오른쪽 순으로 자동 지정된다.

④ [레이블] 컨트롤은 마법사를 이용한 만들기가 제공되지 않고, 레이블 컨트롤을 추가한 후 내용을 입력하지 않으면 추가된 레이블이 자동으로 사라진다.

**정답** **해설** 폼에 컨트롤을 삽입하면 탭 순서는 컨트롤을 삽입한 순서대로 지정됨. 만약 위쪽에서 아래쪽으로, 왼쪽에서 오른쪽으로 탭 순서를 변경하려면 [자동 순서]를 설정해야 함

정답 | ③

출제횟수 2번

**155** **폼의 모양**

| 열(컬럼) 형식 | 가장 일반적인 형식으로, 각 필드가 왼쪽의 레이블과 함께 각 행에 표시되는 형식 |
|---|---|
| 테이블 형식 | 각 레코드의 필드들이 한 줄에 나타나며, 레이블은 폼의 맨 위에 한 번 표시되는 형식 |
| 데이터시트 | 레코드는 행으로, 필드는 열로 표시되는 형식 |
| 맞춤 | 필드 내용에 따라 각 필드를 균형 있게 배치하는 형식 |

**더 보기**

**[폼 표시] 옵션**
• 파일을 열 때 나타나는 기본 시작 폼을 설정하는 기능
• [파일] 탭-[옵션]을 선택하여 [Access 옵션] 창을 열고 '현재 데이터베이스' 범주의 '응용 프로그램 옵션'에서 '폼 표시' 선택

출제횟수 8번

**156** **폼 속성**

• 폼의 형식, 데이터, 이벤트 등 폼과 관련된 전반적인 사항을 정의하는 기능
• [디자인] 탭-[도구] 그룹-[속성 시트] 클릭

• 폼 선택기나 폼의 여백을 더블클릭하면 폼의 [속성 시트] 창을, 구역 선택기를 더블클릭하면 구역의 [속성 시트] 창을 열 수 있음

**① [형식] 탭**

| 캡션 | 제목 표시줄에 표시될 폼의 제목(레이블) 지정 |
|---|---|
| 기본 보기 | '단일 폼', '연속 폼', '데이터시트', '분할 표시 폼' 선택<br>▲ '단일 폼'을 선택한 경우<br>▲ '연속 폼'을 선택한 경우 |
| 그림 유형 | 그림을 '포함', '연결', '공유' 선택 |
| 그림 | 폼의 배경 그림 지정 |
| 그림 크기 조정 모드 | 이미지를 확대하거나 축소 |
| 자동 가운데 맞춤 | 폼 실행 시 창의 가운데에 표시할지의 여부 지정 |
| 자동 크기 조정 | 모든 레코드가 표시되도록 자동 크기 조절 여부 지정 |
| 레코드 선택기 | 레코드 선택기의 표시 여부 지정 |
| 탐색 단추 | 탐색 단추의 표시 여부 지정 |
| 스크롤 막대 | 스크롤 막대의 표시 여부 지정 |
| 컨트롤 상자 | 제목 표시줄에 조절 메뉴 상자와 제어 상자의 표시 여부 지정 |

더 보기

**폼의 탐색 단추**

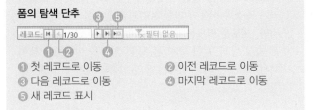

① 첫 레코드로 이동  ② 이전 레코드로 이동
③ 다음 레코드로 이동  ④ 마지막 레코드로 이동
⑤ 새 레코드 표시

**② [데이터] 탭**

| 레코드 원본 | 폼에 연결할 테이블이나 쿼리, SQL 지정 |
|---|---|
| 레코드 집합 종류 | • 스냅숏: 원본 테이블의 업데이트는 안 되고 조회만 가능(편집 불가)<br>• 다이너셋: 레코드 집합을 변경하면 테이블이 업데이트됨(편집 가능) |
| 필터 | 특정 기준에 따른 필터 지정 |
| 정렬 기준 | 레코드를 정렬할 기준 지정 |
| 추가 가능 | 레코드 추가, 삭제, 편집 가능 여부 지정 |
| 삭제 가능 | |
| 편집 가능 | |
| 필터 사용 | 필터의 사용 여부 지정 |
| 레코드 잠금 | 기본값은 [잠그지 않음]이고, 레코드 편집 작업이 완료되기 전에 다른 사용자가 레코드를 변경할 수 있음 |

**③ [기타] 탭**

| 팝업 | 폼을 팝업 형식으로 표시할지의 여부 선택 |
|---|---|
| 모달 | '예'를 선택하면 폼이 열려있는 경우 다른 화면을 선택할 수 없음 |

**확인문제**

21년 상시, 18년 9월

다음 중 폼의 속성에 대한 설명으로 옳은 것은?

① 팝업 속성을 설정하면 포커스를 다른 개체로 이동하기 위해서는 반드시 폼을 닫아야 한다.
② '레코드 잠금' 속성의 기본값은 '잠그지 않음'이며, 이 경우 레코드 편집 작업이 완료되기 전에 다른 사용자가 레코드를 변경할 수 있다.
③ 그림 맞춤 속성은 폼의 크기가 이미지의 원래 크기와 다른 경우 다양한 확대/축소 유형을 선택할 수 있다.
④ 레코드 집합 종류 속성의 값이 '다이너셋'인 경우 원본 테이블의 업데이트는 안 되며, 조회만 가능하다.

**오답 해설** ① '모달' 속성에 대한 설명 ③ '그림 크기 조정 모드' 속성에 대한 설명 ④ 레코드 집합의 종류가 '다이너셋'인 경우 업데이트가 가능함

정답 | ②

## 더 보기

**모달 폼(Modal Form)**
모달 폼이 실행된 상태에서는 다른 폼이나 개체를 선택할 수 없으므로 다른 개체로 이동하려면 반드시 모달 폼을 닫아야 함

출제횟수 8번

## 157 하위 폼

### 1 하위 폼의 기능과 작성 방법

- 폼 안에 삽입된 또 하나의 폼을 의미하고, 하위 폼은 별도의 독립된 형태로도 열 수 있음
- 일대다 관계에서 기본 폼에는 '일'에 해당하는 데이터가, 하위 폼에는 '다'에 해당하는 데이터가 표시됨
- 기본 폼은 '단일 폼' 형태로만, 하위 폼은 '단일 폼', '연속 폼', '데이터시트' 형태로 표시할 수 있음
- 기본 폼에 포함시킬 수 있는 하위 폼의 수는 무제한이고, 중첩된 하위 폼은 최대 일곱 개 수준까지 만들 수 있음
- [직접 지정]을 이용하면 테이블 간에 관계가 설정되어 있지 않은 경우에도 하위 폼으로 연결할 수 있음
- 하위 폼의 작성 방법

| 기존 폼에 마법사를 이용하여 추가 | [디자인] 탭-[컨트롤] 그룹-[하위 폼/하위 보고서] 컨트롤(▢)을 클릭한 후 드래그하여 작성 |
| --- | --- |
| 드래그하여 작성 | 왼쪽의 [모두 Access 개체] 창에서 테이블, 쿼리, 폼 등을 [폼] 창으로 드래그하여 작성 |

### 2 기본 폼과 하위 폼의 연결

- 기본 폼과 하위 폼을 연결할 필드의 데이터 형식은 같거나 호환되어야 함
- 연결하는 필드는 [속성 시트] 창에서 [데이터] 탭의 '하위 필드 연결'이나 '기본 필드 연결'에서 변경할 수 있음
- [하위 폼 필드 연결기]를 이용하면 기본 폼과 하위 폼의 연결 필드를 한 번에 지정할 수 있음
- 여러 개의 연결 필드를 지정할 때는 필드 이름을 세미콜론(;)으로 구분함

**확인문제**

20년 7월, 19년 3월, 16년 10월

다음 중 하위 폼에 대한 설명으로 옳지 <u>않은</u> 것은?

① 기본 폼과 하위 폼을 연결할 필드의 데이터 형식은 같거나 호환되어야 한다.

② 본 폼 내에 삽입된 다른 폼을 하위 폼이라고 한다.
③ 일대다 관계가 설정되어 있는 테이블들을 효과적으로 표시하기 위해 사용된다.
④ '폼 분할' 도구를 이용하여 폼을 생성하면 하위 폼 컨트롤이 자동으로 삽입된다.

**정답** **해설** '폼 분할' 도구를 이용하여 하나의 원본 데이터를 하나의 폼에서 [폼 보기]와 [데이터시트 보기]로 볼 수 있도록 폼을 생성할 수 있음. 이때 하위 폼 컨트롤이 자동으로 삽입되지 않음

정답 | ④

출제횟수 14번

## 158 컨트롤

### 1 컨트롤의 기능과 분류

- 폼이나 보고서를 구성하는 텍스트 상자, 레이블, 단추, 콤보 상자 등의 그래픽 개체
- 컨트롤은 [디자인 보기] 상태(▨)에서 마법사를 이용하여 손쉽게 작성할 수 있음
- 컨트롤 이름은 중복 설정이 불가능함
- 레이블이나 명령 단추 등의 컨트롤은 특정 필드에 바운드시킬 수 없음
- 하나의 필드를 여러 개의 컨트롤에 바운드시킬 수 있음
- 필드 목록에서 특정 필드를 폼으로 드래그하면 자동으로 해당 필드에 바운드됨
- 계산 컨트롤에는 사용자가 값을 지정할 수 없음
- 컨트롤의 분류

| 바운드 컨트롤 | 테이블이나 쿼리의 필드가 컨트롤 원본으로 연결된 컨트롤 |
| --- | --- |
| 언바운드 컨트롤 | 테이블이나 쿼리의 필드가 원본으로 연결되지 않은 컨트롤 |
| 계산 컨트롤 | 원본 컨트롤로 식을 사용하는 컨트롤 |

### 2 컨트롤의 종류

| 텍스트 상자(⌨️) | • 폼이나 보고서에서 데이터를 표시하거나 편집할 수 있는 컨트롤<br>• 바운드 컨트롤, 언바운드 컨트롤, 계산 컨트롤로 모두 사용할 수 있음 |
| --- | --- |

| 레이블(가) | • 제목이나 캡션 등과 같이 고정된 텍스트를 표시하는 컨트롤<br>• 마법사를 이용해서 만들 수 없음<br>• 레이블 컨트롤을 작성한 후 내용을 입력하지 않으면 자동으로 사라짐<br>• 언바운드 컨트롤로 다른 레코드로 이동해도 내용이 변경되지 않음 |
|---|---|
| 단추(▭) | 명령 단추 마법사를 이용하여 특정 매크로 함수를 실행할 수 있음 |
| 콤보 상자(▭) | 제공된 항목에서 한 개의 값을 선택할 수 있거나 값을 직접 입력할 수 있는 컨트롤 |
| 목록 상자(▭) | 제공된 항목에서 여러 개의 값을 선택할 수 있지만, 직접 입력할 수 없는 컨트롤 |
| 옵션 그룹(▭) | 확인란(☑), 옵션 단추(◉), 토글 단추(▤)를 하나의 그룹으로 지정하여 사용하는 컨트롤 |
| 토글 단추(▤) | 'Yes'나 'No' 중 하나를 선택할 수 있는 컨트롤 |
| 확인란(☑) | • 여러 개의 값 중 하나 이상을 선택할 수 있는 컨트롤<br>• 'Yes/No' 필드를 추가하면 기본적으로 '확인란' 컨트롤이 삽입됨 |
| 옵션 단추(◉) | 여러 개의 값 중 하나를 선택할 수 있는 컨트롤 |
| 하위 폼/<br>하위 보고서(▤) | 일대다 관계에 있는 테이블이나 쿼리 표시 |

**확인문제**

19년 8월, 17년 3월, 16년 10월

다음 중 폼 작성 시 사용하는 컨트롤에 대한 설명으로 옳지 않은 것은?

① 레이블 컨트롤은 제목이나 캡션 등의 설명 텍스트를 표현하기 위해 많이 사용된다.

② 텍스트 상자는 바운드 컨트롤로 사용할 수 있으나 언바운드 컨트롤로는 사용할 수 없다.

③ 목록 상자 컨트롤은 여러 개의 데이터 행으로 구성되며 대개 몇 개의 행을 항상 표시할 수 있는 크기로 지정되어 있다.

④ 콤보 상자 컨트롤은 선택 항목 목록을 보다 간단한 방식으로 나타내기 위해 드롭다운 화살표를 클릭하기 전까지는 목록이 숨겨져 있다.

**정답 해설** 텍스트 상자는 기본적으로 언바운드 컨트롤로 작성됨. 텍스트 상자의 [속성 시트] 창을 열고 [데이터] 탭의 '컨트롤 원본' 속성에서 테이블 또는 쿼리의 필드를 지정하여 바운드 컨트롤로 사용할 수 있음

정답 | ②

---

## 159 컨트롤의 사용

### 1 컨트롤의 선택

• 하나의 컨트롤 선택: 해당 컨트롤 클릭
• 여러 개의 컨트롤 선택: 하나의 컨트롤 선택 → Shift 나 Ctrl 을 누른 상태에서 다른 컨트롤 클릭
• 모든 컨트롤 선택
 – 하나의 컨트롤을 선택한 후 마우스로 모든 컨트롤이 포함되도록 드래그
 – Ctrl + A

### 2 컨트롤의 크기 조정

• 하나의 컨트롤의 크기를 조정: 크기 조정 핸들을 드래그하여 조절
• 여러 컨트롤의 크기를 한꺼번에 조정: 여러 컨트롤을 선택한 후 [정렬] 탭-[크기 및 순서 조정] 그룹-[크기/공간]에서 [자동], [눈금에 맞춤], [가장 긴 길이에], [가장 짧은 길이에], [가장 넓은 너비에], [가장 좁은 너비에]를 선택하여 조절
• 컨트롤의 크기를 세밀하게 조정: Shift 를 누른 상태에서 방향키(←, —, ↓, ↑) 누름

### 3 컨트롤의 복사와 이동

| 복사 | • [홈] 탭-[클립보드] 그룹-[복사] → [홈] 탭-[클립보드] 그룹-[붙여넣기]<br>• 복사 후 같은 구역에 붙여넣으면 복사한 컨트롤의 바로 아래쪽에 붙여넣기됨<br>• 복사 후 다른 구역에 붙여넣으면 해당 구역의 왼쪽 위에 붙여넣기됨 |
|---|---|
| 이동 | • 컨트롤의 가장자리를 드래그하여 이동<br>• 세밀하게 이동: Ctrl 을 누른 상태에서 방향키를 눌러 이동 |

### 4 맞춤

[정렬] 탭-[크기 및 순서 조정] 그룹-[맞춤] 클릭

### 5 간격 조정

[정렬] 탭-[크기 및 순서 조정] 그룹-[크기/공간]에서 간격 선택

# 160 컨트롤 속성

## 속성 시트

선택 유형: 텍스트 상자(T)

필드2

① ② ③ ④

형식 데이터 이벤트 기타 모두

| 형식 | @ |
|---|---|
| 소수 자릿수 | 자동 |
| 표시 | 예 |
| 날짜 선택 표시 | 날짜 |
| 너비 | 2.222cm |
| 높이 | 1.138cm |
| 위쪽 | 3.069cm |
| 왼쪽 | 2.989cm |
| 배경 스타일 | 보통 |
| 배경색 | 배경 1 |
| 테두리 스타일 | 실선 |
| 테두리 두께 | 가는 선 |
| 테두리 색 | 배경 1, 보다 어둡게 35% |
| 특수 효과 | 기본 |
| 스크롤 막대 | 없음 |
| 글꼴 이름 | (본문)맑은 고딕 |
| 글꼴 크기 | 11 |
| 텍스트 맞춤 | 왼쪽 |
| 글꼴 두께 | 보통 |
| 글꼴 밑줄 | 아니요 |
| 글꼴 기울임꼴 | 아니요 |

### ① [형식] 탭

| 형식 | 데이터의 표시 형식 지정 |
|---|---|
| 소수 자릿수 | 소수점 이하의 자릿수 지정 |
| 표시 | 화면에 컨트롤의 표시 여부 지정 |
| 특수 효과 | 특수 효과(기본, 볼록, 오목, 새김(사방), 그림자, 새김(밑줄)) 지정 |
| 테두리 스타일 | 컨트롤 테두리를 나타내는 방법 지정 |
| 텍스트 맞춤 | '일반', '왼쪽', '가운데', '오른쪽', '배분' 형식으로 텍스트 맞춤 |
| 줄 간격 | 줄 간격 지정 |
| 열 개수 | 콤보 상자 컨트롤과 목록 상자 컨트롤에 표시할 열의 개수, 열의 너비 지정 |
| 열 너비 | |
| 확장 가능 | 컨트롤에 표시될 데이터를 모두 볼 수 있도록 컨트롤 세로 길이의 확장 및 축소 가능 여부 지정 |
| 축소 가능 | |

### ② [데이터] 탭

| 컨트롤 원본 | • 컨트롤에 연결할 데이터 지정<br>• 수식을 컨트롤 원본으로 지정할 때 문자는 큰따옴표(""), 필드명이나 컨트롤 이름은 대괄호([ ])를 사용하여 구분 |
|---|---|
| 행 원본 유형 | 콤보 상자, 목록 상자 컨트롤에서 사용할 데이터를 제공하는 방법(테이블/쿼리, 필드 목록, 값 목록) 지정 |
| 행 원본 | 콤보 상자 컨트롤과 목록 상자 컨트롤에서 사용할 데이터 지정 |
| 바운드 열 | 콤보 상자나 목록 상자에 표시되는 열 중에서 '컨트롤 원본' 속성에 연결된 필드에 입력할 열 지정 |

| 기본값 | 새 레코드가 만들어질 때 필드에 자동으로 입력되는 값 |
|---|---|
| 입력 마스크 | 데이터를 쉽게 입력할 수 있는 틀 지정 |
| 유효성 검사 규칙 | 입력될 내용에 대한 제한이나 조건 지정 |
| 사용 가능 | 컨트롤에 포커스를 이동할 수 있는지 지정 |
| 잠금 | 컨트롤의 데이터를 보호하기 위해 수정할 수 없도록 지정 |

### ③ [이벤트] 탭

| On Click | 마우스로 클릭할 때 발생시키는 이벤트 속성 |
|---|---|
| On Change | 콤보 상자의 텍스트 부분이나 텍스트 상자의 내용을 변경할 때 발생하는 이벤트 속성 |
| On Enter | 텍스트 상자에 사용자가 검색어를 입력하고 Enter를 누를 때 검색을 발생시키는 이벤트 속성 |

### ④ [기타] 탭

| 이름 | 컨트롤의 이름 지정 |
|---|---|
| IME 모드 | 컨트롤에 포커스가 위치할 때 입력 모드를 '한글'이나 '영숫자 반자'로 지정 |
| 〈Enter〉 키 기능 | 텍스트 상자 컨트롤에서 Enter를 눌렀을 때 수행할 작업 지정 |
| 상태 표시줄 텍스트 | 컨트롤을 선택했을 때 상태 표시줄에 표시할 메시지 지정 |
| 컨트롤 팁 텍스트 | 컨트롤에 마우스 포인터를 올려놓았을 때 스크린 팁으로 표시되는 메시지 지정 |
| 탭 인덱스 | • 컨트롤의 탭(Tab) 순서 지정<br>• 탭 인덱스를 0으로 지정하면 폼을 열 때 포커스가 위치함 |
| 탭 정지 | • Tab을 이용하여 포커스를 이동시킬 수 있는지 지정<br>• 컨트롤을 탭 순서에서 제외하려면 '탭 정지' 속성을 '아니요'로 지정<br>• 폼에서만 지정이 가능하고 보고서에서는 지정할 수 없음 |
| 여러 항목 선택 | 목록 상자에서 여러 항목의 선택 여부와 방법 지정 |
| 자동 고침 사용 | '예'로 설정하면 사용자가 잘못 입력한 영어 단어를 올바른 단어로 자동 정정 |

# 161 탭 순서

- [폼 보기]에서 Tab을 눌렀을 때 각 컨트롤 사이에 포커스(Focus)가 이동되는 순서를 지정하는 기능
- [디자인] 탭-[도구] 그룹-[탭 순서] 클릭

- 기본적으로는 컨트롤을 작성한 순서대로 탭 순서가 설정되고 선이나 레이블에는 설정할 수 없음
- [탭 순서] 대화상자에서 컨트롤 이름 행을 드래그해서 조정
- **[탭 순서] 대화상자의 [자동 순서] 단추:** 폼에 삽입된 컨트롤의 위치를 기준으로 위에서 아래로, 왼쪽에서 오른쪽으로 자동 설정됨
- [속성 시트] 창을 열고 [기타] 탭의 '탭 정지' 속성에서 '아니요'를 선택하면 탭 순서에서 제외됨. '탭 정지' 속성의 기본값은 '예'로 설정됨

출제횟수 6번

## 162 조건부 서식

- 폼이나 보고서에서 조건에 맞는 특정 컨트롤에만 서식을 적용하는 기능
- 컨트롤을 선택하고 [서식] 탭-[컨트롤 서식] 그룹-[조건부 서식] 클릭

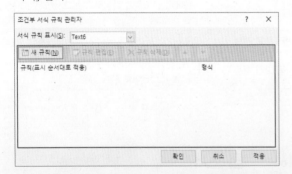

- 필드값이나 식을 기준으로 조건부 서식을 설정할 수 있음
- 각 컨트롤에 대해 최대 50개까지 조건을 지정할 수 있음
- 조건을 지정할 때 와일드카드 문자(?, *)를 사용할 수 없음
- 레이블 컨트롤에는 조건부 서식을 지정할 수 없음
- 컨트롤값이 변경되어 조건에 만족하지 않으면 적용된 서식이 해제됨

- 지정한 조건 중 두 개 이상의 조건이 참이면 첫 번째 조건의 서식이 적용됨
- 하나의 컨트롤에 여러 규칙이 설정된 경우 목록에서 규칙을 위/아래로 이동해 우선순위를 변경할 수 있음
- [서식 규칙 편집] 대화상자의 '규칙 유형 선택'에서 [다른 레코드와 비교]를 선택하면 '데이터 막대 형식'을 지정할 수 있음
- 폼이나 보고서를 다른 파일 형식으로 출력하거나 내보내면 조건부 서식은 해제됨

출제횟수 3번

## 163 도메인 함수

- 레코드 집합을 계산하는 함수
- 도메인 함수의 인수는 각각 큰따옴표(" ")로 묶어야 함
- 필드나 도메인은 대괄호([ ])로 구분하고 생략 가능
- **도메인 함수의 종류**

| DCOUNT("필드","도메인","조건") | '도메인'에서 '조건'에 맞는 '필드'의 개수 |
| --- | --- |
| DSUM("필드","도메인","조건") | '도메인'에서 '조건'에 맞는 '필드'의 합계 |
| DAVG("필드","도메인","조건") | '도메인'에서 '조건'에 맞는 '필드'의 평균 |
| DMAX("필드","도메인","조건") | '도메인'에서 '조건'에 맞는 '필드'의 최대값 |
| DMIN("필드","도메인","조건") | '도메인'에서 '조건'에 맞는 '필드'의 최소값 |
| DLOOKUP("필드","도메인","조건") | '도메인'에서 '조건'에 맞는 '필드' 표시 |

예시
- =DCOUNT("*","학생","학년=1")
  → [학생] 테이블에서 학년이 '1'인 레코드의 개수 표시
- =DSUM("[급여]","[사원]","[직급]='과장'")
  → [사원] 테이블에서 '직급'이 '과장'인 레코드의 '급여' 합계 표시
- =DAVG("[급여]","[사원]","[직급]='부장'")
  → [사원] 테이블에서 '직급'이 '부장'인 레코드의 '급여' 평균 표시

- =DLOOKUP("성명","사원","[사원번호]=1")
  → [사원] 테이블에서 '사원번호'가 '1'인 데이터의 '성명' 필드에 저장된 값 표시

## Chapter 5 보고서 활용

출제횟수 21번

## 164 보고서

### 1 보고서(Report)

- 테이블, 쿼리, SQL문을 레코드 원본으로 하여 요약하거나 그룹화한 내용을 프린터로 출력하기 위한 개체
- 폼과 같이 여러 유형의 컨트롤로 데이터를 표시할 수 있지만, 데이터 입력, 추가, 삭제 등의 작업은 불가능함
- 보고서에서 원본 데이터를 설정하려면 [속성 시트] 창의 [데이터] 탭의 '레코드 원본'에서 테이블이나 쿼리를 선택해야 함
- 쿼리 작성기를 통해 쿼리를 작성하여 레코드 원본으로 지정할 수 있음
- 보고서 마법사를 통해 원하는 필드들을 쉽게 선택하여 레코드 원본으로 지정할 수 있음
- 보고서의 [필드 목록] 창에서 선택한 필드를 본문 영역에 추가하면 자동으로 텍스트 상자 컨트롤이 추가됨
- 폼에서와 같이 이벤트 프로시저를 작성할 수 있음

### 2 보고서의 종류

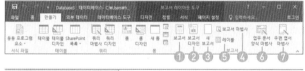

| ① 보고서 | 원본 테이블이나 쿼리의 필드가 모두 표시되는 보고서 |
| --- | --- |
| ② 보고서 디자인 | 사용자가 직접 보고서 작성 |
| ③ 새 보고서 | [레이아웃 보기] 상태에서 필드 추가 |
| ④ 보고서 마법사 | 마법사의 진행에 따라 자동으로 보고서 작성 |
| ⑤ 레이블 | 우편물 레이블 보고서 작성 |
| ⑥ 업무 문서 양식 마법사 | 거래명세서, 세금계산서 등의 업무용 양식 보고서 작성 |
| ⑦ 우편 엽서 마법사 | 우편엽서용 보고서 작성 |

### 더 보기

**우편물 레이블 마법사**
- 우편물 발송을 위한 레이블을 작성하는 기능
- [만들기] 탭-[보고서] 그룹-[레이블]
- 레이블의 크기는 선택하거나 사용자가 직접 지정할 수 있음
- 레이블 형식은 낱장 용지나 연속 용지를 선택할 수 있음
- 반드시 우편번호와 주소가 들어갈 필요는 없음
- 한 줄에 추가할 수 있는 필드의 개수는 최대 열 개임
- 필드 뒤에 일괄적으로 문자열을 넣을 수도 있음
- 인쇄 미리 보기에서 [페이지 설정] 대화상자를 사용하여 레이블 사이의 간격이나 여백을 변경할 수 있음

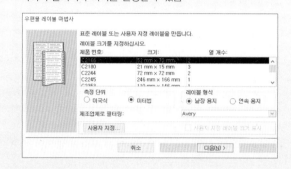

### 확인문제

20년 7월, 19년 3월, 18년 3월

다음 중 보고서에 대한 설명으로 옳지 <u>않은</u> 것은?

① 보고서에 포함할 필드가 모두 한 테이블에 있는 경우 해당 테이블을 레코드 원본으로 사용한다.
② 둘 이상의 테이블을 이용하여 보고서를 작성하는 경우 쿼리를 만들어 레코드 원본으로 사용한다.
③ '보고서' 도구를 사용하면 정보를 입력하지 않아도 바로 보고서가 생성되므로 매우 쉽고 빠르게 보고서를 만들 수 있다.
④ '보고서 마법사'를 이용하는 경우 필드 선택은 여러 개의 테이블 또는 하나의 쿼리에서만 가능하며, 데이터 그룹화 및 정렬 방법을 지정할 수도 있다.

**정답 해설** '보고서 마법사'를 이용하는 경우 여러 개의 테이블이나 다양한 쿼리에서 필드를 선택할 수 있음

정답 | ④

### 3 하위 보고서

- 보고서에 삽입되는 또 하나의 보고서로, 일대다 관계가 적용된 테이블이나 쿼리의 데이터를 표시하기에 적합함
- 주 보고서에 하위 보고서를 연결하려면 원본으로 사용하는 원본 레코드 간의 관계를 만들어야 함

- 주 보고서와 하위 보고서에 모두 그룹화 및 정렬 기능을 설정할 수 있음
- 주 보고서에는 최대 일곱 개까지 하위 보고서를 중첩하여 작성할 수 있음
- 주 보고서의 [디자인 보기] 상태()에서 삽입된 하위 보고서의 크기를 조절할 수 있음

출제횟수 8번

## 165 보고서의 작성과 보기 형식

### 1 보고서의 작성

보고서는 [만들기] 탭–[보고서] 그룹에서 [보고서], [보고서 디자인], [새 보고서], [보고서 마법사]를 클릭하여 작성할 수 있음

| 마법사 이용 | • [만들기] 탭–[보고서] 그룹–[보고서 마법사]<br>• 요약 옵션: 그룹 수준을 지정해야 요약 옵션을 사용할 수 있고, 텍스트 속성인 필드만으로 구성된 경우에는 사용할 수 없음 |
| --- | --- |
| 보고서 디자인 이용 | [만들기] 탭–[보고서] 그룹–[보고서 디자인] |

### 2 보기 형식

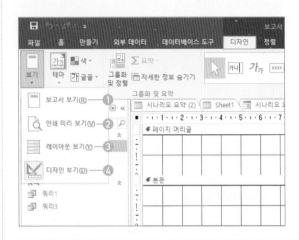

| ① 보고서 보기 | • 작성된 보고서를 화면을 통해 미리 보는 기능<br>• 페이지의 구분 없이 표시됨 |
| --- | --- |
| ② 인쇄 미리 보기 | 출력되는 모양 전체를 미리 보는 기능 |
| ③ 레이아웃 보기 | • [보고서 보기]와 [디자인 보기]를 혼합한 형태<br>• 컨트롤의 위치와 크기를 변경하고, 그룹 수준 및 합계를 추가할 수 있지만, 데이터를 변경할 수 없음 |
| ④ 디자인 보기 | • 컨트롤 도구를 이용하여 보고서를 만들거나 수정 가능<br>• 컨트롤의 속성, 맞춤, 위치 등을 설정 |

### 3 보고서의 레코드 원본

- 보고서의 레코드 원본으로는 여러 개의 테이블이나 쿼리에서 필드를 선택하여 지정할 수 있음
- [보고서 마법사]를 통해 원하는 필드들을 손쉽게 선택하여 레코드 원본으로 지정할 수 있음
- [속성 시트]에서 '레코드 원본'의 목록 단추(ᴠ)를 클릭하고 목록에서 테이블이나 쿼리를 선택하여 지정할 수 있음
- 쿼리 작성기를 통해 쿼리를 작성하여 레코드 원본으로 지정할 수 있음

④ [인쇄 미리 보기]에서는 종이에 출력되는 모양을 표시하며 인쇄를 위한 페이지 설정이 용이하다.

정답 | ①

## 2 보고서의 주요 속성

| 중복 내용 숨기기 | 데이터가 이전 레코드와 같을 때 컨트롤의 숨김 여부 지정 |
| --- | --- |
| 누적 합계 | • 레코드나 그룹별로 누적값을 계산하는 기능<br>• 컨트롤 원본은 '=1'로, 누적 합계 속성은 '그룹'으로 설정하면 그룹별로 순번을, '모두'로 설정하면 전체에 대한 순번을 구함 |
| 반복 실행 구역 | 그룹 머리글의 속성으로 해당 머리글을 페이지마다 표시할지의 여부 지정 |

### 확인문제

19년 8월, 19년 3월, 17년 3월

다음 중 보고서의 각 구역에 대한 설명으로 옳지 <u>않은</u> 것은?
① '페이지 머리글'은 인쇄 시 모든 페이지의 맨 위에 출력되며, 모든 페이지에 특정 내용을 반복하려는 경우 사용한다.
② '보고서 머리글'은 보고서의 맨 앞에 한 번 출력되며, 함수를 이용한 집계 정보를 표시할 수 없다.
③ '그룹 머리글'은 각 새 레코드 그룹의 맨 앞에 출력되며, 그룹 이름이나 그룹별 계산 결과를 표시할 때 사용한다.
④ '본문'은 레코드 원본의 모든 행에 대해 한 번씩 출력되며, 보고서의 본문을 구성하는 컨트롤이 추가된다.

정답 | ②

출제횟수 14번
## 166 보고서의 구성과 속성

### 1 보고서의 구성

• 보고서는 보고서 머리글, 보고서 바닥글, 본문, 페이지 머리글, 페이지 바닥글, 컨트롤 등으로 구성됨
• 보고서 머리글/바닥글, 페이지 머리글/바닥글 구역은 표시하거나 숨길 수 있고, 그룹을 설정한 경우 그룹 머리글과 그룹 바닥글을 설정할 수 있음
• 보고서의 구성 요소

| ① 보고서 머리글 | 보고서의 첫 페이지에 한 번만 표시되고, 로고나 제목 및 날짜와 같이 표지에 나타나는 정보 표시 |
| --- | --- |
| ② 페이지 머리글 | 모든 페이지의 맨 위에 표시되고, 필드 제목 등을 삽입하는 데 사용 |
| ③ 그룹 머리글 | 각 그룹에서 첫 번째 레코드의 위에 표시되고, 그룹 이름이나 그룹별 계산 결과를 표시할 때 사용 |
| ④ 본문 | 실제 데이터가 레코드 단위로 반복 출력되는 부분 |
| ⑤ 그룹 바닥글 | 각 그룹에서 마지막 레코드의 아래에 표시되고, 그룹에 대한 요약 정보 표시 |
| ⑥ 페이지 바닥글 | 모든 페이지의 맨 아래에 표시되고, 페이지 번호 등을 삽입하는 데 사용 |
| ⑦ 보고서 바닥글 | 보고서의 마지막 페이지에 한 번만 표시되고, 전체 데이터에 대한 합계와 같은 요약 정보를 나타내는 데 사용 |

출제횟수 10번
## 167 그룹화 및 정렬, 그룹 머리글/바닥글

### 1 그룹화 및 정렬

• 그룹: 특정한 필드의 값을 기준으로 속성이 같은 레코드의 모임
• 정렬: 특정 필드를 기준으로 오름차순이나 내림차순으로 정렬하는 기능
• [디자인] 탭-[그룹화 및 요약] 그룹-[그룹화 및 정렬] 클릭
• 필드나 식을 기준으로 열 개까지 그룹 및 정렬을 지정할 수 있음
• 그룹으로 설정한 필드에 그룹 머리글, 그룹 바닥글, 그룹 설정, 그룹 간격 등의 속성을 설정할 수 있음
• 그룹 수준을 삭제하면 그룹 머리글 구역이나 그룹 바닥글 구역에 삽입된 모든 컨트롤도 함께 삭제됨

- 날짜 데이터: 전체 값, 일, 주, 월, 분기, 연도, 사용자 지정을 기준으로 그룹화
- 문자 데이터: 전체 값, 첫 문자, 처음 두 문자, 사용자 지정 문자를 기준으로 그룹화
- 그룹화 옵션

| 같은 페이지에 표시 안 함 | 페이지의 나머지 공간에 그룹을 표시할 수 없는 경우 다음 페이지에 나누어서 표시 |
|---|---|
| 전체 그룹을 같은 페이지에 표시 | 페이지의 나머지 공간에 그룹을 표시할 수 없는 경우 다음 페이지에서 그룹이 시작됨 |
| 머리글과 첫 레코드를 같은 페이지에 표시 | 머리글 다음에 적어도 하나의 데이터 행을 인쇄할 수 있는 공간이 없으면 다음 페이지에서 그룹이 시작됨 |

## 2 그룹 머리글 및 바닥글

- 요약 함수(SUM, AVG, MAX, MIN, COUNT, IIF 함수 등) 등을 작성하여 그룹 집계 출력
- 현재 그룹에 대한 합계: 계산 컨트롤에 SUM 함수를 작성하여 그룹 머리글이나 그룹 바닥글에 추가
  예시 =SUM([정가]) → '정가'의 합계
- 그룹별 레코드의 개수: COUNT(*) 함수를 그룹 머리글이나 그룹 바닥글에 추가하면 Null 필드를 포함한 그룹별 레코드의 개수 표시
- 전체 레코드의 개수: COUNT(*) 함수를 보고서 머리글이나 보고서 바닥글에 추가

### 확인문제

20년 2월, 19년 8월, 16년 6월

다음 중 보고서의 그룹화 및 정렬에 대한 설명으로 옳지 않은 것은?

① '그룹'은 머리글과 같은 소계 및 요약 정보와 함께 표시되는 레코드의 모음으로, 그룹 머리글, 세부 레코드 및 그룹 바닥글로 구성된다.
② 그룹화할 필드가 날짜 데이터이면 전체 값(기본), 일, 주, 월, 분기, 연도 중 선택한 기준으로 그룹화할 수 있다.
③ SUM 함수를 사용하는 계산 컨트롤을 그룹 머리글에 추가하면 현재 그룹에 대한 합계를 표시할 수 있다.
④ 필드나 식을 기준으로 최대 5단계까지 그룹화할 수 있으며, 같은 필드나 식은 한 번씩만 그룹화할 수 있다.

정답 해설 필드나 식을 기준으로 최대 열 개까지 그룹화할 수 있고, 같은 필드나 식도 계속하여 그룹화할 수 있음

정답 | ④

---

## 168 날짜 및 시간과 페이지 번호

### 1 날짜 및 시간

- 보고서에 현재 날짜와 시간을 표시하는 기능
- [디자인] 탭-[머리글/바닥글] 그룹-[날짜 및 시간] 클릭
- [디자인] 탭-[컨트롤] 그룹-[텍스트 상자](가내)를 클릭하여 텍스트 상자 컨트롤을 추가하고, 날짜 및 시간을 출력하는 함수를 입력하여 날짜와 시간을 표시할 수 있음
- 날짜/시간 함수

| Now( ) 함수 | 현재 날짜와 시간 표시 |
|---|---|
| Date( ) 함수 | 현재 날짜 표시 |
| Time( ) 함수 | 현재 시간 표시 |

### 2 페이지 번호

- 보고서의 페이지 머리글이나 페이지 바닥글에 페이지 번호를 삽입하는 기능
- [디자인] 탭-[머리글/바닥글] 그룹-[페이지 번호] 클릭
- Format(인수, 형식) 함수를 이용하여 페이지 번호의 형식을 지정할 수 있음

| [Page] | 현재 페이지 |
|---|---|
| [Pages] | 전체 페이지 |
| & | 식이나 문자열 연결 |
| " " | 큰따옴표 안의 내용을 그대로 표시 |

예시 전체 페이지가 80이고 현재 페이지가 20인 보고서인 경우

| 입력 형식 | 결과값 |
|---|---|
| [Page] & "Page" | 20Page |
| [Page] & "/" & [Pages] & "페이지" | 20/80페이지 |
| "Page " & [Page] & "/" & [Pages] | Page 20/80 |
| Format([Page], "000") | 020 |

더 보기

**[페이지 번호] 대화상자**
페이지 번호의 형식, 위치, 맞춤, 첫 페이지에 표시 여부 설정

**169   페이지 설정**

• 보고서를 인쇄하기 위해 여백, 용지 방향 등을 설정하는 기능
• [파일] 탭–[인쇄]–[인쇄 미리 보기]를 선택하여 인쇄 미리 보기 화면을 열고 [인쇄 미리 보기] 탭–[페이지 레이아웃] 그룹–[페이지 설정] 선택

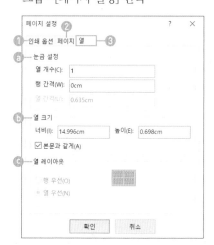

❶ [인쇄 옵션] 탭

| 여백(밀리미터) | 상하좌우 여백을 밀리미터(mm) 단위로 지정 |
|---|---|
| 보기 | 지정된 여백 미리 보기 |
| 데이터만 인쇄 | 컨트롤의 테두리, 눈금선 등의 그래픽은 인쇄하지 않고 데이터만 인쇄 |
| 분할 표시 폼 | 보고서에서는 지정할 수 없고 '폼만 인쇄', '데이터시트만 인쇄' 중에서 선택 |

❷ [페이지] 탭

| 용지 방향 | 용지 방향을 '세로' 또는 '가로'로 지정 |
|---|---|
| 용지 | 용지 크기 및 원본 선택 |
| 프린터 | 프린터 선택 |

❸ [열] 탭
  – 여러 열로 구성된 보고서를 인쇄할 때 열 개수, 열 너비, 높이 등을 지정
  – 페이지의 가로 크기가 '눈금 설정'과 '열 크기'에 비해 작으면 잘려서 인쇄됨

| ⓐ 눈금 설정 | 여러 열로 구성된 보고서를 인쇄할 때 한 페이지에 인쇄할 열의 개수, 행 간격, 열 간격 지정 |
|---|---|
| ⓑ 열 크기 | • 열의 너비와 높이 지정<br>• 본문과 같게: 열의 너비와 높이를 보고서 본문의 너비와 높이에 맞춰 인쇄 |
| ⓒ 열 레이아웃 | 열을 인쇄할 방향을 '행 우선'이나 '열 우선'으로 지정 |

---

**Chapter 6    매크로와 모듈 활용**

**170   매크로**

**1  매크로(Macro)의 정의 및 기능**

• 매크로 함수를 이용하여 여러 번 반복되는 작업을 자동화하는 기능으로, 모듈에 비해 비교적 간단한 작업을 처리할 수 있음
• 매크로는 하나 이상의 매크로 함수로 구성되고, 각 매크로 함수의 수행 방식을 제어하는 인수를 추가할 수 있음
• 매크로 함수는 주로 컨트롤의 이벤트에 연결하여 사용함
• 매크로 기록 기능은 엑셀에서는 지원되지만, 액세스에서는 지원되지 않음
• 특정 조건이 참일 때만 매크로 함수가 실행되도록 지정할 수 있음
• 폼이나 보고서에 포함된 매크로로 작성하거나 독립적인 매크로를 작성할 수 있음
• 매크로 개체는 탐색 창의 매크로에 표시되지만, 포함된 매크로는 표시되지 않음
• 매크로가 실행 중일 때 Ctrl + Break 를 누르면 한 단계씩 차례대로 매크로를 실행할 수 있음

- 매크로 이름을 'Autoexec'로 저장하면 데이터베이스를 열 때마다 매크로가 실행됨
- 파일을 열 때 Shift 를 누르면 자동 실행 매크로가 실행되지 않음
- 각 매크로에는 하위 매크로를 포함시킬 수 있음

## 2 매크로 작성

| 일반 매크로 | [만들기] 탭-[매크로 및 코드] 그룹-[매크로] |
|---|---|
| 그룹 매크로 | • 한 개의 매크로 창에서 여러 개의 매크로를 그룹으로 작성하고 관리하는 기능<br>• [만들기] 탭-[매크로 및 코드] 그룹-[매크로] → [디자인] 탭-[표시/숨기기] 그룹-[함수 카탈로그] → [함수 카탈로그] 창에서 '프로그램 흐름'의 '그룹' 더블클릭 |
| 조건 매크로 | • 특정 조건에 맞는 경우에만 실행되는 매크로<br>• [만들기] 탭-[매크로 및 코드] 그룹-[매크로] → [디자인] 탭-[표시/숨기기] 그룹-[함수 카탈로그] → [함수 카탈로그] 창에서 '프로그램 흐름'의 'If' 더블클릭 |

다음 중 액세스의 매크로에 대한 설명으로 옳지 <u>않은</u> 것은?

① 반복적으로 수행되는 작업을 자동화하여 간단히 처리할 수 있도록 하는 기능이다.
② 매크로 함수 또는 매크로 함수 집합으로 구성되며, 각 매크로 함수의 수행 방식을 제어하는 인수를 추가할 수 있다.
③ 매크로를 이용하여 폼을 열고 닫거나 메시지 박스를 표시할 수도 있다.
④ 매크로는 주로 컨트롤의 이벤트에 연결하여 사용하며, 폼 개체 내에서만 사용할 수 있다.

정답 해설 | 매크로는 반복적인 작업을 하나의 명령어로 지정하여 사용하는 기능으로, 폼 개체뿐만 아니라 보고서 개체에서도 사용할 수 있음

정답 | ④

출제횟수 4번

## 171 매크로 함수

| ApplyFilter | 테이블이나 쿼리로부터 레코드를 필터링하거나 정렬 |
|---|---|
| Beep | 경고음 설정 |
| CancelEvent | 매크로 실행 이벤트를 취소하고, 인수가 없음 |
| CloseWindow | 지정된 액세스 개체 창 또는 현재 데이터베이스 창을 닫음 |

| EMailDatabaseObject | 액세스의 개체를 전자우편 메시지에 첨부하여 전송 |
|---|---|
| ExportWithFormatting | 액세스의 개체를 엑셀, 텍스트, 서식 있는 문서 파일 형식 등으로 내보냄 |
| FindNextRecord | FindRecord 함수나 [찾기 및 바꾸기] 대화상자에서 지정한 조건에 맞는 다음 레코드를 찾고, 인수가 없음 |
| FindRecord | 특정한 조건에 맞는 첫 번째 레코드를 검색 |
| GoToControl | 활성화된 폼에서 커서를 특정 컨트롤로 자동으로 이동하는 데 사용 |
| GoToRecord | 커서를 특정 컨트롤로 이동 |
| MessageBox | 사용자에게 필요한 메시지를 화면에 표시하고, 경고음을 설정할 수 있음 |
| OpenForm | 폼을 [폼 보기], [폼 디자인 보기], [인쇄 미리 보기], [데이터시트 보기]로 열 수 있음 |
| OpenQuery | 작성된 쿼리를 호출하여 실행 |
| OpenReport | 보고서를 [디자인 보기], [인쇄 미리 보기], [레이아웃 보기]로 열거나 바로 인쇄 |
| OpenTable | 테이블을 [데이터시트 보기], [디자인 보기], [인쇄 미리 보기]로 열 수 있음 |
| QuitAccess | 액세스 종료 |
| RunMacro | 매크로 실행 |
| RunMenuCommand | 액세스에서 제공하는 명령을 실행 |
| RunSQL | SQL문 실행 |

출제횟수 4번

## 172 모듈

- 매크로보다 복잡한 작업을 자동으로 처리하기 위해 Visual Basic 프로그래밍 언어를 사용하여 직접 작성
- [만들기] 탭-[매크로 및 코드] 그룹-[모듈] 클릭
- **모듈**: 프로시저, 형식, 데이터 선언과 정의 등의 선언 집단
- **프로시저**: 연산을 수행하거나 값을 계산하는 일련의 명령문과 메서드로 구성
- 전역 변수를 선언하려면 변수명 앞에 PUBLIC을 지정해야 함
- 선언문에서 변수에 데이터 형식을 생략하면 변수는 VARIANT 형식을 가짐
- **모듈의 종류**

| 표준 모듈 | 다른 개체와 연결되지 않은 일반적인 프로시저 |
|---|---|
| 클래스 모듈 | 폼이나 보고서에 연결된 프로시저 |

• [프로시저 추가] 대화상자

| ❶ 형식 | Sub | 코드를 실행하고 결과값을 반환하지 않음 |
| | Function | 코드를 실행하고 실행된 결과값을 반환 |
| | Property | 개체의 속성을 새로 정의할 때 사용하는 형식으로, 반환값이 있음 |
| ❷ 범위 | Public | 모든 모듈에서 사용 가능 |
| | Private | 해당 모듈의 프로시저에서 사용 가능 |

출제횟수 5번

## 173 주요 이벤트

### 1 데이터 이벤트

| AfterUpdate | 컨트롤이나 레코드의 데이터가 업데이트된 후에 발생 |
| BeforeUpdate | 컨트롤이나 레코드의 데이터가 업데이트되기 전에 발생 |
| AfterInsert | 새 레코드가 추가된 후에 발생 |
| BeforeInsert | 새 레코드에 첫 문자를 입력할 때 발생 |
| Current | 포커스가 임의의 레코드로 이동해서 해당 레코드가 현재 레코드가 되거나, 폼이 새로 고쳐지거나, 다시 쿼리될 때 발생 |
| Change | 텍스트 상자나 콤보 상자의 텍스트가 바뀔 때 발생 |

### 2 마우스 이벤트

| Click | 개체를 마우스로 클릭했을 때 발생 |
| DblClick | 개체를 마우스로 더블클릭했을 때 발생 |
| MouseDown | 포인터가 폼이나 컨트롤에 있는 동안 마우스로 클릭했을 때 발생 |

예시1 txt날짜_DblClick( ) → 'txt날짜' 컨트롤이 더블클릭될 때 실행

예시2 Private Sub cmd숨기기_Click( ) → [cmd숨기기] 단추를 클릭하면 실행
　　　Me![DateDue].Visible = False
　　　　→ 현재 폼의 DateDue 컨트롤을 표시하지 않음(개체는 느낌표로, 속성은 점으로 구분)
　　　End Sub

### 3 창 이벤트

| Open | 폼이나 보고서를 열 때 발생 |
| Close | 폼이나 보고서를 닫을 때 발생 |
| Load | 폼을 열어 레코드가 나타날 때 발생 |
| Unload | 폼이 닫히고 레코드가 언로드될 때 발생 |

예시 Private Sub Form_Load( ) → 폼이 실행되자마자 실행
　　　Me.Recordsource = "분류" → '분류'를 레코드 원본으로 지정
　　　End Sub

### 4 포커스 이벤트

| Activate | 폼이나 보고서가 포커스를 받아 활성화될 때 발생 |
| Deactivate | 폼이나 보고서의 활성화가 취소될 때 발생 |
| GotFocus | 폼이나 컨트롤이 포커스를 받을 때 발생 |
| LostFocus | 폼이나 컨트롤이 포커스를 잃을 때 발생 |

더 보기

**텍스트 상자 컨트롤에 값을 입력하는 방법**
방법1 텍스트 상자 이름 = "값"
방법2 텍스트 상자 이름.text = "값"
방법3 텍스트 상자 이름.value = "값"

출제횟수 7번

## 174 DoCmd 개체

• Access의 매크로 함수를 Visual Basic에서 실행하기 위한 개체
• 주요 메서드

| Close | 개체를 닫는 매크로 함수 실행 |
| GoToRecord | 레코드 포인터를 이동하는 매크로 함수 실행 |
| OpenForm | 폼을 여는 매크로 함수 실행 |
| OpenQuery | 쿼리를 여는 매크로 함수 실행 |
| OpenReport | 보고서를 여는 매크로 함수 실행 |
| Quit | 액세스를 종료하는 매크로 함수 실행 |
| RunCommand | 명령어 실행 |
| RunMacro | 매크로 실행 |
| RunSQL | SQL문 실행 |

예시 Private Sub Command1_Click( )
　　　DoCmd.OpenForm "사원정보", acNormal
　　　　→ '사원정보' 폼을 [폼 보기]로 엶

DoCmd.GoToRecord , , acNewRec → 새 레코드 추가
End Sub

## 175 데이터 ADO 개체

- ADO(ActiveX Data Object): 데이터베이스에 접근할 수 있는 개체로, OLE DB를 활용하여 데이터베이스 서버에 있는 데이터를 액세스하고 조작할 수 있도록 고안됨
- 데이터베이스에 포함된 각종 개체를 열 수 있고, 레코드의 수정, 추가, 삭제 등 편집 작업 가능
- Connection 개체의 주요 메서드

| Open | 데이터 원본에 대한 연결 설정 |
| --- | --- |
| Close | 열려있거나 종속된 개체를 모두 닫음 |
| Execute | 지정된 쿼리, SQL 구문 등을 실행 |
| ConnectionString | 데이터 원본을 연결할 때 사용되는 정보 표시 |

- RecordSet 개체의 주요 메서드

| Open | 연결된 레코드셋 열기 |
| --- | --- |
| Close | 열려있는 레코드셋 닫기 |
| AddNew | 새 레코드 추가 |
| Delete | 레코드 삭제 |
| Update | 변경 사항 저장 |
| UpdateBatch | 현재 레코드셋을 실제 DB에 반영 |
| Seek | Recordset 개체에서 현재 인덱스에 지정한 조건에 맞는 레코드를 검색하여 현재 레코드로 설정 |
| Find | 지정한 기준에 맞는 레코드를 검색(인덱스가 없는 경우) |

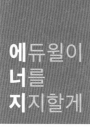

에듀윌이
너를
지지할게

ENERGY

내가 찾고 있는 것은 바깥에 있지 않다.
그것은 내 안에 있다.

– 헬렌 켈러(Helen Keller)

# 여러분의 작은 소리
# 에듀윌은 크게 듣겠습니다.

본 교재에 대한 여러분의 목소리를 들려주세요.
공부하시면서 어려웠던 점, 궁금한 점,
칭찬하고 싶은 점, 개선할 점, 어떤 것이라도 좋습니다.

에듀윌은 여러분께서 나누어 주신 의견을
통해 끊임없이 발전하고 있습니다.

**EXIT 합격 서비스 exit.eduwill.net**
• 부가학습자료 및 정오표: EXIT 합격 서비스 → 자료실 / 공지사항 게시판
• 교재문의: EXIT 합격 서비스 → 실시간 질문답변 게시판(내용) /
　　　　　　　Q&A 게시판(내용 외)

# 2022 에듀윌 EXIT 컴퓨터활용능력 1급 필기

| | |
|---|---|
| 초판인쇄 | 2021년 10월 7일 |
| 초판발행 | 2021년 10월 19일 |
| 편 저 자 | 문혜영 · 이상미 |
| 펴 낸 이 | 박명규 |
| 펴 낸 곳 | (주)에듀윌 |
| 등록번호 | 제25100-2002-000052호 |
| 주　　소 | 08378 서울특별시 구로구 디지털로34길 55 |
| | 코오롱싸이언스밸리 2차 3층 |

* 이 책의 무단 인용 · 전재 · 복제를 금합니다.　　　ISBN 979-11-360-1233-3 (13000)

## www.eduwill.net
대표전화 1600-6700

2022

# 에듀윌 컴퓨터활용능력

필기

시험에 자주 출제되는

## 필수기능

# 33선

# 시험에 자주 출제되는 **엑셀 기능**

※ 실습파일, 완성파일은 EXIT 합격 서비스(exit.eduwill.net)의 [자료실 게시판]에서 다운로드

| 기능 01 | 사용자 지정 서식 | ➦ 노른자 080 |
|---|---|---|
| | 지정된 서식 기호를 이용하여 사용자가 직접 표시 형식을 지정하는 기능 | |

⬇ 실습파일 01사용자지정.xlsx   ⬇ 완성파일 01사용자지정_완성.xlsx

**실습문제**

A열의 '표시 형식' 항목에 설정된 사용자 지정 서식을 활용하여 결과값을 구하시오.

❶ [C4] 셀에서 마우스 오른쪽 단추를 클릭하고 바로 가기 메뉴에서 [셀 서식]을 선택한다.

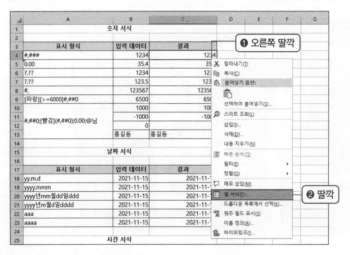

**더 보기**

[C4] 셀을 선택하고 바로 가기 키 Ctrl + 1 을 누르거나 [홈] 탭−[표시 형식] 그룹−[표시 형식] 아이콘(⬛)을 클릭해도 됩니다.

2

❷ [셀 서식] 대화상자가 나타나면 [표시 형식] 탭에서 '사용자 지정' 범주를 선택하고 '형식'에 [A4] 셀에 제시된 표시 서식인 '#,###'을 입력한 후 [확인] 단추를 클릭한다.

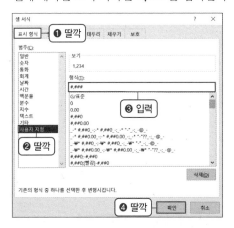

❸ 이와 같은 방법으로 [C5:C13] 영역에 '표시 형식' 항목에 제시된 사용자 지정 서식을 각각 지정한다.

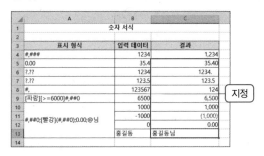

❹ 이와 같은 방법으로 [C18:C23] 영역과 [C28:C29] 영역, [C34:C35] 영역에 날짜 서식과 시간 서식, 문자열 서식을 각각 지정한다.

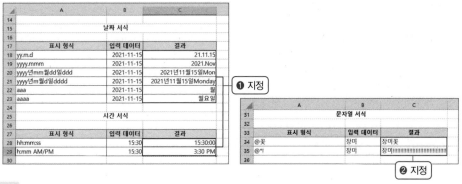

**더 보기**

• @: 문자 뒤의 특정한 문자열을 함께 표시       • *: * 뒤의 문자를 셀 너비만큼 채워서 표시

📥 실습파일 02조건부서식.xlsx      📥 완성파일 02조건부서식_완성.xlsx

**실습문제**

조건부 서식을 이용하여 총점이 '200점 이상'인 행에 글꼴 스타일은 '굵게', 글꼴 색은 '표준 색'의 '파랑'을 표시하시오.

❶ [A2:E6] 영역을 드래그하여 선택하고 [홈] 탭–[스타일] 그룹–[조건부 서식]을 클릭한 후 [새 규칙]을 선택한다.

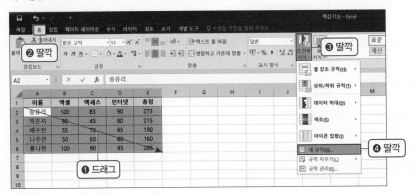

❷ [새 서식 규칙] 대화상자가 나타나면 '규칙 유형 선택'에서 '수식을 사용하여 서식을 지정할 셀 결정'을 선택하고 '다음 수식이 참인 값의 서식 지정'에 '=$E2>=200'을 입력한 후 [서식] 단추를 클릭한다.

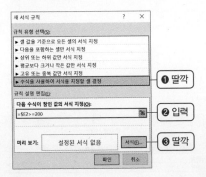

**더 보기**

'다음 수식이 참인 값의 서식 지정'에 '=$E2>=200'을 입력하는 이유는 실습문제에서 제시한 '총점이 200점 이상'이라는 조건값을 등록하기 위해서이다.

❸ [셀 서식] 대화상자가 나타나면 [글꼴] 탭에서 '글꼴 스타일'은 '굵게', '색'은 '표준 색'의 '파랑'을 선택하고 [확인] 단추를 클릭한다.

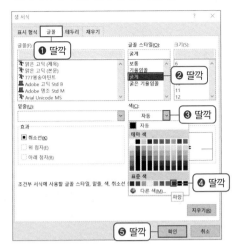

❹ [새 서식 규칙] 대화상자로 되돌아오면 '미리 보기'에서 지정한 서식을 확인하고 [확인] 단추를 클릭한다.

❺ 결과를 확인한다. (2행, 3행, 6행에 지정한 서식이 적용된다.)

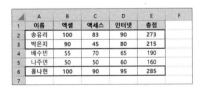

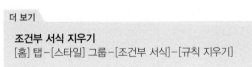

더 보기

**조건부 서식 지우기**
[홈] 탭-[스타일] 그룹-[조건부 서식]-[규칙 지우기]

📥 **실습파일** 03날짜시간함수.xlsx   📥 **완성파일** 03날짜시간함수_완성.xlsx

**실습문제**

날짜/시간 함수를 이용하여 다양한 형태로 날짜를 표시하시오.

❶ 다음의 표를 참고하여 [B4:B18] 영역에 지정된 날짜/시간 함수를 차례대로 입력한다.

| 셀 | 구해야 할 값 | 함수식 |
|---|---|---|
| [B4] 셀 | 현재 날짜와 시간 | =NOW( ) |
| [B5] 셀 | 현재 날짜 | =TODAY( ) |
| [B6] 셀 | 2022년 5월 5일에 대한 날짜 데이터 | =DATE(2022,5,5) |
| [B7] 셀 | [B6] 셀의 연도 | =YEAR(B6) |
| [B8] 셀 | [B6] 셀의 월 | =MONTH(B6) |
| [B9] 셀 | [B6] 셀의 일 | =DAY(B6) |
| [B10] 셀 | 15시 30분 25초에 대한 시간 데이터 | =TIME(15,30,25) |
| [B11] 셀 | [B10] 셀의 시 | =HOUR(B10) |
| [B12] 셀 | [B10] 셀의 분 | =MINUTE(B10) |
| [B13] 셀 | [B10] 셀의 초 | =SECOND(B10) |
| [B14] 셀 | [B6] 셀의 날짜에 해당하는 요일 번호(일요일이 1) | =WEEKDAY(B6) |
| [B15] 셀 | [D17] 셀에서 [D18] 셀 사이의 일 수 | =DAYS(D18,D17) |
| [B16] 셀 | [D17] 셀을 기준으로 2개월 후의 날짜 | =EDATE(D17,2) |
| [B17] 셀 | [D17] 셀을 기준으로 2개월 후의 마지막 날짜 | =EOMONTH(D17,2) |
| [B18] 셀 | [D17] 셀에서 토요일, 일요일, 휴일을 제외하고 10일이 경과한 날짜 | =WORKDAY(D17,10,D18) |

❷ 결과를 확인한다.

| | A | B | C | D | E | F |
|---|---|---|---|---|---|---|
| 1 | 날짜/시간 함수 | | | | | |
| 2 | | | | | | |
| 3 | 함수식 | 함수결과 | | | | |
| 4 | =NOW() | 2021-10-01 17:54 | | | | |
| 5 | =TODAY() | 2021-10-01 | | | | |
| 6 | =DATE(2022,5,5) | 2022-05-05 | | | | |
| 7 | =YEAR(B6) | 2022 | | | | |
| 8 | =MONTH(B6) | 5 | | | | |
| 9 | =DAY(B6) | 5 | | | | |
| 10 | =TIME(15,30,25) | 3:30 PM | | | | |
| 11 | =HOUR(B10) | 15 | | | | |
| 12 | =MINUTE(B10) | 30 | | | | |
| 13 | =SECOND(B10) | 25 | | | | |
| 14 | =WEEKDAY(B6) | 5 | | | | |
| 15 | =DAYS(D18,D17) | 4 | | | | |
| 16 | =EDATE(D17,2) | 2022-02-20 | | | | |
| 17 | =EOMONTH(D17,2) | 2022-02-28 | | 2021-12-20 | | |
| 18 | =WORKDAY(D17,10,D18) | 44565 | | 2021-12-24 | 휴가 | |
| 19 | | | | | | |

⬇ 실습파일 04논리함수.xlsx　　　⬇ 완성파일 04논리함수_완성.xlsx

**실습문제**

논리 함수를 이용하여 다양한 조건에 따른 논리값을 구하시오.

❶ 다음의 표를 참고하여 [F4:F11] 영역에 지정된 논리 함수를 차례대로 입력한다.

| 셀 | 구해야 할 값 | 함수식 |
|---|---|---|
| [F4] 셀 | • '10〉20'이 'TRUE'이면 '크다', 'FALSE'이면 '작다' 표시<br>• 함수식에서 '10〉20'은 'FALSE'이므로 '작다' 표시 | =IF(10〉20,"크다","작다") |
| [F5] 셀 | • '10〉20'의 결과값을 반대로 표시<br>• 함수식에서 '10〉20'은 'FALSE'이므로 'TRUE' 표시 | =NOT(10〉20) |
| [F6] 셀 | • '10〉20'과 '30〈40'의 결과값이 모두 'TRUE'이면 'TRUE'를 표시하고, 그 외에는 'FALSE' 표시<br>• '10〉20'은 'FALSE'이고 '30〈40'은 'TRUE'이므로 'FALSE' 표시 | =AND(10〉20,30〈40) |
| [F7] 셀 | • '10〉20'과 '30〈40'의 결과값이 'FALSE'이면 'FALSE'를 표시하고, 그 외에는 'TRUE'를 표시<br>• '10〉20'은 'FALSE'이고 '30〈40'은 'TRUE'이므로 'TRUE' 표시 | =OR(10〉20,30〈40) |
| [F8] 셀 | '10/0'에 오류가 발생하면 '오류 발생' 표시 | =IFERROR(10/0,"오류 발생") |
| [F9] 셀 | 'TRUE' 표시 | =TRUE( ) |
| [F10] 셀 | 'FALSE' 표시 | =FALSE( ) |
| [F11] 셀 | [B4] 셀이 [C4]보다 크면 '하락', [B4] 셀이 [C4] 셀보다 작으면 '상승', 그렇지 않으면 '유지' 표시 | =IF(B4〉C4,"하락",IF(B4〈C4,"상승","유지")) |

❷ 결과를 확인한다.

## 05 수학/삼각 함수
합계, 평균 등과 같이 수치 자료를 처리하는 함수

⬇ **실습파일** 05수학삼각함수.xlsx   ⬇ **완성파일** 05수학삼각함수_완성.xlsx

> **실습문제**
>
> 수학/삼각 함수, 합계 함수, 반올림 함수를 이용하여 다양한 조건에 따른 결과값을 구하시오.

❶ 다음의 표를 참고하여 [B4:B10] 영역과 [G11:G13] 영역, [J4:J12] 영역에 지정된 수학/삼각 함수를 차례대로 입력한다.

| 셀 | 구해야 할 값 | 함수식 |
|---|---|---|
| [B4] 셀 | −25의 절대값 | =ABS(−25) |
| [B5] 셀 | −3.5에서 가장 가까운 정수로 내린 값 | =INT(−3.5) |
| [B6] 셀 | 10을 3으로 나눈 나머지 | =MOD(10,3) |
| [B7] 셀 | 2를 3만큼 거듭제곱한 값 | =POWER(2,3) |
| [B8] 셀 | 0과 1 사이의 임의의 수 | =RAND( ) |
| [B9] 셀 | 1과 30 사이의 임의의 수 | =RANDBETWEEN(1,30) |
| [B10] 셀 | −3.5에서 지정한 자릿수를 버려야 하는데, 지정한 자릿수가 없으므로 소수점 이하의 숫자를 버림 | =TRUNC(−3.5) |
| [G11] 셀 | [G4:G8] 영역의 합계 | =SUM(G4:G8) |
| [G12] 셀 | [F4:F8] 영역에서 '남'에 해당하는 [G4:G8] 영역의 합계 | =SUMIF(F4:F8,"남",G4:G8) |
| [G13] 셀 | [E4:E8] 영역에서는 '자영업'이고 [F4:F8] 영역에서는 '남'에 해당하는 [G4:G8] 영역의 합계 | =SUMIFS(G4:G8,E4:E8,"자영업", F4:F8,"남") |
| [J4] 셀 | [J2] 셀의 값을 소수점 이하 둘째 자리로 반올림 | =ROUND(J2,2) |
| [J5] 셀 | [J2] 셀의 값을 정수로 반올림 | =ROUND(J2,0) |
| [J6] 셀 | [J2] 셀의 값을 100 단위로 반올림 | =ROUND(J2,−2) |
| [J7] 셀 | [J2] 셀의 값을 소수점 이하 둘째 자리로 올림 | =ROUNDUP(J2,2) |
| [J8] 셀 | [J2] 셀의 값을 정수로 올림 | =ROUNDUP(J2,0) |
| [J9] 셀 | [J2] 셀의 값을 100 단위로 올림 | =ROUNDUP(J2,−2) |
| [J10] 셀 | [J2] 셀의 값을 소수점 이하 둘째 자리로 내림 | =ROUNDDOWN(J2,2) |
| [J11] 셀 | [J2] 셀의 값을 정수로 내림 | =ROUNDDOWN(J2,0) |
| [J12] 셀 | [J2] 셀의 값을 100 단위로 내림 | =ROUNDDOWN(J2,−2) |

❷ 결과를 확인한다.

| | A | B | C | D | E | F | G | H | I | J | K |
|---|---|---|---|---|---|---|---|---|---|---|---|
| 1 | 수학/삼각 함수 | | | 합계 함수 | | | | | 반올림 함수 | | |
| 2 | | | | | | | | | | 345.456 | |
| 3 | 함수식 | 함수결과 | | 이름 | 직업 | 성별 | 나이 | | 함수식 | 함수결과 | |
| 4 | =ABS(-25) | 25 | | 김진안 | 자영업 | 남 | 35 | | =ROUND(J2,2) | 345.46 | |
| 5 | =INT(-3.5) | -4 | | 오하림 | 자영업 | 여 | 35 | | =ROUND(J2,0) | 345 | |
| 6 | =MOD(10,3) | 1 | | 박재진 | 자영업 | 남 | 35 | | =ROUND(J2,-2) | 300 | |
| 7 | =POWER(2,3) | 8 | | 김규연 | 자영업 | 여 | 35 | | =ROUNDUP(J2,2) | 345.46 | |
| 8 | =RAND() | 0.941332548 | | 박효신 | 교사 | 남 | 38 | | =ROUNDUP(J2,0) | 346 | |
| 9 | =RANDBETWEEN(1,30) | 21 | | | | | | | =ROUNDUP(J2,-2) | 400 | |
| 10 | =TRUNC(-3.5) | -3 | | 함수식 | | | 함수결과 | | =ROUNDDOWN(J2,2) | 345.45 | |
| 11 | | | | =SUM(G4:G8) | | | 178 | | =ROUNDDOWN(J2,0) | 345 | |
| 12 | | | | =SUMIF(F4:F8,"남",G4:G8) | | | 108 | | =ROUNDDOWN(J2,-2) | 300 | |
| 13 | | | | =SUMIFS(G4:G8,E4:E8,"자영업",F4:F8,"남") | | | 70 | | | | |
| 14 | | | | | | | | | | | |

**기능 06 — 통계 함수**

조건에 맞는 데이터를 추출하거나 최소값, 최대값 등을 구하는 함수

⬇ 실습파일 06통계함수.xlsx　　⬇ 완성파일 06통계함수_완성.xlsx

**실습문제**

통계 함수를 이용하여 다양한 조건에 따른 결과값을 구하시오.

❶ 다음의 표를 참고하여 [G4:G24] 영역에 지정된 통계 함수를 차례대로 입력한다.

| 셀 | 구해야 할 값 | 함수식 |
|---|---|---|
| [G4] 셀 | [D4:D8] 영역의 평균을 구함 | =AVERAGE(D4:D8) |
| [G5] 셀 | [C4:D8] 영역에서 모든 인수의 평균을 구함 | =AVERAGEA(C4:D8) |
| [G6] 셀 | [C4:C8] 영역에서 '남'에 해당하는 [D4:D8] 영역의 평균을 구함 | =AVERAGEIF(C4:C8,"남",D4:D8) |
| [G7] 셀 | [B4:B8] 영역에서 '자영업'이고 [C4:C8] 영역에서 '남'에 해당하는 [D4:D8] 영역의 평균을 구함 | =AVERAGEIFS(D4:D8,B4:B8,"자영업",C4:C8,"남") |
| [G8] 셀 | [D4:D8] 영역에서 숫자 셀의 개수를 구함 | =COUNT(D4:D8) |
| [G9] 셀 | [C4:C8] 영역에서 공백이 아닌 셀의 개수를 구함 | =COUNTA(C4:C8) |
| [G10] 셀 | [D4:D10] 영역에서 공백 셀의 개수를 구함 | =COUNTBLANK(D4:D10) |
| [G11] 셀 | [D4:D8] 영역에서 40 이상인 셀의 개수를 구함 | =COUNTIF(D4:D8,">=40") |
| [G12] 셀 | [C4:C8] 영역에서 '남'에 해당하고 [D4:D8] 영역에서 40 이상 셀의 개수를 구함 | =COUNTIFS(C4:C8,"남",D4:D8,">=40") |
| [G13] 셀 | [D4:D8] 영역에서 두 번째로 큰 값을 구함 | =LARGE(D4:D8,2) |
| [G14] 셀 | [D4:D8] 영역에서 두 번째로 작은 값을 구함 | =SMALL(D4:D8,2) |
| [G15] 셀 | [D4:D8] 영역에서 가장 큰 값을 구함 | =MAX(D4:D8) |
| [G16] 셀 | '0.5', 'TRUE', 'FALSE', '0.3' 중에서 가장 큰 값을 구함 | =MAXA(0.5,TRUE,FALSE,0.3) |
| [G17] 셀 | [D4:D8] 영역에서 가장 작은 값을 구함 | =MIN(D4:D8) |
| [G18] 셀 | '0.5', 'TRUE', 'FALSE', '0.4' 중에서 가장 작은 값을 구함 | =MINA(0.5,TRUE,FALSE,0.4) |
| [G19] 셀 | [D4:D8] 영역의 중간값을 구함 | =MEDIAN(D4:D8) |
| [G20] 셀 | [D4:D8] 영역에서 빈도가 가장 높은 값을 구함 | =MODE(D4:D8) |
| [G21] 셀 | [D4:D8] 영역에서 [D4] 셀의 순위를 구함 | =RANK.EQ(D4,D4:D8) |
| [G22] 셀 | | =RANK.AVG(D4,D4:D8) |
| [G23] 셀 | [D4:D8] 영역의 표준 편차를 구함 | =STDEV(D4:D8) |
| [G24] 셀 | [D4:D8] 영역의 분산을 구함 | =VAR(D4:D8) |

❷ 결과를 확인한다.

| | A | B | C | D | E | F | G | H |
|---|---|---|---|---|---|---|---|---|
| 1 | | | | | | 통계 함수 | | |
| 2 | | | | | | | | |
| 3 | 이름 | 직업 | 성별 | 나이 | | 함수식 | 함수결과 | |
| 4 | 김진안 | 자영업 | 남 | 35 | | =AVERAGE(D4:D8) | 36.6 | |
| 5 | 오하림 | 자영업 | 여 | 20 | | =AVERAGEA(C4:D8) | 18.3 | |
| 6 | 박재진 | 자영업 | 남 | 55 | | =AVERAGEIF(C4:C8,"남",D4:D8) | 41.66666667 | |
| 7 | 김규연 | 자영업 | 여 | 38 | | =AVERAGEIFS(D4:D8,B4:B8,"자영업",C4:C8,"남") | 45 | |
| 8 | 박효신 | 검사 | 남 | 35 | | =COUNT(D4:D8) | 5 | |
| 9 | | | | | | =COUNTA(C4:C8) | 5 | |
| 10 | | | | | | =COUNTBLANK(D4:D10) | 2 | |
| 11 | | | | | | =COUNTIF(D4:D8,">=40") | 1 | |
| 12 | | | | | | =COUNTIFS(C4:C8,"남",D4:D8,">=40") | 1 | |
| 13 | | | | | | =LARGE(D4:D8,2) | 38 | |
| 14 | | | | | | =SMALL(D4:D8,2) | 35 | |
| 15 | | | | | | =MAX(D4:D8) | 55 | |
| 16 | | | | | | =MAXA(0.5,TRUE,FALSE,0.3) | 1 | |
| 17 | | | | | | =MIN(D4:D8) | 20 | |
| 18 | | | | | | =MINA(0.5,TRUE,FALSE,0.4) | 0 | |
| 19 | | | | | | =MEDIAN(D4:D8) | 35 | |
| 20 | | | | | | =MODE(D4:D8) | 35 | |
| 21 | | | | | | =RANK.EQ(D4,D4:D8) | 3 | |
| 22 | | | | | | =RANK.AVG(D4,D4:D8) | 3.5 | |
| 23 | | | | | | =STDEV(D4:D8) | 12.46194206 | |
| 24 | | | | | | =VAR(D4:D8) | 155.3 | |
| 25 | | | | | | | | |

---

| 기능 07 | 텍스트 함수 | 노른자 090 |
|---|---|---|
| | 문자열을 가공하거나 찾는 함수 | |

📥 실습파일 07텍스트함수.xlsx　　　📥 완성파일 07텍스트함수_완성.xlsx

실습문제

**텍스트 함수를 이용하여 다양한 조건에 따른 결과값을 구하시오.**

❶ 다음의 표를 참고하여 [B4:B15] 영역에 지정된 텍스트 함수를 차례대로 입력한다.

| 셀 | 구해야 할 값 | 함수식 |
|---|---|---|
| [B4] 셀 | '컴퓨터활용능력'의 왼쪽에서 두 글자 추출 | =LEFT("컴퓨터활용능력",2) |
| [B5] 셀 | '컴퓨터활용능력'의 오른쪽에서 두 글자 추출 | =RIGHT("컴퓨터활용능력",2) |
| [B6] 셀 | '컴퓨터활용능력'의 두 번째에서 세 글자 추출 | =MID("컴퓨터활용능력",2,3) |
| [B7] 셀 | 'COMPUTER'를 모두 소문자로 표시 | =LOWER("COMPUTER") |
| [B8] 셀 | 'computer'를 모두 대문자로 표시 | =UPPER("computer") |
| [B9] 셀 | 'computer'의 첫 글자만 대문자로, 나머지는 소문자로 표시 | =PROPER("computer") |
| [B10] 셀 | 'apple'의 글자 수를 표시 | =LEN("apple") |
| [B11] 셀 | '　computer　2　'에서 단어 사이의 한 칸의 공백을 제외하고 나머지 공백 모두 삭제 | =TRIM("　computer　2　") |
| [B12] 셀 | '대한민국flghting'에서 'i'를 찾아 시작 위치 표시 (영문자의 대 · 소문자 구분) | =FIND("i","대한민국flghting") |
| [B13] 셀 | '대한민국flghting'에서 'i'를 찾아 시작 위치 표시 (영문자의 대 · 소문자 구분, 한글은 두 글자로 계산) | =FINDB("i","대한민국flghting") |
| [B14] 셀 | '대한민국flghting'에서 'i'를 찾아 시작 위치 표시 (영문자의 대 · 소문자를 구분하지 않음) | =SEARCH("i","대한민국flghting") |
| [B15] 셀 | '대한민국flghting'에서 'i'를 찾아 시작 위치 표시 (영문자의 대 · 소문자를 구분하지 않음. 한글은 두 글자로 계산) | =SEARCHB("i","대한민국flghting") |

**②** 결과를 확인한다.

| | A | B | C |
|---|---|---|---|
| 1 | 텍스트 함수 | | |
| 2 | | | |
| 3 | 함수식 | 함수결과 | |
| 4 | =LEFT("컴퓨터활용능력",2) | 컴퓨 | |
| 5 | =RIGHT("컴퓨터활용능력",2) | 능력 | |
| 6 | =MID("컴퓨터활용능력",2,3) | 퓨터활 | |
| 7 | =LOWER("COMPUTER") | computer | |
| 8 | =UPPER("computer") | COMPUTER | |
| 9 | =PROPER("computer") | Computer | |
| 10 | =LEN("apple") | 5 | |
| 11 | =TRIM("  computer  2  ") | computer 2 | |
| 12 | =FIND("i","대한민국fIghting") | 10 | |
| 13 | =FINDB("i","대한민국fIghting") | 14 | |
| 14 | =SEARCH("i","대한민국fIghting") | 6 | |
| 15 | =SEARCHB("i","대한민국fIghting") | 10 | |
| 16 | | | |

---

| 기능 08 | **찾기/참조 영역 함수** | 노른자 091 |
|---|---|---|
| | 영역에서 일치하는 데이터를 찾고 함수의 특성에 맞게 반환하는 함수 | |

**실습파일** 08찾기참조영역함수.xlsx　　　**완성파일** 08찾기참조영역함수_완성.xlsx

**실습문제**

찾기/참조 영역 함수를 이용하여 다양한 조건에 따른 결과값을 구하시오.

**①** 다음의 표를 참고하여 [G4:G12] 영역에 지정된 찾기/참조 함수를 차례대로 입력한다.

| 셀 | 구해야 할 값 | 함수식 |
|---|---|---|
| [G4] 셀 | '사과', '바나나', '딸기' 중 세 번째 값 표시 | =CHOOSE(3,"사과","바나나","딸기") |
| [G5] 셀 | [B10:D11] 영역의 첫 번째 행에서 '85'를 찾아 2행의 값 표시 | =HLOOKUP(85,B10:D11,2,TRUE) |
| [G6] 셀 | [A4:D8] 영역의 첫 번째 열에서 '김규연'을 찾아 4열의 값 표시 | =VLOOKUP("김규연",A4:D8,4,FALSE) |
| [G7] 셀 | [A3:D8] 영역에서 2행 4열의 교차값 표시 | =INDEX(A3:D8,2,4) |
| [G8] 셀 | [D4:D8] 영역에서 '55'와 일치하는 값의 위치 표시 | =MATCH(55,D4:D8,0) |
| [G9] 셀 | [F3] 셀의 열 번호 표시 | =COLUMN(F3) |
| [G10] 셀 | [F3:G3] 영역에 들어있는 열 수 표시 | =COLUMNS(F3:G3) |
| [G11] 셀 | [F3] 셀의 행 번호 표시 | =ROW(F3) |
| [G12] 셀 | [F3:F6] 영역에 들어있는 행 수 표시 | =ROWS(F3:F6) |

**②** 결과를 확인한다.

| | A | B | C | D | E | F | G | H |
|---|---|---|---|---|---|---|---|---|
| 1 | | | | | | 찾기/참조 영역 함수 | | |
| 2 | | | | | | | | |
| 3 | 이름 | 직업 | 성별 | 나이 | | 함수식 | 함수결과 | |
| 4 | 김규연 | 검사 | 남 | 35 | | =CHOOSE(3,"사과","바나나","딸기") | 딸기 | |
| 5 | 김진안 | 자영업 | 여 | 40 | | =HLOOKUP(85,B10:D11,2,TRUE) | B | |
| 6 | 박재진 | 자영업 | 남 | 55 | | =VLOOKUP("김규연",A4:D8,4,FALSE) | 35 | |
| 7 | 박효신 | 자영업 | 여 | 20 | | =INDEX(A3:D8,2,4) | 35 | |
| 8 | 오하림 | 검사 | 남 | 38 | | =MATCH(55,D4:D8,0) | 3 | |
| 9 | | | | | | =COLUMN(F3) | 6 | |
| 10 | 점수 | 70 | 80 | 90 | | =COLUMNS(F3:G3) | 2 | |
| 11 | 등급 | C | B | A | | =ROW(F3) | 3 | |
| 12 | | | | | | =ROWS(F3:F6) | 4 | |
| 13 | | | | | | | | |

⬇ 실습파일 09데이터베이스함수.xlsx　　⬇ 완성파일 09데이터베이스함수_완성.xlsx

실습문제

데이터베이스 함수를 이용하여 다양한 조건에 따른 결과값을 구하시오.

❶ 다음의 표를 참고하여 [E14:E19] 영역에 지정된 데이터베이스 함수를 차례대로 입력한다.

| 셀 | 구해야 할 값 | 함수식 |
|---|---|---|
| [E14] 셀 | '성별'이 '남'인 사람의 회비 합계를 구함 | =DSUM(A3:F11,F3,E3:E4) |
| [E15] 셀 | '직업'이 '자영업'인 사람의 회비 평균을 구함 | =DAVERAGE(A3:F11,F3,C3:C4) |
| [E16] 셀 | '직업'이 '교사'인 사람의 수를 구함 | =DCOUNT(A3:F11,F3,B13:B14) |
| [E17] 셀 | '직업'이 '자영업'인 사람의 수를 구함 | =DCOUNTA(A3:F11,C3,C3:C4) |
| [E18] 셀 | '성별'이 '남'인 사람의 최대 회비를 구함 | =DMAX(A3:F11,F3,E3:E4) |
| [E19] 셀 | '성별'이 '여'인 사람의 최소 회비를 구함 | =DMIN(A3:F11,F3,A13:A14) |

❷ 결과를 확인한다.

| | A | B | C | D | E | F | G |
|---|---|---|---|---|---|---|---|
| 1 | | | | 데이터베이스 함수 | | | |
| 2 | | | | | | | |
| 3 | 이름 | 학과 | 직업 | 주소 | 성별 | 회비 | |
| 4 | 김길동 | 경제 | 자영업 | 경기도 수원시 | 남 | ₩ 200,000 | |
| 5 | 오하림 | 법학 | 자영업 | 경기도 파주시 | 여 | ₩ 250,000 | |
| 6 | 김진언 | 화학 | 자영업 | 경기도 고양시 | 여 | ₩ 300,000 | |
| 7 | 박하영 | 화공 | 자영업 | 서울시 양천구 | 여 | ₩ 100,000 | |
| 8 | 양태일 | 법학 | 검사 | 경기도 안양시 | 남 | ₩ 500,000 | |
| 9 | 문정희 | 화공 | 교사 | 서울시 동작구 | 여 | ₩ 50,000 | |
| 10 | 정윤희 | 경제 | 교사 | 서울시 동작구 | 여 | ₩ 70,000 | |
| 11 | 김동준 | 성악 | 학원강사 | 경기도 고양시 | 남 | ₩ 85,000 | |
| 12 | | | | | | | |
| 13 | 성별 | 직업 | | 함수식 | 함수결과 | | |
| 14 | 여 | 교사 | | =DSUM(A3:F11,F3,E3:E4) | 785000 | | |
| 15 | | | | =DAVERAGE(A3:F11,F3,C3:C4) | 212500 | | |
| 16 | | | | =DCOUNT(A3:F11,F3,B13:B14) | 2 | | |
| 17 | | | | =DCOUNTA(A3:F11,C3,C3:C4) | 4 | | |
| 18 | | | | =DMAX(A3:F11,F3,E3:E4) | 500000 | | |
| 19 | | | | =DMIN(A3:F11,F3,A13:A14) | 50000 | | |
| 20 | | | | | | | |

<table>
<tr><td rowspan="2">기능<br>10</td><td>재무 함수</td><td style="text-align:right">노른자 093</td></tr>
<tr><td colspan="2">매월 일정 금액을, 일정한 이율로, 일정 기간 동안 적금에 가입하거나 대출을 받았을 때 월 납입금액을<br>계산할 수 있는 함수</td></tr>
</table>

실습파일 10재무함수.xlsx     완성파일 10재무함수_완성.xlsx

실습문제

재무 함수를 이용하여 '만기금액', '현재가치', '월 상환액'을 구하시오.

❶ 다음의 표를 참고하여 [B8] 셀, [E8] 셀, [H8] 셀에 지정된 재무 함수를 차례대로 입력한다.

| 셀 | 구해야 할 값 | 함수식 |
|---|---|---|
| [B8] 셀 | 일정 기간 동안 납입한 미래 가치(만기 금액) | =FV(B3/12,B4*12,-B5) |
| [E8] 셀 | 대출에 대한 현재 가치 | =PV(E3/12,E4*12,-E5) |
| [H8] 셀 | 정기적으로 매월 상환할 금액 | =PMT(H3/12,H4*12,-H5) |

❷ 결과를 확인한다.

| | A | B | C | D | E | F | G | H | I |
|---|---|---|---|---|---|---|---|---|---|
| 1 | | | | | 재무함수 | | | | |
| 2 | | | | | | | | | |
| 3 | 연이율 | 1.20% | | 연이율 | 2.00% | | 연이율 | 4.50% | |
| 4 | 기간(연) | 5 | | 기간(연) | 10 | | 기간(연) | 30 | |
| 5 | 월 불입액 | 100,000 | | 월 불입액 | 500,000 | | 월 불입액 | 80,000,000 | |
| 6 | | | | | | | | | |
| 7 | 사용할 함수 | =FV(B3/12,B4*12,-B5) | | 사용할 함수 | =PV(E3/12,E4*12,-E5) | | 사용할 함수 | =PMT(H3/12,H4*12,-H5) | |
| 8 | 함수결과 | ₩6,180,471 | | 함수결과 | ₩54,339,880 | | 함수결과 | ₩405,348 | |
| 9 | | | | | | | | | |

실습파일 11배열수식.xlsx     완성파일 11배열수식_완성.xlsx

실습문제

배열 수식을 이용하여 부서별 성별 수를 구하시오.

❶ [B4] 셀을 선택하고 수식 입력줄에 다음의 함수식을 입력한 후 Ctrl + Shift + Enter를 누른다.

$$=COUNT(IF(((\$F\$3:\$F\$12=\$A4)*(\$H\$3:\$H\$12=B\$3),1))$$

❷ 함수식에 중괄호({})가 삽입되면서 [B4] 셀에 배열 수식이 적용된다.

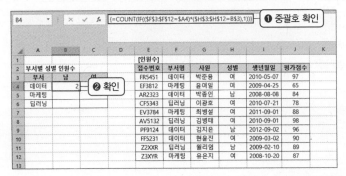

❸ [B4] 셀의 자동 채우기 핸들과 [B6] 셀의 자동 채우기 핸들을 차례대로 드래그하여 함수식을 복사하고 결과를 확인한다.

14

## 자동 필터
많은 양의 자료에서 설정된 조건에 맞는 자료만 추출하는 기능

📥 **실습파일** 12자동필터.xlsx    📥 **완성파일** 12자동필터_완성.xlsx

---

### 실습문제

자동 필터를 이용하여 부서가 '총무부'이고 나이가 30 이상인 데이터를 추출하시오.

---

❶ [B2] 셀을 선택하고 [데이터] 탭–[정렬 및 필터] 그룹–[필터]를 클릭한다. 필터 단추(▼)가 표시되면 '부서' 필드의 필터 단추(▼)를 클릭하고 '(모두 선택)'의 체크를 해제한다. '총무부'에만 체크하고 [확인] 단추를 클릭한다.

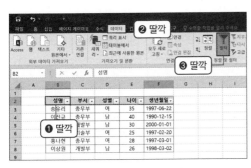 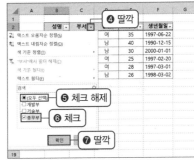

❷ '총무부'만 필터링되었으면 '나이' 필드의 필터 단추(▼)를 클릭하고 [숫자 필터]–[크거나 같음]을 선택한다. [사용자 지정 필터] 대화상자가 나타나면 다음과 같이 조건 '>=, 30'을 지정하고 [확인] 단추를 클릭한다.

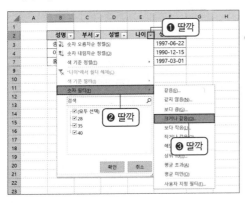 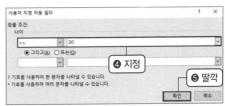

---

### 더 보기

**필터 지우기**: [데이터] 탭–[정렬 및 필터] 그룹–[지우기]

❸ 결과를 확인한다.

| | A | B | C | D | E | F | G |
|---|---|---|---|---|---|---|---|
| 1 | | | | | | | |
| 2 | | 성명 ▼ | 부서 ▼ | 성별 ▼ | 나이 ▼ | 생년월일 ▼ | |
| 3 | | 송유리 | 총무부 | 여 | 35 | 1997-06-22 | |
| 4 | | 이진규 | 총무부 | 남 | 40 | 1990-12-15 | |
| 9 | | | | | | | |

기능
13
고급 필터
🔗 노른자 099
여러 필드를 결합해 복잡한 조건을 지정하거나 필터링 결과를 다른 위치에 복사할 때 사용하는 기능

⬇ 실습파일 13고급필터.xlsx          ⬇ 완성파일 13고급필터_완성.xlsx

실습문제

고급 필터를 이용하여 '구분'이 '뮤지컬'이고 '예매량'이 '700 이상'인 데이터를 추출하시오.

❶ [A3] 셀을 선택하고 Ctrl + C를 눌러 복사한 후 [A18] 셀에서 Ctrl + V를 눌러 붙여넣는다. 이와 같은 방법으로 [E3] 셀을 [B18] 셀에 복사하여 붙여넣고 조건인 '뮤지컬'과 '>=700'을 입력한다.

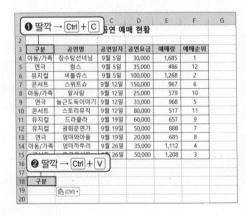

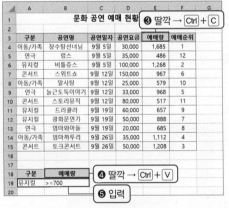

16

❷ [A3] 셀을 선택하고 [데이터] 탭−[정렬 및 필터] 그룹−[고급]을 클릭한다.

❸ [고급 필터] 대화상자가 나타나면 '결과'에서 '다른 장소에 복사'를 선택하고 '목록 범위'는
[A3:F15] 영역을, '조건 범위'는 [A18:B19] 영역을, '복사 위치'는 [A22] 셀을 지정하고 [확인]
단추를 클릭한다.

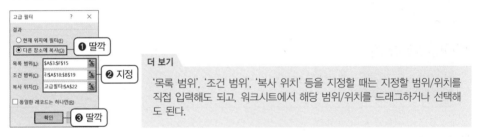

더 보기

'목록 범위', '조건 범위', '복사 위치' 등을 지정할 때는 지정할 범위/위치를
직접 입력해도 되고, 워크시트에서 해당 범위/위치를 드래그하거나 선택해
도 된다.

❹ 결과를 확인한다.

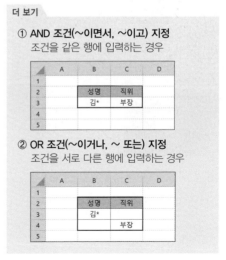

더 보기

① AND 조건(~이면서, ~이고) 지정
   조건을 같은 행에 입력하는 경우

② OR 조건(~이거나, ~ 또는) 지정
   조건을 서로 다른 행에 입력하는 경우

하나 이상의 원본 영역을 지정하여 하나의 표로 데이터를 요약하는 기능

실습파일 14통합.xlsx    완성파일 14통합_완성.xlsx

실습문제

통합 기능을 이용하여 [표1], [표2]의 개인별 평균을 [표3]에 계산하시오.

❶ [A10:C15] 영역을 선택하고 [데이터] 탭-[데이터 도구] 그룹-[통합]을 클릭한다.

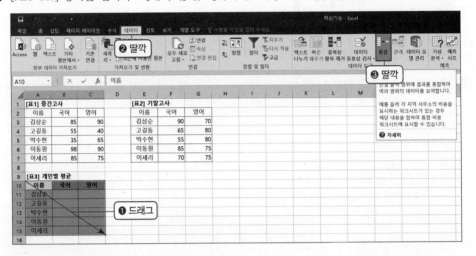

❷ [통합] 대화상자가 나타나면 '함수'에서 '평균'을 선택하고 '참조'에서 [A2:C7] 영역을 지정한 후 [추가] 단추를 클릭한다.

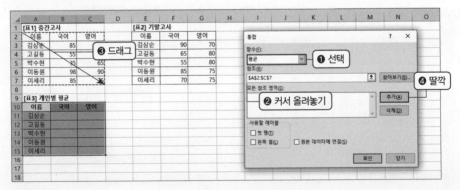

❸ 이와 같은 방법으로 [E2:G7] 영역을 추가하고 '사용할 레이블'에서 '첫 행'과 '왼쪽 열'에 체크한 후 [확인] 단추를 클릭한다.

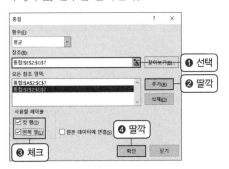

❹ 결과를 확인한다.

| | A | B | C | D | E | F | G | H |
|---|---|---|---|---|---|---|---|---|
| 1 | [표1] 중간고사 | | | | [표2] 기말고사 | | | |
| 2 | 이름 | 국어 | 영어 | | 이름 | 국어 | 영어 | |
| 3 | 김상순 | 85 | 90 | | 김상순 | 90 | 70 | |
| 4 | 고길동 | 55 | 40 | | 고길동 | 65 | 80 | |
| 5 | 박수현 | 35 | 65 | | 박수현 | 55 | 80 | |
| 6 | 이동원 | 98 | 90 | | 이동원 | 85 | 75 | |
| 7 | 이세리 | 85 | 75 | | 이세리 | 70 | 75 | |
| 8 | | | | | | | | |
| 9 | [표3] 개인별 평균 | | | | | | | |
| 10 | 이름 | 국어 | 영어 | | | | | |
| 11 | 김상순 | 87.5 | 80 | | | | | |
| 12 | 고길동 | 60 | 60 | | | | | |
| 13 | 박수현 | 45 | 72.5 | | | | | |
| 14 | 이동원 | 91.5 | 82.5 | | | | | |
| 15 | 이세리 | 77.5 | 75 | | | | | |
| 16 | | | | | | | | |

---

| 기능 | 데이터 표 | | 노른자 105 |
|---|---|---|---|
| **15** | 특정 값의 변화에 따른 결과값의 변화 과정을 한 번의 연산으로 빠르게 계산해 표 형태로 표시하는 기능 | | |

⬇ 실습파일 15데이터표.xlsx　　⬇ 완성파일 15데이터표_완성.xlsx

**실습문제**

데이터 표를 이용하여 '할인율 변동에 따른 할인액'을 계산하시오.

❶ [F4] 셀을 선택하고 '='를 입력한 후 수식이 들어있는 [C6] 셀을 선택하고 Enter 를 누른다.

❷ [F4:L10] 영역을 지정하고 [데이터] 탭−[예측] 그룹−[가상 분석]을 클릭한 후 [데이터 표]를 선택한다.

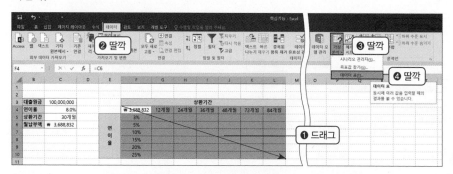

❸ [데이터 표] 대화상자가 나타나면 '행 입력 셀'에는 '상황기간'인 $C$5를, '열 입력 셀'에는 '연이율'인 $C$4를 입력하고 [확인] 단추를 클릭한다.

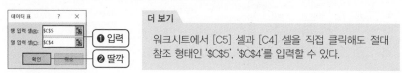

**더 보기**

워크시트에서 [C5] 셀과 [C4] 셀을 직접 클릭해도 절대 참조 형태인 '$C$5', '$C$4'를 입력할 수 있다.

❹ 결과를 확인한다.

| | B | C | D | E | F | G | H | I | J | K | L | M |
|---|---|---|---|---|---|---|---|---|---|---|---|---|
| 1 | | | | | | | | | | | | |
| 2 | | | | | | | | | | | | |
| 3 | 대출원금 | 100,000,000 | | | | | | 상환기간 | | | | |
| 4 | 연이율 | 8.0% | | | ₩ 3,688,832 | 12개월 | 24개월 | 36개월 | 48개월 | 72개월 | 84개월 | |
| 5 | 상환기간 | 30개월 | | | 3% | 8,469,370 | 4,298,121 | 2,908,121 | 2,213,433 | 1,519,368 | 1,321,330 | |
| 6 | 월납부액 | ₩ 3,688,832 | | 연이율 | 5% | 8,560,748 | 4,387,139 | 2,997,090 | 2,302,929 | 1,610,493 | 1,413,391 | |
| 7 | | | | | 10% | 8,791,589 | 4,614,493 | 3,226,719 | 2,536,258 | 1,852,584 | 1,660,118 | |
| 8 | | | | | 15% | 9,025,831 | 4,848,665 | 3,466,533 | 2,783,075 | 2,114,501 | 1,929,675 | |
| 9 | | | | | 20% | 9,263,451 | 5,089,580 | 3,716,358 | 3,043,036 | 2,395,283 | 2,220,620 | |
| 10 | | | | | 25% | 9,504,420 | 5,337,152 | 3,975,983 | 3,315,713 | 2,693,718 | 2,531,164 | |
| 11 | | | | | | | | | | | | |

⬇ 실습파일 16부분합.xlsx    ⬇ 완성파일 16부분합_완성.xlsx

**실습문제**

부분합을 이용하여 학과별 '합계'의 '최대값'과 '교육', '봉사', '과제'의 '평균'을 계산해 보시오.

❶ [A2] 셀을 선택하고 [데이터] 탭-[정렬 및 필터] 그룹-[텍스트 오름차순 정렬]을 클릭한다.

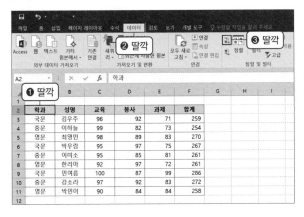

❷ [A2] 셀을 선택한 상태에서 [데이터] 탭-[윤곽선] 그룹-[부분합]을 클릭한다. [부분합] 대화상자가 나타나면 '사용할 함수'에서 '최대값'을 선택하고 '부분합 계산 항목'에서 '합계'에 체크한 후 [확인] 단추를 클릭한다.

❸ 학과별로 최대값의 합계를 구했으면 [데이터] 탭—[윤곽선] 그룹—[부분합]을 클릭하고 [부분
합] 대화상자가 나타나면 '사용할 함수'에서 '평균'을 선택한다. '부분합 계산 항목'에서 '교육',
'봉사', '과제'에 체크하고 '합계'와 '새로운 값으로 대치'의 체크를 해제한 후 [확인] 단추를 클릭
한다.

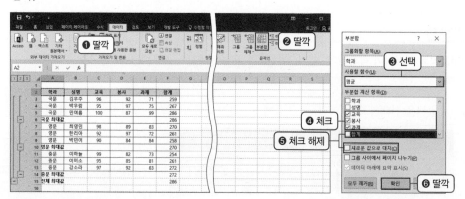

❹ 결과를 확인한다.

| | A | B | C | D | E | F | G |
|---|---|---|---|---|---|---|---|
| 2 | 학과 | 성명 | 교육 | 봉사 | 과제 | 합계 | |
| 3 | 국문 | 김우주 | 96 | 92 | 71 | 259 | |
| 4 | 국문 | 박우람 | 95 | 97 | 75 | 267 | |
| 5 | 국문 | 민여름 | 100 | 87 | 99 | 286 | |
| 6 | 국문 평균 | | 97 | 92 | 82 | | |
| 7 | 국문 최대값 | | | | | 286 | |
| 8 | 영문 | 최영민 | 98 | 89 | 83 | 270 | |
| 9 | 영문 | 한리아 | 92 | 97 | 72 | 261 | |
| 10 | 영문 | 박민이 | 90 | 84 | 84 | 258 | |
| 11 | 영문 평균 | | 93.333333 | 90 | 80 | | |
| 12 | 영문 최대값 | | | | | 270 | |
| 13 | 중문 | 이하늘 | 99 | 82 | 73 | 254 | |
| 14 | 중문 | 이미소 | 95 | 85 | 81 | 261 | |
| 15 | 중문 | 강소라 | 97 | 92 | 83 | 272 | |
| 16 | 중문 평균 | | 97 | 86 | 79 | | |
| 17 | 중문 최대값 | | | | | 272 | |
| 18 | 전체 평균 | | 95.777778 | 89 | 80 | | |
| 19 | 전체 최대값 | | | | | 286 | |
| 20 | | | | | | | |

⬇ **실습파일** 17목표값찾기.xlsx　　　⬇ **완성파일** 17목표값찾기_완성.xlsx

**실습문제**

목표값 찾기를 이용하여 전체 합계가 '1300'이 되려면 배수빈의 '액세스' 점수가 몇 점이 되어야 하는지 계산하시오.

❶ [E8] 셀을 선택하고 [데이터] 탭-[예측] 그룹-[가상 분석]을 클릭한 후 [목표값 찾기]를 선택한다.

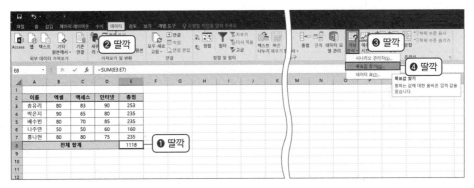

❷ [목표값 찾기] 대화상자가 나타나면 '찾는 값'에는 '1300'을, '값을 바꿀 셀'에는 배수빈의 액세스 점수가 있는 '$C$5'를 입력한 후 [확인] 단추를 클릭한다.

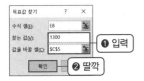

❸ 결과를 확인한다.

| | A | B | C | D | E | F | G | H | I | J |
|---|---|---|---|---|---|---|---|---|---|---|
| 1 | | | | | | | | | | |
| 2 | 이름 | 엑셀 | 액세스 | 인터넷 | 총점 | | | | | |
| 3 | 송유리 | 80 | 83 | 90 | 253 | | | | | |
| 4 | 박은지 | 90 | 65 | 80 | 235 | | | | | |
| 5 | 배수빈 | 80 | 252 | 85 | 417 | | | | | |
| 6 | 나주연 | 50 | 50 | 60 | 160 | | | | | |
| 7 | 홍나현 | 80 | 80 | 75 | 235 | | | | | |
| 8 | | 전체 합계 | | | 1300 | | | | | |
| 9 | | | | | | | | | | |

목표값 찾기 상태　？　✕

셀 E8에 대한 값 찾기　[단계(S)]
답을 찾았습니다.
　　　　　　　　　　　[일시 중지(P)]
목표값: 1300
현재값: 1300

　　[확인]　　[취소]

⬇ 실습파일 18시나리오.xlsx          ⬇ 완성파일 18시나리오_완성.xlsx

실습문제

시나리오 기능을 이용하여 다음과 같이 이익률이 변동하는 경우 순이익 합계의 변동 시나리오를 작성하시오.

• [G12] 셀의 이름은 '이익률', [G11] 셀의 이름은 '순이익합계'로 정의
• 시나리오1: 시나리오 이름은 '이익률증가', 이익률은 '30%'로 설정
• 시나리오2: 시나리오 이름은 '이익률감소', 이익률은 '20%'로 설정

❶ [G12] 셀을 선택하고 이름 상자에 '이익률'을 입력한 후 Enter 를 누른다.

| 이익률 | ▼ | × ✓ | fx | 25% | | | |
|---|---|---|---|---|---|---|---|
| ❷ 입력 | B | C | D | E | F | G | H |
| 제품명 | 입고일 | 입고량 | 판매단가 | 판매량 | 매출액 | 순이익 | |
| 프린터 | 07월 31일 | 30 | 150,000 | 29 | 4,350,000 | 1,087,500 | |
| 스캐너 | 08월 01일 | 50 | 250,000 | 45 | 11,250,000 | 2,812,500 | |
| 프린터 | 08월 01일 | 40 | 150,000 | 35 | 5,250,000 | 1,312,500 | |
| 노트북 | 08월 01일 | 55 | 100,000 | 54 | 5,400,000 | 1,350,000 | |
| 스캐너 | 08월 01일 | 60 | 250,000 | 50 | 12,500,000 | 3,125,000 | |
| 노트북 | 07월 31일 | 40 | 800,000 | 30 | 24,000,000 | 6,000,000 | |
| 노트북 | 07월 31일 | 25 | 600,000 | 20 | 12,000,000 | 3,000,000 | |
| 프린터 | 07월 31일 | 30 | 150,000 | 30 | 4,500,000 | 1,125,000 | |
| | | 합계 | | | 79,250,000 | 19,812,500 | |
| | | | | | 이익률 | 25% | ❶ 딸깍 |

❷ 이와 같은 방법으로 [G11] 셀의 이름을 '순이익합계'로 정의한다.

| 순이익합계 | : | × ✓ | fx | =F11*G12 | | | |
|---|---|---|---|---|---|---|---|
| ❷ 입력 | B | C | D | E | F | G | H |
| 제품명 | 입고일 | 입고량 | 판매단가 | 판매량 | 매출액 | 순이익 | |
| 프린터 | 07월 31일 | 30 | 150,000 | 29 | 4,350,000 | 1,087,500 | |
| 스캐너 | 08월 01일 | 50 | 250,000 | 45 | 11,250,000 | 2,812,500 | |
| 프린터 | 08월 01일 | 40 | 150,000 | 35 | 5,250,000 | 1,312,500 | |
| 노트북 | 08월 01일 | 55 | 100,000 | 54 | 5,400,000 | 1,350,000 | |
| 스캐너 | 08월 01일 | 60 | 250,000 | 50 | 12,500,000 | 3,125,000 | |
| 노트북 | 07월 31일 | 40 | 800,000 | 30 | 24,000,000 | 6,000,000 | |
| 노트북 | 07월 31일 | 25 | 600,000 | 20 | 12,000,000 | 3,000,000 | |
| 프린터 | 07월 31일 | 30 | 150,000 | 30 | 4,500,000 | 1,125,000 | |
| | | 합계 | | | 79,250,000 | 19,812,500 | ❶ 딸깍 |
| | | | | | 이익률 | 25% | |

❸ [G12] 셀을 선택하고 [데이터] 탭-[예측] 그룹-[가상 분석]을 클릭한 후 [시나리오 관리자]를 선택한다.

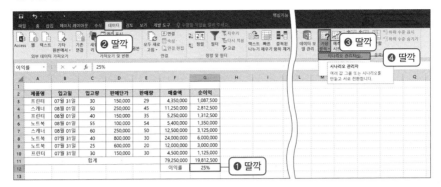

❹ [시나리오 관리자] 대화상자가 나타나면 [추가] 단추를 클릭한다. [시나리오 추가] 대화상자에서 '시나리오 이름'에 '이익률증가'를 입력하고 '변경 셀'에 'G12'로 지정되었는지 확인한 후 [확인] 단추를 클릭한다.

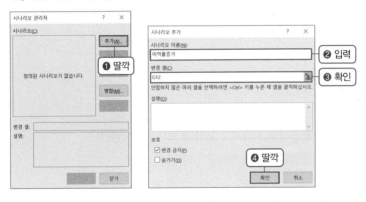

❺ [시나리오 값] 대화상자가 나타나면 '이익률'에 '0.3'을 입력하고 [추가]를 클릭한다. [시나리오 추가] 대화상자로 되돌아오면 '시나리오 이름'에 '이익률감소'를 입력하고 '변경 셀'에 'G12'로 지정되었는지 확인한 후 [확인] 단추를 클릭한다.

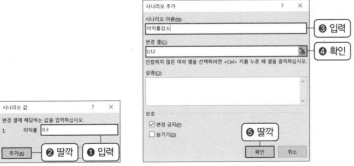

❻ [시나리오 값] 대화상자가 나타나면 '이익률'에 '0.2'를 입력하고 [확인] 단추를 클릭한다. [시나리오 관리자] 대화상자로 되돌아오면 '시나리오'에 '이익률증가'와 '이익률감소'가 추가되었는지 확인하고 [요약]을 클릭한다.

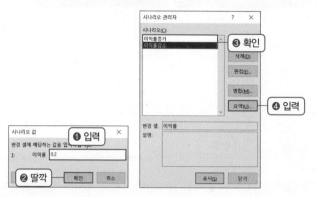

❼ [시나리오 요약] 대화상자가 나타나면 '보고서 종류'에서 '시나리오 요약'을 선택하고 '결과 셀'에 '=$G$11'을 입력한 후 [확인] 단추를 클릭한다.

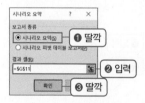

❽ 새로운 [시나리오 요약] 시트에 생성된 시나리오 요약 보고서를 확인한다.

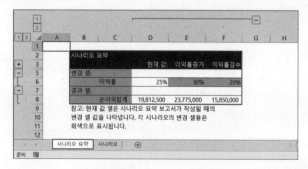

⬇ **실습파일** 19피벗테이블.xlsx　　　⬇ **완성파일** 19피벗테이블_완성.xlsx

**실습문제**

피벗 테이블 기능을 이용하여 기존 워크시트의 [H3] 셀에 급여 피벗 테이블을 작성하시오.

❶ [A1] 셀을 선택하고 [삽입] 탭-[표] 그룹-[피벗 테이블]을 클릭한다.

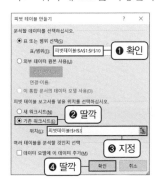

❷ [피벗 테이블 만들기] 대화상자가 나타나면 '표 또는 범위 선택'의 '표/범위'가 데이터가 입력된 모
든 셀인 '$A$1:$F$10'인지 확인한다. 피벗 테이블 보고서를 넣을 위치를 '기존 워크시트'로 선택
하고 '위치'에 'H3'을 지정한 후 [확인] 단추를 클릭한다.

**더 보기**

'기존 워크시트'를 선택하지 않고 '새 워크시트'가 선택되어 있으면
새로운 워크시트에 피벗 테이블이 생성된다.

❸ 피벗 테이블이 나타나면 [피벗 테이블 필드] 창에서 '부서'는 '필터' 영역으로, '기본급'과 '수당'은 '값' 영역으로, '직위'는 '행' 테이블로 드래그한다. '값' 영역에서 '합계 : 수당'을 클릭한 후 [값 필드 설정]을 선택한다.

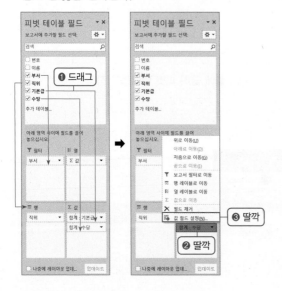

❹ [값 필드 설정] 대화상자가 나타나면 [값 요약 기준] 탭의 '선택한 필드의 데이터'에서 '평균'을 선택하고 [확인] 단추를 클릭한다.

❺ 결과를 확인한다.

| ⊿ | A | B | C | D | E | F | G | H | I | J | K |
|---|---|---|---|---|---|---|---|---|---|---|---|
| 1 | 번호 | 이름 | 부서 | 직위 | 기본급 | 수당 | | 부서 | (모두) | | |
| 2 | 1 | 강감찬 | 영업부 | 대리 | 2,200,000 | 500,000 | | | | | |
| 3 | 2 | 이순신 | 총무부 | 과장 | 1,850,000 | 200,000 | | 행 레이블 | 합계 : 기본급 | 평균 : 수당 | |
| 4 | 3 | 홍길동 | 경리부 | 대리 | 1,470,000 | 300,000 | | 대리 | 9250000 | 290000 | |
| 5 | 4 | 홍명보 | 인사부 | 부장 | 3,000,000 | 550,000 | | 과장 | 4150000 | 300000 | |
| 6 | 5 | 김규연 | 영업부 | 부장 | 1,890,000 | 350,000 | | 부장 | 4890000 | 450000 | |
| 7 | 6 | 문수빈 | 영업부 | 대리 | 1,500,000 | 100,000 | | 총합계 | 18290000 | 327777.7778 | |
| 8 | 7 | 이하은 | 인사부 | 대리 | 2,500,000 | 250,000 | | | | | |
| 9 | 8 | 장예림 | 총무부 | 대리 | 1,580,000 | 300,000 | | | | | |
| 10 | 9 | 이규빈 | 총무부 | 과장 | 2,300,000 | 400,000 | | | | | |
| 11 | | | | | | | | | | | |

## 차트

📑 노른자 111~113

데이터를 막대, 선, 원 등의 시각적인 요소로 표현하여 데이터의 경향과 흐름을 알아보기 쉽게 표현한 기능

📥 **실습파일** 20차트.xlsx    📥 **완성파일** 20차트_완성.xlsx

### 실습문제

수입월별로 '수량'과 '수입금액'이 표시되는 세로 막대형 차트를 [B8:G20] 영역에 작성하시오.

❶ [A1:A6] 영역을 선택하고 Ctrl을 누른 상태에서 [C1:C6] 영역과 [E1:E6] 영역을 차례대로 선택한다. [삽입] 탭-[차트] 그룹-[세로 또는 가로 막대형 차트 삽입]을 클릭하고 '2차원 세로 막대형'의 [누적 세로 막대형]을 클릭한다.

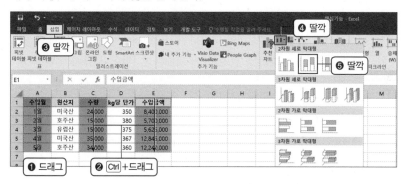

❷ Alt를 누른 상태에서 차트의 조절점을 드래그하여 [B8:G20] 영역에 맞게 차트의 크기를 조절한다. 차트 제목에 '밀 수입현황'을 입력하고 [홈] 탭-[글꼴] 그룹-[글꼴 크기]에서 [20]pt로 지정한 후 [굵게]를 클릭한다.

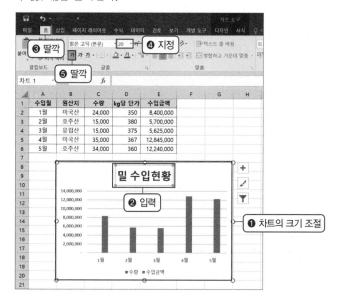

❸ '수입금액' 계열에서 마우스 오른쪽 단추를 클릭한 후 [계열 차트 종류 변경]을 선택한다.

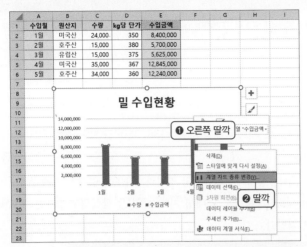

**더 보기**

'수입금액' 계열 막대를 하나만 선택해도 모든 '수입금액' 계열이 선택된다. 만약 원하는 하나의 '수입금액' 계열만 선택하려면 '수입금액' 계열 막대를 천천히 두 번 클릭한다.

❹ [차트 종류 변경] 대화상자의 [모든 차트] 탭이 나타나면 '콤보' 범주에서 '수입금액'의 '차트 종류'를 '표식이 있는 꺾은선형'으로 선택하고 '보조 축'에 체크한 후 [확인] 단추를 클릭한다.

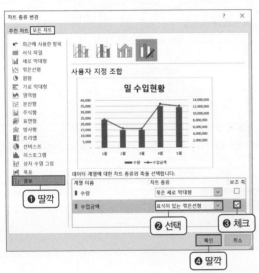

❺ '수입금액' 계열에서 마우스 오른쪽 단추를 클릭한 후 [데이터 레이블 추가]−[데이터 레이블 추가]를 선택한다.

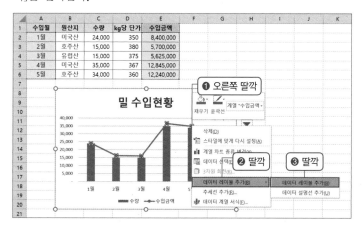

**더 보기**

'수입금액' 계열의 꺾은선을 클릭하면 모든 '수입금액' 계열이 선택된다.

❻ 결과를 확인한다.

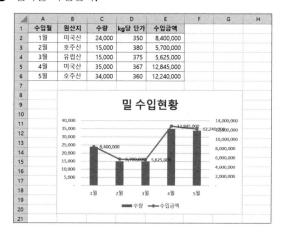

## 외부 데이터 가져오기

 노른자 096

데이터베이스 파일과 텍스트 파일 등을 워크시트로 가져오거나 쿼리 형태로 변경하여 엑셀에서 사용할 수 있게 하는 기능

📥 **실습파일** 21외부데이터가져오기.xlsx, 학생.accdb     📥 **완성파일** 21외부데이터가져오기_완성.xlsx

---

**실습문제**

다음의 조건을 지정하여 '학생.accdb' 파일에서 엑셀로 데이터를 가져오시오.

- '사번', '성명', '부서', '직책', '기본급' 필드 가져오기
- 기본급이 250 이상 300 이하인 데이터 추출
- '성명' 필드를 기준으로 오름차순 정렬

---

❶ [데이터] 탭-[외부 데이터] 그룹-[기타 원본에서]를 클릭하고 [Micrisoft Query]를 선택한다.

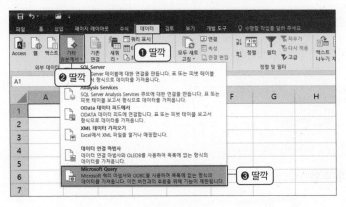

❷ [데이터 원본 선택] 대화상자의 [데이터베이스] 탭이 나타나면 'MS Access Database*'를 선택하고 [확인] 단추를 클릭한다. [데이터베이스 선택] 대화상자에서 액세스 파일의 원본이 저장된 폴더에 있는 '학생.accdb'를 선택하고 [확인] 단추를 클릭한다.

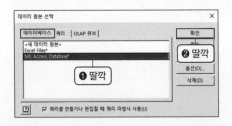

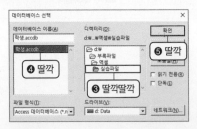

**더 보기**

다운로드한 폴더의 위치에 따라 파일의 경로가 다릅니다. '학생.accdb' 파일은 다운로드한 실습파일과 같은 폴더에 있습니다.

❸ [쿼리 마법사 – 열 선택] 대화상자가 나타나면 '사용할 수 있는 테이블과 열'에서 '사번', '성명', '부서', '직책', '기본급' 필드를 ▭ 단추를 클릭하여 '쿼리에 포함된 열'로 차례대로 이동하고 [다음] 단추를 클릭한다.

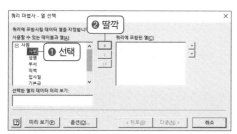 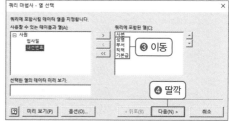

❹ [쿼리 마법사 – 데이터 필터] 대화상자가 나타나면 '필터할 열'에서 '기본급'을 선택하고 '포함할 행에 대한 조건'에 다음의 그림과 같이 조건을 지정한 후 [다음] 단추를 클릭한다. [쿼리 마법사 – 정렬 순서] 대화상자의 '첫째 기준'에 '성명', '오름차순'을 선택하고 [다음] 단추를 클릭한다.

 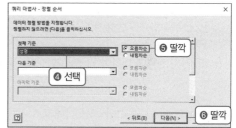

❺ [쿼리 마법사 – 마침] 대화상자에서는 기본 설정을 그대로 사용하므로 [마침] 단추를 클릭하여 [쿼리 마법사]를 종료한다.

❻ 앞의 [쿼리 마법사]에서 설정한 데이터를 가져오기 위해 [데이터 가져오기] 대화상자에서 '현재 통합 문서에서 이 데이터를 표시할 방법을 선택하십시오.'의 '표'를 선택하고 '데이터가 들어갈 위치를 선택하십시오.'의 '기존 워크시트'에 '=$A$1'을 지정한 후 [확인] 단추를 클릭한다.

**❼** 결과를 확인한다.

| ▲ | A | B | C | D | E | F |
|---|---|---|---|---|---|---|
| 1 | 사번 | 성명 | 부서 | 직책 | 기본급 | |
| 2 | 1001 | 김남규 | 인사 | 부장 | 300 | |
| 3 | 1002 | 김무성 | 총무 | 과장 | 250 | |
| 4 | 1005 | 김연호 | 기획 | 과장 | 250 | |
| 5 | 1003 | 서수민 | 총무 | 부장 | 300 | |
| 6 | 1006 | 송의석 | 재무 | 과장 | 250 | |
| 7 | 1014 | 윤여일 | 인사 | 과장 | 260 | |
| 8 | 1016 | 이관호 | 홍보 | 부장 | 280 | |
| 9 | 1017 | 현윤진 | 관리 | 과장 | 270 | |
| 10 | | | | | | |

---

<table>
<tr><td>기능<br>**22**</td><td>**매크로**<br>반복적인 작업이나 자주 사용하는 명령 등을 매크로로 기록하여 작업 과정을 자동화하는 기능</td><td>▶ 노른자 118~120</td></tr>
</table>

⬇ 실습파일 22매크로.xlsx ⬇ 완성파일 22매크로_완성.xlsx

**실습문제**

[D13:F13] 영역에 대하여 평균을 계산하는 '평균' 매크로를 생성하시오.

**❶** [개발 도구] 탭-[코드] 그룹-[매크로 기록]을 클릭한다.

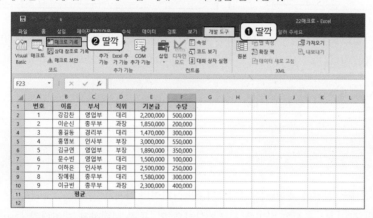

**❷** [매크로 기록] 대화상자가 나타나면 '매크로 이름'에 '평균'을 입력하고 [확인] 단추를 클릭한다.

**더 보기**

리본 메뉴에 [개발 도구] 탭이 없다면 [파일] 탭-[옵션]을 선택하여 [Excel 옵션] 대화상자를 나타내고 [리본 사용자 지정] 범주에서 '리본 메뉴 사용자 지정'의 '개발 도구'에 체크한 후 [확인] 단추를 클릭한다.

❸ [E11] 셀을 선택하고 '=AVERAGE(E2:E10)'을 입력한 후 Enter 를 누른다.

❹ [E11] 셀의 자동 채우기 핸들을 [F11] 셀까지 드래그하여 함수식을 복사한다. 임의의 셀을 선택하고 [개발 도구] 탭-[코드] 그룹-[기록 중지]를 클릭한다.

❺ [삽입] 탭-[일러스트레이션] 그룹-[도형]을 클릭하고 '기본 도형'의 '빗면(⬜)'을 클릭한다.

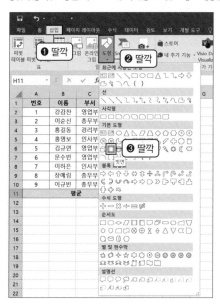

❻ Alt 를 누른 상태에서 [H3:I4] 영역에 드래그하여 '빗면' 도형을 그린다. 도형을 선택한 상태에서 마우스 오른쪽 단추를 클릭하고 바로 가기 메뉴에서 [텍스트 편집]을 선택한다.

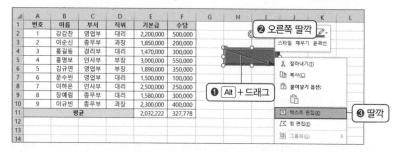

❼ '빗면' 도형에 '평균'을 입력하고 [홈] 탭-[맞춤] 그룹-[가운데 맞춤]을 클릭한다.

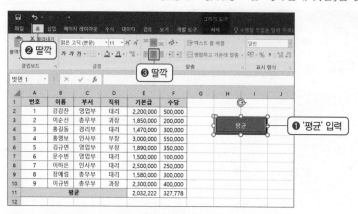

❽ '빗면' 도형에서 마우스 오른쪽 단추를 클릭하고 바로 가기 메뉴에서 [매크로 지정]을 선택한다.

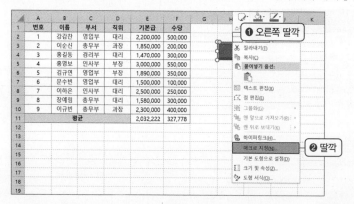

❾ [매크로 지정] 대화상자가 나타나면 '매크로 이름'에서 '평균'을 선택하고 '매크로 위치'에 '현재 통합 문서'를 선택한 후 [확인] 단추를 클릭한다.

❿ [E11:F11] 영역을 선택하고 Delete를 눌러 평균값을 삭제한 후 빗면 도형을 클릭한다.

| | A | B | C | D | E | F | G | H | I | J |
|---|---|---|---|---|---|---|---|---|---|---|
| 1 | 번호 | 이름 | 부서 | 직위 | 기본급 | 수당 | | | | |
| 2 | 1 | 강감찬 | 영업부 | 대리 | 2,200,000 | 500,000 | | | | |
| 3 | 2 | 이순신 | 총무부 | 과장 | 1,850,000 | 200,000 | | | | |
| 4 | 3 | 홍길동 | 경리부 | 대리 | 1,470,000 | 300,000 | | 평균 | | |
| 5 | 4 | 홍명보 | 인사부 | 부장 | 3,000,000 | 550,000 | | | | |
| 6 | 5 | 김규연 | 영업부 | 부장 | 1,890,000 | 350,000 | | ❷ 딸깍 | | |
| 7 | 6 | 문수빈 | 영업부 | 대리 | 1,500,000 | 100,000 | | | | |
| 8 | 7 | 이하은 | 인사부 | 대리 | 2,500,000 | 250,000 | | | | |
| 9 | 8 | 장예림 | 총무부 | 대리 | 1,580,000 | 300,000 | | | | |
| 10 | 9 | 이규빈 | 총무부 | 과장 | 2,300,000 | 400,000 | | | | |
| 11 | | 평균 | | | | | | | | |
| 12 | | | | | | | | | | |

❶ 드래그 → Delete

⓫ 결과를 확인한다.

| | A | B | C | D | E | F | G | H | I | J |
|---|---|---|---|---|---|---|---|---|---|---|
| 1 | 번호 | 이름 | 부서 | 직위 | 기본급 | 수당 | | | | |
| 2 | 1 | 강감찬 | 영업부 | 대리 | 2,200,000 | 500,000 | | | | |
| 3 | 2 | 이순신 | 총무부 | 과장 | 1,850,000 | 200,000 | | | | |
| 4 | 3 | 홍길동 | 경리부 | 대리 | 1,470,000 | 300,000 | | 평균 | | |
| 5 | 4 | 홍명보 | 인사부 | 부장 | 3,000,000 | 550,000 | | | | |
| 6 | 5 | 김규연 | 영업부 | 부장 | 1,890,000 | 350,000 | | | | |
| 7 | 6 | 문수빈 | 영업부 | 대리 | 1,500,000 | 100,000 | | | | |
| 8 | 7 | 이하은 | 인사부 | 대리 | 2,500,000 | 250,000 | | | | |
| 9 | 8 | 장예림 | 총무부 | 대리 | 1,580,000 | 300,000 | | | | |
| 10 | 9 | 이규빈 | 총무부 | 과장 | 2,300,000 | 400,000 | | | | |
| 11 | | 평균 | | | 2,032,222 | 327,778 | | | | |
| 12 | | | | | | | | | | |

더 보기

**매크로가 제대로 실행되지 않는 경우**
[개발 도구] 탭-[코드] 그룹-[매크로]를 클릭하여 해당 매크로를 삭제한 후 다시 작성한다.

# 시험에 자주 출제되는 **액세스 기능**

※ 실습파일, 완성파일은 EXIT 합격 서비스(exit.eduwill.net)의 [자료실 게시판]에서 다운로드

| 기능 01 | 테이블 작성 | ⬆ 노른자 133 |
|---|---|---|
| | 액세스에서 데이터를 저장하기 위한 테이블을 만드는 기능 | |

⬇ **실습파일** 01테이블작성.accdb ⬇ **완성파일** 01테이블작성_완성.accdb

### 실습문제

다음과 같은 필드와 데이터 형식을 [학생] 테이블을 생성하시오.

| 필드 이름 | 데이터 형식 | 필드 이름 | 데이터 형식 | 필드 이름 | 데이터 형식 |
|---|---|---|---|---|---|
| 학번 | 숫자 | 주소 | 긴 텍스트 | 수업료 | 통화 |
| 이름 | 짧은 테스트 | 전화번호 | 짧은 텍스트 | | |
| 이메일 | 짧은 텍스트 | 등록일 | 날짜/시간 | | |

❶ [만들기] 탭-[테이블] 그룹-[테이블 디자인]을 클릭한다.

❷ '필드 이름'에 '학번'을 입력하고 '데이터 형식'의 목록 단추(☑)를 클릭한 후 [숫자]를 선택한다.

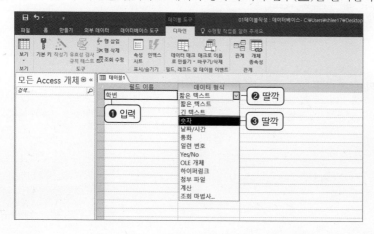

❸ 실습문제에서 제시한 '필드 이름'과 '데이터 형식'을 각각 지정한 후 빠른 실행 도구 모음에서 [저장] 도구(🖫)를 클릭한다.

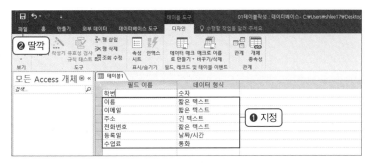

❹ [다른 이름으로 저장] 대화상자가 나타나면 '테이블 이름'에 '학생'을 입력하고 [확인] 단추를 클릭한다. '기본 키를 정의하지 않았습니다.'라는 경고 메시지 창이 나타나면 [아니요] 단추를 클릭한다.

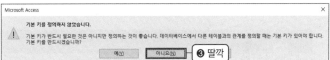

**더 보기**

테이블을 생성(저장)할 때 반드시 기본 키를 정의하지 않아도 되지만, 관계 설정을 하려면 기본 키가 필요하다.

❺ [디자인] 탭-[보기] 그룹-[보기]-[데이터시트 보기]를 클릭한다.

❻ 결과를 확인한다.

⬇ **실습파일** 02입력마스크.accdb ⬇ **완성파일** 02입력마스크_완성.accdb

---

**실습문제**

**[제품목록] 테이블에서 아래의 형식으로 입력 마스크를 설정하시오.**

• '제품코드' 필드: 첫 문자는 영문자(대문자) 또는 한글로 시작하고, 이후 숫자는 최대 네 자리까지 입력되도록 설정
• '주문처' 필드: '123-4567-8899'의 전화번호 형식으로, 전체 숫자 11개가 공백 없이 반드시 입력되도록 설정

---

❶ [모든 Access 개체] 창의 [제품목록] 테이블에서 마우스 오른쪽 단추를 클릭하고 바로 가기 메뉴에서 [디자인 보기]를 선택한다.

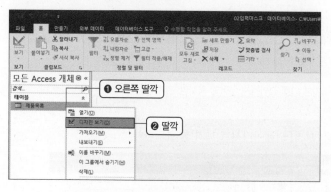

❷ 다음은 '제품목록' 필드를 설정하기 위한 작업이다. '제품코드' 필드를 선택하고 '필드 속성'에서 [일반] 탭의 '입력 마스크'에 '>L0###'을 입력한다.

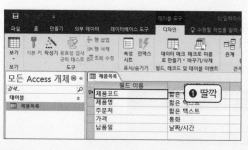
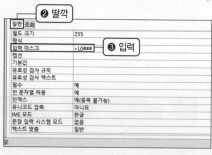

**더 보기**

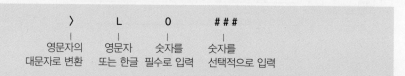

| > | L | 0 | ### |
| :---: | :---: | :---: | :---: |
| 영문자의<br>대문자로 변환 | 영문자<br>또는 한글 필수로 입력 | 숫자를<br>필수로 입력 | 숫자를<br>선택적으로 입력 |

❸ 다음은 '주문처' 필드를 설정하기 위한 작업이다. '주문처' 필드를 선택하고 '필드 속성'에서 [일반] 탭의 '입력 마스크'에 '000-0000-0000'을 입력한 후 빠른 실행 도구 모음에서 [저장]([💾]) 도구를 클릭하여 테이블을 저장한다.

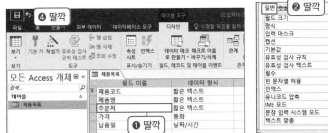
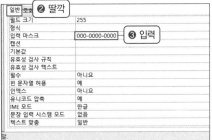

더 보기

000-0000-0000: 0은 숫자를 필수로 입력해야 한다는 의미이다.

❹ [테이블 도구]의 [디자인] 탭-[보기] 그룹-[보기]-[데이터시트 보기]를 선택하여 결과를 확인한다.

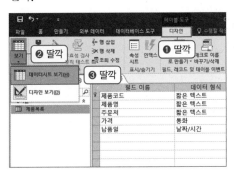

더 보기

입력 마스크에 올바른 데이터가 입력되지 않으면 다음과 같은 메시지 창이 나타나면서 데이터가 입력되지 않는다.

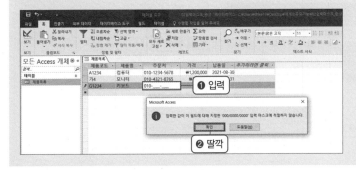

실습파일 03유효성검사.accdb    완성파일 03유효성검사_완성.accdb

**실습문제**

[제품목록] 테이블에서 아래의 형식으로 유효성 검사를 설정하시오.

• '가격' 필드: 1,000에서 10,000,000 사이의 값이 입력되도록 설정
• '납품일' 필드: 현재 날짜보다 이전의 날짜가 입력되면 '정확한 납품일을 입력하세요.'라는 메시지를 표시하도록 설정

❶ [모든 Access 개체] 창의 [제품목록] 테이블에서 마우스 오른쪽 단추를 클릭하고 바로 가기 메뉴에서 [디자인 보기]를 선택한다.

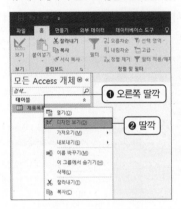

❷ 다음은 '가격' 필드를 설정하기 위한 작업이다. '가격' 필드를 선택하고 '필드 속성'에서 [일반] 탭의 '유효성 검사 규칙'에 'Between 1000 And 10000000'을 입력한다.

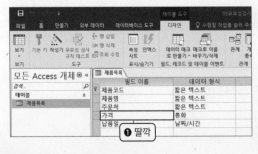

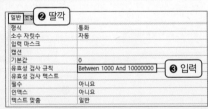

**더 보기**

Between 1000 And 10000000: 1,000에서 10,000,000 사이의 값이 입력되도록 설정하는 값

❸ 다음은 '납품일' 필드를 설정하기 위한 작업이다. '납품일' 필드를 선택하고 '필드 속성'에서 [일반] 탭의 '유효성 검사 규칙'에는 현재 날짜보다 이후의 날짜를 입력하기 위해 설정하는 조건인 '>=Date()'를, '유효성 검사 텍스트'에는 '정확한 납품일을 입력하세요.'를 입력한 후 저장하고 결과를 확인한다.

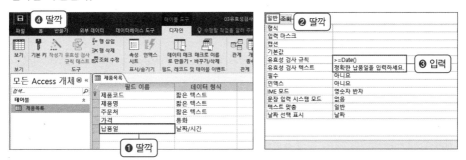

### 더 보기

유효성 검사 규칙에 맞는 데이터가 입력되지 않으면 다음과 같은 메시지 창과 함께 데이터가 입력되지 않는다.

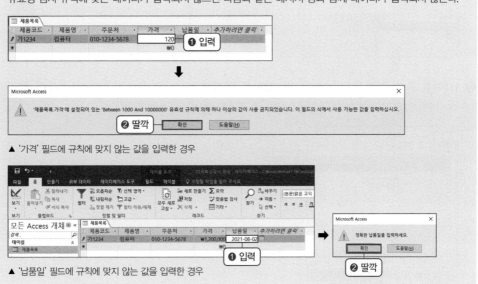

▲ '가격' 필드에 규칙에 맞지 않는 값을 입력한 경우

▲ '납품일' 필드에 규칙에 맞지 않는 값을 입력한 경우

📥 실습파일 04관계설정.accdb　　📥 완성파일 04관계설정_완성.accdb

실습문제

[교수] 테이블과 [학생] 테이블의 관계를 설정하고 항상 참조 무결성이 유지되도록 설정하시오.

❶ [데이터베이스 도구] 탭-[관계] 그룹-[관계]를 클릭한다.

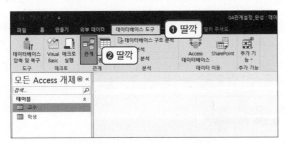

❷ [테이블 표시] 대화상자가 나타나면 [테이블] 탭에서 [교수]를 선택하고 [추가] 단추를 클릭한다. 이와 같은 방법으로 [학생] 테이블을 추가하고 [닫기] 단추를 클릭한다.

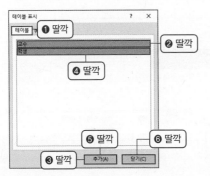

❸ [교수] 테이블의 '교수번호' 필드를 [학생] 테이블의 '교수번호' 필드로 드래그한다.

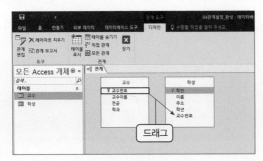

❹ [관계 편집] 대화상자가 나타나면 '항상 참조 무결성 유지'에 체크하고 [만들기] 단추를 클릭한다.

❺ 결과를 확인한다.

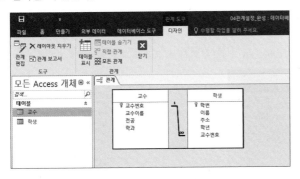

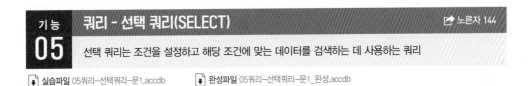

🔗 노른자 144

**기능 05**

**쿼리 - 선택 쿼리(SELECT)**

선택 쿼리는 조건을 설정하고 해당 조건에 맞는 데이터를 검색하는 데 사용하는 쿼리

📥 **실습파일** 05쿼리-선택쿼리-문1.accdb   📥 **완성파일** 05쿼리-선택쿼리-문1_완성.accdb

**실습문제 1**

[SQL 보기]를 이용하여 [사원] 테이블에서 '기본급이 300 이상'인 사원의 '성명', '직책', '기본급'을 검색하는 '기본급 300이상' 쿼리를 작성하시오.

❶ [모든 Access 개체] 창에서 [사원] 테이블을 선택하고 [만들기] 탭-[쿼리] 그룹-[쿼리 디자인]을 클릭한다.

❷ [테이블 표시] 대화상자의 [테이블] 탭이 나타나면 [사원] 테이블을 선택하고 [추가] 단추와 [닫기] 단추를 차례대로 클릭한다.

❸ [디자인] 탭-[결과] 그룹-[보기]-[SQL 보기]를 선택한다.

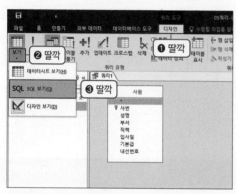

❹ 다음과 같이 쿼리를 입력한 후 [디자인] 탭-[결과] 그룹-[실행]을 클릭한다.

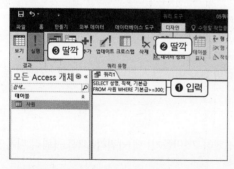

| SELECT 성명, 직책, 기본급 | ① '성명', '직책', '기본급' 필드를 검색한다. |
| ① | ② [사원] 테이블에서 검색한다. |
| FROM 사원 WHERE 기본급>=300; | ③ '기본급'이 300 이상인 레코드만 대상으로 한다. |
| ② ③ | |

❺ 다음의 그림과 같이 [사원] 테이블에서 '기본급'이 300 이상인 사원에 대한 총 다섯 개의 레코드
가 '성명', '직책', '기본급' 필드로 나타나는지 확인하고 저장한다.

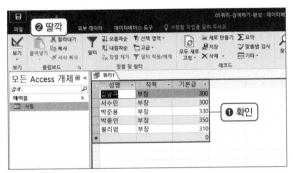

❻ [다른 이름으로 저장] 대화상자가 나타나면 '쿼리 이름'에 '기본급 300이상'을 입력하고 [확인]
단추를 클릭한다.

❼ [모든 Access 개체] 창에 '쿼리' 영역과 '기본급 300이상' 쿼리가 생성되었는지 결과를 확인한다.

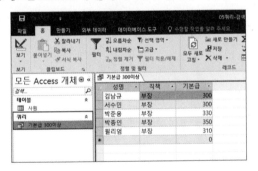

실습문제 2

[디자인 눈금 영역]을 이용하여 [사원] 테이블에서 기본급이 300 이상인 사원의 성명과 직책, 기본급을 검색하는 '기본급 300이상' 쿼리를 작성하시오.

❶ [모든 Access 개체] 창에서 [사원] 테이블을 선택하고 [만들기] 탭-[쿼리] 그룹-[쿼리 디자인]을 클릭한다.

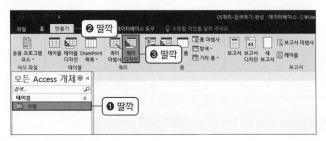

❷ [테이블 표시] 대화상자의 [테이블] 탭이 나타나면 [사원] 테이블을 선택하고 [추가] 단추와 [닫기] 단추를 차례대로 클릭한다.

❸ '필드' 항목에서 '성명', '직책', '기본급'을 차례대로 선택한다. '성명', '직책', '기본급' 필드의 '표시'에 체크하고 '기본급'의 조건에 '>=300'을 입력한다.

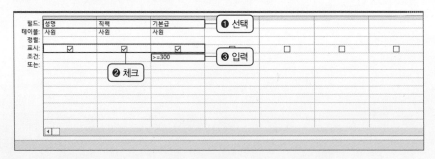

더 보기

'필드' 항목을 선택하면 자동으로 [사원] 테이블이 설정된다.

❹ [디자인] 탭-[결과] 그룹-[실행]을 클릭한다. [사원] 테이블에서 '기본급'이 300 이상인 사원에 대한 총 다섯 개의 레코드가 '성명', '직책', '기본급' 필드로 나타나면 빠른 실행 도구 모음에서 [저장] 도구(🖫)를 클릭한다.

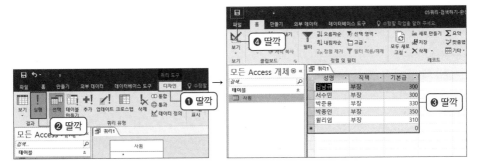

❺ [다른 이름으로 저장] 대화상자가 나타나면 '쿼리 이름'에 '기본급 300이상'을 입력하고 [확인] 단추를 클릭한다.

❻ [모든 Access 개체] 창에 '쿼리' 영역과 '기본급 300이상' 쿼리가 생성되었는지 결과를 확인한다.

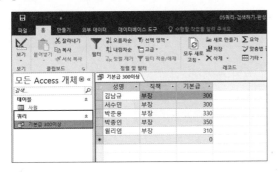

## 쿼리 - 정렬하기(ORDER BY)

↗ 노른자 147

ORDER BY문은 특정 필드를 기준으로 오름차순(ASC)이나 내림차순(DESC)으로 정렬하는 방법

⬇ **실습파일** 06쿼리-정렬.accdb    ⬇ **완성파일** 06쿼리-정렬_완성.accdb

**실습문제**

[사원] 테이블에서 '부서' 필드가 '인사'와 같은 직원의 '성명', '부서', '직책' 필드를 검색하되, '성명' 필드의 내림차순으로 정렬하는 '인사과' 쿼리를 작성하시오.

❶ [모든 Access 개체] 창에서 [사원] 테이블을 선택하고 [만들기] 탭-[쿼리] 그룹-[쿼리 디자인] 을 클릭한다. [테이블 표시] 대화상자의 [테이블] 탭이 나타나면 [사원] 테이블을 선택하고 [추 가] 단추와 [닫기] 단추를 차례대로 클릭한다.

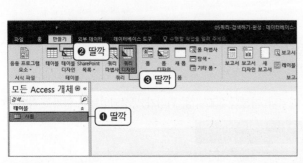

❷ [디자인] 탭-[결과] 그룹-[보기]-[SQL 보기]를 선택한다.

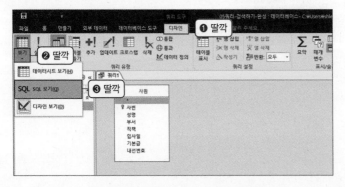

❸ 다음과 같이 쿼리를 입력하고 [디자인] 탭-[결과] 그룹-[실행]을 클릭한다.

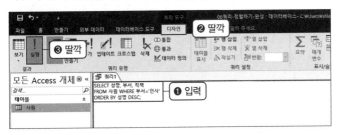

| SELECT 성명, 부서, 직책 | ① [사원] 테이블의 '성명', '부서', '직책' 필드를 검색한다. |
|---|---|
| ① | ② [사원] 테이블에서 검색한다. |
| FROM 사원 WHERE 부서='인사' | ③ '부서'가 '인사'인 레코드만 대상으로 한다. |
| ②　　　　③ | ④ '성명'을 기준으로 내림차순 정렬한다. |
| ORDER BY 성명 DESC; | |
| ④ | |

❹ [사원] 테이블에서 '부서' 필드가 '인사'인 사원에 대한 총 네 개의 레코드가 '성명', '부서', '직책'
의 필드로 나타나면 '성명' 필드의 값이 내림차순(DESC)으로 정렬되어 나타나는지 확인하고 저
장한다.

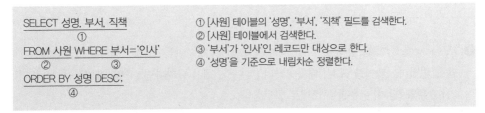

❺ [다른 이름으로 저장] 대화상자가 나타나면 '쿼리 이름'에 '인사과'를 입력하고 [확인] 단추를 클
릭한다.

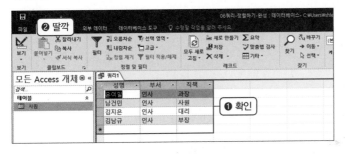

❻ [모든 Access 개체] 창에 '쿼리' 영역과 '인사과' 쿼리가 생성되었는지 결과를 확인한다.

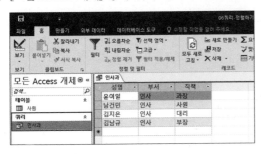

실습파일 07쿼리-그룹지정.accdb        완성파일 07쿼리-그룹지정_완성.accdb

실습문제

[사원] 테이블에서 직책별 기본급의 합계를 구하는 '직책별합계' 쿼리를 작성하시오. (단, 쿼리에서 나타나는 기본급의 '평균' 필드의 이름은 '기본급합계'로 한다.)

❶ [모든 Access 개체] 창에서 [사원] 테이블을 선택하고 [만들기] 탭-[쿼리] 그룹-[쿼리 디자인]을 클릭한다. [테이블 표시] 대화상자의 [테이블] 탭이 나타나면 [사원] 테이블을 선택하고 [추가] 단추와 [닫기] 단추를 차례대로 클릭한다.

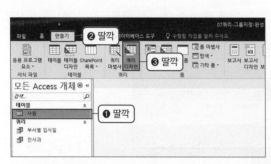 

❷ [디자인] 탭-[결과] 그룹-[보기]-[SQL 보기]를 선택한다.

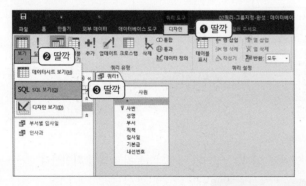

❸ 다음과 같이 쿼리를 입력하고 [디자인] 탭-[결과] 그룹-[실행]을 클릭한다.

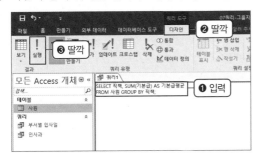

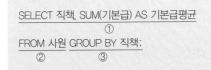

① [사원] 테이블의 '직책'과 '기본급평균'을 검색한다. 즉 SUM 함수로 집계한 필드명을 '기본급평균'으로 하여 쿼리를 작성한다.
② [사원] 테이블에서 검색한다.
③ '직책'을 기준으로 그룹화한다.

❹ [사원] 테이블의 '직책' 필드를 그룹으로 지정한 '기본급합계'를 확인하고 저장한다.

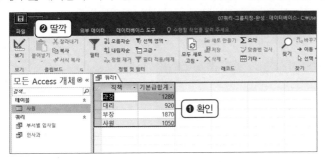

❺ [다른 이름으로 저장] 대화상자가 나타나면 '쿼리 이름'에 '직책별합계'를 입력하고 [확인] 단추를 클릭한다.

❻ [모든 Access 개체] 창에 '직책별합계' 쿼리가 생성되었는지 결과를 확인한다.

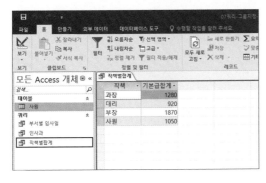

**기능 08** **실행 쿼리 - 레코드 삽입, 삭제, 갱신(INSERT INTO)** ➦ 노른자 151

레코드를 삽입(INSERT), 삭제(DELETE), 갱신(UPDATE)하는 쿼리

⬇ **실습파일** 08실행쿼리.accdb ⬇ **완성파일** 08실행쿼리_완성.accdb

### 실습문제

[사원] 테이블에서 아래와 같은 쿼리를 실행하시오.

- 다음의 데이터를 테이블에 삽입하는 쿼리 작성
  (사번: 1021, 성명: 문혜영, 부서: 재무, 직책: 이사, 입사일: 2021-08-20, 기본급: 500,
  내선번호: 2378)
- 테이블에서 '성명'이 '남건민'인 레코드 삭제
- 테이블에서 '부서'가 '홍보'인 레코드의 기본급 10% 인상

❶ [모든 Access 개체] 창에서 [사원] 테이블을 선택하고 [만들기] 탭-[쿼리] 그룹-[쿼리 디자인]
을 클릭한다. [테이블 표시] 대화상자의 [테이블] 탭이 나타나면 [사원] 테이블을 선택하고 [추
가] 단추와 [닫기] 단추를 차례대로 클릭한다.

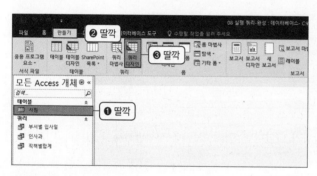

❷ [디자인] 탭-[결과] 그룹-[보기]-[SQL 보기]를 선택한다.

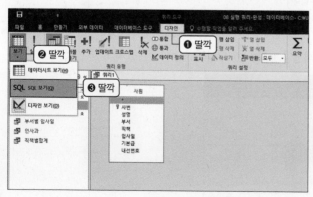

❸ 다음과 같이 쿼리를 입력하고 [디자인] 탭-[결과] 그룹-[실행]을 클릭한다. '1 행을 추가합니다.'라는 메시지 창이 나타나면 [예] 단추를 클릭한다.

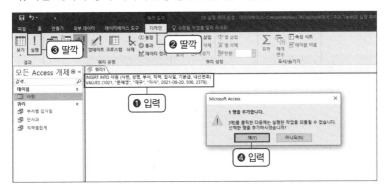

INSERT INTO 사원 (사번, 성명, 부서, 직책, 입사일, 기본급, 내선번호)
①
VALUES (1021, "문혜영", "재무", "이사", 2021-08-20, 500, 2378);
②

① [사원] 테이블의 각 필드에 'VALUES'의 해당 값을 추가한다.
② 'INSERT INTO'에 나열된 순서대로 값을 추가한다.

❹ [모든 Access 개체] 창에서 [사원] 테이블을 더블클릭하여 레코드가 삽입되었는지 확인하고 [사원] 탭의 [닫기](☒)를 클릭하여 종료한다.

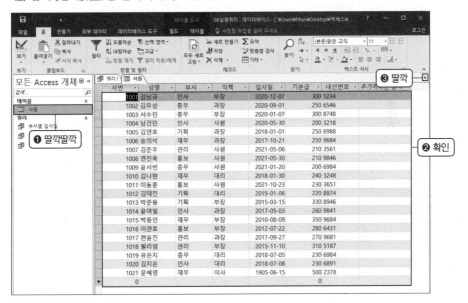

❺ 다음은 테이블에서 '성명'이 '남건민'인 레코드를 삭제하기 위한 작업이다. 앞에서 작성한 추가 쿼리(INSERT문)를 모두 삭제하고 다음의 쿼리를 입력한 후 [디자인] 탭-[결과] 그룹-[실행]을 클릭한다. '지정된 테이블에서 1 행을 삭제합니다.'라는 메시지 창이 나타나면 [예] 단추를 클릭한다.

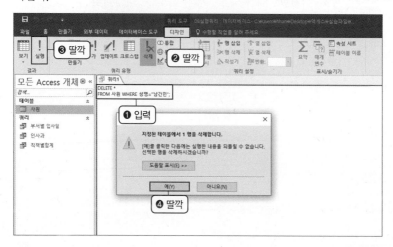

더 보기

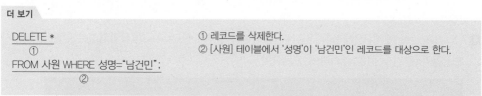

DELETE *
　　①
FROM 사원 WHERE 성명="남건민";
　　　　　　　　　②

① 레코드를 삭제한다.
② [사원] 테이블에서 '성명'이 '남건민'인 레코드를 대상으로 한다.

❻ [모든 Access 개체] 창에서 [사원] 테이블을 더블클릭하여 '성명' 필드가 '남건민'인 레코드가 삭제되었는지 확인하고 [사원] 탭의 [닫기]([×])를 클릭하여 종료한다.

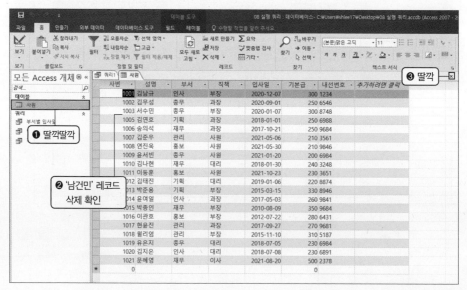

56

❼ 다음은 테이블에서 '부서'가 '홍보'인 레코드의 기본급을 10% 인상하기 위한 작업이다. 앞에서 작성한 삭제 쿼리(DELETE문)를 모두 삭제하고 다음의 쿼리를 입력한 후 [디자인] 탭-[결과] 그룹-[실행]을 클릭한다. '3 행을 새로 고칩니다.'라는 메시지 창이 나타나면 [예] 단추를 클릭한다.

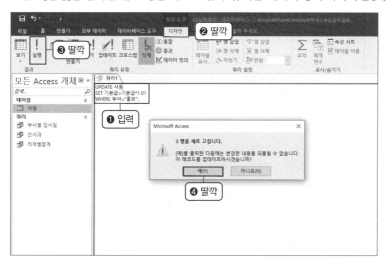

**더 보기**

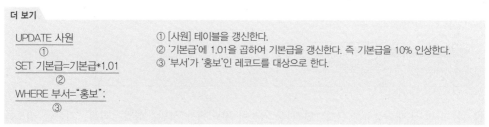

UPDATE 사원
ⓐ
SET 기본급=기본급*1.01
ⓑ
WHERE 부서="홍보";
ⓒ

ⓐ [사원] 테이블을 갱신한다.
ⓑ '기본급'에 1.01을 곱하여 기본급을 갱신한다. 즉 기본급을 10% 인상한다.
ⓒ '부서'가 '홍보'인 레코드를 대상으로 한다.

❽ [모든 Access 개체] 창에서 [사원] 테이블을 더블클릭하여 '부서' 필드가 '홍보'인 레코드의 '기본급' 필드가 10% 증가되었는지 결과를 확인한다.

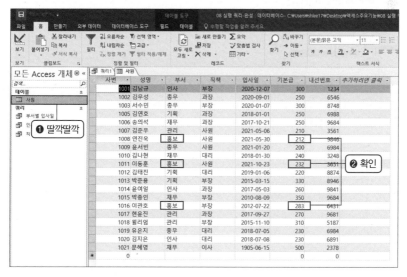

## 폼 만들기

☞ 노른자 154

폼은 테이블, 쿼리, SQL을 원본으로 하여 데이터를 입력하거나 조회, 편집 등의 작업을 쉽고 편리하게 할 수 있도록 지원하는 개체

⬇ **실습파일** 09폼만들기.accdb　　⬇ **완성파일** 09폼만들기_완성.accdb

---

**실습문제**

'부서별 입사일' 쿼리를 이용하여 '사번', '성명', '직책', '기본급' 필드만으로 구성된 '급여' 폼을 작성하시오.

---

❶ [모든 Access 개체] 창에서 '부서별 입사일' 쿼리를 선택하고 [만들기] 탭-[폼] 그룹-[폼 마법사]를 클릭한다.

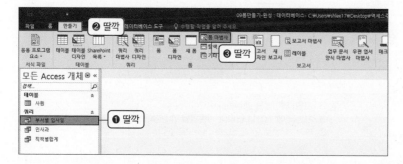

❷ [폼 마법사] 대화상자가 나타나면 '사용 가능한 필드'에서 '사번', '성명', '직책', '기본급' 필드를 ▶ 단추를 클릭하여 차례대로 '선택한 필드'로 이동하고 [다음] 단추를 클릭한다.

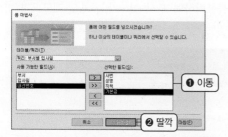

❸ 폼의 모양에서 '열 형식'을 선택하고 [다음] 단추를 클릭한다.

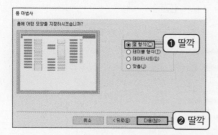

**❹** 폼의 제목에 '급여'를 입력하고 [마침] 단추를 클릭한다.

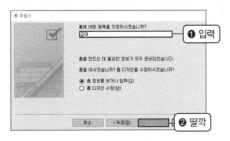

**❺** '급여' 폼이 생성되면 탐색 단추와 검색 박스를 이용하여 데이터를 입력하거나 조회 및 편집 작업을 할 수 있다.

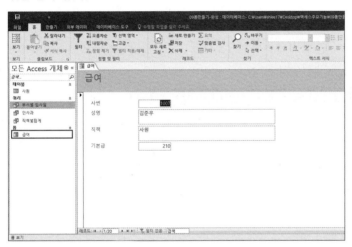

⬇ **실습파일** 10폼디자인편집.accdb    ⬇ **완성파일** 10폼디자인편집_완성.accdb

---

**실습문제**

'급여' 폼을 아래의 지시 사항에 맞게 편집하시오.

• 폼 바닥글에 '총 사원수'를 나타내는 텍스트 상자 추가
• 폼 보기 형식을 '연속 폼'으로 변경하고 캡션을 '사원리스트'로 변경
• 레코드 검색만 가능하고 추가, 삭제, 변경할 수 없게 설정

---

❶ [모든 Access 개체] 창의 '급여' 폼에서 마우스 오른쪽 단추를 클릭하고 바로 가기 메뉴에서 [디자인 보기]를 선택한다.

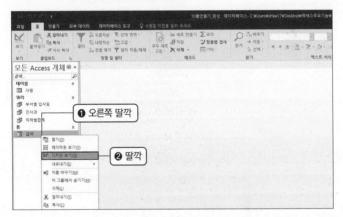

❷ 다음은 폼 바닥글에서 '총 사원수'를 나타내는 텍스트 상자를 추가하기 위한 작업이다. '폼 바닥글' 영역의 경계선에 마우스 포인터를 올려놓고 아래쪽으로 드래그하여 바닥글 영역을 만든다.

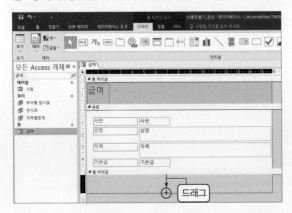

❸ [디자인] 탭─[컨트롤] 그룹─[텍스트 상자](가)를 클릭하고 '폼 바닥글' 영역에서 적당한 크기로
드래그하여 텍스트 상자를 만든다.

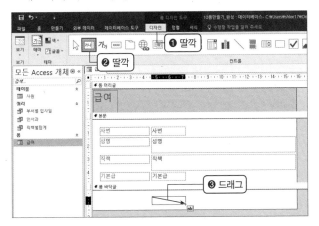

❹ 텍스트 상자가 생성되면서 텍스트 상자의 서식을 지정할 수 있는 [텍스트 상자 마법사] 대화상
자가 나타나면 특정한 서식을 지정하지 않을 것이므로 [취소] 단추를 클릭한다.

❺ 텍스트 상자를 생성하면 텍스트 상자 외에 한 개의 '레이블'이 자동으로 생성되는데, '레이블'에
는 '총 사원수'를, 텍스트 상자에는 '=Count([사번])'을 입력한다.

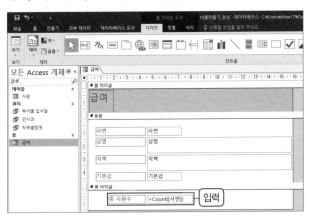

❻ 다음은 폼 보기 형식을 '연속 폼'으로 변경하고 캡션을 '사원 리스트'로 변경하기 위한 작업이다. 폼 전체에 대한 [속성 시트] 창을 나타내기 위해 ▣ 단추를 더블클릭한다.

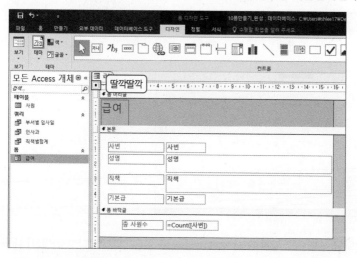

❼ [속성 시트] 창의 [형식] 탭에서 '캡션'에 '사원리스트'를 입력하고 '기본 보기'에서 '연속 폼'을 선택한다.

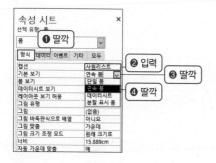

❽ 다음은 레코드 검색만 가능하고 추가, 삭제, 변경할 수 없게 설정하기 위한 작업이다. [속성 시트] 창의 [데이터] 탭에서 '데이터 입력', '추가 기능', '삭제 기능', '편집 기능'을 모두 '아니요'로 선택한다.

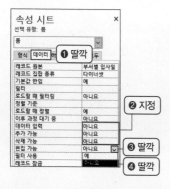

❾ [디자인] 탭-[보기] 그룹-[보기]를 클릭하고 [폼 보기]를 선택한다.

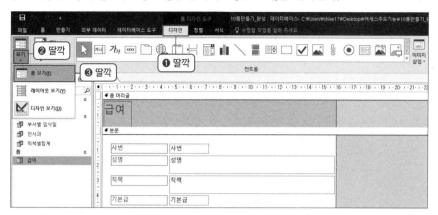

❿ 결과를 확인한다.

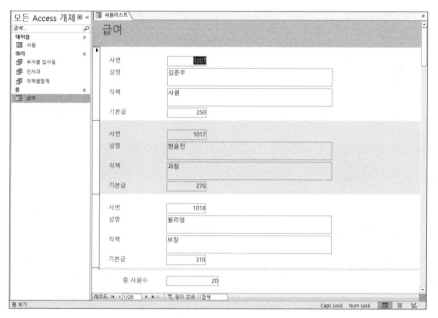

실습파일 11보고서.accdb        완성파일 11보고서_완성.accdb

실습문제

[사원] 테이블로 '사원 요약 보고서'를 작성하시오.

❶ [모든 Access 개체] 창에서 [사원] 테이블을 선택하고 [만들기] 탭-[보고서] 그룹-[보고서 마법사]를 클릭한다.

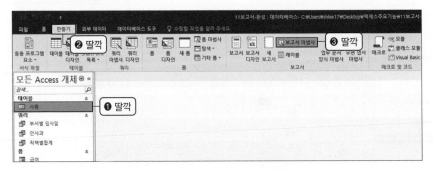

❷ [보고서 마법사] 대화상자가 나타나면 '사용 가능한 필드'에서 '사번', '성명', '부서', '직책', '입사일' 필드를 > 단추를 클릭하여 차례대로 '선택한 필드'로 이동하고 [다음] 단추를 클릭한다.

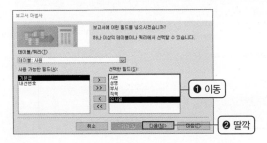

❸ 그룹을 지정하기 위해 '부서' 필드를 선택하고 > 단추를 클릭하여 오른쪽 영역으로 이동한 후 [다음] 단추를 클릭한다.

❹ 보고서에 출력할 레코드를 정렬하는 기준을 정하기 위해 '사번' 필드를 오름차순으로 지정하고 [다음] 단추를 클릭한다.

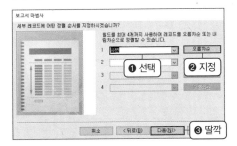

❺ 보고서의 모양을 지정하는 단계에서는 기본 설정을 그대로 유지한 상태에서 [다음] 단추를 클릭한다. 보고서 제목에 '사원 요약 보고서'를 입력하고 [마침] 단추를 클릭한다.

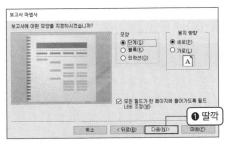 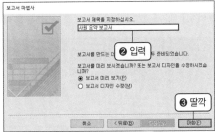

❻ 보고서 마법사로 만든 보고서를 수정하기 위해 [홈] 탭−[보기] 그룹−[보기]−[디자인 보기]를 클릭한다.

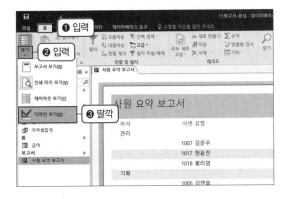

### 더 보기

인쇄 미리 보기 화면이 열려있으면 [인쇄 미리 보기] 탭−[미리 보기 닫기] 그룹−[인쇄 미리 보기 닫기]를 클릭하여 작업 화면으로 되돌아온다.

❼ '부서 머리글' 영역의 '부서'를 '본문' 영역으로 드래그하여 옮긴다.

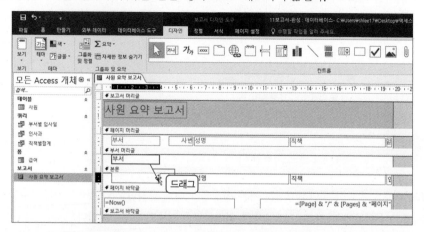

❽ [디자인] 탭-[그룹 및 요약] 그룹-[그룹화 및 정렬]을 클릭한다.

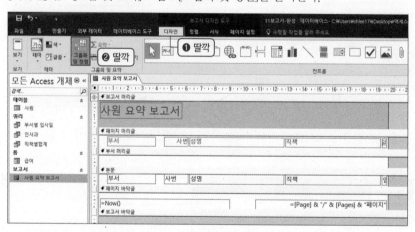

❾ [그룹, 정렬 및 요약] 창에서 '자세히'를 클릭하고 [머리글 구역 표시 안 함], [바닥글 구역 표시]
를 선택한다.

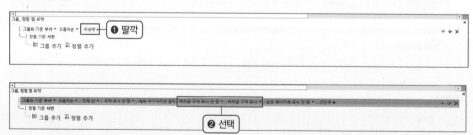

❿ '본문' 영역의 '부서' 텍스트 상자를 선택하고 [속성 시트] 창의 [형식] 탭에서 '중복 내용 숨기기'
를 '예'로 선택한다.

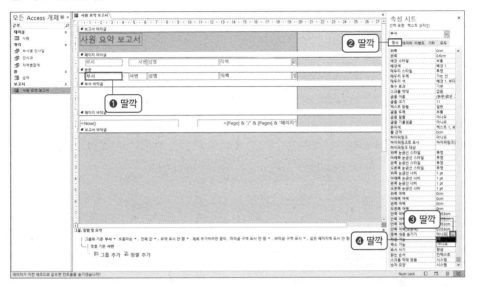

⓫ 각 텍스트 상자의 크기와 위치를 조절하고 보기 좋게 정렬한다.

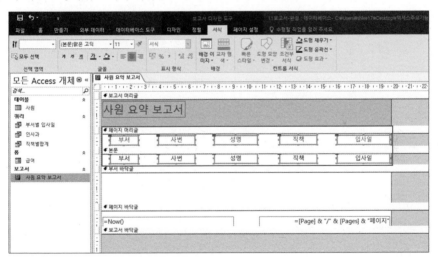

⓬ [디자인] 탭-[보기] 그룹-[보고서 보기]를 클릭한다.

⓭ 결과를 확인한다.

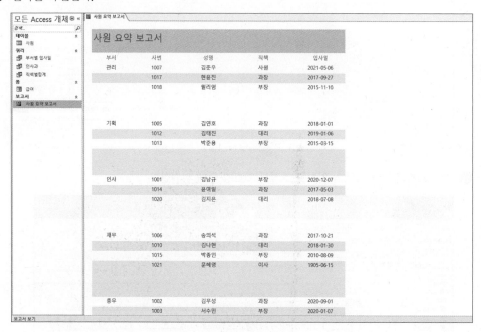

# 에듀윌을 선택한 이유는 분명합니다

**매출액 폭발적 성장**
## 1,413%

**명품 강의 만족도**
## 98.1%

**트리플(선택, 만족도, 선호도)**
## 1위

에듀윌 IT자격증을 선택하면
합격은 현실이 됩니다.

* 에듀윌 IT자격증 온라인 매출 기준 (2020.03 vs 2021.03)
* 2021년 에듀윌 IT자격증 강의 만족도 설문조사 결과
* 2021년 1, 2회 필기 시험 당일 주요 업체 네이버 트랜드 키워드별 검색 비중
  2021 대한민국 브랜드만족도 IT자격증 교육 1위
  IT교육기관 선호도, 합격서비스 만족도 1위 (2018 에듀윌 수강생 설문조사)

# IT자격증 매출액
# 1,413%* 폭발적 성장

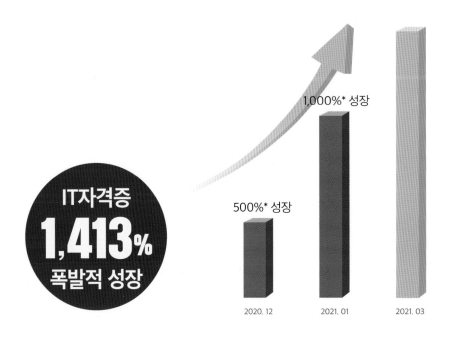

IT자격증
**1,413%**
폭발적 성장

1,000%* 성장

500%* 성장

2020. 12          2021. 01          2021. 03

가격만 싼 타사의 오래된 강의?
에듀윌은 지금 신강의 업데이트 중!

| 합격 최적화<br>맞춤 커리큘럼 | + | 10명 중 9명 추천*<br>합격 전문 교수진 | + | 교수가 직접<br>1:1 밀착학습관리 |

* 에듀윌 IT자격증 온라인 매출 기준 (2020.03 vs 2021.03)          * 2021년 에듀윌 IT자격증 강의 만족도 설문조사 결과
* 에듀윌 IT자격증 온라인 매출 기준 (2019.12 vs 2020.12)
* 에듀윌 IT자격증 온라인 매출 기준 (2020.01 vs 2021.01)

# 선택, 만족도, 선호도
# 트리플 1위[*]

에듀윌 IT자격증으로
취업 스펙을 단기에 완성합니다!

# 우리 함께 공부할래?
# IT자격증 오프라인 스터디 모집

매월 모집하는
## 소수정예 오프라인 스터디
※ 선정 후 스터디 수료자에게 기프티콘 지급(스타벅스 아메리카노 Tall)
※ 사회적 거리두기 단계에 따라 Zoom 화상 스터디로 진행할 수도 있음

확실한 단기 합격 보장
## IT공학 박사의 족집게 과외

한 번에 합격했다면 누구나
## 합격 축하 지원금 지급
※ 합격인증 및 수기 작성자에 한함

## IT자격증 단기 합격 보장
## 오프라인 스터디 모집 안내

**신청 기간**  상시
**신청 방법**  QR 코드 스캔 → 신청서 작성
**선정 기준**  신청서(지원 사유) 확인 후 내부 기준에 따라 선정하며, 선정 인원은 매월 상이
**발　표**  매월 첫 주 개별 연락 또는 EXIT 합격 서비스 [공지사항 게시판]
**문　의**  EXIT 합격 서비스 → [Q&A 게시판]

※ 내부 사정에 따라 진행되지 않을 수 있습니다. 자세한 사항은 EXIT 합격 서비스 [공지사항 게시판]을 확인해 주세요.

스터디 신청
바로 가기

# 가장 빠른 IT자격증 합격출구
# EXIT 합격 서비스

IT자격증 단기 합격을 위한
모든 것을 드립니다!

EXIT 합격 서비스 바로 가기
(exit.eduwill.net)

EXIT 합격 서비스
바로 가기

1    저자에게 바로 묻는 실시간 질문답변

2    핵심만 모아 공부시간을 줄이는 무료강의

3    더 공부하고 싶은 수험생을 위한 PDF 학습자료

4    답 없이 한 번 더! 회차별로 기출을 풀어보는 필기CBT

5    실기 합/불합을 바로 확인하는 실기 채점 프로그램

6    모바일로 한 번 더! 과목별로 기출을 풀어보는 에듀윌 합격앱

7    매월 모집하는 소수정예 오프라인 스터디 & 족집게 과외

8    IT자격증 유료인강 1만 원 할인 + 3일 무제한 수강

| 교재<br>구매인증<br>방법 | EXIT 합격 서비스<br>(exit.eduwill.net)<br>접속 | ▶ | 회원가입 후<br>로그인 | ▶ | 우측 구매도서 인증<br>아이콘 클릭 | ▶ | 인증 요청 문구 입력<br>(교재별 7쪽 참고) |
|---|---|---|---|---|---|---|---|

※ EXIT 합격 서비스의 [실시간 질문답변 게시판]과 [필기CBT 게시판]을 이용하기 위해서는 교재구매 인증이 필요합니다.
※ 각 서비스별 이용경로 및 교재구매 인증 문구는 교재별 7쪽 참고

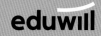

# 독자님의 목소리에
# 귀 기울입니다

불편한 점이나
더 필요한 서비스가 있다면
말씀해 주세요.

에듀윌 IT자격증을
믿고 선택해 주신 여러분께
더욱 완성도 있는 콘텐츠로
보답하겠습니다.

## 설문조사 참여 시
## 스타벅스 아메리카노 지급

**참여 방법** QR 코드 스캔 → 설문조사 참여(1분만 투자하세요!)
**추첨 방법** 매월 적극적으로 의견을 주신 2분을 추첨하여 개별 연락
**경 품** 스타벅스 아메리카노 Tall

IT자격증 설문조사
바로 가기

어제의 비 때문에
오늘까지 젖어 있지 말고,
내일의 비 때문에
오늘부터 우산을 펴지 마라.

– 이수경, 『낯선 것들과 마주하기』, 한울

2022

# 에듀윌 컴퓨터활용능력

1급 `필기`

# 차례

🔒 [PDF] 반복 출제되는 기준&개념 100선

**비밀번호**: eduexcel1600

※ EXIT 합격 서비스(exit.eduwill.net)의 [자료실 게시판]에서 다운로드

많은 수험생들이 원하는 바로 그 자료! 상시시험 기출복원문제를 담았다!

답만 보는
상시시험
기출복원문제

2021

많은 수험생들이 원하는 바로 그 자료! 상시시험 기출복원문제를 담았다!

# 답만 보는 제1회 복원문제

## 1과목  컴퓨터 일반

## 01
➥ 노른자 004

다음 중 Windows 10에서 바로 가기 아이콘에 대한 설명으로 옳지 않은 것은?

❶ 하나의 원본 파일에 대한 바로 가기 아이콘은 한 개만 만들어서 사용할 수 있다. (×)
→ 하나의 원본 파일에 대한 바로 가기 아이콘은 여러 개 만들어서 사용할 수 있음

② 위치는 실제 파일의 위치와 다를 수 있으며, 아이콘을 삭제해도 원본 파일에는 전혀 영향을 주지 않는다.

③ 바로 가기 아이콘을 만들려면 해당 개체를 선택하고, Ctrl + Shift 를 누른 상태에서 드래그한다.

④ 실제 프로그램이 아니라 응용 프로그램의 경로를 기억하고 있는 아이콘으로, 확장명은 '.LNK'이다.

❗ 가장 빠른 합격비법
바로 가기 아이콘에 대해서는 종종 출제되지만 출제되는 선지는 비슷하므로 문제를 통해 확실히 학습하세요.

## 02
➥ 노른자 042

다음 중 객체 지향 프로그래밍 언어에 대한 설명으로 옳지 않은 것은?

① 소프트웨어의 재사용으로 프로그램의 개발 시간을 단축시킬 수 있다.

② 대표적인 객체 지향 언어에는 C++, Java 등이 있다.

③ 상속성, 캡슐화, 추상화, 다형성 등의 특징이 있다.

❹ 순차적인 처리가 중요시되며, 프로그램 전체가 유기적으로 연결되도록 작성한다. (×)
→ 절차적 프로그래밍 언어에 대한 설명으로, 순차적인 처리를 중요시하는 기법은 '구조적 프로그래밍 기법'임

❗ 가장 빠른 합격비법
절차 지향 언어의 단점을 개선한 언어가 객체 지향 언어입니다. 요즘 많이 사용하는 프로그래밍 패러다임으로, 상속성, 캡슐화, 추상화, 다형성에 대해서도 학습하세요.

## 03
➥ 노른자 040

다음 중 CPU의 처리 시간을 분할(Time Slice)하여 여러 작업에 번갈아 할당함으로써 CPU를 공유하여 처리하는 시스템은?

❶ 시분할 처리 시스템(Time Sharing System)

② 다중 프로그래밍 시스템(Multi-programming System) (×)
→ 하나의 CPU로 여러 개의 프로그램을 처리하는 방식

③ 듀플렉스 시스템(Duplex System) (×)
→ 한쪽의 CPU가 가동 중일 때는 다른 한쪽의 CPU는 대기하고, 가동 중인 CPU가 고장나면 대기 중인 여분의 CPU가 즉시 가동되어 시스템이 안전하게 작동되도록 운영하는 방식

④ 다중 처리 시스템(Multi-processing System) (×)
→ 하나의 컴퓨터에 여러 개의 중앙처리장치를 설치하여 주기억장치나 주변 장치들을 공유하고, 신뢰성과 연산 능력을 향상시키는 시스템

❗ 가장 빠른 합격비법
자주 출제되는 개념입니다. 시분할 처리 시스템을 포함해서 각 시스템의 특징을 기억하세요.

## 04
➥ 노른자 033

다음 중 컴퓨터의 보조기억장치로 사용되는 SSD(Solid State Drive)에 관한 설명으로 옳은 것은?

❶ 고속으로 데이터를 입·출력할 수 있으며, 배드 섹터가 발생하지 않는다.

② HDD와 같이 바로 덮어쓰기를 할 수 있으며, 읽기/쓰기 성능이 비슷하다. (×)
→ 덮어쓰기는 데이터가 저장되어 있는 곳에 다른 데이터가 저장되면 기존의 데이터가 삭제되는 것. SSD는 이러한 덮어쓰기 방식이 아니라 데이터를 삭제하면 실제 저장된 데이터도 삭제하는 트림(Trim) 기능을 사용함

③ 650nm 파장의 적색 레이저를 사용하여 데이터를 기록한다. (×)
→ DVD(Digital Video Disk)에 대한 설명

④ 소음이 없고 발열이 낮으나, HDD에 비해 외부 충격에 약하다. (×)
→ SSD(Solid State Drive)는 구동 장치가 없어서 소음과 발열이 적고, 데이터 처리 속도가 빠르며, HDD보다 외부 충격에 강함

❶ 가장 빠른 합격비법
SSD에 대한 특징은 자주 출제되므로 HDD의 특징과 비교해서 학습하세요.

## 05
📤 노른자 051

**다음 중 네트워크 관련 장비로 브리지(Bridge)에 관한 설명으로 옳지 않은 것은?**

① OSI 참조 모델의 데이터 링크 계층에 속한다.

② 두 개의 근거리 통신망을 상호접속할 수 있도록 하는 통신망 연결 장치이다.

❸ 통신 프로토콜을 변환하여 네트워크를 확장한다. (×)
→ 게이트웨이(Gateway)에 대한 설명. 브리지(Bridge)는 두 개 이상의 LAN을 연결하여 하나의 네트워크로 연결해 주는 장치로, 네트워크에 연결된 여러 단말들의 통신 프로토콜을 변환하지 않고도 네트워크를 확장할 수 있음

④ 통신량을 조절하여 데이터가 다른 곳으로 이동하지 않도록 한다.

❶ 가장 빠른 합격비법
브리지, 라우터, 리피터, 게이트웨이에 대한 내용과 OSI 7계층을 연관지어서 학습하세요.

## 06
📤 노른자 005

**다음 중 Windows 10에서 휴지통에 대한 설명으로 옳지 않은 것은?**

① 하드디스크가 여러 개인 경우 드라이브마다 휴지통 크기를 동일하게 또는 다르게 설정할 수 있다.

② 휴지통에 있는 파일은 복원하기 전까지 해당 내용을 볼 수 없다.

③ 휴지통에 있는 파일은 잘라내기만 가능하고, 복사는 수행할 수 없다.

❹ 휴지통 크기를 초과하여 파일이 삭제되면, 보관된 파일 중 가장 최근 파일부터 자동 삭제된다. (×)
→ 휴지통 크기를 초과하여 파일이 삭제되면, 보관된 파일 중 가장 오래된 파일부터 자동으로 삭제됨

❶ 가장 빠른 합격비법
휴지통에 대한 문제는 자주 출제되지 않고 어렵지 않습니다. 컴퓨터에서 휴지통을 사용한 경험을 살려 문제 위주로 학습하세요.

## 07
📤 노른자 035

**다음 중 BIOS(Basic Input Output System)에 관한 설명으로 옳지 않은 것은?**

① BIOS는 메인보드에 위치한 EPROM, 혹은 플래시메모리 칩에 저장되어 있다.

② 컴퓨터의 전원을 켜면 자동으로 가장 먼저 기동되며, 기본 입·출력장치나 메모리 등 하드웨어의 이상 유무를 검사한다.

③ CMOS 셋업 프로그램을 이용하여 시스템의 날짜와 시간, 부팅 순서 등 일부 BIOS 정보를 설정할 수 있다.

❹ 주기억장치의 접근 속도 개선을 위한 가상 메모리의 페이징 파일 크기를 설정할 수 있다. (×)
→ 가상 메모리는 보조기억장치를 주기억장치처럼 사용하는 메모리로, BIOS와 관련 없음. 속도는 느리지만 용량이 큰 보조기억장치를 주기억장치처럼 사용. 가상 메모리의 페이징 파일 크기는 [제어판]-[시스템]-[고급 시스템 설정]을 선택하고 [시스템 속성] 대화상자의 [고급] 탭에서 '성능'의 [설정] 단추를 클릭하여 [성능 옵션] 대화상자를 연 후 [고급] 탭의 '가상 메모리'에서 설정할 수 있음

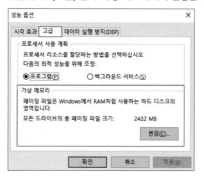

❶ 가장 빠른 합격비법
BIOS는 ROM에 저장되어 있기 때문에 'ROM-BIOS'라고도 부르는데, 여기에 시스템에서 중요한 데이터나 명령어가 저장되어 있습니다.

## 08

➡ 노른자 034

**다음 중 캐시(Cache) 메모리에 관한 설명으로 옳은 것은?**

① 캐시 메모리로 DRAM이 사용되어 접근 속도가 매우 빠르다. (×)
  → 캐시 메모리는 SRAM을 사용하며, 접근 속도가 매우 빠름

② 캐시 적중률이 높을수록 컴퓨터 시스템의 전체 처리 속도가 저하된다. (×)
  → 캐시 적중률이 높을수록 컴퓨터 시스템의 전체 처리 속도가 향상됨

③ 캐시 메모리는 보조기억장치의 일부를 주기억장치처럼 사용하는 메모리이다. (×)
  → 가상 메모리(Virtual Memory)에 대한 설명

❹ CPU와 주기억장치 사이에서 처리 속도를 향상시키기 위한 일종의 버퍼 메모리 역할을 한다.

> ❶ 가장 빠른 합격비법
> 캐시 메모리는 'CPU와 주기억장치 사이!', '속도 차이 극복'을 꼭 기억하세요.

## 09

➡ 노른자 040

**다음 중 컴퓨터를 이용한 정보처리 방식에서 분산 처리 시스템에 관한 설명으로 적절한 것은?**

① 여러 개의 CPU와 하나의 주기억장치를 이용하여 여러 프로그램을 동시에 처리하는 방식이다. (×)
  → 다중 처리(Multi-processing) 시스템의 처리 방식에 대한 설명

② 여러 명의 사용자가 사용하는 시스템에서 시간을 분할하여 프로그램을 실행하는 시스템이다. (×)
  → 시분할 시스템(TSS; Time Sharing System)에 대한 설명

❸ 여러 대의 컴퓨터로 작업한 결과를 통신망을 이용하여 상호교환할 수 있도록 연결되어 있는 시스템이다.

④ 하나의 CPU와 주기억장치를 이용하여 여러 개의 프로그램을 동시에 처리하는 방식이다. (×)
  → 다중 프로그래밍(Multi-programming) 시스템의 처리 방식에 대한 설명

> ❶ 가장 빠른 합격비법
> 6쪽의 03번 문제와 같은 범위의 문제 유형으로, 자주 출제되니 확실하게 학습해야 합니다.

## 10

➡ 노른자 041

**다음 중 베타 버전 소프트웨어에 관한 설명으로 옳은 것은?**

① 정식으로 대가를 지불하고 사용하는 소프트웨어이다. (×)
  → 상용 소프트웨어에 대한 설명

② 홍보용으로 사용 기간이나 기능에 제한을 둔 소프트웨어이다. (×)
  → 데모(Demo) 버전에 대한 설명

③ 오류 수정이나 성능 향상을 위해 프로그램의 일부를 변경해 주는 소프트웨어이다. (×)
  → 패치(Patch) 버전에 대한 설명

❹ 정식 프로그램 출시 전에 테스트용으로 제작되어 일반인에게 공개하는 소프트웨어이다.

> ❶ 가장 빠른 합격비법
> 온라인 게임이 정식으로 오픈하기 전에 '베타 테스트'부터 하는 것을 기억하면서 '베타 버전 소프트웨어'를 절대로 잊어버리지 마세요.

## 11

➡ 노른자 030

**다음 중 CPU의 제어장치를 구성하는 레지스터에 관한 설명으로 옳지 않은 것은?**

❶ 프로그램 카운터: 연산에 사용될 데이터를 기억한다. (×)
  → 프로그램 카운터(PC; Program Counter)는 다음에 실행할 명령어의 번지를 기억하는 레지스터

② 명령 레지스터: 현재 실행 중인 명령을 기억한다.

③ 부호기: 해독된 명령에 따라 각 장치로 보낼 제어 신호를 생성한다.

④ 누산기: 연산의 결과를 일시적으로 기억한다.

> ❶ 가장 빠른 합격비법
> CPU의 제어장치와 연산장치의 구성 요소는 시험문제에 자주 출제되기 때문에 무조건 암기하세요. 특히 제어장치의 프로그램 카운터(PC; Program Counter)와 연산장치의 누산기(AC; Accumulator)가 자주 출제됩니다.

## 12

📲 노른자 039

다음 중 컴퓨터에서 사용하는 **압축 프로그램**에 관한 설명으로 옳지 <u>않은</u> 것은?

❶ 압축 파일을 재압축하는 방식으로 파일의 크기를 계속 줄일 수 있다. (×)
 → 압축된 파일은 저장 공간을 적게 차지하고, 압축되지 않은 파일보다 빠르게 전송할 수 있음. 압축을 한 번 하면 최대로 압축되기 때문에 여러 번 압축해도 파일의 크기는 변화가 없음

② 여러 개의 파일을 압축하면 하나의 파일로 생성되어 파일을 쉽게 관리할 수 있다.

③ 압축 프로그램은 데이터의 용량을 줄여주는 프로그램이다.

④ 파일을 압축하는 목적은 저장 공간 및 통신 시간의 절약이다.

❶ 가장 빠른 합격비법
자주 출제되는 문제 유형은 아니므로 압축 프로그램을 사용했던 경험을 살려서 문제 위주로 학습하세요.

## 13

📲 노른자 055

다음 중 인터넷에서 사용하는 TCP/IP 프로토콜에서 **TCP**에 해당하는 설명으로 옳지 <u>않은</u> 것은?

① TCP는 메시지를 송·수신자의 주소와 정보를 묶어서 패킷(Packet) 단위로 나누어 데이터를 전송한다.

② TCP는 전송 데이터의 흐름을 제어하고 데이터의 오류 유무를 검사한다.

❸ TCP는 패킷의 주소를 해석하고 경로를 결정하여 다음 호스트로 전송한다. (×)
 → IP에 대한 설명

④ TCP는 OSI 7계층에서 전송(Transport) 계층에 해당된다.

❶ 가장 빠른 합격비법
TCP는 연결 제어와 흐름 제어가 가능한 신뢰성 있는 데이터 전송이 가능합니다. 따라서 TCP는 '신뢰성'을 꼭 기억하세요. 추가로 UDP는 '비신뢰성!'이라는 것도 함께 기억하세요.

## 14

📲 노른자 058

다음 중 고정된 장소가 아닌, 이동하면서 초고속 인터넷을 이용할 수 있는 **무선 휴대 인터넷 서비스 기능**은?

① 와이파이(Wi-Fi) (×)
 → 전자기기들이 일정한 거리 안에서 무선 랜(WLAN; Wireless Local Area Network)에 연결할 수 있게 하는 기술

② 블루투스(Bluetooth) (×)
 → 다양한 기기들이 무선 주파수를 이용하여 서로 통신하면서 정보를 교환할 수 있게 하는 기술

③ 테더링(Tethering) (×)
 → 스마트폰을 모뎀처럼 활용하는 방법으로, 컴퓨터나 노트북 등의 IT 기기를 스마트폰에 연결하여 무선 인터넷을 사용할 수 있게 하는 기술

❹ 와이브로(WiBro)

❶ 가장 빠른 합격비법
시험에 출제되는 IT 관련 용어는 반드시 기억해야 합니다. 정의를 모두 암기하는 것보다 여러 번 반복해서 읽으면서 의미를 파악하세요.

## 15

📲 노른자 062

다음 중 대부분의 파일 바이러스에 해당하며 **프로그램에 손상을 주지 않으면서 앞이나 뒤에서 공존하는 바이러스** 유형은?

① 연결형 바이러스 (×)
 → 프로그램의 시작 위치를 바이러스의 시작 위치로 변경하는 형태의 바이러스로, 프로그램을 실행하면 바이러스가 대신 실행됨

❷ 기생형 바이러스

③ 산란형 바이러스 (×)
 → EXE 파일을 감염시키지 않고 같은 이름의 COM 파일을 새로 만들어서 파일 속에 바이러스를 넣어두는 바이러스. 프로그램을 실행했을 때 원본의 EXE 파일 대신 바이러스가 들어있는 COM 파일이 실행되어 바이러스에 감염된 것과 같은 효과가 있음

④ 겹쳐쓰기형 바이러스 (×)
 → 원래 프로그램의 앞부분에 바이러스가 위치하기 때문에 파일을 실행하면 바이러스 프로그램만 실행되고, 원래 프로그램은 바이러스에 의해 파괴됨

❶ 가장 빠른 합격비법
정보보안과 관련된 문제는 반드시 한 문제 출제되므로 바이러스의 종류와 해킹 기법은 확실하게 학습하세요.

## 16

↗ 노른자 050

다음 중 네트워크 연결 방식 중 하나인 **중앙 집중 방식**에 관한 설명으로 옳은 것은?

① 서버와 클라이언트가 모두 처리 능력을 가지며, 분산 처리 환경에 적합하다. (×)
→ 클라이언트/서버 방식에 대한 설명

❷ 중앙 컴퓨터가 모든 단말기에서 요구하는 데이터 처리를 전담한다.

③ 동등한 계층 노드들이 서로 클라이언트와 서버의 역할을 동시에 할 수 있다. (×)
→ 동배 간 처리 방식(P2P; Peer-to-Peer)에 대한 설명

④ 단방향 통신을 사용하며, 처리를 위한 대기 시간이 필요하다. (×)
→ TV나 라디오와 같은 통신 방식으로, 네트워크 연결 방식과 관련 없음

❶ **가장 빠른 합격비법**
문제에 답이 있는 문제로, 어렵지는 않습니다. '중앙 집중 방식'은 중앙에서 모두 처리하는 형태입니다. 클라이언트/서버 방식과 동배 간 처리 방식도 시험에 종종 출제됩니다.

## 17

↗ 노른자 049

다음 중 네트워크 망의 구성 형태 중 **망형**에 대한 설명으로 옳은 것은?

① 허브를 이용하여 계층적으로 구성한 형태이다. (×)
→ 트리형(Tree) 네트워크의 특징

② 하나의 통신 회선에 여러 대의 컴퓨터를 연결한 형태이다. (×)
→ 버스형(Bus) 네트워크의 특징

❸ 신뢰성과 보안성이 높으나, 망을 구성하는 비용이 비싸다.

④ 각 컴퓨터를 허브와 점대점으로 연결한 형태이다. (×)
→ 스타형(Star) 네트워크의 특징

❶ **가장 빠른 합격비법**
망형은 네트워크에 참여하는 모든 컴퓨터를 일대일로 연결하는 형태로, 그물망처럼 복잡하게 네트워크가 구성되었다는 것에서 유래되어 '메시(Mesh)형'이라고도 합니다. 망형은 신뢰성과 보안성이 높지만, 회선을 구성하는 비용이 비싸다는 것도 기억하세요.

## 18

↗ 노른자 046

다음 중 컴퓨터에 저장되는 이미지 파일 포맷인 **래스터(Raster)** 방식에 대한 설명으로 옳지 <u>않은</u> 것은?

① 주로 스캐너나 디지털카메라를 이용해서 생성된다.

② 픽셀 단위로 이미지를 저장한다.

❸ WMF는 Windows에서 기본으로 사용되는 래스터 파일 형식이다. (×)
→ WMF는 Windows에서 기본적으로 사용하는 벡터(Vector) 방식의 파일 형식. 래스터(Raster) 방식 = 비트맵(Bitmap) 방식

④ 파일 크기는 이미지의 해상도에 비례해서 커진다.

❶ **가장 빠른 합격비법**
래스터 방식과 비트맵 방식은 동일한 개념으로, 스마트폰의 카메라는 모두 비트맵 방식으로 이미지를 저장합니다. 비트맵은 '픽셀'로, 벡터는 '좌표'로 이미지를 구성한다는 것을 기억하세요.

## 19

↗ 노른자 053

다음 중 인터넷 주소 체계에서 IPv6에 관한 설명으로 옳지 <u>않은</u> 것은?

① 128비트의 주소를 사용하여 IPv4의 주소 부족 문제를 해결하였다.

❷ 주소 체계는 유니캐스트, 멀티캐스트, 브로드캐스트로 나누어진다. (×)
→ 주소 체계는 '유니캐스트', '멀티캐스트', '애니캐스트'로 나뉨

③ 인증성, 기밀성, 데이터 무결성의 지원으로 보안 기능을 포함한다.

④ IPv4와 호환성이 있으며, 실시간 흐름 제어가 가능하다.

❶ **가장 빠른 합격비법**
32비트 주소 체계로 통신을 하는 IPv4는 IT 기기가 증가하면서 주소가 부족했기 때문에 128비트의 IPv6가 등장했습니다. 이때 IPv6는 단순히 주소의 개수만 늘린 것이 아니라 보안(인증성, 기밀성, 무결성)도 강화했다는 점까지 학습하세요.

## 20

↪ 노른자 046

**다음 중 JPEG 파일 형식에 대한 설명으로 옳지 않은 것은?**

① 저장 시 사용자가 임의로 압축률을 조정할 수 있다.

② 24비트 트루컬러를 사용하여 16,777,216($2^{24}$)가지의 색을 표현할 수 있다.

❸ 점과 점을 연결하는 직선이나 곡선을 이용하여 이미지를 표현하는 벡터 방식이다. (×)
  → JPEG는 비트맵 방식으로 이미지를 구현함

④ 압축률이 높을수록 보다 많은 정보를 지우므로 이미지의 질이 낮아진다.

> ❶ **가장 빠른 합격비법**
> JPEG를 포함한 멀티미디어 데이터 형식에 대한 문제가 자주 출제되므로 이미지 포맷과 동영상 포맷의 정의와 특징을 반드시 기억하세요.

---

**2과목  스프레드시트 일반**

## 21

↪ 노른자 073

**다음 중 셀에 수식을 입력하는 방법에 대한 설명으로 옳지 않은 것은?**

① 수식에서 통합 문서의 여러 워크시트에 있는 동일한 셀 범위 데이터를 이용하려면 3차원 참조를 사용한다.

② 계산할 셀 범위를 선택하여 수식을 입력한 후 [Ctrl]+[Enter]를 누르면 선택한 영역에 수식을 한 번에 채울 수 있다.

❸ 수식을 입력한 후 결과값이 수식이 아닌 상수로 입력되게 하려면 수식을 입력한 후 바로 [Alt]+[F9]를 누른다. (×)
  → 수식을 입력한 후 [F9]를 눌러야 결과값이 수식이 아닌 상수로 입력됨

④ 배열 상수에는 숫자나 텍스트 외에 'TRUE', 'FALSE' 등의 논리값 또는 '#N/A'와 같은 오류값도 포함될 수 있다.

> ❶ **가장 빠른 합격비법**
> 셀에 데이터나 수식을 입력하는 방법에 대해서는 이 책에서 18번이나 출제되었으므로 '노른자 073'을 확실하게 익혀두는 것이 중요합니다.

---

## 22

↪ 노른자 108

**다음 중 시나리오에 대한 설명으로 옳지 않은 것은?**

❶ 시나리오 요약 보고서를 만들 때는 결과 셀을 반드시 지정해야 하지만, 시나리오 피벗 테이블 보고서를 만들 때는 결과 셀을 지정하지 않아도 된다. (×)
  → 시나리오 피벗 테이블 보고서를 만들 때도 반드시 결과 셀을 지정해야 함

② 여러 시나리오를 비교하여 하나의 테이블로 요약하는 보고서를 만들 수 있다.

③ 시나리오 요약 보고서를 생성하기 전에 변경 셀과 결과 셀에 이름을 정의하면 셀 참조 주소 대신 정의된 이름이 보고서에 표시된다.

④ 시나리오 요약 보고서는 자동으로 다시 갱신되지 않으므로 변경된 값을 요약 보고서에 표시하려면 새 요약 보고서를 만들어야 한다.

> ❶ **가장 빠른 합격비법**
> 시나리오는 자주 출제되는 문제 유형입니다. 특별부록 '시험에 자주 출제되는 엑셀 기능'을 실습해 보면 필기 문제의 정답을 찾을 수 있을 뿐만 아니라 실기도 대비할 수 있으므로 확실하게 학습하세요.

---

## 23

↪ 노른자 112

**다음 중 차트에 대한 설명으로 옳지 않은 것은?**

① 차트를 이용하면 데이터의 추세나 유형 등을 쉽고 직관적으로 이해할 수 있으며, 많은 양의 데이터를 간결하게 요약할 수 있다.

② 차트만 별도로 표시할 수 있는 차트 시트를 만들 수 있다.

❸ 그림 영역은 차트 전체를 의미하며, 바탕에 그림이나 배경 무늬를 삽입할 수 있다. (×)
  → 차트 전체를 의미하는 것은 차트 영역임

④ 추세선은 특정한 데이터 계열에 대한 변화 추세를 파악하기 위해 표시하는 선이다.

> ❶ **가장 빠른 합격비법**
> 차트와 관련된 문제는 매번 두세 문제씩 출제됩니다. 주로 '차트 영역', '차트의 종류와 특징', '차트의 구성'이 출제되므로 차트 문제를 반복해서 익히는 것이 중요합니다.

# 24

↗ 노른자 074

다음 중 아래 워크시트와 같이 입력하고, [A1:C1] 범위를 선택한 뒤 채우기 핸들을 이용하여 [F1] 셀까지 자동 채우기를 실행했을 때 [F1] 셀의 값은?

| | A | B | C | D | E | F |
|---|---|---|---|---|---|---|
| 1 | 5 | | 1 | | | |
| 2 | | | | 🔳 | | |
| 3 | | | | | | |

① 빈칸

② 1

③ -3

❹ -7 (○)
→ [A1] 셀 값인 '5'에서 4가 감소되어 [C1] 셀 값이 '1'이므로 [D1] 셀에는 4가 감소된 '-3'이, [F1] 셀에는 다시 4가 감소된 '-7'이 입력됨

| | A | B | C | D | E | F |
|---|---|---|---|---|---|---|
| 1 | 5 | | 1 | -3 | | -7 |
| 2 | | | | | | |

❶ 가장 빠른 합격비법
자동 채우기의 원리만 이해하면 쉽게 해결할 수 있어요. 특별부록 '시험에 자주 출제되는 엑셀 기능'을 실습하면서 자동 채우기의 원리를 생각해 보세요.

# 26

↗ 노른자 098~099

다음 중 데이터의 필터 기능에 대한 설명으로 옳지 않은 것은?

❶ 필터는 데이터 목록에서 설정된 조건에 맞는 데이터만 추출하여 나타내기 위한 기능으로, 워크시트의 다른 영역으로 결과 테이블을 자동 생성할 수 있다. (×)
→ 필터는 데이터 목록에서 설정된 조건에 맞는 데이터만 추출하여 나타내기 위한 기능임. 고급 필터는 워크시트의 다른 영역으로 결과 테이블을 자동 생성할 수 있으나, 자동 필터는 생성할 수 없음

② 자동 필터에서 조건 지정 시 각 열에 설정된 조건은 AND 조건으로 묶여 처리된다.

③ 필터 기능은 많은 양의 자료에서 설정된 조건에 맞는 자료만 추출하여 나타내기 위한 기능이다.

④ 고급 필터를 이용하면 조건에 맞는 행에서 원하는 필드만 선택하여 다른 영역에 복사할 수 있다.

❶ 가장 빠른 합격비법
자동 필터는 원본 데이터에 필터링한 결과로 덮어쓰기합니다. 하지만 고급 필터는 필터링한 결과를 원본 데이터에 덮어쓸 뿐만 아니라 같은 워크시트의 다른 영역이나 다른 워크시트에 표시할 수 있어요. 자동 필터는 기능이 '단순하고', 고급 필터는 기능이 '복잡하다'는 것을 꼭 기억하세요.

# 25

↗ 노른자 076

다음 중 데이터가 입력되어 있는 연속된 셀 범위를 선택하는 방법으로 옳지 않은 것은?

① 첫 번째 셀을 클릭한 후 Ctrl+Shift+방향키(←, →, ↑, ↓)를 눌러 선택 영역을 확장한다.

② 첫 번째 셀을 클릭한 후 Shift를 누른 상태에서 범위의 마지막 셀을 클릭한다.

❸ 첫 번째 셀을 클릭하고 F7을 누른 후 방향키(←, →, ↑, ↓)를 눌러 선택 영역을 확장한다. (×)
→ 첫 번째 셀을 클릭하고 F8을 누른 후 방향키(←, →, ↑, ↓)를 눌러야 선택 영역을 확장할 수 있음

④ Ctrl+A를 누르면 연속된 데이터 영역이 선택된다.

❶ 가장 빠른 합격비법
연속된 셀을 선택하는 문제는 자주 출제되지는 않습니다. 연속된 셀을 선택하는 방법은 ①, ②, ④ 지문과 ③의 해설이 대표적이기 때문에 이것만 기억해도 충분합니다.

# 27

↗ 노른자 097

다음 중 엑셀의 정렬 기능에 대한 설명으로 옳지 않은 것은?

① 오름차순 정렬과 내림차순 정렬 모두 빈 셀은 항상 마지막으로 정렬된다.

② 영·숫자 텍스트는 왼쪽에서 오른쪽 방향으로 문자 단위로 정렬된다.

③ 사용자가 [정렬 옵션] 대화상자에서 영문자의 대·소문자를 구분하도록 변경하여 오름차순으로 정렬하면, 소문자가 대문자보다 우선순위를 갖는다.

❹ 공백으로 시작하는 문자열은 오름차순 정렬일 때는 숫자 바로 앞에 정렬되고, 내림차순 정렬일 때는 숫자 바로 다음에 정렬된다. (×)
→ 공백으로 시작하는 문자열의 경우 오름차순 정렬일 때는 숫자 바로 다음에, 내림차순 정렬일 때는 숫자 바로 앞에 정렬됨

❶ 가장 빠른 합격비법
정렬 기능에서 공백으로 시작하는 셀이 정렬되는 위치를 물어보는 문제는 이 문제가 유일합니다. 따라서 문제 위주로 꼼꼼하게 학습하세요.

## 28

📤 노른자 109

**다음 중 피벗 테이블에 대한 설명으로 옳지 않은 것은?**

① 피벗 테이블 보고서를 작성한 후 원본 데이터를 수정하면 피벗 테이블 보고서에 자동으로 반영되지 않고 [피벗 테이블 도구]의 [분석] 탭−[데이터] 그룹−[새로 고침]−[모두 새로 고침]을 선택해야 피벗 테이블에 반영된다.

② [피벗 테이블 필드] 창의 목록에서 보고서에 추가할 필드 선택 시 데이터 형식이 텍스트이거나 논리값인 필드를 선택하여 '행 레이블' 영역에 추가한다.

③ '값' 영역에 추가된 필드가 두 개 이상이면 'Σ 값' 필드가 '열 레이블' 또는 '행 레이블' 영역에 추가된다.

❹ 피벗 테이블 보고서에서 '값' 영역에 표시된 데이터는 삭제하거나 수정할 수 있다. (×)

　　→ 피벗 테이블 보고서에서는 '값' 영역에 표시된 데이터를 삭제하거나 수정할 수 없음

❶ **가장 빠른 합격비법**
피벗 테이블에 대한 문제는 난도가 높은 문제여서 문제만으로 학습하기 어렵습니다. 따라서 특별부록 '시험에 자주 출제되는 엑셀 기능'의 실습과 병행하면서 문제를 익히는 것이 가장 좋습니다. 특히 피벗 테이블의 영역을 중심으로 정확하게 공부하세요.

## 29

📤 노른자 069, 072

**다음 중 통합 문서에 대한 설명으로 옳지 않은 것은?**

❶ Shift + F11을 누르면 새 통합 문서를 만들 수 있다. (×)

　　→ Shift + F11을 누르면 새 워크시트를 만들 수 있음

② 공유된 통합 문서는 여러 사용자가 동시에 변경 및 병합할 수 있다.

③ 공유된 통합 문서의 워크시트에서 전체 행이나 열은 삽입/삭제할 수 있지만, 워크시트나 차트 시트를 삭제할 수는 없다.

④ 사용자가 워크시트를 추가, 삭제하거나 숨겨진 워크시트를 표시하지 못하도록 통합 문서의 구조를 잠글 수 있다.

❶ **가장 빠른 합격비법**
통합 문서에 대해서는 자주 출제되지 않으므로 문제 위주로 학습하는 것을 추천합니다.

## 30

📤 노른자 076

**다음 중 아래 워크시트에서 [C2:C4] 영역을 선택하여 작업한 결과가 다른 것은?**

| | A | B | C | D | E |
|---|---|---|---|---|---|
| 1 | 이름 | 국어 | 영어 | 수학 | 평균 |
| 2 | 홍길동 | 83 | 90 | 73 | 82 |
| 3 | 이대한 | 65 | 87 | 91 | 81 |
| 4 | 한민국 | 80 | 75 | 100 | 85 |
| 5 | 평균 | 76 | 84 | 88 | 82.66667 |
| 6 | | | | | |

① Delete 를 누른 경우 (○)
　→ [C2:C4] 영역이 모두 삭제됨

❷ Backspace 를 누른 경우 (×)
　→ [C2] 셀 값인 '90'만 삭제됨

③ 마우스 오른쪽 단추의 바로 가기 메뉴에서 [내용 지우기]를 선택한 경우 (○)
　→ [C2:C4] 영역이 모두 삭제됨

④ [홈] 탭−[편집] 그룹에서 [지우기]−[내용 지우기]를 선택한 경우 (○)
　→ [C2:C4] 영역이 모두 삭제됨

❶ **가장 빠른 합격비법**
셀에서 데이터를 삭제하는 문제로, Backspace 를 누르면 영역에서 첫 번째 셀만 지워진다는 것을 기억하세요. 그리고 Delete 를 누르거나 '내용 지우기'를 선택하면 영역의 데이터를 모두 지울 수 있습니다.

## 31

📤 노른자 080

**다음 중 입력 데이터에 사용자 지정 표시 형식을 설정한 경우 표시 결과로 옳지 않은 것은?**

| | 입력 데이터 | 표시 형식 | 표시 결과 | |
|---|---|---|---|---|
| ① | 0 | # | | (○) |

　→ #은 유효한 자릿수만 표시하고, 유효하지 않은 0은 표시하지 않음

| | | | | |
|---|---|---|---|---|
| ② | 123.456 | #.# | 123.5 | |

| | | | | |
|---|---|---|---|---|
| ❸ | 100 | ##.## | 100.00 | (×) |

　→ 100에 표시 형식 '##.##'을 적용하면 '100.'이 표시됨. #은 유효한 자릿수만 표시하고, 유효하지 않은 0은 표시하지 않음

| | | | | |
|---|---|---|---|---|
| ④ | 12345 | #,### | 12,345 | |

❶ **가장 빠른 합격비법**
표시 형식은 다양한 형태로 자주 출제됩니다. 이 문제는 # 기호와 0의 쓰임새에 대한 비교적 단순한 문제이므로 확실하게 학습하세요.

# 32

→ 노른자 074

다음 중 데이터가 입력된 셀에서 채우기 핸들을 드래그하여 데이터를 채우는 경우에 대한 설명으로 옳은 것은?

① 일반적인 문자 데이터나 날짜 데이터는 그대로 복사되어 채워진다. (×)

→ 문자 데이터는 그대로 복사되고, 날짜 데이터는 1일씩 증가함

② 한 개의 숫자와 문자가 조합된 텍스트 데이터는 그대로 복사되어 채워진다. (×)

→ 한 개의 숫자와 문자가 조합된 텍스트 데이터는 숫자만 1씩 증가하고 문자는 그대로 복사되어 채워진다.

❸ 시간 데이터는 시간이 1씩 증가한다.

④ 숫자가 입력된 두 셀을 블록 설정하여 채우기 핸들을 드래그하면 두 숫자가 반복하여 채워진다. (×)

→ 숫자 데이터는 두 셀의 차이만큼 증가하거나 감소하면서 채워짐. 숫자를 반복해서 채우려면 숫자가 입력된 두 셀을 블록 설정한 후 Ctrl을 누른 상태에서 자동 채우기 핸들을 드래그해야 함

❶ 가장 빠른 합격비법
자동 채우기의 원리만 이해하면 쉽게 해결할 수 있어요. 특별부록 '시험에 자주 출제되는 엑셀 기능'에서 숫자, 문자, 날짜 등이 어떻게 변화하는지 실습해 보면서 자동으로 채워지는 원리만 생각해도 충분히 문제를 풀 수 있어요.

# 33

→ 노른자 107

다음 중 상품 가격이 2,500원인 물건에 대하여 총 판매액이 1,500,000원이 되게 하려면 판매 수량이 얼마나 되어야 하는지 알아보기 위해 사용하는 유용한 기능은?

① 피벗 테이블 (×)

→ 특정한 필드에 대해 행이나 열의 위치를 변경하여 목록을 필터링하거나 요약 및 분석할 때 사용함

❷ 목표값 찾기

③ 시나리오 (×)

→ 결과값을 예측하기 어려운 경우 여러 가지 가상 상황에 따른 결과값을 비교 및 분석하고 계획을 세우기 위해 사용함

④ 레코드 관리 (×)

→ 특정 자료에 대한 목록을 추가, 수정, 삭제할 때 사용함

❶ 가장 빠른 합격비법
난이도가 낮고 자주 출제되는 문제 유형은 아닙니다. 문제에서 보면 목표하는 값을 정하고 수식에 사용되는 셀의 값을 변경하는 것을 알 수 있는데, 이것이 바로 목표값 찾기의 기능입니다. 이와 함께 피벗 테이블과 시나리오에 대한 정의도 잘 익혀두세요.

# 34

→ 노른자 095

다음 중 아래의 워크시트에서 작성한 수식으로 결과값이 다른 것은?

|  | A | B | C | D |
|---|---|---|---|---|
| 1 | 1 | 30 |  |  |
| 2 | 2 | 20 |  |  |
| 3 | 3 | 10 |  |  |
| 4 |  |  |  |  |
| 5 |  |  |  |  |

① {=SUM((A1:A3*B1:B3))} (○)

→ [A1] 셀 값과 [B1] 셀 값의 곱, [A2] 셀 값과 [B2] 셀 값의 곱, [A3] 셀 값과 [B3] 셀 값의 곱을 모두 더함. 즉 $1*30 + 2*20 + 3*10 = 100$

② {=SUM(A1:A3*{30;20;10})} (○)

→ [A1] 셀 값과 30의 곱, [A2] 셀 값과 20의 곱, [A3] 셀 값과 10의 곱을 모두 더함. 즉 세미콜론(;)으로 행을 구분하여 $1*30 + 2*20 + 3*10 = 100$

❸ {=SUM(A1:A3*{30,20,10})} (×)

→ [A1:A3] 영역의 합계 6에 30과 20과 10을 각각 곱한 뒤 더함. 즉 $6*30 + 6*20 + 6*10 = 360$

④ =SUMPRODUCT(A1:A3,B1:B3) (○)

→ SUMPRODUCT 함수로 해당 요소들을 모두 곱하고 각 곱의 합을 구함. 즉 $1*30 + 2*20 + 3*10 = 100$

❶ 가장 빠른 합격비법
배열 수식은 매번 반드시 출제되므로 배열 수식의 문제와 함께 바르게 사용된 형식을 암기하는 것이 가장 좋습니다. 배열 수식에서 행을 구분하는 세미콜론(;)과 열을 구분하는 쉼표(,)의 차이점을 정확하게 기억하세요.

# 35

→ 노른자 126

아래의 프로시저를 이용하여 [A1:C3] 영역의 내용만 지우려고 한다. 다음 중 괄호 안에 들어갈 코드로 옳은 것은?

```
Sub Procedure( )
    Range("A1:C3").Select
    Selection.(        )
End Sub
```

① Clear (×)

→ 모두 지우기

② ClearFormats (×)

→ 서식 지우기

❸ ClearContents

④ ClearComments (×)

　→ 메모 지우기

❶ 가장 빠른 합격비법
VBA 명령(메서드)들은 자주 출제되지만 암기하기가 쉽지 않습니다. '노른자 126'과 기출문제를 통해 VBA 명령어를 정리한 후 시험장에 들어가기 전에 다시 한번 암기하는 것이 좋습니다.

# 36

↪ 노른자 091

다음 중 [A13] 셀에 수식 '=INDEX((A2:C6,A8:C11),2,2,1)'을 입력한 결과로 옳은 것은?

| | A | B | C | D |
|---|---|---|---|---|
| | VLOOKUP ▾ : × ✓ fx | | =INDEX((A2:C6,A8:C11),2,2,1) | |
| 1 | 과일 | 가격 | 개수 | |
| 2 | 사과 | ₩690 | ₩40 | |
| 3 | 바나나 | ₩340 | ₩38 | |
| 4 | 레몬 | ₩550 | ₩15 | |
| 5 | 오렌지 | ₩250 | ₩25 | |
| 6 | 배 | ₩590 | ₩40 | |
| 7 | | | | |
| 8 | 아몬드 | ₩2,800 | ₩10 | |
| 9 | 캐슈넛 | ₩3,550 | ₩16 | |
| 10 | 땅콩 | ₩1,250 | ₩20 | |
| 11 | 호두 | ₩1,750 | ₩12 | |
| 12 | | | | |
| 13 | =INDEX((A | | | |
| 14 | | | | |

① 690

❷ 340 (○)

　→ INDEX 함수의 형식은 'INDEX(범위,행 번호,열 번호,참조 영역 번호)'임. 따라서 이 함수식은 [A2:C6] 영역과 [A8:C11] 영역에서 첫 번째에 있는 [A2:C6] 영역의 2행 2열이 교차하는 [B3] 셀 값 '340'이 표시됨

③ 2800

④ 3550

❶ 가장 빠른 합격비법
INDEX 함수의 '행 번호'와 '열 번호'는 범위의 첫 번째 셀을 1행 1열로 인식합니다. 함수식에서는 '행 번호'와 '열 번호'의 순서가 혼동될 수 있지만, 수학 시간에 배운 '행렬'을 생각하면서 순서를 정확하게 기억하세요.

# 37

↪ 노른자 069~071

다음 중 **워크시트**에 관한 설명으로 옳지 **않은** 것은?

❶ 워크시트가 연속적으로 여러 개 선택된 상태에서 [Shift] + [F10]을 누르면 선택된 워크시트의 개수만큼 새로운 워크시트가 삽입된다. (×)

　→ 워크시트가 연속적으로 여러 개 선택된 상태에서 [Shift] + [F11]을 누르면 선택된 워크시트의 개수만큼 새로운 워크시트가 삽입됨

② 워크시트의 이름을 변경하지 못하도록 하려면 '통합 문서 보호' 명령을 사용한다.

③ 워크시트를 숨긴 경우 시트 탭 표시줄에는 표시되지 않지만, 다른 워크시트나 다른 통합 문서에서 계속 참조할 수 있다.

④ [페이지 레이아웃] 탭-[페이지 설정] 그룹-[배경] 명령을 이용하여 시트 배경 이미지를 화면에 표시할 수 있으나, 인쇄되지는 않는다.

❶ 가장 빠른 합격비법
워크시트에 대한 문제로, 자주 출제되지 않기 때문에 문제를 통해 학습하세요.

# 38

↪ 노른자 099

직원 현황표에서 이름이 세 글자이면서 '이'로 시작하고, TOEIC 점수가 600점 이상 800점 미만인 직원이거나, 직급이 '대리'이면서 연차가 3년 이상인 직원의 데이터를 추출하고자 한다. 다음 중 이를 위한 [고급 필터]의 검색 조건으로 옳은 것은?

❶

| 이름 | TOEIC | TOEIC | 직급 | 연차 |
|---|---|---|---|---|
| 이?? | >=600 | <800 | | |
| | | | 대리 | >=3 |

(○)

　→ ・~이고, ~이면서는 AND 조건으로, 같은 행에 조건 입력
　　・~ 또는, ~이거나는 OR 조건으로, 서로 다른 행에 조건 입력
　　・?는 한 문자를 대신하는 와일드카드 문자로, '이??'는 '이'로 시작하는 세 글자의 이름을 의미함

②

| 이름 | TOEIC | TOEIC | 직급 | 연차 |
|---|---|---|---|---|
| 이** | >=600 | | 대리 | |
| | | <800 | | >=3 |

③

| 이름 | TOEIC | TOEIC | 직급 | 연차 |
|---|---|---|---|---|
| 이?? | >=600 | | 대리 | |
| | | <800 | | >=3 |

④

| 이름 | TOEIC | TOEIC | 직급 | 연차 |
|---|---|---|---|---|
| 이** | >=600 | <800 | | |
| | | | 대리 | >=3 |

❶ 가장 빠른 합격비법
고급 필터는 약 50%의 확률로 출제되는 문제 유형입니다. 같은 행에 작성된 조건은 AND(그리고), 다른 행에 작성된 규칙은 OR(또는)이므로 문제에서 제시하는 조건 중 '~하고(AND)', '~이면서(AND)', '~이거나(OR)' 등과 같은 부분을 유심히 살펴보세요.

## 39

↗ 노른자 099

다음 중 고급 필터 실행을 위한 조건 지정 방법에 대한 설명으로 옳지 않은 것은?

① 함수나 식을 사용하여 조건을 입력하면 셀에는 비교되는 현재 대상의 값에 따라 'TRUE'나 'FALSE'가 표시된다.

② 함수를 사용하여 조건을 입력하는 경우 원본 필드명과는 다른 필드명을 조건 레이블로 사용해야 한다.

❸ 다양한 함수와 식은 혼합하여 사용할 수 없고 별도로 조건을 지정해야 한다. (×)
→ 다양한 함수와 식을 혼합하여 조건을 지정할 수 있음

④ 텍스트 데이터를 필터링할 때 영문자의 대·소문자는 구분되지 않으나 수식으로 대·소문자를 구분하여 검색할 수 있다.

❶ 가장 빠른 합격비법
고급 필터에도 함수식을 사용할 수 있다는 점을 기억하세요. 이 부분은 실기에도 이어지는 내용이므로 잘 익혀두세요.

## 40

↗ 노른자 118~119

다음 중 매크로에 대한 설명으로 옳지 않은 것은?

① 매크로 기록 시 리본 메뉴에서의 탐색도 매크로 기록에 포함되지 않는다.

❷ 매크로 이름은 숫자로 시작할 수 있으나 공백으로는 시작할 수 없다. (×)
→ 매크로 이름은 반드시 문자로 시작해야 하고 공백, 기호, 구두점을 포함할 수 없음. 첫 번째 문자 이후에 문자, 숫자, 밑줄 표시 등을 추가할 수 있지만, 최대 80글자로 제한됨

③ 매크로를 사용하면 반복적인 작업을 빠르고 쉽게 실행할 수 있다.

④ 그래픽 개체에 매크로를 지정한 후 개체를 클릭하여 매크로를 실행할 수 있다.

❶ 가장 빠른 합격비법
매크로 이름은 숫자로 시작할 수 없고 공백도 허용하지 않습니다. 예를 들어 '1위 에듀윌'과 같은 매크로 이름은 사용할 수 없습니다.

---

3과목 데이터베이스 일반

## 41

↗ 노른자 174

다음 중 아래의 이벤트 프로시저에서 [Command1] 단추를 클릭했을 때의 실행 결과로 옳은 것은?

```
Private Sub Command1_Click( )
    ∟ 'Command1'을 클릭하면 아래쪽의 명령을 실행함

    DoCmd.OpenForm "사원정보", acNormal
    ∟ '사원정보' 폼이 열림

    DoCmd.GoToRecord , , acNewRec
    ∟ 특정 레코드로 이동          ∟ 새 레코드를 추가할 수 있도록
                                첫 번째 빈 레코드로 이동

End Sub
```

① [사원정보] 테이블이 열리고, 가장 마지막 행의 새 레코드에 포커스가 표시된다.

② '사원정보' 폼이 열리고, 첫 번째 레코드의 가장 왼쪽 컨트롤에 포커스가 표시된다.

③ '사원정보' 폼이 열리고, 마지막 레코드의 가장 왼쪽 컨트롤에 포커스가 표시된다.

❹ '사원정보' 폼이 열리고, 새 레코드를 입력할 수 있도록 비워진 폼이 표시된다.

❶ 가장 빠른 합격비법
프로시저의 내용은 어려워 보이지만, 이론을 모두 이해할 필요는 없습니다. 'OpenForm'은 '폼이 열림', 'GoToRecord'는 '레코드로 이동하라'와 같은 정도로 이해할 수 있도록 학습하세요.

## 42

↗ 노른자 164

다음 중 작성할 수 있는 보고서의 종류로 옳지 않은 것은?

① 우편물 레이블

② 업무 문서 양식

③ 우편엽서

❹ 차트 보고서 (×)
→ 보고서의 종류에는 레이블, 업무 문서 양식, 우편엽서 등이 있음

❶ 가장 빠른 합격비법
보고서와 관련된 문제는 시험에서 매번 한 문제 이상 출제됩니다. '노른자 164'를 확실하게 학습하고 암기하세요.

# 43

📲 노른자 158

**다음 중 폼 작성 시 사용하는 컨트롤에 대한 설명으로 옳지 <u>않은</u> 것은?**

① 레이블 컨트롤은 제목이나 캡션 등의 설명 텍스트를 표현하기 위해 많이 사용된다.

❷ 텍스트 상자는 바운드 컨트롤로 사용할 수 있으나 언바운드 컨트롤로는 사용할 수 없다. (✕)

→ 텍스트 상자는 기본적으로 언바운드 컨트롤로 작성됨. 텍스트 상자의 [속성 시트] 창을 열고 [데이터] 탭의 '컨트롤 원본' 속성에서 테이블 또는 쿼리의 필드를 지정하여 바운드 컨트롤로 사용할 수 있음

③ 목록 상자 컨트롤은 여러 개의 데이터 행으로 구성되며, 대개 몇 개의 행을 항상 표시할 수 있는 크기로 지정되어 있다.

④ 콤보 상자 컨트롤은 선택 항목 목록을 보다 간단한 방식으로 나타내기 위해 드롭다운 화살표를 클릭하기 전까지는 목록이 숨겨져 있다.

❶ **가장 빠른 합격비법**
폼에 삽입되는 컨트롤의 종류와 특징도 시험문제에 자주 출제되고 있습니다. 그러므로 텍스트 상자 컨트롤, 레이블 컨트롤, 단추 컨트롤, 콤보 상자 컨트롤 등을 반드시 학습하세요.

# 44

📲 노른자 147, 173

**다음 중 폼의 작성 과정에 대한 다음 설명 중 옳지 <u>않은</u> 것은?**

① 폼이 여러 레코드를 표시하도록 '기본 보기' 속성을 '연속 폼'으로 설정했다.

❷ 폼이 실행되자마자 [분류] 레코드를 사용하도록 다음과 같은 이벤트 프로시저를 작성했다. (✕)

```
Private Sub Form_Load( )

    ME.RecordSet = "분류"

End Sub
```

→ [분류] 레코드를 사용하려면 'Me.RecordSource = "분류"'로 작성해야 함

③ 학과별 자격 취득자 수를 집계하여 보여주는 폼의 '레코드 원본' 속성을 다음과 같이 지정했다. 단, [자격취득] 테이블은 '취득일', '학번', '학과명', '자격증코드', '자격증명'으로 구성되어 있다.

```
SELECT 학과명, Count(*) as 취득자수
```
　　└ '학과명'과 레코드의 수를 '취득자수'로 출력함

```
FROM 자격취득 GROUP BY 학과명;
```
　　└ [자격취득] 테이블에서 '학과명'으로 그룹화함

④ 'cmb조회' 명령 단추를 클릭하면 '이름' 필드의 값과 'txt조회' 컨트롤에 입력된 문자열이 일치하는 레코드를 표시하도록 다음과 같은 이벤트 프로시저를 작성했다.

```
Private Sub cmb조회_Click( )

    ME.Filter = "이름 = '"& txt조회 & "'"
```
　　└ '이름' 필드의 레코드와 'txt조회'에 입력한 텍스트가 같은 레코드를 필터링함

```
End Sub
```

❶ **가장 빠른 합격비법**
①, ③, ④ 선지로 폼의 작성 과정을 학습하세요. 특히 ③ 선지는 시험에 자주 출제되므로 SELECT문의 사용 방법을 반드시 기억해야 합니다.

# 45

📲 노른자 165

**다음 중 테이블의 [디자인 보기]에서 설정 가능한 작업에 해당하지 <u>않는</u> 것은?**

❶ 폼 필터를 적용하여 조건에 맞는 레코드만 표시할 수 있다. (✕)

→ 폼 필터는 '테이블'의 [디자인 보기]가 아니라 '폼'의 [디자인 보기]에서 설정할 수 있음

② 필드의 '설명'에 입력한 내용은 테이블 구조에 영향을 미치지 않고 상태 표시줄에 표시된다.

③ 컨트롤 표시 속성은 텍스트 상자, 목록 상자, 콤보 상자 중에서 선택할 수 있다.

④ 한 개 이상의 필드를 선택하여 기본 키로 설정할 수 있다.

❶ **가장 빠른 합격비법**
[디자인 보기]는 테이블, 폼, 보고서에서 동일하게 등장하는 보기 형태입니다. 각 [디자인 보기] 상태에서 어떤 작업을 할 수 있는지 특별부록 '시험에 자주 출제되는 액세스 기능'을 실습하면서 잘 익혀두세요.

## 46

➦노른자 173

**다음 중 아래에서 설명하는 폼의 이벤트로 가장 적절한 것은?**

---

• 폼이 열릴 때마다 발생
• 포커스가 한 레코드에서 다른 레코드로 이동할 때 발생
• 폼을 새로 고치거나 폼의 원본 데이터를 다시 쿼리할 때 발생
• 폼에서 이루어지는 작업의 결과를 수시로 반영하는 프로시저를 수행할 때 유용

---

❶ Current (○)
→ 포커스가 레코드로 이동하여 이 레코드를 현재 레코드로 설정하거나, 폼을 새로 고치거나, 다시 쿼리할 때 발생하는 이벤트

② Open (×)
→ 폼을 열어 레코드를 처음으로 표시하기 전이나 보고서를 열어 인쇄하기 전에 발생하는 이벤트

③ Activate (×)
→ 폼이나 보고서가 활성화될 때 발생하는 이벤트

④ Load (×)
→ 폼을 열어 레코드가 표시될 때 발생하는 이벤트

> ❶ **가장 빠른 합격비법**
> 폼의 이벤트에 관련된 내용도 자주 출제됩니다. 따라서 문제 위주로 학습하고 시험장에 들어가기 전에 이벤트에 대해 암기하는 방법을 추천합니다.

## 47

➦노른자 164

**다음 중 보고서에 대한 설명으로 옳지 않은 것은?**

① 보고서에 포함할 필드가 모두 한 테이블에 있는 경우 해당 테이블을 레코드 원본으로 사용한다.

② 둘 이상의 테이블을 이용하여 보고서를 작성하는 경우 쿼리를 만들어 레코드 원본으로 사용한다.

③ '보고서' 도구를 사용하면 정보를 입력하지 않아도 바로 보고서가 생성되므로 매우 쉽고 빠르게 보고서를 만들 수 있다.

❹ '보고서 마법사'를 이용하는 경우 필드 선택은 여러 개의 테이블 또는 하나의 쿼리에서만 가능하며, 데이터 그룹화 및 정렬 방법을 지정할 수도 있다. (×)
→ '보고서 마법사'를 이용하는 경우 여러 개의 테이블이나 다양한 쿼리에서 필드를 선택할 수 있음

> ❶ **가장 빠른 합격비법**
> 보고서와 관련된 문제는 시험에서 매번 한 문제 이상 출제됩니다. 그러므로 '노른자 164'를 확실하게 학습하고 암기하세요.

## 48

➦노른자 157

**다음 중 하위 폼에 대한 설명으로 옳지 않은 것은?**

① 하위 폼은 별도의 독립된 형태로도 열 수 있다.

② 기본 폼이 포함할 수 있는 하위 폼의 수는 무제한이고, 중첩된 하위 폼은 최대 일곱 개 수준까지 만들 수 있다.

③ [직접 지정]을 이용하면 테이블 간에 관계가 설정되어 있지 않은 경우에도 하위 폼으로 연결할 수 있다.

❹ 연결된 기본 폼과 하위 폼 모두 연속 폼의 형태로 표시할 수 있다. (×)
→ 하위 폼은 '단일 폼', '연속 폼', '데이터시트' 형태로 표시할 수 있지만, 기본 폼은 '단일 폼' 형태로만 표시할 수 있음

> ❶ **가장 빠른 합격비법**
> 하위 폼에 대한 기본적인 내용입니다. 자주 출제되는 문제 유형이기 때문에 문제와 '노른자 157'을 반드시 학습해서 하위 폼에 대한 틀린 설명을 확실하게 고를 수 있도록 준비하세요.

## 49

➦노른자 170

**다음 중 매크로에 대한 설명으로 옳지 않은 것은?**

❶ 액세스에서도 엑셀처럼 매크로 기록 기능을 사용할 수 있다. (×)
→ 엑셀에서는 매크로 기록 기능을 사용할 수 있지만, 액세스에서는 지원하지 않는 기능임

② Access의 매크로는 작업을 자동화하고 양식, 보고서 및 컨트롤에 기능을 추가할 수 있게 해 주는 도구이다.

③ 이미 매크로에 추가한 작업을 반복해야 하는 경우 매크로 동작을 복사하여 붙여넣으면 된다.

④ 각 매크로는 하위 매크로도 포함시킬 수 있다. (○)
→ 매크로(Macro)는 반복적인 작업을 하나의 명령어로 지정하여 사용하는 기능으로, 각 매크로는 하위 매크로도 포함할 수 있다.

> ❶ **가장 빠른 합격비법**
> 매크로에 대한 문제는 시험에 50%의 비율로 출제됩니다. 따라서 매크로의 바로 가기 키, 매크로 이름, 매크로 함수 부분을 정확하게 확인하고 넘어가세요.

# 50

➦ 노른자 162

**다음 중 폼이나 보고서에서 사용되는 [조건부 서식]에 대한 설명으로 옳은 것은?**

❶ 조건에 맞는 경우 적용할 서식과 조건에 맞지 않을 경우 적용할 기본 서식을 함께 지정할 수 있다.

② 레이블 컨트롤에는 필드값을 기준으로 하는 규칙만 설정할 수 있다. (×)
  → [조건부 서식]은 텍스트 상자 컨트롤과 콤보 상자 컨트롤에만 설정할 수 있고, 레이블 컨트롤에는 [조건부 서식]을 설정할 수 없음

③ 하나의 컨트롤에 규칙을 세 개까지 지정할 수 있으며, 규칙별로 다양한 서식을 지정할 수 있다. (×)
  → 하나의 컨트롤에 조건부 서식을 최대 50개까지 지정할 수 있음

④ 규칙 유형에서 '다른 레코드와 비교'를 선택하면 적용할 형식으로 아이콘 집합을 적용할 수 있다. (×)
  → 아이콘 집합이 아니라 데이터 막대 형식을 설정할 수 있음

❶ **가장 빠른 합격비법**
자주 출제되는 문제 유형이 아니므로 문제를 통해 [조건부 서식]에 대해 살펴보고 넘어가세요.

# 51

➦ 노른자 127~128

**다음 중 데이터베이스를 이용하는 경우의 장점으로 가장 옳은 것은?**

① 데이터 간의 종속성을 유지할 수 있다. (×)
  → 데이터베이스를 이용하면 데이터 간의 종속성을 제거할 수 있음

② 데이터 관리 비용을 절감할 수 있다. (×)
  → 응용 프로그램 개발 및 유지 보수 비용은 절감할 수 있지만, 데이터베이스 관리 시스템(DBMS) 구입 비용과 데이터베이스 관리자(DBA) 인건비 등을 의미하는 데이터 관리 비용은 증가함

❸ 데이터의 일관성 및 무결성을 유지할 수 있다.

④ 데이터를 중복적으로 관리하므로 시스템에 문제가 발생해도 복구가 쉽다. (×)
  → 데이터베이스를 이용해 데이터의 중복을 최소화할 수 있음

❶ **가장 빠른 합격비법**
데이터베이스와 관련된 문제는 반드시 출제됩니다. 데이터베이스를 사용하는 이유는 '종속성을 제거한 독립성', '중복의 최소화'인 것을 반드시 기억하세요.

# 52

➦ 노른자 147

**다음 중 SQL 문장의 WHERE절에 대한 설명으로 옳지 않은 것은?**

① WHERE 부서 = '영업부': '부서' 필드의 값이 '영업부'인 레코드가 검색된다.

❷ WHERE 나이 BETWEEN 28 in 40: '나이' 필드의 값이 29에서 39 사이인 레코드가 검색된다. (×)
  → BETWEEN A AND B 구문은 A 이상이고 B 이하인 데이터를 조회하는 SQL임

③ WHERE 생일 = #1996-5-10#: '생일' 필드의 값이 1996-5-10인 레코드가 검색된다.

④ WHERE 입사년도 = 1994: '입사년도' 필드의 값이 1994인 레코드가 검색된다.

❶ **가장 빠른 합격비법**
3과목 '데이터베이스 일반'에서 가장 많이 출제되는 문제는 SELECT문의 사용 방법입니다. 그중에서도 WHERE절에 관련된 문제가 가장 많이 출제되므로 SQL에서 삽입 쿼리 부분을 반드시 학습해야 합니다.

# 53

➦ 노른자 131

**다음 중 외래 키 값을 관련된 테이블의 기본 키 값과 동일하게 유지해 주는 제약 조건은?**

① 동시 제어성

② 관련성

❸ 참조 무결성 (○)
  → 참조 무결성(Referential Integrity)이란, 릴레이션(Relation)은 참조할 수 없는 외래 키(Foreign Key) 값을 가져서는 안 된다는 조건임. 이때 외래 키 값은 참조하는 릴레이션의 기본 키 값이거나 Null이어야 하는데, 외래 키는 다른 릴레이션의 기본 키를 참조하는 키임

④ 동일성

❶ **가장 빠른 합격비법**
외래 키에 대한 제약 조건은 '참조 무결성'이라는 것을 반드시 기억하세요. 참조 무결성은 기본 키가 갖는 값이나 공백(Null)이어야 한다는 의미입니다.

# 54

↪ 노른자 158

**다음 중 폼 작성에 대한 설명으로 옳지 않은 것은?**

① [컨트롤 마법사]를 이용하여 '폼 닫기' 매크로를 실행시키는 명령 단추를 삽입할 수 있다.

② 폼 속성 시트에서 그림을 설정하면 폼의 배경 그림으로 표시된다.

③ 사각형, 직선 등의 도형 컨트롤을 삽입할 수 있다.

❹ [텍스트 상자] 컨트롤을 지칭하는 이름은 중복 설정이 가능하다. (×)
  → 폼을 작성할 때 컨트롤을 지칭하는 컨트롤 이름은 중복 설정할 수 없음

> ❶ **가장 빠른 합격비법**
> 폼 작성에서 삽입할 수 있는 컨트롤의 종류는 시험에 자주 출제되므로 꼼꼼하게 학습하세요.

# 55

↪ 노른자 167

**다음 중 보고서의 그룹화 및 정렬에 대한 설명으로 옳지 않은 것은?**

① '그룹'은 머리글과 같은 소계 및 요약 정보와 함께 표시되는 레코드의 모음으로, 그룹 머리글, 세부 레코드 및 그룹 바닥글로 구성된다.

② 그룹화할 필드가 날짜 데이터이면 실제 값(기본), 일, 주, 월, 분기, 연도를 기준으로, 문자 데이터이면 전체 필드(기본) 또는 처음 첫 자에서 다섯 자까지 문자 수를 기준으로 그룹화할 수 있다.

③ SUM 함수를 사용하는 계산 컨트롤을 그룹 머리글에 추가하면 현재 그룹에 대한 합계를 표시할 수 있다.

❹ 필드나 식을 기준으로 최대 10단계까지 그룹화할 수 있으며, 같은 필드나 식은 한 번씩만 그룹화할 수 있다. (×)
  → 필드나 식을 기준으로 최대 열 개까지 그룹화할 수 있고, 같은 필드나 식도 계속 그룹화할 수 있음

> ❶ **가장 빠른 합격비법**
> 그룹화 및 정렬에서 자주 출제되는 문제 유형입니다. 그중에서도 열 개까지 그룹 및 정렬, 그룹 머리글이나 그룹 바닥글에 요약 함수(SUM, AVG 등)를 사용할 수 있는 점을 반드시 체크하세요.

# 56

↪ 노른자 158

**다음 중 제공된 항목에서만 값을 선택할 수 있으며 직접 입력할 수는 없는 컨트롤은?**

① 텍스트 상자 (○)
  → 폼이나 보고서의 원본으로 사용하는 데이터나 계산 결과를 표시하는 컨트롤

② 레이블 (○)
  → 제목이나 캡션, 설명 등과 같은 텍스트를 표시하는 컨트롤

③ 콤보 상자 (○)
  → 텍스트 상자와 목록 상자가 결합된 형태로, 좁은 공간에서 유용하게 사용하는 컨트롤

❹ 목록 상자 (×)
  → 콤보 상자와 비슷한 컨트롤로, 목록의 데이터만 사용할 수 있는 형태의 컨트롤

> ❶ **가장 빠른 합격비법**
> 텍스트 상자는 텍스트를, 레이블은 이름표를 입력하기 위한 컨트롤이고, 콤보 상자는 선택하거나 입력하는 컨트롤입니다. 그리고 목록(리스트) 상자는 선택만 가능하다는 것을 기억하면서 각각의 컨트롤의 특성을 잘 비교해서 학습하면 좋습니다.

# 57

↪ 노른자 172

**다음 중 프로시저에 대한 설명으로 옳지 않은 것은?**

① 프로시저는 연산을 수행하거나 값을 계산하는 일련의 명령문과 메서드로 구성된다.

❷ 명령문은 대체로 프로시저나 선언 구역에서 한 줄로 표현되고, 명령문의 끝에는 세미콜론(;)을 찍어 구분한다. (×)
  → 명령문은 한 줄 이상 표시할 수 있고, 명령문의 끝에는 세미콜론(;)을 사용하지 않음

③ 이벤트 프로시저는 특정 객체에 해당 이벤트가 발생하면 자동으로 실행되나, 다른 프로시저에서도 이를 호출하여 실행할 수 있다.

④ Function 프로시저는 Function문으로 함수를 선언하고 End Function문으로 함수를 끝낸다.

> ❶ **가장 빠른 합격비법**
> 액세스의 프로시저는 C 언어와 JAVA 등의 프로그래밍 언어에서 사용하는 명령문, Function, 메서드와 유사한 방법으로 사용하지만, 문장 구분자(;)는 사용하지 않습니다.

## 58

↪ 노른자 159

다음 중 **폼에서 컨트롤을 선택하는 방법**에 대한 설명으로 옳은 것은?

① 여러 개의 컨트롤들을 선택하려면 Alt 를 누른 채 원하는 컨트롤을 각각 클릭한다. (×)
  → 하나의 컨트롤을 선택하고 Ctrl 또는 Shift 를 누른 상태에서 다른 컨트롤을 차례대로 클릭해야 여러 개의 컨트롤들을 선택할 수 있음

❷ 일정한 영역의 컨트롤들을 한 번에 모두 선택하려면 마우스로 선택할 컨트롤들이 다 포함되도록 해당 영역을 크게 드래그한다.

③ 정렬된 여러 개의 컨트롤들을 모두 선택하려면 맨 위에 위치한 컨트롤을 클릭한 후 마지막에 위치한 컨트롤을 Shift 를 누른 채 클릭한다. (×)
  → 연속적인 컨트롤들을 선택하려면 해당 컨트롤들이 모두 포함되도록 마우스로 크게 드래그해야 함

④ 본문 영역 안의 컨트롤들만 모두 선택하려면 Ctrl + A 를 누른다. (×)
  → Ctrl + A 를 누르면 모든 컨트롤을 선택할 수 있음

❶ **가장 빠른 합격비법**
  엑셀에서 셀을 선택하는 것과 폼에서 컨트롤을 선택하는 것은 다릅니다. 여러 개의 컨트롤을 선택하려면 Ctrl 이나 Shift 를 사용한다는 것을 꼭 기억하세요.

## 59

↪ 노른자 164

다음 중 디자인이 미리 정해져 있는 **거래명세서나 세금계산서를 가장 손쉽게 생성할 수 있는 보고서 관련 명령**은?

① 새 보고서

② 보고서 마법사

③ 보고서 디자인

❹ 업무 문서 양식 마법사 (○)
  → 거래명세서나 세금계산서 등과 같이 기업에서 사용하는 양식을 출력하기 위한 보고서 명령임

❶ **가장 빠른 합격비법**
  보고서의 종류에 대한 내용으로, 보고서 관련 명령을 익혀두세요.

## 60

↪ 노른자 142

다음 중 '**외부 데이터 가져오기**' 기능을 이용하여 테이블에 데이터를 가져올 때 적절하지 **않은** 파일 형식은?

① 텍스트 파일

② Excel 파일

❸ Word 파일 (×)
  → 외부 데이터로 가져올 수 있는 파일에는 Excel 파일, 텍스트 파일, XML 파일, HTML 파일 등이 있고, 한글 파일이나 Word 파일은 가져올 수 없음

④ XML 파일

❶ **가장 빠른 합격비법**
  액세스에서 '외부 데이터 가져오기' 기능을 설명할 때 선지에 Word 파일을 넣어서 잘못된 선지를 제시하곤 합니다. 따라서 이 문제와 함께 액세스에서 가져올 수 있는 데이터의 형식을 정확하게 기억하세요.

# 답만 보는 제2회 복원문제

## 1과목 컴퓨터 일반

### 01
↗ 노른자 049

다음 중 정보통신망의 구성 형태를 설명한 내용으로 옳지 않은 것은?

① 망형(Mesh Topology)은 네트워크의 모든 노드들이 서로 연결되는 방식으로, 특정 노드에 이상이 생겨도 전송이 가능하다.

② 링형(Ring Topology)은 회선이나 노드 중 하나라도 문제가 발생하면 전체 통신망에 영향을 미쳐서 쉽게 해결하기 힘들다.

❸ 트리형(Tree Topology)은 모든 노드들을 하나의 원형으로 연결하는 구조로, 통신 제어가 간단하고 신뢰성이 높아 특정 노드의 문제도 쉽게 해결할 수 있다. (×)
  → 트리형은 하나의 노드에 여러 개의 노드가 트리형으로 연결되어 있는 형태로, '계층형'이라고 함. 통신 회선 수 절약, 네트워크 확장 용이, 통신 선로가 짧다는 것이 장점이고, 상위 노드에 문제가 발생했을 때 하위 노드 전체에 영향을 미치며 중앙 지점에서 병목 현상이 발생할 수 있다는 것이 단점임

④ 버스형(Bus Topology)은 모든 노드들이 하나의 케이블에 연결되어 있으며, 케이블 종단에는 종단 장치가 있어야 한다.

❶ 가장 빠른 합격비법
정보통신망의 구성 형태는 시험에 자주 출제되는 문제입니다. '노른자 049'를 그림과 함께 학습하면 오래 기억할 수 있답니다.

### 02
↗ 노른자 051

다음 중 통신망 간의 접속 장치 중 OSI 7계층의 네트워크 계층까지 담당하면서 통신망의 경로 선택 등을 전담하는 장치는?

① 리피터 (×)
  → 약해진 신호를 증폭하며 다음 구간으로 전달하는 장치

② 브리지 (×)
  → 독립된 두 개의 근거리 통신망을 상호접속하는 연결 장치

③ 라우터 (○)
  → 데이터 전송을 위한 최적의 IP 경로를 찾아 전송하는 장치

④ 모뎀 (×)
  → 디지털 신호를 아날로그 신호로 변환하여 전송하고, 수신된 신호를 다시 디지털 신호로 변환하는 장치

❶ 가장 빠른 합격비법
브리지, 라우터, 리피터, 게이트웨이에 대한 내용과 OSI 7계층을 서로 연관 지어 학습하세요.

### 03
↗ 노른자 046

다음 중 GIF 파일 형식에 대한 설명으로 옳지 않은 것은?

① 인터넷 표준 그래픽 형식으로, 8비트 컬러를 사용하여 256색만 지원한다.

② 간단한 애니메이션 표현이 가능하다.

③ 색상의 무손실 압축 기술을 사용한다.

❹ 벡터 방식으로 이미지를 표현한다. (×)
  → GIF는 비트맵(Bitmap) 방식으로 그래픽을 표현함

❶ 가장 빠른 합격비법
'움짤'을 아나요? '움짤'을 만드는 이미지 형식이 바로 GIF입니다. GIF는 JPG나 PNG보다 품질이 떨어지지만, 움직이는 그림을 만들 수 있다는 게 가장 큰 특징입니다. 그 외에도 이미지 형식의 종류별 특징을 알아두세요.

### 04
↗ 노른자 004

다음 중 Windows 10에서 바로 가기 아이콘에 관한 설명으로 옳지 않은 것은?

❶ 바로 가기 아이콘을 삭제하면 원본 파일도 삭제된다. (×)
  → 바로 가기 아이콘은 원본 파일의 위치 정보만 가지고 있기 때문에 바로 가기 아이콘을 삭제해도 원본 파일은 삭제되지 않음

② 파일, 폴더뿐만 아니라 디스크 드라이브나 프린터에도 바로 가기 아이콘을 만들 수 있다.

③ 일반 아이콘과 비교하여 왼쪽 아랫부분에 화살표(↗)가 포함되어 표시된다.

④ 하나의 원본 파일에 여러 개의 바로 가기 아이콘을 만들 수 있다.

> **❶ 가장 빠른 합격비법**
> 바로 가기 아이콘에 대해서는 종종 출제되지만 출제되는 선지는 비슷하므로 문제를 통해 확실히 학습하세요.

# 05 ↗노른자 047

**다음 중 MP3 파일의 크기를 결정하는 요소에 해당하지 않는 것은?**

① 표본 추출률(Hz) (○)
→ 오디오 데이터의 파일 크기(Byte)는 '표본 추출률(Hz)×샘플 크기(Bit) / 8×시간×재생 방식(모노＝1, 스테레오＝2)'로 구함

② 샘플 크기(Bit)

③ 재생 방식(Mono, Stereo)

❹ 프레임 너비(Pixel) (×)
→ 프레임 너비는 비디오 데이터 파일의 크기를 계산할 때 필요한 요소임

> **❶ 가장 빠른 합격비법**
> 이 문제와 해설의 공식은 자주 출제되지 않습니다. 특별히 암기할 필요는 없고 문제로 학습하는 것을 추천합니다.

# 06 ↗노른자 028

**다음 중 컴퓨터에서 사용하는 ASCII 코드에 관한 설명으로 옳지 않은 것은?**

① 각 문자를 7비트로 표현하며, 총 128개의 문자 표현이 가능하다.

② 일반적으로 ASCII 코드는 7비트이지만, 확장 ASCII 코드는 1비트가 추가되어 8비트로 구성된다.

③ 데이터 처리 및 통신 시스템 상호 간의 정보 교환을 위해 사용된다.

❹ 세계 각국의 언어를 표현할 수 있다. (×)
→ 세계 각국의 언어를 2바이트(16비트)로 표현하는 국제 표준 코드인 유니코드(Unicode)에 대한 설명

> **❶ 가장 빠른 합격비법**
> ASCII 코드는 7비트(확장형 8비트), 유니코드는 16비트라는 것을 꼭 기억하세요. ASCII 코드는 7비트이므로 $2^7$(128)개의 문자만 표현할 수 있어서 당연히 세계 각국의 다양한 문자를 표현하는 데 부족합니다.

# 07 ↗노른자 025

**다음 중 Windows 10에서 설치된 기본 프린터의 [인쇄 관리자] 창에서 실행할 수 있는 작업으로 옳지 않은 것은?**

① 인쇄 작업이 시작된 문서도 중간에 강제로 인쇄를 종료할 수 있으며, 잠시 중지시켰다가 다시 인쇄할 수 있다.

② [프린터] 메뉴에서 [모든 문서 취소]를 선택하면 스풀러에 저장되어 있는 모든 인쇄 작업을 취소할 수 있다.

③ 인쇄 대기 중인 문서를 삭제하거나 출력 대기 순서를 임의로 조정할 수 있다.

❹ [인쇄 관리자] 창에서 인쇄 대기 중인 문서를 편집할 수 있다. (×)
→ 인쇄 대기 중인 문서는 편집할 수 없지만 삭제는 가능

> **❶ 가장 빠른 합격비법**
> 프린터와 관련된 문제는 많이 출제되고 있지 않습니다. 하지만 어려운 내용이 아니므로 '노른자 025'를 한두 번 정도 읽어보면서 학습하면 좋습니다.

# 08 ↗노른자 015

**다음 중 Windows 10에서 [시스템 속성] 대화상자의 [고급] 탭에서 설정 가능한 기능으로 옳지 않은 것은?**

① 프로세서 리소스 할당 방법, 가상 메모리의 크기 등을 지정할 수 있다. (○)
→ [시스템 속성] 대화상자-[고급] 탭의 '성능'에서 설정할 수 있음

❷ 컴퓨터의 디스크에 대해 시스템 보호를 설정하거나 해제할 수 있다. (×)
→ [시스템 속성] 대화상자-[시스템 보호] 탭에서 시스템을 보호 및 해제할 수 있음

③ 사용자 계정과 관련된 바탕 화면 설정과 기타 정보를 확인하고 사용자 유형 변경, 삭제, 복사 등의 작업을 할 수 있다. (○)
→ [시스템 속성] 대화상자-[고급] 탭의 '사용자 프로필'에서 설정할 수 있음

④ 시스템에 이상이 있을 경우에 취할 수 있는 방법을 지정할 수 있다. (○)
→ [시스템 속성] 대화상자-[고급] 탭의 '시작 및 복구'에서 설정할 수 있음

> **❶ 가장 빠른 합격비법**
> [시스템 속성] 대화상자의 각 탭에 대한 문제는 까다로운 문제에 속합니다. 컴퓨터에서 [시스템 속성] 대화상자를 살펴보면서 문제와 함께 학습하는 방법이 가장 좋습니다.

## 09

➡ 노른자 026

**다음 중 아날로그 컴퓨터와 비교하여 디지털 컴퓨터의 특징으로 옳지 않은 것은?**

① 데이터의 각 자리마다 0 혹은 1의 비트로 표현한 이산적인 데이터를 처리한다.

② 데이터 처리를 위한 명령어들로 구성된 프로그램에 의해 동작된다.

❸ 온도, 전압, 진동 등과 같이 연속적으로 변하는 데이터를 효율적으로 처리할 수 있다. (×)
→ 아날로그 컴퓨터는 전류, 전압, 온도 등 연속적인 데이터를, 디지털 컴퓨터는 숫자, 문자 등의 비연속적인 데이터를 처리함

④ 산술 및 논리 연산을 처리하는 회로에 기반을 둔 범용 컴퓨터로 사용된다.

> ❶ 가장 빠른 합격비법
> 디지털은 0과 1로 구성되었고, 아날로그는 연속되는 데이터라는 것을 기억하면 쉽게 풀 수 있는 문제입니다.

## 10

➡ 노른자 050

**다음 중 정보통신망의 종류에 따른 설명으로 바르지 못한 것은?**

① 근거리 통신망(LAN): 집, 학교, 회사 등 한정된 공간에서 자원을 공유할 목적으로 연결된 통신망

❷ 부가 가치 통신망(VAN): 전화국과 가입자 단말 사이에 무선 시스템을 이용하여 구성하는 통신망 (×)
→ 무선 가입자 회선(WLL; Wireless Local Loop)에 대한 설명. 부가 가치 통신망(VAN; Value Added Network)은 통신 회선을 임대한 후 기존의 정보에 새로운 정보나 서비스를 추가하여 다수의 이용자에게 판매하는 통신망

③ 도시권 정보 통신망(MAN): 대도시와 같은 지역에 데이터 전송을 제공하는 통신망

④ 광역 통신망(WAN): 국가나 대륙 등 넓은 지역을 연결하는 통신망

> ❶ 가장 빠른 합격비법
> 정보통신망을 거리에 따라서 분류하면 LAN → MAN → WAN의 순서로 멀어집니다. 이 순서대로 꼭 기억하세요.

## 11

➡ 노른자 036

**다음 중 어떤 장치가 다른 장치의 일을 잠시 중단시키고 자신의 상태 변화를 알려주는 것을 뜻하는 용어로 옳은 것은?**

① 클라이언트/서버 (×)
→ 클라이언트(Client)는 다른 프로그램에게 서비스를 요청하는 프로그램이고, 서버(Server)는 이러한 요청에 응답해 주는 프로그램

❷ 인터럽트 (○)
→ 프로그램을 실행하는 도중에 예기치 않은 상황이 발생할 경우 현재 실행 중인 작업을 잠시 중단하고 발생된 상황을 우선 처리한 후 실행 중이던 작업으로 복귀하여 처리하는 것

③ DMA (×)
→ DMA(Direct Memory Access)는 데이터의 입·출력 전송이 CPU를 거치지 않고 직접 주기억장치와 주변장치 사이에서 수행되는 방식

④ 채널 (×)
→ CPU를 대신하여 입·출력장치와 주기억장치를 연결하고 제어하는 명령으로, CPU의 이용률을 높이기 위한 방법으로 활용됨

> ❶ 가장 빠른 합격비법
> 인터럽트에 대한 정의를 ②의 해설로 기억하는 것이 좋습니다. 아울러 DMA와 채널의 개념도 반드시 학습하고 넘어가세요.

## 12

➡ 노른자 037

**다음 중 컴퓨터 시스템의 하드디스크와 같은 보조기억장치의 용량이 부족한 문제를 해결하는 방법으로 적당하지 못한 것은?**

① 디스크 정리를 수행하여 불필요한 파일 삭제

② 사용하지 않는 응용 프로그램 제거

❸ 불필요한 프로그램 종료 (×)
→ 메모리가 부족한 경우의 해결 방법

④ 사용 빈도가 낮은 파일은 백업 후 삭제

> ❶ 가장 빠른 합격비법
> 하드디스크와 같은 보조기억장치의 용량이 부족하면 어떻게 해야 할까요? ①, ②, ④는 필요 없는 파일들을 삭제하여 정리하는 방법입니다. 컴퓨터 시스템의 문제를 해결하는 방법은 종종 출제되므로 '노른자 037'을 꼼꼼히 읽어보는 것을 추천합니다.

## 13

➦ 노른자 004

다음 중 Windows 10의 **바로 가기 아이콘의 [속성] 대화상자**에 대한 설명으로 옳지 <u>않은</u> 것은?

① 대상 파일이나 대상 형식, 대상 위치 등에 대해 연결된 항목의 정보를 확인할 수 있다.

② 연결된 항목을 바로 열 수 있는 바로 가기 키를 지정할 수 있다.

❸ 연결된 항목의 디스크 할당 크기를 확인할 수 있다. (×)
→ 바로 가기 아이콘의 [속성] 대화상자에서는 연결된 항목의 디스크 할당 크기를 확인할 수 없음

④ 바로 가기 아이콘을 만든 날짜와 수정한 날짜, 액세스한 날짜 등을 확인할 수 있다.

## 14

➦ 노른자 046

다음 중 컴퓨터 그래픽과 관련하여 **벡터(Vector) 이미지**에 관한 설명으로 옳지 <u>않은</u> 것은?

① 이미지의 크기를 확대해도 화질에 손상이 없다.

② 점과 점을 연결하는 직선이나 곡선을 이용하여 이미지를 구성한다.

③ 대표적인 파일 형식에는 AI, WMF 등이 있다.

❹ 픽셀로 이미지를 표현하며, '래스터(Raster) 이미지'라고도 한다. (×)
→ 이미지를 픽셀의 집합으로 표현하여 테두리가 거칠고 사실적인 이미지 표현에 사용되는 비트맵 방식에 대한 설명

❶ **가장 빠른 합격비법**
비트맵은 픽셀(Pixel), 벡터는 좌표와 선분으로 이미지를 표현합니다. 비트맵과 벡터의 특징은 반드시 기억하고 학습하세요.

## 15

➦ 노른자 058

다음 중 휴대폰을 모뎀처럼 활용하는 방법으로, 컴퓨터나 노트북 등의 **IT 기기를 휴대폰에 연결하여 무선 인터넷을 사용할 수 있게 하는 기능은?**

① 와이파이 (×)
→ 전자기기들이 일정한 거리 안에서 무선 랜(WLAN; Wireless Local Area Network)에 연결할 수 있게 하는 기술

② 블루투스 (×)
→ 다양한 기기들이 무선 주파수를 이용하여 서로 통신하면서 정보를 교환할 수 있게 하는 기술

❸ 테더링

④ 와이브로 (×)
→ 고정된 장소가 아니라 이동하면서 초고속 인터넷을 이용할 수 있는 무선 휴대 인터넷 서비스

❶ **가장 빠른 합격비법**
IT 관련 용어는 매번 높은 비율로 출제되고 있습니다. 기억할 내용이 많아 보이지만 기출문제에서 출제되는 용어는 모두 '노른자 058'에 수록했으니 반드시 학습하고 시험장에 들어가세요.

## 16

➦ 노른자 040

다음 중 컴퓨터 시스템에서의 **운영체제의 목적**과 거리가 <u>먼</u> 것은?

① 신뢰도 향상

❷ 응답 시간 증가 (×)
→ 운영체제는 응답 시간을 단축시키는 것에 목적이 있음

③ 사용 가능도 향상

④ 처리량 향상

❶ **가장 빠른 합격비법**
운영체제의 목적으로 문제가 출제되면 잘못된 선지로 자주 등장하는 것이 '응답 시간 증가'입니다. 컴퓨터에게 요청했는데 반응이 느리다면 성능이 떨어지는 컴퓨터 시스템입니다. 응답 시간이 빠를수록 성능이 뛰어난 컴퓨터 시스템이므로 이 부분을 중점적으로 살펴보면서 운영체제의 목적을 학습하세요.

## 17

➦ 노른자 012

다음 중 Windows 10에서 바탕 화면의 바로 가기 메뉴 **[개인 설정]**을 선택하여 설정할 수 있는 작업에 대한 설명으로 옳지 <u>않은</u> 것은?

① 바탕 화면의 배경, 창 색, 소리 등을 한 번에 변경할 수 있는 테마를 선택할 수 있다.

② 바탕 화면의 배경 이미지를 변경할 수 있다.

❸ 바탕 화면에 시계, 일정, 날씨 등과 같은 가젯을 표시하도록 설정할 수 있다. (×)
→ 가젯(Gadget)은 바탕 화면에 시계, 날씨 등을 표시해서 사용하는 단일 목적의 가벼운 응용 프로그램임. 하지만 시스템에 침투한 해커가 가젯을 이용하여 컴퓨터를 완전히 제어할 수 있으므로 보안을 위하여 Windows 10에서는 더 이상 가젯을 지원하지 않음

④ 화면 보호기를 설정할 수 있다.

❶ **가장 빠른 합격비법**
Windows 10으로 변경되면서 새롭게 등장한 문제로, Windows 10에서 지원하지 않는 가젯에 대해서는 더 이상 학습할 필요가 없습니다. ①, ②, ④ 지문을 보면서 [개인 설정]에서 할 수 있는 작업을 기억하세요.

## 18

↪ 노른자 003

다음 중 Windows 10의 **작업 표시줄**에 대한 설명으로 바르지 <u>못한</u> 것은?

① 작업 표시줄의 위치는 상하좌우로 변경할 수 있다.

② 작업 표시줄에 있는 단추를 하나로 표시할 수 있다.

③ 작업 표시줄을 자동으로 숨길 수 있으나 마우스를 올려놓으면 다시 표시된다.

❹ 작업 표시줄은 화면 크기의 1/4까지 조절할 수 있다. (×)
→ 작업 표시줄은 화면 크기의 1/2까지 조절할 수 있음

> ❶ 가장 빠른 합격비법
> 작업 표시줄에 대한 내용으로 문제를 통해서 학습하는 것이 좋습니다. 특히
> ④ 선지를 꼭 기억하고 정확하게 익혀두세요.

## 19

↪ 노른자 006

다음 중 Windows 10의 **파일 탐색기**에 대한 설명으로 바르지 <u>못한</u> 것은?

① 문서를 열지 않고 바로 인쇄할 수 있는 기능을 제공한다.

② 수정한 날짜, 유형, 크기, 만든 날짜, 만든 이, 태그, 제목 등은 [보기] 탭-[현재 보기] 그룹-[열 추가]에서 추가할 수 있다.

❸ Backspace를 누르면 상위 폴더로 이동 가능하다. (×)
→ Backspace를 누르면 '하위' 폴더로 이동할 수 있음

④ Windows 10의 파일 및 폴더는 계층 구조로 표시하고 관리된다.

> ❶ 가장 빠른 합격비법
> 파일 탐색기를 실행한 후 ①, ②, ③ 선지를 따라해 보면서 학습하는 것을 추천합니다.

## 20

↪ 노른자 053

다음 중 인터넷에서 사용하는 **IPv6**에 관한 설명으로 옳지 <u>않은</u> 것은?

① 주소 체계는 유니캐스트, 멀티캐스트, 애니캐스트로 나누어진다.

❷ 10진수로 표현하며, 숫자 사이는 콜론(:)으로 구분한다. (×)
→ IPv6는 16진수로 표현함

③ 주소 부족, 보안성 취약 등의 문제점을 가지고 있는 IPv4의 주소 체계를 개선했다.

④ IPv4에 비해 주소의 확장성, 융통성, 연동성이 뛰어나다.

> ❶ 가장 빠른 합격비법
> IPv6에 대해서는 약 80%의 비율로 시험에 출제됩니다. IPv6를 학습할 때는
> 반드시 IPv4와 비교하여 학습하세요.

## 2과목 스프레드시트 일반

## 21

↪ 노른자 065

다음 중 엑셀에서의 **화면 제어**에 대한 설명으로 옳지 <u>않은</u> 것은?

① 화면에 표시되는 워크시트는 최소 10%까지 축소할 수 있다.

② 여러 시트를 선택하고 확대/축소 배율을 변경하면 선택된 모든 시트에 확대/축소 배율이 적용된다.

③ 특정 영역을 범위로 지정하고 [보기] 탭-[확대/축소] 그룹-[선택 영역 확대/축소]로 지정하면 범위로 지정한 부분이 최대한 크게 보이도록 배율이 자동으로 설정된다.

❹ Shift를 누른 채 마우스의 스크롤 단추를 위로 굴리면 화면이 확대되고, 아래로 굴리면 화면이 축소된다. (×)
→ 화면을 확대하고 축소하려면 Ctrl을 누른 상태에서 마우스의 스크롤 단추를 굴려야 함

> ❶ 가장 빠른 합격비법
> 엑셀을 실행한 후 선지에서 제시한 내용을 따라해 보면서 학습하는 것을 권장합니다.

## 22

↪ 노른자 111

다음 중 각 **차트의 종류**에 대한 설명으로 적절하지 <u>않은</u> 것은?

① 영역형 차트: 워크시트의 여러 열이나 행에 있는 데이터에서 시간에 따른 변동의 크기를 강조하여 합계값을 추세와 함께 살펴볼 때 사용된다.

❷ 표면형 차트: 일반적인 척도를 기준으로 연속적인 데이터를 표시할 수 있으므로 일정한 간격에 따른 데이터의 추세를 표시할 때 사용된다. (×)
→ 꺾은선형 차트에 대한 설명. 표면형 차트는 두 데이터 집합 간에 최적의 조합을 찾을 때 유용함

③ 도넛형 차트: 여러 열이나 행에 있는 데이터에서 전체에 대한 각 부분의 관계를 비율로 나타내어 각 부분을 비교할 때 사용된다.

④ 분산형 차트: 여러 데이터 계열에 있는 숫자값 사이의 관계를 보여주거나 두 개의 숫자 그룹을 XY 좌표로 이루어진 하나의 계열로 표시할 때 사용된다.

> **❶ 가장 빠른 합격비법**
> 차트의 종류에 대한 문제는 매우 높은 비율로 시험문제에 출제되고 있습니다. '노른자 111'을 확인하면서 확실하게 학습하세요.

# 23

아래의 워크시트에서 [D2] 셀에 SUM 함수를 사용하여 총점을 계산한 후 채우기 핸들을 [D5] 셀까지 드래그하여 총점을 계산하는 '총점' 매크로를 생성하였다. 다음 중 아래 **'총점' 매크로의 VBA 코드 창에서 괄호( ) 안에 해당하는 값을 올바르게 나열한** 것은?

| ▲ | A | B | C | D |
|---|---|---|---|---|
| 1 | 성명 | 국어 | 영어 | 총점 |
| 2 | 강동식 | 81 | 89 | |
| 3 | 최서민 | 78 | 97 | |
| 4 | 박동수 | 87 | 88 | |
| 5 | 박두식 | 67 | 78 | |
| 6 | | | | |

---

Sub 총점( )
  ↳ 프로시저의 시작으로, 매크로 이름(총점)을 나타냄

Range(" ⓐ ").Select
  ↳ 수식을 입력하기 위한 ⓐ의 셀 주소를 선택함

ActiveCell.FormulaR1C1="=SUM( ⓑ )"
  ↳ SUM 함수의 인수 ⓑ를 설정하고 활성 셀(ActiveCell) [D2] 셀을 기준으로 상대적 위치를 작성함. 여기서 R은 행(Row)을, C는 열(Column)을 의미함

Range("D2").Select
  ↳ [D2] 셀 범위(Range)를 선택(Select)함

Selection.AutoFill Destination:=Range("ⓒ"),_
Type:=xlFillDefault
  ↳ 선택(Selection)한 자동 채우기(AutoFill) 대상(Destination) 범위(Range) ⓒ를 설정함. _(언더바)는 명령의 연결 문자로, 한 줄로 명령어를 입력할 경우에는 생략 가능

Range(" ⓓ ").Select
  ↳ ⓓ 셀의 범위(Range)를 선택(Select)함

Range("D6").Select
  ↳ [D6] 셀의 범위(Range)를 선택(Select)함

End Sub

---

① ⓐ D2 ⓑ (RC[-1]:RC[-1]) ⓒ D5 ⓓ D5

② ⓐ A6 ⓑ (RC[-1]:RC[-0]) ⓒ D2:D5 ⓓ D5

③ ⓐ D2 ⓑ (RC[-2]:RC[-0]) ⓒ D5 ⓓ D2:D5

❹ ⓐ D2 ⓑ (RC[-2]:RC[-1]) ⓒ D2:D5 ⓓ D2:D5 (○)
  → ⓐ 가장 먼저 선택할 셀을 지정함
    ⓑ 국어 점수로 가려면 왼쪽으로 두 번 이동해야 하므로 RC[-2]이고, 영어 점수로 가려면 왼쪽으로 한 번 이동해야 하므로 RC[-1]임
    ⓒ 문제에서 제시된 자동 채우기 대상 범위는 D2:D5임
    ⓓ 자동 채우기한 후 선택할 셀로, D5나 D2:D5의 결과값은 같음

> **❶ 가장 빠른 합격비법**
> VBA 코드를 처음 접해보면 어려울 수 있지만, 처음에는 해설을 보면서 한 문장씩 이해해 보세요. 그 다음에는 해설을 보지 않고 읽어보는 방법으로 학습하면 좋습니다. 실기와 연결되기 때문에 VBA 코드를 정확하게 학습해 두면 실기에도 많은 도움이 됩니다.

# 24

다음 중 **통합 문서 공유**에 대한 설명으로 옳지 <u>않은</u> 것은?

① 병합된 셀, 조건부 서식, 데이터 유효성 검사, 차트, 그림과 같은 일부 기능은 공유 통합 문서에서 추가하거나 변경할 수 없다.

❷ 공유된 통합 문서는 여러 사용자가 동시에 변경할 수 없다. (×)
  → 공유된 통합 문서는 여러 사용자가 동시에 변경할 수 있음

③ 통합 문서를 공유하는 경우 저장 위치는 웹 서버가 아니라 공유 네트워크 폴더를 사용해야 한다.

④ 셀을 잠그고 워크시트를 보호하여 액세스를 제한하지 않으면 네트워크 공유에 액세스할 수 있는 모든 사용자가 공유 통합 문서에 대한 모든 액세스 권한을 갖게 된다.

> **❶ 가장 빠른 합격비법**
> 통합 문서 공유에 대해서는 낮은 비율로 출제되고 있습니다. 정답을 고르기에 어려운 문제는 아니기 때문에 ①, ③, ④ 선지 위주로 학습하세요.

제2회 상시시험 기출복원문제 (2021년) **27**

## 25

⬆ 노른자 121

다음 중 VBA에서 프로시저(Procedure)에 대한 설명으로 옳지 않은 것은?

① 특정한 기능을 수행할 수 있는 명령문들의 집합이다.

② 사용자가 직접 기록한 매크로도 프로시저로 기록된다.

❸ Sub~End Sub 프로시저는 명령문들의 실행 결과를 반환한다. (×)
   → 실행 결과를 반환하는 프로시저는 Function~End Function임. Sub~End Sub 프로시저는 실행 결과를 반환하지 않음

④ 하나 이상의 프로시저들을 이용하여 모듈을 구성할 수 있다.

> ❶ 가장 빠른 합격비법
> '노른자 121'를 확인하면서 VBA의 기본적인 프로시저에 대한 내용을 학습하세요.

## 26

⬆ 노른자 113

다음 중 아래 차트에 대한 설명으로 옳지 않은 것은?

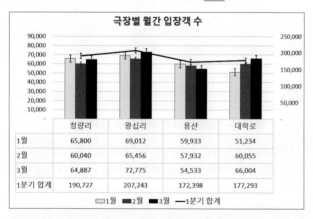

① 계열 옵션에서 '계열 겹치기'가 0%로 설정되어 있다.

❷ '범례 표지 포함'으로 데이터 표가 표시되어 있다. (×)
   → '범례 표지 없음'으로 데이터 표가 표시되어 있음

③ '보조 축'의 최대값은 250,000이고, 단위(주)를 50,000으로 설정하였다.

④ 오차 막대의 '방향'과 '끝 스타일'은 설정할 수 있다.

> ❶ 가장 빠른 합격비법
> 차트의 명칭별 특징에 대해서는 거의 매회 출제되고 있습니다. '노른자 113'에서 그림과 함께 차트의 구성 요소와 각 부분의 명칭을 익히는 것이 가장 중요합니다.

## 27

⬆ 노른자 085

다음 중 수식에서 어떤 값을 '0'으로 나누었을 때 표시되는 오류 메시지로 옳은 것은?

① #NAME? (×)
   → 함수 이름이나 정의되지 않은 셀 이름을 사용한 경우에 발생하는 오류

② #NUM! (×)
   → 수식이나 함수에 잘못된 숫자값이 포함된 경우에 발생하는 오류

❸ #DIV/0! (○)
   → 특정 값을 0 또는 빈 셀로 나눈 경우에 발생하는 오류

④ #VALUE! (×)
   → 잘못된 인수나 피연산자를 사용한 경우에 발생하는 오류

> ❶ 가장 빠른 합격비법
> 오류 메시지의 영문자와 오류 발생 상황을 연결해서 학습하면 오래 기억할 수 있습니다. 자주 출제되는 문제 유형이 아니기 때문에 눈에 익히는 정도로 읽고 넘어가도 됩니다.

## 28

⬆ 노른자 117

다음 중 '인쇄 미리 보기' 기능에 대한 설명으로 옳지 않은 것은?

① [페이지 설정] 대화상자의 [페이지] 탭에서 용지의 방향을 설정할 수 있다.

❷ 인쇄 미리 보기를 실행한 상태에서 마우스 끌기로 여백과 행의 높이를 조절할 수 있다. (×)
   → 인쇄 미리 보기에서는 머리글, 바닥글, 열의 너비는 조절할 수 있지만, 행의 높이는 조절할 수 없음

③ 인쇄될 내용을 확대하여 볼 수 있다.

④ [페이지 설정] 대화상자의 [시트] 탭에서 눈금선의 인쇄 여부를 설정할 수 있다.

> ❶ 가장 빠른 합격비법
> '인쇄 미리 보기' 기능에 대해서는 시험문제에 자주 출제되므로 '노른자 117'을 확실하게 학습하세요.

## 29

↱ 노른자 073

**다음 중 데이터 입력에 대한 설명으로 옳지 않은 것은?**

① 동일한 문자를 여러 개의 셀에 입력하려면 셀에 문자를 입력한 후 채우기 핸들을 드래그한다.

❷ 숫자 데이터의 경우 두 개의 셀을 선택하고 채우기 핸들을 선택 방향으로 드래그하면 복사된다. (✕)

→ 숫자 데이터의 경우 두 개의 셀을 선택하고 자동 채우기 핸들을 선택 방향으로 드래그하면 두 값의 차이만큼 증가/감소하면서 자동으로 입력됨

③ 일정 범위 안에 동일한 데이터를 한 번에 입력하려면 범위를 지정하여 데이터를 입력한 후 바로 이어서 [Ctrl]+[Enter]를 누른다.

④ 사용자 지정 연속 데이터 채우기를 사용하여 데이터를 입력하는 경우 사용자 지정 목록에는 텍스트나 텍스트/숫자 조합만 포함될 수 있다.

❶ **가장 빠른 합격비법**
데이터 입력에 대한 기본적인 내용입니다. 시험문제에 높은 비율로 출제될 수 있기 때문에 문제와 함께 '노른자 073'을 확실하게 학습하세요.

## 30

↱ 노른자 117

**다음 중 워크시트의 인쇄 영역 설정에 대한 설명으로 옳지 않은 것은?**

① 인쇄 영역은 리본 메뉴의 [페이지 레이아웃] 탭이나 [페이지 설정] 대화상자의 [시트] 탭에서 설정할 수 있다.

② 인쇄 영역을 설정했어도 인쇄 시 활성 시트 전체가 인쇄되도록 설정할 수 있다.

③ 인쇄 영역 설정은 하나의 시트에서만 가능하다.

❹ 여러 영역이 인쇄 영역으로 설정된 경우 설정한 순서대로 같은 페이지에 인쇄된다. (✕)

→ 여러 영역이 인쇄 영역으로 설정된 경우 설정한 순서대로 서로 다른 페이지에 인쇄됨

❶ **가장 빠른 합격비법**
인쇄와 관련된 문제는 매우 많이 출제됩니다. 그리고 [페이지 설정] 대화상자에 대한 내용도 포함되어 있으므로 함께 학습하세요.

## 31

↱ 노른자 104

**다음 그림에서 'A 마트 판매 현황'과 'B 마트 판매 현황'을 사용하여 'A / B 마트 판매 현황'과 같은 데이터를 만들기 위한 가장 적당한 기능은?**

| | A | B | C | D | E | F | G | H | I |
|---|---|---|---|---|---|---|---|---|---|
| 1 | A 마트 판매 현황 | | | | | B 마트 판매 현황 | | | |
| 2 | 품목 | 수량 | 단가 | 금액 | | 품목 | 수량 | 단가 | 금액 |
| 3 | 음료 | 5 | ₩ 1,000 | ₩ 5,000 | | 물 | 6 | ₩ 500 | ₩ 3,000 |
| 4 | 스낵 | 7 | ₩ 2,000 | ₩ 14,000 | | 과일 | 7 | ₩ 7,000 | ₩ 49,000 |
| 5 | 생필품 | 5 | ₩ 6,000 | ₩ 30,000 | | 스낵 | 8 | ₩ 2,000 | ₩ 16,000 |
| 6 | 물 | 1 | ₩ 500 | ₩ 500 | | 생필품 | 1 | ₩ 6,000 | ₩ 6,000 |
| 7 | 음료 | 5 | ₩ 1,000 | ₩ 5,000 | | 물 | 5 | ₩ 500 | ₩ 2,500 |
| 8 | 물 | 3 | ₩ 500 | ₩ 1,500 | | 음료 | 3 | ₩ 1,000 | ₩ 3,000 |
| 9 | 과일 | 7 | ₩ 7,000 | ₩ 49,000 | | 물 | 4 | ₩ 500 | ₩ 2,000 |
| 10 | 스낵 | 5 | ₩ 2,000 | ₩ 10,000 | | 스낵 | 2 | ₩ 2,000 | ₩ 4,000 |
| 11 | 과일 | 6 | ₩ 7,000 | ₩ 42,000 | | 과일 | 5 | ₩ 7,000 | ₩ 35,000 |
| 12 | 생필품 | 2 | ₩ 6,000 | ₩ 12,000 | | 생필품 | 1 | ₩ 6,000 | ₩ 6,000 |
| 13 | | | | | | | | | |
| 14 | A / B 마트 판매 현황 | | | | | | | | |
| 15 | 품목 | 수량 | 금액 | | | | | | |
| 16 | 음료 | ₩ 13 | ₩ 13,000 | | | | | | |
| 17 | 스낵 | ₩ 22 | ₩ 44,000 | | | | | | |
| 18 | 생필품 | ₩ 9 | ₩ 54,000 | | | | | | |
| 19 | 물 | ₩ 19 | ₩ 9,500 | | | | | | |
| 20 | 과일 | ₩ 25 | ₩ 175,000 | | | | | | |
| 21 | | | | | | | | | |

❶ 통합 (○)

→ 분산되어 있는 데이터 중에서 동일한 이름의 데이터끼리 합계, 평균, 개수 등으로 합치는 기능

② 시나리오 관리자 (✕)

→ 작업 시트에 입력되어 있는 데이터에 대해 다양한 가상의 상황을 만든 후 결과를 분석하고 예측하는 가상 분석 도구

③ 부분합 (✕)

→ 워크시트에 입력된 자료를 그룹으로 분류하고 해당 그룹별로 특정한 계산을 수행하는 기능

④ 목표값 찾기 (✕)

→ 목표로 하는 값을 임의로 정해놓고 해당 목표값을 달성하기 위하여 특정한 셀 값은 얼마이어야 하는지 알고 싶은 경우에 유용한 기능

❶ **가장 빠른 합격비법**
통합 기능의 정의와 함께 그림을 보면서 통합했을 때 나타날 수 있는 결과에 대해 익혀보세요. 실제 시험에서는 이런 문제 유형이 출제되고 있습니다.

# 32

📑 노른자 090

다음 중 아래와 같이 워크시트에 데이터가 입력되어 있는 경우 보기의 **수식과 결과값**으로 옳지 **않은** 것은?

| | A |
|---|---|
| 1 | |
| 2 | 한국 대한민국 |
| 3 | 분기 수익 |
| 4 | 수익 |
| 5 | 아름다운 설악산 |
| 6 | |

① =MID(A5,SEARCHB(A1,A5)+5,3) → '설악산' (○)

→ ❶ [A1] 셀이 [A5] 셀에서 몇 번째 위치하는지 나타내는 함수식. 첫 번째 인수인 [A1] 셀이 빈 셀이므로 'SEARCHB("",A5)' 또는 'SEARCHB( ,A5)'와 같이 첫 번째 인수가 빈 셀이거나 생략되어 두 번째 인수만 지정하면 결과값은 '1'
❷ ❶의 결과값을 대입하면 'MID(A5,1+5,3)'이 되어 [A5] 셀에서 여섯(1+5) 번째부터 세 글자를 표시하면 결과값은 '설악산'

② =REPLACE(A5,SEARCHB("한",A2),5,"") → '설악산' (○)

→ ❶ '한'이 [A2] 셀에서 첫 번째에 위치하므로 결과값은 '1'
❷ ❶의 결과값을 대입하면 'REPLACE(A5,1,5,"")'가 되어 [A5] 셀의 첫 번째 글자부터 다섯 개의 글자를 빈칸으로 변경하면 결과값은 '설악산'

③ =MID(A2,SEARCHB(A4,A3),2) → '민국' (○)

→ ❶ [A4] 셀의 값은 [A3] 셀에서 여섯 번째에 위치하므로 결과값은 '6'(SEARCHB 함수는 숫자, 영어, 공백은 한 글자로, 한글과 특수 문자 등은 두 글자로 계산)
❷ ❶의 결과값을 대입하면 'MID(A2,6,2)'가 되어 [A2] 셀에서 여섯 번째에서 두 글자를 표시하면 결과값은 '민국'

❹ =REPLACE(A3,SEARCHB(A4,A3),2,"명세서") → '분기명세서' (×)

→ ❶ [A4] 셀의 '수익'이 [A3] 셀에서 몇 번째 글자에 위치하는지 찾는 함수식으로, 결과값은 '6'(SEARCHB 함수는 숫자, 영어, 공백은 한 글자로, 한글과 특수 문자 등은 두 글자로 계산)
❷ ❶의 결과값을 대입하면 'REPLACE(A3,6,2,"명세서")'가 되어 [A3] 셀에서 여섯 번째 글자부터 두 글자를 '명세서'로 변경하면 결과값은 '분기 수익명세서'

❶ **가장 빠른 합격비법**
함수 문제는 엑셀에서 직접 입력해 보는 것이 가장 좋은 학습 방법이므로 해설과 함께 실습해 보세요.

# 33

📑 노른자 104~105

다음 중 **데이터 표와 데이터 통합**에 대한 설명으로 옳지 **않은** 것은?

① 데이터 표는 특정한 값의 변화에 따른 결과값의 변화를 표 형태로 보여주는 기능이다.

② 데이터 표에서 두 개의 변수에 대한 변화를 계산하려면 행과 열을 사용하는 2차원 표를 이용한다.

③ 데이터 통합은 여러 곳에 분산 입력되어 있는 데이터를 일정한 기준에 의해 하나로 합쳐서 계산해 주는 기능이다.

❹ 데이터 통합 시 원본 데이터에 행이나 열 병합된 셀이 있어도 올바른 결과값이 계산된다. (×)

→ 원본 데이터에 행이나 열이 병합된 셀이 있으면 올바른 결과값을 얻을 수 없음

❶ **가장 빠른 합격비법**
시험에 자주 등장하는 문제의 형태는 아니므로 문제 위주로 간단하게 학습하세요. 데이터 표와 데이터 통합은 실기에서 자세하게 다루어집니다.

# 34

📑 노른자 097

다음 중 **데이터 정렬**에 대한 설명으로 옳지 **않은** 것은?

① 정렬 조건을 최대 64개까지 지정할 수 있어서 다양한 조건으로 정렬할 수 있다.

❷ 숨겨진 열이나 행도 정렬 시 같이 이동된다. (×)

→ 숨겨진 열이나 행은 정렬 시 함께 이동하지 않으므로 데이터를 정렬하기 전에 숨겨진 열과 행을 표시하는 것이 좋음

③ 정렬 기준의 경우 글꼴 색이나 셀 색, 아이콘에 대한 오름차순, 내림차순의 정렬 순서는 지원하지 않는다.

④ 첫째 기준뿐만 아니라 모든 정렬 기준에서 사용자 지정 목록을 정렬 기준으로 사용할 수 있다.

❶ **가장 빠른 합격비법**
데이터 정렬은 ① 최대 64개의 열을 기준으로 정렬된다는 점 ② 글꼴 색이나 셀 색을 기준으로 정렬할 수 있지만, 오름차순과 내림차순의 기준을 설정할 수 없다는 점과 함께 ③ 데이터의 종류에 따른 오름차순과 내림차순의 정렬 결과를 꼭 암기해야 합니다.

# 35

📮 노른자 071

다음 중 아래 그림에서의 <mark>각 기능에 대한 설명</mark>으로 옳지 <u>않은</u> 것은?

① [시트 보호]를 설정하면 기본적으로 셀의 선택만 가능하다.

② 시트 보호 시 특정 셀의 내용만 수정 가능하도록 하려면 해당 셀의 [셀 서식]에서 [잠금] 설정을 해제한다. (○)

→ [셀 서식] 대화상자의 [보호] 탭에서 '잠금'의 체크를 해제하면 보호 된 시트에서 특정 셀의 내용만 수정할 수 있음

❸ [통합 문서 보호]를 설정하면 포함된 차트, 도형 등의 그래 픽 개체를 복사할 수는 있지만 변경할 수는 없다. (×)

→ [통합 문서 보호]를 설정해도 포함된 차트, 도형 등의 그래픽 개체를 변경 및 이동/복사할 수 있음

④ [범위 편집 허용]을 이용하면 보호된 워크시트에서 특정 사용자가 범위를 편집할 수 있도록 허용할 수 있다.

> **❶ 가장 빠른 합격비법**
> [시트 보호]에 대한 전반적인 내용은 '노른자 071'을 확인하면서 학습하세요.

# 36

📮 노른자 073

다음 중 엑셀의 <mark>데이터 입력</mark>에 대한 설명으로 옳지 <u>않은</u> 것은?

① 한 셀에 여러 줄의 데이터를 입력하려면 [Alt]+[Enter]를 사용한다.

❷ 셀에 데이터를 입력하고 [Shift]+[Enter]를 누르면 셀 입력이 완료되고 바로 아래쪽 셀이 선택된다. (×)

→ 셀에 데이터를 입력하고 [Shift]+[Enter]를 누르면 셀 입력이 완료되면서 바로 위쪽 셀이 선택됨

③ 같은 데이터를 여러 셀에 한 번에 입력하려면 [Ctrl]+[Enter]를 사용한다.

④ 수식이 들어있는 셀을 선택하고 채우기 핸들을 두 번 클릭 하면 수식이 적용되는 모든 인접한 셀에 대해 아래쪽으로 수식을 자동으로 입력할 수 있다.

> **❶ 가장 빠른 합격비법**
> 데이터 입력에 대한 기본적인 내용입니다. 시험문제에 높은 비율로 출제될 수 있으므로 문제와 함께 '노른자 073'을 확실하게 학습하세요.

# 37

📮 노른자 099

아래의 워크시트에서 '영어'가 중간값을 초과하면서 '성명'의 두 번째 문자가 '영'인 데이터를 필터링하고자 한다. 다음 중 <mark>고급 필터 실행을 위한 조건의 입력값</mark>으로 옳은 것은?

| | A | B | C | D | |
|---|---|---|---|---|---|
| 1 | 성명 | 반 | 국어 | 영어 | |
| 2 | 강동식 | 1 | 80 | 80 | |
| 3 | 강영주 | 2 | 50 | 90 | |
| 4 | 박강영 | 1 | 90 | 91 | |
| 5 | 박영식 | 1 | 60 | 85 | |
| 6 | 박민영 | 2 | 80 | 80 | |
| 7 | 영수김 | 2 | 70 | 81 | |
| 8 | 박영예리 | 1 | 95 | 92 | |
| 9 | 김영미 | 2 | 88 | 86 | |
| 10 | 이영 | 1 | 75 | 87 | |
| 11 | | | | | |

① 
| 영어 중간값 | 성명 |
|---|---|
| =$D2>MEDIAN($D$2:$D$10) | ="=*영*" |

❷ 
| 영어 중간값 | 성명 |
|---|---|
| =$D2>MEDIAN($D$2:$D$10) | ="=?영*" |
(○)

→ *는 모든 문자를, ?는 한 문자를 나타내는데, 두 번째 글자가 '영'인 데이터를 찾는 조건이므로 '?영*'이어야 함. 고급 필터의 조건에 수 식을 사용할 경우 조건의 필드 이름은 원본 데이터에 있는 필드명 과는 다른 필드명을 입력하거나 입력하지 않아야 함

③ 
| 영어 | 성명 |
|---|---|
| =$D2>MEDIAN($D$2:$D$10) | ="=*영*" |

④ 
| 영어 | 성명 |
|---|---|
| =$D2>MEDIAN($D$2:$D$10) | ="=?영*" |

> **❶ 가장 빠른 합격비법**
> 고급 필터에서 조건 입력을 수식으로 넣는 경우에 대한 문제입니다. 실기의 고급 필터 문제에서 출제되는 문제 유형이기 때문에 지금 학습해 두는 것이 좋습니다. 또한 와일드카드 문자도 매우 중요하므로 완벽하게 익혀두세요.

# 38

노른자 095

다음 중 아래 시트에서 자격증 응시자에 대한 과목별 평균을 구하려고 할 때 [C11] 셀에 입력해야 할 **배열 수식**으로 옳은 것은?

| | A | B | C |
|---|---|---|---|
| 1 | 자격증 응시 결과 | | |
| 2 | 응시자 | 과목 | 점수 |
| 3 | 강선미 | 1과목 | 80 |
| 4 | | 2과목 | 86 |
| 5 | 이수진 | 1과목 | 90 |
| 6 | | 2과목 | 80 |
| 7 | 김예린 | 1과목 | 78 |
| 8 | | 2과목 | 88 |
| 9 | | | |
| 10 | | 과목 | 평균 |
| 11 | | 1과목 | |
| 12 | | 2과목 | |
| 13 | | | |

① {=AVERAGE(IF(MOD(ROW(C3:C8),2)=0,C3:C8))}

❷ {=AVERAGE(IF(MOD(ROW(C3:C8),2)=1,C3:C8))} (○)

    ❶    ❷    ❸

→ ❶ 'ROW(셀)'은 주어진 셀의 행 번호를 구하는 함수로, 'C3:C8' 처럼 영역으로 지정되어 있으면 첫 번째 셀인 [C3] 셀의 행 번호를 구해서 결과값은 '3'
    ❷ 'MOD(3,2)'가 되어 3 나누기 2를 하여 나머지를 구하면 결과값은 '1'
    ❸ 'AVERAGE(IF(1=1,C3:C8))'이 되어 참인 경우 'C3:C8'이 평균을 구할 범위가 됨

③ {=AVERAGE(IF(MOD(ROWS(C3:C8),2)=0,C3:C8))}

④ {=AVERAGE(IF(MOD(ROWS(C3:C8),2)=1,C3:C8))}

> ❶ 가장 빠른 합격비법
> 배열 수식으로 평균을 구하는 방법은, 조건이 한 개일 때는 '{=AVERAGE(IF(조건,평균을 구할 범위))}', 조건이 여러 개일 때는 '{=AVERAGE(IF((조건1)*(조건2),평균을 구할 범위))}'로 고정입니다. 필기와 실기를 모두 대비하는 내용이므로 지금 암기해 두면 실기를 학습할 때 매우 유용합니다.

# 39

노른자 108

다음 중 **시나리오**에 대한 설명으로 옳지 <u>않은</u> 것은?

❶ 시나리오는 별도의 파일로 저장하고 자동으로 바꿀 수 있는 값의 집합이다. (×)
    → 시나리오는 별도의 파일로 저장되는 것이 아니라 별도의 워크시트에 작성되며, 자동으로 바꿀 수 없음

② 시나리오 병합을 통하여 다른 통합 문서나 다른 워크시트에 저장된 시나리오를 가져올 수 있다.

③ 시나리오의 결과는 요약 보고서나 피벗 테이블 보고서로 작성할 수 있다.

④ 시나리오 피벗 테이블 보고서에는 결과 셀이 반드시 있어야 한다.

> ❶ 가장 빠른 합격비법
> 실기에 출제되는 문제에 대한 이론으로 시나리오를 비롯하여 통합, 데이터 표, 목표값 찾기에 대한 설명을 학습하세요.

# 40

노른자 080

다음 중 아래 조건을 처리하는 셀 서식의 **사용자 지정 표시 형식**으로 옳은 것은?

셀의 값이 500 이상이면 '파랑', 500 미만 100 이상이면 '빨강', 100 미만이면 색을 지정하지 않고, 각 조건에 대해 천 단위 구분 기호(,)와 소수점 이하 첫째 자리까지 표시한다.
    ❶      ❷      ❸

표시 예 1234.56 → 1,234.6, 432 → 432.0

❶ [파랑][>=500]#,##0.0;[빨강][>=100]#,##0.0;#,##0.0 (○)
    → ❶은 '[파랑][>=500]', ❷는 '[빨강][>=100]', ❸은 '#,##0.0'임

② [파랑][>=500]#,###.#;[빨강][>=100]#,###.#;#,###.#

③ [>=500]<파랑>#,##0.0;[>=100]<빨강>#,##0.0;#,##0.0

④ [>=500]<파랑>#,###.#;[>=100]<빨강>#,###.#;#,###.#

> ❶ 가장 빠른 합격비법
> 사용자 지정 표시 형식은 아주 높은 비율로 시험문제에 출제되고 있습니다. 1급 필기에서는 색, 조건, 형식을 모두 지정하는 문제 유형으로 출제되므로 완벽하게 이해해야 합니다. 사용자 지정 표시 형식의 순서는 '[색][조건]형식;'입니다.

## 3과목 데이터베이스 일반

# 41

노른자 128

다음 중 DBMS(DataBase Management System)의 설명으로 옳지 <u>않은</u> 것은?

① 데이터의 종속성과 중복성의 문제를 해결하기 위해서 제안된 시스템이다.

② 데이터베이스를 생성 및 관리하며 데이터로부터 사용자의 물음에 대한 대답을 추출하는 프로그램이다.

**❸** 데이터 모델링을 수행하고 데이터베이스를 정의하는 데이터 언어이다. (×)
→ DBMS는 데이터베이스를 관리하는 시스템으로, 데이터베이스를 구축하는 단계에 속하는 모델링과는 관련이 없음. 데이터베이스를 정의하는 데이터 언어는 데이터 정의어(DDL; Data Definition Language)임

④ 응용 프로그램과 데이터의 중재자로서 모든 응용 프로그램들이 데이터베이스를 공유할 수 있도록 관리하는 소프트웨어 시스템이다.

**❶ 가장 빠른 합격비법**
DBMS(DataBase Management System)는 데이터베이스를 관리하기 위한 시스템입니다. 종속성을 제거하여 독립성을 유지하고, 데이터의 중복성을 최소화한다는 것을 꼭 기억하세요.

# 42
➲ 노른자 171

### 다음 중 **매크로 함수**에 대한 설명으로 옳지 **않은** 것은?

**❶** FindRecord 함수는 필드, 컨트롤, 속성 등의 값을 설정한다. (×)
→ SetValue 함수에 대한 설명. FindRecord 함수는 인수에서 지정한 데이터 조건에 만족하는 첫 번째 레코드를 찾음

② ApplyFilter 함수는 테이블이나 쿼리로부터 레코드를 필터링한다.

③ OpenReport 함수는 작성된 보고서를 호출하여 실행한다.

④ MessageBox 함수는 메시지 박스를 통해 경고나 알림 등의 정보를 표시한다.

**❶ 가장 빠른 합격비법**
매크로 함수에 대한 의미를 묻는 문제는 자주 출제되는 문제 유형이 아닙니다. 그러므로 시험 보기 전에 간단하게 암기하는 것을 추천합니다.

# 43
➲ 노른자 157

### 다음 중 **하위 폼**에 대한 설명으로 옳지 **않은** 것은?

① 기본 폼과 하위 폼을 연결할 필드의 데이터 형식은 같거나 호환되어야 한다.

② 원래 폼 안에 삽입된 다른 폼을 하위 폼이라고 한다.

③ 일대다 관계가 설정되어 있는 테이블들을 효과적으로 표시하기 위해 사용된다.

④ '폼 분할' 도구를 이용하여 폼을 생성하면 하위 폼 컨트롤이 자동으로 삽입된다. (×)
→ '폼 분할' 도구를 이용하여 하나의 원본 데이터를 하나의 폼에서 [폼 보기]와 [데이터시트 보기]로 볼 수 있도록 폼을 생성할 수 있음. 이때 하위 폼 컨트롤이 자동으로 삽입되지 않음

**❶ 가장 빠른 합격비법**
하위 폼에 대한 문제는 약 50%의 비율로 출제됩니다. '노른자 157'을 확인하면서 문제 위주로 학습하는 것이 좋습니다.

# 44
➲ 노른자 135

### 다음 중 테이블에서 **기본 키**에 관한 설명 중 옳지 **않은** 것은?

**❶** 기본 키를 구성하는 필드는 한 개만 된다. (×)
→ 기본 키는 여러 개의 필드를 묶어서 사용할 수 있는데, 이러한 키를 '복합키'라고 함

② 기본 키에 해당하는 필드의 값은 유일해야만 한다.

③ 기본 키에 해당하는 필드의 값으로, 널값은 허용되지 않는다.

④ 기본 키는 한 테이블에 하나만 허용된다.

**❶ 가장 빠른 합격비법**
액세스에서 기본 키는 각 레코드를 구분하는 유일무이한 속성값입니다. 만약 하나의 속성으로 레코드를 구분할 수 없으면 두 개의 속성을 합하여 기본 키를 구성해야 합니다. 마치 같은 반에 '지영'이라는 친구가 두 명 있다면 '큰 지영', '작은 지영'으로 부르는 것처럼 말입니다.

# 45
➲ 노른자 163

### 다음 중 [학생] 테이블에서 '학년' 필드가 2인 레코드의 개수를 계산하고자 할 때 가장 옳은 것은? (단, [학생] 테이블의 '학번' 필드는 기본 키이다.)

① DLOOKUP(*,학생,학년 = 2)

**❷** DCOUNT("*","학생","학년 = 2") (○)
→ 레코드의 개수를 구할 때는 DCOUNT 함수를 사용함. DCOUNT 함수의 형식은 'DCOUNT("필드","테이블",조건)'임

③ DLOOKUP("*","학생","학년 = 2")

④ DCOUNT(학번,학생,학년 = 2)

## 46

↪ 노른자 136

다음 중 테이블에서 입력 마스크를 'LA09?'로 설정한 경우 입력할 수 없는 값은?

❶ BA211 (×)

→ 물음표 자리에는 영문자와 한글만 입력 가능

| 지정 기호 | 입력 여부 | 설명 |
|---|---|---|
| 0 | 필수 | 0~9까지의 숫자만 입력 |
| 9 | 선택 | 0~9까지의 숫자나 공백 입력 |
| # | 선택 | 0~9까지의 숫자나 공백 입력, 덧셈과 뺄셈 기호 가능 |
| L | 필수 | A~Z의 영문자, 한글 입력 |
| ? | 선택 | A~Z의 영문자, 한글 입력 |
| A | 필수 | 영문자와 숫자, 한글 입력 |
| a | 선택 | 영문자와 숫자, 한글 입력 |

▲ 입력 마스크의 사용자 지정 기호

② B12

③ BA21

④ B121A

> ❶ 가장 빠른 합격비법
> 두 번 시험 보면 한 번은 출제될 정도로 입력 마스크는 자주 출제되는 문제 유형입니다. 해설에 있는 입력 마스크의 사용자 지정 기호를 반드시 숙지하세요.

## 47

↪ 노른자 164

다음 중 하위 보고서 작성에 대한 설명으로 옳지 않은 것은?

① 하위 보고서를 통해서 기본 보고서 내용을 보강한 보고서를 만들 수 있다.

❷ 하위 보고서에는 그룹화 및 정렬 기능을 설정할 수 없다. (×)

→ 하위 보고서에도 그룹화 및 정렬 기능을 사용할 수 있음

③ 일대다 관계에 있는 테이블이나 쿼리를 효과적으로 표시할 수 있다.

④ 일반적으로 하위 보고서의 개수에는 제한이 없으나 하위 보고서는 일곱 개의 수준까지 중첩시킬 수 있다.

> ❶ 가장 빠른 합격비법
> 보고서는 시험문제에 매번 출제되고 있으므로 보고서의 내용과 함께 하위 보고서에 대해서도 함께 학습하세요.

## 48

↪ 노른자 152

다음 중 크로스탭 쿼리에 대한 설명으로 가장 옳지 않은 것은?

① 쿼리 결과를 Excel 워크시트와 비슷한 표 형태로 표시하는 특수한 형식의 쿼리이다.

② 맨 왼쪽에 세로로 표시되는 행 머리글과 맨 위에 가로 방향으로 표시되는 열 머리글로 구분하여 데이터를 그룹화한다.

③ 그룹화한 데이터에 대해 레코드 개수, 합계, 평균 등을 계산할 수 있다.

❹ 열 머리글로 사용할 필드는 여러 개를 지정할 수 있지만, 행 머리글로 사용할 필드는 하나만 지정한다. (×)

→ 열 머리글로 사용할 필드는 하나만, 행 머리글로 사용할 필드는 여러 개를 지정할 수 있음

> ❶ 가장 빠른 합격비법
> 자주 출제되는 문제 유형이므로, '노른자 152'를 참고하여 매개변수 쿼리, 크로스탭 쿼리, 통합 쿼리에 대해 잘 익혀두세요.

## 49

↪ 노른자 154

다음 중 폼 작성에 대한 설명으로 옳지 않은 것은?

① [폼 디자인 도구]의 [디자인] 탭에서 [컨트롤 마법사 사용] 여부를 선택할 수 있다.

② 폼에서 연결된 테이블의 레코드를 삭제한 경우 영구적인 작업이므로 되돌릴 수 없다.

❸ 폼에 컨트롤을 삽입하면 탭 순서가 위에서 아래로, 왼쪽에서 오른쪽 순으로 자동 지정된다. (×)

→ 폼에 컨트롤을 삽입하면 탭 순서는 컨트롤을 삽입한 순서대로 지정됨. 만약 위쪽에서 아래쪽으로, 왼쪽에서 오른쪽으로 탭 순서를 변경하려면 [자동 순서]를 설정해야 함

④ [레이블] 컨트롤은 마법사를 이용한 만들기가 제공되지 않고, 레이블 컨트롤을 추가한 후 내용을 입력하지 않으면 추가된 레이블이 자동으로 사라진다.

> ❶ 가장 빠른 합격비법
> 폼에서 탭 순서를 [자동 순서]로 설정하고 Tab을 누르면 컨트롤이 정렬된 위치에 따라서 왼쪽에서 오른쪽, 위에서 아래의 방향으로 탭이 이동하도록 설정됩니다. 마치 책을 읽는 순서와 동일하다는 것을 기억하세요.

## 50

➡️ 노른자 132

다음 중 정규화에 대한 설명으로 옳지 않은 것은?

① 대체로 더 작은 필드를 갖는 테이블로 분해하는 과정이다.

❷ 정규화를 수행하여 데이터의 중복을 완전히 제거할 수 있다. (×)

→ 정규화는 데이터의 추가, 갱신, 삭제 등의 작업 시 이상 현상(Anomaly)이 발생하지 않도록 데이터베이스를 설계하기 위한 작업으로, 중복을 완전히 제거할 수는 없고 최소화함

③ 정규화는 이상 현상(Anomaly)을 제거하기 위하여 중복성 및 종속성을 배제시키는 방법으로 사용된다.

④ 추가, 갱신, 삭제 등 작업 시의 이상 현상이 발생하지 않도록 하기 위한 것이다.

❶ 가장 빠른 합격비법
정규화는 깊게 학습하면 어려운 내용이지만, 선지와 해설을 통해 자주 출제되는 부분을 중심으로 기억하고 학습하세요.

## 51

➡️ 노른자 150

다음 중 관계형 데이터베이스의 조인(JOIN)에 대한 설명으로 옳지 않은 것은?

① 쿼리에 여러 테이블을 포함할 때는 조인을 사용하여 원하는 결과를 얻을 수 있다.

❷ RIGHT JOIN의 경우 두 개의 테이블 중 첫 번째 테이블의 레코드는 모두 포함하고, 두 번째 테이블의 레코드는 조인된 레코드만 포함한다. (×)

→ LEFT JOIN에 대한 설명. RIGHT JOIN은 두 개의 테이블 중 첫 번째 테이블의 레코드는 조인된 레코드만 포함하고, 두 번째 테이블의 레코드는 모두 포함함

③ 외부 조인은 조인되는 두 테이블에서 공통 값이 없는 데이터를 포함할지의 여부를 지정할 수 있다.

④ 조인이란, 공통된 속성을 이용하여 두 개 이상의 테이블을 연결하여 나타낸 것으로, 조인에 사용되는 기준 필드의 데이터 형식은 '동일'하거나 '호환'되어야 한다.

❶ 가장 빠른 합격비법
조인(Join)은 종류는 다양하지만, 자주 출제되는 문제 유형은 아닙니다. '노른자 150'을 참고하여 조인의 세 가지 유형에 대해 SQL과 함께 학습해 보세요.

## 52

➡️ 노른자 158

다음 중 폼에서의 컨트롤 작업에 대한 설명으로 옳지 않은 것은?

① 레이블이나 명령 단추 등의 컨트롤은 특정 필드에 바운드시킬 수 없다.

❷ 하나의 필드를 여러 개의 컨트롤에 바운드시킬 수 없다. (×)

→ 하나의 필드를 여러 개의 컨트롤에 바운드시킬 수 있음

③ 필드 목록에서 특정 필드 이름을 끌어와 폼에 드롭시키면 자동으로 해당 필드에 바운드된다.

④ 컨트롤 원본을 '='로 시작되는 계산식으로 지정한 컨트롤에는 사용자가 값을 입력할 수 없다.

❶ 가장 빠른 합격비법
바운드 컨트롤(Bound Control)은 테이블이나 쿼리의 필드가 컨트롤 원본으로 연결된 컨트롤입니다. 즉 바운드(Bound)는 '직접적으로 연결된'이라는 의미입니다. 추가로 언바운드(Unbound)는 반대의 의미입니다. 우선 용어의 의미를 숙지하고 문제를 풀어보면 답이 보이고 쉽게 이해할 수 있어요.

## 53

➡️ 노른자 170

다음 중 액세스에서 매크로에 대한 설명으로 옳지 않은 것은?

① 매크로 그룹 이름 다음에 점(.)을 입력한 후 매크로 이름을 입력하여 이벤트나 이벤트 프로시저의 매크로 그룹에서 매크로를 실행할 수 있다.

② 하나의 매크로에 여러 개의 매크로 함수를 지정할 수 있다.

❸ 그룹으로 지정된 매크로를 실행시키면 가장 나중에 지정한 매크로만 실행된다. (×)

→ 그룹으로 지정된 매크로를 실행시키면 가장 먼저 지정된 매크로만 실행됨

④ 특정 조건이 참일 때만 매크로 함수를 실행시킬 수 있다.

❶ 가장 빠른 합격비법
매크로에 대한 정의나 특징을 묻는 문제는 많지 않은 매크로의 이론 부분에서도 자주 출제되는 문제 유형입니다. 따라서 '노른자 170'을 확실하게 학습하고 정답을 찾아보세요.

## 54

➡ 노른자 130

다음 중 관계형 데이터베이스의 구성 요소에 대한 설명으로 옳지 않은 것은?

① 튜플은 속성의 모임으로 구성된다.

② 속성은 데이터의 가장 작은 논리적 단위이다.

③ 속성의 수는 '차수(Degree)', 튜플의 수는 '기수(Cardinality)' 라고 한다.

❹ 도메인은 하나의 튜플이 가질 수 있는 모든 값의 범위를 말한다. (×)
  → 도메인은 하나의 속성(Attribute)이 취할 수 있는 값의 범위임

❶ 가장 빠른 합격비법
관계형 데이터베이스 관련 용어를 잘 익혀두세요. 이와 같은 문제 유형은 자주 등장하지는 않지만, 데이터베이스와 관련된 문제에서 '차수', '기수', '도메인'과 같은 용어를 사용하기 때문에 정확하게 알고 있어야 합니다.

## 56

➡ 노른자 136

다음 중 특정 필드에 입력할 데이터의 종류나 범위를 지정하여 입력 데이터를 제한할 때 사용하는 속성으로 옳은 것은?

① 유효성 검사 규칙 (×)
  → 입력될 데이터의 값에 미리 제한 조건을 설정하는 기능

❷ 입력 마스크 (○)
  → 데이터의 종류나 범위를 지정하여 정확한 데이터가 입력될 수 있도록 데이터를 제한하는 속성

③ 인덱스 (×)
  → 데이터의 검색과 찾기 속도를 빠르게 하기 위한 속성

④ 유효성 검사 텍스트 (×)
  → 유효성 검사 규칙에 어긋날 경우 사용자에게 나타나는 텍스트

❶ 가장 빠른 합격비법
필드의 속성은 종류가 매우 많기 때문에 모두 암기하는 것은 비효율적입니다. 따라서 기출문제에 출제된 속성에 중점을 두고 학습하세요.

## 55

➡ 노른자 147

다음 중 회원(회원번호, 이름, 나이, 주소) 테이블에서 주소가 '인천'인 회원의 이름, 나이 필드만 검색하되, 나이가 많은 순으로 검색하는 질의문으로 옳은 것은?

① SELECT 이름, 나이 FROM 회원 ORDER BY 나이 WHERE 주소 = '인천'

② SELECT 이름, 나이 FROM 회원 WHERE 주소 = '인천' ORDER BY 나이 ASC

❸ SELECT 이름, 나이 FROM 회원 WHERE 주소 = '인천' ORDER BY 나이 DESC (○)
  → ORDER BY는 오름차순(ASC)이나 내림차순(DESC)으로 정렬하기 위한 구문인데, 정렬 방법을 지정하지 않으면 기본적으로 오름차순(ASC) 정렬됨

④ SELECT 이름, 나이 FROM 회원 ORDER BY 나이 DESC WHERE 주소 = '인천'

❶ 가장 빠른 합격비법
오름차순(ASC)이나 내림차순(DESC)이 혼동되지 않도록 '오름 → 내림'은 'A → D'로 암기하면 좋습니다. 정렬 방법(ASC, DESC)을 생략하면 오름차순 정렬됩니다.

## 57

➡ 노른자 151

다음 중 [사원] 테이블에서 호봉이 6인 사원의 연봉을 3% 인상된 값으로 수정하는 실행 쿼리를 작성하고자 할 때 아래의 각 괄호에 넣어야 할 구문을 순서대로 나열한 것은?

UPDATE 사원
  (      ) 연봉 = 연봉 * 1.03
  (      ) 호봉 = 6;
    └ 'UPDATE 테이블 SET 수정 내용 WHERE 조건' 형식으로 레코드를 수정함

① FROM, WHERE

❷ SET, WHERE (○)
  → UPDATE문에서 수정 내용(연봉 = 연봉*1.03)은 SET절에 작성하고 수정해야 할 대상을 정하는 조건(호봉 = 6)은 WHERE절에 작성함

③ VALUE, SELECT

④ INTO, VALUE

❶ 가장 빠른 합격비법
필기 문제에서는 대부분의 쿼리의 형식을 기억하면 풀 수 있도록 출제되고 있습니다. UPDATE~SET~WHERE~의 순서를 기억하세요.

## 58

↪ 노른자 167

다음 중 보고서의 그룹화에 대한 설명으로 옳지 않은 것은?

① 그룹 머리글과 그룹 바닥글에는 그룹별 요약 정보를 삽입할 수 있다.

② 그룹화 기준이 되는 필드는 데이터가 정렬되어 표시된다.

③ 보고서 마법사를 이용하여 기본적인 그룹화 보고서를 작성할 수 있다.

❹ 그룹화 기준은 한 개의 필드로만 지정할 수 있다. (×)
  → 필드나 식을 기준으로 최대 열 개까지 그룹화할 수 있고, 같은 필드나 식도 계속 그룹화할 수 있음

❶ 가장 빠른 합격비법
  보고서의 그룹화와 정렬은 시험에 자주 출제되는 편입니다. '노른자 167'을 꼼꼼하게 학습하세요.

## 59

↪ 노른자 161

다음 중 탭 순서(Tab Order)에 대한 설명으로 가장 옳지 않은 것은?

① Tab 이나 Enter 등을 누를 때 컨트롤에 포커스가 옮겨가는 순서를 지정하는 것이다.

② 탭 이동 시에 '탭 정지' 속성을 '예'로 설정한 컨트롤에만 포커스가 옮겨간다.

❸ 선이나 레이블, 명령 단추와 같은 컨트롤에는 탭 순서를 지정할 수 없다. (×)
  → 명령 단추에는 탭 순서를 지정할 수 있음

④ 개별 컨트롤의 '탭 인덱스' 속성값을 변경하여 탭 순서를 변경할 수 있다.

❶ 가장 빠른 합격비법
  탭 순서는 시험에 자주 출제되지 않고 출제되는 문제의 유형은 비슷합니다. 따라서 문제 위주로 학습해 보세요.

## 60

↪ 노른자 141

다음 중 [관계 편집] 대화상자에서 아래의 그림과 같이 설정한 경우에 대한 설명으로 가장 옳지 않은 것은?

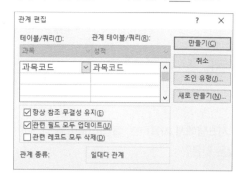

① [과목] 테이블에 존재하는 '과목코드' 값을 갖는 [성적] 테이블을 삭제해도 참조 무결성을 해치지 않는다.

② [과목] 테이블에 레코드를 추가하는 것은 참조 무결성을 해치지 않는다.

❸ [과목] 테이블에서 참조하고 있는 [성적] 테이블의 레코드는 삭제할 수 있다. (×)
  → '관련 레코드 모두 삭제'에 체크되어 있지 않기 때문에 [과목] 테이블에서 참조하고 있는 [성적] 테이블의 레코드를 삭제할 수 없음

④ [과목] 테이블의 '과목코드' 필드값을 변경하면 이를 참조하는 [성적] 테이블의 '과목코드' 필드값도 모두 변경된다.

❶ 가장 빠른 합격비법
  출제될 가능성이 있으므로 특별부록 '시험에 자주 출제되는 액세스 기능'을 실습해 보면서 [관계 편집] 대화상자와 참조 무결성에 대해 학습하세요.

# 답만 보는 제3회 복원문제

---

**1과목** **컴퓨터 일반**

## 01

📲 노른자 036

다음 중 컴퓨터 시스템에서 사용하는 채널(Channel)에 관한 설명으로 옳지 않은 것은?

① 주변 장치에 대한 제어 권한을 CPU로부터 넘겨받아 CPU 대신 입·출력을 관리한다.

② 입·출력 작업이 끝나면 CPU에게 인터럽트 신호를 보낸다.

❸ CPU와 주기억장치의 속도 차이를 해결하기 위하여 사용된다. (×)
→ 캐시 메모리(Cache Memory)에 대한 설명

④ 채널에는 셀렉터(Selector), 멀티플렉서(Multiplexer), 블록 멀티플렉서(Block Multiplexer) 등이 있다.

❗ 가장 빠른 합격비법
①, ②, ④ 선지를 통해서 채널과 캐시 메모리에 대해 다시 한번 학습해 보세요.

## 02

📲 노른자 006

다음 중 Windows 10에서 파일 탐색기의 [즐겨찾기]에 관한 설명으로 옳지 않은 것은?

① 인터넷 익스플로러의 [즐겨찾기] 메뉴와 유사한 기능이다.

② 즐겨찾기의 순서를 변경할 수 있다.

③ 폴더, 저장된 검색, 라이브러리 또는 드라이브를 즐겨찾기로 추가하려면 탐색 창의 즐겨찾기 섹션으로 끌어놓는다.

❹ 파일이 저장된 위치에서 파일을 이동할 필요 없이 여러 위치에서 파일을 모아 하나의 모음으로 표시한다. (×)
→ 라이브러리(Library)에 대한 설명

❗ 가장·빠른 합격비법
[즐겨찾기]와 라이브러리가 혼동될 수 있지만, 시험에 자주 출제되는 문제가 아니므로 문제 위주로 학습하고 넘어가세요.

## 03

📲 노른자 001

다음에서 설명하는 Windows 10의 기능은?

모든 창을 최소화할 필요 없이 바탕 화면을 빠르게 미리 보거나 작업 표시줄의 해당 아이콘을 가리켜서 열린 창을 미리 볼 수 있게 하는 기능

❶ 에어로 피크(Aero Peek)

② 에어로 스냅(Aero Snap) (×)
→ 화면의 가장자리로 창을 드래그하면 자동으로 배열하는 기능

③ 에어로 셰이크(Aero Shake) (×)
→ 창을 흔들면 열려있는 다른 모든 창을 최소화하거나 다시 원래의 상태로 나타내는 기능

④ 핫 스왑(Hot Swap) (×)
→ 컴퓨터가 작동하는 상태에서 컴퓨터 시스템의 장치를 연결하거나 교체 및 분리하는 일. 부분적으로 하드디스크 드라이브, 전원 공급 장치, 기타 장비들을 교체해도 컴퓨터에 자동으로 인식되어 정상적으로 동작됨

❗ 가장 빠른 합격비법
Windows 10에서 추가된 기능을 확인해 보는 문제입니다. 기출문제에서 등장한 이론의 문제는 아니지만, 앞으로 출제될 가능성이 있는 문제이니 각각의 기능을 정리해 보세요.

## 04

📲 노른자 058

다음 중 인터넷 기반 기술을 이용하여 기업들이 외부 보안을 유지한 채 협력 업체 간의 효율적인 업무 처리를 위해 사용하는 네트워크로 옳은 것은?

① 인트라넷(Intranet) (×)
→ 인터넷 관련 기술과 통신 규약을 이용해 조직 내부의 업무를 통합하는 정보 시스템으로, 인터넷 관련 기술을 기업의 전자우편, 전자결재 등과 같은 정보 시스템에 적용할 수 있음

② 원거리 통신망(WAN) (×)
→ 국가나 대륙 등 넓은 지역을 연결하는 통신망(Wide Area Network)

❸ 엑스트라넷(Extranet)

④ 근거리 통신망(LAN) (×)
→ 한정된 공간에서 자원을 공유할 목적으로 연결된 통신망(Local Area Network)

❗ 가장 빠른 합격비법
문제와 정답이 중요하다기보다 각 선지의 용어와 의미에 대해서 학습하는 것이 좋습니다. 용어 문제는 반드시 정답을 맞추어야 합격할 수 있어요.

# 05

➡ 노른자 008

다음 중 Windows 10의 [폴더 옵션] 대화상자에서 설정할 수 있는 기능에 해당하지 않는 것은?

❶ 파일 연결 – 연결 프로그램 변경 (×)
→ 파일이 연결되는 연결 프로그램은 파일의 [속성] 창에서 변경할 수 있음

② 마우스 클릭 – 한 번 클릭해서 열기

③ 검색 대상 – 항상 파일 이름 및 내용 검색

④ 폴더 찾아보기 – 같은 창에서 폴더 열기

❗ 가장 빠른 합격비법
자주 출제되는 문제 유형은 아니지만, [폴더 옵션] 대화상자를 직접 실행하여 확인해 보면 쉽게 이해할 수 있습니다.

# 06

➡ 노른자 040

다음 중 네트워크 연결을 위한 동배 간 처리(Peer-to-Peer) 방식에 대한 설명으로 옳지 않은 것은?

① 컴퓨터와 컴퓨터가 동등하게 연결되는 방식이다.

② 각각의 컴퓨터는 클라이언트인 동시에 서버가 될 수 있다.

③ 워크스테이션이나 PC를 단말기로 사용하는 작은 규모의 네트워크에 많이 사용된다.

❹ 유지 보수가 쉽고, 데이터의 보안이 우수하며, 주로 데이터의 양이 많을 때 사용한다. (×)
→ 동배 간 처리 방식은 클라이언트이면서 서버가 될 수 있는 방식으로, 유지 보수가 어렵고 데이터의 보안이 취약함

❗ 가장 빠른 합격비법
흔히 이야기하는 P2P를 '동배 간 처리 방식'이라고 합니다. '동배 간 처리 방식'과 '클라이언트/서버 방식'을 비교하면서 학습하는 것이 좋습니다.

# 07

➡ 노른자 055

다음 중 Windows 10에서 네트워크 연결 시 IP 설정이 자동으로 할당되지 않을 경우 직접 설정해야 하는 TCP/IP 속성에 해당하지 않는 것은?

① IP 주소

② 기본 게이트웨이

③ 서브넷 마스크

④ 라우터 주소 (×)
→ 라우터 주소는 직접 설정할 수 없음

❗ 가장 빠른 합격비법
자주 출제되는 문제 유형은 아니지만, 해설의 그림을 보면서 직접 설정해야 하는 속성을 확인해 보세요.

# 08

➡ 노른자 061

다음 중 시스템 보안과 관련된 불법적인 형태에 대한 설명으로 옳지 않은 것은?

① 피싱(Phishing)은 거짓 메일을 보내서 가짜 금융기관 등의 가짜 웹 사이트로 유인하여 정보를 빼내는 행위이다.

② 스푸핑(Spoofing)은 검증된 사람이 네트워크를 통해 데이터를 보낸 것처럼 데이터를 변조하여 접속을 시도하는 행위이다.

❸ 분산 서비스 거부 공격(DDoS)은 마이크로소프트의 MS-DOS를 운영체제로 사용하는 컴퓨터에 네트워크를 통해 불법적으로 접속하는 행위이다. (×)
→ DDoS 공격은 여러 대의 장비를 이용하여 특정 서버에 대량의 데이터를 집중적으로 전송해서 서버의 정상적인 동작을 방해하는 행위

④ 키로거(Key Logger)는 키 입력 캐치 프로그램을 사용하여 ID나 암호를 알아내는 행위이다.

❗ 가장 빠른 합격비법
서비스 거부 공격(DoS)은 서버를 마비시켜서 다른 사람들이 정상적으로 사용할 수 없도록 하는 공격입니다. 공격은 한 곳에서 하는 것보다 여러 곳에서 하는 것이 더 강력하겠지요? 분산 서비스 거부 공격(DDoS)은 좀비 PC로 여러 곳에서 동시에 서비스를 거부하는 공격 방식으로, 시스템 보안과 관련된 문제는 자주 출제되기 때문에 모든 선지를 정확하게 학습하세요.

## 09

➥ 노른자 049

다음 중 **정보통신망의 구성 형태**를 설명한 내용으로 옳지 <u>않은</u> 것은?

① 성형(Star Topology)은 중앙의 노드가 고장나면 전체 기능이 정지하며, 노드의 추가와 고장 발견이 용이하다.

❷ 링형(Ring Topology)은 네트워크의 모든 노드들이 서로 연결되는 방식으로, 특정 노드에 이상이 생겨도 전송이 가능하다. (×)

→ 망형(Mesh Topology)에 대한 설명

③ 트리형(Tree Topology)은 트리 구조로 연결된 형태이며, 분산 처리 시스템에 많이 이용된다.

④ 버스형(Bus Topology)은 모든 노드들이 하나의 케이블에 연결되어 있으며, 케이블 종단에는 종단 장치가 있어야 한다.

❶ **가장 빠른 합격비법**
링형은 이웃하는 노드들과 연결되는 구조로, 특정 노드나 회선에 문제가 생기면 데이터 전송이 불가능합니다. 모든 선지에서 설명하고 있는 정보통신망의 구성 형태의 종류별 특징을 익혀두세요.

## 10

➥ 노른자 061

다음 중 인터넷 해킹과 관련하여 **스니핑(Sniffing)**에 관한 설명으로 옳은 것은?

❶ 네트워크를 거쳐 전송되는 패킷 정보를 읽어 계정과 암호를 알아내는 행위이다.

② 프로그램이 정상적인 상태로 유지되는 것처럼 믿도록 속임수를 사용하는 행위이다. (×)

→ 스푸핑(Spoofing)에 대한 설명

③ 자기 복제를 하는 프로그램으로, 특정 대상을 파괴하는 행위이다. (×)

→ 웜(Worm) 바이러스에 대한 설명

④ 컴퓨터 사용자 몰래 다른 파일에 자신의 코드를 복사하는 행위이다. (×)

→ 바이러스의 특징 중 하나로, 자기 복제에 대한 설명

❶ **가장 빠른 합격비법**
스니핑(Sniffing)과 스푸핑(Spoofing)은 아주 혼동되는 용어입니다. 스'니'핑은 '훔쳐본다'('니'가 훔쳐본다)', 스푸'핑'은 '속이기(곰돌이 '푸' 속이기)'로 암기하면 오래 기억에 남습니다. 그리고 웜(Worm)의 가장 큰 특징은 바로 '전염'입니다.

## 11

➥ 노른자 015

다음 중 Windows 10의 **[제어판]-[시스템]**에서 **[정보]**에 관한 설명으로 옳지 <u>않은</u> 것은?

❶ Windows의 버전과 CPU의 종류, RAM의 크기를 직접 변경할 수 있다. (×)

→ CPU의 종류, RAM의 크기를 확인할 수 있지만, 직접 변경할 수는 없음

② 컴퓨터의 이름, 작업 그룹 등을 확인하거나 변경할 수 있다.

③ PC의 이름을 바꿀 수 있다.

④ Windows 정품 인증을 받을 수 있다.

❶ **가장 빠른 합격비법**
Windows 10의 제어판과 관련된 문제에서는 [시스템]의 [정보]가 출제 비중이 높습니다. 이 부분에서 표시하고 있는 컴퓨터 시스템 정보를 직접 확인하면서 학습하는 것이 중요합니다.

## 12

➥ 노른자 016

다음 중 Windows 10의 **[제어판]-[키보드]**에서 설정할 수 있는 것으로 옳지 <u>않은</u> 것은?

❶ 입력 위치를 표시하는 커서의 모양을 선택할 수 있다. (×)

→ [제어판]-[키보드]에서 입력 위치를 표시하는 커서의 모양을 변경할 수 없음

② 키 반복 속도를 조절할 수 있다.

③ 커서 깜박임 속도를 조절할 수 있다.

④ 키 재입력 시간을 조절할 수 있다.

❶ **가장 빠른 합격비법**
키보드는 자주 출제되는 문제 유형은 아닙니다. 하지만 키의 반복 속도, 커서의 깜박임 속도, 키의 재입력 시간 등은 조절할 수 있고, 입력을 표시하는 커서의 모양은 바꿀 수 없다는 점을 기억하세요.

## 13

➥ 노른자 062

다음 중 **컴퓨터 바이러스의 예방 방법**으로 바르지 <u>못한</u> 것은?

① 최신 버전의 백신 프로그램을 사용한다.

❷ 네트워크 공유 폴더의 파일에 읽기와 쓰기 권한을 모두 부여한다. (×)

→ 네트워크 공유 폴더의 파일에는 '읽기' 권한만 부여하여 바이러스를 예방할 수 있음

③ 다운로드한 파일은 작업 전에 반드시 바이러스 검사를 한다.

④ 의심스러운 이메일은 내용을 확인하지 않고 곧바로 삭제한다.

# 14

↪ 노른자 058

다음 중 1994년 스웨덴의 에릭슨이 최초로 개발한 근거리 통신 기술로, 휴대폰, PDA, 노트북과 같은 **휴대 가능한 장치들 사이의 양방향 정보 전송**을 목적으로 하는 것은?

① TCP/IP (×)
→ 서로 다른 기종 간의 데이터를 송·수신하기 위한 인터넷 표준 프로토콜

② CDMA (×)
→ 여러 사용자가 통신 자원을 공유하기 위한 다중화 통신 방식으로, '코드 분할 다중 접속(Code Division Multiple Access)'이라고 함

❸ Bluetooth

④ USN (×)
→ 각종 센서에서 감지한 정보를 무선으로 수집하는 기술로, '유비쿼터스 센서 네트워크(Ubiquitous Sensor Network)'라고 함

❶ **가장 빠른 합격비법**
정답을 고르는 데 어려운 문제는 아닙니다. ①, ②, ④ 선지도 함께 학습하는 것이 좋습니다.

# 15

↪ 노른자 051

다음 중 OSI 7계층에서 **데이터 링크 계층(Data Link Layer)**의 기능에 관한 설명으로 옳지 않은 것은?

① 송신 측이 수신 측의 처리 속도보다 더 빨리 데이터를 보내지 못하도록 조절하는 흐름 제어 기능이 있다.

② 프레임의 시작과 끝을 구분하기 위한 프레임의 동기화 기능이 있다.

❸ 응용 프로세스 간의 정보 교환, 파일 전송 등의 전송 제어 기능이 있다. (×)
→ 제7계층인 응용 계층(Application Layer)에 대한 설명

④ 프레임의 순차적 전송을 위한 순서 제어 기능이 있다.

❶ **가장 빠른 합격비법**
OSI 7계층은 중요한 내용입니다. 직접적으로 출제된 횟수가 많은 편은 아니지만, 네트워크 장비와 함께 많이 출제되고 있습니다. '노른자 051'을 확실하게 학습해 두는 것이 좋습니다.

# 16

↪ 노른자 030

다음 중 **프로그램 카운터**에 대한 설명으로 옳은 것은?

❶ 다음에 실행할 명령어의 번지를 기억하는 레지스터

② 현재 실행 중인 명령을 기억한다. (×)
→ 명령 레지스터에 대한 설명

③ 해독된 명령에 따라 각 장치로 보낼 제어 신호를 생성한다. (×)
→ 부호기에 대한 설명

④ 기억장치에 입·출력되는 데이터의 번지를 기억한다. (×)
→ 메모리 주소 레지스터에 대한 설명

❶ **가장 빠른 합격비법**
CPU의 제어장치와 연산장치의 구성 요소는 시험문제에 자주 출제되기 때문에 무조건 암기하세요. 특히 제어장치의 프로그램 카운터(PC; Program Counter)와 연산장치의 누산기(AC; ACcumulator)가 자주 출제됩니다.

# 17

↪ 노른자 030

다음 중 **컴퓨터의 클록 주파수**에 대한 설명으로 옳지 <u>않은</u> 것은?

① 컴퓨터는 전류가 흐르는 상태(ON)와 흐르지 않는 상태(OFF)가 반복되어 작동하는데, 이 전류의 흐름을 '클록 주파수'라고 한다.

❷ CPU는 클록 주기에 따라 명령을 수행하며, 클록 주파수가 낮을수록 연산 속도가 빠르다고 할 수 있다. (×)
→ 클록 주파수가 높을수록 연산 속도가 빠름

③ PC의 클록 속도 단위는 보통 GHz를 사용하는데, 1GHz는 1,000,000,000Hz를, 1Hz는 1초 동안 한 번의 주기가 반복되는 것을 의미한다.

④ 컴퓨터의 메인보드에 공급되는 클록은 CPU의 속도에 맞추어 적절하게 적용되어야 컴퓨터가 안정적으로 구동된다.

❶ **가장 빠른 합격비법**
클록 주파수는 CPU의 처리 능력과 밀접한 관련이 있습니다. 자주 출제되는 개념은 아니기 때문에 문제의 선지 위주로 학습하는 것이 좋겠습니다.

## 18

➦ 노른자 034

다음 중 컴퓨터 시스템에서 사용하는 가상기억장치(Virtual Memory)에 대한 설명으로 옳은 것은?

❶ 보조기억장치와 같은 큰 용량의 기억장치를 주기억장치처럼 사용하는 개념이다.

② 개인용 컴퓨터에서 보조기억장치로 널리 사용되는 것으로, 자성 물질을 입힌 금속 원판을 여러 장 겹쳐서 만든 기억매체이다. (×)
  → 하드디스크(Hard Disk)에 대한 설명

③ 고선명 비디오를 위한 디지털 데이터를 저장할 수 있도록 만든 광 기록 방식의 저장 매체로서 405nm 정도의 청자색 레이저를 사용한다. (×)
  → 블루레이 디스크(Blu-ray Disk)에 대한 설명

④ 주기억장치의 접근 시간을 최소화하여 시스템의 처리 속도가 빨라진다. (×)
  → 가상기억장치(Virtual Memory)는 주기억장치의 확장의 기능으로, 접근 시간과는 관련 없음

❶ 가장 빠른 합격비법
  가상기억장치를 비롯하여 기억장치에 대한 문제는 매번 출제되고 있으므로 해설과 함께 다른 선지를 학습하는 것이 중요합니다.

## 19

➦ 노른자 024

다음 중 Windows 10에 설치된 기본 프린터에 관한 설명으로 옳은 것은?

❶ 프로그램에서 사용할 프린터를 지정하지 않고 인쇄 명령을 내렸을 때 컴퓨터가 자동으로 문서를 보내는 프린터이다.

② 여러 개의 프린터가 설치된 경우 모든 프린터를 기본 프린터로 설정할 수 있다. (×)
  → 기본 프린터는 무조건 한 대만 설정할 수 있음

③ 네트워크 프린터는 기본 프린터로 사용할 수 없다. (×)
  → 네트워크 프린터도 기본 프린터로 설정할 수 있음

④ 한 번 설정된 기본 프린터는 변경할 수 없다. (×)
  → 기본 프린터는 변경할 수 있음

❶ 가장 빠른 합격비법
  프린터와 관련된 문제는 많이 출제되고 있지 않습니다. 하지만 어려운 내용이 아니므로 '노른자 024'를 한두 번 정도 읽어보면서 학습하면 좋습니다.

## 20

➦ 노른자 031

다음 중 컴퓨터를 구성하는 CPU와 관련된 RISC 프로세서에 대한 설명으로 옳지 <u>않은</u> 것은?

① CISC 프로세서에 비해 주소 지정 모드와 명령어의 종류가 적다.

② CISC 프로세서에 비해 프로그래밍이 어려운 반면, 처리 속도가 빠르다.

❸ CISC 프로세서에 비해 생산 가격이 비싸고, 소비 전력이 높다. (×)
  → RISC 프로세서는 CISC 프로세서보다 가격이 싸고, 전력 소모가 적음

④ 고성능의 워크스테이션이나 그래픽용 컴퓨터에 많이 사용된다.

❶ 가장 빠른 합격비법
  RISC와 CISC의 문제는 많이 출제되는 내용은 아닙니다. 암기할 내용이 까다롭고 쉽게 혼동될 수 있으므로 시험장에 들어가기 전에 '노른자 031'을 차분히 살펴보는 것을 추천합니다.

---

**2과목** 스프레드시트 일반

## 21

➦ 노른자 082, 088, 091

다음 중 [B3:E6] 영역에 대해 아래 시트와 같이 배경색을 설정하기 위한 조건부 서식의 규칙으로 옳은 것은?

| ⊿ | A | B | C | D | E |
|---|---|---|---|---|---|
| 1 | | | | | |
| 2 | | 자산코드 | 내용연수 | 경과연수 | 취득원가 |
| 3 | | L47C | 4 | 2 | 550000 |
| 4 | | S22C | 3 | 1 | 66000 |
| 5 | | N71E | 3 | 2 | 132000 |
| 6 | | S34G | 5 | 3 | 33000 |
| 7 | | | | | |

① =MOD(COLUMNS($B3),2)=0

② =MOD(COLUMNS(B3),2)=0

③ =MOD(COLUMN($B3),2)=0

❹ =MOD(COLUMN(B3),2)=0 (○)
  → 'COLUMN(B3)'으로 열 번호가 리턴된 후 MOD 함수에 의해 2로 나
    눈 나머지가 0인 경우에만 배경색이 설정됨. 따라서 B열과 D열에
    배경색이 설정됨

❶ 가장 빠른 합격비법
  조건부 서식 문제는 자주 출제되지는 않습니다. 이 문제는 조건부 서식으로
  학습하는 것과 동시에 함수의 사용법을 학습해 두는 것이 더 중요합니다.

# 22

노른자 106

## 다음 중 부분합 실행 결과에 대한 설명으로 옳지 않은 것은?

| | A | B | C |
|---|---|---|---|
| 1 | 이름 | 분기 | 매출 |
| 2 | 강호동 | 상반기 | 3,302,000 |
| 3 | 강호동 | 하반기 | 3,062,850 |
| 4 | 강호동 요약 | | 6,364,850 |
| 5 | 박명수 | 상반기 | 1,565,100 |
| 6 | 박명수 | 하반기 | 2,691,100 |
| 7 | 박명수 요약 | | 4,256,200 |
| 8 | 유재석 | 상반기 | 3,138,950 |
| 9 | 유재석 | 하반기 | 1,948,500 |
| 10 | 유재석 요약 | | 5,087,450 |
| 11 | 총합계 | | 15,708,500 |
| 12 | | | |

❶ 상반기와 하반기를 기준으로 항목이 그룹화되었다. (×)
  → '이름'을 기준으로 요약되어 있음

② 매출에 대하여 합계 함수가 사용되었다.

③ 데이터 아래에 요약 표시가 선택되었다.

④ 부분합 윤곽 기호 지우기가 실행되었다.

❶ 가장 빠른 합격비법
  부분합 문제는 자주 출제되는 문제 유형이 아닙니다. 부분합을 실행한 결과
  가 어떻게 표시되는지 확인하면서 문제를 풀면 어렵지 않게 풀 수 있습니다.
  '노른자 106'을 학습하면서 부분합에 대해서 대략적으로 파악해 두세요.

# 23

노른자 111

## 다음 중 아래에서 설명하는 차트의 종류로 가장 적절한 것은?

• 가로 축의 값이 일정한 간격이 아닌 경우
• 가로 축의 데이터 요소 수가 많은 경우
• 데이터 요소 간의 차이점보다는 큰 데이터 집합 간의 유사
  점을 표시하려는 경우

① 주식형 차트 (×)
  → 주가 변동을 나타낼 때 사용하는 차트

❷ 분산형 차트

③ 영역형 차트 (×)
  → 데이터의 시간 경과에 따른 변화량을 강조할 때 사용하는 차트

④ 방사형 차트 (×)
  → 가운데에서 뻗어나가는 형태의 차트로, 데이터 계열이 많을 때 사용
    하고 가로 축이 없는 차트

❶ 가장 빠른 합격비법
  시험에 반드시 출제되는 문제 유형이므로 각 차트에 대한 내용을 확실하게
  학습하세요.

# 24

노른자 118

아래 그림과 같이 설정한 상태에서 [매크로 기록] 대화상자의
[확인] 단추를 누른다. [A2:A6] 범위를 선택한 후 글꼴 스타일
을 굵게 지정하고 [기록 중지]를 눌러 '서식' 매크로의 작성을
완료하였다. 다음 중 매크로 작성 후 [C1] 셀을 선택하고 '서식'
매크로를 실행한 결과로 옳은 것은?

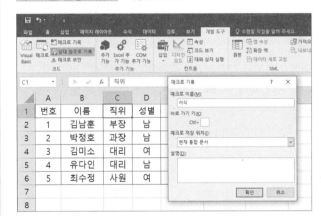

① [A2:A6] 영역의 글꼴 스타일이 굵게 지정된다.

② [A1] 셀에만 글꼴 스타일이 굵게 지정된다.

❸ [C2:C6] 영역의 글꼴 스타일이 굵게 지정된다. (○)
  → [개발 도구] 탭-[코드] 그룹-[상대 참조로 기록]이 선택된 상태에서
    매크로 기록을 시작했기 때문에 셀 포인터의 위치에 따라 매크로가
    적용되는 위치가 달라짐. [A1] 셀에서 매크로를 지정하여 [A2:A6]
    영역을 선택하여 '굵게' 지정했으므로 [C1] 셀을 선택한 후에는
    [C2:C6] 범위가 영역 지정되어 굵게 처리됨. 따라서 [상대 참조로
    기록]이 선택된 상태인지 꼭 확인해야 함

④ [C1] 셀에만 글꼴 스타일이 굵게 지정된다.

❶ 가장 빠른 합격비법
  매크로는 [개발 도구] 탭-[코드] 그룹-[상대 참조로 기록]의 선택 여부에 따
  라 결과가 달라집니다. 매크로는 시험에 자주 출제되는 문제 유형이므로 참
  조 방법에 따라 매크로가 적용되는 원리를 정확하게 파악해야 합니다.

## 25

🔗 노른자 083

**다음 중 수식 작성 과정에 대한 설명으로 옳지 않은 것은?**

① 셀 범위를 참조할 때는 시작 셀 이름과 마지막 셀 이름 사이에 콜론(:)이 입력된다.

❷ 다른 워크시트의 값을 참조하는 경우 해당 워크시트 이름에 알파벳 이외의 문자가 포함되어 있으면 워크시트의 이름은 큰따옴표(" ")로 묶는다. (×)
→ 다른 워크시트의 값을 참조하기 위하여 수식 및 함수에서 워크시트의 이름을 작성해야 할 경우 시트명에 한글과 영문 이외의 다른 글자가 포함되면 작은따옴표(' ')로 묶음

③ 수식 안의 문자나 숫자에는 글꼴 서식이 지정되지 않는다.

④ 외부 참조에는 통합 문서의 이름과 경로가 포함된다.

❶ **가장 빠른 합격비법**
자주 출제되는 문제 유형은 아니므로 문제를 통해서 수식 작성 과정에 대해 학습하세요.

## 26

🔗 노른자 095

**아래 시트에서 각 부서마다 직위별로 '종합점수'의 합계를 구하려고 한다. 다음 중 [B17] 셀에 입력된 수식으로 옳은 것은?**

| | A | B | C | D | E |
|---|---|---|---|---|---|
| 1 | 부서명 | 직위 | 업무평가 | 구술평가 | 종합점수 |
| 2 | 영업부 | 사원 | 35 | 30 | 65 |
| 3 | 총무부 | . 대리 | 38 | 33 | 71 |
| 4 | 총무부 | 과장 | 45 | 36 | 81 |
| 5 | 총무부 | 대리 | 35 | 40 | 75 |
| 6 | 영업부 | 과장 | 46 | 39 | 85 |
| 7 | 홍보부 | 과장 | 30 | 37 | 67 |
| 8 | 홍보부 | 부장 | 41 | 38 | 79 |
| 9 | 총무부 | 사원 | 33 | 29 | 62 |
| 10 | 영업부 | 대리 | 36 | 34 | 70 |
| 11 | 홍보부 | 대리 | 27 | 36 | 63 |
| 12 | 영업부 | 과장 | 42 | 39 | 81 |
| 13 | 영업부 | 부장 | 40 | 39 | 79 |
| 14 | | | | | |

| | A | B | C | D |
|---|---|---|---|---|
| 16 | 부서명 | 부장 | 과장 | 대리 |
| 17 | 영업부 | | | |
| 18 | 총무부 | | | |
| 19 | 홍보부 | | | |
| 20 | | | | |

① {=SUMIFS($E$2:$E$13,$A$2:$A$13,$A$17,$B$2:$B$13, $B$16)}

② {=SUM(($A$2:$A$13=A17)*($B$2:$B$13=B16)*$E$2: $E$13)}

③ {=SUM(($A$2:$A$13=$A17)*($B$2:$B$13=B$16)*$E$2: $E$13)} (○)
→ 조건이 두 개일 때 배열 수식으로 합계를 구하는 방법
방법1 {=SUM((조건1)*(조건2)*합계 범위)}
방법2 {=SUM(IF((조건1)*(조건2), 합계 범위))}

• 조건1: 부서별 조건($A$2:$A$13 = $A17)
• 조건2: 직위별 조건($B$2:$B$13 = B$16)
• 합계 범위: 종합점수($E$2:$E$13)

방법1 = SUM(($A$2:$A$13 = $A17)*($B$2:$B$13 = B$16)*$E$2: $E$13)

방법2 = SUM(IF(($A$2:$A$13 = $A17)*($B$2:$B$13 = B$16),$E$2: $E$13))

• [A17] 셀의 경우는 [A18] 셀, [A19] 셀과 같이 열이 고정되므로 '$A17'로 표시하고, [B16] 셀은 [C16] 셀, [D16] 셀과 같이 행이 고정되므로 'B$16'으로 지정함

• 최종적으로 '= SUM($A$2:$A$13 = $A17)*($B$2:$B$13 = B$16) *$E$2:$E$13)'으로 입력한 후 Ctrl + Shift + Enter 를 누르면 배열 수식을 나타내는 중괄호({ })가 표시되어 '= SUM($A$2:$A$13 = $A17)*($B$2:$B$13 = B$16)*$E$2:$E$13)'으로 표시됨

④ {=SUM(($A$2:$A$13=A$17)*($B$2:$B$13=$B16)* $E$2:$E$13)}

❶ **가장 빠른 합격비법**
배열 수식은 매번 한두 문제가 반드시 출제됩니다. 이 문제는 합계를 구하는 배열 수식으로, '조건이 두 개일 때 배열 수식으로 합계를 구하는 방법'을 반드시 암기해야 합니다. 이 방법은 필기뿐만 아니라 실기에서도 쓰이는 공식이므로 매우 중요합니다.

## 27

🔗 노른자 073

**다음 중 날짜 데이터의 입력에 대한 설명으로 옳은 것은?**

❶ 날짜는 1900년 1월 1일을 1로 시작하는 일련번호로 저장된다.

② 날짜 데이터는 슬래시(/)나 점(.) 또는 하이픈(−)으로 연, 월, 일을 구분하여 입력한다. (×)
→ 날짜 데이터는 슬래시(/)나 하이픈(−)으로 연, 월, 일을 구분하여 입력하고, 점(.)은 해당되지 않음

③ 수식에서 날짜 데이터를 직접 입력할 때는 작은따옴표(' ')로 묶어서 입력한다. (×)
→ 수식에서 날짜 데이터를 직접 입력할 때는 큰따옴표(" ")로 묶어서 입력함

④ 바로 가기 키 Ctrl + Alt + ; 을 누르면 오늘 날짜가 입력된다. (×)
→ 오늘 날짜는 Ctrl + ; 을 눌러야 입력됨

❶ **가장 빠른 합격비법**
데이터 입력에 대해서는 문자 데이터, 숫자 데이터, 날짜/시간 데이터, 수식 데이터, 기타 데이터가 골고루 출제되고 있습니다. 시험 출제 빈도도 매우 높기 때문에 '노른자 073'과 문제를 확인하면서 반드시 학습하세요.

# 28

↪ 노른자 076

다음 중 아래 그림에서 **바로 가기 메뉴 [삭제]의 삭제 옵션**을 선택하여 실행한 결과로 가능하지 **않은** 것은?

| ▲ | A | B |
|---|---|---|
| 1 | 21 | 31 |
| 2 | 22 | 32 |
| 3 | 23 | 33 |
| 4 | 24 | 34 |
| 5 | 25 | 35 |
| 6 | | |

① (○)

| ▲ | A | B |
|---|---|---|
| 1 | 21 | 31 |
| 2 | 32 | |
| 3 | 33 | |
| 4 | 34 | |
| 5 | 25 | 35 |
| 6 | | |

→ '셀을 왼쪽으로 밀기'를 선택한 경우

② (○)

| ▲ | A | B |
|---|---|---|
| 1 | 21 | 31 |
| 2 | 25 | 32 |
| 3 | | 33 |
| 4 | | 34 |
| 5 | | 35 |
| 6 | | |

→ '셀을 위로 밀기'를 선택한 경우

❸ (×)

| ▲ | A | B |
|---|---|---|
| 1 | 21 | 31 |
| 2 | | 32 |
| 3 | | 33 |
| 4 | | 34 |
| 5 | 25 | 35 |
| 6 | | |

→ '내용 지우기'를 선택한 경우로, 삭제와 관련 없음

④ (○)

| ▲ | A | B |
|---|---|---|
| 1 | 31 | |
| 2 | 32 | |
| 3 | 33 | |
| 4 | 34 | |
| 5 | 35 | |
| 6 | | |

→ '열 전체'를 선택한 경우

❶ **가장 빠른 합격비법**
문제만으로는 정답을 찾기 어려울 수 있지만, 실제로 실습해 보면 금방 이해할 수 있는 문제입니다. 따라서 직접 실습해 보면서 바로 가기 메뉴 [삭제]의 옵션을 익혀보세요.

# 29

↪ 노른자 114

다음 중 차트에 포함할 수 있는 **추세선**에 대한 설명으로 옳은 것은?

❶ 추세선은 데이터의 추세를 그래픽으로 표시하고 예측 문제를 분석하는 데 사용된다.

② 3차원 차트에 추세선을 표시하기 위해 2차원 차트를 작성하여 추세선을 추가한 뒤에 3차원으로 변환한다. (×)
  → 추세선이 표시된 2차원 차트를 3차원 차트로 변경하면 추세선이 삭제됨

③ 지수, 선형, 로그 등 세 가지 추세선 유형이 있다. (×)
  → 추세선은 지수, 선형, 로그, 다항식, 거듭제곱, 이동 평균의 여섯 종류가 있음

④ 모든 종류의 차트에 추세선을 사용할 수 있다. (×)
  → 원형, 3차원 효과의 영역형, 도넛형, 방사형, 표면형, 원통형, 원뿔형, 피라미드형 차트에는 추세선을 추가할 수 없음

❶ **가장 빠른 합격비법**
추세선은 추세선에 대한 개념과 설명을 물어보는 문제와 추세선을 삽입할 수 없는 그래프의 유형을 고르는 문제로 출제됩니다. 따라서 이 두 가지 문제 유형을 중점적으로 학습하는 것이 좋습니다.

# 30

↪ 노른자 095

다음 중 아래 시트에서 부서별 인원수[H3:H6]를 구하기 위하여 [H3] 셀에 입력되는 **배열 수식**으로 옳지 **않은** 것은?

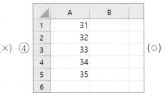

| ▲ | A | B | C | D | E | F | G | H |
|---|---|---|---|---|---|---|---|---|
| 1 | | | | | | | | |
| 2 | | 사원명 | 부서명 | 직위 | 급여 | | 부서별인원수 | |
| 3 | | 홍길동 | 개발1부 | 부장 | 3500000 | | 개발1부 | 3 |
| 4 | | 이대한 | 영업2부 | 과장 | 2800000 | | 개발2부 | 1 |
| 5 | | 한민국 | 영업1부 | 대리 | 2500000 | | 영업1부 | 1 |
| 6 | | 이겨레 | 개발1부 | 과장 | 3000000 | | 영업2부 | 2 |
| 7 | | 김국수 | 개발1부 | 부장 | 3700000 | | | |
| 8 | | 박미나 | 개발2부 | 대리 | 2800000 | | | |
| 9 | | 최신호 | 영업2부 | 부장 | 3300000 | | | |
| 10 | | | | | | | | |

① {=SUM(($C$3:$C$9=G3)*1)}

❷ {=DSUM(($C$3:$C$9=G3)*1)} (×)
  → DSUM 함수로는 배열 수식을 구할 수 없음

**조건이 한 개일 때 배열 수식으로 개수를 구하는 방법**
방법1 {=SUM((조건)*1)}
방법2 {=SUM(IF(조건,1))}
방법3 {=COUNT(IF(조건,1))}

③ {=SUM(IF($C$3:$C$9=G3,1))}

④ {=COUNT(IF($C$3:$C$9=G3,1))}

❶ **가장 빠른 합격비법**
배열 수식은 매번 한두 문제가 반드시 출제됩니다. 이 문제는 개수를 구하는 배열 수식으로, '조건이 한 개일 때 배열 수식으로 개수를 구하는 방법'을 반드시 암기해야 합니다. 이 방법은 필기뿐만 아니라 실기에서도 쓰이는 공식이므로 매우 중요합니다.

## 31

노른자 113~114

다음 중 아래 차트에 대한 설명으로 옳지 않은 것은?

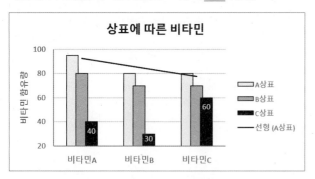

❶ [데이터 계열 서식] 대화상자에서 '계열 겹치기' 값이 0보다 작게 설정되었다. (×)
→ '계열 겹치기' 값이 0보다 작으면 계열 간 간격이 멀어지고, 0보다 크면 계열이 겹침

② 'A상표' 계열에는 선형 추세선이 추가되었고, 'C상표' 계열에는 데이터 레이블이 추가되었다.

③ 세로(값) 축의 주 단위는 20이고, 최소값과 최대값은 각각 20과 100으로 설정되었다.

④ 기본 세로 축 제목은 '제목 회전'으로 '비타민 함유량'이 입력되었다.

> **❶ 가장 빠른 합격비법**
> 계열 겹치기는 '겹치기'이기 때문에 숫자가 커지면 '겹치기'가 커집니다. 추가로 간격 너비는 '너비'이기 때문에 숫자가 커지면 '너비'가 커집니다.

## 32

노른자 073

다음 중 자료 입력에 대한 설명으로 옳지 않은 것은?

① 한자를 입력하려면 한글을 입력한 후 키보드의 [한자]를 눌러 변환한다.

❷ 특수 문자를 입력하려면 먼저 한글 자음을 입력한 후 키보드의 [한/영]을 눌러 원하는 특수 문자를 선택한다. (×)
→ 특수 문자는 한글 자음을 입력한 후 [한자]를 눌러 원하는 특수 문자를 선택함

③ 숫자 데이터를 문자 데이터로 입력하려면 숫자 데이터의 앞에 문자 접두어(')를 입력한다.

④ 분수 앞에 정수가 없는 일반 분수를 입력하려면 '0'을 먼저 입력하고 [Spacebar]를 눌러 빈칸을 한 칸 입력한 후 '3/8'과 같이 분수를 입력한다.

> **❶ 가장 빠른 합격비법**
> 자료(데이터) 입력에 대한 문제는 문자 데이터, 숫자 데이터, 날짜/시간 데이터, 수식 데이터, 기타 데이터가 고르게 출제됩니다. 시험 출제 빈도가 매우 높기 때문에 '노른자 073'과 문제를 확인하면서 반드시 학습하세요.

## 33

노른자 115~117

다음 중 페이지 레이아웃 및 인쇄 관련 설정에 대한 설명으로 옳지 않은 것은?

① [인쇄 미리 보기] 상태에서는 마우스를 이용하여 페이지 여백을 조정할 수 있다.

② [페이지 설정] 대화상자의 [페이지] 탭에서 확대/축소 배율을 지정할 수 있다.

❸ [보기] 탭-[통합 문서 보기] 그룹-[페이지 나누기 미리 보기]를 클릭하면 머리글 및 바닥글을 쉽게 삽입할 수 있다. (×)
→ 머리글과 바닥글은 [파일] 탭-[인쇄]를 선택하고 인쇄 미리 보기 화면에서 '페이지 설정'을 클릭한 후 [페이지 설정] 대화상자의 [머리글/바닥글] 탭에서 삽입할 수 있음

④ '페이지 나누기 삽입'은 새 페이지가 시작되는 위치를 지정하는 것으로, 선택 영역의 위쪽과 왼쪽에 페이지 나누기가 삽입된다.

> **❶ 가장 빠른 합격비법**
> 페이지 레이아웃과 인쇄와 관련된 문제는 시험에 자주 출제됩니다. 기억할 내용도 많고 어려울 수 있지만, 실제 엑셀의 기능을 사용해 보면서 학습하는 것이 좋습니다. '노른자 115~117'을 반드시 확인하고 넘어가세요.

## 34

📤 노른자 075

**다음 중 메모에 대한 설명으로 옳지 않은 것은?**

① 새 메모를 작성하려면 바로 가기 키 [Shift] + [F2]를 누르거나 [검토] 탭–[메모] 그룹에서 [새 메모]를 클릭한다.

❷ 셀을 이동하면 메모를 제외한 수식, 결과값, 셀 서식 등이 이동된다. (×)
→ 셀을 이동하면 메모도 함께 이동할 수 있음

③ 한 시트에 여러 개의 메모가 삽입되어 있는 경우 [검토] 탭–[메모] 그룹의 [이전] 또는 [다음]을 이용하여 메모를 탐색할 수 있다.

④ 통합 문서에 포함된 메모를 시트에 표시된 대로 인쇄하거나 시트 끝에 인쇄할 수 있다.

> ❶ **가장 빠른 합격비법**
> 메모는 셀과 함께 이동할 수도 있고, 인쇄도 가능하며, 서식 지정과 찾기도 가능합니다. 단! 삭제할 때는 셀 데이터를 삭제하는 방법과 달리 바로 가기 메뉴에서 [메모 삭제]를 선택해야 합니다.

## 35

📤 노른자 085

**아래의 워크시트에서 [D1] 셀에 숫자를 입력한 후 [오류 추적] 단추가 표시되었다. 다음 중 아래의 오류 표시에 대한 설명으로 옳지 않은 것은?**

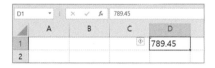

① 오류 검사 규칙으로 '오류를 반환하는 수식이 있는 셀'이 선택되어 있는 경우 그림과 같이 셀 왼쪽에 [오류 추적] 단추가 나타난다.

❷ 숫자를 셀에 입력한 후 텍스트로 서식을 지정한 경우에 나타난다. (×)
→ 숫자를 셀에 입력한 후 텍스트로 서식을 지정한 경우에는 오류가 표시되지 않고 숫자가 텍스트로 변경됨. 기본적으로 숫자는 오른쪽 정렬, 문자는 왼쪽 정렬됨

③ [오류 추적] 단추를 눌러 나타난 메뉴 중 [숫자로 변환]을 클릭하면 오류 표시가 사라지고 숫자로 정상 입력된다.

④ 텍스트로 서식이 지정된 셀에 숫자를 입력하는 경우 오류 표시기가 나타난다.

> ❶ **가장 빠른 합격비법**
> [오류 추적] 단추(◈)는 자주 출제되는 문제 유형이 아니므로 문제를 통해서 학습하고 넘어가세요.

## 36

📤 노른자 081

**다음 중 셀 스타일에 대한 설명으로 옳지 않은 것은?**

① '표준' 셀 스타일은 삭제할 수 없다.

② 셀 스타일은 글꼴과 글꼴 크기, 표시 형식, 셀 테두리 및 셀 음영 등의 서식 특성이 정의된 집합이다.

❸ 사용자가 만든 셀 스타일은 기본적으로 모든 엑셀 통합 문서에서 사용할 수 있다. (×)
→ 사용자가 만든 셀 스타일은 기본적으로 '현재' 엑셀 통합 문서에서 사용할 수 있음

④ 셀 스타일을 삭제하면 해당 스타일이 적용되었던 영역의 스타일이 '표준' 셀 스타일로 변경되어 적용된다.

> ❶ **가장 빠른 합격비법**
> 셀 스타일 기능은 자주 출제되는 문제 유형이 아니므로 문제를 통해서 학습하고 넘어가세요.

## 37

📤 노른자 067

**다음 중 '틀 고정' 기능에 대한 설명으로 옳지 않은 것은?**

① 워크시트를 스크롤할 때 특정 행이나 열이 한 자리에 계속 표시되도록 선택할 수 있는 기능이다.

② 첫 행과 첫 열을 동시에 고정하여 표시되도록 설정할 수 있다.

❸ 틀 고정은 통합 문서 보기가 [페이지 레이아웃] 상태일 때 설정할 수 있다. (×)
→ [페이지 레이아웃] 상태에서는 틀을 고정시킬 수 없음. 통합 문서 보기가 [기본] 보기(▦)와 [페이지 나누기 미리 보기](▥) 상태일 때 틀 고정이 가능함

④ 화면에 표시되는 틀 고정의 형태는 인쇄 시 적용되지 않는다.

> ❶ **가장 빠른 합격비법**
> 틀 고정은 종종 출제되는 문제로, '틀 고정', '첫 행 고정', '첫 열 고정'이 있습니다. 셀 포인터의 위쪽과 왼쪽에 틀 고정 구분선이 생기고, 틀 고정 구분선의 위치는 드래그하여 조절할 수 없다는 것이 핵심입니다.

# 38

📱 노른자 087

**다음 중 수식의 결과값으로 옳은 것은?**

❶ =IF(AND(B2>=40,C2>=40,D2>=60),"합격","불합격"):
[B2] 셀과 [C2] 셀의 값이 40 이상이고 [D2] 셀의 값이 60
이상이면 '합격'을, 그렇지 않으면 '불합격'을 값으로 한
다. (○)
→ [B2] 셀과 [C2] 셀의 값이 40 이상이고 [D2] 셀의 값이 60 이상이
면 '합격'을, 그렇지 않으면 '불합격'임

② =IF(OR(C2>=40,D2>=60),"합격","불합격"): [C2] 셀의
값이 40 이상이고 [D2] 셀의 값이 60 이상이면 '합격'을,
그렇지 않으면 '불합격'을 값으로 한다. (×)
→ [C2] 셀의 값이 40 이상이거나 [D2] 셀의 값이 60 이상이면 '합격'
을, 그렇지 않으면 '불합격'임

③ =IF(AND((B2,C2)>=40,D2>=60),"합격","불합격"):
[B2] 셀과 [C2] 셀의 값이 40 이상이고 [D2] 셀의 값이 60
이상이면 '합격'을, 그렇지 않으면 '불합격'을 값으로 한
다. (×)
→ #VALUE! 오류가 발생함

④ =AND(IF(B2>=40,C2>=40,D2>=60),"합격","불합격"):
[B2] 셀과 [C2] 셀의 값이 40 이상이거나 [D2] 셀의 값이
60 이상이면 '합격'을, 그렇지 않으면 '불합격'을 값으로
한다. (×)
→ #NAME? 오류가 발생함

> **❗ 가장 빠른 합격비법**
> IF 함수의 조건 인수에 AND, OR 함수가 삽입되는 문제 유형은 필기와 실기
> 에서 모두 매우 자주 출제되는 문제 유형입니다. 따라서 열고 닫는 괄호를 잘
> 확인하면서 함수의 사용법을 숙지하여 정답을 찾아내는 능력을 길러보세요.

# 39

📱 노른자 106

**다음 중 부분합에 대한 설명으로 옳지 않은 것은?**

① 다중 함수를 이용하는 중첩 부분합을 작성하려면 [부분합]
대화상자에서 매번 '새로운 값으로 대치' 항목의 선택을
해제해야 한다.

❷ 부분합을 설정한 후 해당 부분합을 제거하더라도 윤곽과
페이지 나누기는 별도로 제거해야 한다. (×)
→ 부분합을 제거하면 부분합과 함께 목록에 삽입된 윤곽 및 페이지
나누기도 제거됨

③ 세부 정보가 있는 행 아래에 요약 행을 지정하려면 '데이
터 아래에 요약 표시' 항목을 선택한다.

④ 중첩 부분합은 이미 작성된 부분합 그룹에 새로운 부분합
그룹을 추가하는 것이다.

> **❗ 가장 빠른 합격비법**
> 부분합은 약 30%의 비율로 출제되므로 특별부록 '시험에 자주 출제되는 엑
> 셀 기능'을 실습해 보고 '노른자 106'을 학습하면서 익혀두세요.

# 40

📱 노른자 075

**다음 중 윗주에 대한 설명으로 옳지 않은 것은?**

① 윗주는 셀에 대한 주석을 설정하는 것으로, 문자열 데이터
가 입력되어 있는 셀에만 표시할 수 있다.

② 윗주는 삽입해도 바로 표시되지 않고 [홈] 탭-[글꼴] 그룹
의 [윗주 필드 표시]를 선택해야만 표시된다.

③ 윗주에 입력된 텍스트 중 전체의 서식은 변경 가능하나 일
부분의 서식은 변경할 수 없다.

❹ 셀의 데이터를 삭제해도 윗주는 삭제되지 않는다. (×)
→ 셀의 데이터를 삭제하면 윗주도 같이 삭제됨

> **❗ 가장 빠른 합격비법**
> 윗주는 시험에 자주 출제되는 문제가 아니므로 문제 위주로 학습하고 넘어
> 가세요.

## 3과목  데이터베이스 일반

# 41

📱 노른자 157

**아래 내용 중 하위 폼에 대해 옳지 않은 설명만 나열한 것은?**

ⓐ 하위 폼에는 기본 폼의 현재 레코드와 관련된 레코드만
표시된다.

ⓑ 하위 폼은 단일 폼으로 표시되며 연속 폼으로는 표시될
수 없다. (×)
→ 하위 폼은 연속 폼으로 표시할 수 있음

ⓒ 기본 폼과 하위 폼을 연결할 필드의 데이터 형식은 같거
나 호환되어야 한다.

ⓓ 여러 개의 연결 필드를 지정하려면 콜론(:)으로 구분하
여 입력한다. (×)
→ 여러 개의 필드를 연결하려면 세미콜론(;)으로 구분해서 입력해
야 함

① ⓐ, ⓑ, ⓒ

② ⓐ, ⓒ

③ ⓑ, ⓒ, ⓓ

❹ ⓑ, ⓓ

❶ 가장 빠른 합격비법
하위 폼에 대한 기본적인 내용입니다. 자주 출제되는 문제 유형이기 때문에 문제와 '노른자 157'을 반드시 학습해서 하위 폼에 대한 옳은 설명과 옳지 않은 설명을 확실하게 고를 수 있도록 준비하세요.

# 42
노른자 135

## 다음 중 기본 키에 대한 설명으로 옳지 않은 것은?

❶ 데이터가 이미 입력된 필드도 기본 키로 지정할 수 없다. (×)
→ 데이터가 입력되어 있어도 기본 키로 지정할 수 있음

② 기본 키가 설정되어 있는 상태에서 다른 필드를 기본 키로 지정하면, 기존의 기본 키는 자동으로 해제된다.

③ 여러 필드를 묶어서 기본 키로 사용할 수 있다.

④ 기본 키로 지정되면, 중복 불가능한 인덱스로 자동 설정된다.

❶ 가장 빠른 합격비법
기본 키에 대해서는 시험문제에 자주 출제되므로 반드시 기억하세요.

# 43
노른자 156

## 다음 중 '기본 보기(DefaultView)' 속성을 통해 설정하는 폼의 종류에 대한 설명으로 옳지 않은 것은?

① 단일 폼은 한 번에 한 개의 레코드만 표시한다.

② 연속 폼은 현재 창을 채울 만큼 여러 개의 레코드를 표시한다.

❸ 연속 폼은 매 레코드마다 폼 머리글과 폼 바닥글이 표시된다. (×)
→ 연속 폼은 폼 머리글과 폼 바닥글을 한 번만 표시함

④ 데이터시트의 형식은 스프레드시트처럼 행과 열로 필드를 표시한다.

❶ 가장 빠른 합격비법
'단일 폼', '연속 폼', '데이터 시트', '분할 표시 폼' 형식과 같은 기본 보기 속성에 대한 폼의 형태를 반드시 학습하고, 기타 다른 폼들도 익혀두세요. 특별부록 '시험에 자주 출제되는 액세스 기능'에서는 '연속 폼'에 대해 실습할 수 있습니다.

# 44
노른자 132

## 다음 중 데이터베이스의 정규화와 정규형에 대한 설명으로 옳지 않은 것은?

① 정규화의 목적은 데이터베이스의 중복성을 최소화하고, 정보의 일관성을 보장하는 데 있다.

② 정규화는 릴레이션 스키마 속성들 간의 종속성을 분석하여 바람직한 속성을 가진 릴레이션으로 분해하는 과정이다.

③ 데이터베이스 정규화에는 몇 가지 규칙이 있는데, 규칙을 '정규형'이라고 한다.

❹ 제1정규형이 지켜진 데이터베이스는 제2정규형과 제3정규형도 만족하며, 대부분의 응용 프로그램에서 필요한 가장 높은 수준으로 간주된다. (×)
→ 제1정규형은 가장 낮은 수준의 정규형을 의미하며, 정규화 단계가 올라갈수록 하위 단계를 모두 포함함. 즉 제2정규형은 제1정규형을 만족하고, 제3정규형은 제1정규형과 제2정규형을 만족함

❶ 가장 빠른 합격비법
정규화 문제는 시험에 자주 출제되는 개념입니다. 데이터베이스의 중복성을 최소화하여 일관성과 무결성을 보장하면서 이상 현상(Anormaly)이 발생하지 않게 하는 것이 정규화의 목적입니다.

# 45
노른자 142

## 다음 중 다른 데이터베이스의 원본 데이터를 연결 테이블로 가져온 테이블과 새 테이블로 가져온 테이블에 대한 설명으로 옳지 않은 것은?

❶ 연결 테이블로 가져온 테이블을 삭제하면 연결되어 있는 원본 데이터베이스 테이블도 삭제된다. (×)
→ 연결 테이블로 가져온 테이블은 삭제해도 원본 데이터베이스 테이블은 삭제되지 않음

② 연결 테이블로 가져온 테이블을 삭제해도 원본 테이블은 삭제되지 않고 연결만 삭제된다.

③ 새 테이블로 가져온 테이블을 삭제해도 원본 테이블은 삭제되지 않는다.

④ 새 테이블로 가져온 테이블을 이용하여 폼이나 보고서를 생성할 수 있다.

❶ 가장 빠른 합격비법
이 문제는 자세히 읽어보면 정답이 보이는 문제입니다. 얼핏 보면 어려워 보이지만 꼼꼼히 읽어보고 해당 개념을 파악해 보면 정답을 맞출 수 있습니다. '노른자 142'와 함께 문제를 학습해 보세요.

## 46

➦ 노른자 143

다음 중 액세스의 내보내기(Export) 기능에 대한 설명으로 옳지 않은 것은?

① 테이블이나 쿼리, 폼이나 보고서 등을 다른 형식으로 바꾸어 파일로 저장할 수 있다.

② 테이블을 Access 데이터베이스로 내보내는 경우 '정의 및 데이터'를 내보낼 것인지, '정의만' 내보낼 것인지 선택할 수 있다.

③ 쿼리를 엑셀이나 HTML 형식으로 내보내는 경우 쿼리의 SQL문이 아니라 SQL문의 실행 결과가 저장된다.

❹ 테이블은 내보내지 않고 보고서만 'Word(*.rtf)'로 내보내는 경우 원본 테이블이 없으므로 데이터는 표시되지 않는다. (×)
  → 원본 테이블이 없어도 데이터는 표시됨

> **❶ 가장 빠른 합격비법**
> 출제 빈도가 매우 낮으므로 '노른자 143'을 확인하면서 내보내기 파일 형식에 따른 특징을 학습하세요.

## 47

➦ 노른자 158

레이블은 폼 다음 중 보고서의 제목이나 글자 등 텍스트를 표시하는 컨트롤이다. 다음 중 레이블에 대한 설명으로 가장 옳지 않은 것은?

❶ 레이블은 항상 바운드 컨트롤이다. (×)
  → 레이블은 '언바운드 컨트롤'로, 다른 레코드로 이동해도 내용이 변경되지 않음

② 레이블은 다른 컨트롤에 덧붙일 수 있다.

③ 레이블은 필드나 식의 값을 표시하지 않는다.

④ 레이블이 나타낼 문자는 캡션 속성에 지정한다.

> **❶ 가장 빠른 합격비법**
> 바운드 컨트롤(Bound Control)은 테이블이나 쿼리의 필드가 컨트롤 원본으로 연결된 컨트롤입니다. 즉 바운드(Bound)는 '직접적으로 연결된'이라는 의미입니다. 우선 용어의 의미를 숙지하고 문제를 풀어보면 답이 보이고 쉽게 이해할 수 있습니다.

## 48

➦ 노른자 147

다음 중 쿼리에서 사용하는 문자열 조건에 대한 설명으로 옳지 않은 것은?

① "수학" OR "영어": '수학'이나 '영어'인 레코드를 찾는다.

② LIKE "서울*": '서울'이라는 문자열로 시작하는 필드를 찾는다.

❸ LIKE "*신림*": 문자열의 두 번째가 '신'이고 세 번째가 '림'인 문자열을 찾는다. (×)
  → Like "*신림*": '신림'이라는 단어를 포함하는 문자열을 검색함
    • * 또는 %: 모든 문자를 대표함
    • ? 또는 _: 한 자리의 문자를 대표함
    • #: 한 자리의 숫자를 대표함
    • LIKE "?혜영?": 문자열에서 두 번째 문자가 '혜'이고 세 번째 문자가 '영'인 문자열을 검색함

④ NOT "전산과": 문자열의 값이 '전산과'가 아닌 문자열을 찾는다.

> **❶ 가장 빠른 합격비법**
> 시험에 자주 등장하는 문제 유형입니다. 특히 삽입 쿼리의 WHERE절은 '노른자 147'의 WHERE의 예시를 파악하면서 이해 위주로 학습하는 것이 좋습니다.

## 49

➦ 노른자 140

입사 지원자의 정보를 DB화하기 위해 테이블을 설계하고자 한다. 다음 중 한 명의 지원자가 여러 개의 이력이나 경력 사항을 갖는 경우 가장 적절한 테이블 구조는?

① 지원자(지원자ID, 이름, 성별, 생년월일, 연락처)
  경력(경력ID, 회사, 직무, 근무기간)

❷ 지원자(지원자ID, 이름, 성별, 생년월일, 연락처)
  경력(경력ID, 지원자ID, 회사, 직무, 근무 기간) (○)
  → 한 명의 지원자가 여러 개의 경력을 소유한 일대다의 관계. 이 경우에는 [지원자] 테이블의 기본 키를 [경력] 테이블의 외래 키로 추가해야 함. 따라서 [지원자] 테이블의 기본 키로 볼 수 있는 '지원자 ID'를 [경력] 테이블에 추가해야 함

③ 지원자(<u>지원자ID</u>, 이름, 성별, 생년월일, 연락처, 회사, 직무, 근무기간)

④ 지원자(<u>지원자ID</u>, 이름, 성별, 생년월일, 연락처, 회사1, 직무1, 근무기간1, 회사2, 직무2, 근무기간2, 회사3, 직무3, 근무기간3)

❶ 가장 빠른 합격비법
이 형식의 문제는 자주 등장하지 않으며, 난도가 매우 높은 문제입니다. 데이터베이스를 설계할 때 테이블 간의 관계를 설정하기 위한 방법이므로 해설을 이해하면서 학습하세요.

## 50

➦ 노른자 165

다음 중 보고서 마법사를 이용하여 숫자로 된 필드에 요약값을 나타내는 과정에 대한 설명으로 옳지 <u>않은</u> 것은?

① 그룹 수준을 지정해야만 요약 옵션을 사용할 수 있다.

② 그룹화 수준에서 앞의 두 문자만 가지고 그룹화를 지정할 수 있다.

③ 정렬 순서와 무관하게 요약 옵션을 사용할 수 있다.

❹ 텍스트 속성인 필드만으로 구성된 경우에 요약 옵션을 사용할 수 있다. (×)
→ 요약 옵션은 그룹 수준을 지정해야 사용할 수 있고, 텍스트 속성인 필드만으로 구성된 경우에는 사용할 수 없음

## 51

➦ 노른자 151

다음 중 실행 쿼리의 삽입(INSERT)문에 대한 설명으로 옳지 <u>않은</u> 것은?

❶ 여러 개의 레코드를 한 번에 여러 개의 테이블에 동시에 추가할 수 있다. (×)
→ 하나의 삽입(INSERT)문으로 여러 개의 레코드를 동시에 삽입할 수 있지만, 그 대상이 되는 테이블은 여러 개가 될 수 없음

② 필드값을 직접 지정하거나 다른 테이블의 레코드를 추출하여 추가할 수 있다.

③ 레코드의 전체 필드를 추가할 경우 필드 이름을 생략할 수 있다.

④ 하나의 INSERT문을 이용해 여러 개의 레코드와 필드를 삽입할 수 있다.

❶ 가장 빠른 합격비법
실행 쿼리의 삽입(INSERT)문에 대한 이론적 내용과 함께 삽입문의 쿼리 형식도 반드시 익혀두세요.

## 52

➦ 노른자 151

다음 중 [사원] 테이블(사원번호, 이름, 직급, 급여, 부서명)에서 '직급'이 '관리자'인 사원의 급여를 20%씩 인상하는 SQL문으로 옳은 것은?

① UPDATE FROM 사원 SET 급여 = 급여 * 1.2 WHERE 직급 = '관리자';

❷ UPDATE 사원 SET 급여 = 급여 * 1.2 WHERE 직급 = '관리자'; (○)
→ UPDATE문의 형식: UPDATE 테이블명 SET 필드명 = 수정값 WHERE 조건;

③ UPDATE 급여 SET 급여 * 1.2 FROM 사원 WHERE 직급 = '관리자';

④ UPDATE 급여 = 급여 * 1.2 SET 사원 WHERE 직급 = '관리자';

❶ 가장 빠른 합격비법
필기 시험에서는 대부분 쿼리의 형식을 기억하면 풀 수 있도록 출제되고 있습니다. 쿼리는 UPDATE~SET~WHERE~의 순서를 기억하세요.

## 53

➦ 노른자 147, 150

다음 중 아래 쿼리에서 두 테이블에 조인된 필드가 일치하는 레코드만 결합하기 위해 괄호 안에 넣어야 할 조인 유형으로 옳은 것은?

SELECT 필드 목록 FROM 테이블1 (        ) 테이블2
ON 테이블1.필드 = 테이블2.필드;

❶ INNER JOIN (○)
→ 내부 조인(Inner Join)은 두 테이블에서 공통적으로 있는 레코드만 포함됨

② OUTER JOIN (×)
→ 외부 조인(Outer Join)은 두 테이블에 공통적으로 없는 레코드도 포함됨

③ LEFT JOIN (×)
→ 왼쪽 조인(Left Join)은 왼쪽 테이블에서는 모든 레코드를 포함하고, 오른쪽 테이블에서는 조인된 필드가 일치하는 레코드만 표시됨

④ RIGHT JOIN (×)
→ 오른쪽 조인(Right Join)은 오른쪽 테이블에서는 모든 레코드를 포함하고, 왼쪽 테이블에서는 조인된 필드가 일치하는 레코드만 표시됨

❶ 가장 빠른 합격비법
조인(Join)은 테이블을 결합하기 위한 방법입니다. 결합되는 방식에 따라 ①, ②, ③, ④에 따른 방법이 다르므로 해설을 잘 학습하세요.

## 54

다음 중 테이블의 관계 설정에 관한 내용으로 옳지 <u>않은</u> 것은?

❶ 두 테이블을 직접 다대다 관계로 설정할 수 있다. (×)
  → 두 개의 테이블을 직접 다대다의 관계로 설정할 수 없음. 두 개의 테이블을 다대다의 관계로 설정하려면, 별도의 테이블이 추가로 필요하기 때문에 간접적으로 관계를 설정할 수 있음

② 일대다 관계는 하나의 테이블에 저장된 대표값을 다른 테이블에서 여러 번 참조하는 작업에 적합하다.

③ 일대일 관계에서 한 테이블의 각 레코드는 다른 테이블의 한 레코드에만 대응된다.

④ 참조 무결성 유지를 설정하면 기본 테이블의 기본 키 필드에 없는 값은 관련된 테이블의 외래 키 필드에 입력할 수 없다.

> ❶ 가장 빠른 합격비법
> 테이블 관계 설정의 이론적 내용은 난도가 높고 자주 출제되지 않습니다. 따라서 문제 위주로 학습하기를 바랍니다.

## 55

다음 중 그룹화된 보고서의 그룹 머리글과 그룹 바닥글에 대한 설명으로 옳지 <u>않은</u> 것은?

① 그룹 머리글은 각 그룹의 첫 번째 레코드 위에 표시된다.

② 그룹 바닥글은 각 그룹의 마지막 레코드 아래에 표시된다.

③ 그룹 머리글은 그룹의 위쪽에 반복적으로 표시된다.

❹ 보고서 바닥글은 그룹 요약과 같은 항목을 나타내는 데 효과적이다. (×)
  → 그룹 요약과 같은 항목을 나타내는 데 효과적인 것은 그룹 바닥글임. 보고서 바닥글은 보고서의 전체 보고서에 대한 기타 요약 정보를 표시할 때 사용되고, 전체 페이지 중 마지막 페이지에 한 번만 인쇄됨

> ❶ 가장 빠른 합격비법
> 보고서의 각 영역에 대한 명칭과 특징은 특별부록 '시험에 자주 출제되는 액세스 기능'을 통해 충분히 익혀두세요.

## 56

다음 중 액세스에서 보고서 작성 시 '그룹화 및 정렬'에 대한 설명으로 가장 옳지 <u>않은</u> 것은?

① 특정 필드를 기준으로 데이터를 구분하여 표시하는 기능이다.

② 특정 필드를 기준으로 그룹화를 하는 경우 데이터는 그 필드를 기준으로 정렬되어 표시된다.

③ 그룹에 대한 머리글이나 바닥글을 표시할 수 있다.

❹ 특정한 값을 갖는 데이터를 표시하지 않도록 설정할 수 있다. (×)
  → '그룹화 및 정렬'은 특정 필드를 기준으로 레코드를 그룹화하고 정렬하는 기능으로, 데이터를 표시하지 않도록 설정하는 것과는 관련 없음

## 57

다음의 보고서에 있는 '서울 지역에 거주하는 회원 수는 3명' 부분과 같이 출력하기 위해 입력란에 작성해야 하는 식으로 옳은 것은? (단, '서울'은 '주소' 필드에 저장된 값이고, '3'은 해당 주소에 거주하는 회원 수를 관련 함수를 사용하여 산출해야 한다.)

| 회원명단 | | | |
|---|---|---|---|
| **회원명단** | | | |
| 주소 | 회원번호 | 이름 | 나이 |
| 서울 | 527 | 김혜민 | 29 |
| | 327 | 최영주 | 55 |
| | 120 | 박찬주 | 21 |
| 회원수: | 서울 지역에 거주하는 회원 수는 3명 | | |

① = "[주소] 지역에 거주하는 회원 수는 "&COUNT([회원번호]) &"명"

② = "[주소] 지역에 거주하는 회원 수는 "&SUM([이름]) &"명"

❸ = [주소] &" 지역에 거주하는 회원 수는 "&COUNT([주소]) &"명" (○)

→ 함수식을 입력할 때 출력하는 내용은 '&' 기호로 연결해야 하고, 함수를 사용할 경우에는 '([필드명])'의 형식으로 작성해야 함

④ = [주소] &" 지역에 거주하는 회원 수는 "&SUM([나이]) &"명"

❶ 가장 빠른 합격비법
'[(필드명)]'을 이용한 잘못된 선지가 자주 출제되고 있습니다. 따라서 함수에 필드명을 사용할 때 '([필드명])'에서 괄호의 순서를 반드시 기억해야 합니다. 또한 문자열은 큰따옴표("")를 사용해서 표현하고 & 기호를 사용해서 연결합니다.

# 58

다음 중 현재 폼에서 [cmd숨기기] 단추를 클릭하는 경우 DateDue 컨트롤이 표시되지 않도록 하기 위한 이벤트 프로시저로 옳은 것은?

① Private Sub cmd숨기기_Click( )
　　Me.[DateDue]!Visible = False
　End Sub

② Private Sub cmd숨기기_DblClick( )
　　Me!DateDue.Visible = True
　End Sub

❸ Private Sub cmd숨기기_Click( )─❶
　　Me![DateDue].Visible = False
　　　　　❷　　　　❸
　End Sub (○)

→ ❶ [cmd숨기기] 단추를 클릭했을 때 발생하는 이벤트 프로시저
❷ 현재 폼의 DateDue 컨트롤의 Visible 속성값. 개체명과 컨트롤명은 느낌표(!)로 구분하고, 컨트롤에 속성을 지정할 때는 마침표(.)로 연결함
❸ 폼이나 보고서 컨트롤의 경우 'Visible = False'로 지정하면 표시되지 않고 'Visible = True'로 지정하면 표시됨. 여기서는 'Visible = False'로 지정했으므로 DateDue 컨트롤이 표시되지 않음

④ Private Sub cmd숨기기_DblClick( )
　　Me.DateDue!Visible = True
　End Sub

❶ 가장 빠른 합격비법
프로시저는 자주 출제되지만, 출제 범위와 방식이 매우 넓고 다양하여 학습하기가 매우 어렵습니다. 따라서 문제에서 제시하는 프로시저를 읽고 이해할 수 있을 정도로 익혀두세요.

# 59

다음 중 SQL문에서 사용하는 연산식과 결과값이 옳지 않은 것은?

❶ 연산식: "3" & "4" → 결과값: 7 (×)
→ '"3" & "4"'는 연결해서 표시하는 의미이므로 결과값은 '34'

② 연산식: 3 MOD 2 → 결과값: 1 (○)
→ '3 MOD 2'는 3을 2로 나눈 나머지 값을 구하므로 결과값은 '1'

③ 연산식: 3 ⟨ ⟩ 2 AND 3 ⟩ 3 → 결과값: 0(False) (○)
→ '3 ⟨ ⟩ 2 AND 3 ⟩ 3'은 '3과 2는 같지 않다.'와 '3이 3보다 크다.'의 AND 조건으로, '참 AND 거짓'이 되어 결과값은 'False'

④ 연산식: 1 AND 2 → 결과값: −1(True) (○)
→ '1 AND 2'는 '참 AND 참'이 되어 결과값은 'True'

❶ 가장 빠른 합격비법
연산식은 이해하는 것이 중요합니다. 그러므로 연산식의 이해를 통해서 학습하고 문제에 적용해 보세요.

# 60

다음 중 폼의 모달 속성에 관한 설명으로 옳지 않은 것은?

① 모달 폼이 열려있을 경우 다른 화면을 선택할 수 없다.

② VBA 코드를 이용하여 대화상자의 모달 속성을 지정할 수 있다.

③ 폼이 모달 대화상자이면 [디자인 보기]로 전환한 후 [데이터 시트 보기]로 전환이 가능하다.

❹ 모달 속성을 '아니요'로 설정하여 모달 폼으로 설정할 수 있다. (×)
→ 모달 속성을 '예'로 설정하면 모달 폼으로 설정할 수 있고, [폼 보기]로 표시된 상태에서 다른 폼을 선택할 수 없음

❶ 가장 빠른 합격비법
모달(Modal)은 폼 또는 대화상자를 닫기 전까지 다른 폼이나 대화상자를 선택하지 못하게 하기 위해 사용하는 기능으로, 요즘 인터넷에서도 많이 사용합니다. 모달 속성에 대해서는 '노른자 154'와 '노른자 156'을 통해서 정확하게 학습해 두세요.

# 답만 보는 제4회 복원문제

---

## 1과목　컴퓨터 일반

### 01

📩 노른자 046

다음 중 이미지 데이터의 표현 방식에서 **벡터(Vector) 방식**에 관한 설명으로 옳지 **않은** 것은?

① 비트맵 방식과 비교하여 기억 공간을 적게 차지한다.

② 점과 점을 연결하는 직선이나 곡선을 이용하여 이미지를 표현하는 방식이다.

③ 이미지를 확대해도 테두리가 거칠어지지 않고 매끄럽게 표현된다.

❹ 포토샵, 그림판 등의 소프트웨어로 그림을 편집할 수 있다. (×)
　→ 벡터(Vector) 방식은 일러스트레이터(Illustrator)나 코렐드로 (CorelDraw) 등으로 편집함. 포토샵이나 그림판 등의 소프트웨어로 그림을 편집할 수 있는 것은 비트맵(Bitmap) 방식

> ❶ **가장 빠른 합격비법**
> 자주 출제되는 문제 유형입니다. 벡터 방식과 비트맵 방식에 대해 확실하게 구분할 수 있도록 '노른자 046'을 꼼꼼하게 학습하세요.

### 02

📩 노른자 043

다음 중 **인터프리터 언어**에 대한 설명으로 옳지 **않은** 것은?

① 대화형 언어로서 목적 프로그램을 생성하지 않는다.

② 디버깅이 컴파일러보다 쉬우나 실행 속도가 느리다.

❸ 전체 프로그램을 한 번에 처리하여 실행한다. (×)
　→ 컴파일러 언어에 대한 설명. 컴파일러 언어는 전체 프로그램을 한 번에 처리(번역)하여 목적 프로그램을 생성하고, 생성된 목적 프로 그램을 사용해서 프로그램을 동작시키는 방식의 언어임

④ BASIC, LISP, APL과 같은 언어가 있다.

> ❶ **가장 빠른 합격비법**
> 자주 출제되는 문제 유형은 아니지만, 문제에서 제시한 인터프리터 언어와 함께 컴파일러 언어에 대한 특징을 비교해서 학습하세요.

### 03

📩 노른자 053

다음 중 인터넷을 사용하기 위한 **IPv6 주소 체계에** 대한 설명으로 옳지 **않은** 것은?

❶ IPv4의 업그레이드 버전으로, 주소 구조가 64비트로 확장되었다. (×)
　→ IPv6 주소는 16비트씩 여덟 부분으로, 총 128비트로 구성되어 있음

② 주소의 각 부분은 콜론(:)으로 구분하여 16진수로 표현한다.

③ IP-Sec(Security)를 탑재하고 있다. (○)
　→ IP-Sec(Internet Protocol Security)는 네트워크 계층인 인터넷 프로토콜에서 보안성을 제공해 주는 표준화된 기술임

④ IPv4에서 포화 상태에 이른 IP 주소의 고갈을 해결하기 위한 것이다.

> ❶ **가장 빠른 합격비법**
> IPv6를 학습할 때는 반드시 IPv4와 비교해서 학습하세요. IPv4보다 더욱 진화된 주소 체계는 당연히 IPv6입니다.

### 04

📩 노른자 033

다음 중 HDD와 비교할 때 **SSD에 대한 특징**으로 옳지 **않은** 것은?

① 초고속 메모리 칩(Chip)에 데이터를 저장한다.

❷ 속도가 빠르나 외부의 충격에는 매우 약하다. (×)
　→ SSD는 HDD처럼 외부 충격에 약하지 않음

③ 발열, 소음, 전력 소모가 적다.

④ 소형화, 경량화할 수 있다는 장점이 있다.

> ❶ **가장 빠른 합격비법**
> HDD는 디스크를 사용한 저장장치이고, SDD는 반도체를 사용한 저장장치입니다. HDD는 충격 때문에 쉽게 고장날 수 있는 저장장치입니다.

---

# 05

📤 노른자 010

**다음 중 Windows 10의 [작업 관리자]에서 실행 가능한 작업으로 옳지 않은 것은?**

❶ 네트워크에 연결되어 있는 경우 네트워크의 작동 상태를 확인하고 수정할 수 있다. (×)
  → 네트워크의 작동 상태는 [시작](▦)-[설정]-[네트워크 및 인터넷]에서 수정할 수 있음. Ctrl + Shift + Esc를 눌러 [작업 관리자] 창을 열면 [프로세스] 탭, [성능] 탭, [앱 기록] 탭, [시작프로그램] 탭, [사용자] 탭, [세부 정보] 탭, [서비스] 탭으로 구성되어 있음

② 실행 중인 응용 프로그램이나 프로세스에 대한 정보를 확인할 수 있다.

③ 둘 이상의 사용자가 컴퓨터에 연결되어 있는 경우 연결된 사용자 및 작업 상황을 확인하고 사용자에게 메시지를 보낼 수 있다.

④ 컴퓨터에서 사용되고 있는 메모리 및 CPU 리소스의 양에 대한 자세한 정보를 볼 수 있다.

**❗ 가장 빠른 합격비법**
Windows 10이 설치된 컴퓨터에서 Ctrl + Shift + Esc를 눌러 [작업 관리자] 창을 열고 문제를 학습해 보세요. Windows 10과 관련된 문제는 항상 3~5문제 정도 출제되는데, 그중 [작업 관리자]가 자주 출제되므로 정확하게 익혀두는 것이 중요합니다.

# 06

📤 노른자 040

**다음 중 네트워크 연결 방식 중 하나인 클라이언트/서버 방식에 관한 설명으로 옳은 것은?**

❶ 서버와 클라이언트가 모두 처리 능력을 가지며, 분산 처리 환경에 적합하다.

② 컴퓨터와 컴퓨터가 동등하게 연결되는 방식이다. (×)
  → 동배 간 처리 방식(Peer-to-Peer)에 대한 설명

③ 동등한 계층 노드들이 서로 클라이언트와 서버의 역할을 동시에 할 수 있다. (×)
  → 동배 간 처리 방식에 대한 설명

④ 인터넷에서 이루어지는 개인 대 개인의 파일 공유를 위한 기술이다. (×)
  → 동배 간 처리 방식에 대한 설명

**❗ 가장 빠른 합격비법**
동배 간 처리 방식과 클라이언트/서버 방식의 처리 방식에 대해 정확하게 비교하고 구분할 수 있도록 학습하세요.

# 07

📤 노른자 055

**다음 중 인터넷에서 사용하는 TCP/IP에 대한 설명으로 옳지 않은 것은?**

① TCP는 신뢰성 있는 연결형 서비스를 제공한다.

② TCP는 OSI 7계층 중 전송 계층에 해당하는 프로토콜이다.

❸ TCP는 패킷 주소를 해석하고 최적의 경로를 결정하여 전송하는 역할을 한다. (×)
  → • TCP: 메시지를 송·수신자의 주소와 정보로 묶어 패킷 단위로 분류하고, 전송 데이터의 흐름을 제어하며, 데이터에 오류가 있는지 검사함. OSI 7계층 중 '전송(Transport) 계층(제4계층)'에 해당함
      • IP: 패킷 주소 해석 후 경로를 결정하여 다음 호스트로 전송함. OSI 7계층 중 '네트워크(Network) 계층(제3계층)'에 해당함

④ IP는 신뢰성이 보장되지 않는 비신뢰성, 비연결형 서비스를 수행한다.

**❗ 가장 빠른 합격비법**
OSI 7계층에서 각 계층의 역할에 대해서 학습했나요? TCP는 전송 계층, IP는 네트워크 계층에 속하는 프로토콜로, 이들 계층은 특징과 역할도 동일합니다. 또한 TCP는 '신뢰성과 연결', IP는 '비신뢰성과 비연결'도 꼭 기억하세요.

# 08

📤 노른자 028

**다음 중 컴퓨터에서 사용하는 ASCII 코드에 관한 설명으로 옳은 것은?**

① 각 문자를 6비트로 표현하며, 총 64개의 문자 표현이 가능하다. (×)
  → BCD 코드에 대한 설명

❷ 확장 ASCII 코드는 8비트를 사용한다. (○)
  → 일반적으로 ASCII 코드는 7비트이지만, 확장 ASCII 코드는 1비트가 추가되어 8비트로 구성됨

③ BCD 코드를 확장한 코드이다. (×)
  → EBCDIC(Extended Binary Coded Decimal Interchange Code) 코드에 대한 설명

④ 각 나라별 언어를 표현할 수 있다. (×)
  → 유니코드(Unicode)에 대한 설명

**❗ 가장 빠른 합격비법**
문자를 표현하는 BCD 코드, EBCDIC 코드, ASCII 코드, 유니코드 방식에 대해 코드의 비트(Bit) 수를 암기하는 것이 좋습니다. 암기한 비트 수를 바탕으로 각 코드의 특징을 숙지하는 방법으로 학습하세요. 특히 ASCII 코드와 유니코드 방식은 출제 빈도가 매우 높은 편입니다.

## 09

다음 중 컴퓨터 통신에서 사용하는 프록시(Proxy) 서버의 기능으로 옳은 것은?

❶ 방화벽 기능과 캐시 기능 (○)
→ 방화벽(Firewall)은 프록시 서버를 통해 외부와 연결한 후 허용된 사용자만 연결되도록 함. 캐시(Cache)는 액세스하는 인터넷 사이트를 저장해 두었다가 해당 사이트를 다시 읽을 때 프록시 서버에서 읽어 들여서 속도를 향상시킴

② 웹 서비스와 IP 주소 확인 기능

③ 팝업 차단과 방문한 웹 주소 기억 기능

④ 내부 불법 해킹 차단 기능

❶ **가장 빠른 합격비법**
프록시 서버에서 방화벽 기능과 캐시 기능을 제공한다는 것이 가장 중요한 사항입니다. ①의 해설을 잘 읽어보고 나머지 선지는 무시해도 좋습니다.

## 10

다음 중 CPU의 제어장치를 구성하는 레지스터에 관한 설명으로 옳지 않은 것은?

❶ 프로그램 카운터: 현재 수행중인 명령어의 내용을 기억한다. (×)
→ 프로그램 카운터(PC; Program Counter)는 다음에 실행할 명령어의 번지를 기억하는 레지스터

② 부호기(Encoder): 해독된 명령에 따라 각 장치로 보낼 제어 신호를 생성한다.

③ 명령어 해독기: 명령어를 해독하여 필요한 장치로 제어 신호를 보낸다.

④ 번지 레지스터: 읽고자 하는 프로그램이나 데이터가 기억되어 있는 주기억장치의 번지를 기억한다.

❶ **가장 빠른 합격비법**
레지스터(Register)와 관련된 문제는 출제 빈도가 높습니다. 출제 빈도가 높은 문제를 통해서 점수를 올리는 방법으로 학습해야 합격이 빠릅니다.

## 11

다음 중 컴퓨터 통신의 OSI 7계층에서 사용되는 장비와 해당 계층의 연결이 옳지 않은 것은?

① 물리 계층 – 리피터(Repeater), 허브(Hub)

② 데이터 링크 계층 – 브리지(Bridge), 스위치(Switch)

③ 네트워크 계층 – 라우터(Router)

④ 세션 계층 – 게이트웨이(Gateway) (×)
→ 제5계층인 세션 계층은 종단 호스트 프로세스 간에 세션을 생성 및 유지, 종료하는 데 필요한 기능을 제공하고, 송·수신 방식(Duplex), 반이중 방식(Half-duplex), 전이중 방식(Full-duplex)의 통신을 수행함

| 제1계층(물리 계층) | 리피터, 허브 |
| 제2계층(데이터 링크 계층) | 브리지 |
| 제3계층(네트워크 계층) | 라우터 |

▲ OSI 7계층별 장비

❶ **가장 빠른 합격비법**
OSI 7계층은 통신 관련된 문제에서 가장 중요한 부분 중 하나입니다. 브리지, 라우터, 리피터, 허브, 게이트웨이에 대한 내용과 OSI 7계층을 연관 지어서 학습하세요.

## 12

다음 중 컴퓨터 운영체제의 성능 평가 기준에 해당하지 않는 것은?

① 처리 능력(Throughput): 일정 시간 동안 처리하는 작업량으로 시스템의 생산성을 나타내는 단위이며, 수치가 클수록 성능이 좋은 운영체제이다.

② 반환 시간(Turn Around Time): 작업을 의뢰한 후 시스템에서 결과가 얻어질 때까지의 시간이며, 수치가 작을수록 성능이 뛰어난 운영체제이다.

❸ 접근 시간(Access Time): 중앙처리장치의 사용 정도를 측정하는 사용 가능도(Availability)이다. (×)
→ 사용 가능도(Availability)는 사용자가 시스템을 필요로 할 때 즉시 사용할 수 있는지를 나타내는 특성이고, 접근 시간(Access Time)은 데이터를 읽고 쓰는 데 걸리는 시간임

④ 신뢰도(Reliability): 주어진 문제를 정확하게 처리하는가의 정도를 나타낸다.

❶ **가장 빠른 합격비법**
컴퓨터 운영체제의 성능 평가 기준은 아주 쉬운 내용일 뿐만 아니라 자주 출제되고 있습니다. 그러므로 실수하지 않도록 꼼꼼하게 학습하세요.

## 13

→ 노른자 040

다음 중 **하나의 컴퓨터에 여러 개의 중앙처리장치를 설치하여** 주기억장치나 주변 장치들을 공유하고, 신뢰성과 연산 능력을 향상시키는 시스템을 의미하는 것은?

① 시분할 처리 시스템(Time Sharing System) (×)
  → CPU의 처리 시간을 시분할(Time Slice)하여 여러 작업에 교대로 할당하는 방식으로 CPU를 공유하여 처리하는 시스템. 사용자는 자신만 컴퓨터를 사용하는 것처럼 느낌

② 다중 프로그래밍 시스템(Multi-programming System) (×)
  → 하나의 CPU로 여러 개의 프로그램을 처리하는 방식

③ 듀플렉스 시스템(Duplex System) (×)
  → 한 쪽의 CPU가 가동 중일 경우 다른 한쪽의 CPU는 대기하고, 가동 중인 CPU가 고장나면 대기 중인 여분의 CPU가 즉시 가동되어 시스템이 안전하게 작동되도록 운영하는 방식

❹ 다중 처리 시스템(Multi-processing System)

**❶ 가장 빠른 합격비법**
'하나의 컴퓨터에 여러 개의 중앙처리장치'에서는 처리기가 여러 개이므로 '다중 처리'입니다. 그리고 '하나의 처리기에 여러 개의 프로그램'에서는 프로그램이 여러 개이므로 '다중 프로그래밍'입니다. 무엇이 여러 개인지 기억하면 헷갈리지 않습니다.

## 14

→ 노른자 027

다음 중 **데이터 단위**에 대해 **잘못** 설명한 것은?

① 필드(Field): 데이터베이스에서는 속성(Attribute)으로 표현한다.

② 워드(Word): 기계어 명령어나 연산을 통해 저장된 장치로부터 레지스터에 옮겨놓을 수 있는 데이터 단위

③ 바이트(Byte): 여덟 개의 비트(Bit)로, 문자 표현의 최소 단위

❹ 블록(Block): 파일을 구성하는 최소의 논리적 단위 (×)
  → 파일을 구성하는 최소의 논리적 단위는 필드(Field)임

**❶ 가장 빠른 합격비법**
데이터 단위는 '컴퓨터 일반'의 내용 중에서 기초적인 내용입니다. 데이터 단위를 기억하고, '물리적'과 '논리적'으로 구분하여 작은 단위부터 큰 단위를 나열할 수 있도록 학습하세요.

## 15

→ 노른자 062

다음 중 프로그램을 직접 감염시키지 않고 **디렉토리 영역에 저장된 프로그램의 시작 위치를 바이러스의 시작 위치로 변경하**는 파일 바이러스 유형은?

❶ 연결형 바이러스 (○)
  → 프로그램의 시작 위치를 바이러스의 시작 위치로 변경하는 형태의 바이러스로, 프로그램을 실행하면 바이러스가 대신 실행됨

② 기생형 바이러스 (×)
  → 대부분의 파일 바이러스에 해당하며, 프로그램을 손상시키지 않으면서 파일 바이러스의 앞이나 뒤에 기생하는 바이러스

③ 산란형 바이러스 (×)
  → EXE 파일을 감염시키지 않고 같은 이름의 COM 파일을 새로 만들어서 파일 속에 바이러스를 넣어두는 바이러스. 프로그램을 실행했을 때 원본의 EXE 파일 대신 바이러스가 들어있는 COM 파일이 실행되어 바이러스에 감염된 것과 같은 효과가 있음

④ 겹쳐쓰기형 바이러스 (×)
  → 원래 프로그램의 앞부분에 바이러스가 위치하기 때문에 파일을 실행하면 바이러스 프로그램만 실행되고, 원래 프로그램은 바이러스에 의해 파괴됨

**❶ 가장 빠른 합격비법**
정보보안과 관련된 문제는 항상 출제되므로 바이러스뿐만 아니라 컴퓨터 범죄, 방화벽에 대해 반드시 학습하세요. 특히 바이러스는 명칭으로 특징을 유추해 낼 수 있기 때문에 명칭을 유심히 보면서 학습하세요.

## 16

→ 노른자 006, 008

다음 중 Windows 10에서 **파일의 검색 기능을** 향상시키기 위한 기능은?

❶ 색인 (○)
  → 드라이브에서 마우스 오른쪽 단추를 클릭하고 바로 가기 메뉴에서 [속성]을 선택함. [속성] 대화상자의 [일반] 탭에서 '이 드라이브의 파일 속성 및 내용 색인 허용'에 체크하면 해당 드라이브의 색인을 허용할 수도 있고, 빠르게 검색할 수도 있음

② 압축

③ 복원

④ 백업

**❶ 가장 빠른 합격비법**
색인은 영어로 'Index'입니다. 책에서 원하는 내용을 찾을 때 Index를 사용하는 것과 같은 원리입니다. 나머지 선지도 단어 그대로 이해하면 쉽습니다.

## 17

➦ 노른자 061

다음 중 보안을 위협하는 공격 형태의 하나인 <u>DoS(Denial of Service) 공격</u>에 대한 설명으로 옳은 것은?

① 특정한 시스템에서 보안이 제거되어 있는 통로를 지칭하는 말이다. (×)
→ 백도어(Back Door)에 대한 설명

② 시스템에 불법적인 행위를 수행하기 위해 다른 프로그램으로 위장하여 특정 프로그램을 침투시키는 행위이다. (×)
→ 트로이 목마(Trojan Horse)에 대한 설명

❸ 시스템에 오버플로를 일으켜 정상적인 서비스를 수행하지 못하도록 만드는 행위이다.

④ 자기 스스로를 복제함으로써 시스템의 부하를 일으켜서 시스템을 다운시키는 프로그램을 말한다. (×)
→ 웜(Worm) 바이러스에 대한 설명

> ❶ **가장 빠른 합격비법**
> DoS 공격과 DDoS 공격을 포함하여 보안을 위협하는 공격 기법은 시험에 자주 출제되고 있으므로 '노른자 061'을 통해 꼼꼼히 학습하세요.

## 18

➦ 노른자 034

다음 중 <u>가상기억장치(Virtual Memory)</u>에 대한 설명이 <u>아닌</u> 것은?

❶ 주 목적은 컴퓨터의 속도를 향상시키기 위한 방법이다. (×)
→ 사용자가 프로그램의 크기에 제한을 받지 않고 실행할 수 있도록 하는 가상의 메모리로, 주기억장치의 용량을 확보하는 개념으로 이용함

② 주기억장치를 확장한 것과 같은 효과를 제공한다.

③ 실제로는 보조기억장치를 사용하는 방법이다.

④ 사용자가 프로그램의 크기에 제한받지 않고 실행이 가능하다.

> ❶ **가장 빠른 합격비법**
> 가상기억장치의 정의와 목적에 대해 정확하게 확인하면서 '노른자 034'에 있는 다른 기억장치의 내용도 다시 한번 학습하세요. 시험에 자주 출제됩니다.

## 19

➦ 노른자 030

다음 중 <u>컴퓨터의 처리 속도를 나타내는 단위</u>가 올바르게 묶인 것은?

① MIPS, BPS (×)
→ BPS(Bit Per Second): 초당 전송되는 비트 수로, 송·수신되는 속도 측정 단위

❷ FLOPS, MIPS (○)
→ • FLOPS(FLoating-point Operations Per Second): 1초당 부동소수점 연산 명령의 실행 횟수를 말하며, 컴퓨터의 연산 속도를 나타내는 척도의 단위
 • MIPS(Million Instructions Per Second): 1초당 100만 개 단위의 명령어 연산이란 뜻으로, 컴퓨터의 연산 속도를 나타내는 단위

③ BPS, FLOPS

④ Hz, BPS (×)
→ Hz: 주파수의 단위

> ❶ **가장 빠른 합격비법**
> 해설을 확인하면서 컴퓨터의 처리 속도 단위를 익혀두세요. 특히 영어의 풀네임을 유심히 보면서 학습하세요. 시험문제에 자주 등장하지는 않지만, 크게 어렵지 않은 내용입니다.

## 20

➦ 노른자 030

다음 중 <u>메모리 버퍼 레지스터(MBR)</u>의 설명으로 옳은 것은?

① 다음에 실행할 명령어의 번지를 기억하는 레지스터 (×)
→ 프로그램 카운터(PC; Program Counter)에 대한 설명

② 현재 실행 중인 명령의 내용을 기억하는 레지스터 (×)
→ 명령 레지스터에 대한 설명

❸ 기억장치를 출입하는 데이터가 일시적으로 저장되는 레지스터

④ 기억장치를 출입하는 데이터의 번지를 기억하는 레지스터 (×)
→ 메모리 주소 레지스터(MAR; Memory Address Register)에 대한 설명

> ❶ **가장 빠른 합격비법**
> 레지스터에 관련된 문제는 출제 빈도가 높습니다. 제어장치와 연산장치의 레지스터를 분류하고, 각각의 역할을 설명할 수 있을 정도로 학습하세요.

## 21

↪ 노른자 126

다음 중 각 VBA 코드에 대한 설명으로 옳지 않은 것은?

① Range("A7").Select → [A7] 셀로 셀 포인터를 이동한다.

② Range("C3").Font.Bold = True → [C3] 셀의 글꼴 스타일을 '굵게'로 설정한다.

❸ Range("A3").Formula = 5 * 4 → [A3] 셀에 수식 '= 5 * 4'가 입력된다. (×)
→ '5*4'의 계산 결과값인 '20'이 입력됨

④ Workbooks.Add → 새 통합 문서를 생성한다.

> ❶ 가장 빠른 합격비법
> VBA 코드는 어려운 문제입니다. '노른자 126'을 확인하면서 Range의 객체를 반드시 암기하고 기출문제를 중심으로 학습하세요.

## 22

↪ 노른자 095

다음 중 [H2:H10] 영역에 '총점'으로 순위를 구한 후 동점자에 대해 '국어'로 순위를 구할 경우 [H2] 셀에 들어갈 수식으로 옳은 것은?

| | A | B | C | D | E | F | G | H |
|---|---|---|---|---|---|---|---|---|
| 1 | 성명 | 국어 | 수학 | 영어 | 사회 | 총점 | 순위 | 순위(총점,국어) |
| 2 | 홍길동 | 90 | 50 | 30 | 10 | 180 | 1 | 1 |
| 3 | 한민국 | 80 | 50 | 20 | 30 | 180 | 1 | 3 |
| 4 | 이대한 | 90 | 40 | 20 | 30 | 180 | 1 | 1 |
| 5 | 이나래 | 70 | 50 | 30 | 30 | 180 | 1 | 4 |
| 6 | 마상욱 | 80 | 50 | 30 | 10 | 170 | 5 | 6 |
| 7 | 박정인 | 90 | 40 | 20 | 20 | 170 | 5 | 5 |
| 8 | 사수영 | 70 | 40 | 30 | 30 | 170 | 5 | 8 |
| 9 | 고소영 | 85 | 40 | 30 | 20 | 175 | 5 | 6 |
| 10 | 장영수 | 70 | 50 | 10 | 5 | 135 | 9 | 9 |
| 11 | | | | | | | | |

① {=RANK($F2,$F$2:$F$10)+RANK($B$2,$B$2:$B$10)}

② {=RANK($B$2,$B$2:$B$10)*RANK($F2,$F$2:$F$10)}

❸ {=RANK($F2,$F$2:$F$10)+SUM(($F$2:$F$10=$F2)*
　　　❶　　　　　　　　　　　　　❷
($B$2:$B$10)>$B2))} (○)
　　　❸

→ Rank(값,참조 영역,정렬 방법)은 '참조 영역'에서 '값'의 순위를 구하는 함수임
　❶ [F2:F10] 영역에서 [F2] 셀의 순위값을 구하고 [F2] 셀의 자동 채우기 핸들을 드래그하면 함수 인수 'F2'는 'F3', 'F4', … 등으로 변경되어야 하므로 'F2' 또는 '$F2'로 지정해야 함
　❷ 동점자인 경우 'True(1)'라는 의미
　❸ 기준이 되는 국어 점수보다 높은 점수를 찾음
조건이 두 개일 때 배열 수식을 이용하여 개수를 구하는 다음 세 가지 방법 중 방법1에 해당되어 'SUM(($F$2:$F$10=$F2)*($B$2:$B$10)>$B2))'로 처리함. 즉 ❷와 ❸을 이용하여 동점자 중에서 국어 점수가 높은 인원수를 구하여 ❶의 순위에 더해주어 동점자를 처리함

> **조건이 두 개일 때 배열 수식으로 개수를 구하는 방법**
> 방법1 {=SUM((조건1)*(조건2))}
> 방법2 {=SUM(IF((조건1)*(조건2),1))}
> 방법3 {=COUNT(IF((조건1)*(조건2),1))}

④ {=SUM(($F$2:$F$10=$F2)*($B$2:$B$10)>$B2))*RANK($F2,$F$2:$F$10)}

> ❶ 가장 빠른 합격비법
> 배열 수식은 매번 한두 문제가 반드시 출제됩니다. 이 문제는 개수를 구하는 배열 수식의 핵심이라고 할 수 있으므로 '조건이 두 개일 때 배열 수식으로 개수를 구하는 방법'을 반드시 암기해야 합니다. 이 방법은 필기뿐만 아니라 실기에서도 쓰이는 공식이므로 매우 중요합니다.

## 23

↪ 노른자 117

다음 중 인쇄 기능에 대한 설명으로 옳지 않은 것은?

① 기본적으로 워크시트의 행/열 머리글은 인쇄되지 않으나 인쇄되도록 설정할 수 있다.

❷ [페이지 설정] 대화상자의 [시트] 탭에서 '간단하게 인쇄'를 선택하면 셀의 테두리를 포함하여 인쇄할 수 있다. (×)
→ '간단하게 인쇄'에 체크하면 워크시트에 입력된 괘선, 그림 등의 모든 그래픽 요소를 제외하고 텍스트만 인쇄함

③ Ctrl + F2를 누르면 [인쇄 미리 보기]가 실행된다.

④ [인쇄 미리 보기]에서 '여백 표시'를 선택한 경우 마우스로 열의 너비를 변경할 수 있다.

> ❶ 가장 빠른 합격비법
> 인쇄 옵션 중 '간단하게 인쇄'에 대해서는 종종 출제되고 있으므로 확실하게 학습하세요.

## 24

↪노른자 118

다음 중 작성된 매크로를 엑셀이 실행될 때마다 모든 통합 문서에서 실행할 수 있도록 하는 방법으로 옳은 것은?

① 작성된 매크로를 Office 설치 폴더의 'XLSTART' 폴더에 'Auto.xlsb'로 저장한다.

② 작성된 매크로를 임의의 폴더에 'Personal.xlsb'로 저장한다.

❸ 작성된 매크로를 Office 설치 폴더의 'XLSTART' 폴더에 'Personal.xlsb'로 저장한다. (○)
   → 'XLSTART' 폴더에 'Personal.xlsb'로 저장되어 있는 경우 엑셀이 실행될 때 자동으로 열림

④ 작성된 매크로를 임의의 폴더에 'Auto.xlsb'로 저장한다.

> ❶ 가장 빠른 합격비법
> 매크로와 관련된 문제는 자주 출제됩니다. '노른자 118'에 나오는 매크로 관련 내용을 반드시 학습하세요.

## 25

↪노른자 123

다음 중 아래의 프로시저가 실행된 후 [A1] 셀에 입력되는 값으로 옳은 것은?

```
Sub 예제( )
    Test = 0
      ∟ Test 변수에 0을 대입
    Do Until Test 〉 5
      ∟ Test가 5보다 커질 때까지 반복하다가 커지면 반복 종료
      Test = Test + 1
        ∟ Test에 1을 증가시킴
    Loop
      ∟ Do문으로 이동
    Range("A1").Value = Test
      ∟ [A1] 셀에 Test의 값을 저장
End Sub
```

① 5

❷ 6 (○)
   → Test가 1씩 증가할 때마다 Do Until ~ Loop 반복문을 수행하다가 Test가 6이 되는 순간 반복문을 종료하고, Test의 값을 [A1] 셀에 저장하기 때문에 [A1] 셀의 결과값은 '6'

③ 0

④ 15

> ❶ 가장 빠른 합격비법
> 프로시저는 어려운 부분이고 많이 출제되고 있습니다. 이 문제는 반복문에 대한 문제이므로 '노른자 123'을 통해 반복문의 구조와 원리를 정확하게 파악하세요.

## 26

↪노른자 106

다음 중 부분합에 대한 설명으로 옳지 않은 것은?

① 부분합을 작성하려면 첫 행에는 열 이름표가 있어야 하며, 그룹화할 항목을 기준으로 반드시 정렬해야 제대로 된 결과를 얻을 수 있다.

❷ 부분합을 작성하려면 반드시 오름차순으로 정렬해야 한다. (×)
   → 부분합에서 정렬 방법은 상관없음

③ 부분합을 제거하면 부분합과 함께 표에 삽입된 윤곽 및 페이지 나누기도 모두 제거된다.

④ [부분합] 대화상자에서 '새로운 값으로 대치'를 선택하지 않고 부분합을 실행하면 이전에 작성한 부분합은 삭제되고 새롭게 작성한 부분합만 표시된다.

> ❶ 가장 빠른 합격비법
> 부분합은 약 30%의 비율로 출제됩니다. 부분합에 대해서는 특별부록 '시험에 자주 출제되는 엑셀 기능'을 실습해 보고 '노른자 106'을 학습하면서 익혀 두세요.

## 27

↪노른자 108

다음 중 아래 그림과 같은 시나리오 요약 보고서에 대한 설명으로 옳지 않은 것은?

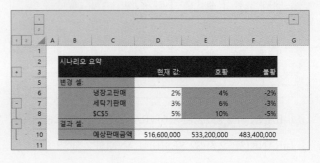

❶ 세 개의 시나리오로 작성된 시나리오 요약 보고서이다. (×)
  → '호황'과 '불황', 이렇게 두 개의 시나리오로 작성한 시나리오 요약 보고서임

② 원본 데이터에 '냉장고판매', '세탁기판매', '예상판매금액'으로 이름을 정의한 셀이 있다.

③ 원본 데이터에서 변경 셀의 현재 값을 수정하면 시나리오 요약 보고서는 자동으로 업데이트되지 않는다.

④ 시나리오 요약 보고서의 모든 내용은 수정 가능하며, 자동으로 설정된 윤곽도 지울 수 있다.

❶ 가장 빠른 합격비법
시나리오는 자주 출제되는 문제 유형입니다. 특별부록 '시험에 자주 출제되는 엑셀 기능'을 실습해 보면 필기 문제의 정답을 찾을 수도 있고 실기도 대비할 수 있으므로 확실하게 학습하세요.

③ =LARGE(A1:B3,ROW(A1)) (○)
  ❶ ❷
  → ❶ [A1] 셀의 행 번호를 구하면 결과값은 '1'
    ❷ ❶의 결과값 '1'을 대입하면 함수식이 '=LARGE(A1:B3,1)'이 되어 [A1:B3] 영역에서 첫 번째로 큰 값을 구하면 결과값은 '70'

④ =LARGE(A1:C3,AVERAGE({1;2;3;4;5})) (○)
  ❶ ❷
  → ❶ 1, 2, 3, 4, 5의 평균을 구하면 결과값은 '3'
    ❷ ❶의 결과값 '3'을 대입하면 함수식이 '=LARGE(A1:C3,3)'이 되어 [A1:C3] 영역에서 세 번째로 큰 값을 구하면 결과값은 '70'

❶ 가장 빠른 합격비법
함수 중에서 비교적 난도가 낮은 문제입니다. 해설을 보고 함수를 부분으로 나누어 이해하는 방식으로 학습하세요.

# 28

⇱ 노른자 089, 091

다음 중 아래의 워크시트에서 작성한 수식으로 **결과값이 다른 것은?**

| ▲ | A | B | C |
|---|---|---|---|
| 1 | 10 | 30 | 50 |
| 2 | 40 | 60 | 80 |
| 3 | 20 | 70 | 90 |
| 4 | | | |

① =SMALL(B1:B3,COLUMN(C3)) (○)
  ❶ ❷
  → ❶ [C3] 셀의 열 번호를 구하면 결과값은 '3'
    ❷ ❶의 결과값 '3'을 대입하면 함수식이 '=SMALL(B1:B3,3)'이 되어 [B1:B3] 영역에서 세 번째로 작은 값을 구하면 결과값은 '70'

❷ =SMALL(A1:B3,AVERAGE({1;2;3;4;5})) (×)
  ❶ ❷
  → ❶ 1, 2, 3, 4, 5의 평균을 구하면 결과값은 '3'
    ❷ ❶의 결과값 '3'을 대입하면 함수식이 '=SMALL(A1:B3,3)'이 되어 [A1:B3] 영역에서 세 번째로 작은 값을 구하면 결과값은 '30'

# 29

⇱ 노른자 108

다음 중 시나리오에 대한 설명으로 옳지 않은 것은?

❶ 시나리오 관리자에서 시나리오를 삭제하면 시나리오 요약 보고서의 해당 시나리오도 자동으로 삭제된다. (×)
  → [데이터] 탭-[예측] 그룹-[가상 분석]-[시나리오 관리자]를 선택하여 시나리오를 삭제해도 시나리오 요약 보고서에 이미 작성되어 있는 시나리오는 삭제되지 않음

② 특정 셀의 변경에 따라 연결된 결과 셀의 값이 자동으로 변경되어 결과값을 예측할 수 있다.

③ 여러 시나리오를 비교하기 위해 시나리오를 피벗 테이블로 요약할 수 있다.

④ 변경 셀과 결과 셀에 이름을 지정한 후 시나리오 요약 보고서를 작성하면 결과에 셀 주소 대신 지정한 이름이 표시된다.

❶ 가장 빠른 합격비법
영화 대본을 '시나리오'라고 하듯이 가상의 상황에 따른 상황을 예측하고 분석하는 도구를 '시나리오'라고 합니다. '노른자 108'을 학습하고 시험에 자주 출제되는 필수 기능을 활용하여 학습해 보기를 바랍니다.

## 30

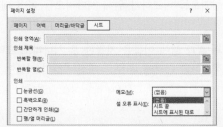

노른자 080

다음 중 워크시트의 [B2] 셀에 표시 형식을 '₩#,##0;(₩#,##0)'으로 설정하였을 때 표시되는 결과로 옳은 것은?

| | A | B | C | D |
|---|---|---|---|---|
| 1 | | | | |
| 2 | | -32767 | | |
| 3 | | | | |

① ₩32,767

② -₩32,767

❸ (₩32,767) (○)

→ ₩#,##0;(₩#,##0)
　　　❶　　　　❷

❶ 숫자 데이터가 양수일 때 적용되는 표시 형식

❷ 숫자 데이터가 음수일 때 적용되는 표시 형식. [B2] 셀이 음수 '-32767'이므로 (₩#,##0) 서식이 적용되어 결과값은 '(₩32,767)'
　• 사용자 지정 표시 형식: 양수;음수;0값;텍스트

④ (-₩32,767)

**❶ 가장 빠른 합격비법**
표시 형식 문제는 출제 빈도가 매우 높은 문제이고 여러 가지 형식으로 응용해서 문제가 출제됩니다. 따라서 원리를 파악하는 것이 중요하기 때문에 '노른자 080'을 통해서 정확하게 이해하세요.

## 31

노른자 115

다음 중 [페이지 설정] 대화상자의 [시트] 탭 옵션에 대한 설명으로 옳지 않은 것은?

❶ 엑셀 화면에 설정된 '메모'는 인쇄할 수 없다. (×)

→ '메모'에서는 메모를 인쇄하지 않는 '(없음)'과 '시트 끝', '시트에 표시된 대로' 중에서 인쇄 위치를 선택하여 인쇄할 수 있음

② '행/열 머리글'을 선택하면 워크시트의 행 머리글과 열 머리글을 포함하여 인쇄한다.

③ '반복할 행'은 매 페이지의 상단에 제목으로 인쇄될 영역을 지정하는 것으로, 연속 구간의 여러 행을 선택할 수 있다.

④ '셀 오류 표시'는 '표시된 대로' 외에 '〈공백〉', '--', '#N/A' 중 선택하여 표시할 수 있다.

**❶ 가장 빠른 합격비법**
메모는 셀과 함께 이동할 수 있고, 인쇄와 서식 지정, 찾기도 가능합니다. 단! 메모를 삭제할 때는 셀 데이터를 삭제하는 방법과 달리 바로 가기 메뉴에서 [메모 삭제]를 선택해야 합니다.

## 32

노른자 109

다음 중 피벗 차트 보고서에 대한 설명으로 옳지 않은 것은?

① 피벗 차트 보고서에 필터를 적용하면 피벗 테이블 보고서에 자동 적용된다.

② 처음 피벗 테이블 보고서를 만들 때 자동으로 피벗 차트 보고서를 함께 만들 수도 있고, 기존 피벗 테이블 보고서에서 피벗 차트 보고서를 만들 수도 있다.

③ 피벗 차트 보고서를 정적 차트(일반 차트)로 변환하려면 관련된 피벗 테이블 보고서에서 [피벗 테이블 도구]의 [분석] 탭-[동작] 그룹-[선택]-[전체 피벗 테이블]을 선택한 후 Delete 를 눌러 피벗 테이블 보고서를 먼저 삭제한다.

❹ 피벗 차트를 삭제하면 피벗 테이블 보고서도 같이 삭제된다. (×)

→ 피벗 차트를 삭제해도 피벗 테이블 보고서는 삭제되지 않음

**❶ 가장 빠른 합격비법**
피벗 차트에 대한 '노른자 109'를 확인하면서 문제를 풀어보세요. 특히 피벗 테이블을 삭제하면 피벗 차트가 일반 차트로 된다는 점과 피벗 차트를 삭제해도 피벗 테이블은 삭제되지 않는다는 것을 기억하세요.

## 33

노른자 072

다음 중 공유된 통합 문서에 대한 설명으로 옳지 않은 것은?

① 공유된 통합 문서에서는 조건부 서식, 차트, 시나리오 등을 추가하거나 편집할 수 없다.

❷ 암호로 보호된 공유 통합 문서에서 보호를 해제해도 통합 문서의 공유 상태는 해제되지 않는다. (×)

→ 암호로 보호된 공유 통합 문서를 해제하려면 먼저 통합 문서의 공유를 해제해야 함

③ 공유 통합 문서를 네트워크 위치에 복사해도 다른 통합 문서와의 연결은 그대로 유지된다.

④ 공유 통합 문서는 사용자의 엑셀 버전과 관련이 있다.

❶ 가장 빠른 합격비법
공유된 통합 문서에 대한 내용이 가끔 출제되고 있습니다. '노른자 072'를 확인하면서 문제를 풀어보세요.

## 34

📤 노른자 068, 073

**다음 중 셀 포인터의 이동 작업에 대한 설명으로 옳지 않은 것은?**

❶ Alt + PageDown 을 눌러 현재 시트를 기준으로 오른쪽에 있는 다음 시트로 이동한다. (×)

→ • Alt + PageUp , Alt + PageDown : 현재 화면을 좌우로 이동
• Ctrl + PageUp , Ctrl + PageDown : 현재 시트의 앞뒤 시트로 이동

② 이름 상자에 셀 주소를 입력한 후 Enter 를 눌러 원하는 셀의 위치로 이동한다.

③ Ctrl + Home 을 눌러 [A1] 셀로 이동한다.

④ Home 을 눌러 해당 행의 A열로 이동한다.

❶ 가장 빠른 합격비법
시험에 자주 등장하는 문제 유형이 아니므로 문제 위주로 학습하세요. 엑셀을 실행한 후 ①, ②, ③, ④를 한 번씩 실습해 보는 것이 매우 유용합니다.

## 35

📤 노른자 111

**다음의 표는 어린이 비타민 한 알에 포함된 비타민의 성분표이다. 각 성분별 비율을 전체에 대비하여 비교해 볼 때 가장 알맞은 차트는?**

| 성분 | 함량 |
|---|---|
| 비타민 A | 0.1mg |
| 비타민 B1 | 0.35mg |
| 비타민 B2 | 0.45mg |
| 비타민 B3 | 4.5mg |
| 비타민 B6 | 0.1mg |
| 비타민 C | 3mg |
| 비타민 E | 2mg |

① 방사형 차트

② 분산형 차트

❸ 원형 차트 (○)

→ 전체 항목에 대한 비율(%)을 표현하기에 가장 적당한 차트

④ 꺾은선형 차트

❶ 가장 빠른 합격비법
차트와 관련된 문제는 시험에 한두 문제씩 반드시 출제되고 있습니다. 특히 데이터를 보고 차트를 선택하는 문제는 매우 까다로우니 각 차트의 특징을 정확하게 이해하고 응용할 수 있는 정도로 학습하세요.

## 36

📤 노른자 093

**다음 중 10,000,000원을 2년간 연 5.5%의 이자율로 대출할 때 매월 말 상환해야 할 불입액을 구하기 위한 수식으로 옳은 것은?**

❶ =PMT(5.5%/12, 24, −10000000) (○)
　　　　　❶　　❷　　❸

→ PMT 함수는 정기적으로 납입되는 금액을 계산하는 함수로, 대출 상환액을 구할 때 주로 사용함
❶ 이자율을 인수로 입력해야 함. 월말에 상환해야 할 불입액을 구하기 때문에 연 이자율 '5.5%'를 '12'로 나눔
❷ 상환 기간을 인수로 입력해야 함. 월 단위 상환이므로 총 대출 기간 2년을 개월 수로 변경하면 '24'임
❸ 대출 금액을 인수로 입력해야 함. 불입액을 양수로 구하기 위해 대출금 '10000000'을 음수로 입력해야 함

② =PMT(5.5%, 24, −10000000)

③ =PMT(5.5%, 24, −10000000, 0, 1)

④ =PMT(5.5%/12, 24, −10000000, 0, 1)

❶ 가장 빠른 합격비법
재무 함수 문제로, 종종 출제되는 문제 유형입니다. 첫 번째로 함수의 형식을 암기하는 것이 가장 중요하고, 두 번째는 인자들을 모두 '개월' 단위로 입력한다는 것, 세 번째로 금액은 음수값으로 설정해야 한다는 것을 꼭 기억하세요.

## 37

**다음 중 자동 필터와 고급 필터에 대한 설명으로 옳은 것은?**

① 자동 필터는 각 열에 입력된 데이터의 종류가 혼합되어 있으면 날짜, 숫자, 텍스트 필터가 모두 표시된다. (×)
> → 자동 필터에서 각 열에 입력된 데이터의 종류가 혼합되어 있으면 가장 많은 형식의 데이터만 표시됨

② 고급 필터는 조건을 수식으로 작성할 수 있으며, 조건의 첫 셀은 반드시 필드명으로 입력해야 한다. (×)
> → 고급 필터에서 조건이 계산값인 경우 원본 데이터의 필드명과 다른 필드명을 입력하거나 필드명을 입력하지 않아야 함

❸ 자동 필터에서 여러 필드에 조건을 설정한 경우 필드 간은 AND 조건으로 처리되어 결과가 표시된다.

④ 자동 필터는 필터링한 결과를 원하는 위치에 별도의 표로 생성할 수 있다. (×)
> → 고급 필터에서 필터링 결과를 원하는 위치에 별도의 표로 생성할 수 있음

**❶ 가장 빠른 합격비법**
자동 필터와 고급 필터에 대한 기본적인 내용입니다. ③ 선지보다는 ①, ②, ④에서 잘못된 부분에 대해서는 해설을 통해 꼼꼼하게 학습하세요.

## 38

노른자 126

**다음 중 아래의 워크시트에서 〈보기〉의 프로시저 실행 결과로 옳은 것은?**

|   | A | B | C | D |
|---|---|---|---|---|
| 1 | 데이터1 | 데이터2 | 데이터3 | |
| 2 | 사과 | 레몬 | | |
| 3 | 바나나 | 배 | | |
| 4 | | | 귤 | |
| 5 | | 배 | | |
| 6 | 바나나 | | | |
| 7 | | 2 | | |
| 8 | | | | |

| 보기 |

```
Sub B3선택( )
    Range("B3").CurrentRegion.Select
          └ 데이터가 있는 인접된 영역에서 데이터가 입력
            된 범위를 선택함

End Sub
```

① [B3] 셀이 선택된다.

② [A1:B3] 영역이 선택된다.

③ [A1:C3] 영역이 선택된다.

❹ [A1:C7] 영역이 선택된다. (○)
> → Range는 워크시트의 셀이나 셀 범위를, CurrentRegion은 데이터가 있는 인접된 영역의 범위를 나타내는 명령어이고, Select는 선택하는 명령어임. 따라서 'Range("B3").CurrentRegion'은 [B3] 셀과 인접된 영역을 모두 포함하는 명령이므로 [A1:C7] 영역이 선택됨

**❶ 가장 빠른 합격비법**
프로시저에 대한 내용은 어렵게 느껴질 수 있지만, 자주 출제되는 부분을 익혀둔다면 점수를 올릴 수 있습니다. 따라서 Range 객체에 대해서 정확하게 익혀두세요.

## 39

노른자 078

**다음 중 [찾기 및 바꾸기] 대화상자에 대한 설명으로 옳지 않은 것은?**

① 문서에서 '찾을 내용'에 입력한 내용과 일치하는 이전 항목을 찾으려면 Shift를 누른 상태에서 [다음 찾기] 단추를 클릭한다.

② '찾을 내용'에 입력한 문자만 있는 셀을 검색하려면 '전체 셀 내용 일치'에 체크한다.

❸ 별표(*), 물음표(?) 및 물결표(~) 등의 문자가 포함된 내용을 찾으려면 작은따옴표(') 뒤에 해당 문자를 붙여 입력한다. (×)
> → 별표(*), 물음표(?) 및 물결표(~) 등의 문자가 포함된 내용을 찾으려면 '~*', '~?'와 같이 찾으려는 문자 앞에 ~ 기호를 입력해야 함

④ '찾을 내용'을 워크시트에서 검색할지, 전체 통합 문서에서 검색할지 등을 선택하려면 '범위'에서 '시트' 또는 '통합 문서'를 선택한다.

**❶ 가장 빠른 합격비법**
찾기 및 바꾸기와 관련된 와일드카드 문자를 반드시 학습하세요. 와일드카드 문자는 이 문제뿐만 아니라 다양한 문제에서 사용되고, 실기와도 밀접한 관련이 있습니다.

## 40

➦ 노른자 096

다음 중 Access 외부 데이터를 Excel로 가져와서 사용하는 방법에 대한 설명으로 옳지 않은 것은?

① 현재 통합 문서에 표, 피벗 테이블 보고서, 피벗 차트 및 피벗 테이블 보고서 중에서 선택하여 가져올 수 있다.

❷ [데이터 가져오기] 대화상자에서 데이터가 들어갈 위치는 새 워크시트의 [A1] 셀이 기본으로 선택된다. (×)
→ [데이터 가져오기] 대화상자에서 데이터가 들어갈 위치는 현재 활성화된 워크시트의 셀 포인터가 기본적으로 선택됨

③ 파일을 열거나 다른 작업을 하면서, 또는 일정한 간격으로 데이터에 대한 새로 고침을 실행할 수 있다.

④ [통합 문서 연결] 대화상자에 열로 표시되는 연결 이름과 설명을 변경할 수 있다.

❶ 가장 빠른 합격비법
이 문제 유형은 자주 출제되지 않지만, 기본적인 내용은 알아두세요.

---

## 3과목 데이터베이스 일반

## 41

➦ 노른자 147

다음 중 [학생] 테이블에 대한 SQL문의 실행 결과로 옳은 것은?

| 학번 | 전공 | 학년 | 나이 |
|---|---|---|---|
| 1002 | 영문 | SO | 19 |
| 1004 | 통계 | SN | 23 |
| 1005 | 영문 | SN | 21 |
| 1008 | 수학 | JR | 20 |
| 1009 | 영문 | FR | 18 |
| 1010 | 통계 | SN | 25 |

SELECT AVG([나이]) FROM 학생
∟ [학생] 테이블에서 '나이' 필드의 평균을 검색함

WHERE 학년 = "SN"
∟ '학년' 필드의 값이 'SN'인 레코드만 대상

GROUP BY 전공 HAVING COUNT(*) >= 2
∟ '전공'으로 분류하여 레코드의 수가 2 이상인 경우에만 유효함

---

① 21

② 22

③ 23

❹ 24 (○)
→ 학년이 'SN'인 학생을 '전공'으로 그룹화하면 '통계'(두 명), '영문'(한 명)으로 묶을 수 있고, 두 명 이상의 그룹은 '통계'뿐이므로 이에 따른 '나이' 평균은 (23+25)/2=24임

| 학번 | 전공 | 학년 | 나이 |
|---|---|---|---|
| 1004 | 통계 | SN | 23 |
| 1010 | 통계 | SN | 25 |

❶ 가장 빠른 합격비법
GROUP BY~에서 조건을 설정할 경우에는 HAVING~을 사용합니다. 다른 문제에서는 GROUP BY~의 조건에 WHERE~을 사용하여 잘못된 선지가 제시되었습니다. 사용 방법을 잘 익히고 지문의 SQL을 읽고 해석할 수 있도록 학습하세요.

---

## 42

➦ 노른자 141

다음 중 [고객]과 [구매리스트] 테이블 관계에 참조 무결성이 항상 유지되도록 설정할 수 없는 경우는?

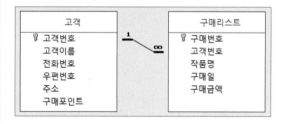

① [고객] 테이블의 '고객번호' 필드값이 [구매리스트] 테이블의 '고객번호' 필드에 없는 경우

② [고객] 테이블의 '고객번호' 필드값이 [구매리스트] 테이블의 '고객번호' 필드에 하나만 있는 경우

❸ [구매리스트] 테이블의 '고객번호' 필드값이 [고객] 테이블의 '고객번호' 필드에 없는 경우 (○)
→ 참조의 무결성이 유지되려면 외래 키 값은 참조하는 릴레이션의 기본 키와 동일한 값이거나 Null이어야 함. 따라서 [구매리스트] 테이블에서 외래 키는 '고객번호'이므로 '고객번호'는 [고객] 테이블의 '고객번호'에 있거나 Null이어야 함

④ [고객] 테이블의 '고객번호' 필드값이 [구매리스트] 테이블의 '고객번호' 필드에 두 개 이상 있는 경우

❶ 가장 빠른 합격비법
참조 무결성은 시험에 자주 출제되고 있으므로 참조 무결성이 무엇인지에 대해 해설과 '노른자 141'을 참고하여 정확하게 학습하세요.

## 43

📤 노른자 135

다음 중 기본 키(Primary Key)의 특징에 대한 설명으로 옳지 않은 것은?

① 널(Null) 값을 입력할 수 없다.

② 입력된 값을 변경할 수 있다.

❸ 중복된 값을 입력할 수 있다. (×)

→ 기본 키는 유일성을 만족해야 하므로 중복된 값을 입력할 수 없음

④ 두 개 이상의 필드를 묶어서 기본 키로 설정할 수 있다.

> ❶ 가장 빠른 합격비법
>
> 기본 키는 후보 키 중에서 하나를 선택하여 사용하며, 반드시 '최소성'과 '유일성'을 만족해야 한다는 것을 기억하세요. 기본 키와 후보 키는 시험에 자주 출제됩니다.

## 44

📤 노른자 147

다음 중 데이터베이스에 저장된 데이터를 실제 처리하는 데 사용하는 데이터 조작어에 해당하는 SQL문은?

① COMMIT

❷ SELECT (○)

→ 데이터를 실제 처리하는 데 사용하는 언어는 데이터 조작어
  • 데이터 정의어(DDL): CREATE, ALTER, DROP
  • 데이터 조작어(DML): SELECT, UPDATE, INSERT, DELETE
  • 데이터 제어어(DCL): COMMIT, ROLLBACK, GRANT, REVOKE

③ DROP

④ CREATE

> ❶ 가장 빠른 합격비법
>
> SQL의 정의어, 조작어, 제어어의 종류를 반드시 학습해야 합니다. 또한 '테이블을 삭제'하려면 'DROP'을, '레코드를 삭제'하려면 'DELETE'를 기억하세요.

## 45

📤 노른자 145

다음 쿼리에 설정된 조건에 대한 설명으로 옳은 것은?

| 필드: | 한글이름 | 도시명(거주지) | |
|---|---|---|---|
| 테이블: | 방문자 | 방문자 | |
| 정렬: | | | |
| 표시: | ☑ | ☑ | |
| 조건: | Like "김*" | "서울시" | |
| 또는: | | "경기도" | |

① '한글이름'이 '김'으로 시작하는 레코드 중 '도시명(거주지)'이 '서울시' 또는 '경기도'인 레코드 검색

② '한글이름'이 '김'으로 시작하거나 '도시명(거주지)'이 '서울시'이거나 '경기도'인 레코드 검색

❸ '한글이름'이 '김'으로 시작하는 레코드 중 '도시명(거주지)'이 '서울시'이거나 '경기도'인 레코드 검색 (○)

→ 같은 줄에 작성되어 있으면 OR 조건이고, 다른 줄에 작성되어 있으면 AND 조건임

④ '한글이름'이 '김'으로 시작하는 레코드 중 '도시명(거주지)'이 '경기도'는 제외하고 '서울시'인 레코드 검색

> ❶ 가장 빠른 합격비법
>
> 쿼리의 설정 조건은 엑셀의 고급 필터와 같은 맥락으로, 같은 줄은 AND, 다른 줄은 OR이라는 점을 기억하세요. 영어 단어 'LIKE'의 다양한 뜻 중에서 '비슷한'으로 학습하면 기억에 오래 남습니다.

## 46

📤 노른자 166

다음 중 아래 보고서에 대한 설명으로 옳지 않은 것은?

대리점명: 서울지점

| 순번 | 모델명 | 판매날짜 | 판매량 | 판매단가 |
|---|---|---|---|---|
| 1 | PC4203 | 2018-07-31 | 7 | ₩1,350,000 |
| 2 | | 2018-07-23 | 3 | ₩1,350,000 |
| 3 | PC4204 | 2018-07-16 | 4 | ₩1,400,000 |
| | | 서울지점 소계 : | | ₩19,100,000 |

대리점명: 충북지점

| 순번 | 모델명 | 판매날짜 | 판매량 | 판매단가 |
|---|---|---|---|---|
| 1 | PC3102 | 2018-07-13 | 6 | ₩830,000 |
| 2 | | 2018-07-12 | 4 | ₩830,000 |
| 3 | PC4202 | 2018-07-31 | 4 | ₩1,300,000 |
| 4 | | 2018-07-07 | 1 | ₩1,300,000 |
| | | 충북지점 소계 : | | ₩14,800,000 |

① '대리점명' 필드를 기준으로 그룹이 설정되어 있다.

❷ '모델명' 필드에는 '중복 내용 숨기기' 속성을 '아니요'로 설정하였다. (×)
→ '모델명' 필드에는 '중복 내용 숨기기' 속성을 '예'로 설정함

③ 지점별 소계가 표시된 텍스트 상자는 그룹 바닥글에 삽입하였다.

④ 순번은 컨트롤 원본을 '=1'로 입력한 후 '누적 합계' 속성을 '그룹'으로 설정하였다.

> ❶ 가장 빠른 합격비법
> 특별부록 '시험에 자주 출제되는 액세스 기능'을 통해 보고서에 나오는 각 영역과 역할에 대해 학습하세요. 보고서는 시험에 매우 자주 출제되는 부분이어서 매우 중요합니다.

## 47

↪노른자 147

[평균성적] 테이블에서 '평균' 필드값이 90 이상인 학생들을 검색하여 '학년' 필드를 기준으로 오름차순, '반' 필드를 기준으로 내림차순 정렬하여 표시하고자 한다. 다음 중 아래 SQL문의 각 괄호 안에 넣을 예약어로 옳은 것은?

SELECT 학년, 반, 이름
 ∟ 학년, 반, 이름 필드를 검색함

FROM 평균성적
 ∟ 테이블명은 '평균성적'임

WHERE 평균 〉= 90
 ∟ 평균이 90 이상인 레코드를 대상으로 함

( ㉠ ) 학년 ( ㉡ ) 반 ( ㉢ );
 ∟ 정렬에 대한 설정임

① ㉠ GROUP BY ㉡ DESC ㉢ ASC

② ㉠ GROUP BY ㉡ ASC ㉢ DESC

③ ㉠ ORDER BY ㉡ DESC ㉢ ASC

❹ ㉠ ORDER BY ㉡ ASC ㉢ DESC (○)
→ ORDER BY는 정렬을 하기 위한 명령임. '학년' 필드를 기준으로 오름차순 정렬하려면 '학년'을 'DASC'로, '반' 필드를 기준으로 내림차순 정렬하려면 '반'을 'DESC'로 지정하거나 생략함

> ❶ 가장 빠른 합격비법
> SQL의 정렬에 대한 내용으로, 반드시 형식을 암기해야 합니다. 오름차순 (ASC)이나 내림차순(DESC)이 혼동되지 않도록 '오름 → 내림'은 'A → D'로 암기하면 좋습니다. 정렬 방식을 생략하면 오름차순 정렬됩니다.

## 48

↪노른자 169

다음 중 보고서의 [페이지 설정] 대화상자에서 '데이터만 인쇄' 옵션을 선택했을 때 인쇄되는 것으로 옳은 것은?

① 콤보 상자의 모양

② 선이나 사각형으로 작성한 모양

③ 레이블로 작성한 보고서의 제목

❹ 텍스트 상자에서 표시하는 값 (○)
→ '데이터만 인쇄' 옵션을 선택하면 텍스트 상자에서 보여주는 데이터만 인쇄됨

## 49

↪노른자 144

다음 중 기본적인 단순 쿼리로, 하나 이상의 테이블이나 기존 쿼리 또는 이 두 가지의 조합에서 특정 질문에 대답하는 데 사용할 수 있는 쿼리는?

❶ 선택 쿼리

② 크로스탭 쿼리 (×)
→ 엑셀의 피벗 테이블과 유사하며, 테이블의 특정 필드의 요약값(합계, 개수, 평균 등)을 표시함. 해당 값들을 그룹별로 묶은 집합은 데이터시트의 왼쪽에, 또 하나의 집합은 데이터시트의 위쪽에 나열함

③ 요약 쿼리 (×)
→ 집계 함수(SUM, AVG, COUNT, MAX, MIN 함수 등)를 이용하여 그룹별로 계산하기 위한 쿼리

④ 매개변수 쿼리 (×)
→ 쿼리를 실행할 때 검색할 대상이 되는 정보를 물어보는(입력받아 실행하는) 쿼리로, 반드시 대괄호([ ])와 함께 작성해야 함

> ❶ 가장 빠른 합격비법
> 문제는 ①의 선택 쿼리에 대한 설명입니다. ②, ③, ④의 쿼리의 종류와 특징에 대해서도 반드시 학습하세요.

# 50

➡ 노른자 166

다음 중 보고서의 각 구역에 대한 설명으로 옳지 않은 것은?

① 보고서 머리글: 보고서의 맨 앞에 한 번 출력되며, 일반적으로 로고나 제목 및 날짜 등의 정보를 표시할 때 사용한다.

❷ 페이지 바닥글: 각 레코드 그룹의 맨 끝에 출력되며, 그룹에 대한 요약 정보를 표시할 때 사용한다. (×)
→ 페이지 바닥글은 각 페이지의 아래쪽에 표시되며, 주로 날짜와 페이지 번호를 표시함. 그룹에 대한 요약 정보는 그룹 머리글과 그룹 바닥글에 표시되어 있음

③ 본문: 레코드 원본의 모든 행에 대해 한 번씩 출력되며, 보고서의 본문을 구성하는 컨트롤이 여기에 추가된다.

④ 보고서 바닥글: 보고서 총합계 또는 전체 보고서에 대한 기타 요약 정보를 표시할 때 사용한다.

> ❶ 가장 빠른 합격비법
> 보고서에서 각 구역의 위치와 특징에 대해 반드시 정리하면서 하위 보고서의 내용도 함께 학습하세요. 보고서와 하위 보고서는 시험문제에 매번 출제되고 있어서 매우 중요합니다.

# 51

➡ 노른자 158

다음 중 폼이나 보고서에서 테이블이나 쿼리의 필드를 컨트롤 원본으로 사용하지 않는 컨트롤을 의미하는 것은?

❶ 언바운드 컨트롤

② 바운드 컨트롤 (○)
→ 폼이나 보고서에서 테이블이나 쿼리의 필드를 컨트롤 원본으로 사용하는 컨트롤

③ 계산 컨트롤 (○)
→ 데이터의 원본 데이터로 식을 사용하는 컨트롤

④ 레이블 (○)
→ 제목이나 캡션, 설명 등과 같은 텍스트를 표시하는 컨트롤로, 다른 컨트롤에 덧붙일 수 있음

> ❶ 가장 빠른 합격비법
> 바운드 컨트롤(Bound Control)은 테이블이나 쿼리의 필드가 컨트롤 원본으로 연결된 컨트롤입니다. 즉 바운드(Bound)는 '직접적으로 연결된'이라는 의미이고, 언바운드(Unbound)는 바운드의 반대 개념입니다. 우선 용어의 의미를 숙지하고 문제를 풀어보면 답이 보이고 쉽게 이해할 수 있어요.

# 52

➡ 노른자 132

다음 중 정규화에 대한 설명으로 옳지 않은 것은?

① 정규화를 통해 삽입, 삭제, 갱신 이상의 발생을 방지할 수 있다.

② 정규화를 통해 데이터 삽입 시 테이블 재구성의 필요성을 줄일 수 있다.

③ 정규화는 테이블 속성 사이의 종속성을 최대한 배제하는 과정으로 볼 수 있다.

❹ 정규화를 수행하여 데이터의 중복을 완전히 제거할 수 있다. (×)
→ 정규화는 데이터의 추가, 갱신, 삭제 등의 작업 시 이상 현상(Anomaly)이 발생하지 않도록 데이터베이스를 설계하기 위한 작업으로, 중복을 완전히 제거할 수는 없고 최소화함

> ❶ 가장 빠른 합격비법
> 정규화 문제는 시험에 자주 출제되는 개념입니다. 데이터베이스의 중복성을 최소화하여 일관성과 무결성을 보장하면서 이상 현상(Anormaly)이 발생하지 않게 하는 것이 정규화의 목적입니다.

# 53

➡ 노른자 164

다음 중 하위 보고서에 대한 설명으로 옳지 않은 것은?

① 관계 설정에 문제가 있을 경우 하위 보고서가 제대로 표시되지 않을 수 있다.

❷ [디자인 보기] 상태에서는 하위 보고서의 크기 조절 및 이동을 할 수 없다. (×)
→ [디자인 보기] 상태에서는 하위 보고서의 크기를 조절하고 이동할 수 있음

③ 테이블, 쿼리, 폼 또는 다른 보고서를 이용하여 하위 보고서를 작성할 수 있다.

④ 하위 보고서에는 그룹화 및 정렬 기능을 설정할 수 있다.

> ❶ 가장 빠른 합격비법
> 보고서와 하위 보고서는 시험문제에 매번 출제되고 있는 유형으로 매우 중요합니다. '노른자 164'를 확인하면서 문제를 풀어보고 관련 내용을 정리하세요.

# 54

➡ 노른자 134

다음 중 필드의 각 데이터 형식에 대한 설명으로 옳지 않은 것은?

① 통화 형식은 소수점 이하 넷째 자리까지의 숫자를 저장할 수 있으며, 기본 필드 크기는 8바이트이다.

② Yes/No 형식은 Yes/No, True/False, On/Off 등과 같이 두 값 중 하나만 입력하는 경우에 사용하는 것으로, 기본 필드 크기는 1비트이다.

③ 일련 번호 형식은 새 레코드를 만들 때 1부터 시작하는 정수가 자동 입력된다.

❹ 긴 텍스트 형식은 텍스트 및 숫자 데이터가 최대 255자까지 저장된다. (×)
  → 짧은 텍스트는 최대 255자까지, 긴 텍스트는 최대 64,000자까지 저장할 수 있음

**❶ 가장 빠른 합격비법**
데이터 형식에 대한 기본적인 문제로, 내용이 어렵지 않기 때문에 쉽게 정답을 찾을 수 있습니다. 자주 출제되기 때문에 '노른자 134'를 참고하여 꼼꼼히 학습하세요.

---

# 55

➡노른자 147

다음 중 아래의 **[급여] 테이블에 대한 SQL 명령**과 실행 결과로 옳지 <u>않은</u> 것은? (단, 빈 칸은 Null이다.)

| 사원번호 | 성명 | 가족수 |
|---|---|---|
| 1 | 가 | 2 |
| 2 | 나 | 4 |
| 3 | 다 |  |

① 'SELECT COUNT(성명) FROM 급여;'를 실행한 결과는 3이다. (○)
  → 'COUNT(필드)'는 비어있지 않은 데이터 개수를 구하기 때문에 'COUNT(성명)'은 '성명' 필드의 개수로, 결과값은 '3'

❷ 'SELECT COUNT(가족수) FROM 급여;'를 실행한 결과는 3이다. (×)
  → 'COUNT(필드)'는 비어있지 않은 데이터 개수를 구하므로 'COUNT(가족수)'의 결과값은 '2'

③ 'SELECT COUNT(*) FROM 급여;'를 실행한 결과는 3이다. (○)
  → COUNT(*)는 총 레코드의 개수를 구하므로 결과값은 '3'

④ 'SELECT COUNT(*) FROM 급여 WHERE 가족수 Is Null;'을 실행한 결과는 1이다. (○)
  → '가족수'의 필드값이 Null인 개수를 구하므로 결과값은 '1'

**❶ 가장 빠른 합격비법**
SQL의 형식을 알고 있으면 쉽게 풀 수 있습니다. COUNT 함수는 비어있지 않은 데이터의 수를 구하는 함수로, COUNT(*)와 COUNT([필드])의 특징을 정확하게 이해하세요.

---

# 56

➡노른자 139

다음 중 **콤보 상자 컨트롤**의 각 속성에 대한 설명으로 옳지 <u>않은</u> 것은?

① 행 원본(Row Source): 콤보 상자 컨트롤에서 사용할 데이터 설정

② 컨트롤 원본(Control Source): 연결할(바운드할) 데이터 설정

❸ 바운드 열(Bound Column): 컨트롤에 입력된 데이터의 편집 여부 설정 (×)
  → 콤보 상자 컨트롤에 저장할 열을 설정함

④ 사용 가능(Enabled): 콤보 상자에 포커스를 가질 수 있는지의 여부 설정

**❶ 가장 빠른 합격비법**
콤보 상자의 속성은 시험에 자주 출제되지 않으므로 선지와 해설을 보면서 문제 위주로 학습하는 것을 추천합니다.

---

# 57

➡노른자 154

다음 중 **분할 표시 폼**에 대한 설명으로 옳지 <u>않은</u> 것은?

① 분할 표시 폼은 [만들기] 탭-[폼] 그룹-[폼 분할]을 클릭하여 만들 수 있다.

② 분할 표시 폼은 [데이터시트 보기]와 [폼 보기]를 동시에 표시하는 기능이며, 이 두 보기는 같은 데이터 원본에 연결되어 있어 항상 상호동기화된다.

③ 분할 표시 폼을 만든 후 [레이아웃 보기]에서 컨트롤의 크기 조정과 이동이 가능하고 기존 필드를 추가할 수 있지만, 새로운 필드는 추가할 수 없다.

❹ 폼 속성 창의 '분할 표시 폼 방향' 항목을 이용하여 데이터시트가 표시되는 위치는 폼의 위쪽과 아래쪽으로만 설정할 수 있다. (×)
  → 폼 속성 창의 '분할 표시 폼 방향' 항목을 이용하여 폼의 위쪽, 아래쪽, 왼쪽, 오른쪽에 데이터시트가 표시되는 위치를 설정할 수 있음

**❶ 가장 빠른 합격비법**
시험에 자주 출제되는 문제 유형으로, 분할 표시 폼이 무엇인지부터 먼저 학습해야 합니다. '노른자 154'를 통해 분할 표시 폼의 기능에 대해 학습하고 문제를 확인하세요.

# 58

📤 노른자 152

아래와 같이 조회할 고객의 최소 나이를 입력받아 검색하는 매개변수 쿼리를 작성하려고 한다. 다음 중 'Age' 필드의 조건식으로 옳은 것은?

① >= {조회할 최소 나이 입력}

② >="조회할 최소 나이 입력"

❸ >= [조회할 최소 나이 입력] (○)

→ 매개변수 대화상자에 표시할 텍스트는 대괄호([ ])로 묶어 입력해야 함

④ >= (조회할 최소 나이 입력)

> **❶ 가장 빠른 합격비법**
> 쿼리의 조건식을 나타내는 부분은 매우 중요합니다. 매개변수 쿼리에 대한 전반적인 내용을 학습하면서 조건식을 입력하는 방법도 잘 학습하세요.

# 59

📤 노른자 147

다음 중 SQL의 SELECT문에 대한 설명으로 옳지 않은 것은?

❶ ORDER BY문을 이용하여 정렬할 때 기본값은 내림차순 정렬(DESC) 값을 가진다. (×)

→ ORDER BY문을 이용하여 정렬할 때 기본값(생략했을 때)은 '오름차순 정렬(ASC)'임

② 검색 필드의 구분은 콤마(,)로 구분한다.

③ 검색 결과에 중복되는 레코드를 없애려면 'DISTINCT'를 명세해야 한다.

④ FROM절에는 테이블 이름뿐만 아니라 쿼리도 지정할 수 있다.

> **❶ 가장 빠른 합격비법**
> SQL의 검색에서 정렬에 대한 내용은 매우 중요하기 때문에 이 문제를 통해서 다시 한번 정리해 보세요.

# 60

📤 노른자 151

다음 중 쿼리의 [디자인 보기]에서 아래와 같이 설정한 경우 **동일한 결과를 표시하는 SQL문은?**

| 필드: | 모집인원 | 지역 | |
|---|---|---|---|
| 테이블: | Table1 | Table1 | |
| 업데이트: | 2000 | | |
| 조건: | | "서울" | |
| 또는: | >1000 | | |

① UPDATE Table1 SET 모집인원 〉1000 WHERE 지역 ="서울" AND 모집인원 = 2000;

② UPDATE Table1 SET 모집인원 = 2000 WHERE 지역 ="서울" AND 모집인원 〉1000;

③ UPDATE Table1 SET 모집인원 〉1000 WHERE 지역 ="서울" OR 모집인원 = 2000;

❹ UPDATE Table1 SET 모집인원 = 2000 WHERE 지역 ="서울" OR 모집인원 〉1000; (○)

→ • 조건이 '모집인원 〉1000'과 '지역 ="서울"'이 서로 다른 행에 있으므로 OR 조건임. 'Table1'의 지역이 '서울'이거나, '모집인원'이 '1000'보다 클 때 '모집인원' 필드의 값을 '2000'으로 수정한다는 것을 의미함

• UPDATE문의 형식: UPDATE (테이블명) SET (필드명 = 변경값) WHERE (조건식)

> **❶ 가장 빠른 합격비법**
> 그림을 보고 UPDATE문을 고르는 어려운 문제입니다. UPDATE문의 형식을 확인하고, '모집인원'이 '2000'으로 변경된다는 점과, 조건이 다른 줄에 작성되어 OR 조건인 점을 확인하면 정답을 고를 수 있습니다.

# 답만 보는 제5회 복원문제

## 1과목 컴퓨터 일반

## 01

↪ 노른자 055

다음 중 TCP/IP에 대한 설명으로 옳지 않은 것은?

① 인터넷 연결을 위한 프로토콜이다.

② TCP는 두 종단 간 연결을 설정한 후 데이터를 패킷 단위로 교환하게 된다.

❸ IP는 발신지 호스트로부터 목적지 호스트까지 데이터 전송이 될 수 있도록 라우팅, 오류 보고, 상황 보고 등의 기능을 수행한다. (×)
→ TCP에 대한 설명. IP는 '비연결형', '비신뢰성'이라는 특징을 가지고 있고, 오류 제어와 흐름 제어의 기능은 없음

④ IPv6는 IPv4의 한계로 인해 출현하였다.

> **❶ 가장 빠른 합격비법**
> TCP는 '신뢰성과 연결형!', IP는 '비신뢰성과 비연결형'을 꼭 기억하세요. TCP는 연결형이기 때문에 신뢰성이 있고, 오류 제어와 흐름 제어가 가능하다고 이해하면 쉽게 기억할 수 있습니다.

## 02

↪ 노른자 004

다음 중 Windows 10의 바로 가기 아이콘에 대한 설명으로 옳지 않은 것은?

① 바로 가기 아이콘의 확장명은 .LNK이다.

② 파일, 폴더, 디스크 드라이브, 프로그램, 프린터, 네트워크 등의 개체에 바로 가기 아이콘을 만들 수 있다.

③ 왼쪽 아랫부분에 화살표 모양(🡥)이 표시된다.

❹ 하나의 바로 가기 아이콘에 여러 개의 원본 파일을 지정할 수 있다. (×)
→ 하나의 바로 가기 아이콘에는 하나의 원본만 지정할 수 있음

> **❶ 가장 빠른 합격비법**
> 자주 출제되지 않고 어렵지 않은 문제이므로 문제 위주로 학습하세요.

## 03

↪ 노른자 041

다음 중 일정 기간 동안에 기능의 제한을 두어 배포하는 것으로, 무료로 사용하다가 일정 기간 사용해 보고 정식 프로그램을 구입할 수 있는 소프트웨어를 의미하는 것은?

① 주문형 소프트웨어(Customized Software) (×)
→ 특정 단체 또는 개인의 요청으로 제작된 소프트웨어

② 오픈 소스 소프트웨어(Open Source Software) (×)
→ 소스 코드까지 제공되어 사용자들이 자유롭게 수정하거나 변경할 수 있는 소프트웨어

❸ 셰어웨어(Shareware)

④ 프리웨어(Freeware) (×)
→ 무료로 사용 또는 배포가 가능한 소프트웨어로, 주로 인터넷을 통해 배포됨

> **❶ 가장 빠른 합격비법**
> 아주 쉽게 점수를 얻을 수 있는 문제 유형입니다. 소프트웨어의 종류에 대해 여러 번 읽으면서 학습하세요.

## 04

↪ 노른자 062, 064

다음 중 바이러스에 대한 설명으로 옳지 않은 것은?

① 바이러스에 감염된 파일은 먼저 백신으로 치료한다.

② 프로그램을 직접 감염시키지 않고 디렉터리 영역에 저장된 프로그램의 시작 위치를 바이러스의 시작 위치로 변경하는 파일 바이러스 유형은 연결형 바이러스이다.

③ 주로 복제품을 사용하거나 통신 매체를 통하여 다운로드한 프로그램에 의해 감염된다.

❹ 방화벽을 운영하면 바이러스와 내·외부의 새로운 위험에 효과적으로 대처할 수 있다. (×)
→ 방화벽은 외부의 위협은 막을 수 있지만, 내부의 위험은 막지 못함

> **❶ 가장 빠른 합격비법**
> 정보보안과 관련된 문제는 항상 출제됩니다. 바이러스뿐만 아니라 컴퓨터 범죄, 방화벽에 대해서도 반드시 학습하세요.

## 05

**다음 중 인터넷에서 사용하는 IPv6에 관한 설명으로 옳지 않은 것은?**

① IPv4와의 호환성이 우수하다.

❷ 128비트의 주소를 사용하며, 주소의 각 부분은 점(.)으로 구분한다. (×)
  → 주소의 각 부분은 콜론(:)으로 구분함

③ 실시간 흐름 제어로 향상된 멀티미디어 기능을 지원한다.

④ 인증성, 기밀성, 데이터 무결성의 지원으로 보안 문제를 해결할 수 있다.

> **❶ 가장 빠른 합격비법**
> IPv6는 반드시 IPv4와 비교해서 학습하세요. IPv4보다 더욱 진화한 주소 체계는 당연히 IPv6입니다.

## 06

노른자 057

**다음 중 쿠키(Cookie)에 대한 설명으로 옳은 것은?**

① 인터넷 사용 시 네트워크에 접속하기 위한 프로그램이다. (×)
  → 웹 브라우저에 대한 내용으로, 웹 브라우저에는 익스플로러(Explorer), 파이어폭스(Firefox), 크롬(Chrome), 사파리(Safari) 등이 있음

❷ 특정 웹 사이트 접속 시 반복적으로 사용되는 접속 정보를 가지고 있는 파일이다.

③ 웹 브라우저에서 기본으로 제공하지 않는 기능을 부가적으로 설치하여 구현되도록 한다. (×)
  → 부가 기능에는 ActiveX, 플러그인 등이 있음

④ 자주 사용하는 사이트의 자료를 저장한 후 다시 동일한 사이트 접속 시 자동으로 자료를 불러온다. (×)
  → 웹 캐시(Web Cache)에 대한 설명

> **❶ 가장 빠른 합격비법**
> 쿠키(Cookie)는 인터넷 사용 기록을 저장한 파일로, 장바구니와 로그인 정보 등이 저장됩니다. ①, ③, ④의 선지도 중요한 개념이기 때문에 꼼꼼하게 학습하세요.

## 07

노른자 063

**다음 중 정보보안을 위한 비밀키 암호화 기법에 대한 설명으로 옳지 않은 것은?**

① 비밀키 암호화 기법의 안전성은 키의 길이 및 키의 비밀성 유지 여부에 영향을 많이 받는다.

② 암호화와 복호화 시 사용하는 키가 동일한 암호화 기법이다.

❸ 알고리즘이 복잡하여 암호화나 복호화를 하는 속도가 느리다는 단점이 있다. (×)
  → 비밀키 암호화 기법은 알고리즘이 복잡하지 않아서 암호화와 복호화 속도가 빠름. 공개키 암호화 기법이 복잡한 알고리즘 때문에 암호화와 복호화 속도가 느림

④ 사용자의 증가에 따라 관리해야 할 키의 수가 많아진다.

> **❶ 가장 빠른 합격비법**
> 비밀키와 공개키의 특징에 대해 꼭 이해해야 합니다. 문제의 선지와 '노른자 063'을 통해서 비밀키와 공개키에 대해서 정리해 보세요. 대표적인 비밀키 알고리즘에는 DES가, 공개키 알고리즘에는 RSA가 있습니다. (암기법: '~데스(DES)'로 말하는 일본인은 '비밀'이 많고, '러시아(RSA)' 사람은 '공개'하는 것을 좋아합니다.)

## 08

노른자 025

**다음 중 프린터에서 출력할 파일의 해상도를 조절하거나 스캐너를 이용해 스캔한 파일의 해상도를 조절하기 위해 쓰는 단위는?**

① CPS(Character Per Second) (×)
  → 1초에 출력되는 글자 수. 프린터의 속도 단위

② BPS(Bits Per Second) (×)
  → 1초에 전송되는 비트(Bit) 수. 데이터의 전송 속도를 나타내는 단위

③ PPM(Pages Per Minute) (×)
  → 1분에 출력되는 페이지 수. 프린터 속도 단위

❹ DPI(Dots Per Inch) (○)
  → 1인치에 출력되는 점(Dot)의 수. 해상도의 단위

> **❶ 가장 빠른 합격비법**
> 자주 출제되는 문제 유형은 아닙니다. ①, ③, ④와 같이 프린터에서 사용되는 단위를 해설로 기억하세요.

## 09

↪ 노른자 034

다음 중 컴퓨터에서 사용하는 각 **기억장치의 접근 속도**가 빠른 것에서 느린 순서로 옳게 나열된 것은?

❶ 레지스터 – 캐시 메모리 – 주기억장치 – 보조기억장치 (○)
→ 접근 속도가 빠른 것에서 느린 순서로, 용량이 작은 메모리에서 큰 메모리 순서로 나열됨

② 캐시 메모리 – 레지스터 – 주기억장치 – 보조기억장치

③ 레지스터 – 캐시 메모리 – 보조기억장치 – 주기억장치

④ 캐시 메모리 – 레지스터 – 보조기억장치 – 주기억장치

❶ 가장 빠른 합격비법
기억장치의 속도와 관련된 문제는 자주 출제되고 있습니다. 기억장치의 계층 구조를 파악하고, 그에 따른 기억장치의 접근 속도 빠르기를 꼼꼼하게 정리하세요.

## 10

↪ 노른자 040

다음 중 컴퓨터의 **운영체제**에 대한 설명으로 옳지 <u>않은</u> 것은?

① 응용 소프트웨어가 요청한 입력과 출력 명령을 수행한다.

❷ 운영체제는 ROM에 상주하면서 여러 종류의 자원 관리 서비스를 제공한다. (×)
→ 운영체제는 ROM에 상주하는 것이 아니라 보조기억장치에 설치되어 있다가 부팅하면 RAM으로 이동함

③ 키보드, 모니터, 디스크 드라이브 등의 필수적인 주변 장치들을 관리하는 BIOS를 포함한다.

④ 사용자가 요청한 응용 소프트웨어를 주기억장치에 적재한다.

❶ 가장 빠른 합격비법
대표적인 운영체제인 Windows가 어디에 설치되는지 살펴보아야 합니다. 정답을 고르는 것은 크게 어렵지 않지만, 이번 기회에 운영체제에 대한 내용을 다시 한번 점검해 보세요.

## 11

↪ 노른자 012

다음 중 Windows 10의 **[글꼴]**에 관한 설명으로 옳지 <u>않은</u> 것은?

① 글꼴 파일의 확장명은 .TTF, .TTC 등이 있다.

② 시스템에서 사용하는 글꼴은 'C:\Windows\Fonts' 폴더에 파일 형태로 저장되어 있다.

❸ [글꼴] 창에서 설치되어 있는 글꼴을 삭제할 수 없다. (×)
→ [글꼴] 창에서 설치되어 있는 글꼴은 삭제할 수 있음

④ 글꼴에는 기울임꼴, 굵게, 굵게 기울임꼴과 같은 글꼴 스타일이 있다.

❶ 가장 빠른 합격비법
자주 출제되는 문제 유형이 아니고, 정답을 고르는 것도 크게 어렵지 않은 문제입니다. 글꼴의 경로는 'C:\Windows\Fonts'라는 것을 기억하고, 기존에 글꼴을 사용했던 경험을 바탕으로 문제를 풀어보세요.

## 12

↪ 노른자 031

다음 중 RISC 마이크로프로세서에 대한 설명 중 틀린 것은?

① 대부분의 명령은 1머신 사이클에 실행되고, 명령 길이는 고정이며, 명령세트는 단순한 것으로 구성되어 있다.

② 어드레싱 모드가 적으며, 마이크로프로그램에 의한 제어를 줄이고, 와이어드 로직을 많이 이용하고 있다.

③ 어셈블러 코드를 읽기 어려울 뿐만 아니라 파이프라인을 효과적으로 사용하기 위해서 일부 어셈블러 코드를 시계열로 나열하지 않은 부분이 존재한다.

❹ 레지스터 수가 적으며, 마이크로프로그램을 저장하는 칩의 공간에 레지스터를 배치한다. (×)
→ RISC는 명령을 처리하기 위한 레지스터 수가 많음

❶ 가장 빠른 합격비법
RISC와 CISC는 '노른자 031'의 표를 보고 특징을 비교하면서 학습하세요.

# 13

↪ 노른자 024

다음 중 Windows 10에서의 프린터 설치에 관한 설명으로 옳지 <u>않은</u> 것은?

① [프린터 및 스캐너] 창에서 '프린터 또는 스캐너 추가'로 새로운 프린터를 추가할 수 있다.

❷ 새로운 프린터를 설치하는 과정에서 네트워크 프린터를 기본 프린터로 설정하려면 반드시 스풀링의 설정이 필요하다. (×)

→ 스풀링(Spooling)은 인쇄할 자료를 일정한 기억 장소에 모아두었다가 출력하는 방법으로, 스풀링을 반드시 설정할 필요는 없음

③ 로컬 프린터 설치 시 프린터가 USB(범용 직렬 버스) 모델인 경우에는 프린터를 컴퓨터에 연결하면 Windows에서 자동으로 검색하고 설치한다.

④ 공유 프린터 설정 시 네트워크가 홈 그룹으로 설정되면 프린터가 자동으로 공유되며, 프린터가 연결된 컴퓨터의 전원이 켜져 있어야 프린터의 사용이 가능하다.

> ❶ 가장 빠른 합격비법
> ①, ②, ③, ④의 선지를 꼼꼼히 읽어보면서 프린터에 대한 사항을 학습하세요.

# 14

↪ 노른자 028

다음 중 컴퓨터에서 문자를 표현하는 코드 체계에 대한 설명으로 옳지 <u>않은</u> 것은?

❶ BCD 코드: 6비트로 구성되며 모든 문자를 표현할 수 있다. (×)

→ BCD 코드는 영문 소문자를 표현할 수 없음

② Unicode: 세계 각국의 언어를 2바이트 체계로 통일한 국제 표준 코드이다.

③ ASCII 코드: 128가지의 문자를 표현할 수 있으며, 주로 데이터 통신용이나 PC에서 많이 사용된다.

④ EBCDIC 코드: BCD 코드를 확장한 코드 체계로, 256개의 문자를 표현할 수 있다.

> ❶ 가장 빠른 합격비법
> 문자를 표현하는 BCD 코드, EBCDIC 코드, ASCII 코드, Unicode 방식에 대해 코드의 비트(Bit) 수를 암기하는 것이 좋습니다. 암기한 비트 수를 바탕으로 각 코드의 특징을 숙지하는 방법으로 학습하세요. 특히 ASCII 코드와 Unicode 방식은 출제 빈도가 매우 높은 편입니다.

# 15

↪ 노른자 042

다음 중 컴퓨터 소프트웨어의 개발을 위한 객체 지향 언어에 관한 설명으로 옳지 <u>않은</u> 것은?

❶ 대표적인 객체 지향 언어에는 FORTRAN, COBOL, BASIC 언어 등이 있다. (×)

→ 대표적인 객체 지향 언어에는 Smalltalk, C++, Java 등이 있음. FORTRAN은 1960년대에 나온 최초의 고급 언어로, 일반 수식에 가까운 형태로 연산을 기술할 수 있음

② 상속, 캡슐화, 추상화, 다형성 등을 지원한다.

③ 시스템의 확장성이 높고 정보 은폐가 용이하다.

④ 각각의 객체들이 메시지를 주고받음으로써 데이터를 처리하는 방식이다.

> ❶ 가장 빠른 합격비법
> 객체 지향 언어는 과거에 자주 출제된 영역이 아니었지만, 요즘에는 새롭게 등장하고 있는 문제입니다. 따라서 객체 지향 언어의 특징인 상속, 캡슐화, 추상화, 다형성 등을 중점적으로 학습하세요.

# 16

↪ 노른자 045

다음 중 멀티미디어의 특징으로 옳지 <u>않은</u> 것은?

① 정보의 디지털화

❷ 정보 제공의 단방향성 (×)

→ 멀티미디어의 특징은 디지털화, 양방향성, 비선형성, 통합성임

③ 정보처리의 비선형성

④ 정보의 통합성

> ❶ 가장 빠른 합격비법
> 멀티미디어의 특징에 대한 잘못된 선지로 '정보 제공의 단방향성', '정보 처리의 선형성'이 자주 등장합니다. 그러므로 이 부분을 중점적으로 학습하세요.

## 17

↗ 노른자 035

다음 중 BIOS(Basic Input Output System)에 관한 설명으로 옳지 <u>않은</u> 것은?

① 전원이 켜지면 POST를 통해 컴퓨터를 점검하고 사용 가능한 장치를 초기화한다.

② 기본 입·출력장치나 메모리 등 하드웨어의 이상 유무를 검사한다.

③ CMOS 셋업 프로그램을 이용하여 시스템의 날짜와 시간, 부팅 순서 등 일부 BIOS 정보를 설정할 수 있다.

❹ RAM에 저장되며 '펌웨어'라고도 한다. (×)
  → BIOS는 ROM(EPROM)에 저장됨

**❶ 가장 빠른 합격비법**
BIOS는 ROM에 저장되어 있기 때문에 'ROM–BIOS'라고도 부릅니다. BIOS 에는 시스템에서 중요한 데이터나 명령어가 저장되어 있습니다.

## 18

↗ 노른자 035

다음 중 USB 컨트롤러에 대한 설명으로 옳지 <u>않은</u> 것은?

① 플러그 앤 플레이 설치를 지원하는 외부 버스이다.

② 컴퓨터를 종료하거나 다시 시작하지 않아도 USB 장치를 연결하거나 연결을 끊을 수 있다.

③ 단일 USB 포트를 사용하여 스피커, 전화, CD-ROM 드라이브, 스캐너 등 주변 기기를 연결할 수 있다.

❹ 전용 병렬 버스 장치를 연결할 수 있도록 해 주는 컴퓨터 인터페이스이다. (×)
  → USB(Universal Serial Bus)는 범용 직렬 버스로, 여러 용도로 사용될 수 있는 직렬 데이터 인터페이스임

**❶ 가장 빠른 합격비법**
①, ②, ③의 선지와 해설을 확인하면서 USB에 대해 정리하세요. 특히 잘못된 선지로 '병렬'을 사용한다는 것을 잊지마세요.

## 19

↗ 노른자 031

다음 중 임베디드 시스템에 관한 설명으로 옳은 것은?

① 지역적으로 다른 위치에 있는 여러 대의 컴퓨터를 연결하여 분산 처리하는 시스템이다. (×)
  → 분산 처리 시스템(Distributed Processing System)에 대한 설명

② 처리할 데이터를 일정 시간 동안 모아서 일괄 처리하는 방식의 시스템이다. (×)
  → 일괄 처리 시스템(Batch Proressing System)에 대한 설명

❸ 특정 기능을 수행하기 위하여 전체 장치의 일부분으로 내장되는 전자 시스템이다. (○)
  → 임베디드 시스템(Embedded System)은 마이크로프로세서나 마이크로 컨트롤러를 내장하여 원래 제작자가 의도했던 특정 기능만 수행하도록 제작된 컴퓨팅 장치로, 어떤 장치가 다른 시스템에 의존하지 않고 독립적으로 기능을 수행할 수 있음

④ 두 개의 CPU가 동시에 같은 업무를 처리하는 방식으로, 업무의 신뢰도를 높이는 작업에 이용된다. (×)
  → 듀얼 시스템(Dual System)에 대한 설명

**❶ 가장 빠른 합격비법**
'임베디드(Embeded)'는 '내장형'이라는 의미입니다. 따라서 임베디드 시스템 (Embeded System)을 설명하려면 기존의 시스템에 '내장 또는 포함'의 의미를 갖은 단어가 사용된다는 점을 기억하세요. 또한 ①, ②, ④ 용어도 중요하므로 꼭 학습하세요.

## 20

↗ 노른자 055

다음 중 컴퓨터 통신에서 사용하는 **프로토콜**의 기능에 관한 설명으로 적절하지 <u>않은</u> 것은?

① 통신망에 전송되는 패킷의 흐름을 제어해서 시스템 전체의 안전성을 유지한다.

② 정보를 전송하기 위해 송·수신기 사이에 같은 상태를 유지하도록 동기화 기능을 수행한다.

③ 데이터 전송 도중에 발생하는 오류를 검출한다.

❹ 네트워크에 접속된 다양한 단말장치를 자동으로 인식하고 호환성을 제공한다. (×)
  → 동일한 프로토콜을 사용하는 경우는 네트워크에 접속된 다양한 단말장치를 자동으로 인식하고 호환성을 제공하지만, 운영체제가 다를 경우에는 호환되는 프로토콜을 설치해야 함

**❶ 가장 빠른 합격비법**
프로토콜(Protocol)을 '통신 규약', 즉 '통신을 하기 위한 규칙'이라고 합니다. 이러한 의미를 기억하면서 모든 선지와 해설을 학습하세요.

## 21

📲 노른자 106

**다음 중 부분합에 대한 설명으로 옳지 않은 것은?**

① 부분합을 구하기 위해서는 그룹화할 필드의 항목들을 정렬한 후 사용해야 올바른 결과를 얻을 수 있다.

② 특정 필드를 기준으로 데이터를 분류하고, 각 분류별로 합계나 평균 등을 쉽게 계산할 수 있다.

❸ 부분합을 구하기 전의 원래 데이터로 되돌아가려면 [부분합] 대화상자에서 [취소] 단추를 클릭한다. (×)
→ [부분합] 대화상자에서 [모두 제거] 단추를 클릭해야 부분합을 구하기 전의 원래 데이터로 되돌아갈 수 있음

④ '그룹 사이에서 페이지 나누기' 옵션을 선택하면 그룹 사이에 구분선이 그어져서 부분합이 계산된 그룹을 각 페이지별로 인쇄할 수 있다.

❶ **가장 빠른 합격비법**
부분합은 약 30%의 비율로 출제됩니다. 부분합에 대해서는 특별부록 '시험에 자주 출제되는 엑셀 기능'을 실습해 보고 '노른자 106'을 학습하면서 익혀두세요.

## 22

📲 노른자 088

**다음 중 수식의 결과가 나머지 셋과 다른 것은?**

❶ =ABS(INT(1/2)) (×)
→ 'INT(1/2)'는 1/2보다 크지 않은 정수를 구하여 결과값이 '0'이 됨. 그 결과, 함수식은 'ABS(0)'이 되므로 0을 절대값으로 표시하여 결과값은 '0'

② =MOD(3,2) (○)
→ 3을 2로 나눈 나머지를 구하면 결과값은 '1'

③ =ROUNDUP(RAND( ),0) (○)
→ 0과 1 사이의 난수를 정수로 자리올림하여 결과값은 '1'

④ =FACT(1.9) (○)
→ 소수점 이하의 값을 버리면 1이 되고, 1의 계승값을 나타내면 결과값은 '1'

❶ **가장 빠른 합격비법**
비교적 난도가 낮은 함수 문제로, 함수의 사용법을 정확하게 학습해 보세요. 가장 좋은 방법은 '실습'이라는 것도 잊지 마세요.

## 23

📲 노른자 113

**다음 중 아래의 〈수정 전〉 차트를 〈수정 후〉 차트로 변경하기 위한 작업으로 옳은 것은?**

〈수정 전〉

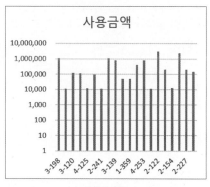

〈수정 후〉

① 차트의 종류를 누적 세로 막대형 차트로 바꾼다.

② 세로(값) 축의 표시 단위를 '10000000'으로 설정한다.

③ 세로(값) 축의 [축 서식] 창에서 '축 옵션'의 '값을 거꾸로'를 선택한다.

❹ 세로(값) 축의 [축 서식] 창에서 '축 옵션'의 '로그 눈금 간격'의 기준을 '10'으로 설정한다. (○)
→ '로그 눈금 간격'의 기준을 '10'으로 설정하여 〈수정 후〉 차트는 세로(값) 축이 열 배씩 증가하도록 '로그 눈금 간격'의 기준을 '10'으로 설정한 상태임

❶ **가장 빠른 합격비법**
차트의 명칭별 특징에 대해서는 거의 매회 출제되고 있습니다. '노른자 113'에서 그림과 함께 차트의 구성 요소와 각 부분의 명칭을 익히는 것이 가장 중요합니다.

## 24

⤷ 노른자 081

**다음 중 셀 스타일에 대한 설명으로 옳지 않은 것은?**

① 셀 스타일은 글꼴과 글꼴 크기, 숫자 서식, 셀 테두리, 셀 음영 등을 정의한 서식의 집합으로, 셀 서식을 일관성 있게 적용하는 경우에 편리하다.

❷ 기본 제공 셀 스타일을 수정하거나 복제하여 사용자 지정 셀 스타일을 직접 만들 수 없다. (×)
  → 기본 제공 셀 스타일을 수정하거나 복제하여 사용자 지정 셀 스타일을 직접 만들 수 있음

③ 사용 중인 셀 스타일을 수정한 경우 해당 셀에는 셀 스타일을 다시 적용하지 않아도 자동으로 변경된다.

④ 특정 셀을 다른 사람이 변경할 수 없도록 셀을 잠그는 셀 스타일을 사용할 수도 있다.

> ❶ **가장 빠른 합격비법**
> 시험에 자주 출제되는 문제가 아니므로 문제 위주로 학습하고 넘어가세요.

## 25

⤷ 노른자 074

**다음 중 데이터가 입력된 셀에서 채우기 핸들을 드래그하여 데이터를 채우는 경우에 대한 설명으로 옳은 것은?**

① 일반적인 문자 데이터나 날짜 데이터는 그대로 복사되어 채워진다. (×)
  → 문자 데이터는 그대로 복사되고, 날짜 데이터는 1일씩 증가함

❷ 한 개의 숫자와 문자가 조합된 텍스트 데이터는 숫자만 1씩 증가하고 문자는 그대로 복사되어 채워진다.

③ 숫자 데이터는 1씩 증가하면서 채워진다. (×)
  → 숫자 데이터는 그대로 복사됨. 숫자를 1씩 증가하면서 채우려면 [Ctrl]을 누른 상태에서 자동 채우기 핸들을 드래그해야 함

④ 숫자가 입력된 두 셀을 블록 설정하여 채우기 핸들을 드래그하면 두 숫자가 반복하여 채워진다. (×)
  → 숫자 데이터는 두 셀의 차이만큼 증가하거나 감소하면서 채워짐. 숫자를 반복해서 채우려면 숫자가 입력된 두 셀을 블록 설정한 후 [Ctrl]을 누른 상태에서 자동 채우기 핸들을 드래그해야 함

> ❶ **가장 빠른 합격비법**
> 자동 채우기 핸들의 특징은 많이 혼란스러운 부분이지만, 시험에 자주 출제되고 있습니다. 자동 채우기 핸들의 특징을 간단히 정리하면 '문자'나 '숫자'는 그대로 복사되고, '날짜'나 '문자 + 숫자'인 경우에는 1씩 증가한다는 것인데, 여기에 ④ 해설을 추가로 학습하면 됩니다.

## 26

⤷ 노른자 095

**아래 시트에서 국적별 영화 장르의 편수를 계산하기 위해 [B12] 셀에 작성해야 할 배열 수식으로 옳지 않은 것은?**

| ▲ | A | B | C | D | E |
|---|---|---|---|---|---|
| 1 | | | | | |
| 2 | NO. | 영화명 | 관객수 | 국적 | 장르 |
| 3 | 1 | 럭키 | 66,962 | 한국 | 코미디 |
| 4 | 2 | 허드슨강의 기적 | 33,317 | 미국 | 드라마 |
| 5 | 3 | 그물 | 9,103 | 한국 | 드라마 |
| 6 | 4 | 프리즘☆투어스 | 2,778 | 한국 | 애니메이션 |
| 7 | 5 | 드림 쏭 | 1,723 | 미국 | 애니메이션 |
| 8 | 6 | 춘몽 | 382 | 한국 | 드라마 |
| 9 | 7 | 파수꾼 | 106 | 한국 | 드라마 |
| 10 | | | | | |
| 11 | | 코미디 | 드라마 | 애니메이션 | |
| 12 | 한국 | 1 | 3 | 1 | |
| 13 | 미국 | 0 | 1 | 1 | |
| 14 | | | | | |

① {=SUM(($D$3:$D$9=$A12)*($E$3:$E$9=B$11))}

② {=SUM(IF($D$3:$D$9=$A12,IF($E$3:$E$9=B$11,1)))}

❸ {=COUNT(($D$3:$D$9=$A12)*($E$3:$E$9=B$11))} (×)
  → '국적' 항목(D3:D9)의 데이터와 [A12] 셀 데이터인 '한국'을 비교하는 '조건1'과, '장르' 항목(E3:E9)의 데이터와 [B11] 셀 데이터인 '코미디'를 비교하는 '조건2'가 있음. 조건이 두 개이므로 다음 세 가지 방법 중 하나로 개수를 구하는 배열 수식을 계산할 수 있음

> **조건이 두 개일 때 배열 수식으로 개수를 구하는 방법**
> **방법1** {=SUM((조건1)*(조건2))}
> **방법2** {=SUM(IF((조건1)*(조건2),1))}
> **방법3** {=COUNT(IF((조건1)*(조건2),1))}

④ {=COUNT(IF(($D$3:$D$9=$A12)*($E$3:$E$9=B$11),1))}

> ❶ **가장 빠른 합격비법**
> 배열 수식은 매번 한두 문제가 반드시 출제됩니다. 이 문제는 개수를 구하는 배열 수식으로, '조건이 두 개일 때 배열 수식으로 개수를 구하는 방법'을 반드시 암기해야 합니다. 이 방법은 필기뿐만 아니라 실기에서도 쓰이는 공식이므로 매우 중요합니다.

## 27

📤 노른자 065

**다음 중 엑셀의 화면 확대/축소 작업에 관한 설명으로 옳지 않은 것은?**

① 문서의 확대/축소는 10%에서 400%까지 설정할 수 있다.

❷ 설정한 확대/축소 배율은 통합 문서의 모든 시트에 자동으로 적용된다. (×)

→ 설정한 확대/축소 배율은 통합 문서의 모든 시트가 아니라 해당 시트에만 적용됨

③ 화면의 확대/축소는 단지 화면에서 보이는 상태만 확대/축소하는 것으로, 인쇄 시 적용되지 않는다.

④ Ctrl을 누른 채 마우스의 스크롤을 위로 올리면 화면이 확대되고, 아래로 내리면 화면이 축소된다.

❶ **가장 빠른 합격비법**
시험에 종종 출제되는 문제 유형입니다. 크게 어렵지 않은 문제이므로 '노른자 065'를 확인하면서 문제를 풀어보세요.

## 28

📤 노른자 115, 117

**다음 중 인쇄 기능에 대한 설명으로 옳지 않은 것은?**

① 기본적으로 워크시트의 눈금선은 인쇄되지 않으나 인쇄되도록 설정할 수 있다.

❷ [페이지 설정] 대화상자의 [시트] 탭에서 '간단하게 인쇄'를 선택하면 셀의 테두리를 포함하여 인쇄할 수 있다. (×)

→ '간단하게 인쇄'는 그림, 도형 등의 개체를 제외한 데이터만 인쇄됨

③ [인쇄 미리 보기 및 인쇄] 화면을 표시하는 바로 가기 키는 Ctrl + F2이다.

④ [인쇄 미리 보기 및 인쇄]에서 '여백 표시'를 선택한 경우 마우스로 여백을 변경할 수 있다.

❶ **가장 빠른 합격비법**
시험에 자주 출제되는 문제 유형이므로 '노른자 117'을 통해 인쇄와 함께 인쇄 기능에 대한 전반적인 내용을 학습하세요.

## 29

📤 노른자 108

**다음 중 시나리오에 대한 설명으로 옳지 않은 것은?**

① 시나리오 요약 보고서와 시나리오 피벗 테이블 보고서를 만들 때는 결과 셀을 반드시 지정하여야 한다.

② 여러 시나리오를 비교하여 하나의 테이블로 요약하는 보고서를 만들 수 있다.

❸ 시나리오 요약 보고서를 생성하기 전에 '변경 셀'과 '결과 셀'에 이름을 정의하면 셀 참조 주소가 보고서에 표시된다. (×)

→ 시나리오 요약 보고서를 생성하기 해야 '변경 셀'과 '결과 셀'에 이름을 정의하면 셀 참조 주소 대신 정의된 이름이 보고서에 표시됨

④ 시나리오 요약 보고서는 자동으로 다시 갱신되지 않으므로 변경된 값을 요약 보고서에 표시하려면 새 요약 보고서를 만들어야 한다.

❶ **가장 빠른 합격비법**
시나리오는 자주 출제되는 문제 유형입니다. 특별부록 '시험에 자주 출제되는 엑셀 기능'을 실습해 보면 필기 문제의 정답을 찾을 수 있을 뿐만 아니라 실기도 대비할 수 있으므로 확실하게 학습하세요.

## 30

📤 노른자 120

**다음 중 매크로 편집 및 삭제에 대한 설명으로 옳지 않은 것은?**

① [매크로] 대화상자에서 편집할 매크로를 선택하고 [편집] 단추를 클릭하면 Visual Basic 편집기를 실행할 수 있다.

② Alt + F11을 눌러 Visual Basic 편집기를 실행하면 매크로를 수정할 수 있다.

❸ 'MACRO.XLSB' 파일을 삭제하면 통합 문서에 있는 모든 매크로를 삭제할 수 있다. (×)

→ 'PERSONAL.XLSB' 파일을 삭제해야 통합 문서에 있는 모든 매크로를 삭제할 수 있음

④ Visual Basic 편집기에서 삭제할 매크로의 코딩 부분을 범위로 지정한 뒤 Delete를 눌러 여러 매크로를 한 번에 삭제할 수 있다.

❶ **가장 빠른 합격비법**
매크로에 관한 어려운 문제이지만, '노른자 120'과 함께 문제를 풀어보세요. 이와 같은 문제 유형은 많이 출제되지는 않았지만, 매크로에 대한 문제는 시험에 자주 등장합니다.

# 31

↪ 노른자 091, 094

다음 중 아래의 워크시트에서 수식의 결과로 **'부사장'**을 출력하지 **않는** 것은?

| | A | B | C | D |
|---|---|---|---|---|
| 1 | 사원번호 | 성명 | 직함 | 생년월일 |
| 2 | 101 | 구민정 | 영업 과장 | 1980-12-08 |
| 3 | 102 | 강수영 | 부사장 | 1965-02-19 |
| 4 | 103 | 김진수 | 영업 사원 | 1991-08-30 |
| 5 | 104 | 박용만 | 영업 사원 | 1990-09-19 |
| 6 | 105 | 이순신 | 영업 사원 | 1971-09-20 |
| 7 | | | | |

❶ =CHOOSE(CELL("col",D3),C2,C3,C4,C5,C6) (×)

→ ❶ [D3] 셀의 열 번호인 '4'를 반환함
❷ ❶의 결과값이 '4'이므로 CHOOSE 함수에서 네 번째 값인 [C5] 셀의 '영업 사원'이 표시됨

② =CHOOSE(TYPE(B4),C2,C3,C4,C5,C6) (○)

→ ❶ [B4] 셀 값인 '김진수'가 텍스트 형식이므로 '2'를 반환함. TYPE 함수에서 숫자는 '1', 텍스트는 '2', 논리값은 '4', 오류값은 '16'으로 표시됨
❷ ❶의 결과값이 '2'이므로 CHOOSE 함수에서 두 번째 값인 [C3] 셀의 '부사장'이 표시됨

③ =OFFSET(A1:A6,2,2,1,1) (○)

→ [A1:A6] 영역의 시작인 [A1] 셀을 기준으로 2행 2열 떨어진 [C3] 셀의 셀 주소를 찾음. 이 셀 주소를 기준으로 1행 1열인 [C3] 셀 값인 '부사장'이 표시됨

④ =INDEX(A2:D6,MATCH(A3,A2:A6,0),3) (○)

→ ❶ MATCH 함수의 [A2:A6] 영역에서 [A3] 셀 값과 동일한 값을 찾은 후 상대 위치를 표시하여 '2'를 반환함
❷ ❶의 결과값 '2'를 INDEX 함수에 적용하면 [A2:D6] 영역에서 2행 3열인 [C3] 셀 값 '부사장'이 표시됨

**❶ 가장 빠른 합격비법**
비교적 어려운 난도로 출제된 함수 문제로, 해설을 보면서 함수별로 이해하는 것이 좋습니다. 실습은 함수의 이해를 도울 뿐만 아니라 실기도 대비할 수 있어요.

# 32

↪ 노른자 109

다음 중 **피벗 테이블과 피벗 차트**에 대한 설명으로 옳지 **않은** 것은?

① 새 워크시트에 피벗 테이블을 생성하면 보고서 필터의 위치는 [A1] 셀에서, 행 레이블은 [A3] 셀에서 시작한다.

② 피벗 테이블과 연결된 피벗 차트가 있는 경우 피벗 테이블에서 [피벗 테이블 도구]의 [모두 지우기] 명령을 사용하면 피벗 테이블과 피벗 차트의 필드, 서식 및 필터가 제거된다.

③ 하위 데이터 집합에도 필터와 정렬을 적용하여 원하는 정보만 강조할 수 있고, 조건부 서식을 적용하여 원하는 정보를 강조할 수 있다.

④ 피벗 테이블 보고서에서 빈 셀에는 '＊'로 표시된다. (×)
→ [피벗 테이블 옵션] 대화상자에서 빈 셀에 원하는 값을 지정하여 표시할 수 있음

**❶ 가장 빠른 합격비법**
피벗 테이블과 피벗 차트에 대한 이론적 문제는 시험에 자주 등장합니다. 따라서 '노른자 109'를 보면서 문제를 이해할 수 있도록 학습하세요.

# 33

↪ 노른자 116

다음 중 **[페이지 나누기 미리 보기]** 상태에서 설정할 수 있는 기능에 대한 설명으로 옳지 **않은** 것은?

❶ 행 높이와 열 너비를 변경해도 자동 페이지 나누기의 위치는 변화가 없다. (×)
→ 행 높이와 열 너비를 변경하면 자동 페이지 나누기의 위치도 변경됨

② 수동으로 삽입한 페이지 나누기를 제거하려면 페이지 나누기를 페이지 나누기 미리 보기 영역 밖으로 끌어다 놓는다.

③ '페이지 나누기 삽입' 기능은 선택한 셀의 위쪽 행, 왼쪽 열로 페이지 나누기를 삽입한다.

④ 수동 페이지 나누기를 모두 제거하려면 임의의 셀의 바로 가기 메뉴에서 [페이지 나누기 모두 원래대로]를 선택한다.

**❶ 가장 빠른 합격비법**
페이지 나누기는 시험에 많이 출제되는 문제 유형이 아니므로 문제에 대한 전반적인 내용을 익혀두세요.

# 34

↪ 노른자 071~072

다음 중 **통합 문서**에 대한 설명으로 옳지 <u>않은</u> 것은?

① 시트 보호는 통합 문서 전체가 아닌 특정 시트만 보호한다.

② 공유된 통합 문서는 여러 사용자가 동시에 변경 및 병합할 수 있다.

❸ 통합 문서 보호 설정 시 암호를 지정하면 워크시트에 입력된 내용을 수정할 수 없다. (×)
  → 통합 문서 보호 설정 시 지정한 암호는 통합 문서 보호를 해제할 때 사용하는 것으로, 입력된 내용을 수정할 수 있음. 통합 문서를 보호하면 통합 문서의 시트 삭제, 이동, 숨기기, 이름 바꾸기 등을 할 수 없어서 문서를 보호할 수 있음

④ 사용자가 워크시트를 추가, 삭제하거나 숨겨진 워크시트를 표시하지 못하도록 통합 문서의 구조를 잠글 수 있다.

> ❶ 가장 빠른 합격비법
> 많이 혼동되는 문제 유형입니다. '통합 문서 보호'를 설정한다는 것은 워크시트의 내용을 수정하지 못하게 한다는 느낌이지만, 사실은 '워크시트'를 생성 및 복사, 이름을 변경하지 못하도록 보호한다는 것을 기억하세요.

# 35

↪ 노른자 080

다음 중 셀 서식의 **사용자 지정 표시 형식** 중 코드와 설명이 옳지 <u>않은</u> 것은?

① #: 유효한 자릿수만 표시하고, 유효하지 않은 0은 표시하지 않는다.

② ?: 유효하지 않은 자릿수에 0 대신 공백을 표시하고, 소수점을 기준으로 정렬한다.

③ ss: 초 단위의 숫자를 00~59로 표시한다.

❹ dddd: 요일을 'Sun'~'Sat'로 표시한다. (×)
  → 'dddd'는 요일을 'Sunday'~'Saturday'와 같이 영문으로 표시함. 요일을 'Sun'~'Sat'로 표시하려면 'ddd'로 설정해야 함

> ❶ 가장 빠른 합격비법
> 사용자 지정 표시 형식에 관련된 문제는 자주 출제되는 유형입니다. 표시 형식은 이해하면서 암기를 병행해야 오래 기억에 남습니다. 그러므로 기출문제와 '노른자 080'을 확인하면서 모두 숙지하세요.

# 36

↪ 노른자 113

다음 중 아래 차트와 같이 **X축을 위쪽에 표시하기 위한 방법**으로 옳은 것은?

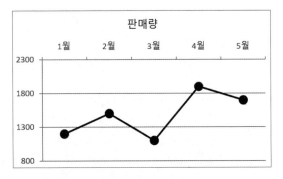

① 가로 축을 선택한 후 [축 서식] 창의 '축 옵션'에서 '세로 축 교차'를 '최대 항목'으로 설정한다.

② 가로 축을 선택한 후 [축 서식] 창의 '축 옵션'에서 '항목을 거꾸로'에 체크한다.

❸ 세로 축을 선택한 후 [축 서식] 창의 '축 옵션'에서 '가로 축 교차'를 '축의 최대값'으로 설정한다. (○)
  → 세로 축을 선택한 후 [축 서식] 창의 [축 옵션]에서 '가로 축 교차'를 '축의 최대값'으로 설정하면 가로 축 교차가 축의 최대값으로 위치함. 축을 차트의 위쪽에 표시하려면 '축 옵션'에서 '가로 축 교차'를 '축의 최대값'이나 '값을 거꾸로' 중에서 선택할 수 있지만, '값을 거꾸로'를 선택해야 축 범위까지 모두 바꿀 수 있음

④ 세로 축을 선택한 후 [축 서식] 창의 '축 옵션'에서 '값을 거꾸로'를 설정한다.

> ❶ 가장 빠른 합격비법
> 차트의 설정에 대한 문제는 자주 출제되는 문제 유형입니다. 따라서 차트의 구성 요소 명칭뿐만 아니라 차트 설정과 관련된 내용을 완벽하게 학습하세요.

# 37

↪ 노른자 098

다음 중 **자동 필터**에 관한 설명으로 옳지 <u>않은</u> 것은?

❶ 날짜가 입력된 열에서 요일로 필터링하려면 '날짜 필터' 목록에서 필터링 기준으로 사용할 요일을 하나 이상 선택하거나 취소한다. (×)
  → 날짜 필터인 경우 주, 달, 분기, 연도 등의 필터링을 제공하지만, 요일은 필터링을 지원하지 않음. 즉 자동 필터의 날짜 필터 목록에 요일은 없음

② 두 개 이상의 필드에 조건을 설정하는 경우 필드 간에는 AND 조건으로 결합되어 필터링된다.

③ 열 머리글에 표시되는 드롭다운 화살표에는 해당 열에서 가장 많이 나타나는 데이터 형식에 해당하는 필터 목록이 표시된다.

④ 자동 필터를 사용하면 목록 값, 서식 또는 조건 등 세 가지 유형의 필터를 만들 수 있으며, 각 셀의 범위나 표 열에 대해 한 번에 한 가지 유형의 필터만 사용할 수 있다.

❶ 가장 빠른 합격비법
자동 필터에 대한 이론적인 내용을 물어보는 문제 유형으로, '노른자 098'을 확인하면서 자동 필터에 대한 전반적인 사항을 학습하세요. 물론 ①의 해설과 ②, ③, ④ 선지도 정확하게 학습하세요.

# 38
➦ 노른자 082

**다음 중 조건부 서식에 대한 설명으로 옳지 않은 것은?**

① 동일한 셀 범위에 둘 이상의 조건부 서식 규칙이 'True'로 평가되어 충돌하는 경우 [조건부 서식 규칙 관리자] 대화상자의 규칙 목록에서 가장 위에 있는, 즉 우선순위가 높은 규칙 하나만 적용된다.

❷ [홈] 탭-[편집] 그룹-[찾기 및 선택]-[이동 옵션]을 이용하면 조건부 서식이 적용되고 있는 셀을 적용한 순서대로 찾아 이동할 수 있다. (×)
→ [홈] 탭-[편집] 그룹-[찾기 및 선택]-[이동 옵션]을 선택하여 [이동 옵션] 대화상자의 '조건부 서식' 명령을 이용하면 조건부 서식이 적용되고 있는 셀을 알려주지만, 조건부 서식이 적용된 순서대로 찾아서 이동할 수는 없음

③ 조건부 서식을 만들 때 조건으로 다른 워크시트 또는 통합문서에 참조는 사용할 수 없다.

④ 셀 범위에 대한 서식 규칙이 'True'로 평가되면 해당 규칙의 서식이 사용자가 임의로 지정한 서식보다 우선한다.

❶ 가장 빠른 합격비법
조건부 서식에 대해서는 많이 출제되지는 않으므로 특별부록 '시험에 자주 출제되는 엑셀 기능'을 통해 실습해 보면서 문제를 익히세요.

# 39
➦ 노른자 095

아래 워크시트의 [C3:C15] 영역을 이용하여 **출신 지역별로 인원수를 [G3:G7] 영역에 계산**하려고 한다. 다음 중 [G3] 셀에 수식을 작성한 후 채우기 핸들을 사용하여 [G7] 셀까지 수식 복사를 할 경우 [G3] 셀에 입력할 수식으로 옳은 것은?

| | A | B | C | D | E | F | G |
|---|---|---|---|---|---|---|---|
| 1 | | | | | | | |
| 2 | | 성명 | 출신지역 | 나이 | | | 인원 |
| 3 | | 김광철 | 서울 | 32 | | 서울 지역 | 3 |
| 4 | | 김다나 | 경기 | 35 | | 경기 지역 | 2 |
| 5 | | 고준영 | 서울 | 36 | | 호남 지역 | 3 |
| 6 | | 성영주 | 호남 | 38 | | 영남 지역 | 3 |
| 7 | | 김철수 | 경기 | 38 | | 제주 지역 | 2 |
| 8 | | 정석중 | 호남 | 42 | | | |
| 9 | | 이진주 | 영남 | 44 | | | |
| 10 | | 박성수 | 제주 | 45 | | | |
| 11 | | 최미나 | 영남 | 48 | | | |
| 12 | | 강희수 | 제주 | 50 | | | |
| 13 | | 조광식 | 서울 | 52 | | | |
| 14 | | 원춘배 | 호남 | 52 | | | |
| 15 | | 지민주 | 영남 | 54 | | | |
| 16 | | | | | | | |

① =SUM(IF($C$3:$C$15=LEFT(F3,2),1,0)) (×)
→ 수식은 배열 수식의 형태로 작성했지만, 중괄호({ })가 빠졌기 때문에 배열 수식이 아님

❷ {=SUM(IF($C$3:$C$15=LEFT(F3,2),1,0))} (○)
        ❶
→ • 배열 수식을 사용할 때는 수식을 입력한 후 Ctrl + Shift + Enter를 눌러 중괄호({ })로 묶어야 함
  • ❶ [$C$3:$C$15] 영역의 값이 [F3] 셀의 왼쪽에서 두 글자와 같으면 1, 아니면 0을 표시함

조건이 한 개일 때 배열 수식으로 개수를 구하는 방법
방법1 {=SUM((조건)*1)} → {=SUM(($C$3:$C$15 = LEFT(F3,2))*1)}
방법2 {=SUM(IF(조건,1))} → {=SUM(IF($C$3:$C$15 = LEFT(F3,2),10))}
방법3 {=COUNT(IF(조건,1))}
     → {=COUNT(IF($C$3:$C$15 = LEFT(F3,2),1))}

③ =SUM(IF($C$3:$C$15=LEFT(F3,2),1,1)) (×)
→ 수식은 배열 수식의 형태로 작성했지만, 중괄호({ })가 빠졌기 때문에 배열 수식이 아니고, IF 함수에서 참일 경우와 거짓일 경우에 모두 1로 잘못 설정됨

④ {=SUM(IF($C$3:$C$15=LEFT(F3,2),1,1))} (×)
→ [$C$3:$C$15] 영역의 값이 [F3] 셀의 왼쪽에서 두 글자와 같으면 1, 아니면 1을 표시함. 참일 경우와 거짓일 경우에 모두 1이므로 IF 함수의 의미가 없음

❶ 가장 빠른 합격비법
배열 수식은 매번 한두 문제가 반드시 출제됩니다. 이 문제는 개수를 구하는 배열 수식으로, '조건이 한 개일 때 배열 수식으로 개수를 구하는 방법'을 반드시 암기해야 합니다. 이 방법은 필기뿐만 아니라 실기에서도 쓰이는 공식이므로 매우 중요합니다.

## 40

⤷ 노른자 126

다음과 같이 **프로시저**를 작성하였을 경우 실행 결과로 옳은 것은?

```
Private Sub CommandButton1_Click( )

    With Worksheets("Sheet1").Range("A1:A100")
        ↳ [Sheet1] 워크시트의 [A1:A100] 영역에서

        .Value = 50
            ↳ 값을 '50'으로 하고,

        .Font.Bold = True
            ↳ 글꼴을 '굵게' 지정한다.

    End With

End Sub
```

① [Sheet1] 워크시트의 [A1:A100] 영역에 글자 크기는 '50', 글꼴 스타일은 '굵게'로 지정한다.

❷ [Sheet1] 워크시트의 [A1:A100] 영역에 모두 '50'을 입력한 후 글꼴 스타일은 '굵게' 지정한다. (○)
   → With~End With문은 'Worksheets("Sheet1").Range 객체 ([A1:A100])'를 매번 사용하지 않고 객체의 속성을 변경할 수 있는 기능을 제공함. 'Value'는 셀에 입력될 데이터이며, 'Font.Bold'를 'True'로 설정하면 글꼴을 '굵게' 지정함

③ [Sheet1] 워크시트의 [A1:A100] 영역에 글자 크기를 '50'으로 지정하고, 글꼴 스타일의 '굵게'를 해제한다.

④ [Sheet1] 워크시트의 [A1:A100] 영역에 모두 '50'을 입력한 후 글꼴 스타일의 '굵게'를 해제한다.

> ❶ 가장 빠른 합격비법
> Range 객체와 그 속성을 설정하는 문제는 자주 출제되는 개념입니다. 프로시저는 범위가 넓고 어려우므로 모두 이해하는 것보다 Value, Font.Bold 등과 같은 속성에 대해 이해하면서 학습하세요.

---

## 41

⤷ 노른자 134

다음 중 테이블에서 사원들이 부모님과 함께 살고 있는지의 여부를 입력받고자 할 때 설정할 **데이터 형식**으로 가장 적절한 것은?

① 텍스트

❷ Yes/No (○)
   → 질문에 대하여 '예/아니요'로 입력할 때 사용하는 데이터 형식

③ 일련 번호

④ 하이퍼링크

## 42

⤷ 노른자 147

다음 중 주어진 [학생] 테이블을 참조하여 아래의 **SQL문**을 실행한 결과로 옳은 것은?

SELECT AVG(나이) FROM 학생
   ↳ [학생] 테이블에서 '나이' 필드의 평균을 검색

WHERE 전공 NOT IN ('수학', '회계');
   ↳ '전공' 필드의 값이 '수학'이나 '회계'가 아닌 레코드만 대상으로 검색

[학생] 테이블

| 학번 | 전공 | 학년 | 나이 |
|------|------|------|------|
| 100 | 국사 | 4 | 21 |
| 150 | 회계 | 2 | 19 |
| 200 | 수학 | 3 | 30 |
| 250 | 국사 | 3 | 31 |
| 300 | 회계 | 4 | 25 |
| 350 | 수학 | 2 | 19 |
| 400 | 국사 | 1 | 23 |

❶ 25 (○)
   → 전공이 '수학'이나 '회계'가 아닌 레코드의 나이 평균은 (21+31+23)/ 3=25

| 나이 |
|------|
| 21 |
| 31 |
| 23 |

② 23

③ 21

④ 19

> ❶ 가장 빠른 합격비법
> 이 문제는 SELECT문의 형식과 함께 NOT IN이 무엇을 의미하는지 학습해야 합니다. '노른자 147'의 예제에서 제시하는 것을 정확하게 이해하는 것이 중요합니다.

## 43

↪ 노른자 166

**다음 중 보고서의 각 구역에 대한 설명으로 옳지 않은 것은?**

❶ 보고서 머리글 영역은 열 제목 등을 주로 삽입하여 모든 페이지의 상단에 표시된다. (×)
  → 보고서 머리글 영역은 로고, 보고서 제목, 작성 날짜 등을 요약하는 표시 구역으로, 보고서의 첫 페이지의 위쪽에 한 번만 출력됨

② 페이지 머리글은 인쇄 시 모든 페이지의 맨 위에 출력되며, 모든 페이지에 특정 내용을 반복하려는 경우에 사용한다.

③ 그룹 머리글/바닥글 영역에는 일반적으로 그룹별 이름, 요약 정보 등을 삽입한다.

④ 본문 영역은 실제 데이터가 레코드 단위로 반복 출력되는 부분이다.

> ❶ 가장 빠른 합격비법
> 보고서를 학습하면서 보고서의 구역에 대한 내용도 함께 학습하세요. 보고서는 시험에 매번 출제되고 있는 문제 유형입니다.

## 44

↪ 노른자 144, 152

**다음 중 쿼리 실행 시 값이나 패턴을 묻는 메시지를 표시한 후 사용자에게 조건값을 입력받아 사용하는 쿼리는?**

① 선택 쿼리 (×)
  → 기본적인 단순 쿼리로, 하나 이상의 테이블이나 기존 쿼리 또는 이 두 가지의 조합에서 특정 질문에 대답하는 데 사용할 수 있는 쿼리

❷ 매개변수 쿼리

③ 요약 쿼리 (×)
  → 집계 함수(SUM, AVG, COUNT, MAX, MIN 함수 등)를 이용하여 그룹별로 계산하기 위한 쿼리

④ 크로스탭 쿼리 (×)
  → 엑셀의 피벗 테이블과 유사하며, 테이블의 특정 필드의 요약값(합계, 개수, 평균 등)을 표시함. 해당 값을 그룹별로 묶은 집합은 데이터시트의 왼쪽에, 또 하나의 집합은 데이터시트의 위쪽에 나열함

> ❶ 가장 빠른 합격비법
> 자주 출제되는 문제 유형이므로 '노른자 152'를 참고하여 쿼리의 종류와 특징에 대해 살펴보세요. 그리고 모든 선지의 해설을 반드시 기억해야 합니다.

## 45

↪ 노른자 129~130

**다음 중 데이터베이스 설계에 대한 설명으로 옳지 않은 것은?**

① 스키마는 전체 데이터베이스의 논리적인 구조와 정의를 기술하는 것을 말한다.

② 물리적 데이터베이스의 기본 데이터 단위는 저장 레코드이다.

③ 데이터의 저장 또는 물리적인 표현 방법을 정의한 것을 '내부 스키마'라고 한다.

❹ 네트워크 데이터 모델은 두 레코드 타입을 부모 자식 관계로 설명한다. (×)
  → 네트워크 데이터 모델은 데이터베이스의 논리적 구조가 그래프(Graph) 또는 네트워크(Network) 형태로 설명되는 모델로, 다대다 관계(N:M)를 표현하고, 개체의 관계를 부모 자식 관계로 표현할 수 없음. 계층 데이터 모델은 트리(Tree) 구조를 활용하여 데이터를 부모와 자식 관계로 정의함

> ❶ 가장 빠른 합격비법
> 데이터베이스를 설계하는 모델에는 '관계 데이터 모델', '네트워크 데이터 모델', '계층 데이터 모델'이 있으므로 이 부분을 학습하세요. ①, ②, ③은 스키마 관련 선지이고 자주 등장하지는 않으므로 문제 위주로 학습하세요.

## 46

↪ 노른자 135

**다음 중 기본 키에 대한 설명으로 옳지 않은 것은?**

① 기본 키로 지정된 필드는 다른 레코드와 동일한 값을 가질 수 없다.

❷ 테이블에서 기본 키는 반드시 지정해야 하며, 한 개의 필드에만 지정할 수 있다. (×)
  → 기본 키는 한 개의 필드에서 지정할 수도 있고, 두 개 이상의 필드를 복합하여 지정할 수도 있으며, 기본 키를 반드시 지정해야 하는 것은 아님

③ 데이터시트 보기에서 새 테이블을 만들면 기본 키가 자동으로 만들어지고 '일련 번호' 데이터 형식이 할당된다.

④ 하나 이상의 관계가 있는 테이블의 기본 키를 제거하려면 관계를 먼저 삭제해야 한다.

> ❶ 가장 빠른 합격비법
> 액세스에서 기본 키는 각 레코드를 구분하는 유일무이한 속성값입니다. 만약 하나의 속성으로 레코드를 구분할 수 없으면 두 개의 속성을 합하여 기본 키를 구성해야 합니다. 마치 같은 반에 '지영'이라는 친구가 두 명 있다면 '큰 지영', '작은 지영'으로 부르는 것처럼 말입니다.

# 47

↪ 노른자 131

[수강] 테이블의 '수강학생' 필드는 [학생] 테이블의 '학번' 필드를 참조한다. 다음 중 **참조 무결성 규칙을 위반한** 작업은?

[학생] 테이블

| 학번 | 성명 |
| --- | --- |
| 123 | 홍길동 |
| 246 | 김갑동 |
| 357 | 박동식 |

[수강] 테이블

| 학번 | 수강학생 | 수강과목 |
| --- | --- | --- |
| 1 | 123 | 영어회화 |
| 2 | 246 | 미적분학 |
| 3 | 123 | 일반화학 |
| 4 | 123 | 컴퓨터개론 |
| 5 | 246 | 전기회로 |

① [학생] 테이블의 '학번'과 '성명'에 각각 '468'과 '김해성'인 레코드를 추가했다.

❷ [수강] 테이블의 '수강학생' 필드에는 '987', '수강과목' 필드에는 '물리실험'을 추가했다. (○)
  → • [수강] 테이블의 '수강학생' 외래 키로 [학생] 테이블의 '학번'을 참조함. 따라서 [수강] 테이블에서 [학생] 테이블의 '학번' 필드에 해당되지 않는 '수강학생'의 삽입은 거부됨
  • 참조 무결성의 제약 조건: 외래 키는 Null이거나 참조 릴레이션의 기본 키 값과 값이 동일해야 함

③ [수강] 테이블에서 첫 번째 레코드의 '수강학생' 필드값을 '123'에서 '357'로 변경했다.

④ [학생] 테이블의 '학번' 필드 '357'에 해당하는 레코드에서 '성명' 필드의 '박동식'을 '이황'으로 변경했다.

**❶ 가장 빠른 합격비법**
예제를 통해 참조 무결성에 대해 알아보는 문제입니다. 이론적으로 학습한 내용을 문제에 적용해서 차근차근 풀어보세요.

# 48

↪ 노른자 170

다음 중 액세스의 **매크로**에 대한 설명으로 옳지 **않은** 것은?

① 반복적으로 수행되는 작업을 자동화하여 간단히 처리할 수 있도록 하는 기능이다.

② 매크로 함수 또는 매크로 함수 집합으로 구성되며, 각 매크로 함수의 수행 방식을 제어하는 인수를 추가할 수 있다.

❸ 매크로를 이용하여 폼을 열고 닫거나 메시지 박스를 표시하는 기능은 제공하지 않는다. (×)
  → 매크로를 이용하여 폼을 열고 닫거나 메시지 박스를 표시할 수도 있음

④ 매크로는 반복적인 작업을 하나의 명령어로 지정하여 사용하는 기능으로, 폼 개체뿐만 아니라 보고서 개체에서도 사용할 수 있다.

**❶ 가장 빠른 합격비법**
액세스에서 매크로는 약 50% 비율로 출제되므로 '노른자 170'과 문제를 확인하면서 학습하세요.

# 49

↪ 노른자 164

다음 중 [우편물 레이블 마법사]를 이용한 보고서 작성에 대한 설명으로 옳지 **않은** 것은?

① 마법사로 완성된 보고서의 [인쇄 미리 보기] 상태에서는 [페이지 설정] 대화상자를 사용하여 레이블 사이의 간격이나 여백을 변경할 수 있다.

② 마법사의 각 단계에서 레이블 크기, 텍스트 모양, 사용 가능한 필드, 정렬 기준 등을 지정할 수 있다.

③ 마법사의 마지막 단계에서 '인쇄될 우편물 레이블 미리 보기'를 선택한 경우 완성된 보고서가 [인쇄 미리 보기] 상태로 표시된다.

❹ 마법사에서 사용 가능한 필드 지정 시 우편물 레이블에 추가 가능한 필드의 개수는 최대 다섯 개이다. (×)
  → [우편물 레이블 마법사]는 우편 발송을 위해 편지봉투에 붙일 주소 레이블을 작성하는 보고서로, 우편 레이블에 추가 가능한 필드의 개수는 최대 열 개임

**❶ 가장 빠른 합격비법**
보고서 작성에 대해서는 매번 출제되는 문제 유형입니다. 따라서 보고서에 대한 전반적인 내용을 빠짐없이 학습하는 것이 합격할 수 있는 비법입니다.

## 50

➡️ 노른자 147

다음 중 [서점] 테이블에서 '정가' 필드의 값이 15000 이상이면서 20000 이하인 **도서를 검색하기 위한 SQL문으로 옳은 것은?**

① SELECT * FROM 서점 WHERE 정가 IN (15000, 20000)

② SELECT * FROM 서점 WHERE 정가 〉 15000 OR 정가 〈 20000

③ SELECT * FROM 서점 WHERE 15000 〈= 정가 〈= 20000

❹ SELECT * FROM 서점 WHERE 정가 BETWEEN 15000 AND 20000 (○)

→ • 문제에서 요구하는 것은 AND 조건이므로 'BETWEEN 15000 AND 20000'을 사용하거나 '정가 〉= 15000 AND 정가 〈= 20000' 명령을 사용할 수 있음
   • SELECT문의 형식: SELECT 필드 FROM 테이블 WHERE 조건

❶ 가장 빠른 합격비법
SQL에 대한 문제에서 SELECT문과 관련된 문제가 가장 많이 출제됩니다. 따라서 SELECT문의 형식과 WHERE절에 들어갈 수 있는 조건에 대한 형식을 반드시 학습하세요.

## 51

➡️ 노른자 165

다음 중 **보고서의 보기 형태에 대한 설명으로 옳지 않은 것은?**

❶ [보고서 보기]는 출력되는 보고서를 화면 출력용으로 보여주며 페이지를 구분하여 표시한다. (×)

→ [보고서 보기]는 출력되는 보고서를 화면 출력용으로 보여주며, 페이지를 구분하지 않고 표시함. 페이지를 구분하여 표시할 때는 [인쇄 미리 보기]를 이용함

② [디자인 보기]에서는 보고서에 삽입된 컨트롤의 속성, 맞춤, 위치 등을 설정할 수 있다.

③ [레이아웃 보기]는 출력될 보고서의 레이아웃을 보여주며 컨트롤의 크기 및 위치를 변경할 수도 있다.

④ [인쇄 미리 보기]에서는 종이에 출력되는 모양을 표시하며 인쇄를 위한 페이지 설정이 용이하다.

❶ 가장 빠른 합격비법
특별부록 '시험에 자주 출제되는 액세스 기능'을 실습하면서 [보고서 보기], [디자인 보기], [레이아웃 보기], [인쇄 미리 보기]를 확인해 보고 문제에 접목하여 학습하세요.

## 52

➡️ 노른자 128

다음에서 설명하는 **데이터베이스 시스템의 구성 요소로 가장 적절한 것은?**

---

• 사용자나 애플리케이션과 DB를 연결하는 인터페이스의 역할 수행
• SQL문 형태로 사용자 지시를 받아 데이터의 정의나 조작 업무 수행

---

① 데이터베이스 관리자(DBA; DataBase Administrator) (×)

→ 데이터베이스를 관리하는 사람으로, 하나의 조직 안에서 데이터베이스를 설치 및 구성, 업그레이드, 관리, 감시함

❷ 데이터베이스 관리 시스템(DBMS; DataBase Management System) (○)

→ 사용자와 데이터베이스 사이에 위치하여 데이터베이스를 생성 및 관리하고, 사용자의 요구에 따라 데이터베이스에 대한 연산을 수행하는 시스템

③ 데이터 사전(DD; Data Dictionary) (×)

→ 데이터에 대한 데이터의 중앙 저장소

④ 데이터 조작어(DML; Data Manipulation Language) (×)

→ 데이터의 삽입 및 삭제, 갱신을 위한 언어

❶ 가장 빠른 합격비법
이 문제는 문제에 대한 정답보다 선지의 내용이 더 중요합니다. 데이터베이스 관련된 용어를 정확하게 정리하세요.

## 53

➡️ 노른자 129

다음 중 **E-R 다이어그램 표기법의 기호와 의미가 맞게 연결된 것은?**

① 사각형 – 속성(Attribute) 타입 (×)

→ 사각형은 개체 타입

❷ 마름모 – 관계(Relationship) 타입

③ 타원 – 개체(Entity) 타입 (×)

→ 타원은 속성 타입

④ 밑줄 타원 – 의존 개체 타입 (×)

→ 밑줄 타원은 기본 키 속성

❶ 가장 빠른 합격비법
E-R 다이어그램의 기호와 의미에 대해서는 자주 출제되지는 않습니다. 어렵지 않은 내용이므로 문제를 바탕으로 학습하고 넘어가세요.

## 54

📤 노른자 147, 152

다음 중 [성적](학번, 이름, 학과, 점수) 테이블의 레코드 수가 열 개, [평가](학번, 전공, 점수) 테이블의 레코드 수가 다섯 개일 때 아래 SQL의 결과에 대한 설명으로 옳은 것은?

---
SELECT 학번, 학과, 점수 FROM 성적 UNION ALL
SELECT 학번, 전공, 점수 FROM 평가 ORDER BY 학번
---

① 쿼리 실행 결과의 필드 수는 모든 테이블의 필드를 더한 개수만큼 검색된다. (×)
→ [성적] 테이블의 '학번' 필드와 [평가] 테이블의 '학번' 필드의 내용은 쿼리 결과의 '학번' 필드에, [성적] 테이블의 '점수' 필드와 [평가] 테이블의 '점수' 필드의 내용은 쿼리 결과의 '점수' 필드에 나타남. 따라서 '학번' 필드, '학과' 필드, '점수' 필드와 같이 세 개의 필드가 나타나고, 열다섯 개의 레코드가 검색됨. 'UNION ALL'은 두 테이블의 결과를 중복을 제거하지 않고 모두 합쳐서 보여줌

❷ 쿼리 실행 결과의 총 레코드 수는 열다섯 개이다.

③ 쿼리 실행 결과의 필드는 '평가.학번', '평가.전공', '평가.점수'이다. (×)
→ 검색한 결과, '성적.학번'과 '평가.학번', '성적.학과', '성적.점수'와 '평가.점수'가 표시됨

④ 쿼리 실행 결과는 학번의 내림차순으로 정렬되어 표시된다. (×)
→ 쿼리를 실행하면 학번의 오른차순으로 정렬됨

🕐 **가장 빠른 합격비법**
통합 쿼리에 대한 문제로, 'UNION ALL'을 적용하면 어떤 결과가 나오는지에 대한 문제입니다. '노른자 152'에 동일한 예시 가 있으니 학습하세요.

## 55

📤 노른자 164

다음 중 하위 보고서에 대한 설명으로 옳지 않은 것은?

① 관계 설정에 문제가 있을 경우 하위 보고서가 제대로 표시되지 않을 수 있다.

② 디자인 보기 상태에서 하위 보고서의 크기 조절 및 이동이 가능하다.

③ 테이블, 쿼리, 폼 또는 다른 보고서를 이용하여 하위 보고서를 작성할 수 있다.

❹ 하위 보고서에는 그룹화 및 정렬 기능을 설정할 수 없다. (×)
→ 하위 보고서에서도 그룹화 및 정렬 기능을 설정할 수 있음

🕐 **가장 빠른 합격비법**
보고서는 시험문제에 매번 출제되고 있으므로 보고서의 내용과 함께 하위 보고서에 대해서도 함께 학습하세요.

## 56

📤 노른자 168

다음 중 보고서에서 '페이지 번호'를 표현하는 식과 그 결과의 연결이 옳은 것은? (단, 전체 페이지는 3이고, 현재 페이지는 1이다.)

① =[Page]&"페이지" → 3페이지 (×)
→ 결과값은 '1페이지'

❷ =[Pages]&" 페이지 중 "&[Page] → 3 페이지 중 1

③ =Format([Page], "00") → 100 (×)
→ 'Format(식,형식)'은 계산 결과에 표시 형식을 지정하는 함수로, 위의 함수식의 경우 결과값은 '01'

④ =[Page]&"/"&[Pages] → 3/1 (×)
→ 결과값은 '1/3'
  • [Page]: 현재 페이지 표시
  • &: 식이나 문자열 연결
  • 큰따옴표(" "): 큰따옴표 안의 내용을 그대로 표시
  • [Pages]: 전체 페이지 표시

🕐 **가장 빠른 합격비법**
페이지 번호를 입력하는 문제는 종종 출제되고 있으므로 페이지 번호가 표시되는 원리를 이해해야 합니다.

## 57

↱ 노른자 132

다음 중 **정규화(Normalization)**의 목적에 대한 설명으로 옳지 **않은** 것은?

① 테이블의 불일치 위험을 최소화하고 데이터 구조의 안정성을 최대화한다.

② 모든 릴레이션이 데이터베이스 안에서 모든 개체 간의 관계를 표현 가능하도록 한다.

③ 간단한 관계 연산에 의해 효율적인 정보 검색과 데이터 조작이 가능하다.

❹ 데이터 중복을 최소화하기 위해 데이터베이스의 물리적 설계 단계에서 수행한다. (×)
→ 데이터베이스의 정규화는 논리적 설계 단계에서 진행됨

**❶ 가장 빠른 합격비법**
정규화 문제는 시험에 자주 출제되는 개념입니다. 데이터베이스의 중복성을 최소화하여 일관성과 무결성을 보장하면서 이상 현상(Anormaly)이 발생하지 않게 하는 것이 정규화의 목적입니다.

## 58

↱ 노른자 166

다음 중 아래 **보고서에 대한 설명**으로 옳지 **않은** 것은? (단, 이 보고서는 전체 4페이지이며, 현재 페이지는 2페이지이다.)

### 거래처별 제품목록

| 거래처명 | 제품번호 | 제품이름 | 단가 | 재고량 |
|---|---|---|---|---|
| ㈜맑은세상 | 15 | 아쿠아렌즈 | ₩50,000 | 22 |
| | 14 | 바슈롬렌즈 | ₩35,000 | 15 |
| | 20 | C-BR렌즈 | ₩50,000 | 3 |
| | 제품수 | 3 | 총재고량: | 40 |
| 거래처명 | 제품번호 | 제품이름 | 단가 | 재고량 |
| 참아이㈜ | 9 | 선글래스C | ₩170,000 | 10 |
| | 7 | 선글래스A | ₩100,000 | 23 |
| | 8 | 선글래스B | ₩120,000 | 46 |

2/4

① '거래처명'을 표시하는 컨트롤은 '중복내용 숨기기' 속성이 '예'로 설정되어 있다.

② '거래처명'에 대한 그룹 머리글 영역이 만들어져 있고, '반복 실행 구역' 속성이 '예'로 설정되어 있다.

③ '거래처명'에 대한 그룹 바닥글 영역이 설정되어 있고, 요약 정보를 표시하고 있다.

❹ '거래처별 제품목록'이라는 제목은 '거래처명'에 대한 그룹 머리글 영역에 만들어져 있다. (×)
→ 제목은 페이지 머리글 영역에 만들어져 있음

**❶ 가장 빠른 합격비법**
보고서의 영역에 대한 문제를 실제 보고서와 함께 확인할 수 있는 문제 유형입니다. 학습한 보고서의 내용을 확인하면서 문제를 풀어보세요.

## 59

↱ 노른자 138

다음 중 데이터베이스에서 **인덱스**를 사용하는 목적으로 가장 적절한 것은?

❶ 레코드 검색 속도 향상 (○)
→ 인덱스는 데이터의 검색 및 정렬 작업 속도 향상을 목적으로 데이터를 일정한 기준에 맞게 정렬되도록 설정하는 기능

② 데이터 독립성 유지

③ 중복성 제거

④ 일관성 유지

**❶ 가장 빠른 합격비법**
책의 인덱스(Index)는 내용을 빠르게 찾을 때 필요한 부분입니다. 데이터베이스에서도 데이터를 찾기 위해 인덱스가 있다는 것을 기억하세요.

📤 노른자 142

**다음 중 외부 데이터로 Access 파일을 가져오는 경우에 관련된 설명으로 옳지 않은 것은?**

① 테이블의 관계도 함께 복사할 수 있다.

❷ Access 개체는 테이블과 쿼리 개체만 복사할 수 있다. (×)
   → 외부 데이터로 Access 파일을 가져오는 경우에 테이블과 쿼리뿐만 아니라 폼, 보고서, 매크로 등을 가져올 수 있음

③ 테이블의 정의만 가져오는 경우 데이터가 없는 빈 테이블이 만들어진다.

④ 원본 개체와 같은 이름의 개체가 이미 대상 데이터베이스에 있으면 가져오기 개체의 이름에 숫자(1, 2, 3 등)가 추가된다.

---

❶ **가장 빠른 합격비법**
시험에 자주 출제되는 유형이 아니므로 '노른자 142'를 확인하면서 문제를 풀어보세요.

에듀윌이
너를
지지할게
ENERGY

인간의 가장 큰 능력은
다시 시작할 수 있는 능력입니다.

– 조정민, 『고난이 선물이다』, 두란노

컴활 필기는 문제은행식! 기출반복 & 답을 암기하는 합격생의 학습패턴을 담았다!

답 없이 한 번 더!
시험 직전, 실력을 점검하는 필기CBT

모바일로 한 번 더!
과목별로 기출을 반복하는 에듀윌 합격앱

【이용방법】
① 에듀윌 EXIT 합격 서비스 접속
② 로그인
③ 교재 구매인증
④ 필기CBT 게시판
⑤ 응시하기

【이용방법】
① 모바일 App Store 또는 Google Play
② 에듀윌 합격앱 다운로드
③ IT자격증
④ 딱풀
⑤ 응시하기

EXIT 합격 서비스
바로 가기

# 답만 보는 제1회 기출문제

반복이 답이다!

합격 로딩 중 ☑☐☐☐☐

※ 수정 으로 표시된 문제는 개정 출제기준에 맞추어 수정한 문제입니다.

## 1과목  컴퓨터 일반

### 01
↪ 노른자 032

다음 중 컴퓨터 및 정보기기에서 사용하는 펌웨어(Firmware)에 관한 설명으로 옳은 것은?

① 주로 하드디스크의 부트 레코드 부분에 저장된다. (×)
  → 대부분 ROM에 설치됨

② 인터프리터 방식으로 번역되어 실행된다. (×)
  → 컴파일되어 실행됨

③ 운영체제의 일부로 입·출력을 전담한다. (×)
  → BIOS에 대한 설명

❹ 소프트웨어의 업그레이드만으로도 기능을 향상시킬 수 있다. (○)
  → 펌웨어(Firmware)는 하드웨어의 동작을 지시하는 소프트웨어로서 하드웨어와 소프트웨어의 중간에 해당되고, 하드웨어의 교체 없이 소프트웨어 업그레이드만으로 시스템의 성능을 높이기 위한 목적으로 사용됨

### 02
↪ 노른자 029

다음 중 수의 표현에 있어 진법에 대한 설명으로 옳지 않은 것은?

① 16진수(Hexadecimal)는 0~9까지의 숫자와 A~F까지 문자로 표현하는 진법으로, 한 자릿수를 표현하는 데 네 개의 비트가 필요하다.

② 2진수, 8진수, 16진수를 10진수 실수(Float)로 변환하려면 정수 부분과 소수 부분을 나누어서 변환하려는 각 진수의 자릿값과 자리의 지수승을 곱한 결과값을 모두 더하여 계산한다.

③ 10진수(Decimal) 정수를 2진수, 8진수, 16진수로 변환하려면 10진수 값을 변환할 진수로 나누어 더 이상 나눠지지 않을 때까지 나누고, 몫을 제외한 나머지를 역순으로 표시한다.

❹ 8진수를 16진수로 변환하려면 8진수를 뒤에서부터 두 자리씩 자른 후 각각 16진수를 한 자리로 계산한다. (×)
  → 8진수를 16진수로 변환하려면 8진수를 2진수로 변환하고, 뒤에서부터 네 자리씩 자른 후 각각 16진수로 변환해야 함

### 03
↪ 노른자 063

다음 중 정보보안을 위한 비밀키 암호화 기법의 설명으로 옳지 않은 것은?

❶ 서로 다른 키로 데이터를 암호화하고 복호화한다. (×)
  → 비밀키 암호화 기법은 암호키와 복호키가 동일한 키를 사용하지만, 공개키 암호화 기법은 암호키와 복호키가 다름

② 암호화와 복호화의 속도가 빠르다.

③ 알고리즘이 단순하고 파일의 크기가 작다.

④ 사용자의 증가에 따라 관리해야 할 키의 수가 상대적으로 많아진다.

### 04
↪ 노른자 064

다음 중 시스템 보안을 위해 사용하는 방화벽(Firewall)에 대한 설명으로 적절하지 않은 것은?

① IP 주소 및 포트 번호를 이용하거나 사용자 인증을 기반으로 접속을 차단하여 네트워크의 출입로를 단일화한다.

② '명백히 허용되지 않은 것은 금지한다.'라는 적극적 방어 개념을 가지고 있다.

❸ 방화벽을 운영하면 바이러스와 내·외부의 새로운 위험에 효과적으로 대처할 수 있다. (×)
  → 방화벽은 외부의 위협은 막을 수 있지만, 내부에서 일어나는 위협은 막지 못함

④ 로그 정보를 통해 외부 침입의 흔적을 찾아 역추적할 수 있다.

### 05 수정
↪ 노른자 020

다음 중 Windows 10 운영체제에서의 백업과 복원에 관한 설명으로 옳지 않은 것은?

① 특정 날짜와 시간에 백업할 수 있도록 백업 주기를 지정할 수 있다.

② Windows에서 백업에 사용되는 파일의 확장명은 .bkf이다.

③ 백업 파일을 복원할 경우 복원 위치를 지정할 수 있다.

❹ 여러 파일이 백업되어 있는 경우 원하는 파일을 선택하여 복원할 수 없다. (×)
 → 백업과 복원은 원본 데이터의 손실에 대비하여 중요한 데이터를 하나 더 저장하는 기능으로, 여러 파일이 백업되어 있는 경우에는 원하는 파일을 선택하여 복원할 수 있음

# 06

노른자 058

다음 중 스마트폰을 모뎀처럼 활용하는 방법으로, 컴퓨터나 노트북 등의 IT 기기를 스마트폰에 연결하여 무선 인터넷을 사용할 수 있게 하는 기능은?

① 와이파이(Wi-Fi) (×)
 → 전자기기들이 일정한 거리 안에서 무선 랜(WLAN; Wireless Local Area Network)에 연결할 수 있게 하는 기술

② 블루투스(Bluetooth) (×)
 → 다양한 기기들이 무선 주파수를 이용하여 서로 통신하며 정보를 교환하는 기술

❸ 테더링(Tethering)

④ 와이브로(WiBro) (×)
 → Wireless Broadband. 고정된 장소가 아닌, 이동하면서 초고속 인터넷을 이용할 수 있는 무선 휴대 인터넷 서비스

# 07

노른자 051

다음 중 네트워크 관련 장비로 브리지(Bridge)에 관한 설명으로 옳지 않은 것은?

① OSI 참조 모델의 데이터 링크 계층에 속한다.

② 두 개의 근거리 통신망을 상호접속할 수 있도록 하는 통신망 연결 장치이다.

❸ 통신 프로토콜을 변환하여 네트워크를 확장한다. (×)
 → 게이트웨이(Gateway)에 대한 설명. 브리지(Bridge)는 두 개 이상의 LAN을 연결하여 하나의 네트워크로 연결해 주는 장치로, 네트워크에 연결된 여러 단말들의 통신 프로토콜을 변환하지 않고도 네트워크를 확장할 수 있음

④ 통신량을 조절하여 데이터가 다른 곳으로 가지 않도록 한다.

# 08

노른자 058

다음 중 인터넷 기반 기술을 이용하여 기업들이 외부 보안을 유지한 상태에서 협력 업체 간의 효율적인 업무 처리를 위해 사용하는 네트워크로 옳은 것은?

① 인트라넷(Intranet) (×)
 → 기업 내부에서만 이용할 수 있는 네트워크

② 원거리 통신망(WAN) (×)
 → 광범위한 지역에 분산되어 있는 통신망을 상호접속하여 형성한 대규모 통신망

❸ 엑스트라넷(Extranet) (○)
 → 기업의 네트워크를 거래처나 일반 고객, 다른 업체들과 안전하게 공유하기 위하여 사용하는 기업 외부 사설망

④ 근거리 통신망(LAN) (×)
 → 가까운 거리 안에 분산 설치되어 있는 컴퓨터 및 네트워크 장치 등을 연결해 주는 통신망

# 09

노른자 055

다음 중 TCP/IP에서 IP 프로토콜의 개요 및 기능에 관한 설명으로 옳은 것은?

① 메시지를 송·수신자의 주소와 정보로 묶어 패킷 단위로 나눈다. (×)
 → TCP에 대한 설명

❷ 패킷 주소를 해석하고 경로를 결정하여 다음 호스트로 전송한다.

③ 전송 데이터의 흐름을 제어하고 데이터의 에러를 검사한다. (×)
 → TCP에 대한 설명. IP는 신뢰성이 보장되지 않는 비신뢰성, 비연결형 서비스를 수행함

④ OSI 7계층에서 전송 계층에 해당한다. (×)
 → IP 프로토콜은 OSI 7계층에서 제3계층인 '네트워크 계층'에 해당함

## 10

🔗 노른자 048

다음 중 디지털 콘텐츠의 생성 · 거래 · 전달 · 관리 등 전체 과정을 관리할 수 있는 기술로, 멀티미디어 프레임워크의 MPEG 표준은?

① MPEG-1 (×)
→ 기존의 비디오테이프 수준의 화질을 제공하고, 비디오 CD 제작에 사용됨

② MPEG-3 (×)
→ HDTV를 목표로 출발했지만, MPEG-2의 적용 범위가 확장되면서 MPEG-2로 통합됨

③ MPEG-7 (×)
→ 동영상 데이터 검색과 전자상거래 등에 적합하도록 개발된 동영상 압축 재생 기술(멀티미디어 정보 검색)

❹ MPEG-21

## 11

🔗 노른자 046

다음 중 GIF 파일 형식에 대한 설명으로 옳지 않은 것은?

① 인터넷 표준 그래픽 형식으로, 8비트 컬러를 사용하여 256색만 지원한다.

② 간단한 애니메이션 표현이 가능하다.

③ 색상의 무손실 압축 기술을 사용한다.

❹ 벡터 방식으로 이미지를 표현한다. (×)
→ GIF는 비트맵(Bitmap) 방식으로 그래픽을 표현하는 포맷

## 12

🔗 노른자 015

다음 중 Windows 10의 [제어판]-[장치 및 프린터]에 표시되지 않는 것은?

① 사용자 컴퓨터

❷ 하드디스크 드라이브와 사운드카드 (×)
→ 하드디스크 드라이브와 사운드카드는 [제어판]-[장치 관리자]에 표시됨

③ 컴퓨터의 USB 포트에 연결하는 모든 장치

④ 컴퓨터에 연결된 호환 네트워크 장치

## 13

🔗 노른자 030

다음 중 컴퓨터의 제어장치에 있는 부호기(Encoder) 레지스터에 관한 설명으로 옳은 것은?

① 명령 레지스터에 있는 명령어를 해독한다. (×)
→ 명령어 해독기(Decoder)에 대한 설명

❷ 해독된 명령어에 따라 각 장치로 보낼 제어 신호를 생성한다.

③ 다음 순서에 실행할 명령어의 주기억장치 주소를 기억한다. (×)
→ 프로그램 카운터(PC; Program Counter)에 대한 설명

④ 뺄셈 연산을 위해 음수로 변환한다. (×)
→ 보수기(Complementor)에 대한 설명

## 14 수정

🔗 노른자 004

다음 중 Windows 10에서 바로 가기 아이콘에 관한 설명으로 옳지 않은 것은?

① 바로 가기 아이콘을 실행하면 연결된 원본 파일이 실행된다.

② 파일, 폴더뿐만 아니라 디스크 드라이브나 프린터에도 바로 가기 아이콘을 만들 수 있다.

③ 일반 아이콘과 비교하여 왼쪽 아랫부분에 화살표가 포함되어 표시된다.

❹ 하나의 바로 가기 아이콘에 여러 개의 원본 파일을 연결할 수 있다. (×)
→ 바로 가기 아이콘은 원본 파일의 위치 정보를 가지고 있고, 하나의 바로 가기 아이콘에는 하나의 원본 파일만 연결할 수 있음

## 15 수정

🔗 노른자 009

다음 중 Windows 10에서 파일이나 폴더, 프린터, 드라이브 등 컴퓨터 자원의 공유에 관한 설명으로 옳지 않은 것은?

① 공유 폴더에 대한 접근 권한은 사용자에 따라 다르게 설정할 수 있다.

② 탐색기의 주소 표시줄에 '\\localhost'를 입력하면 네트워크를 통해 공유한 파일이나 폴더를 확인할 수 있다.

③ 탐색기의 공유 기능을 이용하면 파일이나 폴더를 쉽게 다른 사용자와 공유할 수 있다.

❹ 공유한 파일명 뒤에 '$'를 붙이면 네트워크의 다른 사용자가 해당 파일을 사용하고 있는지의 여부를 바로 확인할 수 있다. (×)

→ 공유한 파일명 뒤에 '$' 기호를 붙이면 네트워크의 다른 사용자가 공유하고 있는지 확인할 수 없음

③ 캐시(Cache) 메모리는 CPU와 주기억장치 사이에 위치하여 두 장치 간의 속도 차이를 줄여서 컴퓨터의 처리 속도를 빠르게 하기 위한 메모리이다.

❹ 연관(Associative) 메모리는 보조기억장치를 마치 주기억장치와 같이 사용하여 실제 주기억장치 용량보다 기억 용량을 확대하여 사용하는 방법이다. (×)

→ 가상 메모리에 대한 설명. 연관 메모리는 기억장치에서 자료를 찾을 때 주소가 아니라 기억된 내용의 일부를 이용하여 접근하는 기억장치

# 16

↪노른자 036

**다음 중 출력장치인 디스플레이 어댑터와 모니터에 관련된 용어의 설명으로 옳지 않은 것은?**

① 픽셀(Pixel): 화면을 이루는 최소 단위로서 같은 크기의 화면에서 픽셀 수가 많을수록 해상도가 높아진다.

❷ 해상도(Resolution): 모니터 화면의 픽셀 수와 관련이 있으며 픽셀 수가 많을수록 표시할 수 있는 색상의 수가 증가한다. (×)

→ 해상도는 '가로 픽셀 수×세로 픽셀 수'로 표현하며, 선명한 정도를 나타내는 단위임. 픽셀 수가 많을수록 해상도는 높지만, 색상의 수와는 관계없음

③ 점 간격(Dot Pitch): 픽셀들 사이의 공간을 나타내는 것으로, 간격이 가까울수록 영상은 선명하다.

④ 재생률(Refresh Rate): 픽셀들이 밝게 빛나는 것을 유지하기 위한 것으로, 재생률이 높을수록 모니터의 깜빡임이 줄어든다.

# 18

↪노른자 041

**다음 중 패치(Patch) 버전 소프트웨어에 관한 설명으로 옳은 것은?**

① 정식으로 대가를 지불하고 사용하는 소프트웨어이다. (×)

→ 상용 소프트웨어에 대한 설명

② 홍보용으로 사용 기간이나 기능에 제한을 둔 소프트웨어이다. (×)

→ 데모(Demo) 버전에 대한 설명

❸ 오류 수정이나 성능 향상을 위해 프로그램의 일부를 변경해 주는 소프트웨어이다.

④ 정식 프로그램 출시 전에 테스트용으로 제작되어 일반인에게 공개하는 소프트웨어이다. (×)

→ 베타(Beta) 버전에 대한 설명

# 19

↪노른자 039

**다음 중 컴퓨터에서 사용하는 압축 프로그램에 관한 설명으로 옳지 않은 것은?**

❶ 압축한 파일을 모아 재압축을 반복하면 파일 크기를 계속 줄일 수 있다. (×)

→ 압축된 파일은 저장 공간을 적게 차지하고, 압축되지 않은 파일보다 빠르게 전송할 수 있음. 압축을 한 번 하면 최대로 압축되기 때문에 여러 번 압축해도 파일의 크기는 변화가 없음

② 여러 개의 파일을 압축하면 하나의 파일로 생성되어 파일 관리를 용이하게 할 수 있다.

③ 대부분의 압축 프로그램에는 분할 압축이나 암호 설정 기능이 있다.

④ 파일의 전송 시간과 비용을 절약하고, 디스크 공간을 효율적으로 사용할 수 있다.

# 17

↪노른자 034

**다음 중 컴퓨터에서 사용하는 기억장치에 관한 설명으로 옳지 않은 것은?**

① 플래시(Flash) 메모리는 비휘발성 기억장치로, 주로 디지털카메라나 MP3, 개인용 정보 단말기, USB 드라이브 등 휴대용 기기에서 대용량 정보를 저장하는 용도로 사용된다.

② 하드디스크 인터페이스 방식은 EIDE, SATA, SCSI 방식 등이 있다.

## 20 [수정]

노른자 004

다음 중 Windows 10에서 바탕 화면의 바로 가기 메뉴에 관한 설명으로 옳지 <u>않은</u> 것은?

① 바탕 화면에서 Shift + F10 을 누르면 바로 가기 메뉴가 표시된다.

② 바탕 화면에 폴더나 텍스트 문서, 압축 파일 등을 새로 만들 수 있다.

❸ 삭제된 내 PC, 휴지통, 네트워크 등의 바탕 화면 아이콘을 다시 표시할 수 있다. (×)
→ 삭제된 내 PC, 휴지통, 네트워크 등은 바탕 화면의 바로 가기 메뉴에 없음. 바탕 화면의 바로 가기 메뉴에서는 [새 폴더] 만들기, [보기], [정렬 기준], [새로 만들기] 등을 선택할 수 있음

④ 아이콘의 정렬 기준을 변경하거나 아이콘의 크기를 변경하여 볼 수 있다.

---

### 2과목  스프레드시트 일반

## 21

노른자 109

다음 중 피벗 테이블에 대한 설명으로 옳지 <u>않은</u> 것은?

❶ 피벗 테이블 보고서를 작성한 후 원본 데이터를 수정하면 피벗 테이블 보고서에 자동으로 반영된다. (×)
→ 원본 데이터가 수정된 경우 피벗 테이블의 내용은 자동으로 반영되지 않고 [피벗 테이블 도구]의 [분석] 탭−[데이터] 그룹−[새로 고침]−[모두 새로 고침]을 선택해야 피벗 테이블에 반영됨

② [피벗 테이블 필드] 창에서 보고서에 추가할 필드 선택 시 데이터 형식이 텍스트이거나 논리값인 필드를 선택하여 '행' 영역에 추가한다.

③ '값' 영역에 추가된 필드가 두 개 이상이면 'Σ 값' 필드가 '열' 영역 또는 '행' 영역에 추가된다.

④ 열 레이블/행 레이블 단추를 클릭하여 레이블 필터나 값 필터를 설정할 수 있다. (○)

## 22

노른자 118

아래 그림과 같이 설정한 상태에서 [매크로 기록] 대화상자의 [확인] 단추를 누른다. [A2:A6] 범위를 선택한 후 글꼴 스타일을 '굵게' 지정하고 [기록 중지]를 눌러 '서식' 매크로의 작성을 완료하였다. 다음 중 매크로 작성 후 [C1] 셀을 선택하고 '서식' 매크로를 실행한 결과로 옳은 것은?

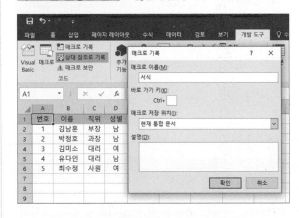

① [A2:A6] 영역의 글꼴 스타일이 굵게 지정된다.

② [A1] 셀만 글꼴 스타일이 굵게 지정된다.

❸ [C2:C6] 영역의 글꼴 스타일이 굵게 지정된다. (○)
→ [개발 도구] 탭−[코드] 그룹−[상대 참조로 기록]이 선택된 상태에서 매크로 기록을 시작했기 때문에 셀 포인터의 위치에 따라 매크로가 적용되는 위치가 달라짐. [A1] 셀에서 매크로를 지정하여 [A2:A6] 영역을 선택하여 '굵게' 지정했으므로 [C1] 셀을 선택한 후에는 [C2:C6] 범위가 영역 지정되어 굵게 처리됨. 따라서 [상대 참조로 기록]이 선택된 상태인지 꼭 확인해야 함

④ [C1] 셀만 글꼴 스타일이 굵게 지정된다.

## 23

노른자 108

다음 중 아래 그림과 같은 시나리오 요약 보고서에 대한 설명으로 옳지 <u>않은</u> 것은?

| 시나리오 요약 | | | |
|---|---|---|---|
| | 현재 값: | 호황 | 불황 |
| 변경 셀: | | | |
| 냉장고판매 | 2% | 4% | -2% |
| 세탁기판매 | 3% | 6% | -3% |
| $C$5 | 5% | 10% | -5% |
| 결과 셀: | | | |
| 예상판매금액 | 516,600,000 | 533,200,000 | 483,400,000 |

① '호황'과 '불황' 두 개의 시나리오로 작성한 시나리오 요약 보고서는 새 워크시트에 표시된다.

② 원본 데이터에 '냉장고판매', '세탁기판매', '예상판매금액'으로 이름을 정의한 셀이 있다.

❸ 원본 데이터에서 변경 셀의 현재 값을 수정하면 시나리오 요약 보고서가 자동으로 업데이트된다. (×)
→ 원본 데이터 값을 수정하면 시나리오 요약 보고서는 자동으로 업데이트되지 않기 때문에 시나리오 요약 보고서를 다시 작성해야 함

④ 시나리오 요약 보고서의 모든 내용은 수정 가능하며, 자동으로 설정된 윤곽도 지울 수 있다.

③ 첫 번째 셀을 클릭한 후 F8을 누른 후 방향키를 눌러 선택 영역을 확장한다.

❹ 첫 번째 셀을 클릭한 후 Ctrl을 누른 상태에서 방향키를 눌러 선택 영역을 확장한다. (×)
→ Ctrl을 누른 상태에서 방향키(↑, ↓, →, ←)를 누르면 선택 영역이 확장되지 않고 셀 포인터만 이동함. 즉 Ctrl+↑/↓는 데이터가 입력된 연속된 셀의 첫 행/마지막 행으로, Ctrl+←/→는 데이터가 입력된 연속된 셀의 첫 열/마지막 열로 이동함

## 24

다음 중 아래 시트에서 사원명이 두 글자이면서 실적이 전체 실적의 평균을 초과하는 데이터를 검색할 때 고급 필터의 조건으로 옳은 것은?

| | A | B |
|---|---|---|
| 1 | 사원명 | 실적 |
| 2 | 유민 | 13,030,000 |
| 3 | 오성준 | 35,000,000 |
| 4 | 김근태 | 18,000,000 |
| 5 | 김원 | 9,800,000 |
| 6 | 정영희 | 12,000,000 |
| 7 | 남궁정훈 | 25,000,000 |
| 8 | 이수 | 30,000,000 |
| 9 | 김용훈 | 8,000,000 |
| 10 | | |

❶
| 사원명 | 실적조건 |
|---|---|
| ="=??" | =$B2)AVERAGE($B$2:$B$9) |
(○)

→ 만능 문자(와일드카드 문자) *는 여러 문자를, ?는 한 문자를 대신하는 문자이므로 두 글자인 데이터를 찾으려면 ="=??"로 조건을 작성해야 함. 고급 필터의 경우 조건으로 수식을 입력할 경우에는 지정할 범위의 첫 행에 원본 데이터의 필드명과 다른 내용을 입력해야 함. 따라서 문제의 그림에 나오는 '실적' 필드명으로 지정하면 안 됨

②
| 사원명 | 실적 |
|---|---|
| ="=??" | =$B2&")AVERAGE($B$2:$B$9)" |

③
| 사원명 | 실적 |
|---|---|
| =LEN($A2)=2 | =$B2)AVERAGE($B$2:$B$9) |

④
| 사원명 | 실적조건 |
|---|---|
| ="=**" | =$B2)AVERAGE($B$2:$B$9) |

## 26

다음 중 '외부 데이터 가져오기' 기능에 대한 설명으로 옳지 않은 것은?

❶ 텍스트 파일은 구분 기호나 일정한 너비로 분리된 모든 열을 엑셀로 가져오기 때문에 일부 열만 가져올 수는 없다. (×)
→ '외부 데이터 가져오기' 단계 중 [텍스트 마법사] 대화상자의 3단계에서 '열 가져오지 않음'을 이용하여 일부 열만 가져올 수 있음

② 액세스 파일은 표, 피벗 테이블, 워크시트의 특정 위치 등으로 다양하게 불러올 수 있다.

③ 웹의 데이터 중 일부를 워크시트로 가져오고, 새로 고침 기능을 이용하여 최신 데이터로 업데이트할 수 있다.

④ 기타 원본의 Microsoft Query 기능을 이용하면 외부 데이터베이스에서 가져올 데이터의 추출 조건을 설정하여 원하는 데이터만 가져올 수 있다.

## 27

다음 중 [찾기 및 바꾸기] 대화상자에 대한 설명으로 옳지 않은 것은?

❶ 찾을 내용에 '*수정*', 바꿀 내용에 '*변경*'으로 입력하고, [모두 바꾸기] 단추를 클릭하면 '수정'이라는 모든 글자를 '*변경*'으로 바꾼다. (×)
→ 만능 문자 *는 여러 문자를 대신하므로 [찾기 및 바꾸기] 대화상자에서 '찾을 내용'에는 '*수정*'을, '바꿀 내용'에는 '*변경*'을 입력하고 [모두 바꾸기] 단추를 클릭하면 '수정'이라는 글자가 포함되어 있는 셀의 모든 글자를 '*변경*'이라는 글자로 바꿈

② '=A1*B1'과 같은 수식을 검색하려면 찾는 위치를 '수식'으로 선택한 후 찾을 내용에 '=A1~*B1'으로 입력한다.

③ 찾을 내용과 바꿀 내용은 입력하지 않고, 찾을 서식과 바꿀 서식으로 설정할 수 있다.

④ 셀 포인터의 위치를 기준으로 앞에 위치한 데이터를 찾으려면 Shift를 누른 상태에서 [다음 찾기] 단추를 클릭한다.

## 25

다음 중 데이터가 입력되어 있는 연속된 셀 범위를 선택하는 방법으로 옳지 않은 것은?

① 첫 번째 셀을 클릭한 후 Ctrl+Shift+방향키를 눌러 선택 영역을 확장한다.

② 첫 번째 셀을 클릭한 후 Shift를 누른 상태에서 범위의 마지막 셀을 클릭한다.

제1회 정기시험 기출문제 (2020년 7월 4일) **97**

# 28

↪ 노른자 073

다음 중 엑셀에서 날짜 데이터의 입력 방법에 대한 설명으로 옳지 않은 것은?

① 날짜 데이터는 하이픈(–)이나 슬래시(/)를 이용하여 년, 월, 일을 구분한다.

② 날짜의 연도를 생략하고 월과 일만 입력하면 자동으로 현재 연도가 추가된다.

③ 날짜의 연도를 두 자리로 입력할 때 연도가 30 이상이면 1900년대로 인식하고, 29 이하이면 2000년대로 인식한다.

❹ Ctrl + Shift + ; 을 누르면 오늘 날짜가 입력된다. (×)
- → • 오늘 날짜를 나타내는 바로 가기 키: Ctrl + ;
- • 현재 시간을 나타내는 바로 가기 키: Ctrl + Shift + ;

# 29

↪ 노른자 112~113

다음 중 아래 차트에 대한 설명으로 옳지 않은 것은?

**극장별 월간 입장객 수**

| | 청량리 | 왕십리 | 용산 | 대학로 |
|---|---|---|---|---|
| 1월 | 65,800 | 69,012 | 59,933 | 51,234 |
| 2월 | 60,040 | 65,456 | 57,932 | 60,055 |
| 3월 | 64,887 | 72,775 | 54,533 | 66,004 |
| 1분기 합계 | 190,727 | 207,243 | 172,398 | 177,293 |

□1월 ■2월 ■3월 ─1분기 합계

❶ 계열 옵션에서 '간격 너비'가 0%로 설정되어 있다. (×)
- → 차트에서 '계열 겹치기'가 0%로 설정되어 있음. 간격 너비는 '청량리' 막대와 '왕십리' 막대 사이의 간격으로, 0%가 아님

② 범례 표지 없이 데이터 표가 표시되어 있다.

③ '1월', '2월', '3월' 계열에 오차 막대가 표시되어 있다.

④ '1분기 합계' 계열은 '보조 축'으로 지정되어 있다.

# 30

↪ 노른자 080

다음 중 서식 코드를 셀의 사용자 지정 표시 형식으로 설정한 경우 입력 데이터와 표시 결과가 옳지 않은 것은?

| | 서식 코드 | 입력 데이터 | 표시 |
|---|---|---|---|
| ⓐ | # ???/??? | 3.75 | 3  3/4 |
| ⓑ | 0.00#, | -6789 | -0.007 |
| ⓒ | *-#,##0 | 6789 | *----6789 |
| ⓓ | ▲#;▼#;0 | -6789 | ▼6789 |

① ⓐ (○)
- → # ???/???에서 ?는 유효하지 않은 자릿수에 0 대신 공백을 표시함. 셀에 입력된 값을 분수로 표시하는데, 소수점 이상 부분은 '3'이고, 소수점 이하 부분인 0.75를 분수로 표시하면 '3/4'임

② ⓑ (○)
- → 0.00#,에서 0.00# 다음에 표시된 콤마(,)는 숫자 세 자리(천 단위) 생략을 의미함. '-6789'에서 천 단위를 생략하면 반올림되어 '-7'이 되고, '0.00#' 형식으로 표시하면 '-0.007'임

❸ ⓒ (×)
- → *-#,##0에서 *는 * 기호의 다음에 있는 특정 문자를 셀의 너비만큼 반복하여 채워 표시하는 기호로, '----6,789'임

④ ⓓ (○)
- → 사용자 지정 표시 형식은 '양수;음수;0;텍스트' 순임. ▲#;▼#;0에서 -6789는 음수이므로 ▼# 형식이 지정되어 '▼6789'임

# 31

↪ 노른자 120

다음 중 매크로 편집 및 삭제에 대한 설명으로 옳지 않은 것은?

① [매크로] 대화상자에서 편집할 매크로를 선택하고 [편집] 단추를 클릭하면 Visual Basic 편집기를 실행할 수 있다.

❷ Alt + F8 을 눌러 Visual Basic 편집기를 실행하면 매크로를 수정할 수 있다. (×)
- → Alt + F11 을 눌러야 Visual Basic 편집기가 실행됨

③ 'PERSONAL.XLSB' 파일을 삭제하면 통합 문서에 있는 모든 매크로를 삭제할 수 있다.

④ Visual Basic 편집기에서 삭제할 매크로의 코딩 부분을 범위로 지정한 뒤 Delete 를 눌러 여러 매크로를 한 번에 삭제할 수 있다.

## 32

다음 중 아래의 워크시트에서 수식의 결과로 '부사장'을 출력하지 않는 것은?

| | A | B | C | D |
|---|---|---|---|---|
| 1 | 사원번호 | 성명 | 직함 | 생년월일 |
| 2 | 101 | 구민정 | 영업 과장 | 1980-12-08 |
| 3 | 102 | 강수영 | 부사장 | 1965-02-19 |
| 4 | 103 | 김진수 | 영업 사원 | 1991-08-30 |
| 5 | 104 | 박용민 | 영업 사원 | 1990-09-19 |
| 6 | 105 | 이순신 | 영업 사원 | 1971-09-20 |
| 7 | | | | |

❶ =CHOOSE(CELL("row",B3),C2,C3,C4,C5,C6) (×)
    ❶
      ❷

→ ❶ [B3] 셀의 행 번호인 '3'을 반환함
   ❷ ❶의 결과값이 '3'이므로 CHOOSE 함수에서 세 번째 값인 [C4] 셀의 '영업 사원'이 표시됨

② =CHOOSE(TYPE(B4),C2,C3,C4,C5,C6) (○)
    ❶
      ❷

→ ❶ [B4] 셀 값인 '김진수'가 텍스트 형식이므로 '2'를 반환함. TYPE 함수에서 숫자는 '1', 텍스트 '2', 논리값은 '4', 오류값은 '16'으로 표시됨
   ❷ ❶의 결과값이 '2'이므로 CHOOSE 함수에서 두 번째 값인 [C3] 셀의 '부사장'이 표시됨

③ =OFFSET(A1:A6,2,2,1,1) (○)
→ [A1:A6] 영역의 시작인 [A1] 셀을 기준으로 2행 2열 떨어진 [C3] 셀의 셀 주소를 찾음. 이 셀 주소를 기준으로 1행 1열인 [C3] 셀 값인 '부사장'이 표시됨

④ =INDEX(A2:D6,MATCH(A3,A2:A6,0),3) (○)
             ❶
              ❷

→ ❶ MATCH 함수의 [A2:A6] 영역에서 [A3] 셀 값과 동일한 값을 찾은 후 상대 위치를 표시하여 '2'를 반환함
   ❷ ❶의 결과값 '2'를 INDEX 함수에 적용하면 [A2:D6] 영역에서 2행 3열인 [C3] 셀 값 '부사장'이 표시됨

## 33

다음 중 아래의 워크시트에서 작성한 수식으로 결과값이 다른 것은?

| | A | B | C |
|---|---|---|---|
| 1 | 10 | 30 | 50 |
| 2 | 40 | 60 | 80 |
| 3 | 20 | 70 | 90 |
| 4 | | | |

① =SMALL(B1:B3,COLUMN(C3)) (○)
           ❶
             ❷

→ ❶ [C3] 셀의 열 번호를 구하면 결과값은 '3'
   ❷ ❶의 결과값 '3'을 대입하면 함수식이 '=SMALL(B1:B3,3)'이 되어[B1:B3] 영역에서 세 번째로 작은 값을 구하면 결과값은 '70'

❷ =SMALL(A1:B3,AVERAGE({1;2;3;4;5})) (×)
           ❶
             ❷

→ ❶ 1, 2, 3, 4, 5의 평균을 구하면 결과값은 '3'
   ❷ ❶의 결과값 '3'을 대입하면 함수식이 '=SMALL(A1:B3,3)'이 되어 [A1:B3] 영역에서 세 번째로 작은 값을 구하면 결과값은 '30'

③ =LARGE(A1:B3,ROW(A1)) (○)
         ❶
          ❷

→ ❶ [A1] 셀의 행 번호를 구하면 결과값은 '1'
   ❷ [A1:B3] 영역에서 첫 번째로 큰 값을 구하면 결과값은 '70'

④ =LARGE(A1:C3,AVERAGE({1;2;3;4;5})) (○)
           ❶
             ❷

→ ❶ 1, 2, 3, 4, 5의 평균을 구하면 결과값은 '3'
   ❷ [A1:C3] 영역에서 세 번째로 큰 값을 구하면 결과값은 '70'

## 34

다음 중 통합 문서에 대한 설명으로 옳지 않은 것은?

① 시트 보호는 통합 문서 전체가 아닌 특정 시트만 보호한다.

② 공유된 통합 문서는 여러 사용자가 동시에 변경 및 병합할 수 있다.

❸ 통합 문서 보호 설정 시 암호를 지정하면 워크시트에 입력된 내용을 수정할 수 없다. (×)
→ 통합 문서 보호 설정 시 지정한 암호는 통합 문서 보호를 해제할 때 사용하는 것으로, 입력된 내용을 수정할 수 있음. 통합 문서를 보호하면 통합 문서의 시트 삭제, 이동, 숨기기, 이름 바꾸기 등을 할 수 없어서 문서를 보호할 수 있음

④ 사용자가 워크시트를 추가, 삭제하거나 숨겨진 워크시트를 표시하지 못하도록 통합 문서의 구조를 잠글 수 있다.

제1회 정기시험 기출문제 (2020년 7월 4일) **99**

# 35

📤 노른자 088

아래 시트에서 각 부서마다 **직위별로 '종합점수'의 합계를 구하**려고 한다. 다음 중 [B17] 셀에 입력된 수식으로 옳은 것은?

| | A | B | C | D | E |
|---|---|---|---|---|---|
| 1 | 부서명 | 직위 | 업무평가 | 구술평가 | 종합점수 |
| 2 | 영업부 | 사원 | 35 | 30 | 65 |
| 3 | 총무부 | 대리 | 38 | 33 | 71 |
| 4 | 총무부 | 과장 | 45 | 36 | 81 |
| 5 | 총무부 | 대리 | 35 | 40 | 75 |
| 6 | 영업부 | 과장 | 46 | 39 | 85 |
| 7 | 홍보부 | 과장 | 30 | 37 | 67 |
| 8 | 홍보부 | 부장 | 41 | 38 | 79 |
| 9 | 총무부 | 사원 | 33 | 29 | 62 |
| 10 | 영업부 | 대리 | 36 | 34 | 70 |
| 11 | 홍보부 | 대리 | 27 | 36 | 63 |
| 12 | 영업부 | 과장 | 42 | 39 | 81 |
| 13 | 영업부 | 부장 | 40 | 39 | 79 |
| 14 | | | | | |

| | A | B | C | D |
|---|---|---|---|---|
| 16 | 부서명 | 부장 | 과장 | 대리 |
| 17 | 영업부 | | | |
| 18 | 총무부 | | | |
| 19 | 홍보부 | | | |
| 20 | | | | |

① {=SUMIFS($E$2:$E$13,$A$2:$A$13,$A17,$B$2:$B$13,$B$16)}

② {=SUM(($A$2:$A$13=A17)*($B$2:$B$13=B16)*$E$2:$E$13)}

❸ {=SUM(($A$2:$A$13=$A17)*($B$2:$B$13=B$16)*$E$2:$E$13)} (○)

→ **조건이 두 개일 때 배열 수식으로 합계를 구하는 방법**
**방법1** {=SUM((조건1)*(조건2)*합계 범위)}
**방법2** {=SUM(IF((조건1)*(조건2),합계 범위))}

- 조건1: 부서별 조건($A$2:$A$13 = $A17)
- 조건2: 직위별 조건($B$2:$B$13 = B$16)
- 합계 범위: 종합점수($E$2:$E$13)
**방법1** =SUM(($A$2:$A$13 = $A17)*($B$2:$B$13 = B$16)*$E$2:$E$13)
**방법2** =SUM(IF(($A$2:$A$13 = $A17)*($B$2:$B$13 = B$16),$E$2:$E$13))
- [A17] 셀의 경우는 [A18] 셀, [A19] 셀과 같이 열이 고정되므로 '$A17'로 표시하고, [B16] 셀은 [C16] 셀, [D16] 셀과 같이 행이 고정되므로 'B$16'으로 지정함
- 최종적으로 '=SUM($A$2:$A$13=$A17)*($B$2:$B$13=B$16)*$E$2:$E$13)'으로 입력한 후 Ctrl + Shift + Enter 를 누르면 배열 수식을 나타내는 중괄호({ })가 표시되어 '=SUM($A$2:$A$13=$A17)*($B$2:$B$13=B$16)*$E$2:$E$13)'으로 표시됨

④ {=SUM(($A$2:$A$13=A$17)*($B$2:$B$13=B16)*$E$2:$E$13)}

# 36

📤 노른자 073

다음 중 **셀에 수식을 입력하는 방법**에 대한 설명으로 옳지 **않은** 것은?

① 통합 문서의 여러 워크시트에 있는 동일한 셀 범위 데이터를 이용하려면 수식에서 3차원 참조를 사용한다.

② 계산할 셀 범위를 선택하여 수식을 입력한 후 Ctrl + Enter 를 누르면 선택한 영역에 수식을 한 번에 채울 수 있다.

❸ 수식을 입력한 후 결과값이 상수로 입력되게 하려면 수식을 입력한 후 바로 Alt + F9 를 누른다. (×)
→ 수식을 입력한 후 F9 를 눌러야 결과값이 수식이 아닌 상수로 입력됨

④ 배열 상수에는 숫자나 텍스트 외에 'TRUE', 'FALSE' 등의 논리값 또는 '#N/A'와 같은 오류값도 포함될 수 있다.

# 37

📤 노른자 067

다음 중 아래 그림에서 [보기] 탭–[창] 그룹의 각 명령에 대한 설명으로 옳지 **않은** 것은?

❶ [새 창]을 클릭하면 새로운 빈 통합 문서가 표시된다. (×)
→ [새 창]은 현재 활성화되어 있는 통합 문서를 새 창에 하나 더 표시함

② [모두 정렬]은 현재 열려있는 통합 문서를 바둑판식, 계단식, 가로, 세로 등 네 가지 형태로 배열한다.

③ [숨기기]는 현재 활성화된 통합 문서 창을 보이지 않도록 숨긴다.

④ [나누기]를 클릭하면 워크시트를 최대 네 개의 창으로 분할하여 멀리 떨어져 있는 여러 부분을 한 번에 볼 수 있다.

# 38

📤 노른자 065

다음 중 엑셀의 **상태 표시줄**에 대한 설명으로 옳지 **않은** 것은?

① 상태 표시줄에서 워크시트의 보기 상태를 기본 보기, 페이지 레이아웃 보기, 페이지 나누기 미리 보기 중 선택하여 변경할 수 있다.

② 상태 표시줄에는 확대/축소 슬라이더가 기본적으로 표시된다.

❸ 상태 표시줄의 바로 가기 메뉴를 이용하여 셀의 특정 범위에 대한 이름을 정의할 수 있다. (×)
→ 이름 상자를 이용하여 이름을 정의할 수 있음

④ 상태 표시줄은 현재의 작업 상태에 대한 기본적인 정보가 표시되는 곳이다.

# 39
↗ 노른자 113

다음 중 차트의 편집에 대한 설명으로 옳지 않은 것은?

① 차트와 연결된 워크시트의 데이터에 열을 추가하면 차트에 자동적으로 반영되지 않는다.

② 차트 크기를 조정하면 새로운 크기에 가장 적합하도록 차트의 텍스트 크기 등이 자동적으로 조정된다.

❸ 차트에 적용된 원본 데이터의 행이나 열을 숨겨도 차트에는 반영되지 않는다. (×)
→ 차트에 적용된 원본 데이터의 행이나 열을 숨기면 차트에 반영되어 표시되지 않음

④ 데이터 계열의 순서가 변경되면 범례의 순서도 자동으로 변경된다.

# 40
↗ 노른자 117

다음 중 엑셀의 인쇄 기능에 대한 설명으로 옳지 않은 것은?

① 차트만 제외하고 인쇄하기 위해서는 [차트 영역 서식] 창에서 '개체 인쇄'의 체크를 해제한다.

② 시트에 표시된 오류값을 제외하고 인쇄하기 위해서는 [페이지 설정] 대화상자에서 '셀 오류 표시'를 '〈공백〉'으로 선택한다.

❸ 인쇄 내용을 페이지의 가운데에 맞춰 인쇄하려면 [페이지 설정] 대화상자에서 '문서에 맞게 배율 조정'에 체크한다. (×)
→ 인쇄 내용을 페이지의 가운데에 맞춰 인쇄하려면 [페이지 설정] 대화상자의 [여백] 탭에서 '페이지 가운데 맞춤'의 '가로'와 '세로'에 모두 체크해야 함

④ 인쇄되는 모든 페이지에 특정 행을 반복하려면 [페이지 설정] 대화상자에서 '인쇄 제목'의 '반복할 행'에 열 레이블이 포함된 행의 참조를 입력한다.

---

**3과목  데이터베이스 일반**

# 41
↗ 노른자 130

다음 중 관계형 데이터베이스 모델에 대한 설명으로 옳지 않은 것은?

① 도메인(Domain)은 하나의 애트리뷰트(Attribute)가 취할 수 있는 같은 타입의 원자값들의 집합이다.

❷ 한 릴레이션(Relation)에 포함된 튜플(Tuple)들은 모두 상이하며, 튜플(Tuple) 사이에는 순서가 있다. (×)
→ 관계형 데이터베이스는 데이터를 표 형태로 표현한 것으로, 표를 '릴레이션(Relation)'이라고 함. 튜플은 릴레이션을 구성하는 각각의 행을 말하고, 튜플들 사이에는 순서가 없음

③ 튜플(Tuple)의 수를 카디널리티(Cardinality), 애트리뷰트(Attribute)의 수를 디그리(Degree)라고 한다.

④ 애트리뷰트(Attribute)는 데이터베이스를 구성하는 가장 작은 논리적 단위이며, 파일 구조 상의 데이터 필드에 해당된다.

# 42
↗ 노른자 136

다음 중 입력 마스크 설정에 사용하는 사용자 정의 입력 마스크 기호에 대한 설명으로 옳은 것은?

① 9: 소문자로 변환 (×)
→ 9는 선택 요소로, 숫자나 공백을 입력함

② 〉: 숫자나 공백을 입력받도록 설정 (×)
→ 〉는 영문자의 대문자로 변환하여 입력받도록 설정함

③ 〈: 영문 대문자로 변환하여 입력받도록 설정 (×)
→ 〈는 영문자의 소문자로 변환하여 입력받도록 설정함

❹ L: 영문자와 한글만 입력받도록 설정

# 43
↗ 노른자 132

다음 중 데이터를 입력 또는 삭제 시 이상 현상(Anomaly)이 일어나지 않도록 데이터베이스를 설계하기 위한 기술을 의미하는 용어는?

① 자동화                    ❷ 정규화 (○)
→ 하나의 릴레이션의 속성이 다양한 종속성과 중복성을 갖게 되면 릴레이션 조작 시 예기치 못한 이상 현상이 발생할 가능성이 높아짐. 따라서 이러한 이상 현상을 제거하기 위하여 중복성 및 종속성을 배제시키는 방법으로 정규화(Normalization)를 사용함

③ 순서화                    ④ 추상화

## 44
📲 노른자 141

다음 중 [관계 편집] 대화상자에 대한 설명으로 옳지 <u>않은</u> 것은?

① 관계를 구성하는 어느 한쪽의 테이블 또는 필드 및 쿼리를 변경할 수 있다.

② 조인 유형을 내부 조인, 왼쪽 우선 외부 조인, 오른쪽 우선 외부 조인 중에서 선택할 수 있다.

③ '항상 참조 무결성 유지'를 선택한 경우 '관련 필드 모두 업데이트'와 '관련 레코드 모두 삭제' 옵션을 선택할 수 있다.

❹ 관계의 종류를 일대다, 다대다, 일대일 중에서 선택할 수 있다. (×)
→ 관계의 종류는 [관계 편집] 대화상자에서 선택하는 것이 아니라 관계를 구성하는 테이블 간의 기본 키와 외래 키의 설정 상태에 따라 자동으로 설정됨. 일반적인 데이터베이스에서 관계의 종류에는 일대다(1:M), 다대다(M:M), 일대일(1:1)이 있음

## 45
📲 노른자 138

다음 중 테이블의 필드 속성 설정 시 사용하는 인덱스에 관한 설명으로 옳지 <u>않은</u> 것은?

① 인덱스를 설정하면 레코드의 검색과 정렬 속도가 빨라진다.

② 인덱스를 설정하면 레코드의 추가, 수정, 삭제 속도는 느려진다.

③ 데이터 형식이 OLE 개체인 필드에는 인덱스를 설정할 수 없다.

❹ 인덱스는 한 개의 필드에만 설정 가능하므로 주로 기본 키에 설정한다. (×)
→ 인덱스는 하나의 테이블에 32개의 인덱스를 만들 수 있으며, 하나의 인덱스에서는 열 개의 필드를 사용할 수 있음

## 46
📲 노른자 165

다음 중 테이블의 [디자인 보기]에서 설정 가능한 작업에 해당하지 <u>않는</u> 것은?

❶ 폼 필터를 적용하여 조건에 맞는 레코드만 표시할 수 있다. (×)
→ 폼 필터는 '테이블'의 [디자인 보기]가 아니라 '폼'의 [디자인 보기]에서 설정할 수 있음

② 필드의 '설명'에 입력한 내용은 테이블 구조에 영향을 미치지 않고 상태 표시줄에 표시된다.

③ 컨트롤 표시 속성은 텍스트 상자, 목록 상자, 콤보 상자 중에서 선택할 수 있다.

④ 한 개 이상의 필드를 선택하여 기본 키로 설정할 수 있다.

## 47
📲 노른자 151

아래와 같이 관계가 설정된 데이터베이스에서 [Customer] 테이블에는 고객번호가 1004인 레코드만 있고, [Artist] 테이블에는 작가이름이 CAT인 레코드만 있다. 다음 중 이 데이터베이스에서 실행 가능한 SQL문은? (단, SQL문에 입력되는 데이터 형식은 모두 올바르다고 간주한다.)

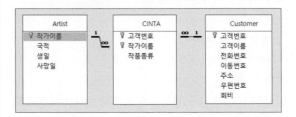

❶ INSERT INTO Artist VALUES ('ACE', '한국', Null, Null); (○)
→ [Artist] 테이블의 '작가이름' 필드에는 'ACE'를, '국적' 필드에는 '한국'을 입력하는 명령으로, '생일' 필드와 '사망일' 필드에는 아무런 값도 입력되지 않음

② INSERT INTO CINTA (고객번호, 작가이름) VALUES (1004, 'ACE'); (×)
→ [CINTA] 테이블의 '고객번호' 필드에는 '1004'를, '작가이름' 필드에는 'ACE'를 입력하는 명령임. [Artist] 테이블의 '작가이름' 필드에는 'CAT'만 입력되어 있으므로 [CINTA] 테이블의 '작가이름' 필드에 'CAT' 이외에는 입력될 수 없음

③ INSERT INTO Customer (고객번호, 고객이름) VALUES (1004, 'ACE'); (×)
→ [Customer] 테이블의 '고객번호' 필드에는 '1004'를, '작가이름' 필드에는 'ACE'를 입력하는 명령임. [Customer] 테이블의 '고객번호' 필드는 기본 키이므로 동일한 값이 입력될 수 없음

④ INSERT INTO CINTA VALUES (1234, 'CAT', '유화'); (×)
→ [CINTA] 테이블의 '고객번호' 필드에는 '1234'를, '작가이름' 필드에는 'CAT'를, '작품종류' 필드에는 '유화'를 입력하는 명령임. [CINTA] 테이블의 '고객번호' 필드는 [Customer] 테이블의 '고객번호' 필드를 참조하므로 [Customer] 테이블의 '고객번호' 필드에 없는 값은 입력될 수 없음

## 48

노른자 147

다음 중 주어진 [학생] 테이블을 참조하여 아래의 SQL문을 실행한 결과로 옳은 것은?

SELECT AVG(나이) FROM 학생
  ┗ [학생] 테이블에서 '나이' 필드의 평균을 검색함

WHERE 전공 NOT IN ('수학', '회계');
  ┗ '전공' 필드의 값이 '수학'이나 '회계'가 아닌 레코드만 대상으로 검색

[학생] 테이블

| 학번 | 전공 | 학년 | 나이 |
|---|---|---|---|
| 100 | 국사 | 4 | 21 |
| 150 | 회계 | 2 | 19 |
| 200 | 수학 | 3 | 30 |
| 250 | 국사 | 3 | 31 |
| 300 | 회계 | 4 | 25 |
| 350 | 수학 | 2 | 19 |
| 400 | 국사 | 1 | 23 |

❶ 25 (○)
  → 나이의 평균은 (21+31+23)/3 = 25

② 23

③ 21

④ 19

## 49

노른자 152

아래와 같이 조회할 고객의 최소 나이를 입력받아 검색하는 매개변수 쿼리를 작성하려고 한다. 다음 중 'Age' 필드의 조건식으로 옳은 것은?

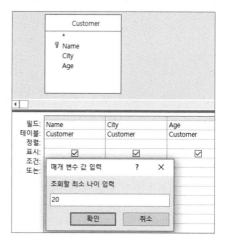

① >={조회할 최소 나이 입력}

② >="조회할 최소 나이 입력"

❸ >=[조회할 최소 나이 입력] (○)
  → 매개변수 대화상자에 표시할 텍스트는 대괄호([ ])로 묶어서 입력해야 함

④ >=(조회할 최소 나이 입력)

## 50

노른자 173~174

다음 중 아래의 이벤트 프로시저에 대한 설명으로 옳지 않은 것은?

Private Sub cmd재고_Click( )
  ┗ 'cmd재고' 컨트롤을 클릭하면 아래쪽의 명령 실행

    txt재고수량 = txt입고량 − txt총주문량
      ┗ 'txt입고량−txt총주문량'의 결과를 'txt재고수량' 컨트롤의 값으로 지정

    DoCmd.OpenReport "제품별재고현황", _
    acViewDesign, , "제품번호 = ' "& cmb조회 & " ' "
      ┗ '제품번호' 필드의 값과 'cmb조회' 컨트롤의 값이 같은 레코드를 대상으로 '제품별재고현황' 보고서를 [디자인 보기] 상태로 염

End Sub

① 'cmd재고' 컨트롤을 클릭했을 때 실행된다. (○)
  → 'cmd재고' 컨트롤을 클릭하면 아래쪽의 명령을 실행함

② 'txt재고수량' 컨트롤에는 'txt입고량' 컨트롤에 표시되는 값에서 'txt총주문량' 컨트롤에 표시되는 값을 차감한 값으로 표시된다. (○)
  → 'txt입고량 − txt총주문량'의 결과를 'txt재고수량' 컨트롤의 값으로 지정

❸ '제품별재고현황' 보고서가 즉시 프린터로 출력된다. (×)
  → '제품별재고현황' 보고서가 [디자인 보기] 상태로 열림

④ '제품별재고현황' 보고서가 출력될 때 '제품번호' 필드값이 'cmb조회' 컨트롤값과 일치하는 데이터만 표시된다. (○)
  → "제품번호 = ' "& cmb조회 & " ' "

## 51

➡ 노른자 147

다음 중 주어진 [Customer] 테이블을 참조하여 아래의 SQL문을 실행한 결과로 옳은 것은?

SELECT Count(*)
  └ Count(*)는 레코드의 수를 나타내는 집계 함수로, 아래의 SELECT 문에서 추출한 결과를 대상으로 레코드의 개수(Count)를 구하면 결과값은 '5'

FROM (SELECT Distinct City From Customer);
  └ [Customer] 테이블에서 'City'를 추출하되, 중복되는 레코드는 한 번만 추출함. 따라서 'City' 필드에는 '부산', '서울', '대전', '광주', '인천'만 추출됨

| City | Age | Hobby |
|------|-----|-------|
| 부산 | 30 | 축구 |
| 서울 | 26 | 영화감상 |
| 부산 | 45 | 낚시 |
| 서울 | 25 | 야구 |
| 대전 | 21 | 축구 |
| 서울 | 19 | 음악감상 |
| 광주 | 19 | 여행 |
| 서울 | 38 | 야구 |
| 인천 | 53 | 배구 |
| * | 0 | |

레코드: I◀ ◀ 1/9 ▶ ▶I ▶* 🔽 필터 없음 검색

① 3      ❷ 5

③ 7      ④ 9

## 52

➡ 노른자 160

다음 중 보고서에서 '텍스트 상자' 컨트롤의 속성 설정에 대한 설명으로 옳지 않은 것은?

① '상태 표시줄 텍스트' 속성은 컨트롤을 선택했을 때 상태 표시줄에 표시할 메시지를 설정한다.

❷ '컨트롤 원본' 속성에서 함수나 수식 사용 시 문자는 작은따옴표('), 필드명이나 컨트롤 이름은 큰따옴표(")를 사용하여 구분한다. (×)
  → 컨트롤 원본 속성에서 함수나 수식은 큰따옴표("")를, 필드명은 대괄호([ ])를 사용하여 묶어줌

③ '사용 가능' 속성은 컨트롤에 포커스를 이동시킬 수 있는지의 여부를 설정한다.

④ '중복 내용 숨기기' 속성은 데이터가 이전 레코드와 같을 때 컨트롤의 숨김 여부를 설정한다.

## 53

➡ 노른자 168

다음 중 보고서에서 [페이지 번호] 대화상자를 이용한 페이지 번호 설정에 대한 설명으로 옳지 않은 것은?

① 첫 페이지에만 페이지 번호가 표시되거나 표시되지 않도록 설정할 수 있다.

❷ 페이지 번호의 표시 위치를 '페이지 위쪽', '페이지 아래쪽', '페이지 양쪽' 중 선택할 수 있다. (×)
  → [페이지 번호] 대화상자를 이용해서 페이지 번호를 표시할 경우 머리글 부분인 '페이지 위쪽'과 바닥글 부분인 '페이지 아래쪽' 중에서 선택하여 페이지의 위치를 지정할 수 있음

③ 페이지 번호의 형식을 'N 페이지'와 'N/M 페이지' 중 선택할 수 있다.

④ [페이지 번호] 대화상자를 열 때마다 페이지 번호 표시를 위한 수식이 입력된 텍스트 상자가 자동으로 삽입된다.

## 54

➡ 노른자 164

다음 중 서류봉투에 초대장을 넣어 발송하려는 경우 우편물에 사용할 수신자의 주소를 프린트하기에 가장 적합한 보고서는?

① 업무 문서 양식 보고서

② 우편엽서 보고서

❸ 레이블 보고서 (○)
  → 우편 발송용 레이블을 만드는 기능이므로 주소 인쇄에 매우 알맞음

④ 크로스탭 보고서

## 55

➡ 노른자 158

다음 중 폼 작성에 대한 설명으로 옳지 않은 것은?

① [폼 디자인 도구]의 [디자인] 탭에서 [컨트롤 마법사 사용] 여부를 선택할 수 있다.

② [레이블] 컨트롤은 마법사를 이용한 만들기가 제공되지 않으며, 레이블 컨트롤을 추가한 후 내용을 입력하지 않으면 추가된 레이블 컨트롤이 자동으로 사라진다.

❸ [텍스트 상자] 컨트롤을 지칭하는 이름은 중복 설정이 가능하다. (×)
→ 폼을 작성할 때 컨트롤을 지칭하는 이름은 중복 설정할 수 없음

④ [단추] 컨트롤은 명령 단추 마법사를 이용하여 다양한 매크로 함수를 제공한다.


## 56

**다음 중 폼의 모달 속성에 관한 설명으로 옳지 않은 것은?**

❶ 폼이 열려있는 경우 다른 화면을 선택할 수 있다. (×)
→ 모달 속성이 설정되면 폼이 열려있을 경우 다른 화면을 선택할 수 없음

② VBA 코드를 이용하여 대화상자의 모달 속성을 지정할 수 있다.

③ 폼이 모달 대화상자이면 [디자인 보기]로 전환 후 [데이터시트 보기]로 전환이 가능하다.

④ 사용자 지정 대화상자의 작성이 가능하다.


## 57
노른자 164

**다음 중 보고서에 대한 설명으로 옳지 않은 것은?**

① 보고서에 포함할 필드가 모두 한 테이블에 있는 경우 해당 테이블을 레코드 원본으로 사용한다.

② 둘 이상의 테이블을 이용하여 보고서를 작성하는 경우 쿼리를 만들어 레코드 원본으로 사용한다.

③ '보고서' 도구를 사용하면 정보를 입력하지 않아도 바로 보고서가 생성되므로 매우 쉽고 빠르게 보고서를 만들 수 있다.

❹ '보고서 마법사'를 이용하는 경우 필드 선택은 여러 개의 테이블 또는 하나의 쿼리에서만 가능하며, 데이터 그룹화 및 정렬 방법을 지정할 수도 있다. (×)
→ '보고서 마법사'를 이용하는 경우 여러 개의 테이블이나 다양한 쿼리에서 필드를 선택할 수 있음


## 58
노른자 154

**다음 중 분할 표시 폼에 대한 설명으로 옳지 않은 것은?**

① 분할 표시 폼은 [만들기] 탭-[폼] 그룹에서 [기타 폼]-[폼 분할]을 클릭하여 만들 수 있다.

② 분할 표시 폼은 [데이터시트 보기]와 [폼 보기]를 동시에 표시하는 기능이며, 이 두 보기는 같은 데이터 원본에 연결되어 있어 항상 상호 동기화된다.

❸ 분할 표시 폼을 만든 후에는 컨트롤의 크기 조정은 할 수 없으나, 새로운 필드의 추가는 가능하다. (×)
→ 분할 표시 폼을 만든 후 [레이아웃 보기]에서 컨트롤 크기의 조정과 이동이 가능하고 기존 필드를 추가할 수 있지만, 새로운 필드는 추가할 수 없음

④ 폼 속성 창의 '분할 표시 폼 방향' 항목을 이용하여 폼의 위쪽, 아래쪽, 왼쪽, 오른쪽 등 데이터시트가 표시되는 위치를 설정할 수 있다.


## 59
노른자 171

**다음 중 매크로 함수에 대한 설명으로 옳지 않은 것은?**

❶ FindRecord 함수는 필드, 컨트롤, 속성 등의 값을 설정한다. (×)
→ SetValue 함수에 대한 설명. FindRecord 함수는 인수에서 지정한 데이터 조건의 첫 번째 레코드를 찾음

② ApplyFilter( ) 함수는 테이블이나 쿼리로부터 레코드를 필터링한다.

③ OpenReport( ) 함수는 작성된 보고서를 호출하여 실행한다.

④ MessageBox( ) 함수는 메시지 상자를 통해 경고나 알림 등의 정보를 표시한다.


## 60
노른자 157

**다음 중 하위 폼에 대한 설명으로 옳지 않은 것은?**

① 기본 폼과 하위 폼을 연결할 필드의 데이터 형식은 같거나 호환되어야 한다.

② 본 폼 내에 삽입된 다른 폼을 하위 폼이라고 한다.

③ 일대다 관계가 설정되어 있는 테이블들을 효과적으로 표시하기 위해 사용된다.

❹ '폼 분할' 도구를 이용하여 폼을 생성하면 하위 폼 컨트롤이 자동으로 삽입된다. (×)
→ '폼 분할' 도구를 이용하여 하나의 원본 데이터를 하나의 폼에서 [폼 보기]와 [데이터시트 보기]로 볼 수 있도록 폼을 생성할 수 있음. 이때 하위 폼 컨트롤이 자동으로 삽입되지 않음

# 답만 보는 제2회 기출문제

※ 수정 으로 표시된 문제는 개정 출제기준에 맞추어 수정한 문제입니다.

## 1과목 컴퓨터 일반

### 01
📤 노른자 047

다음 중 사운드의 압축 및 복원과 관련된 기술에 해당하지 않는 것은?

① FLAC

② AIFF

❸ H.264 (×)
→ H.264는 동영상의 압축 및 복원과 관련된 기술임
- 오디오 데이터: WAV, MIDI, MP3, AIFF, FLAC 등
- 그래픽 데이터: BMP, WMF, TIF, GIF, JPEG, PNG, PCX, DXF 등
- 비디오 데이터: AVI, DVI, MOV, MPEG, ASF, DivX, H.264 등

④ WAV

### 02
📤 노른자 045

다음 중 컴퓨터 게임이나 컴퓨터 기반 훈련과 같이 사용자와의 상호작용을 통해 진행 상황을 제어하는 멀티미디어의 특징을 나타내는 용어는?

① 선형 콘텐츠 (×)
→ 제어가 불가능한 멀티미디어

❷ 비선형 콘텐츠 (○)
→ 멀티미디어의 특징 중 사용자와 상호작용의 유무에 따라 '선형 콘텐츠'와 '비선형 콘텐츠'로 분류됨. 사용자와의 상호작용에 따라 제어 가능한 멀티미디어를 '비선형 콘텐츠'라고 함

③ VR 콘텐츠 (×)
→ 가상 현실(VR; Virtual Reality) 콘텐츠는 컴퓨터 등을 이용하여 실제 존재하지 않는 가상의 환경이나 상황을 구현하는 기술이나 콘텐츠

④ 4D 콘텐츠 (×)
→ 3D 입체 콘텐츠에 물리적 효과를 합친 유형의 콘텐츠

### 03
📤 노른자 063

다음 중 정보보안을 위한 비밀키 암호화 기법에 대한 설명으로 옳지 않은 것은?

① 비밀키 암호화 기법의 안전성은 키의 길이 및 키의 비밀성 유지 여부에 영향을 많이 받는다.

② 암호화와 복호화 시 사용하는 키가 동일한 암호화 기법이다.

❸ 복잡한 알고리즘으로 인해 암호화와 복호화 속도가 느리다. (×)
→ 비밀키 암호화 기법은 알고리즘이 간단해서 암호화와 복호화 속도가 빠름. 공개키 암호화 기법은 알고리즘이 복잡해서 암호화와 복호화 속도가 느림

④ 사용자가 증가할 경우 상대적으로 관리해야 할 키의 수가 많아진다.

### 04
📤 노른자 061

다음 중 분산 서비스 거부 공격(DDos)에 관한 설명으로 옳은 것은?

① 네트워크 주변을 돌아다니는 패킷을 엿보면서 계정과 패스워드를 알아내는 행위 (×)
→ 스니핑(Sniffing)에 대한 설명

② 검증된 사람이 네트워크를 통해 데이터를 보낸 것처럼 데이터를 변조하여 접속을 시도하는 행위 (×)
→ 스푸핑(Spoofing)에 대한 설명

❸ 여러 대의 장비를 이용하여 특정 서버에 대량의 데이터를 집중적으로 전송함으로써 서버의 정상적인 동작을 방해하는 행위

④ 키보드의 키 입력 시 캐치 프로그램을 사용하여 ID나 암호 정보를 빼내는 행위 (×)
→ 키로거(KeyLogger)에 대한 설명

## 05

→ 노른자 058

다음 중 VoIP에 대한 설명으로 옳지 않은 것은?

① 인터넷 IP 기술을 사용한 디지털 음성 전송 기술이다.

❷ 원거리 통화 시 PSTN(Public Switched Telephone Network)보다는 요금이 높지만 일정 수준의 통화 품질이 보장된다. (×)
　→ VoIP(Voice over Internet Protocol)는 음성을 디지털 패킷으로 변환하고 전송하는 기술로서 '인터넷전화'라고 함. 시내전화 요금 수준으로 시외전화나 국제전화를 사용할 수 있지만. 트래픽이 많아지면 통화 품질이 떨어짐

③ 기존 회선 교환 방식과 달리 네트워크를 통해 음성을 패킷 형태로 전송한다.

④ 보컬텍(VocalTec)의 인터넷폰으로 처음 소개되었으며, PC to PC, PC to Phone, Phone to Phone 방식으로 발전하였다.

## 06

→ 노른자 058

다음 중 대량의 데이터 안에서 일정한 패턴을 찾아내고, 이로부터 가치 있는 정보를 추출해 내는 기술을 의미하는 것은?

① 데이터 웨어하우스(Data Warehouse) (×)
　→ 의사 결정을 지원하기 위하여 다량의 데이터를 효과적으로 분석한 후 정보화하여 사용자들이 효율적으로 사용할 수 있도록 한 데이터베이스로서 시간에 따라 변하는 데이터의 집합

❷ 데이터 마이닝(Data Mining)

③ 데이터 마이그레이션(Data Migration) (×)
　→ 데이터를 한 위치에서 다른 위치로, 한 형식에서 다른 형식으로 이동하는 것으로, 데이터를 저장하는 위치나 형태를 변경하는 것

④ 메타데이터(Metadata) (×)
　→ 어떤 목적을 가지고 만들어진 데이터로, 데이터에 대한 데이터

## 07

→ 노른자 055

다음 중 네트워크 프로토콜(Protocol)의 기능에 해당하지 않는 것은?

① 패킷 수를 조정하는 흐름 제어 기능

② 송·수신기를 같은 상태로 유지하는 동기화 기능

③ 데이터 전송 도중에 발생하는 에러 검출 기능

❹ 네트워크 기반 하드웨어 연결 문제 해결 기능 (×)
　→ 통신 프로토콜은 컴퓨터와 컴퓨터 간의 정보를 전달할 경우에 원활한 정보 전달을 위한 규칙으로, 하드웨어적인 문제는 해결할 수 없음

## 08

→ 노른자 052

다음 중 인터넷 서버까지의 경로를 추적하는 명령어인 'Tracert'의 실행 결과에 관한 설명으로 옳지 않은 것은?

① IP 주소, 목적지까지 거치는 경로의 수, 각 구간 사이의 데이터 왕복 속도를 확인할 수 있다.

② 특정 사이트가 열리지 않을 때 해당 서버가 문제인지, 인터넷망이 문제인지 확인할 수 있다.

③ 인터넷 속도가 느릴 때 어느 구간에서 정체를 일으키는지 확인할 수 있다.

❹ 현재 자신의 컴퓨터에 연결된 다른 컴퓨터의 IP 주소나 포트 정보를 확인할 수 있다. (×)
　→ netstat에 대한 설명

## 09

→ 노른자 053

다음 중 IPv6 주소에 관한 설명으로 옳지 않은 것은?

① 16비트씩 8부분으로, 총 128비트로 구성된다.

❷ 각 부분은 10진수로 표현되며, 세미콜론(;)으로 구분한다. (×)
　→ IPv6는 16진수로 표현하고, 콜론(:)으로 구분함

③ 주소 체계는 유니캐스트, 멀티캐스트, 애니캐스트로 나누어진다.

④ 실시간 흐름 제어로 향상된 멀티미디어 기능을 지원한다.

## 10

노른자 042

다음 중 객체 지향 프로그래밍의 특징으로 옳은 것은?

① 객체에 대하여 절차적 프로그래밍의 장점을 사용할 수 있다. (×)
→ 객체에 대하여 '객체 지향' 프로그래밍의 장점을 사용할 수 있음

② 객체 지향 프로그램은 주로 인터프리터 번역 방식을 사용한다. (×)
→ 인터프리터 번역 방식과 객체 지향 프로그램은 관련이 없음

❸ 객체 지향 프로그램은 코드의 재사용과 유지 보수가 용이하다. (○)
→ 컴퓨터 프로그램을 여러 개의 독립된 단위인 객체들의 모임으로 파악하는 프로그래밍으로, 소프트웨어의 재사용과 유지 보수가 쉬움

④ 프로그램의 구조와 절차에 중점을 두고 작업을 진행한다. (×)
→ 절차적 프로그래밍에 대한 설명

## 11

노른자 028

다음 중 ASCII 코드에 대한 설명으로 옳지 않은 것은?

① 세 개의 Zone 비트와 네 개의 Digit 비트로 하나의 문자를 표현한다.

② 데이터 통신용으로 사용하며, 128가지의 문자를 표현할 수 있다.

❸ 2비트의 에러 검출 및 1비트의 에러 교정 비트를 포함한다. (×)
→ ASCII 코드는 1비트의 오류 검출 비트를 포함할 수 있지만, 2비트의 오류를 검출할 수 있는 코드는 해밍 코드임

④ 확장 ASCII 코드는 8비트를 사용하여 문자를 표현한다.

## 12

노른자 040

다음 중 하나의 컴퓨터에 여러 개의 중앙처리장치를 설치하여 주기억장치나 주변 장치들을 공유하여 신뢰성과 연산 능력을 향상시키는 시스템은?

① 시분할 처리 시스템(Time Sharing System) (×)
→ CPU의 처리 시간을 시분할(Time Slice)하여 여러 작업에 교대로 할당하는 방식으로 CPU를 공유하여 처리하는 시스템. 사용자는 자신만 컴퓨터를 사용하는 것처럼 느낌

② 다중 프로그래밍 시스템(Multi-programming System) (×)
→ 하나의 CPU로 여러 개의 프로그램을 처리하는 방식

③ 듀플렉스 시스템(Duplex System) (×)
→ 한쪽의 CPU가 가동 중일 경우 다른 한쪽의 CPU는 대기하고, 가동 중인 CPU가 고장나면 대기 중인 여분의 CPU가 즉시 가동되어 시스템이 안전하게 작동되도록 운영하는 방식

❹ 다중 처리 시스템(Multi-processing System)

## 13

노른자 030

다음 중 CPU의 제어장치를 구성하는 레지스터에 관한 설명으로 옳지 않은 것은?

❶ 프로그램 카운터: 프로그램의 실행된 명령어의 개수를 계산한다. (×)
→ 프로그램 카운터(PC; Program Counter)는 다음에 실행할 명령어의 번지를 기억하는 레지스터

② 명령 레지스터: 현재 실행 중인 명령을 기억한다.

③ 부호기: 해독된 명령에 따라 각 장치로 보낼 제어 신호를 생성한다.

④ 메모리 주소 레지스터: 기억장치에 입·출력되는 데이터의 번지를 기억한다.

## 14

노른자 025

다음 중 프린터에서 출력할 파일의 해상도를 조절하거나 스캐너를 이용해 스캔한 파일의 해상도를 조절하기 위해 쓰는 단위는?

① CPS(Character Per Second) (×)
→ 1초에 출력되는 글자 수, 프린터의 속도 단위

② BPS(Bits Per Second) (×)
→ 1초에 전송되는 비트(Bit)의 수, 데이터의 전송 속도 단위

③ PPM(Papes Per Minute) (×)
→ 1분에 출력되는 페이지 수, 프린터의 속도 단위

❹ DPI(Dots Per Inch) (○)
→ 1인치에 출력되는 점(Dot)의 수, 해상도의 단위

## 15

↱노른자 035

다음 중 BIOS(Basic Input Output System)에 관한 설명으로 옳지 않은 것은?

① BIOS는 메인보드에 위치한 EPROM, 혹은 플래시 메모리 칩에 저장되어 있다.

② 컴퓨터의 전원을 켜면 자동으로 가장 먼저 기동되며, 기본 입·출력장치나 메모리 등 하드웨어의 이상 유무를 검사한다.

③ CMOS 셋업 프로그램을 이용하여 시스템의 날짜와 시간, 부팅 순서 등 일부 BIOS 정보를 설정할 수 있다.

❹ 주기억장치의 접근 속도 개선을 위한 가상 메모리의 페이징 파일 크기를 설정할 수 있다. (×)

→ 가상 메모리는 보조기억장치를 주기억장치처럼 사용하는 메모리로, BIOS와 관련 없음. 속도는 느리지만 용량이 큰 보조기억장치를 주기억장치처럼 사용함. 가상 메모리의 페이징 파일 크기는 [제어판]－[시스템]－[고급 시스템 설정]을 선택하고 [시스템 속성] 대화상자의 [고급] 탭에서 '성능'의 [설정] 단추를 클릭하여 [성능 옵션] 대화상자를 연 후 [고급] 탭의 '가상 메모리'에서 설정할 수 있음

## 16

↱노른자 033

다음 중 반도체를 이용한 컴퓨터 보조기억 장치로, 크기가 작고, 충격에 강하며, 소음 발생이 없는 대용량 저장장치는?

① HDD(Hard Disk Drive) (×)

→ 저장 용량이 크지만 충격에 약함

② DVD(Digital Versatile Disk) (×)

→ 4.7~17GB의 대용량 저장이 가능한 기억 매체로, 뛰어난 화질과 음질의 멀티미디어 데이터를 저장할 수 있음

❸ SSD(Solid State Drive)

④ CD－RW(Compact DisC ReWritable) (×)

→ 데이터를 여러 번 저장할 수 있는 CD

## 17 수정

↱노른자 022

다음 중 Windows 10의 [시스템 구성]에 대한 설명으로 옳지 않은 것은?

① Windows가 제대로 시작되지 않는 문제를 식별하도록 도와주는 고급 도구이다.

❷ 시작 모드 선택에서 '선택 모드'는 기본 장치 및 서비스로만 Windows를 시작하여 발생된 문제를 진단하는 데 유용하다. (×)

→ Windows를 시작하여 발생된 문제를 진단하는 기능은 '진단 모드'이고, '선택 모드'는 시스템 서비스 로드, 시작 항목 로드, 원래 부팅 구성에 사용함. [시작](⊞)의 오른쪽에 있는 검색 상자에 'msconfig Enter'를 입력하여 [시스템 구성] 대화상자를 열고 [일반] 탭에서 확인할 수 있음

③ 한 번에 하나씩 공용 서비스 및 시작 프로그램을 끈 상태에서 Windows를 재시작한 후 다시 켤 때 문제가 발생하면 해당 서비스가 문제의 원인임을 알 수 있다.

④ 부팅 옵션 중 '안전 부팅'의 '최소 설치'를 선택하면 중요한 시스템 서비스만 실행되는 안전 모드로 Windows를 시작하며, 네트워킹은 사용할 수 없다.

## 18 수정

↱노른자 008

다음 중 Windows 10의 [폴더 옵션] 대화상자에서 설정할 수 있는 작업으로 옳지 않은 것은?

❶ 탐색 창, 미리 보기 창, 세부 정보 창의 표시 여부를 선택할 수 있다. (×)

→ 파일 탐색기의 [보기] 탭－[창] 그룹에서 설정할 수 있음

② 숨김 파일이나 폴더의 표시 여부를 지정할 수 있다.

③ 폴더에서 시스템 파일을 검색할 때 색인의 사용 여부를 선택할 수 있다.

④ 알려진 파일 형식의 파일 확장명을 숨기도록 설정할 수 있다.

## 19 [수정]

📤 노른자 020

다음 중 Windows 10의 **백업과 복원**에 관한 설명으로 옳지 <u>않은</u> 것은?

① 특정한 날짜나 시간에 주기적으로 백업이 되도록 예약할 수 있다.

② 백업에서 사용되는 파일의 확장명은 .bkf이다.

③ 백업된 파일을 복원할 때 복원 위치를 설정할 수 있다.

❹ 백업에서 제외할 폴더를 지정할 수 없다. (×)

→ [시작]( )-[설정]-[업데이트 및 보안]-[백업]-[기타 옵션]-[고급 설정 보기]를 선택하여 [파일 히스토리] 창을 열고 특정한 폴더를 제외할 수 있음

## 20 [수정]

📤 노른자 003

다음 중 Windows 10의 **작업 표시줄**에 대한 설명으로 옳지 <u>않은</u> 것은?

① 작업 표시줄의 위치나 크기를 변경할 수 있으며, 크기는 화면의 1/2까지만 늘릴 수 있다.

② 작업 표시줄에 있는 단추를 작은 아이콘으로 표시되도록 설정할 수 있다.

③ 작업 표시줄을 자동으로 숨길 것인지의 여부를 선택할 수 있다.

❹ 작업 표시줄에 있는 [시작] 단추, 검색 상자(검색 아이콘), 작업 보기 단추의 표시 여부를 설정할 수 있다. (×)

→ 작업 표시줄에 있는 검색 상자와 작업 보기 단추의 표시 여부는 설정할 수 있지만, [시작]( )의 표시 여부는 설정할 수 없음

---

## 21

📤 노른자 098~099

다음 중 **자동 필터와 고급 필터**에 대한 설명으로 옳은 것은?

① 자동 필터는 각 열에 입력된 데이터의 종류가 혼합되어 있는 경우 날짜, 숫자, 텍스트 필터가 모두 표시된다. (×)

→ 자동 필터에서는 각 열에 입력된 데이터의 종류가 혼합되어 있는 경우 가장 많은 형식의 데이터만 표시됨

② 고급 필터는 조건을 수식으로 작성할 수 있으며, 조건의 첫 셀은 반드시 필드명으로 입력해야 한다. (×)

→ 고급 필터에서 조건이 계산값인 경우 원본 데이터의 필드명과 다른 필드명을 입력하거나 필드명을 입력하지 않아야 함

③ 자동 필터에서 여러 필드에 조건을 설정한 경우 필드 간은 OR 조건으로 처리되어 결과가 표시된다. (×)

→ 자동 필터에서 여러 필드에 조건을 설정하면 AND 조건으로 처리됨

❹ 고급 필터는 필터링한 결과를 원하는 위치에 별도의 표로 생성할 수 있다.

## 22

📤 노른자 097

다음 중 **데이터 정렬**에 관한 설명으로 옳지 <u>않은</u> 것은?

① 대·소문자를 구분하여 정렬할 수 있다.

② 표 안에서 다른 열에는 영향을 주지 않고 선택한 한 열 안에서만 정렬하도록 할 수 있다.

③ 정렬 기준으로 '셀 아이콘'을 선택한 경우 기본 정렬 순서는 '위에 표시'이다.

❹ 행을 기준으로 정렬하려면 [정렬] 대화상자의 [옵션]에서 정렬 옵션의 방향을 '위쪽에서 아래쪽'으로 선택한다. (×)

→ 정렬은 기본적으로 행 단위인 '위쪽에서 아래쪽'으로 진행되고, 이 설정은 기본 설정이므로 별도의 설정이 필요 없음. 만약 열 단위인 '왼쪽에서 오른쪽'으로 설정하려면 바로 가기 메뉴에서 [정렬]-[사용자 지정 정렬]을 선택하고 [정렬] 대화상자에서 [옵션] 단추를 클릭한 후 [정렬 옵션] 대화상자의 '방향'에서 '왼쪽에서 오른쪽'을 선택함

---

## 23

↱ 노른자 108

다음 중 시나리오에 대한 설명으로 옳지 않은 것은?

❶ 시나리오 요약 보고서를 만들 때는 결과 셀을 반드시 지정해야 하지만, 시나리오 피벗 테이블 보고서를 만들 때는 결과 셀을 지정하지 않아도 된다. (×)
  → 시나리오 피벗 테이블 보고서를 만들 때도 반드시 결과 셀을 지정해야 함

② 여러 시나리오를 비교하여 하나의 테이블로 요약하는 보고서를 만들 수 있다.

③ 시나리오 요약 보고서를 생성하기 전에 변경 셀과 결과 셀에 이름을 정의하면 셀 참조 주소 대신 정의된 이름이 보고서에 표시된다.

④ 시나리오 요약 보고서는 자동으로 다시 갱신되지 않으므로 변경된 값을 요약 보고서에 표시하려면 새 요약 보고서를 만들어야 한다.

## 24

↱ 노른자 081

다음 중 셀 스타일에 대한 설명으로 옳지 않은 것은?

① 셀 스타일은 글꼴과 글꼴 크기, 숫자 서식, 셀 테두리, 셀 음영 등의 정의된 서식의 집합으로, 셀 서식을 일관성 있게 적용하는 경우에 편리하다.

② 기본 제공 셀 스타일을 수정하거나 복제하여 사용자 지정 셀 스타일을 직접 만들 수 있다.

❸ 사용 중인 셀 스타일을 수정한 경우 해당 셀에는 셀 스타일을 다시 적용해야 수정한 서식이 반영된다. (×)
  → 사용 중인 셀 스타일을 수정하면 셀 스타일을 다시 적용하지 않아도 자동으로 셀 스타일 서식이 변경됨

④ 특정 셀을 다른 사람이 변경할 수 없도록 셀을 잠그는 셀 스타일을 사용할 수도 있다.

## 25

↱ 노른자 109

다음 중 피벗 테이블과 피벗 차트에 대한 설명으로 옳지 않은 것은?

① 새 워크시트에 피벗 테이블을 생성하면 보고서 필터의 위치는 [A1] 셀, 행 레이블은 [A3] 셀에서 시작한다.

② 피벗 테이블과 연결된 피벗 차트가 있는 경우 피벗 테이블에서 [피벗 테이블 도구]의 [모두 지우기] 명령을 사용하면 피벗 테이블과 피벗 차트의 필드, 서식 및 필터가 제거된다.

③ 하위 데이터 집합에도 필터와 정렬을 적용하여 원하는 정보만 강조할 수 있으나 조건부 서식은 적용되지 않는다. (×)
  → 하위 데이터 집합에도 필터와 정렬을 적용하여 원하는 정보만 강조할 수 있으며, 조건부 서식도 적용할 수 있음

④ [피벗 테이블 옵션] 대화상자에서 오류값을 빈 셀로 표시하거나 빈 셀에 원하는 값을 지정하여 표시할 수도 있다.

## 26

↱ 노른자 080

다음 중 입력 데이터에 사용자 지정 표시 형식을 설정한 경우 그 표시 결과로 옳지 않은 것은?

| | 입력 데이터 | 표시 형식 | 표시 결과 | |
|---|---|---|---|---|
| ① | 0 | # | | (○) |

→ #은 유효한 자릿수만 표시하고, 유효하지 않은 0은 표시하지 않음

| | 입력 데이터 | 표시 형식 | 표시 결과 |
|---|---|---|---|
| ② | 123.456 | #.# | 123.5 |
| ❸ | 100 | ##.## | 100.00 (×) |

→ 100에 표시 형식 '##.##'을 적용하면 '100.'이 표시됨. #은 유효한 자릿수만 표시하고, 유효하지 않은 0은 표시하지 않음

| | 입력 데이터 | 표시 형식 | 표시 결과 |
|---|---|---|---|
| ④ | 12345 | #,### | 12,345 |

## 27

↱ 노른자 074

다음 중 데이터가 입력된 셀에서 채우기 핸들을 드래그하여 데이터를 채우는 경우에 대한 설명으로 옳은 것은?

① 일반적인 문자 데이터나 날짜 데이터는 그대로 복사되어 채워진다. (×)
  → 문자 데이터는 그대로 복사되고, 날짜 데이터는 1일씩 증가함

❷ 한 개의 숫자와 문자가 조합된 텍스트 데이터는 숫자만 1씩 증가하고 문자는 그대로 복사되어 채워진다.

③ 숫자 데이터는 1씩 증가하면서 채워진다. (×)
  → 숫자 데이터는 그대로 복사됨. 숫자를 1씩 증가하면서 채우려면 Ctrl을 누른 상태에서 자동 채우기 핸들을 드래그해야 함

④ 숫자가 입력된 두 셀을 블록 설정하여 채우기 핸들을 드래그하면 두 숫자가 반복하여 채워진다. (×)
  → 숫자 데이터는 두 셀의 차이만큼 증가하거나 감소하면서 채워짐. 숫자를 반복해서 채우려면 숫자가 입력된 두 셀을 블록 설정한 후 Ctrl을 누른 상태에서 자동 채우기 핸들을 드래그해야 함

## 28

📤 노른자 068, 073

**다음 중 셀 포인터의 이동 작업에 대한 설명으로 옳지 않은 것은?**

❶ Alt + PageUp 을 눌러 현재 시트를 기준으로 오른쪽에 있는
다음 시트로 이동한다. (×)
- → • Alt + PageUp , Alt + PageDown : 현재 화면을 좌우로 이동
- • Ctrl + PageUp , Ctrl + PageDown : 현재 시트의 앞뒤 시트로 이동

② 이름 상자에 셀 주소를 입력한 후 Enter 를 눌러 원하는 셀
의 위치로 이동한다.

③ Ctrl + Home 을 눌러 [A1] 셀로 이동한다.

④ Home 을 눌러 해당 행의 A열로 이동한다.

## 29

📤 노른자 091

**다음 중 아래 시트의 [A9] 셀에 수식 '=OFFSET(B3,−1,2)'를
입력한 경우 결과값은?**

|  | A | B | C | D | E |
|---|---|---|---|---|---|
| 1 | 학번 | 학과 | 학년 | 성명 | 주소 |
| 2 | 12123 | 국문과 | 2 | 박태훈 | 서울 |
| 3 | 15234 | 영문과 | 1 | 이경섭 | 인천 |
| 4 | 20621 | 수학과 | 3 | 윤혜주 | 고양 |
| 5 | 18542 | 국문과 | 1 | 민소정 | 김포 |
| 6 | 31260 | 수학과 | 2 | 함경표 | 부천 |
| 7 |  |  |  |  |  |
| 8 |  |  |  |  |  |
| 9 |  |  |  |  |  |
| 10 |  |  |  |  |  |

① 윤혜주

② 서울

③ 고양

❹ 박태훈 (○)
- → '=OFFSET(B3,−1,2)'는 [B3] 셀에서 −1행 2열 떨어진 [D2] 셀의 값
을 표시하므로 결과값은 '박태훈'임. 이때 −1행은 한 행 위로 이동하
는 것이고, 2열은 오른쪽으로 두 개의 열을 이동하라는 의미임

## 30

📤 노른자 121

**다음 중 [개발 도구] 탭−[컨트롤] 그룹에 대한 설명으로 옳지
않은 것은?**

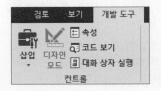

① 컨트롤 종류에는 텍스트 상자, 목록 상자, 옵션 단추, 명령
단추 등이 있다.

② ActiveX 컨트롤은 양식 컨트롤보다 다양한 이벤트에 반응
할 수 있지만, 양식 컨트롤보다 호환성은 낮다.

❸ [디자인 모드] 상태에서는 양식 컨트롤과 ActiveX 컨트롤
모두 매크로 등 정해진 동작은 실행하지 않지만, 컨트롤의
선택, 크기 조절, 이동 등의 작업을 할 수 있다. (×)
- → [디자인 모드] 상태에서 'ActiveX 컨트롤'은 매크로 등 정해진 동작
이 실행되지 않지만, '양식 컨트롤'은 [디자인 모드] 상태와 상관없이
매크로 동작이 실행됨

④ 양식 컨트롤의 '단추(양식 컨트롤)'를 클릭하거나 드래그해
서 추가하면 [매크로 지정] 대화상자가 자동으로 표시된다.

## 31

📤 노른자 121

**다음 중 아래의 프로시저가 실행된 후 [A1] 셀에 입력되는 값
으로 옳은 것은?**

---

Sub 예제( )

Test = 0
- ㄴ Test 변수에 0을 대입

Do Until Test 〉 10
- ㄴ Test가 10보다 커질 때까지 반복하다가 Test가 11이 되는 순간
반복 종료

Test = Test + 1
- ㄴ Test에 1을 증가시킴

Loop
- ㄴ Do문으로 이동

Range("A1").Value = Test
- ㄴ [A1] 셀에 Test의 값을 저장

End Sub

---

① 10 　　　　　　　❷ 11 (○)
- → Test가 Test가 0부터 1씩 증가하면서 총 11회 반복하기 때문에
[A1] 셀의 결과값은 '11'이 됨

③ 0 　　　　　　　④ 55

## 32

📤 노른자 089

**다음 중 아래 시트에 대한 각 수식의 결과값이 나머지 셋과 다른
것은?**

|  | A | B | C | D | E | F | G | H |
|---|---|---|---|---|---|---|---|---|
| 1 | 10 | 20 | 30 | 40 | 50 | 60 | 70 |  |
| 2 |  |  |  |  |  |  |  |  |

① =SMALL(A1:G1,{3}) (○)
→ [A1:G1] 영역 중 세 번째로 작은 수는 '30'

② =AVERAGE(SMALL(A1:G1,{1;2;3;4;5})) (○)

→ ❶ [A1:G1] 영역에서 첫 번째로 작은 값, 두 번째로 작은 값, 세 번째로 작은 값, 네 번째로 작은 값, 다섯 번째로 작은 값을 구하면 결과값은 '{10,20,30,40,50}'
❷ ❶의 결과값을 대입하면 'AVERAGE({10,20,30,40,50})'이므로 10, 20, 30, 40, 50의 평균값은 '30'

③ =LARGE(A1:G1,{5}) (○)
→ [A1:G1] 영역 중 다섯 번째로 큰 수는 '30'

❹ =SMALL(A1:G1,COLUMN(D1)) (×)

→ ❶ COLUMN(D1)은 [D1] 셀의 열 번호를 구하는 함수로, '4'를 반환
❷ ❶의 결과값을 대입하면 'SMALL(A1:G1,4)'이므로 [A1:G1] 영역에서 네 번째로 작은 수는 '40'

---

③ =VLOOKUP(VALUE(MID(C2,8,1)),$F$2:$G$5,2,0) (○)

→ ❶ 'MID(C2,8,1)'의 결과값은 '1'이고, VALUE 함수로 숫자 '1'로 변환
❷ ❶의 결과값을 대입하면 'VLOOKUP(1,$F$2:$G$5,2,0)'이 되어 [$F$2:$G$5] 영역에서 1과 일치하는 값을 찾은 후 2열에 있는 값인 '남'을 표시

❹ =IF(MOD(VALUE(MID(C2,8,1)),2)=0,"남","여") (×)

→ ❶ 'MID(C2,8,1)'의 결과값은 '1'이고, VALUE 함수로 숫자 '1'로 변환
❷ ❶의 결과값을 대입하면 'MOD(1,2)'가 되어 1을 2로 나눈 나머지 '1'을 반환
❸ ❷의 결과값을 대입하면 'IF(1=0,"남","여")'가 되고, 조건이 거짓이므로 '여'를 표시

## 33

↪ 노른자 087, 089~090

아래 시트에서 주민등록번호의 여덟 번째 문자가 '1' 또는 '3'이면 '남', '2' 또는 '4'이면 '여'로 성별 정보를 알 수 있다. 다음 중 성별을 계산하기 위한 [D2] 셀의 수식으로 옳지 않은 것은? (단, [F2:F5] 영역은 숫자 데이터이다.)

| | A | B | C | D | E | F | G |
|---|---|---|---|---|---|---|---|
| 1 | 번호 | 성명 | 주민등록번호 | 성별 | | 코드 | 성별 |
| 2 | 1 | 이경훈 | 940209-1****** | 남 | | 1 | 남 |
| 3 | 2 | 서정연 | 920305-2****** | 여 | | 2 | 여 |
| 4 | 3 | 이정재 | 971207-1****** | 남 | | 3 | 남 |
| 5 | 4 | 이춘호 | 990528-1****** | 남 | | 4 | 여 |
| 6 | 5 | 김지수 | 001128-4****** | 여 | | | |
| 7 | | | | | | | |

① =IF(OR(MID(C2,8,1)="2",MID(C2,8,1)="4"),"여","남") (○)

→ ❶ [C2] 셀 값 '940209-1******'에서 여덟 번째 값부터 한 개를 추출하면 결과값은 '1'
❷ ❶의 결과값을 대입하면 'OR("1"="2","1"="4")'여서 조건이 모두 거짓이므로 False 반환
❸ ❷의 결과값을 대입하면 'IF(FALSE,"여","남")'이 됨. 이 함수식은 참이면 '여', 거짓이면 '남'인데, 거짓으로 '남'을 표시

② =CHOOSE(VALUE(MID(C2,8,1)),"남","여","남","여") (○)

→ ❶ 'MID(C2,8,1)'의 결과값은 '1'이고, VALUE 함수로 숫자 '1'로 변환
❷ ❶의 결과값을 대입하면 'CHOOSE(1,"남","여","남","여")'가 되어 첫 번째의 '남'을 표시

---

## 34

↪ 노른자 095

아래 시트에서 국적별 영화 장르의 편수를 계산하기 위해 [B12] 셀에 작성해야 할 배열 수식으로 옳지 않은 것은?

| | A | B | C | D | E |
|---|---|---|---|---|---|
| 1 | | | | | |
| 2 | NO. | 영화명 | 관객수 | 국적 | 장르 |
| 3 | 1 | 럭키 | 66,962 | 한국 | 코미디 |
| 4 | 2 | 허드슨강의 기적 | 33,317 | 미국 | 드라마 |
| 5 | 3 | 그물 | 9,103 | 한국 | 드라마 |
| 6 | 4 | 프리즘☆투어스 | 2,778 | 한국 | 애니메이션 |
| 7 | 5 | 드림 쏭 | 1,723 | 미국 | 애니메이션 |
| 8 | 6 | 춘몽 | 382 | 한국 | 드라마 |
| 9 | 7 | 파수꾼 | 106 | 한국 | 드라마 |
| 10 | | | | | |
| 11 | | 코미디 | 드라마 | 애니메이션 | |
| 12 | 한국 | 1 | 3 | 1 | |
| 13 | 미국 | 0 | 1 | 1 | |
| 14 | | | | | |

① {=SUM(($D$3:$D$9=$A12)*($E$3:$E$9=B$11))}

② {=SUM(IF($D$3:$D$9=$A12,IF($E$3:$E$9=B$11,1)))}

❸ {=COUNT(($D$3:$D$9=$A12)*($E$3:$E$9=B$11))} (×)

→ '국적' 항목(D3:D9)의 데이터와 [A12] 셀 데이터인 '한국'을 비교하는 '조건1'과, '장르' 항목(E3:E9)의 데이터와 [B11] 셀 데이터인 '코미디'를 비교하는 '조건2'가 있음. 조건이 두 개이므로 다음 세 가지 방법 중 하나로 개수를 구하는 배열 수식을 계산할 수 있음

**조건이 두 개일 때 배열 수식으로 개수를 구하는 방법**
방법1 {=SUM((조건1)*(조건2))}
방법2 {=SUM(IF((조건1)*(조건2),1))}
방법3 {=COUNT(IF((조건1)*(조건2),1))}

④ {=COUNT(IF(($D$3:$D$9=$A12)*($E$3:$E$9=B$11),1))}

# 35

➡ 노른자 065, 084

다음 중 이름 상자에 대한 설명으로 옳지 않은 것은?

① Ctrl 을 누르고 여러 개의 셀을 선택한 경우 마지막 선택한 셀 주소가 표시된다.

② 셀이나 셀 범위에 이름을 정의해 놓은 경우 이름이 표시된다.

❸ 차트가 선택되어 있는 경우 차트의 종류가 표시된다. (×)
　→ 차트가 선택된 상태이면 이름 상자에서는 차트가 만들어진 순서대로 '차트 1', '차트 2'가 표시됨

④ 수식을 작성 중인 경우 최근 사용한 함수 목록이 표시된다.

# 36

➡ 노른자 065

다음 중 엑셀의 화면 확대/축소 작업에 관한 설명으로 옳지 않은 것은?

① 문서의 확대/축소는 10%에서 400%까지 설정할 수 있다.

❷ 설정한 확대/축소 배율은 통합 문서의 모든 시트에 자동으로 적용된다. (×)
　→ 설정한 확대/축소 배율은 통합 문서의 모든 시트가 아니라 해당 시트에만 적용됨

③ 화면의 확대/축소는 단지 화면에서 보이는 상태만 확대/축소하는 것으로, 인쇄 시 적용되지 않는다.

④ Ctrl 을 누른 채 마우스의 스크롤을 위로 올리면 화면이 확대되고, 아래로 내리면 화면이 축소된다.

# 37

➡ 노른자 115, 117

다음 중 인쇄 기능에 대한 설명으로 옳지 않은 것은?

① 기본적으로 워크시트의 눈금선은 인쇄되지 않으나 인쇄되도록 설정할 수 있다. (○)
　→ [페이지 설정] 대화상자의 [시트] 탭에서 '인쇄'의 '눈금선'에 체크하면 눈금선을 인쇄할 수 있음

❷ [페이지 설정] 대화상자의 [시트] 탭에서 '간단하게 인쇄'를 선택하면 셀의 테두리를 포함하여 인쇄할 수 있다. (×)
　→ '간단하게 인쇄'에 체크하면 그림, 도형 등의 개체를 제외한 데이터만 인쇄됨

③ [인쇄 미리 보기 및 인쇄] 화면을 표시하는 바로 가기 키는 Ctrl + F2 이다.

④ [인쇄 미리 보기 및 인쇄] 화면에서 '여백 표시'를 선택한 경우 마우스로 여백을 변경할 수 있다. (○)
　→ [인쇄 미리 보기 및 인쇄] 화면에서 [여백 표시] 단추(▥)를 클릭하면 여백을 표시하는 선이 나타나는데, 이 선을 마우스로 드래그하여 여백을 조정할 수 있음

# 38

➡ 노른자 113

다음 중 [차트 도구]의 [데이터 선택]에 대한 설명으로 옳지 않은 것은?

① [차트 데이터 범위]에서 차트에 사용하는 데이터 전체의 범위를 수정할 수 있다.

② [행/열 전환]을 클릭하여 가로(항목) 축의 데이터 계열과 범례 항목(계열)을 바꿀 수 있다.

❸ 범례에서 표시되는 데이터 계열의 순서를 바꿀 수 없다. (×)
　→ [차트 도구]의 [디자인] 탭-[데이터] 그룹-[데이터 선택]을 클릭하고 [데이터 원본 선택] 대화상자의 '범례 항목(계열)'에서 데이터 계열의 순서를 바꿀 수 있음

④ 데이터 범위 내에 숨겨진 행이나 열의 데이터도 차트에 표시할 수 있다.

## 39

↪ 노른자 111

다음 중 아래 데이터를 차트로 작성하여 사원별로 **각 분기의 실적을 비교 · 분석하려는 경우 가장 비효율적인 차트는?**

| 사원 | 1분기 | 2분기 | 3분기 | 4분기 |
|------|-------|-------|-------|-------|
| 김수정 | 75 | 141 | 206 | 185 |
| 박덕진 | 264 | 288 | 383 | 353 |
| 이미영 | 305 | 110 | 303 | 353 |
| 구본후 | 65 | 569 | 227 | 332 |
| 안정인 | 246 | 483 | 120 | 204 |
| 정주리 | 209 | 59 | 137 | 317 |
| 유경철 | 230 | 50 | 116 | 239 |

① 누적 세로 막대형 (○)
→ 전체 항목의 합계를 기준으로 각 값의 기여도를 비교하기 위한 차트로, 여러 개의 데이터 계열이 있고 합계를 강조하는 경우에 사용함

② 표식이 있는 꺾은선형 (○)
→ 꺾은선을 이용해 데이터의 변화를 확인할 수 있는 차트로, 꺾은선의 자료값마다 점이나 표식이 표시되어 있음

❸ 원형 대 가로 막대형 (×)
→ 하나의 계열만 표시할 수 있는 차트로, 분기별 실적(1분기~4분기까지 네 개의 계열)을 비교 표시하기에는 적합하지 않음

④ 묶은 가로 막대형 (○)
→ 워크시트의 여러 열이나 행에 있는 데이터를 이용하여 개별 항목을 비교하여 보여주는 차트로, 축 레이블이 길거나 표시되는 값이 기간인 경우에 주로 사용함

## 40

↪ 노른자 065

다음 중 셀 영역을 선택한 후 상태 표시줄의 바로 가기 메뉴인 **[상태 표시줄 사용자 지정]에서 선택할 수 있는 자동 계산에 해당되지 않는 것은?**

① 선택한 영역 중 숫자 데이터가 입력된 셀의 수

❷ 선택한 영역 중 문자 데이터가 입력된 셀의 수 (×)
→ 문자가 입력된 셀만 카운트할 수 없음. 자동 계산에는 합계, 평균, 개수(데이터가 입력된 셀 수), 숫자 셀 수, 최소값, 최대값이 있음

③ 선택한 영역 중 데이터가 입력된 셀의 수

④ 선택한 영역의 합계, 평균, 최소값, 최대값

---

## 41

↪ 노른자 133

다음 중 Access 파일에 **암호를 설정하는 방법으로 옳은 것은?**

① [데이터베이스 압축 및 복구] 도구에서 파일 암호를 설정할 수 있다.

❷ 데이터베이스를 단독 사용 모드(단독으로 열기)로 열어야 파일 암호를 설정할 수 있다. (○)
→ • Access 파일에 암호를 설정하는 방법
[파일] 탭-[열기]-[찾아보기]를 선택하고 [열기] 대화상자에서 해당 파일을 선택한 후 [열기] 단추의 목록 단추(▼)-[단독으로 열기] 선택→해당 파일이 열리면 [파일] 탭-[정보]-[데이터베이스 암호 설정]을 선택하고 [데이터베이스 암호 설정] 대화상자에서 암호 지정
• Access 파일의 암호를 해제하는 방법
[파일] 탭-[정보]-[데이터베이스 암호 해독] 선택→[데이터베이스 암호 해독] 대화상자에 지정한 암호를 다시 입력

③ 데이터베이스를 MDE 형식으로 저장한 후 파일을 열어야 파일 암호를 설정할 수 있다.

④ [Access 옵션] 창의 보안 센터에서 파일 암호를 설정할 수 있다.

## 42

↪ 노른자 128

다음 중 데이터 보안 및 회복, 무결성, 병행 수행 제어 등을 정의하는 데이터베이스 언어, 데이터베이스 관리자가 **데이터 관리를 목적으로 주로 사용하는 언어는?**

❶ 데이터 제어어(DCL) (○)
→ Data Control Language. 내부적으로 필요한 규칙이나 기법을 정의하기 위해 사용하는 언어로, COMMIT, ROLLBACK, GRANT, REVOKE 등의 명령어가 있음

② 데이터 부속어(DSL) (×)
→ Data SubLanguage. 호스트 프로그램에 삽입되어 있는 데이터 조작어(DML)

③ 데이터 정의어(DDL) (×)
→ Data Definition Language. 스키마를 정의하거나 수정, 삭제하기 위해 사용하는 언어로, CREATE, ALTER, DROP 등의 명령어가 있음

④ 데이터 조작어(DML) (×)
→ Data Manipulation Language. 데이터의 삽입, 삭제, 수정, 검색 등의 처리를 요구하기 위한 언어로, INSERT, DELETE, UPDATE, SELECT 등의 명령어가 있음

## 43

↪ 노른자 147

다음 중 SQL 질의에 대한 설명으로 옳지 <u>않은</u> 것은?

❶ ORDER BY절 사용 시 정렬 방식을 별도로 지정하지 않으면 기본값은 'DESC'로 적용된다. (×)
- → ORDER BY절은 정렬할 때 사용하는 명령어로, 오름차순일 때는 기본값 ASC를 사용하고, 내림차순일 때는 DESC를 사용함

② GROUP BY절은 특정 필드를 기준으로 그룹화하여 검색할 때 사용한다.

③ FROM절에는 테이블 또는 쿼리 이름을 지정하며, WHERE절에는 조건을 지정한다.

④ SELECT DISTINCT문을 사용하면 중복 레코드를 제거할 수 있다.

## 44

↪ 노른자 158, 164

다음 중 보고서의 그룹화 및 정렬에 대한 설명으로 옳지 <u>않은</u> 것은?

① '그룹'은 머리글과 같은 소계 및 요약 정보와 함께 표시되는 레코드의 모음으로, 그룹 머리글, 세부 레코드 및 그룹 바닥글로 구성된다.

② 그룹화할 필드가 날짜 데이터이면 전체 값(기본), 일, 주, 월, 분기, 연도 중 선택한 기준으로 그룹화할 수 있다.

③ SUM 함수를 사용하는 계산 컨트롤을 그룹 머리글에 추가하면 현재 그룹에 대한 합계를 표시할 수 있다.

❹ 필드나 식을 기준으로 최대 5단계까지 그룹화할 수 있으며, 같은 필드나 식은 한 번씩만 그룹화할 수 있다. (×)
- → 필드나 식을 기준으로 최대 열 개까지 그룹화할 수 있고, 같은 필드나 식도 계속 그룹화할 수 있음

## 45

↪ 노른자 158, 164

다음 중 보고서 작업 시 [필드 목록] 창에서 선택한 필드를 본문 영역에 추가할 때 자동으로 생성되는 컨트롤은?

① 단추

❷ 텍스트 상자 (○)
- → 보고서 작업 시 [필드 목록] 창에서 선택한 필드를 본문 영역에 추가하면 텍스트 상자 컨트롤로 생성됨. 텍스트 상자 컨트롤은 폼이나 보고서의 원본으로 사용되는 데이터나 계산 결과를 표시하는 컨트롤임

③ 하이퍼링크

④ 언바운드 개체 틀

## 46

↪ 노른자 165

다음 중 보고서의 보기 형태에 대한 설명으로 옳지 <u>않은</u> 것은?

❶ [보고서 보기]는 출력되는 보고서를 화면 출력용으로 보여주며, 페이지를 구분하여 표시한다. (×)
- → [보고서 보기]는 출력되는 보고서를 화면 출력용으로 보여주며, 페이지를 구분하지 않고 표시함. 페이지를 구분하여 표시할 때는 [인쇄 미리 보기]를 이용함

② [디자인 보기]에서는 보고서에 삽입된 컨트롤의 속성, 맞춤, 위치 등을 설정할 수 있다.

③ [레이아웃 보기]는 출력될 보고서의 레이아웃을 보여주며, 컨트롤의 크기 및 위치를 변경할 수 있다.

④ [인쇄 미리 보기]에서는 종이에 출력되는 모양을 표시하며, 인쇄를 위한 페이지 설정이 용이하다.

## 47

↪ 노른자 166

다음 중 아래 보고서에 대한 설명으로 옳지 <u>않은</u> 것은?

| 대리점명: 서울지점 | | | | |
|---|---|---|---|---|
| 순번 | 모델명 | 판매날짜 | 판매량 | 판매단가 |
| 1 | PC4203 | 2018-07-31 | 7 | ₩1,350,000 |
| 2 | | 2018-07-23 | 3 | ₩1,350,000 |
| 3 | PC4204 | 2018-07-16 | 4 | ₩1,400,000 |
| | | 서울지점 소계 : | | ₩19,100,000 |
| 대리점명: 충북지점 | | | | |
| 순번 | 모델명 | 판매날짜 | 판매량 | 판매단가 |
| 1 | PC3102 | 2018-07-13 | 6 | ₩830,000 |
| 2 | | 2018-07-12 | 4 | ₩830,000 |
| 3 | PC4202 | 2018-07-31 | 4 | ₩1,300,000 |
| 4 | | 2018-07-07 | 1 | ₩1,300,000 |
| | | 충북지점 소계 : | | ₩14,800,000 |

❶ '모델명' 필드를 기준으로 그룹이 설정되어 있다. (×)
- → '대리점명' 필드를 기준으로 그룹이 설정되어 있음

② '모델명' 필드에는 '중복 내용 숨기기' 속성을 '예'로 설정하였다.

③ 지점별 소계가 표시된 텍스트 상자는 그룹 바닥글에 삽입하였다.

④ 순번은 컨트롤 원본을 '=1'로 입력한 후 '누적 합계' 속성을 '그룹'으로 설정하였다.

## 48

↪ 노른자 147

다음 중 아래 [학생] 테이블에 대한 **SQL문의 실행 결과로 옳은** 것은?

| 학생 | | | |
|---|---|---|---|
| 학번 ▾ | 전공 ▾ | 학년 ▾ | 나이 ▾ |
| 1002 | 영문 | SO | 19 |
| 1004 | 통계 | SN | 23 |
| 1005 | 영문 | SN | 21 |
| 1008 | 수학 | JR | 20 |
| 1009 | 영문 | FR | 18 |
| 1010 | 통계 | SN | 25 |

SELECT AVG([나이]) FROM 학생
    ∟ [학생] 테이블에서 '나이' 필드의 평균 검색

WHERE 학년="SN"
    ∟ '학년' 필드의 값이 'SN'인 레코드만 대상

GROUP BY 전공 HAVING COUNT(*)〉=2
    ∟ '전공'으로 분류하여 레코드의 수가 2 이상인 경우에만 유효함

① 21

② 22

③ 23

❹ 24 (○)
    → 학년이 'SN'인 학생을 '전공'으로 그룹화하면 '통계'(두 명), '영문'(한 명)으로 묶을 수 있고, 두 명 이상의 그룹은 '통계'뿐이므로 이에 따른 '나이' 평균은 (23+25)/2=24임

## 49

↪ 노른자 145

다음 중 선택 쿼리에서 **사용자가 지정한 패턴과 일치하는 데이터를 찾고자** 할 때 사용되는 연산자는?

① Match (×)
    → Match는 데이터 범위 안에서 원하는 데이터의 열이나 행의 위치를 찾을 때 사용하는 연산자

② Some

❸ Like (○)
    → 쿼리에서 특정 패턴과 일치하는 데이터를 찾는 데 사용하는 연산자로, 형식은 'Like 문자 패턴'임

④ Any

## 50

↪ 노른자 148

다음 중 아래 **SQL문으로 생성된 테이블에서의 레코드 작업에** 대한 설명으로 옳지 **않은** 것은? (단, 고객과 계좌 간의 관계는 1:M이다.)

CREATE TABLE 고객
    (고객ID CHAR(20) NOT NULL,
    고객명 CHAR(20) NOT NULL,
    연락번호 CHAR(12),
    PRIMARY KEY (고객ID)
        ∟ [고객] 테이블의 기본 키는 '고객ID'
);
CREATE TABLE 계좌
    (계좌번호 CHAR(10) NOT NULL,
    고객ID CHAR(20) NOT NULL,
    잔액 INTEGER DEFAULT 0,
    PRIMARY KEY (계좌번호),
        ∟ [계좌] 테이블의 기본 키는 '계좌번호'

    FOREIGN KEY (고객ID) REFERENCES 고객
        ∟ [계좌] 테이블의 외래 키는 '고객ID'이고, [고객] 테이블의 '고객ID'에 의해 참조됨
);

① [고객] 테이블에서 '고객ID' 필드는 동일한 값을 입력할 수 없다. (○)
    → [고객] 테이블의 '고객ID' 필드는 기본 키(PRIMARY KEY (고객ID))이기 때문에 동일한 값을 입력할 수 없음

② [계좌] 테이블에서 '계좌번호' 필드는 반드시 입력해야 한다. (○)
    → [계좌] 테이블의 '계좌번호' 필드는 기본 키(PRIMARY KEY (계좌번호))이기 때문에 동일한 값을 입력할 수 없음

③ [고객] 테이블에서 '연락번호' 필드는 원하는 값으로 수정하거나 생략할 수 있다. (○)
    → [고객] 테이블의 '연락번호' 필드는 기본 키가 아니기 때문에 원하는 값으로 수정하거나 생략할 수 있음

❹ [계좌] 테이블에서 '고객ID' 필드는 동일한 값을 입력할 수 없다. (×)
    → [계좌] 테이블의 '고객ID' 필드는 외래 키(FOREIGN KEY (고객ID) REFERENCES 고객). 기본 키는 동일한 값을 입력할 수 없지만, 외래 키는 동일한 값을 입력할 수 있음

## 51

↪ 노른자 136

다음 중 테이블에서 입력 마스크를 'LA09?'로 설정한 경우 입력할 수 없는 값은?

❶ AA111 (×)
  → 물음표 자리에는 영문자와 한글만 입력 가능

| 지정 기호 | 입력 여부 | 설명 |
|---|---|---|
| 0 | 필수 | 0~9까지의 숫자만 입력 |
| 9 | 선택 | 0~9까지의 숫자나 공백 입력 |
| # | 선택 | 0~9까지의 숫자나 공백 입력, 덧셈과 뺄셈 기호 가능 |
| L | 필수 | A~Z의 영문자, 한글 입력 |
| ? | 선택 | A~Z의 영문자, 한글 입력 |
| A | 필수 | 영문자와 숫자, 한글 입력 |
| a | 선택 | 영문자와 숫자, 한글 입력 |

▲ 입력 마스크의 사용자 지정 기호

② A11

③ AA11

④ A111A

## 52

↪ 노른자 131

다음 중 아래 [고객]과 [구매리스트] 테이블 관계에 참조 무결성이 항상 유지되도록 설정할 수 없는 경우는?

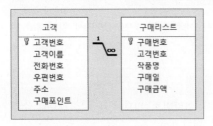

① [고객] 테이블의 '고객번호' 필드값이 [구매리스트] 테이블의 '고객번호' 필드에 없는 경우

② [고객] 테이블의 '고객번호' 필드값이 [구매리스트] 테이블의 '고객번호' 필드에 하나만 있는 경우

❸ [구매리스트] 테이블의 '고객번호' 필드값이 [고객] 테이블의 '고객번호' 필드에 없는 경우 (×)
  → 참조의 무결성이 유지되려면 외래 키 값은 참조하는 릴레이션의 기본 키와 동일한 값이거나 Null이어야 함. 따라서 [구매리스트] 테이블에서 외래 키는 '고객번호'이므로, '고객번호'는 [고객] 테이블의 '고객번호'에 있거나 Null이어야 함

④ [고객] 테이블의 '고객번호' 필드값이 [구매리스트] 테이블의 '고객번호' 필드에 두 개 이상 있는 경우

## 53

↪ 노른자 142

다음 중 '외부 데이터 가져오기' 기능에 대한 설명으로 옳지 않은 것은?

❶ 텍스트 파일을 가져와서 기존 테이블의 레코드로 추가하려는 경우 기본 키에 해당하는 필드의 값이 고유한 값이 되도록 데이터를 수정하면서 가져올 수 있다. (×)
  → '외부 데이터 가져오기'는 데이터를 수정하면서 가져올 수 없고, 가져오기한 데이터를 수정해도 원본에는 영향을 주지 않음

② Excel 워크시트에서 정의된 이름의 영역을 Access의 새 테이블이나 기존 테이블에 데이터 복사본으로 만들 수 있다.

③ Access에서는 한 테이블에 256개 이상의 필드를 지원하지 않으므로 원본 데이터는 열의 개수가 255개를 초과하지 않아야 한다.

④ Excel 파일을 가져오는 경우 한 번에 하나의 워크시트만 가져올 수 있으므로 여러 워크시트에서 데이터를 가져오려면 각 워크시트에 대해 가져오기 명령을 반복해야 한다.

## 54

↪ 노른자 154

다음 중 위쪽 구역에 데이터시트를 표시하는 열 형식의 폼을 만들고, 아래쪽 구역에 선택한 레코드에 대한 정보를 수정하거나 입력할 수 있는 데이터시트 형식의 폼을 자동으로 만들어주는 도구는?

① 폼

❷ 폼 분할 (○)
  → 폼 분할은 하나의 원본 데이터를 이용하여 위쪽에는 열 형식으로, 아래쪽에는 데이터시트 형식으로 폼을 작성하는 것. 하나의 원본 데이터를 사용하여 표시하므로 두 형식은 서로 연결되어 있어야 함

③ 여러 항목

④ 폼 디자인

## 55

↪ 노른자 174

**다음 중 이벤트 프로시저에서 쿼리를 실행 모드로 여는 명령은?**

❶ DoCmd.OpenQuery (○)
  → 쿼리를 여는 매크로 함수 실행

② DoCmd.SetQuery (×)
  → DoCmd 개체에 없는 명령임

③ DoCmd.QueryView (×)
  → DoCmd 개체에 없는 명령임

④ DoCmd.QueryTable (×)
  → DoCmd 개체에 없는 명령임

## 56

↪ 노른자 153

**다음 중 폼의 구성 요소에 대한 설명으로 옳지 않은 것은?**

❶ 폼 머리글은 인쇄할 때 모든 페이지의 상단에 매번 표시된다. (×)
  → 폼 머리글은 인쇄할 때 첫 페이지의 위쪽에 한 번만 표시됨

② 하위 폼은 폼 안에 있는 또 하나의 폼을 의미한다.

③ 폼 바닥글은 폼 요약 정보 등과 같이 각 레코드에 동일하게 표시될 정보가 입력되는 구역이다.

④ 본문은 사용할 실제 내용을 입력하는 구역으로, 폼 보기 형식에 따라 하나의 레코드만 표시하거나 여러 개의 레코드를 표시한다.

## 57

↪ 노른자 154

**다음 중 폼 작성에 관한 설명으로 옳지 않은 것은?**

① 여러 개의 컨트롤을 선택하여 자동 정렬할 수 있다.

❷ 컨트롤의 탭 순서는 자동으로 화면 위에서 아래로 설정된다. (×)
  → 컨트롤의 탭 순서는 만들어진 순서대로 설정되고, 사용자가 임의로 순서를 변경할 수 있음

③ 사각형, 선 등의 도형 컨트롤을 삽입할 수 있다.

④ 컨트롤 마법사를 사용하여 폼을 닫는 매크로를 실행시키는 단추를 만들 수 있다.

## 58

↪ 노른자 150

**다음 중 관계형 데이터베이스의 조인(JOIN)에 대한 설명으로 옳지 않은 것은?**

① 쿼리에 여러 테이블을 포함할 때는 조인을 사용하여 원하는 결과를 얻을 수 있다.

② 내부 조인은 조인되는 두 테이블에서 조인하는 필드가 일치하는 행만 반환하려는 경우에 사용한다.

③ 외부 조인은 조인되는 두 테이블에서 공통 값이 없는 데이터를 포함할지의 여부를 지정할 수 있다.

❹ 조인에 사용되는 기준 필드의 데이터 형식은 다르거나 호환되지 않아도 가능하다. (×)
  → 조인(Join)은 공통된 속성을 이용하여 두 개 이상의 테이블을 연결하여 나타낸 것으로, 조인에 사용되는 기준 필드의 데이터 형식은 '동일'하거나 '호환'되어야 함

## 59

↪ 노른자 163

**다음 중 폼 바닥글의 텍스트 상자의 컨트롤 원본으로 [사원] 테이블에서 직급이 '부장'인 레코드들의 급여 평균을 구하는 함수식으로 옳은 것은?**

❶ =DAVG("[급여]","[사원]","[직급]='부장'") (○)
  → DAVG("필드","테이블","조건")
       ↓         ↓          ↓
    [급여]   [사원]   [직급]='부장'

② =DAVG("[사원]","[급여]","[직급] = '부장'")

③ =AVG("[급여]","[사원]","[직급] = '부장'")

④ =AVG("[사원]","[급여]","[직급] = '부장'")

## 60

↪ 노른자 170

**다음 중 액세스의 매크로에 대한 설명으로 옳지 않은 것은?**

① 반복적으로 수행되는 작업을 자동화하여 간단히 처리할 수 있도록 하는 기능이다.

② 매크로 함수 또는 매크로 함수 집합으로 구성되며, 각 매크로 함수의 수행 방식을 제어하는 인수를 추가할 수 있다.

③ 매크로를 이용하여 폼을 열고 닫거나 메시지 박스를 표시할 수도 있다.

❹ 매크로는 주로 컨트롤의 이벤트에 연결하여 사용하며, 폼 개체 안에서만 사용할 수 있다. (×)
  → 매크로는 반복적인 작업을 하나의 명령어로 지정하여 사용하는 기능으로, 폼 개체뿐만 아니라 보고서 개체에서도 사용할 수 있음

# 답만 보는 제3회 기출문제

※ 수정 으로 표시된 문제는 개정 출제기준에 맞추어 수정한 문제입니다.

## 1과목 컴퓨터 일반

### 01
↗ 노른자 046

다음 중 2차원 또는 3차원 물체의 모형에 **명암과 색상을 입혀 사실감을 더해주는 그래픽 기법은?**

① 모델링(Modeling) (×)
→ 어떠한 방법으로 렌더링할 것인지를 정하는 과정

② 애니메이션(Animation) (×)
→ 여러 장의 화면을 연속 촬영하고 조작하여 화면이 움직여 보이게 만든 기법이나 영상

③ 리터칭(Retouching) (×)
→ 이미지의 상태를 향상시키기 위하여 새로운 형태로 수정 및 보정하는 작업

❹ 렌더링(Rendering)

### 02
↗ 노른자 047

다음 중 **MP3 파일의 크기를 결정하는 요소**에 해당하지 <u>않는</u> 것은?

① 표본 추출률(Hz) (○)
→ 오디오 데이터의 파일 크기(Byte)는 '표본 추출률(Hz)×샘플 크기(Bit)/8×시간×재생 방식(모노=1, 스테레오=2)'로 구함

② 샘플 크기(Bit)

③ 재생 방식(Mono, Stereo)

❹ 프레임 너비(Pixel) (×)
→ 프레임 너비는 비디오 데이터 파일의 크기를 계산할 때 필요한 요소임

### 03
↗ 노른자 064

다음 중 컴퓨터 통신에서 사용하는 **프록시(Proxy) 서버의 기능으로 옳은 것은?**

❶ 방화벽 기능과 캐시 기능 (○)
→ 방화벽(Firewall)은 프록시 서버를 통해 외부와 연결한 후 허용된 사용자만 연결되도록 함. 캐시(Cache)는 액세스하는 인터넷 사이트를 저장해 두었다가 해당 사이트를 다시 읽을 때 프록시 서버에서 읽어 들여서 속도를 향상시킴

② 내부 불법 해킹 차단 기능

③ FTP 프로토콜 연결 해제 기능

④ 네트워크 병목 현상 해결 기능

### 04
↗ 노른자 062

다음 중 **바이러스**에 대한 설명으로 옳지 <u>않은</u> 것은?

① 감염 부위에 따라 부트 바이러스와 파일 바이러스로 구분한다.

② 사용자 몰래 스스로 복제하여 다른 프로그램을 감염시키고, 정상적인 프로그램이나 다른 데이터 파일 등을 파괴한다.

③ 주로 복제품을 사용하거나 통신 매체를 통하여 다운받은 프로그램에 의해 감염된다.

❹ 컴퓨터 하드웨어와 무관하게 소프트웨어에만 영향을 미친다. (×)
→ 바이러스의 종류에 따라 하드디스크의 내용을 파괴하거나 시스템을 느려지게 할 수 있으므로 컴퓨터 소프트웨어와 하드웨어에 모두 영향을 미침

## 05

↪ 노른자 058

**다음 중 사물 인터넷(IoT)에 대한 설명으로 옳지 않은 것은?**

① 모든 사물을 네트워크로 연결하여 소통하는 정보통신 환경을 의미한다.

② 스마트 센싱 기술과 무선 통신 기술을 융합하여 실시간으로 데이터를 주고받는다.

❸ 전기의 생산부터 소비까지의 전 과정에 정보통신 기술을 접목하여 에너지 효율성을 높인다. (×)
→ 스마트 그리드(Smart Grid)에 대한 설명

④ 개방형 정보 공유에 대한 부작용을 최소화하기 위해 정보 보안 기술의 적용이 필요하다.

## 06

↪ 노른자 053

**다음 중 IPv6 주소 체계에 관한 설명으로 옳지 않은 것은?**

① IPv4 주소 체계의 주소 부족 문제를 해결하기 위하여 개발되었다.

② IPv6 주소는 16비트씩 8부분으로, 총 128비트로 구성되어 있다.

❸ 주소는 네트워크의 크기나 호스트의 수에 따라 A, B, C, D, E 클래스로 나누어진다. (×)
→ A, B, C, D, E 클래스로 나누는 주소 체계는 IPv4임

④ 실시간 흐름 제어로 향상된 멀티미디어 기능을 지원한다.

## 07

↪ 노른자 054

**다음 중 인터넷에서 사용하는 URL에 관한 설명으로 옳지 않은 것은?**

① 인터넷에 존재하는 각종 자원의 위치를 나타내는 표준 주소 체계이다.

② URL의 일반적인 형식은 '프로토콜://호스트 주소[:포트 번호][/파일 경로]'이다.

❸ 계정이 있는 FTP의 경우 'http://사용자 이름[:비밀번호]@서버 이름:포트 번호' 형식으로 사용한다. (×)
→ 계정이 있는 FTP는 'ftp://사용자 이름[:비밀번호]@서버 이름:포트 번호' 형식으로 사용함

④ mailto 프로토콜은 IP 정보 없이 받는 사람의 이메일 주소만 나타내면 된다.

## 08

↪ 노른자 055

**다음 중 컴퓨터 통신에서 사용하는 프로토콜의 기능에 관한 설명으로 옳지 않은 것은?**

① 통신망에 전송되는 패킷의 흐름을 제어해서 시스템 전체의 안전성을 유지한다.

② 정보를 전송하기 위해 송·수신기 사이에 같은 상태를 유지하도록 동기화 기능을 수행한다.

③ 데이터 전송 도중에 발생하는 오류를 검출한다.

❹ 네트워크에 접속된 다양한 단말장치를 자동으로 인식하여 호환성을 제공한다. (×)
→ 동일한 프로토콜을 사용하는 경우는 네트워크에 접속된 다양한 단말장치를 자동으로 인식하고 호환성을 제공하지만, 운영체제가 다를 경우에는 호환되는 프로토콜을 설치해야 함

## 09

↪ 노른자 042

**다음 중 객체 지향 프로그래밍 언어에 대한 설명으로 옳지 않은 것은?**

① 소프트웨어의 재사용으로 프로그램의 개발 시간을 단축할 수 있다.

② 대표적인 객체 지향 언어로 C++, Java 등이 있다.

③ 상속성, 캡슐화, 추상화, 다형성 등의 특징이 있다.

❹ 순차적인 처리가 중요시되며, 프로그램 전체가 유기적으로 연결되도록 작성한다. (×)
→ 절차적 프로그래밍 언어에 대한 설명으로, 순차적인 처리를 중요시하는 기법은 '구조적 프로그래밍 기법'임. 절차적 프로그래밍=구조적 프로그래밍

## 10

노른자 001

**다음 중 아래의 설명에 해당하는 Windows 10 제공 기능은?**

- 데이터와 데이터를 연결하여 원본 데이터를 수정할 때 연결된 데이터도 함께 수정되도록 지원하는 기능이다.
- 이 기능을 지원하는 그래픽 앱에서 그린 그림을 문서 편집기에 연결한 경우 그래픽 앱에서 그림을 수정하면 문서 편집기의 그림도 같이 변경된다.

① 선점형 멀티태스크(Preemptive Multitasking) (×)
→ 응용 프로그램의 실행 중 문제가 발생하면 해당 프로그램을 강제 종료시키고, 모든 시스템의 자원을 반환하는 운영 방식

② GUI(Graphic User Interface) (×)
→ 키보드로 명령을 직접 입력하지 않고, 아이콘이나 메뉴를 마우스로 선택하여 모든 작업을 수행하는 사용자 작업 환경

③ PnP(Plug & Play) (×)
→ 하드웨어를 설치했을 때 해당 하드웨어를 사용하는 데 필요한 시스템 환경을 운영체제가 자동으로 구성해 주는 기능

❹ OLE(Object Linking and Embedding)

## 11

노른자 028

**다음 중 컴퓨터에서 사용하는 ASCII 코드에 관한 설명으로 옳지 않은 것은?**

① 각 문자를 7비트로 표현하며, 총 128개의 문자 표현이 가능하다.

② 확장 ASCII 코드는 8비트를 사용한다. (○)
→ 일반적으로 ASCII 코드는 7비트이지만, 확장 ASCII 코드는 1비트가 추가되어 8비트로 구성됨

③ 데이터 처리 및 통신 시스템 상호 간의 정보 교환을 위해 사용된다.

❹ 각 나라별 언어를 표현할 수 있다. (×)
→ 전 세계의 모든 문자에 고유 숫자를 부여하여 만든 문자 체계인 유니코드(Unicode)에 대한 설명

## 12

노른자 032

**다음 중 컴퓨터의 펌웨어(Firmware)에 관한 설명으로 옳은 것은?**

① 주로 하드디스크에 저장되며 부팅 시 동작한다.

❷ 펌웨어 업데이트만으로도 시스템의 성능을 향상시킬 수 있다. (○)
→ 펌웨어는 주로 ROM에 반영구적으로 저장되어 하드웨어를 제어 및 관리함. 하드웨어 교체 없이 소프트웨어 업그레이드만으로 시스템의 성능을 높이기 위한 목적으로 사용되며, 하드웨어와 소프트웨어의 중간에 해당됨

③ 컴퓨터 바이러스 백신과 관련이 있는 프로그램이다.

④ 컴퓨터 연산 속도를 빠르게 도와주는 하드웨어이다.

## 13

노른자 035

**다음 중 컴퓨터 메인보드에 사용되는 칩셋(Chip Set)에 관한 설명으로 옳은 것은?**

① 컴퓨터를 구성하는 모든 장치들이 장착되고 연결되는 기판이다. (×)
→ 메인보드(Mainboard) 또는 마더보드(Motherboard)에 대한 설명

❷ 메인보드에 장착되어 있는 각 장치들을 제어하고 역할을 조율한다. (○)
→ 칩셋(Chip Set)은 메인보드에 설치된 대규모 집적 회로군으로, 메인보드의 핵심

③ CPU와 주변 장치 간의 데이터 전송에 사용되는 통로 역할을 한다. (×)
→ 시스템 버스 중 데이터 버스(Data Bus)에 대한 설명

④ 메인보드에 주변 장치를 연결하기 위한 접속 부분을 말한다. (×)
→ 포트(Port)에 대한 설명

## 14

노른자 033

**다음 중 컴퓨터 보조기억장치로 사용되는 SSD(Solid State Drive)에 관한 설명으로 옳은 것은?**

❶ 고속으로 데이터를 입·출력할 수 있으며, 배드 섹터가 발생하지 않는다.

② HDD와 같이 바로 덮어쓰기를 할 수 있으며, 읽기/쓰기 성능이 비슷하다. (×)
→ 덮어쓰기는 데이터가 저장된 곳에 다른 데이터가 저장되면 기존의 데이터가 삭제되는 것. SSD는 이러한 덮어쓰기 방식이 아니라 데이터를 삭제하면 실제 저장된 데이터도 삭제하는 트림(Trim) 기능을 사용함

③ 650nm 파장의 적색 레이저를 사용하여 데이터를 기록한다. (×)
→ DVD(Digital Video Disk)에 대한 설명

④ 소음이 없고 발열이 낮으나 HDD에 비해 외부 충격에 약하다. (×)
→ SSD(Solid State Drive)는 구동 장치가 없어서 소음과 발열이 적고, 데이터 처리 속도가 빠르며, HDD보다 외부 충격에 강함

## 15

↪ 노른자 036

다음 중 **외부 인터럽트**가 발생하는 경우에 해당하지 **않는** 것은?

① 컴퓨터의 전원 공급이 중단되었을 경우

❷ 실행할 수 없는 명령어가 사용된 경우 (×)
→ 내부 인터럽트에 해당됨. 내부 인터럽트는 잘못된 명령을 사용하는 경우로, 예를 들면 0으로 나누는 명령을 수행할 경우에 발생

③ 타이머에 의해 의도적으로 프로그램이 중단된 경우

④ 입·출력장치의 입·출력 준비 완료를 알리는 경우

## 16

↪ 노른자 030

다음 중 **레지스터**에 관한 설명으로 옳은 것은?

❶ CPU 내부에서 특정한 목적에 사용되는 일시적인 기억장소이다.

② 메모리 중에서 가장 속도가 느리며, 플립플롭이나 래치 등으로 구성된다. (×)
→ 레지스터(Register)는 메모리 중에서 가장 속도가 빠름

③ 컴퓨터의 유지 보수를 위한 시스템 정보를 저장한다. (×)
→ 레지스터에는 CPU가 명령어를 처리하기 위해 필요한 정보를 저장함

④ 시스템 부팅 시 운영체제가 로딩되는 메모리이다. (×)
→ 부팅 시 운영체제가 로딩되는 메모리는 메인 메모리(주기억장치)

## 17 수정

↪ 노른자 001

다음 중 Windows 10 운영체제에서 사용하는 **NTFS 파일 시스템**에 관한 설명으로 옳지 **않은** 것은?

① FAT32 파일 시스템과 비교하여 성능 및 안전성이 우수하다.

❷ 하드디스크 논리 파티션의 크기에는 제한이 없다. (×)
→ NTFS 파일 시스템의 하드디스크 논리 파티션 크기는 256TB로 제한됨

③ 비교적 큰 오버헤드가 있기 때문에 약 400MB 이하의 볼륨에서 사용하는 것은 좋지 않다.

④ 파일 및 폴더에 대한 액세스 제어를 유지하고 제한된 계정을 지원한다.

## 18 수정

↪ 노른자 019

다음 중 Windows 10의 관리 도구 중 [컴퓨터 관리]에서 수행가능한 [디스크 관리] 작업에 해당하지 **않는** 것은?

① 볼륨을 확장하거나 축소할 수 있다.

② 드라이브 문자를 변경할 수 있다.

③ 포맷을 실행할 수 있다.

❹ 분석 및 디버그 로그를 표시할 수 있다. (×)
→ 분석 및 디버그 로그는 제어판의 [관리 도구]-[이벤트 뷰어]에서 확인할 수 있음

## 19

↪ 노른자 006

다음 중 **폴더의 [속성]** 창에서 설정할 수 **없는** 작업 내용은?

① 문서나 사진, 음악 등 폴더의 최적화 유형을 설정할 수 있다.

② 폴더에 대한 사용 권한과 공유 설정을 할 수 있다.

❸ 폴더 안의 파일을 삭제할 수 있다. (×)
→ 폴더의 속성은 해당 폴더에서 마우스 오른쪽 단추를 클릭한 후 바로 가기 메뉴에서 [속성]을 선택하여 설정할 수 있음. 하지만 폴더 안의 파일을 삭제하는 기능은 폴더의 속성에서 제공하지 않음

④ 폴더 아이콘을 변경할 수 있다.

## 20 수정

↪ 노른자 015

다음 중 Windows 10에서 **시스템을 복원해야 하는 시기**로 적절하지 **않은** 것은?

① 새 장치를 설치한 후 시스템이 불안정할 때

② 로그온 화면이 나타나지 않으며, Windows가 실행되지 않을 때

③ 누락되거나 손상된 데이터 파일을 이전 버전으로 되돌리고자 할 때

❹ 파일의 단편화를 개선하여 디스크의 접근 속도를 향상시키고자 할 때 (×)
→ 단편화는 분산되어 저장된 파일들을 연속된 공간으로 최적화하여 디스크의 접근 속도를 향상시키는 기능으로, '드라이브 조각 모음 및 최적화'로 실행할 수 있음

# 21

노른자 109

다음 중 아래의 **피벗 테이블**에 대한 설명으로 옳지 <u>않은</u> 것은?

| | A | B | C | D | E | F | G |
|---|---|---|---|---|---|---|---|
| 17 | | | | | | | |
| 18 | | 직위 | (모두) ▼ | | | | |
| 19 | | | | | | | |
| 20 | | 평균 : 근속연수 | | 부서명 ▼ | | | |
| 21 | | 사원번호2 ▼ | 사원번호 ▼ | 기획팀 | 영업팀 | 총무팀 | 총합계 |
| 22 | | ⊟ A그룹 | AC-300 | 7 | | | 7 |
| 23 | | | AC-301 | 10 | | | 10 |
| 24 | | ⊟ B그룹 | BY-400 | | 12 | | 12 |
| 25 | | | BY-401 | 21 | | | 21 |
| 26 | | | BY-402 | | | 8 | 8 |
| 27 | | | | | | | |

① 피벗 테이블 보고서의 삽입 위치는 기존 워크시트의 [B20] 셀이다.

❷ 'A 그룹'과 'B 그룹'은 그룹화로 자동 생성된 이름이다. (×)
 → 'A 그룹'과 'B 그룹'은 그룹화로 자동 생성된 이름이 아님. 피벗 테이블에서 텍스트 필드일 경우 자동으로 생성되는 그룹 이름은 '그룹1', '그룹2'와 같음

③ 사원번호를 선택하여 사용자가 직접 그룹화를 설정하였다.

④ 행 레이블 영역의 필드에 필터 조건이 설정되어 있다.

# 22

노른자 106

다음 중 **부분합**에 대한 설명으로 옳지 <u>않은</u> 것은?

❶ 다중 함수를 이용하는 중첩 부분합을 작성하려면 [부분합] 대화상자에서 매번 '새로운 값으로 대치' 항목을 선택해야 한다. (×)
 → 다중 함수를 이용하는 중첩 부분합을 작성하려면 [부분합] 대화상자에서 '새로운 값으로 대치'의 체크를 해제해야 함. '새로운 값으로 대치'에 체크하면 하나의 부분합만 나타남

② 부분합을 제거하면 부분합과 함께 목록에 삽입된 윤곽 및 페이지 나누기도 제거된다.

③ 세부 정보가 있는 행 아래에 요약 행을 지정하려면 '데이터 아래에 요약 표시' 항목을 선택한다.

④ 중첩 부분합은 이미 작성된 부분합 그룹 내에 새로운 부분합 그룹을 추가하는 것이다.

# 23

노른자 098

다음 중 **자동 필터**에 관한 설명으로 옳지 <u>않은</u> 것은?

❶ 날짜가 입력된 열에서 요일로 필터링하려면 '날짜 필터' 목록에서 필터링 기준으로 사용할 요일을 하나 이상 선택하거나 취소한다. (×)
 → 날짜 필터인 경우 주, 달, 분기, 년 등의 필터링을 제공하지만, 요일은 필터링을 지원하지 않음. 즉 자동 필터의 날짜 필터 목록에 요일은 없음

② 두 개 이상의 필드에 조건을 설정하는 경우 필드 간에는 AND 조건으로 결합되어 필터링된다.

③ 열 머리글에 표시되는 드롭다운 화살표에는 해당 열에서 가장 많이 나타나는 데이터 형식에 해당하는 필터 목록이 표시된다.

④ 검색 상자를 사용하여 텍스트와 숫자를 검색할 수 있으며, 배경 또는 텍스트에 색상 서식이 적용되어 있는 경우 셀의 색상을 기준으로 필터링할 수도 있다.

# 24

노른자 100

다음 중 아래와 같이 왼쪽 그림의 [B2:B5] 영역에 **[텍스트 나누기]**를 실행하여 오른쪽 그림과 같이 소속이 분리되도록 실행하는 과정으로 옳지 <u>않은</u> 것은?

| | A | B |
|---|---|---|
| 1 | 성명 | 소속 |
| 2 | 여종택 | 교통시설과 |
| 3 | 장성택 | 교통행정과 |
| 4 | 곽배동 | 교통행정과 |
| 5 | 박난초 | 교통행정과 |

→

| | A | B | C |
|---|---|---|---|
| 1 | 성명 | 소속 | |
| 2 | 여종택 | 교통 | 시설과 |
| 3 | 장성택 | 교통 | 행정과 |
| 4 | 곽배동 | 교통 | 행정과 |
| 5 | 박난초 | 교통 | 환경과 |

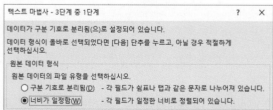

① 텍스트 마법사 2단계의 데이터 미리 보기에서 분할하려는 위치를 클릭하여 구분선을 넣는다.

❷ 분할하려는 행과 열에 삽입 가능한 구분선의 개수에는 제한이 없다. (×)
 → 구분선을 사용하여 열을 분할할 수 있지만, 행에는 구분선을 설정할 수 없음

③ 구분선을 삭제하려면 구분선을 마우스로 두 번 클릭한다.

④ 구분선을 옮기려면 선을 마우스로 클릭한 상태에서 드래그한다.

## 25

↪ 노른자 080

다음 중 아래 워크시트의 [B2] 셀에 표시 형식을 '$#,##0;($#, ##0)'으로 설정하였을 때 표시되는 결과로 옳은 것은?

| B2 | ▼ : × ✓ fx | -32767 | | |
|---|---|---|---|---|
| ◢ | A | B | C | D |
| 1 | | | | |
| 2 | | -32767 | | |
| 3 | | | | |

① $32,767

② -$32,767

❸ ($32,767) (○)

→ $#,##0;($#,##0)
　　❶　　 ❷
　❶ 숫자 데이터가 양수일 때 적용되는 표시 형식
　❷ 숫자 데이터가 음수일 때 적용되는 표시 형식
　[B2] 셀이 음수 '-32767'이므로 ($#,##0) 서식이 적용되어 결과값은 '($32,767)'
　• 사용자 지정 표시 형식: 양수;음수;0값;텍스트

④ (-$32,767)

## 26

↪ 노른자 073

다음 중 데이터 입력에 대한 설명으로 옳지 않은 것은?

① 동일한 문자를 여러 개의 셀에 입력하려면 셀에 문자를 입력한 후 채우기 핸들을 드래그한다.

② 숫자 데이터의 경우 두 개의 셀을 선택하고 채우기 핸들을 선택 방향으로 드래그하면 두 값의 차이만큼 증가/감소하며 자동 입력된다.

❸ 일정 범위 안에 동일한 데이터를 한 번에 입력하려면 범위를 지정하여 데이터를 입력한 후 바로 이어서 Shift + Enter를 누른다. (×)

→ 범위를 지정하고 데이터를 입력한 후 바로 이어서 Ctrl + Enter를 눌러야 일정한 범위 안에서 같은 데이터를 한 번에 입력할 수 있음. Shift + Enter를 누르면 선택 셀이 하나씩 위로 이동함

④ 사용자 지정 연속 데이터 채우기를 사용하여 데이터를 입력하는 경우 사용자 지정 목록에는 텍스트나 텍스트/숫자 조합만 포함될 수 있다.

## 27

↪ 노른자 073

다음 중 날짜 데이터의 입력에 대한 설명으로 옳은 것은?

❶ 날짜는 1900년 1월 1일을 1로 시작하는 일련번호로 저장된다.

② 날짜 데이터는 슬래시(/)나 점(.) 또는 하이픈(−)으로 연, 월, 일을 구분하여 입력한다. (×)

→ 날짜 데이터는 슬래시(/)나 하이픈(−)으로 연, 월, 일을 구분하여 입력하고, 점(.)으로 날짜를 구분하여 입력하지 않음

③ 수식에서 날짜 데이터를 직접 입력할 때는 작은따옴표('')로 묶어서 입력한다. (×)

→ 수식에서 날짜 데이터를 직접 입력할 때는 큰따옴표("")로 묶어서 입력함

④ 바로 가기 키 Ctrl + Alt + ;을 누르면 오늘 날짜가 입력된다. (×)

→ 오늘 날짜는 Ctrl + ;을 눌러야 입력됨

## 28

↪ 노른자 076

다음 중 아래 그림에서 바로 가기 메뉴 [삭제]의 삭제 옵션을 선택하여 실행한 결과로 가능하지 않은 것은?

| ◢ | A | B |
|---|---|---|
| 1 | 21 | 31 |
| 2 | 22 | 32 |
| 3 | 23 | 33 |
| 4 | 24 | 34 |
| 5 | 25 | 35 |
| 6 | | |

①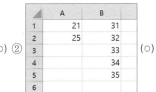

| ◢ | A | B |
|---|---|---|
| 1 | 21 | 31 |
| 2 | | 32 |
| 3 | | 33 |
| 4 | | 34 |
| 5 | 25 | 35 |
| 6 | | |

(○)
→ '셀을 왼쪽으로 밀기'를 선택한 경우

② 
| ◢ | A | B |
|---|---|---|
| 1 | 21 | 31 |
| 2 | 25 | 32 |
| 3 | | 33 |
| 4 | | 34 |
| 5 | | 35 |
| 6 | | |

(○)
→ '셀을 위로 밀기'를 선택한 경우

❸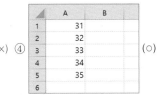

| ◢ | A | B |
|---|---|---|
| 1 | 21 | 31 |
| 2 | | 32 |
| 3 | | 33 |
| 4 | | 34 |
| 5 | 25 | 35 |
| 6 | | |

(×)
→ '내용 지우기'를 선택한 경우로, 삭제와 관련 없음

④ 
| ◢ | A | B |
|---|---|---|
| 1 | | 31 |
| 2 | | 32 |
| 3 | | 33 |
| 4 | | 34 |
| 5 | | 35 |
| 6 | | |

(○)
→ '열 전체'를 선택한 경우

## 29

↪ 노른자 118~119

다음 중 매크로에 대한 설명으로 옳지 않은 것은?

❶ 매크로 기록 시 리본 메뉴에서의 탐색도 매크로 기록에 포함된다. (×)
→ 매크로를 기록할 때 리본 메뉴에서의 탐색은 매크로 기록에 포함되지 않음

② 매크로 이름은 숫자나 공백으로 시작할 수 없다.

③ 매크로를 사용하면 반복적인 작업을 빠르고 쉽게 실행할 수 있다.

④ 그래픽 개체에 매크로를 지정한 후 개체를 클릭하여 매크로를 실행할 수 있다.


## 30

↪ 노른자 125

다음 중 VBA에서 엑셀 프로그램은 종료하지 않고 현재 활성화된 통합 문서만 종료하기 위한 메서드는?

① ActiveWorkbook.Quit (×)
→ ActiveWorkbook 개체에서는 Quit 속성을 사용할 수 없음

② Application.Quit (×)
→ Application.Quit는 열려진 응용 프로그램인 엑셀을 종료함

❸ Workbooks.Close (○)
→ Workbooks는 현재 활성화된 통합 문서를 의미함. Workbooks.Close는 현재 활성화된 통합 문서를 종료함

④ ActiveWindows.Close (×)
→ ActiveWindow.Close는 활성화된 창(Window)을 닫는 메서드로, Window를 'Windows'로 입력하면 안 됨


## 31

↪ 노른자 089, 095

아래 워크시트에서 순위[G2:G10]는 총점을 기준으로 구하되 동점자에 대해서는 국어를 기준으로 순위를 구하였다. 다음 중 [G2] 셀에 입력된 수식으로 옳은 것은?

|  | A | B | C | D | E | F | G |
|---|---|---|---|---|---|---|---|
| 1 | 성명 | 국어 | 수학 | 영어 | 사회 | 총점 | 순위 |
| 2 | 홍길동 | 92 | 50 | 30 | 10 | 182 | 1 |
| 3 | 한민국 | 80 | 50 | 20 | 30 | 180 | 3 |
| 4 | 이대한 | 90 | 40 | 20 | 30 | 180 | 2 |
| 5 | 이나래 | 70 | 50 | 30 | 30 | 180 | 4 |
| 6 | 마상욱 | 80 | 50 | 30 | 10 | 170 | 7 |
| 7 | 박정인 | 90 | 40 | 20 | 20 | 170 | 6 |
| 8 | 사수영 | 70 | 40 | 30 | 30 | 170 | 8 |
| 9 | 고소영 | 85 | 40 | 30 | 20 | 175 | 5 |
| 10 | 장영수 | 70 | 50 | 10 | 5 | 135 | 9 |
| 11 |  |  |  |  |  |  |  |

① {=RANK.EQ($F2,$F$2:$F$10) + RANK($B$2,$B$2:$B$10)}

② {=RANK.EQ($B$2,$B$2:$B$10)*RANK($F2,$F$2:$F$10)}

❸ {=RANK.EQ($F2,$F$2:$F$10)+SUM(($F$2:$F$10=$F2)*($B$2:$B$10>$B2))} (○)
  ❶ ❷ ❸

→ ❶ [$F$2:$F$10] 영역에서 [$F2] 셀의 순위를 구함
  ❷ [$F$2:$F$10]('총점' 범위) 영역에서 $F2셀과 같은지 질문함
  ❸ [$B$2:$B$10]('국어' 점수 범위) 영역에서 $B2셀보다 큰지 질문함
  즉 ❷와 ❸을 이용하여 동점자 중에서 국어 점수가 높은 인원수를 구하여 ❶의 순위에 더해주어 동점자를 처리함

| 조건이 두 개일 때 배열 수식으로 개수를 구하는 방법 |
|---|
| 방법1 {=SUM((조건1)*(조건2))} |
| 방법2 {=SUM(IF((조건1)*(조건2),1))} |
| 방법3 {=COUNT(IF((조건1)*(조건2),1))} |

④ {=SUM(($F$2:$F$10=$F2)*($B$2:$B$10>$B2))*RANK.EQ($F2, $F$2:$F$10)}


## 32

↪ 노른자 088, 090

아래 시트와 같이 원본값에 LEFT(원본값,2) 함수를 적용하여 추출값을 뽑아낸 후 추출값의 합계를 계산하려고 한다. 다음 중 이를 위한 계산 방법으로 옳지 않은 것은?

|  | A | B | C |
|---|---|---|---|
| 1 | 원본값 | 추출값 |  |
| 2 | 10개 | 10 |  |
| 3 | 23개 | 23 |  |
| 4 | 15개 | 15 |  |
| 5 | 09개 | 09 |  |
| 6 | 24개 | 24 |  |
| 7 | 합계 |  |  |
| 8 |  |  |  |

① =SUMPRODUCT(1*(B2:B6)) (○)
→ [B2:B6] 영역에서 1을 곱해 숫자값으로 바꾸어서 더함

② =SUM(VALUE(B2),VALUE(B3),VALUE(B4),VALUE(B5),VALUE(B6)) (○)
→ VALUE 함수로 각각의 셀을 숫자값으로 변환한 후 SUM 함수를 이용해 모두 더함

❸ =SUMPRODUCT(++(B2:B6)) (×)

→ [B2:B6] 영역이 문자로 변환되지 않는 문자의 형식으로, 결과값은 '0'

④ =SUMPRODUCT(−−(B2:B6)) (○)

→ −−을 붙여서 숫자화하여 합계를 계산함

> **문자를 숫자로 바꾸는 방법**
> **방법1** 1 곱하기: 문자와 숫자를 곱하면 숫자값으로 바뀜
> **방법2** VALUE 함수 사용하기
> **방법3** 수식에 −− 사용하기

# 33

노른자 091

다음 중 [A13] 셀에 수식 '=INDEX((A1:C6,A8:C11),2,2,2)' 를 입력한 결과는?

|   | A | B | C | D |
|---|---|---|---|---|
|   | ▼ | : × ✓ fx | =INDEX((A1:C6,A8:C11),2,2,2) | |
| 1 | 과일 | 가격 | 개수 | |
| 2 | 사과 | ₩690 | 40 | |
| 3 | 바나나 | ₩340 | 38 | |
| 4 | 레몬 | ₩550 | 15 | |
| 5 | 오렌지 | ₩250 | 25 | |
| 6 | 배 | ₩590 | 40 | |
| 7 | | | | |
| 8 | 아몬드 | ₩2,800 | 10 | |
| 9 | 캐슈넛 | ₩3,550 | 16 | |
| 10 | 땅콩 | ₩1,250 | 20 | |
| 11 | 호두 | ₩1,750 | 12 | |
| 12 | | | | |
| 13 | =INDEX((A1:C | | | |
| 14 | | | | |

① 690

② 340

③ 2800

❹ 3550 (○)

→ • = INDEX(범위,행 번호,열 번호,참조 영역 번호) 함수는 '범위'에서 (행,열)의 값을 표시함

• = INDEX((A1:C6,A8:C11),2,2,2)는 '범위'가 '(A1:C6,A8:C11)'인데, '참조 영역 번호'가 '2'이므로 두 번째 범위인 [A8:C11] 영역을 선택함. 그리고 2행 2열의 값을 표시하므로 [A8:C11] 영역에서 2행 2열의 값인 '3550'을 표시함

# 34

노른자 088

다음 중 **수식의 결과**가 나머지 셋과 **다른** 것은?

❶ =ABS(INT(−3/2)) (×)

  ❷
❶

→ ❶ −3/2보다 크지 않은 정수를 구하면 결과값은 '−2'
  ❷ ❶의 결과값을 대입하면 'ABS(−2)'가 되는데, −2를 절대값으로 표시하면 결과값은 '2'

② =MOD(−3,2) (○)

→ −3을 2로 나눈 나머지를 구하면 결과값은 '1'

③ =ROUNDUP(RAND( ),0) (○)

→ 0과 1 사이의 난수를 정수로 자리올림하여 결과값은 '1'

④ =FACT(1.9) (○)

→ 소수점 이하의 값을 버려서 '1'이 되고, 1의 계승값을 나타내면 결과값은 '1'

# 35

노른자 065

다음 중 Excel에서 **리본 메뉴를 최소화하는 방법**으로 옳지 **않은** 것은?

① 엑셀 창의 오른쪽 위에 있는 [리본 메뉴 축소] 단추(∧)를 클릭한다.

❷ 단축키 Alt + F1 을 누른다. (×)

→ 단축키 Ctrl + F1 을 눌러야 리본 메뉴를 최소화할 수 있음. 단축키 Alt + F1 을 누르면 차트가 생성됨

③ 리본 메뉴의 활성 탭 이름을 더블클릭한다.

④ 리본 메뉴를 최소화하거나 원래 상태로 되돌리려면 단축키 Ctrl + F1 을 누른다.

## 36

↪ 노른자 111

다음 중 아래 데이터를 이용하여 작성 가능한 차트 종류에 해당하지 않는 것은?

| 지역 | A사 | B사 |
|------|-----|-----|
| 동부 | 13% | 39% |
| 서부 | 35% | 6% |
| 남부 | 27% | 27% |
| 북부 | 25% | 28% |

① 분산형 차트

② 도넛형 차트

③ 영역형 차트

❹ 주식형 차트 (×)

→ 문제에서 주어진 데이터는 계열이 두 개이므로 주식형 차트에 적합하지 않음. 주식형 차트는 주가 변동을 나타낼 때 주로 사용하는 차트로, 기본적인 고가-저가-종가의 주식형 차트는 세 개의 계열이, 시가-고가-저가-종가를 나타내는 주식형 차트는 네 개의 계열이, 거래량-시가-고가-저가-종가를 나타내는 주식형 차트는 다섯 개의 계열이 필요함

## 37

↪ 노른자 066

다음 중 엑셀 작업 중에 발생할 수 있는 만일의 사태에 대비하고 파일을 복구하기 위한 방법으로 옳지 않은 것은?

① 현재 작업 중인 파일의 백업 파일이 생성되도록 [다른 이름으로 저장] 대화상자의 [도구]-[일반 옵션]에서 '백업 파일 항상 만들기'에 체크한다.

② 자동 복구를 활성화하여 파일이 원하는 주기마다 자동 저장되도록 설정한다.

❸ 자동 복구를 활성화한 경우 [검토] 탭-[정보]-[버전 관리]에서 작업 중인 파일의 이전 버전을 검토할 수 있다. (×)

→ 엑셀 2016에는 [검토] 탭-[정보] 그룹-[버전 관리]가 없음. 엑셀 2010에서는 [파일] 탭-[정보]-[버전 관리]를 제공하지만, 엑셀 2016에서는 [파일] 탭-[정보]-[통합 문서 관리]에서 작업 중인 파일의 이전 버전 및 작업을 검토하거나 되돌릴 수 있음

통합 문서 관리
저장되지 않은 변경 내용을 체크 인, 체크 아웃, 복구합니다.
오늘 오후 12:37(자동 저장)

④ 저장하지 않고 닫은 파일을 복구하려면 [Excel 옵션] 창의 '저장'에서 '저장하지 않고 닫은 경우 마지막으로 자동 저장된 버전을 유지' 확인란이 선택되어 있어야 한다.

## 38

↪ 노른자 113

다음 중 아래의 〈수정 전〉 차트를 〈수정 후〉 차트로 변경하기 위한 작업으로 옳은 것은?

〈수정 전〉

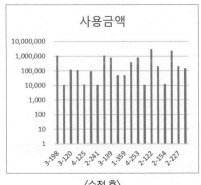

〈수정 후〉

① 차트의 종류를 누적 세로 막대형으로 바꾼다.

② 세로(값) 축의 표시 단위를 '10000000'으로 설정한다.

③ 세로(값) 축의 [축 서식]에서 축 옵션 '값을 거꾸로'를 선택한다.

❹ 세로(값) 축의 [축 서식]에서 축 옵션 '로그 눈금 간격'의 기준을 '10'으로 설정한다. (○)

→ '로그 눈금 간격'의 기준을 '10'으로 설정하여 〈수정 후〉 차트는 세로(값) 축이 열 배씩 증가하도록 로그 눈금 간격의 기준을 '10'으로 설정한 상태임

## 39

↪ 노른자 117

다음 중 [인쇄 미리 보기 및 인쇄]에 대한 설명으로 옳지 않은 것은?

① 인쇄 미리 보기를 끝내고 통합 문서로 돌아가려면 Esc를 누른다.

② 인쇄 및 미리 보기할 대상을 선택 영역, 활성 시트, 전체 통합 문서 중 선택할 수 있다.

③ 페이지 여백 표시는 가능하나 페이지 여백의 변경은 [페이지 설정] 대화상자에서만 설정할 수 있다. (×)
→ 페이지 여백은 인쇄 미리 보기에서도 변경할 수 있고, 여백 경계선을 마우스로 드래그하여 변경할 수도 있음

④ 용지 방향을 가로 방향과 세로 방향으로 바꿔가며 미리 보기할 수 있다.

# 40
➡ 노른자 117

다음 중 워크시트의 **인쇄 영역 설정**에 대한 설명으로 옳지 **않은** 것은?

① 인쇄 영역은 리본 메뉴의 [페이지 레이아웃] 탭이나 [페이지 설정] 대화상자의 [시트] 탭에서 설정할 수 있다.

② 인쇄 영역을 설정했더라도 인쇄 시 활성 시트 전체가 인쇄되도록 설정할 수 있다.

❸ 여러 시트에서 원하는 영역을 추가하여 인쇄 영역을 확대할 수 있다. (×)
→ 인쇄 영역은 하나의 시트에서만 설정할 수 있음

④ 여러 영역이 인쇄 영역으로 설정된 경우 설정한 순서대로 각기 다른 페이지에 인쇄된다.

**3과목** **데이터베이스 일반**

# 41
➡ 노른자 170

다음 중 **매크로**에 대한 설명으로 옳지 **않은** 것은?

① 매크로를 한 단계씩 이동하면서 매크로의 흐름과 각 동작에 대한 정보를 확인할 수 있다.

② Access의 매크로는 작업을 자동화하고 양식, 보고서 및 컨트롤에 기능을 추가할 수 있게 해 주는 도구이다.

③ 이미 매크로에 추가한 작업을 반복해야 하는 경우 매크로 동작을 복사하여 붙여넣으면 된다.

❹ 각 매크로는 하위 매크로를 포함할 수 없다. (×)
→ 매크로(Macro)는 반복적인 작업을 하나의 명령어로 지정하여 사용하는 기능으로, 각 매크로는 하위 매크로도 포함할 수 있음

# 42
➡ 노른자 174

다음 중 아래의 이벤트 프로시저에서 [Command1] 단추를 클릭했을 때의 실행 결과로 옳은 것은?

Private Sub Command1_Click( )
ㄴ 'Command1'을 클릭하면 아래쪽의 명령을 실행함

DoCmd.OpenForm "사원정보", acNormal
ㄴ '사원정보' 폼이 열림

DoCmd.GoToRecord , , acNewRec
ㄴ 특정 레코드로 이동    ㄴ 새 레코드를 추가할 수 있도록 빈 레코드의 첫 번째로 이동

End Sub

① [사원정보] 테이블이 열리고, 가장 마지막 행의 새 레코드에 포커스가 표시된다.

② [사원정보] 폼이 열리고, 첫 번째 레코드의 가장 왼쪽 컨트롤에 포커스가 표시된다.

③ [사원정보] 폼이 열리고, 마지막 레코드의 가장 왼쪽 컨트롤에 포커스가 표시된다.

❹ [사원정보] 폼이 열리고, 새 레코드를 입력할 수 있도록 비워진 폼이 표시된다.

# 43
➡ 노른자 127

다음 중 **데이터 중복성**에 대한 설명으로 옳지 **않은** 것은?

① 중복으로 인한 데이터 불일치 시 일관성을 잃게 된다.

② 중복된 값에 대해 같은 수준의 데이터 보안이 유지되어야 한다.

③ 중복이 많아질수록 갱신 비용이 높아질 수 있다.

❹ 제어가 분산되어 데이터 무결성을 유지하기 쉬워진다. (×)
→ 데이터가 중복되어 여러 곳에 저장되면 데이터의 무결성(Integrity)을 유지하기 어려워짐. 무결성은 데이터의 정확성을 의미함

## 44

↪ 노른자 130

**다음 중 관계 데이터 모델에 대한 설명으로 옳지 않은 것은?**

① 애트리뷰트가 취할 수 있는 같은 타입의 모든 원자값의 집합을 도메인이라 한다.

② 관계형 데이터베이스에서 릴레이션은 데이터들을 표(Table) 형태로 표현한 것이다.

③ 속성들로 구성된 튜플들 사이에는 순서가 없다.

❹ 애트리뷰트는 널(Null)값을 가질 수 없다. (×)
  → 애트리뷰트는 널(Null)값을 가질 수 있지만 기본 키에 속하는 애트리뷰트는 널(Null)값을 가질 수 없음. 널(Null)값을 갖게 하면 개체 무결성 위배로 연산이 거부됨

## 45

↪ 노른자 156, 164

**다음 중 보고서에서 원본 데이터로 테이블이나 쿼리를 선택하기 위한 속성은?**

① ODBC 데이터 원본

❷ 레코드 원본 (○)
  → 레코드 원본에서 사용할 데이터의 원본을 설정하며, 테이블이나 쿼리 등을 원본으로 설정할 수 있음

③ OLE DB 원본

④ 컨트롤 원본

## 46

↪ 노른자 167

**다음 중 보고서의 그룹화에 대한 설명으로 옳지 않은 것은?**

① 그룹 머리글과 그룹 바닥글에는 그룹별 요약 정보를 삽입할 수 있다.

② 그룹화 기준이 되는 필드는 데이터가 정렬되어 표시된다.

③ 보고서 마법사를 이용하여 기본적인 그룹화 보고서를 작성할 수 있다.

❹ 그룹화 기준은 한 개의 필드로만 지정할 수 있다. (×)
  → 필드나 식을 기준으로 최대 열 개까지 그룹화할 수 있고, 같은 필드나 식도 계속 그룹화할 수 있음

## 47

↪ 노른자 167

**다음 중 보고서의 그룹 바닥글 구역에 '=COUNT(*)'를 입력했을 때 출력되는 결과로 옳은 것은?**

❶ Null 필드를 포함한 그룹별 레코드 개수 (○)
  → 그룹 바닥글에 COUNT(*) 함수를 입력하면 Null 필드를 포함한 그룹별 개수를, 그룹 바닥글에 COUNT(필드명) 함수를 입력하면 Null 필드를 제외한 그룹별 개수를 표시함

② Null 필드를 포함한 전체 레코드 개수

③ Null 필드를 제외한 그룹별 레코드 개수

④ Null 필드를 제외한 전체 레코드 개수

## 48

↪ 노른자 166

**다음 중 보고서의 각 구역에 대한 설명으로 옳지 않은 것은?**

① '페이지 머리글'은 인쇄 시 모든 페이지의 맨 위에 출력되며, 모든 페이지에 특정 내용을 반복하려는 경우 사용한다.

❷ '보고서 머리글'은 보고서의 맨 앞에 한 번 출력되며, 함수를 이용한 집계 정보를 표시할 수 없다. (×)
  → 보고서 머리글은 첫 페이지의 위쪽에 한 번만 표시되며, 함수를 이용한 집계 정보를 표시할 수 있음

③ '그룹 머리글'은 각 새 레코드 그룹의 맨 앞에 출력되며, 그룹 이름이나 그룹별 계산 결과를 표시할 때 사용한다.

④ '본문'은 레코드 원본의 모든 행에 대해 한 번씩 출력되며, 보고서의 본문을 구성하는 컨트롤이 추가된다.

## 49

↱ 노른자 147

[평균성적] 테이블에서 '평균' 필드값이 90 이상인 학생들을 검색하여 '학년' 필드를 기준으로 내림차순, '반' 필드를 기준으로 오름차순 정렬하여 표시하고자 한다. 다음 중 아래 SQL문의 각 괄호 안에 넣을 예약어로 옳은 것은?

SELECT 학년, 반, 이름
  ㄴ 학년, 반, 이름 필드를 검색함

FROM 평균성적
  ㄴ 테이블명은 '평균성적'임

WHERE 평균 〉= 90
  ㄴ 평균이 90 이상인 레코드를 대상으로 함

( ㉠ ) 학년 ( ㉡ ) 반 ( ㉢ );
  ㄴ 정렬에 대한 설정임

① ㉠ GROUP BY ㉡ DESC ㉢ ASC

② ㉠ GROUP BY ㉡ ASC ㉢ DESC

❸ ㉠ ORDER BY ㉡ DESC ㉢ ASC (○)
  → ORDER BY는 정렬을 하기 위한 명령임. '학년' 필드를 기준으로 내림차순 정렬하려면 '학년'을 'DESC'로, '반' 필드를 기준으로 오름차순 정렬하려면 '반'을 'ASC'로 지정하거나 생략함

④ ㉠ ORDER BY ㉡ ASC ㉢ DESC

## 50

↱ 노른자 144

다음 중 요약 데이터를 보다 쉽게 이해할 수 있도록 합계, 평균 등의 집계 함수를 계산한 다음 데이터시트의 측면과 위쪽에 두 세트의 값으로 그룹화하는 쿼리 유형은?

① 선택 쿼리

❷ 크로스탭 쿼리 (○)
  → 엑셀의 피벗 테이블과 유사하며, 테이블의 특정 필드의 요약값(합계, 개수, 평균 등)을 표시함. 해당 값을 그룹별로 묶은 집합은 데이터시트의 왼쪽에, 또 하나의 집합은 데이터시트의 위쪽에 나열함

③ 통합 쿼리

④ 업데이트 쿼리

## 51

↱ 노른자 151

다음 중 아래 SQL문에 대한 설명으로 옳은 것은?

UPDATE 학생 SET 주소='서울'
  ㄴ [학생] 테이블의 주소 필드값을 '서울'로 변경

WHERE 학번=100;
  ㄴ 학번이 100인 레코드만 대상으로 함

① [학생] 테이블에 주소가 '서울'이고, 학번이 100인 레코드를 추가한다.

② [학생] 테이블에서 주소가 '서울'이고, 학번이 100인 레코드를 검색한다.

❸ [학생] 테이블에서 학번이 100인 레코드의 주소를 '서울'로 갱신한다. (○)
  → • UPDATE문에서는 특정 조건에 만족하는 튜플의 필드값을 변경할 수 있음
     • UPDATE문의 형식: UPDATE 테이블명 SET 속성명 = 데이터 WHERE 조건;

④ [학생] 테이블에서 주소가 '서울'인 레코드의 학번을 100으로 갱신한다.

## 52

↱ 노른자 145

다음 중 각 데이터 형식에 맞는 쿼리의 조건식으로 옳지 않은 것은?

① 숫자 데이터 형식인 경우: 〉=2000 AND 〈=4000

❷ 날짜 데이터 형식인 경우: 〈"2019-07-17" (×)
  → 날짜 데이터는 # 기호로 구분함. 2019년 7월 17일 이전인 경우 '〈#2019-07-17#'으로 표시함

③ 문자 데이터 형식인 경우: 〈 〉"성북구"

④ 문자 데이터 형식인 경우: In ("서울","부산")

## 53

노른자 150

**다음 중 두 테이블의 조인된 필드가 일치하는 행만 포함하여 보여주는 조인 방법은?**

① 간접 조인

❷ 내부 조인 (○)
- → 두 테이블에서 공통적으로 존재하는 레코드만 포함. 조인(Join)은 다수의 테이블에 있는 정보를 하나의 테이블에서 보기 위해 연결시킬 때 사용함

③ 외부 조인 (×)
- → 외부 조인에는 왼쪽 외부 조인(Left Outer Join), 오른쪽 외부 조인(Right Outer Join), 완전 외부 조인(Full Outer Join)이 있고, 두 테이블에 공통적으로 존재하지 않는 레코드도 포함됨

④ 중복 조인

## 54

노른자 135, 141

**다음 중 Access의 기본 키에 대한 설명으로 옳지 않은 것은?**

① 기본 키는 테이블의 [디자인 보기] 상태에서 설정할 수 있다.

② 기본 키로 설정된 필드에는 널(NULL) 값이 허용되지 않는다.

③ 기본 키로 설정된 필드에는 항상 고유한 값이 입력되도록 자동으로 확인된다.

❹ 관계가 설정되어 있는 테이블에서 기본 키 설정을 해제하면 해당 테이블에 설정된 관계도 삭제된다. (×)
- → 관계가 설정된 테이블의 기본 키는 해제할 수 없으며, 기본 키 설정을 해제하려면 먼저 관계를 해제(삭제)해야 함

## 55

노른자 134

**다음 중 '일련 번호' 데이터 형식에 관한 설명으로 옳지 않은 것은?**

① 새로운 레코드 추가 시 자동으로 번호가 부여된다.

② 해당 데이터 필드에 값이 입력되면 일련번호는 수정할 수 없다.

③ 삭제된 일련번호는 다시 부여되지 않는다.

❹ '일련 번호' 형식의 필드 크기는 변경할 수 없다. (×)
- → '일련 번호' 형식의 필드 크기는 기본적으로 정수(Long, 4바이트)로 지정됨. 필드 크기를 데이터 크기가 16바이트인 복제 ID로 변경할 수 있음

## 56

노른자 158

**다음 중 폼 작성 시 사용하는 컨트롤에 대한 설명으로 옳지 않은 것은?**

① 레이블 컨트롤은 제목이나 캡션 등의 설명 텍스트를 표현하기 위해 많이 사용된다.

❷ 텍스트 상자는 바운드 컨트롤로 사용할 수 있으나 언바운드 컨트롤로는 사용할 수 없다. (×)
- → 텍스트 상자는 기본적으로 언바운드 컨트롤로 작성됨. 텍스트 상자의 [속성 시트] 창을 열고 [데이터] 탭의 '컨트롤 원본' 속성에서 테이블 또는 쿼리의 필드를 지정하여 바운드 컨트롤로 사용할 수 있음

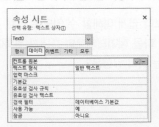

③ 목록 상자 컨트롤은 여러 개의 데이터 행으로 구성되며, 대개 몇 개의 행을 항상 표시할 수 있는 크기로 지정되어 있다.

④ 콤보 상자 컨트롤은 선택 항목 목록을 보다 간단한 방식으로 나타내기 위해 드롭다운 화살표를 클릭하기 전까지는 목록이 숨겨져 있다.

# 57

📌 노른자 138

다음 중 [학생] 테이블의 'S_Number' 필드 레이블이 [데이터 시트 보기] 상태에서는 '학번'으로 표시하고자 할 때 설정해야 할 항목은?

① 형식 (×)
→ 데이터의 표시 형식을 지정하는 속성

❷ 캡션 (○)
→ 제목 표시줄에 표시된 텍스트를 지정하는 속성

③ 스마트 태그 (×)
→ 스마트 태그는 'RFID'라고도 부르는데, 무선 주파수(RF; Radio Frequency)를 이용하여 물건이나 사람 등과 같은 대상을 식별 (IDentification)할 수 있도록 해 주는 기술이므로 문제와 관련이 없음

④ 입력 마스크 (×)
→ 데이터를 입력할 때 표시되는 형태와 제약 조건을 제시하는 속성

# 58

📌 노른자 160~161

다음 중 **폼에서 Tab을 누를 때 특정 컨트롤에는 포커스가 이동하지 않도록** 하기 위한 방법은?

① '탭 인덱스' 속성을 '0'으로 설정한다.

② '탭 정지' 속성을 '예'로 설정한다.

③ '탭 인덱스' 속성을 '−1'로 설정한다.

❹ '탭 정지' 속성을 '아니요'로 설정한다. (○)
→ '탭 정지'는 컨트롤 안에 커서가 들어가서 멈춘다는 의미로, 특정 컨트롤에 포커스가 이동하지 않게 하려면 '탭 정지' 속성을 '아니요'로 설정해야 함

# 59

📌 노른자 154, 161

다음 중 **폼 작성**에 대한 설명으로 옳지 **않은** 것은?

① 컨트롤 마법사를 사용하여 폼을 닫는 매크로 함수를 실행하는 '명령 단추'를 삽입할 수 있다.

② 폼에서 연결된 테이블의 레코드를 삭제한 경우 영구적인 작업이므로 되돌릴 수 없다.

❸ 폼에 컨트롤을 삽입하면 탭 순서가 위에서 아래로, 왼쪽에서 오른쪽 순으로 자동 지정된다. (×)
→ 폼에 컨트롤을 삽입하면 탭 순서는 컨트롤을 삽입한 순서대로 지정됨. 만약 왼쪽에서 오른쪽, 위쪽에서 아래쪽으로 탭 순서를 변경하려면 [탭 순서] 대화상자에서 [자동 순서] 단추를 클릭해야 함

④ 폼 디자인 도구를 이용하여 여러 컨트롤의 크기와 간격을 일정하게 설정할 수 있다.

# 60

📌 노른자 153~154

다음 중 **폼**에 대한 설명으로 옳지 **않은** 것은?

❶ 모든 폼은 기본적으로 테이블이나 쿼리와 연결되어 표시되는 바운드 폼이다. (×)
→ 모든 폼은 기본적으로 테이블이나 쿼리가 연결되지 않은 언바운드 폼으로 만들어지며, 폼의 레코드 원본 속성에 테이블이나 쿼리를 지정해야 바운드 폼이 됨

② 폼 내에서 단추를 눌렀을 때 매크로와 모듈이 특정 기능을 수행하도록 할 수 있다.

③ 일대다 관계에 있는 테이블이나 쿼리는 폼 안에 하위 폼을 작성할 수 있다.

④ 폼과 컨트롤의 속성은 [디자인 보기] 형식에서 [속성] 시트를 이용하여 설정한다.

# 답만 보는 제4회 기출문제

※ 수정 으로 표시된 문제는 개정 출제기준에 맞추어 수정한 문제입니다.

## 1과목 컴퓨터 일반

### 01
☞ 노른자 034

다음 중 컴퓨터 시스템에서 사용하는 가상기억장치(Virtual Memory)에 대한 설명으로 옳지 않은 것은?

① 보조기억장치 같은 큰 용량의 기억장치를 주기억장치처럼 사용하는 개념이다.

② 주기억장치의 용량보다 큰 프로그램의 실행을 가능하게 한다.

③ 주소 매핑(Mapping)이라는 작업이 필요하다.

❹ 주기억장치의 접근 시간을 최소화하여 시스템의 처리 속도가 빨라진다. (×)
→ 가상기억장치(Virtual Memory)는 주기억장치의 확장의 기능으로, 접근 시간과는 관련 없음

### 02
☞ 노른자 045

다음 중 멀티미디어에 대한 설명으로 옳지 않은 것은?

① 멀티미디어와 관련된 표준안은 그래픽, 오디오, 문서 등 매우 다양하다.

② 대표적인 정지 화상 표준으로는 손실, 무손실 압축 기법을 모두 사용할 수 있는 JPEG과 무손실 압축 기법을 사용하는 GIF가 있다.

❸ MPEG은 Intel이 개발한 동영상 압축 기술로, 용량이 작고 음질이 뛰어나다. (×)
→ MPEG은 동영상 압축 기술에 대한 국제 표준 규격임. 용량이 작고, 음질이 뛰어난 파일은 ASF, WMV로, 스트리밍 서비스를 제공하는 인터넷 방송국에서 주로 사용함. 인텔(Intel)에서 개발한 동영상 압축 기술은 DVI임

④ 스트리밍이 지원되는 파일 형식은 ASF, WMV, RAM 등이 있다.

### 03
☞ 노른자 028

다음 중 컴퓨터에서 사용하는 EBCDIC 코드에 대한 설명으로 옳지 않은 것은?

① 확장 이진화 10진 코드로, BCD 코드를 확장한 것이다.

② 특수 문자 및 소문자 표현이 가능하다.

③ 4비트의 존 부분과 4비트의 디지트 부분으로 구성된다.

❹ 최대 64개의 문자 표현이 가능하다. (×)
→ EBCDIC 코드는 8비트로 구성되어 최대 256개($2^8$)의 문자를 표현할 수 있음

### 04
☞ 노른자 046

다음 멀티미디어 용어 중 선택된 두 개의 이미지에 대해 하나의 이미지가 다른 이미지로 자연스럽게 변화하도록 하는 특수 효과를 뜻하는 것은?

① 렌더링(Rendering) (×)
→ 모형에 명암과 색상을 입힌 후 사실감을 더해서 3차원 애니메이션을 만드는 과정

② 안티앨리어싱(Anti-aliasing) (×)
→ 이미지의 가장자리가 톱니바퀴 모양으로 표현되는 계단 현상을 없애기 위하여 경계선을 부드럽게 해 주는 기술

❸ 모핑(Morphing)

④ 블러링(Bluring) (×)
→ 영상을 흐리게 만드는 작업

### 05
☞ 노른자 040

다음 중 컴퓨터 통신과 관련하여 P2P 방식에 관한 설명으로 옳은 것은?

❶ 인터넷에서 이루어지는 개인 대 개인의 파일 공유를 위한 기술이다. (○)
→ P2P(Peer-to-Peer, 동배 간 처리)는 중앙 서버를 거치지 않고 클라이언트 컴퓨터끼리 직접 통신하는 방식을 통칭함

② 인터넷을 통해 MP3를 제공해 주는 기술 및 서비스이다.

③ 인터넷을 통해 동영상을 상영해 주는 기술 및 서비스이다.

④ 여러 사용자가 동시에 온라인 게임을 할 수 있도록 제공해 주는 기술이다.

## 06
↱ 노른자 041

**다음 중 소스 코드까지 제공되어 사용자들이 자유롭게 수정하거나 변경할 수 있는 소프트웨어를 의미하는 것은?**

① 주문형 소프트웨어(Customized Software) (×)
→ 특정 단체 또는 개인의 요청에 의해 제작된 소프트웨어

❷ 오픈 소스 소프트웨어(Open Source Software)

③ 셰어웨어(Shareware) (×)
→ 일정 기간 동안에만 기능을 제한해서 배포하는 소프트웨어로, 무료로 사용하다가 일정 기간 사용해 보고 정식 프로그램을 구입할 수 있음

④ 프리웨어(Freeware) (×)
→ 무료로 사용 또는 배포가 가능한 소프트웨어로, 주로 인터넷을 통해 배포됨

## 07
↱ 노른자 012

**다음 중 바탕 화면의 바로 가기 메뉴 [개인 설정]을 선택하여 설정할 수 있는 작업에 대한 설명으로 옳지 않은 것은?**

① 바탕 화면의 배경, 창 색, 소리 등을 한 번에 변경할 수 있는 테마를 선택할 수 있다.

② 바탕 화면의 배경 이미지를 변경할 수 있다.

❸ 바탕 화면에 시계, 일정, 날씨 등과 같은 가젯을 표시하도록 설정할 수 있다. (×)
→ 가젯(Garget)은 바탕 화면에 시계, 날씨 등을 표시해서 사용하는 가벼운 단일 목적의 응용 프로그램임. 하지만 시스템에 침투한 해커가 가젯을 이용하여 컴퓨터를 완전히 제어할 수 있으므로 보안을 위하여 Windows 10에서는 더 이상 가젯을 지원하지 않음

④ 화면 보호기를 설정할 수 있다.

## 08
↱ 노른자 007

**다음 중 Windows 10에서 Ctrl 을 사용해야 하는 작업으로 옳지 않은 것은?**

① 마우스와 함께 사용하여 같은 드라이브 안의 다른 폴더로 파일이나 폴더를 복사할 때

② 마우스와 함께 사용하여 비연속적인 위치에 있는 여러 파일이나 폴더를 동시에 선택할 때

❸ 마우스와 함께 사용하여 다른 드라이브로 파일을 이동시킬 때 (×)
→ 다른 드라이브로 파일을 이동하려면 Shift 를 누른 상태에서 마우스로 해당 파일을 드래그해야 함

④ Esc 와 함께 사용하여 시작 메뉴를 표시하고자 할 때

## 09 수정
↱ 노른자 007

**다음 중 파일의 바로 가기 메뉴 [연결 프로그램]에 대한 설명으로 옳지 않은 것은?**

① 문서나 그림 같은 데이터 파일을 더블클릭할 때 자동으로 실행되는 앱을 의미한다.

② 파일의 바로 가기 메뉴에서 [연결 프로그램]을 선택하면 연결 프로그램을 변경할 수 있다.

③ 연결 프로그램이 지정되지 않았을 경우 데이터 파일을 더블클릭하면 연결 프로그램을 선택하기 위한 대화상자가 표시된다.

❹ [연결 프로그램] 대화상자에서 연결 프로그램을 삭제하면 연결된 데이터 파일도 함께 삭제된다. (×)
→ 연결 프로그램은 원본과 연결된 내용만 가지고 있음. 따라서 연결 프로그램을 삭제하면 연결된 내용만 삭제되고, 자체 원본 데이터 파일은 삭제되지 않음

## 10

➦ 노른자 058

다음 중 인터넷 서비스와 관련하여 FTP(File Transfer Protocol)에 관한 설명으로 옳지 않은 것은?

① 컴퓨터와 컴퓨터 사이에 파일을 주거나 받을 수 있는 원격 파일 전송 프로토콜이다.

② FTP 프로그램을 이용하여 FTP 서버에 파일을 전송하거나 수신하고, 파일의 삭제 및 이름 바꾸기 등을 할 수 있다.

③ Anonymous FTP는 FTP 서버에 계정이 없는 익명의 사용자도 접속하여 사용할 수 있는 서비스이다.

❹ 그림, 동영상, 실행 파일, 압축 파일 등은 ASCII 모드로 전송한다. (×)
  → 텍스트 파일은 ASCII 모드로, 그림 파일, 동영상 파일, 실행 파일, 압축 파일 등은 Binary 모드로 전송됨

## 11 [수정]

➦ 노른자 038

다음 중 Windows 10에서 하드디스크에 적용하는 [드라이브 오류 검사]에 관한 설명으로 옳지 않은 것은?

① 하드디스크 자체의 물리적 오류를 찾아서 복구하므로 완료하는 데 시간이 더 오래 걸릴 수 있다.

② 하드디스크 드라이브를 검사하는 동안에도 드라이브를 계속 사용할 수 있다.

❸ 하드디스크 문제로 인하여 컴퓨터 시스템이 오작동하는 경우나 바이러스의 감염을 예방할 수 있다. (×)
  → 하드디스크에 적용하는 오류 검사는 논리적, 물리적으로 손상되었는지 검사하고, 복구 가능한 오류인 경우 이것을 복구하는 기능으로, 바이러스의 감염 예방 기능과는 관련이 없음

④ 하드디스크의 [속성] 창-[도구] 탭에서 오류 검사를 실행할 수 있다.

## 12

➦ 노른자 044

다음 중 웹 프로그래밍 언어인 JSP에 대한 설명으로 옳지 않은 것은?

① 웹 서버에서 동적으로 웹 브라우저를 관리하는 스크립트 언어이다.

② 웹 환경에서 작동되는 웹 어플리케이션을 개발할 수 있다.

❸ JAVA 언어를 기반으로 하여 Windows 운영체제에서만 실행이 가능하다. (×)
  → JSP(Java Server Page)는 자바로 만든 서버 스크립트로, 다양한 운영체제에서 사용할 수 있음. ASP는 Windows 운영체제에서만 실행이 가능한 서버 스크립트 언어임

④ HTML 문서 안에서는 ⟨% … %⟩와 같은 형태로 작성된다.

## 13 [수정]

➦ 노른자 024

다음 중 Windows 10에 설치된 기본 프린터에 관한 설명으로 옳지 않은 것은?

① 프로그램에서 사용할 프린터를 지정하지 않고 인쇄 명령을 내렸을 때 컴퓨터가 자동으로 문서를 보내는 프린터이다.

❷ 여러 개의 프린터가 설치된 경우 네트워크 프린터와 로컬 프린터 각각 한 대씩을 기본 프린터로 설정할 수 있다. (×)
  → 기본 프린터는 무조건 한 대만 설정할 수 있음

③ 현재 설정되어 있는 기본 프린터를 다른 프린터로 변경할 수 있다.

④ 기본 프린터로 설정된 프린터도 삭제할 수 있다.

## 14

➦ 노른자 028

다음 중 컴퓨터의 계산 속도 단위가 느린 것에서 빠른 순서대로 옳게 나열된 것은?

① ms → ns → ps → $\mu$s

② ps → ns → ms → $\mu$s

③ $\mu$s → ms → ns → ps

❹ ms → $\mu$s → ns → ps (○)
  → 처리 속도 단위(느림 → 빠름):
    $ms(10^{-3}) \rightarrow \mu s(10^{-6}) \rightarrow ns(10^{-9}) \rightarrow ps(10^{-12}) \rightarrow fs(10^{-15}) \rightarrow as(10^{-18})$

## 15

➡ 노른자 036

**다음 중 컴퓨터에서 중앙처리장치와 입·출력장치 사이의 속도 차이로 인한 문제점을 해결해 주는 장치는?**

① 레지스터(Register) (×)
→ CPU(중앙처리장치)의 내부에서 처리할 명령어나 연산의 중간 결과값 등을 일시적으로 기억하는 소규모의 임시 기억장치

② 인터럽트(Interrupt) (×)
→ 프로그램을 실행하는 도중에 예기치 않은 상황이 발생할 경우 현재 실행 중인 작업을 잠시 중단하고 발생된 상황을 우선 처리한 후 실행 중이던 작업으로 복귀하여 처리하는 것

③ 콘솔(Console) (×)
→ 입력장치와 출력장치를 총칭하고 키보드와 모니터가 대표적인 콘솔임

❹ 채널(Channel)

## 16

➡ 노른자 058

**다음 중 스마트폰을 모뎀처럼 활용하는 방법으로, 컴퓨터나 노트북 등의 IT 기기를 스마트폰에 연결하여 무선 인터넷을 사용할 수 있게 하는 기능은?**

① 와이파이(Wi-Fi) (×)
→ 일정한 거리 안에 있는 전자기기들이 무선 랜(WLAN; Wireless Local Area Network)에 연결할 수 있게 하는 기술

② 블루투스(Bluetooth) (×)
→ 다양한 기기들이 무선 주파수를 이용하여 서로 통신하면서 정보를 교환할 수 있게 하는 기술

❸ 테더링(Tethering)

④ 와이브로(WiBro) (×)
→ 고정된 장소가 아니라 이동하면서 초고속 인터넷을 이용할 수 있는 무선 휴대 인터넷 서비스

## 17

➡ 노른자 037

**다음 중 컴퓨터에 설치된 프린터에서 인쇄가 수행되지 않을 경우의 문제 해결 방법으로 옳지 <u>않은</u> 것은?**

① 프린터 케이블의 연결 상태가 정상인지 확인한다.

② 프린터의 기종과 프린터의 등록 정보가 올바르게 설정되어 있는지 확인한다.

③ 프린터의 스풀 공간이 부족하여 에러가 발생한 경우에는 하드디스크에서 스풀 공간을 확보한다.

❹ CMOS 셋업에서 프린터의 설정이 제대로 되어 있는지 시험 인쇄를 하여 확인한다. (×)
→ CMOS 셋업은 컴퓨터의 하드웨어 사양을 CMOS RAM에 기록하는 작업으로, 프린터를 설정하는 메뉴는 없음

## 18 수정

➡ 노른자 064

**다음 중 Windows 10에서 [방화벽]이 수행하는 작업에 관한 설명으로 옳지 <u>않은</u> 것은?**

① 권한이 없는 사용자가 네트워크를 통해 컴퓨터에 액세스하는 것을 방지한다.

② 특정 연결 요청을 차단하거나 차단 해제하기 위해 사용자의 허가를 요청한다.

③ 사용자가 원할 경우 기록을 만들어 컴퓨터에 대해 성공한 연결 시도와 실패한 연결 시도를 기록한다.

❹ 위험한 첨부 파일이 있는 전자메일을 사용자가 열지 못하게 한다. (×)
→ Windows 10 방화벽에서는 전자메일을 사용자가 열지 못하게 설정하는 기능을 제공하지 않음. 방화벽(Firewall)은 외부 네트워크로부터 내부 네트워크를 보호하기 위한 인터넷 보안 시스템으로, 외부에서의 불법적인 접근을 막고 인증된 데이터의 교환만 이용함

## 19

➡ 노른자 061

**다음 중 정보보안을 위협하는 분산 서비스 거부 공격에 관한 설명으로 옳은 것은?**

① 네트워크 주변을 돌아다니는 패킷을 엿보면서 계정과 패스워드를 알아내는 행위 (×)
→ 스니핑(Sniffing)에 대한 설명

② 검증된 사람이 네트워크를 통해 데이터를 보낸 것처럼 데이터를 변조하여 접속을 시도하는 행위 (×)
→ 스푸핑(Spoofing)에 대한 설명

❸ 여러 장비를 이용하여 특정 서버에 대량의 데이터를 집중적으로 전송하여 정상적인 기능을 방해하는 행위

④ 키보드의 키 입력 시 캐치 프로그램을 사용하여 ID나 암호 정보를 빼내는 행위 (×)
→ 키로거(KeyLogger)에 대한 설명

## 20

➡ 노른자 035

다음 중 컴퓨터의 CMOS에서 설정할 수 있는 항목으로 옳지 않은 것은?

① 시스템 날짜와 시간

② 칩셋 설정

③ 부팅 순서

❹ Windows 로그인 암호 변경 (×)
   → Windows 로그인 암호는 [시작]( ) – [설정] – [계정] – [로그인 옵션]에서 변경함

---

### 2과목  스프레드시트 일반

## 21

➡ 노른자 073

다음 중 셀에 수식을 입력하는 방법에 대한 설명으로 옳지 않은 것은?

① 수식에서 통합 문서의 여러 워크시트에 있는 동일한 셀 범위 데이터를 이용하려면 3차원 참조를 사용한다.

② 계산할 셀 범위를 선택하여 수식을 입력한 후 Ctrl + Enter 를 누르면 선택한 영역에 수식을 한 번에 채울 수 있다.

❸ 수식을 입력한 후 결과값이 수식이 아닌 상수로 입력되게 하려면 수식을 입력한 후 바로 Alt + F9 를 누른다. (×)
   → 수식을 입력한 후 Enter 를 누르기 전에 F9 를 눌러야 결과값이 수식이 아닌 상수로 입력됨

④ 배열 상수에는 숫자나 텍스트 외에 'TRUE', 'FALSE' 등의 논리값 또는 '#N/A'와 같은 오류값도 포함될 수 있다.

## 22

➡ 노른자 091, 095

아래 워크시트에서 일자[A2:A7], 제품명[B2:B7], 수량[C2:C7], [A9:C13] 영역을 이용하여 금액[D2:D7]을 배열 수식으로 계산하고자 한다. 다음 중 [D2] 셀에 입력된 수식으로 옳은 것은? (단, 금액은 단가*수량으로 계산하며, 단가는 [A9:C13] 영역을 참조하여 구한다.)

| | A | B | C | D |
|---|---|---|---|---|
| 1 | 일자 | 제품명 | 수량 | 금액 |
| 2 | 10월 03일 | 허브차 | 35 | 52,500 |
| 3 | 10월 05일 | 아로마비누 | 90 | 270,000 |
| 4 | 10월 05일 | 허브차 | 15 | 22,500 |
| 5 | 11월 01일 | 아로마비누 | 20 | 80,000 |
| 6 | 11월 20일 | 허브차 | 80 | 160,000 |
| 7 | 11월 30일 | 허브차 | 90 | 180,000 |
| 8 | | | | |
| 9 | 제품명 | 월 | 단가 | |
| 10 | 허브차 | 10 | 1,500 | |
| 11 | 허브차 | 11 | 2,000 | |
| 12 | 아로마비누 | 10 | 3,000 | |
| 13 | 아로마비누 | 11 | 4,000 | |
| 14 | | | | |

❶ {=INDEX($C$10:$C$13,MATCH(MONTH(A2)&B2, $B$10:$B$13&$A$10:$A$13,0))*C2} (○)

   → ❶ [A2] 셀의 월과 [B2] 셀에 입력된 데이터를 연결하여 표시하면 결과값은 '10허브차'
   ❷ [B10:B13] 영역과 [A10:A13] 영역을 연결한 데이터에서 '10허브차'와 같은 값을 찾은 후 상대 위치를 표시하면 해당 영역에서 '10허브차'의 '10'이 첫 번째에 있으므로 결과값은 '1'
   ❸ ❷의 결과값을 대입하면 'INDEX($C$10:$C$13,1,0))'이 되고, [$C$10:$C$13] 영역에서 1행 0열이므로 결과값은 '1500'이 됨. 결과값 '1500'에 [C2] 셀의 값인 '35'를 곱하면 [D2] 셀의 금액은 '52,500'임

② {=INDEX($C$10:$C$13,MATCH(MONTH(A2)&B2, $A$10:$A$13,$A$10:$A$13,0))*C2} (×)
   → MATCH 함수의 인수는 세 개여야 하는데 네 개이므로 '이 함수에 대해 너무 많은 인수를 입력했습니다.'라는 오류 메시지가 발생함

③ {=INDEX($C$10:$C$13,MATCH(MONTH(A2),B2, $B$10:$B$13&$A$10:$A$13,0))*C2} (×)
   → MATCH 함수의 인수는 세 개여야 하는데 네 개이므로 '이 함수에 대해 너무 많은 인수를 입력했습니다.'라는 오류 메시지가 발생함

④ {=INDEX($C$10:$C$13,MATCH(MONTH(A2),B2, $A$10:$A$13&$B$10:$B$13,0))*C2} (×)
   → MATCH 함수의 인수는 세 개여야 하는데 네 개이므로 '이 함수에 대해 너무 많은 인수를 입력했습니다.'라는 오류 메시지가 발생함

## 23

↱ 노른자 068~069

**다음 중 워크시트 사용에 관한 설명으로 옳지 않은 것은?**

① 현재 워크시트의 앞이나 뒤의 시트를 선택할 때는 Ctrl + PageUp과 Ctrl + PageDown을 이용한다.

② 현재 워크시트의 왼쪽에 새로운 시트를 삽입할 때는 Shift + F11을 누른다.

③ 연속된 여러 개의 시트를 선택할 때는 첫 번째 시트를 선택하고 Shift를 누른 채 마지막 시트의 시트 탭을 클릭한다.

❹ 그룹으로 묶은 시트에서 복사하거나 잘라낸 모든 데이터는 다른 한 개의 시트에 붙여넣을 수 있다. (×)
　→ 그룹으로 묶은 시트에서 복사하거나 잘라낸 모든 데이터를 붙여넣으면 오류가 발생함

## 24

↱ 노른자 114

**다음 중 차트에 포함할 수 있는 추세선에 대한 설명으로 옳은 것은?**

❶ 추세선은 데이터의 추세를 그래픽으로 표시하고 예측 문제를 분석하는 데 사용된다.

② 3차원 차트에 추세선을 표시하기 위해 2차원 차트를 작성하여 추세선을 추가한 뒤에 3차원으로 변환한다. (×)
　→ 추세선이 표시된 2차원 차트를 3차원 차트로 변경하면 추세선이 삭제됨

③ 지수, 선형, 로그 등 세 가지 추세선 유형이 있다. (×)
　→ 추세선은 지수, 선형, 로그, 다항식, 거듭제곱, 이동 평균의 여섯 종류가 있음

④ 모든 종류의 차트에 추세선을 사용할 수 있다. (×)
　→ 원형, 3차원 효과의 영역형, 도넛형, 방사형, 표면형, 원통형, 원뿔형, 피라미드형 차트에는 추세선을 추가할 수 없음

## 25

↱ 노른자 067

**다음 중 화면 제어에 관한 설명으로 옳은 것은?**

❶ 틀 고정 구분선은 행 또는 열, 열과 행으로 모두 고정이 가능하다.

② 창 나누기는 항상 네 개로 분할되며 분할된 창의 크기는 마우스를 드래그하여 변경 가능하다. (×)
　→ 창 나누기는 하나의 시트를 두 개나 네 개의 영역으로 나눔

③ 틀 고정 구분선은 마우스를 드래그하여 위치를 변경할 수 있다. (×)
　→ 틀 고정 구분선은 마우스로 위치를 조정할 수 없음

④ 창 나누기는 [실행 취소] 명령으로 나누기를 해제할 수 있다. (×)
　→ 창 나누기는 [실행 취소] 명령이 아니라 기준선을 마우스로 더블클릭하여 해제할 수 있음

## 26

↱ 노른자 098~099

**다음 중 데이터의 필터 기능에 대한 설명으로 옳지 않은 것은?**

① 필터 기능은 조건을 기술하는 방법에 따라 자동 필터와 고급 필터로 구분할 수 있다.

❷ 자동 필터에서 조건 지정 시 각 열에 설정된 조건들은 OR 조건으로 묶여 처리된다. (×)
　→ 자동 필터에서 조건을 지정할 경우 각 열에 설정된 조건은 AND 조건으로 묶어서 처리함

③ 필터 기능은 많은 양의 자료에서 설정된 조건에 맞는 자료만 추출하여 나타내기 위한 기능이다.

④ 고급 필터를 이용하면 조건에 맞는 행에서 원하는 필드만 선택하여 다른 영역에 복사할 수 있다.

## 27

↪ 노른자 088

다음 중 다음과 같은 수학식을 표현하기 위한 엑셀 수식으로 옳은 것은?

$$\sqrt{16} \times (|-2| + 2^3)$$

① =POWER(16)*(ABS(-2)+SQRT(2,3))

② =SQRT(16)*(ABS(-2)+POWER(3,2))

❸ =SQRT(16)*(ABS(-2)+POWER(2,3)) (○)

    ❶       ❷         ❸

→ ❶ 16의 제곱근($\sqrt{16}$)

   ❷ -2의 절댓값(|-2|)

   ❸ 2의 3승($2^3$)

④ =POWER(16)*(ABS(-2)+SQRT(3,2))

## 28

↪ 노른자 101

다음 중 윤곽에 대한 설명으로 옳지 않은 것은?

① 윤곽 기호를 설정하면 그룹의 요약 정보만 또는 필요한 그룹의 데이터만 확인할 수 있어 편리하다.

❷ 그룹별로 요약된 데이터에서 [윤곽 지우기]를 실행하면 설정된 윤곽 기호와 함께 윤곽 설정에 사용된 요약 정보도 함께 제거된다. (×)

→ [윤곽 지우기]를 실행하면 설정된 윤곽 기호만 지워지고 요약 정보는 삭제되지 않음

③ [부분합]을 실행하면 각 정보 행 그룹의 바로 아래나 위에 요약 행이 삽입되고, 윤곽이 자동으로 만들어진다.

④ 그룹화하여 요약하려는 데이터 목록이 있는 경우 데이터에 최대 여덟 개 수준의 윤곽을 설정할 수 있으며, 한 수준은 각 그룹에 해당한다.

## 29

↪ 노른자 109

다음 중 아래의 피벗 테이블에 대한 설명으로 옳지 않은 것은?

| | A | B | C | D |
|---|---|---|---|---|
| 1 | 구분 | (모두) | | |
| 2 | 차종 | (모두) | | |
| 3 | | | | |
| 4 | 합계 : 통근거리 | | 부서 | |
| 5 | 이름 | 입사 | 영업부 | 총무부 |
| 6 | ⊟김연희 | | 16 | |
| 7 | | 1991 | 16 | |
| 8 | ⊟박은지 | | 24 | |
| 9 | | 1996 | 24 | |
| 10 | ⊟배철수 | | | 24 |
| 11 | | 1991 | | 24 |
| 12 | ⊟이지원 | | | 25 |
| 13 | | 1995 | | 25 |
| 14 | 총합계 | | 40 | 49 |
| 15 | | | | |

① 보고서 필터로 사용된 필드는 '구분'과 '차종'이다.

② 행 레이블로 사용된 필드는 '이름'과 '입사'이다.

③ 이지원은 '총무부'이며 통근거리는 '25'이다.

❹ 값 영역에 사용된 필드는 '부서'이다. (×)

→ '값' 영역에 사용된 필드는 '합계 : 통근거리'임

  • 보고서 필터: '구분', '차종'

  • '행' 레이블: '이름', '입사'

  • '열' 레이블: '부서'

아래 영역 사이에 필드를 끌어 놓으십시오.

| ▼ 필터 | ||| 열 |
|---|---|
| 구분 ▼ | 부서 ▼ |
| 차종 ▼ | |

| ≡ 행 | Σ 값 |
|---|---|
| 이름 ▼ | 합계 : 통근거리 ▼ |
| 입사 ▼ | |

## 30

↪ 노른자 075

다음 중 윗주에 대한 설명으로 옳지 않은 것은?

① 윗주는 셀에 대한 주석을 설정하는 것으로, 문자열 데이터가 입력되어 있는 셀에만 표시할 수 있다.

② 윗주는 삽입해도 바로 표시되지 않고 [홈] 탭-[글꼴] 그룹의 [윗주 필드 표시]를 선택해야만 표시된다.

❸ 윗주에 입력된 텍스트 중 일부분의 서식을 별도로 변경할 수 있다. (×)

→ 윗주의 서식을 변경할 수 있지만, 윗주의 서식 중 일부분만 변경할 수는 없음

④ 셀의 데이터를 삭제하면 윗주도 함께 삭제된다.

## 31

↪ 노른자 115, 117

다음 중 바닥글 영역에 페이지 번호를 인쇄하도록 설정된 여러 개의 시트를 출력하면서 전체 출력물의 페이지 번호가 일련번호로 이어지게 하는 방법으로 옳지 않은 것은?

① [인쇄 미리 보기 및 인쇄]의 '설정'을 '전체 통합 문서 인쇄'로 선택하여 인쇄한다.

② 전체 시트를 그룹으로 설정한 후 인쇄한다.

❸ 각 시트의 [페이지 설정] 대화상자에서 '일련번호로 출력'을 선택한 후 인쇄한다. (×)
→ [페이지 설정] 대화상자에는 '일련번호로 출력' 옵션이 없음

④ 각 시트의 [페이지 설정] 대화상자에서 '시작 페이지 번호'를 일련번호에 맞게 설정한 후 인쇄한다.

## 32

↪ 노른자 121

**다음 중 아래의 VBA 코드에 대한 설명으로 옳지 않은 것은?**

Private Sub Worksheet_Change(ByVal Target As Range)
  ∟ 코드는 셀의 값이 변화가 있을 때 실행

  If Target.Address = Range("a1").Address Then
    ∟ 현재 작업하고 있는 셀의 주소가 [A1] 셀이면 아래쪽 명령을 실행

    Target.Font.Color.Index = 5
      ∟ 현재 작업하고 있는 셀의 글꼴 색을 Color.Index가 '5'인 '파란색'으로 지정

    MsgBox Range("a1").Value & "입니다."
      ∟ [A1] 셀의 값과 '입니다.'를 연결한 메시지가 표시된 메시지 박스를 실행

  End If
End Sub

① 일반 모듈이 아닌 워크시트 이벤트를 사용한 코드이다.

❷ [A1] 셀을 선택하면 [A1] 셀의 값이 메시지 박스에 표시된다. (×)
→ [A1] 셀이 선택되었을 때가 아니라 변경되었을 때 [A1] 셀 값이 메시지 박스에 표시됨

③ VBA 코드가 작성된 워크시트에서만 동작한다.

④ [A1] 셀이 변경되면 [A1] 셀의 글꼴 색이 ColorIndex가 5인 색으로 변경된다.

## 33

↪ 노른자 115~117

다음 중 시트의 특정 범위만 항상 인쇄하는 경우에 대한 설명으로 옳지 않은 것은?

① 인쇄할 영역을 블록 설정한 후 [페이지 레이아웃] 탭−[페이지 설정] 그룹의 [인쇄 영역]−[인쇄 영역 설정]을 클릭한다.

❷ 인쇄 영역으로 설정되면 페이지 나누기 미리 보기에서는 설정된 부분만 표시된다. (×)
→ 페이지 나누기 미리 보기에서 인쇄 영역으로 설정된 부분은 정상적으로 밝게, 설정되지 않은 부분은 어둡게 표시됨

③ 인쇄 영역을 설정하면 자동으로 Print_Area라는 이름이 작성되며, 이름은 Ctrl + F3 또는 [수식] 탭−[정의된 이름] 그룹−[이름 관리자]에서 확인할 수 있다.

④ 인쇄 영역 설정은 [페이지 설정] 대화상자의 [시트] 탭에서 지정할 수 있다.

## 34

↪ 노른자 073

다음 중 아래 워크시트에서 [B1:B3] 영역의 문자열을 [B4] 셀에 목록으로 표시하여 입력하기 위한 키 조작으로 옳은 것은?

| | A | B |
|---|---|---|
| 1 | A | 오름세 |
| 2 | B | 보합세 |
| 3 | C | 내림세 |
| 4 | D | |
| 5 | E | 내림세 / 보합세 / 오름세 |
| 6 | F | |
| 7 | G | |
| 8 | | |

① Tab + ↓

② Shift + ↓

③ Ctrl + ↓

❹ Alt + ↓ (○)
→ Alt + ↓를 누르면 열에 입력된 문자열 목록이 표시됨

## 35

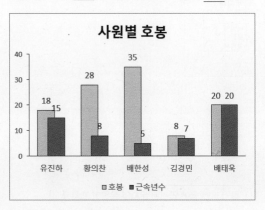

노른자 086, 090~091

**다음 중 수식의 결과가 옳지 않은 것은?**

① =FIXED(3456.789,1,FALSE) → 3,456.8 (○)

→ FIXED(숫자,자릿수,옵션)은 숫자를 반올림하여 지정된 자릿수까지
텍스트로 표시하는 함수로, '옵션'이 FALSE이거나 생략되면 텍스트
에 쉼표가 포함됨. 따라서 '3456.789'를 소수점 이하 첫째 자리까
지 표시되도록 반올림하면 결과값은 '3,456.8'

② =EOMONTH(DATE(2015,2,25),1) → 2015-03-31 (○)

→ ❶ DATE(년,월,일) 함수는 세 개의 인자를 받아 날짜로 표시하는 함
수로, '2015년 2월 25일'이 됨
❷ EOMONTH(시작일,개월 수)는 시작일로부터 특정한 개월 수 이
후의 마지막 날을 반환하는 함수로, 2015년 2월 25일에서 1개월
이후 달의 마지막 날짜인 '2015-03-31'이 표시됨

③ =CHOOSE(ROW(A3:A6),"동","서","남","북") → 남 (○)

→ ❶ ROW(셀 주소)는 셀의 행 번호를 나타내는 함수로, 'ROW(A3:A6)'
처럼 범위를 지정하면 범위의 첫 번째 셀인 [A3] 셀의 행 번호인 '3'
이 반환됨
❷ ❶의 결과값을 대입하면 'CHOOSE(3,"동","서","남","북")'이 되므
로 '동', '서', '남', '북' 중에서 세 번째 값인 '남'이 표시됨

❹ =REPLACE("February",SEARCH("U","Seoul-Unesco"),5,"") → Febru (×)

→ ❶ SEARCH(찾을 문자,문자열,시작 위치)는 '시작 위치'부터 '찾을
문자'를 '문자열'에서 찾아 위치를 표시하는 함수로, 영문자의 대·
소문자를 구분하지 않음. 따라서 'Seoul-Unesco'에서 'U'를 찾아
위치를 표시하면 결과값은 '4'
❷ ❶의 결과값을 대입하면 'REPLACE("February",4,5,"")'가 되므
로 'February'에서 네 번째 글자부터 다섯 글자를 빈칸으로 변경하
면 결과값은 'Feb'

## 36

노른자 112~113

**다음 중 아래 차트에 대한 설명으로 옳지 않은 것은?**

① 데이터 표식 항목 사이의 간격을 넓히기 위해서는 '간격
너비' 옵션을 현재 값보다 더 큰 값으로 설정한다.

❷ 데이터 계열 항목 안에서 표식이 겹쳐 보이도록 '계열 겹
치기' 옵션을 음수값으로 설정하였다. (×)

→ '계열 겹치기' 값은 -100~100까지 가능하며, 음수(-)로 지정할수
록 간격이 넓어지고, 양수(+)로 지정할수록 데이터 계열 막대가 겹
쳐짐. 위의 차트에서는 각 데이터 계열 막대가 겹쳐졌으므로 '계열
겹치기' 옵션을 양수값으로 설정했음

③ 세로(값) 축의 '주 눈금선'이 표시되지 않도록 설정하였다.

④ 레이블의 위치를 '바깥쪽 끝에'로 설정하였다.

## 37

노른자 095

**다음 중 아래 시트에서 부서별 인원수[H3:H6]를 구하기 위하
여 [H3] 셀에 입력되는 배열 수식으로 옳지 않은 것은?**

| | A | B | C | D | E | F | G | H |
|---|---|---|---|---|---|---|---|---|
| 1 | | | | | | | | |
| 2 | | 사원명 | 부서명 | 직위 | 급여 | | 부서별인원수 | |
| 3 | | 홍길동 | 개발1부 | 부장 | 3500000 | | 개발1부 | 3 |
| 4 | | 이대한 | 영업2부 | 과장 | 2800000 | | 개발2부 | 1 |
| 5 | | 한민국 | 영업1부 | 대리 | 2500000 | | 영업1부 | 1 |
| 6 | | 이겨레 | 개발1부 | 과장 | 3000000 | | 영업2부 | 2 |
| 7 | | 김국수 | 개발1부 | 부장 | 3700000 | | | |
| 8 | | 박미나 | 개발2부 | 대리 | 2800000 | | | |
| 9 | | 최신호 | 영업2부 | 부장 | 3300000 | | | |
| 10 | | | | | | | | |

① {=SUM(($C$3:$C$9=G3)*1)}

❷ {=DSUM(($C$3:$C$9=G3)*1)} (×)

→ DSUM 함수로는 배열 수식을 구할 수 없음

**조건이 한 개일 때 배열 수식으로 개수를 구하는 방법**
**방법1** {=SUM((조건)*1)}
**방법2** {=SUM(IF(조건,1))}
**방법3** {=COUNT(IF(조건,1))}

③ {=SUM(IF($C$3:$C$9=G3,1))}

④ {=COUNT(IF($C$3:$C$9=G3,1))}

## 38

노른자 080

**다음 중 셀에 입력된 데이터에 사용자 지정 표시 형식을 설정
한 후의 표시 결과로 옳은 것은?**

① 0.25 → 0#.#% → 0.25% (×)

→ 숫자 0.25에 100을 곱하여 결과값은 '25.%'

② 0.57 → #.# → 0.6 (×)

→ 소수점 앞의 #은 유효하지 않은 0을 표시하지 않으며, 소수점 뒤의
#은 하나이므로 반올림해서 결과값은 '.6'

❸ 90.86 → #,##0.0 → 90.9 (○)
→ 천 단위 구분 기호를 사용하고 소수점 이하 둘째 자리에서 반올림
하여 소수점 이하 첫째 자리까지 표시함. #은 유효한 자릿수만 나타
내고, 유효하지 않은 0은 표시하지 않으며, 0은 유효하지 않은 자릿
수와 유효하지 않은 0을 표시함

④ 100 → #,###;@"점" → 100점 (×)
→ 숫자일 때는 '#,###'이 적용되고, '"@점"'은 문자 데이터의 표시 위치
를 지정할 때 사용함. 따라서 100은 숫자이므로 사용자 표시 형식
'#,###'이 적용되어 결과값은 '100'

## 39
➦노른자 118~119

다음 중 매크로를 작성하고 사용하는 방법에 대한 설명으로 옳지 않은 것은?

① 매크로를 기록하는 경우 기본적으로 셀은 절대 참조로 기록되며, 상대 참조로 기록하고자 할 경우 '상대 참조로 기록'을 선택한 후 매크로 기록을 실행한다.

❷ 매크로에 지정된 바로 가기 키가 엑셀 고유의 바로 가기 키와 중복될 경우 엑셀 고유의 바로 가기 키가 우선한다. (×)
→ 매크로에 지정된 바로 가기 키가 엑셀 고유의 바로 가기 키와 중복
될 경우 매크로에 지정된 바로 가기 키가 우선함

③ 매크로를 기록하는 경우 실행하려는 작업을 완료하는 데 필요한 모든 단계가 매크로 레코더에 기록되며, 리본 메뉴에서의 탐색은 기록된 단계에 포함되지 않는다.

④ 개인용 매크로 통합 문서에 저장한 매크로는 엑셀을 시작할 때마다 자동으로 로드되므로 다른 통합 문서에서도 실행할 수 있다.

## 40
➦노른자 108

다음 중 시나리오에 대한 설명으로 옳지 않은 것은?

❶ 시나리오는 별도의 파일로 저장하고 자동으로 바꿀 수 있는 값의 집합이다. (×)
→ 시나리오는 별도의 파일로 저장되는 것이 아니라 별도의 워크시트
에 작성되며, 자동으로 바꿀 수 없음

② 시나리오를 사용하여 워크시트 모델의 결과를 예측할 수 있다.

③ 여러 시나리오를 비교하기 위해 시나리오를 한 페이지의 피벗 테이블로 요약할 수 있다.

④ 시나리오 피벗 테이블 보고서에는 결과 셀이 반드시 있어야 한다.

3과목 데이터베이스 일반

## 41
➦노른자 149

다음 중 폼이나 보고서의 특정 컨트롤에서 '=[단가]*[수량]*(1−[할인율])'과 같은 계산식을 사용하고, 계산 결과를 소수점 이하 첫째 자리까지 표시하고자 할 때 사용해야 할 함수는?

① Str( ) (×)
→ 입력한 데이터를 문자열로 변환하는 함수

② Val( ) (×)
→ 입력한 데이터를 숫자로 변환하는 함수

❸ Format( ) (○)
→ Format([단가]*[수량]*(1−[할인율]),"0.0"). 소수점 이하 첫째 자리
까지 표시하기 위해 함수식에 '"0.0"'을 입력함

④ DLookUp( ) (×)
→ 조건에 만족하는 필드값을 구하는 함수

## 42
➦노른자 131

다음 중 참조 무결성에 대한 설명으로 옳지 않은 것은?

① 참조 무결성은 참조하고 참조되는 테이블 간의 참조 관계에 아무런 문제가 없는 상태를 의미한다.

❷ 다른 테이블을 참조하는 테이블, 즉 외래 키 값이 있는 테이블의 레코드 삭제 시에는 참조 무결성이 위배될 수 있다. (×)
→ 외래 키 값이 있는 테이블의 레코드는 삭제해도 참조 무결성이 유지
되지만, 다른 테이블에 의해 참조되는 테이블의 레코드를 삭제할 때
는 참조 무결성이 위배됨

③ 다른 테이블을 참조하는 테이블의 레코드 추가 시 외래 키 값이 널(Null)인 경우에는 참조 무결성이 유지된다.

④ 다른 테이블에 의해 참조되는 테이블에서 레코드를 추가하는 경우에는 참조 무결성이 유지된다.

## 43

다음 중 그룹화된 보고서의 그룹 머리글과 그룹 바닥글에 대한 설명으로 옳지 않은 것은?

① 그룹 머리글은 각 그룹의 첫 번째 레코드 위에 표시된다.

② 그룹 바닥글은 각 그룹의 마지막 레코드 아래에 표시된다.

❸ 그룹 머리글에 계산 컨트롤을 추가하여 전체 보고서에 대한 요약값을 계산할 수 있다. (×)
→ 전체 보고서에 대한 요약값은 보고서 바닥글에 표시되고, 그룹 머리글이나 그룹 바닥글에는 그룹의 요약 정보가 표시됨

④ 그룹 바닥글은 그룹 요약과 같은 항목을 나타내는 데 효과적이다.

## 44

다음 중 하나의 필드에 할당되는 크기(바이트 수 기준)가 가장 작은 데이터 형식은?

❶ Yes/No (○) → 1Bit

② 날짜/시간 (×) → 8Byte

③ 통화 (×) → 8Byte

④ 일련 번호 (×) → 4Byte

## 45

다음 중 기본 키(Primary Key)에 대한 설명으로 옳은 것은?

① 모든 테이블에는 기본 키를 반드시 설정해야 한다. (×)
→ 테이블에 기본 키를 설정하지 않을 수도 있음

② 액세스에서는 단일 필드 기본 키와 일련번호 기본 키만 정의 가능하다. (×)
→ 액세스에서는 단일 필드 기본 키, 다중 필드 기본 키, 그리고 일련번호 기본 키를 정의할 수 있음

❸ 데이터가 이미 입력된 필드도 기본 키로 지정할 수 있다.

④ OLE 개체나 첨부 파일 형식의 필드에도 기본 키를 지정할 수 있다. (×)
→ OLE 개체나 첨부 파일 형식의 필드에는 기본 키를 지정할 수 없음

## 46

다음 중 폼을 디자인 보기나 데이터시트 보기로 열기 위해 사용하는 매크로 함수는?

① RunCommand (×) → 액세스에서 제공하는 명령을 실행하는 함수

❷ OpenForm

③ RunMacro (×) → 매크로를 실행하는 함수

④ RunSQL (×) → SQL문을 실행하는 함수

## 47

다음 중 직원(사원번호, 부서명, 이름, 나이, 근무년수, 급여) 테이블에서 '근무년수'가 3 이상인 직원들을 나이가 많은 순서대로 조회하되, 같은 나이일 경우 급여의 오름차순으로 모든 필드를 표시하는 SQL문은?

① select * from 직원 where 근무년수 〉= 3 order by 나이, 급여

② select * from 직원 order by 나이, 급여 where 근무년수 〉= 3

③ select * from 직원 order by 나이 desc, 급여 asc where 근무년수 〉= 3

❹ select * from 직원 where 근무년수 〉= 3 order by 나이 desc, 급여 asc (○)
❶ ❷ ❸ ❹

→ • ❶ 모든 필드 검색 ❷ [직원] 테이블에서 검색 ❸ '근무년수'가 3년 이상 ❹ 나이가 많은 순(내림차순, desc)으로 조회하되, 나이가 같으면 급여의 오름차순(asc)으로 검색
• SELECT문의 기본 형식: SELECT 속성명 FROM 테이블명 [WHERE 조건] [ORDER BY 조건]

## 48

다음 중 하위 폼에 관한 설명으로 옳지 않은 것은?

❶ 하위 폼은 기본 폼 안에서만 존재하며, 별도의 독립된 폼으로 열 수 없다. (×)
→ 하위 폼은 기본 폼 안에 있는 폼으로, 테이블이나 쿼리의 필드를 이용하거나 이미 만들어져 있는 폼을 이용해 작성할 수 있음. 이미 만들어져 있는 폼은 별도로 존재하기 때문에 독립된 폼으로도 열 수 있음

② 일대다 관계가 설정되어 있는 테이블이나 쿼리를 효과적으로 사용하기 위하여 사용한다.

**144** 답만 보는 정기시험 기출문제

③ 하위 폼은 보통 일대다 관계에서 '다'에 해당하는 테이블이나 쿼리를 원본으로 한다.

④ 연결 필드의 데이터 형식과 필드 크기는 같거나 호환되어야 한다.

③ 그룹화한 데이터에 대해 레코드 개수, 합계, 평균 등을 계산할 수 있다.

❹ 열 머리글로 사용될 필드는 여러 개를 지정할 수 있지만, 행 머리글로 사용할 필드는 하나만 지정할 수 있다. (×)
→ 열 머리글이나 값은 하나씩만, 행 머리글은 세 개까지 지정할 수 있음

## 49

➦ 노른자 173~174

다음 중 현재 폼에서 [cmd숨기기] 단추를 클릭하는 경우 DateDue 컨트롤이 표시되지 않도록 하기 위한 이벤트 프로시저로 옳은 것은?

① Private Sub cmd숨기기_Click( )
　　Me.[DateDue]!Visible = False
　End Sub

② Private Sub cmd숨기기_DblClick( )
　　Me!DateDue.Visible = True
　End Sub

❸ Private Sub cmd숨기기_Click( ) ─ ❶
　　Me![DateDue].Visible = False
　　　　　❷
　End Sub (○)　　　　❸

→ ❶ 'cmd숨기기' 단추를 클릭했을 때 발생하는 이벤트 프로시저
　❷ 현재 폼에서 DateDue 컨트롤의 Visible 속성값. 개체명과 컨트롤명은 느낌표(!)로 구분하고, 컨트롤에 속성을 지정할 때는 마침표(.)로 연결함
　❸ 폼이나 보고서 컨트롤의 경우 'Visible=False'로 지정하면 표시되지 않고, 'Visible=True'로 지정하면 표시됨. 여기서는 'Visible=False'로 지정했으므로 DateDue 컨트롤이 표시되지 않음

④ Private Sub cmd숨기기_DblClick( )
　　Me.DateDue!Visible = True
　End Sub

## 50

➦ 노른자 152

다음 중 크로스탭 쿼리에 대한 설명으로 옳지 않은 것은?

① 쿼리 결과를 Excel 워크시트와 비슷한 표 형태로 표시하는 특수한 형식의 쿼리이다.

② 맨 왼쪽에 세로로 표시되는 행 머리글과 맨 위에 가로 방향으로 표시되는 열 머리글로 구분하여 데이터를 그룹화한다.

## 51

➦ 노른자 151

다음 중 실행 쿼리의 삽입(INSERT)문에 대한 설명으로 옳지 않은 것은?

❶ 한 개의 INSERT문으로 여러 개의 레코드를 여러 개의 테이블에 동일하게 추가할 수 있다. (×)
→ 한 개의 INSERT문으로 여러 개의 레코드를 하나의 테이블에 추가할 수 있지만, 여러 개의 테이블에 동일하게 추가할 수는 없음

② 필드값을 직접 지정하거나 다른 테이블의 레코드를 추출하여 추가할 수 있다.

③ 레코드의 전체 필드를 추가할 경우 필드 이름을 생략할 수 있다.

④ 하나의 INSERT문을 이용해 여러 개의 레코드와 필드를 삽입할 수 있다.

## 52

➦ 노른자 137

다음 중 쿼리에서 사용하는 문자열 조건에 대한 설명으로 옳지 않은 것은?

① "수학" or "영어": "수학"이나 "영어"인 레코드를 찾는다.

② LIKE "서울*": "서울"이라는 문자열로 시작하는 필드를 찾는다.

❸ LIKE "*신림*": 문자열의 두 번째가 "신"이고 세 번째가 "림"인 문자열을 찾는다. (×)
→ Like "*신림*": '신림'이라는 단어를 포함하는 문자열을 검색함
　• * 또는 %: 모든 문자를 대표함
　• ? 또는 _: 한 자리의 문자를 대표함
　• #: 한 자리의 숫자를 대표함
　• LIKE "?혜영?": 문자열에서 두 번째 문자가 '혜'이고 세 번째 문자가 '영'인 문자열을 검색함

④ NOT "전산과": 문자열의 값이 "전산과"가 아닌 문자열을 찾는다.

## 53

➡ 노른자 140~141

입사 지원자의 정보를 DB화하기 위해 테이블을 설계하고자 한다. 다음 중 한 명의 지원자가 여러 개의 이력이나 경력 사항을 갖는 경우 가장 적절한 테이블 구조는?

① 지원자(지원자ID, 이름, 성별, 생년월일, 연락처)
경력(경력ID, 회사, 직무, 근무기간)

❷ 지원자(지원자ID, 이름, 성별, 생년월일, 연락처)
경력(경력ID, 지원자ID, 회사, 직무, 근무기간) (○)
→ 한 명의 지원자가 여러 개의 경력을 소유한 일대다의 관계. 이 경우에는 [지원자] 테이블의 기본 키를 [경력] 테이블의 외래 키로 추가해야 함. 따라서 [지원자] 테이블의 기본 키로 볼 수 있는 '지원자 ID'를 [경력] 테이블에 추가해야 함

③ 지원자(지원자ID, 이름, 성별, 생년월일, 연락처, 회사, 직무, 근무기간)

④ 지원자(지원자ID, 이름, 성별, 생년월일, 연락처, 회사1, 직무1, 근무기간1, 회사2, 직무2, 근무기간2, 회사3, 직무3, 근무기간3)

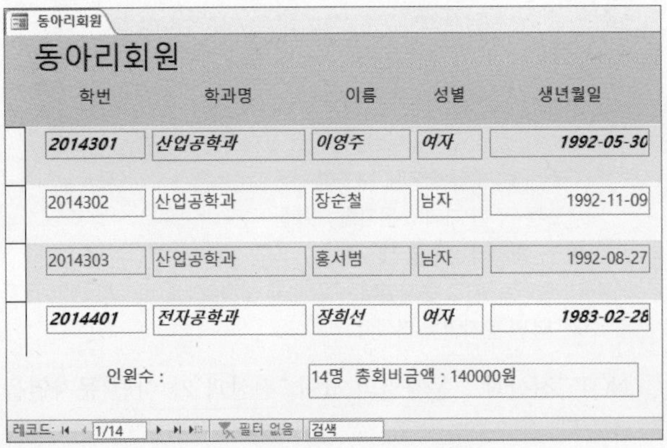

① 본문 영역에서 '성별' 컨트롤을 선택한 후 조건부 서식에서 규칙으로 '필드 값이', '다음 값과 같음', 값을 '여자'로 지정한 후 서식을 설정한다. (×)
→ 본문 영역에서 '성별' 컨트롤을 선택하고 조건부 서식을 지정하면 본문의 '성별' 필드에만 서식이 지정됨

❷ 본문 영역의 모든 컨트롤들을 선택한 후 조건부 서식에서 규칙으로 조건식을 [성별]='여자'로 지정한 후 서식을 설정한다.

③ 본문 영역의 모든 컨트롤들을 선택한 후 조건부 서식에서 규칙으로 '필드 값이', '다음 값과 같음', 값을 '여자'로 지정한 후 서식을 설정한다. (×)
→ 모든 컨트롤을 선택하고 조건부 서식을 지정했지만, 규칙으로 '필드 값'을 지정했으므로 지정된 '성별' 필드에만 서식이 지정됨

④ 테이블의 [데이터시트 보기]에서 여자 회원 레코드들을 모두 선택한 후 서식을 설정한다. (×)
→ 테이블의 [데이터시트 보기]에서는 조건부 서식을 지정할 수 없음

## 54

➡ 노른자 160, 162

다음 중 동아리 회원 목록을 표시하는 '동아리회원' 폼에서 아래 그림과 같이 여자 회원인 경우 본문 영역의 모든 컨트롤들의 글꼴 서식을 굵게, 기울임꼴로 표시하는 방법으로 적절한 것은?

| 동아리회원 | | | | |
| --- | --- | --- | --- | --- |
| 학번 | 학과명 | 이름 | 성별 | 생년월일 |
| *2014301* | *산업공학과* | *이영주* | *여자* | *1992-05-30* |
| 2014302 | 산업공학과 | 장순철 | 남자 | 1992-11-09 |
| 2014303 | 산업공학과 | 홍서범 | 남자 | 1992-08-27 |
| *2014401* | *전자공학과* | *장희선* | *여자* | *1983-02-28* |

인원수 : ___ 14명 총회비금액 : 140000원

레코드: ◄ 1/14 ► ►I ►* 필터 없음 검색

## 55

➡ 노른자 138

폼의 각 컨트롤에 포커스가 위치할 때 입력 모드를 '한글' 또는 '영숫자 반자'로 각각 지정하고자 한다. 다음 중 이를 위해 설정해야 할 컨트롤 속성은?

① 엔터키 기능(EnterKey Behavior) (×)
→ 입력란 컨트롤에서 Enter를 눌렀을 때 수행할 작업을 설정

② 상태 표시줄(StatusBar Text) (×)
→ 컨트롤이 활성화될 때 상태 표시줄에 표시할 메시지를 설정

③ 탭 인덱스(Tab Index) (×)
→ 컨트롤의 탭(Tab) 순서를 기본적으로 컨트롤 생성 순서대로 설정함

❹ IME 모드(IME Mode)

## 56

↪노른자 149

아래와 같이 보고서의 그룹 바닥글에 도서의 총 권수와 정가의 합계를 인쇄하고자 한다. 다음 중 총 권수와 정가 합계 두 컨트롤의 수식으로 옳은 것은?

| 출판사: 다림[(02)860-2000] | | | |
|---|---|---|---|
| 도서코드 | 도서명 | 저자 | 정가 |
| A547 | 자전거 도둑 | 박완서 | 7000 |
| A914 | 와인 | 김준철 | 25000 |
| | 총 : 2권 | 정가합계 : | 32000 |

① =Count([정가]) & "권", =Total([정가])

② =CountA([정가]) & "권", =Sum([정가])

③ =CountA([도서명]) & "권", =Total([정가])

❹ =Count(*) & "권", =Sum([정가]) (○)

→ 함수식 '=Count(*) & "권"'은 총 권수를, '=Sum([정가])'는 정가 합계를 구함

## 57

↪노른자 132

다음 중 정규화에 대한 설명으로 옳지 않은 것은?

① 대체로 더 작은 필드를 갖는 테이블로 분해하는 과정이다.

② 데이터 중복을 최소화하기 위한 작업이다.

❸ 정규화를 통해 테이블 간의 종속성을 높이기 위한 것이다. (×)

→ 하나의 릴레이션의 속성이 다양한 종속성과 중복성을 갖게 되면 릴레이션 조작 시 예기치 못한 이상 현상이 발생할 가능성이 높아짐. 따라서 이러한 이상 현상을 제거하기 위하여 중복성 및 종속성을 배제시키는 방법으로 정규화(Normalization)를 사용함

④ 추가, 갱신, 삭제 등 작업 시의 이상 현상(Anomaly)이 발생하지 않도록 하기 위한 것이다.

## 58

↪노른자 133, 144, 153, 170

다음 중 Access의 개체에 대한 설명으로 옳지 않은 것은?

① 쿼리는 폼이나 보고서의 원본 데이터로 사용할 수 있다.

② 폼은 테이블이나 쿼리 데이터의 입·출력 화면을 작성한다.

③ 매크로는 모듈에 비해 복잡한 작업을 처리하기 위해 프로그램을 직접 작성하는 것이다. (×)

→ 모듈이 매크로에 비해 복잡한 작업을 처리하기 위해 프로그램을 직접 작성하는 것임. 매크로는 테이블, 쿼리, 폼, 보고서 등 액세스의 각 개체들을 효율적으로 자동화할 수 있도록 미리 정의된 기능을 사용함

④ 테이블은 데이터를 저장하는 데 사용하는 데이터베이스 개체로, 레코드 및 필드로 구성된다.

## 59

↪노른자 168

다음 중 보고서에서 '페이지 번호'를 표현하는 식과 그 결과의 연결이 옳은 것은? (단, 전체 페이지는 3이고, 현재 페이지는 1이다.)

① =[Page] → 3 (×)

→ 1

② =[Page]& "페이지" → 1& 페이지 (×)

→ 1페이지

③ =Format([Page], "000") → 1000 (×)

→ 'Format(식,형식)'은 계산 결과에 표시 형식을 지정하는 함수로, 위의 함수식의 경우 결과값은 '001'

❹ =[Page]& "/"& [Pages]& "페이지" → 1/3페이지 (○)

→ • [Page]: 현재 페이지 표시
  • [Pages]: 전체 페이지 표시
  • &: 식이나 문자열 연결
  • 큰따옴표(" "): 큰따옴표 안의 내용을 그대로 표시

## 60

↪노른자 164

다음 중 액세스의 보고서에 대한 설명으로 옳은 것은?

① 보고서 머리글과 보고서 바닥글의 내용은 모든 페이지에 출력된다. (×)

→ 보고서 머리글은 첫 페이지의 위쪽에, 보고서 바닥글은 마지막 페이지의 아래쪽에 한 번만 출력됨

❷ 보고서에서도 폼에서와 같이 이벤트 프로시저를 작성할 수 있다.

③ 보고서의 레코드 원본으로 테이블, 쿼리, 엑셀과 같은 외부 데이터, 매크로 등을 지정할 수 있다. (×)

→ 보고서는 레코드 원본으로 테이블, 쿼리, SQL문을 사용함

④ 컨트롤을 이용하지 않고도 보고서에 테이블의 데이터를 표시할 수 있다. (×)

→ 보고서는 컨트롤을 이용하여 테이블의 데이터를 표시할 수 있음

# 답만 보는 제5회 기출문제

※ 수정 으로 표시된 문제는 개정 출제기준에 맞추어 수정한 문제입니다.

## 1과목 컴퓨터 일반

### 01
노른자 031

다음 중 마이크로프로세서(Microprocessor)에 관한 설명으로 옳지 않은 것은?

❶ 제어장치, 연산장치, 주기억장치가 하나의 반도체 칩에 내장된 장치이다. (×)
→ 마이크로프로세서(Microprocessor)는 하나의 칩(Chip)에 연산장치와 중앙처리장치의 제어 기능을 집적하여 연산과 제어를 실행할 수 있도록 한 장치. 주기억장치는 기억장치에 속하므로 마이크로프로세서에 내장된 장치가 아님

② 클록 주파수와 내부 버스의 폭(Bandwidth)으로 성능을 평가한다.

③ 개인용 컴퓨터의 중앙처리장치로 사용된다.

④ 작은 규모의 임베디드 시스템이나 휴대용 기기에도 사용된다.

### 02
노른자 030

다음 중 컴퓨터의 연산장치에 있는 레지스터에 관한 설명으로 옳지 않은 것은?

① 2진수 덧셈을 수행하는 가산기(Adder)가 있다.

② 뺄셈을 수행하기 위해 입력된 값을 보수로 변환하는 보수기(Complementor)가 있다.

③ 연산 결과를 일시적으로 저장하는 누산기(Accumulator)가 있다.

❹ 연산에 사용될 데이터를 기억하는 상태 레지스터(Status Register)가 있다. (×)
→ 상태 레지스터는 연산 실행 결과의 자리올림이나 오버플로(Overflow) 등의 다양한 상태를, 데이터 레지스터는 연산에 사용될 데이터를 기억하는 레지스터임(=플래그 레지스터)

### 03 수정
노른자 064

다음 중 Windows 10의 방화벽 기능에 대한 설명으로 옳지 않은 것은?

① 통신을 허용할 프로그램 및 기능에 대한 설정을 할 수 있다.

② 각 네트워크 위치 유형에 따른 외부 연결의 차단과 알림을 설정할 수 있다.

❸ 내 컴퓨터에서 외부로 나가는 패킷의 내용을 체크하여 인증된 패킷만 내보내도록 설정할 수 있다. (×)
→ 방화벽은 외부 네트워크부터 내부 네트워크를 보호하기 위해 게이트웨이에 설치되는 접속장치나 기능으로, 외부에서의 불법적인 접근을 막고 인증된 데이터의 교환만 이용하는 방식

④ 역추적 기능으로 외부 침입자의 흔적을 찾을 수 있다.

### 04 수정
노른자 015

다음 중 Windows 10의 [설정]-[시스템]에서 실행 가능한 작업에 대한 설명으로 옳지 않은 것은?

① Windows의 버전과 시스템에 대한 기본 정보를 확인할 수 있다.

② Windows 정품 인증을 위한 제품키를 변경할 수 있다.

③ 네트워크에서 확인 가능한 사용자 컴퓨터 이름을 변경할 수 있다.

❹ 컴퓨터에 설치된 앱을 설치하거나 제거할 수 있다. (×)
→ 컴퓨터에 설치된 앱은 [시작]([■])-[설정]-[앱]-[앱 및 기능]에서 제거할 수 있음

## 05 [수정]

→ 노른자 037

다음 중 Windows 10에서 하드디스크의 용량 부족 문제가 발생했을 때의 해결 방법으로 적절하지 않은 것은?

① 사용 빈도가 낮은 파일은 백업한 후 하드디스크에서 삭제한다.

❷ 바이러스에 감염된 파일을 모두 삭제한다. (×)
  → 바이러스에 감염된 파일은 먼저 백신으로 치료하고, 치료가 불가능할 경우에는 추가적인 감염을 예방하기 위하여 삭제해야 함

③ 사용하지 않는 Windows 구성 요소를 제거한다.

④ 디스크 정리를 수행하여 불필요한 파일을 삭제한다.


## 06 [수정]

→ 노른자 007

다음 중 Windows 10의 파일 탐색기에서 검색 상자를 사용하여 파일이나 폴더를 찾는 방법으로 옳지 않은 것은?

① 검색 상자에서 찾으려는 파일이나 폴더명을 입력하면 자동으로 필터링되어 결과가 표시된다.

❷ 검색 내용에 '$'를 붙이면 해당 내용이 포함되지 않은 파일이나 폴더를 검색한다. (×)
  → 해당 내용이 포함되지 않은 것을 검색하려면 '–'을 붙여야 함

③ '*'나 '?' 등의 와일드카드 문자를 사용하여 파일이나 폴더를 검색할 수 있다.

④ 특정 파일 그룹을 정기적으로 검색하는 경우 검색 저장 기능을 이용하면 다음에 사용할 때 원래 검색과 일치하는 최신 파일을 표시해 준다.


## 07 [수정]

→ 노른자 011

다음 중 Windows 10의 레지스트리에 관한 설명으로 옳지 않은 것은?

① 컴퓨터에 설치된 모든 하드웨어와 소프트웨어의 실행 정보를 관리하는 데이터베이스이다.

② 레지스트리 정보는 Windows가 작동하는 동안 지속적으로 참조된다.

❸ Windows에 탑재된 레지스트리 편집기는 'reg.exe'이다. (×)
  → Windows 10에 탑재된 레지스트리 편집기는 'regedit.exe'임

④ 레지스트리에 문제가 발생하면 시스템 부팅이 안 될 수도 있다.


## 08

→ 노른자 044

다음 중 서버에 데이터를 전송하기 전 아이디나 비밀번호의 입력 여부 또는 수량 입력과 같은 입력 사항을 확인할 때 사용하는 웹 프로그래밍 언어로 가장 적절한 것은?

① CSS (×)
  → CSS(Cascading Style Sheets)는 HTML 요소들이 각종 미디어에서 어떻게 보이는지를 정의하는 데 사용되는 종속형 스타일시트 언어

② UML (×)
  → UML(Unified Modeling Language)은 요구 분석, 시스템 설계, 시스템 구현 등의 시스템 개발 과정에서 개발자 간에 원활하게 의사소통하기 위하여 표준화한 모델링 언어

❸ Java Script (○)
  → Java Script는 사용자로부터 특정 값을 입력받아 동적으로 처리할 수 있는 객체 기반 언어

④ VRML (×)
  → VRML(Virtual Reality Modeling Language)은 가상 현실 모델링 언어로, 웹에서 3차원 가상 공간을 표현하고 조작할 수 있게 함. 즉 2차원적인 웹 기반 정보의 구성 형태나 모델 등에 3차원적 개념을 도입해 실제 세계에 가깝도록 가상 현실을 구현할 수 있음


## 09

→ 노른자 040

다음 중 컴퓨터에서 사용되는 운영체제의 목적에 관한 설명으로 옳지 않은 것은?

① 시스템에 작업을 의뢰한 시간부터 처리가 완료될 때까지 걸린 시간을 의미하는 반환 시간의 단축이 요구된다.

② 일정 시간 안에 시스템이 처리하는 일의 양을 의미하는 처리 능력의 향상이 요구된다.

③ 시스템이 주어진 문제를 정확하게 해결하는 정도를 의미하는 신뢰도의 향상이 요구된다.

❹ 시스템을 사용할 수 있는 사용자의 수를 의미하는 사용 가능도의 향상이 요구된다. (×)
  → 사용 가능도(Availability)는 사용자가 시스템을 필요로 할 때 즉시 사용할 수 있는지를 나타내는 특성임. 사용 가능도가 뛰어나면 시스템이 고장 나고 오류가 발생해도 영향을 받지 않아 시스템을 중단하지 않고 운영할 수 있음

## 10

→ 노른자 033

다음 중 컴퓨터에서 하드디스크를 연결하는 SATA 방식에 관한 설명으로 옳지 않은 것은?

① 직렬 인터페이스 방식을 사용한다.

② PATA 방식보다 데이터 전송 속도가 빠르다.

③ 핫 플러그인 기능을 지원한다.

❹ EIDE는 일반적으로 SATA를 의미한다. (×)
 → EIDE는 SATA(Serial ATA, 직렬 ATA) 방식이 아니라 일반적으로 PATA(Parallel ATA, 병렬 ATA) 방식을 의미함

## 11

→ 노른자 058

다음 중 유비쿼터스 컴퓨팅 기반 기술에 대한 설명으로 옳지 않은 것은?

① 유비쿼터스 컴퓨팅이 가능하기 위한 고속의 네트워크 전송 기술

② 휴대성을 위한 초소형, 초경량의 하드웨어 제조 기술

③ 개인별 최적화된 소프트웨어의 제작, 유통 기술

❹ 기본적으로 사람이 정보를 수집하는 작업이 요구되는 기술 (×)
 → 유비쿼터스 컴퓨팅은 사람이 아닌 사물이 정보를 수집함. 정보를 수집하는 핵심 장치는 센서(Sensor)인데, 센서는 빛, 열, 온도, 습도, 냄새 등의 정보를 전기 신호로 변환하여 나타냄

## 12

→ 노른자 040

다음 중 컴퓨터를 이용한 정보처리 방식에서 분산 처리 시스템에 관한 설명으로 적절한 것은?

① 여러 개의 CPU와 하나의 주기억장치를 이용하여 여러 프로그램을 동시에 처리하는 방식이다. (×)
 → 다중 처리(Multi-processing)에 대한 설명

② 여러 명의 사용자가 사용하는 시스템에서 시간을 분할하여 프로그램을 실행하는 시스템이다. (×)
 → 시분할 시스템(TSS; Time Sharing System)에 대한 설명

❸ 여러 대의 컴퓨터들에 의해 작업한 결과를 통신망을 이용하여 상호교환할 수 있도록 연결되어 있는 시스템이다.

④ 하나의 CPU와 주기억장치를 이용하여 여러 개의 프로그램을 동시에 처리하는 방식이다. (×)
 → 다중 프로그래밍(Multi-programming)에 대한 설명

## 13

→ 노른자 046

다음 중 멀티미디어에서 사용되는 그래픽 기법에 관한 설명으로 옳지 않은 것은?

① 렌더링(Rendering)은 3차원 애니메이션을 만드는 작업의 일부이다.

② 모핑(Morphing)은 두 개의 이미지를 부드럽게 연결하여 변화하거나 통합하는 작업이다.

❸ 앨리어싱(Aliasing)은 이미지 표현에 계단 현상을 제거하는 작업이다. (×)
 → 앨리어싱(Aliasing)은 이미지의 가장자리가 톱니 모양으로 표현되는 계단 현상이고, '안티앨리어싱(Anti-aliasing)'은 이미지 가장자리의 계단 현상을 최소화해 주는 그래픽 기법임

④ 디더링(Dithering)은 제한된 색상을 조합하여 새로운 색을 만드는 작업이다.

## 14

→ 노른자 046

다음 중 JPEG 파일 형식에 대한 설명으로 옳지 않은 것은?

① 저장 시 사용자가 임의로 압축률을 조정할 수 있다.

② 사진과 같이 다양한 색을 가진 정지 영상을 표현하기에 적합하다.

❸ 8비트 알파 채널을 이용하여 부드러운 투명층을 표현할 수 있다. (×)
 → PNG 파일 형식에 대한 설명

④ 압축률이 높을수록 보다 많은 정보를 지우므로 이미지의 질이 낮아진다.

## 15

→ 노른자 058

다음 중 정보통신기술 관련 용어에 대한 설명으로 옳지 않은 것은?

① IoT: 사물에 센서를 부착하여 실시간으로 정보를 모은 후 인터넷을 통해 개별 사물들 간에 정보를 주고받게 하는 기술 (○)
 → 사물 인터넷(IoT; Internet of Things)은 세 가지의 분산된 환경 요소(인간, 사물, 서비스)에 대해 인간의 명시적 개입 없이 상호 협력해서 지능적 관계를 형성하는 사물 공간 연결망

❷ WiBro: 고정된 장소에서 초고속 인터넷을 이용할 수 있게 하는 무선 인터넷 서비스 (×)
 → 와이브로(WiBro)는 고정된 장소가 아닌, 이동하면서 초고속 인터넷을 이용할 수 있는 무선 휴대 인터넷 서비스

③ VoIP: 음성 데이터를 인터넷 프로토콜 네트워크를 통해 전송하여 통화할 수 있게 하는 음성 통신 기술 (○)
→ VoIP(Voice over Internet Protocol)는 음성 데이터를 인터넷 프로토콜 데이터 패킷으로 변환하여 일반 데이터망에서 통화를 가능하게 해 주는 통신 서비스 기술

④ RFID: 제품 식별, 출입 관리 등 다양한 분야에서 활용되는 기술로, 전파를 이용하여 정보를 인식하는 기술 (○)
→ RFID(Radio Frequency InDentification)는 전파를 이용해 먼 거리에서 정보를 인식하는 기술로, 무선 주파수 방식을 이용함. 비접촉식이고, 이동 중에도 인식이 가능하며, 여러 개의 태그를 동시에 인식할 수 있음

## 16
▶ 노른자 061

다음 중 정보사회에서 정보보안을 위협하는 스니핑(Sniffing)에 관한 설명으로 옳은 것은?

① 네트워크를 통해 연속적으로 자기를 복제하여 시스템 부하를 높여서 결국 시스템을 다운시킨다. (×)
→ 웜(Worm) 바이러스에 대한 설명

② 자기 복제 능력은 없으나 프로그램 안에 숨어있다가 해당 프로그램이 실행될 때 활성화되어 부작용을 일으킨다. (×)
→ 트로이 목마(Trojan Horse)에 대한 설명

③ 정상적으로 실행되거나 검증된 데이터인 것처럼 속여 접속을 시도하거나 권한을 얻는 것을 말한다. (×)
→ 스푸핑(Spoofing)에 대한 설명

❹ 사용자가 전송하는 데이터를 훔쳐보는 것으로, 네트워크의 패킷을 엿보면서 계정과 패스워드를 알아낸다.

## 17
▶ 노른자 053

다음 중 인터넷 주소와 관련된 설명으로 옳지 않은 것은?

❶ IPv4는 클래스별로 주소 부여 체계가 달라지며, A Class는 소규모 통신망에 사용된다. (×)
→ IPv4는 A Class는 국가망, B Class는 중대형 통신망, C Class는 소규모 통신망, D Class는 멀티캐스트용, E Class는 실험용으로 분류하여 사용 용도에 맞는 클래스의 주소를 사용함

② URL은 인터넷에 존재하는 각종 자원이 있는 위치를 나타내는 표준 주소 체계이다.

③ IPv6는 128비트, IPv4는 32비트로 구성된 주소 체계 방식이다.

④ DNS는 도메인 네임을 IP 주소로 변환하거나 그 반대의 변환을 수행하는 시스템이다.

## 18
▶ 노른자 055

다음 중 TCP/IP를 구성하는 각 계층에 관한 설명으로 옳지 않은 것은?

① 응용 계층은 응용 프로그램 간의 데이터 송·수신을 담당한다.

② 전송 계층은 호스트들 간의 신뢰성 있는 통신을 지원한다.

③ 인터넷 계층은 데이터 전송을 위한 주소 지정 및 경로 설정을 지원한다.

❹ 링크 계층은 사용자가 컴퓨터에 접근할 수 있도록 서비스를 제공한다. (×)
→ '응용 계층'에 대한 설명. TCP/IP 계층 구조는 '링크 계층(제1계층)'-'인터넷 계층(제2계층)'-'전송 계층(제3계층)'-'응용 계층(제4계층)'으로 구성되는데, 링크 계층은 물리적 연결 구성을 정의함

## 19
▶ 노른자 063

다음 중 정보보안을 위해 사용하는 공개키 암호화 기법에 대한 설명으로 옳지 않은 것은?

① 알고리즘이 복잡하며 암호화와 복호화 속도가 느리다.

② 키의 분배가 용이하고 관리해야 할 키의 수가 적다.

❸ 비대칭 암호화 기법이라고도 하며, 대표적으로 DES가 있다. (×)
→ 비대칭(공개키) 암호화 기법의 대표적인 알고리즘은 RSA(Rivest Shamir Adleman)가 있음. DES(Data Encryption Standard)는 대칭키(비밀키) 암호화 기법임

④ 데이터를 암호화할 때 사용하는 키를 공개하고, 복호화할 때 키는 비밀로 한다.

## 20
▶ 노른자 040

다음 중 네트워크 운영 방식 중 하나인 클라이언트/서버 방식에 관한 설명으로 옳은 것은?

❶ 서버와 클라이언트가 모두 처리 능력을 가지며, 분산 처리 환경에 적합하다.

② 중앙 컴퓨터가 모든 단말기에서 요구하는 데이터 처리를 전담한다. (×)
→ 중앙 집중 방식에 대한 설명

③ 모든 단말기가 동등한 계층으로 연결되어 모두 클라이언트와 서버 역할을 할 수 있다. (×)
→ 동배 간 처리 방식(Peer-to-Peer)에 대한 설명

④ 단방향 통신 방식으로 데이터 처리를 위한 대기 시간이 필요하다. (×)
→ TV나 라디오와 같은 통신 방식으로, 네트워크 연결 방식과 관련 없음

# 21

노른자 104~105

**다음 중 아래의 괄호 안에 들어갈 기능명으로 옳은 것은?**

( ㉠ )은/는 특정 값의 변화에 따른 결과값의 변화 과정을 한 번의 연산으로 빠르게 계산하여 표의 형태로 표시해 주는 도구이고, ( ㉡ )은/는 비슷한 형식의 여러 데이터의 결과를 하나의 표로 통합하여 요약해 주는 도구이다.

❶ ㉠ 데이터 표 ㉡ 통합

② ㉠ 정렬 ㉡ 시나리오 관리자 (×)
→ ㉠ 정렬은 데이터를 특정 기준에 따라 순서대로 재배치하는 기능
㉡ 시나리오는 작업 시트에 입력되어 있는 데이터에 대해 다양한 가상의 상황을 만들어서 그 결과를 분석하고 예측하는 가상 분석 도구

③ ㉠ 부분합 ㉡ 피벗 테이블 (×)
→ ㉠ 부분합은 워크시트에 입력된 자료를 그룹별로 분류하고 해당 그룹별로 특정한 계산을 수행하는 기능
㉡ 피벗 테이블은 데이터를 요약 및 분석하며, 탐색하며, 원본 데이터를 다양한 방식으로 요약하여 표시 가능

④ ㉠ 목표값 찾기 ㉡ 데이터 유효성 검사 (×)
→ ㉠ 목표값 찾기는 임의의 목표로 하는 값을 정해놓고 이 목표값을 달성하기 위하여 특정한 셀 값은 얼마이어야 하는지를 알고 싶은 경우에 유용한 기능
㉡ 데이터 유효성 검사는 유효한 데이터만 입력되게 하거나 데이터를 목록에서 선택하도록 값을 지정할 수 있는 기능

# 22

노른자 099

**다음 중 고급 필터 실행을 위한 조건 지정 방법에 대한 설명으로 옳지 않은 것은?**

① 함수나 식을 사용하여 조건을 입력하면 셀에는 비교되는 현재 대상의 값에 따라 'TRUE'나 'FALSE'가 표시된다.

❷ 함수를 사용하여 조건을 입력하는 경우 원본 필드명과 동일한 필드명을 조건 레이블로 사용해야 한다. (×)
→ 고급 필터에서 일반식이 아닌 함수나 식의 계산값으로 찾을 조건을 지정하는 경우에는 조건 지정 범위의 첫 행에는 원본 데이터의 필드명과 다른 필드명을 입력하거나 생략해야 함

③ 다양한 함수와 식을 혼합하여 조건을 지정할 수 있다.

④ 텍스트 데이터를 필터링할 때 대/소문자는 구분되지 않으나 수식으로 대/소문자를 구분하여 검색할 수 있다.

# 23

노른자 109

**다음 중 피벗 테이블 보고서와 피벗 차트 보고서에 대한 설명으로 옳지 않은 것은?**

① 피벗 테이블 보고서에서는 값 영역에 표시된 데이터 일부를 삭제하거나 추가할 수 없다.

② 피벗 차트 보고서를 만들 때마다 동일한 데이터로 관련된 피벗 테이블 보고서가 자동으로 생성된다.

❸ 피벗 차트 보고서는 분산형, 주식형, 거품형 등 다양한 차트 종류로 변경할 수 있다. (×)
→ 피벗 차트 보고서는 분산형, 거품형, 주식형 차트로 변경할 수 없고, 그 외의 차트로는 변경할 수 있음

④ 행 또는 열 레이블에서의 데이터 정렬은 수동(항목을 끌어다시 정렬), 오름차순, 내림차순 중 선택할 수 있다.

# 24

노른자 096

**다음 중 '외부 데이터 가져오기' 기능을 이용하여 텍스트 파일을 불러오는 경우에 대한 설명으로 옳은 것은?**

① 가져온 데이터는 원본 텍스트 파일이 수정되면 즉시 수정된 내용이 자동으로 반영된다. (×)
→ 자동으로 반영되지 않음. [데이터] 탭-[연결] 그룹-[모두 새로 고침]을 클릭하여 수정된 내용을 반영할 수 있음

❷ 데이터의 구분 기호로 탭, 세미콜론, 쉼표, 공백 등이 기본으로 제공되며, 사용자가 원하는 구분 기호를 설정할 수도 있다.

③ 텍스트 파일에서 특정 열(Column)만 선택하여 가져올 수는 없다. (×)
→ 특정 열만 선택하여 가져올 수 있음

④ 기본적으로 사용되는 텍스트 파일의 형식은 *.txt, *.prn, *.hwp이다. (×)
→ 기본적으로 사용되는 텍스트 파일의 형식은 *.txt, *.prn, *.csv이고, *.hwp는 한컴오피스 한글 문서로서 엑셀에서 호환되지 않음

# 25

노른자 118

**다음 중 작성된 매크로를 엑셀이 실행될 때마다 모든 통합 문서에서 실행할 수 있도록 하는 방법으로 옳은 것은?**

① 작성된 매크로를 Office 설치 폴더 내 'XLSTART' 폴더에 Auto.xlsb로 저장한다.

② 작성된 매크로를 임의의 폴더에 Personal.xlsb로 저장한다.

❸ 작성된 매크로를 Office 설치 폴더 내 'XLSTART' 폴더에 Personal.xlsb로 저장한다. (○)
→ 'XLSTART' 폴더에 'Personal.xlsb'로 저장되어 있는 경우 엑셀이 실행될 때 자동으로 열림

④ 작성된 매크로를 임의의 폴더에 Auto.xlsb로 저장한다.

## 26

📤 노른자 065, 076

다음 중 아래의 시트에서 **주어진 표 전체만 선택하는 방법**으로 옳지 **않은** 것은?

| | A | B | C | D | E |
|---|---|---|---|---|---|
| 1 | 성명 | 직위 | 근무년수 | 월기본급 | 성과급 |
| 2 | 이준기 | 과장 | 8 | 2070000 | 800000 |
| 3 | 박지영 | 부장 | 15 | 2200000 | 1000000 |
| 4 | 정희철 | 사원 | 2 | 1840000 | 600000 |
| 5 | 박준원 | 사원 | 4 | 1980000 | 600000 |
| 6 | 황유리 | 과장 | 10 | 2160000 | 800000 |
| 7 | 최보니 | 부장 | 19 | 2300000 | 1000000 |
| 8 | 강만구 | 과장 | 15 | 1980000 | 800000 |
| 9 | | | | | |

❶ 행 머리글과 열 머리글이 만나는 워크시트 왼쪽 맨 위의 [모두 선택] 단추(▣)를 클릭한다. (×)
→ [모두 선택] 단추(▣)를 클릭하면 워크시트 전체가 선택됨

② [A1] 셀을 클릭하고 [Shift]를 누른 채 [E8] 셀을 클릭한다.

③ [B4] 셀을 클릭하고 [Ctrl] + [A]를 누른다.

④ [A1] 셀을 클릭하고 [F8]을 누른 뒤에 →를 눌러 E열까지 이동하고 ↓를 눌러 8행까지 선택한다.

## 27

📤 노른자 118, 121

아래는 워크시트 [A1] 셀에서 [매크로 기록]을 클릭하고 작업을 수행한 과정을 Visual Basic Editor의 코드 창에서 확인한 결과이다. 다음 중 이에 대한 설명으로 옳지 **않은** 것은?

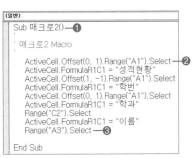

① 매크로의 이름은 '매크로2'이다. (○)
→ ❶ 프로시저가 시작하는 부분으로, 매크로 이름을 '매크로2'로 지정함

② '성적현황', '학번', '학과'는 상대 참조로 기록되었다. (○)
→ ❷ 활성화된 셀에서 아래쪽으로 0칸, 오른쪽으로 한 칸 이동하고, 해당 셀을 기준으로 첫 번째 열(A), 첫 번째 행(1)을 선택하므로 상대 참조 맞음
  • Offset: 해당된 범위에서 떨어진 범위
  • Range("A1"): 셀 주소 [A1]을 의미하는 것이 아니라 선택된 셀의 첫 번째 열(A), 첫 번째 행(1)을 의미

❸ [A3] 셀을 클릭하고 매크로를 실행한 후의 셀 포인터 위치는 [A5] 셀이다. (×)
→ ❸ 상대 참조로 기록되어 있어도 Range("A3")에 의해 매크로를 실행한 후의 셀 포인터의 위치는 [A3] 셀임

④ [B3] 셀을 클릭하고 매크로를 실행한 후의 [C3] 셀의 값은 '성적현황'이다. (○)
→ 상대 참조로 기록되어 있으므로 [B3] 셀을 기준으로 매크로가 실행됨

| | A | B | C | D | E |
|---|---|---|---|---|---|
| 1 | | 성적현황 | | | |
| 2 | 학번 | 학과 | 이름 | | |
| 3 | | | 성적현황 | | |
| 4 | | 학번 | 학과 | 이름 | |
| 5 | | | | | |
| 6 | | | | | |

## 28

📤 노른자 065

다음 중 엑셀의 **상태 표시줄**에 대한 설명으로 옳지 **않은** 것은?

① 엑셀의 현재 작업 상태를 표시하며, 선택 영역에 대한 평균, 개수, 합계 등의 옵션을 선택하여 다양한 계산 결과를 표시할 수 있다.

② 확대/축소 컨트롤을 이용하면 10~400% 범위 안에서 문서를 쉽게 확대/축소할 수 있다.

❸ 자주 사용하는 도구들을 모아서 간단히 추가하거나 제거할 수 있으며, 리본 메뉴 아래에 표시할 수도 있다. (×)
→ '빠른 실행 도구 모음'에 대한 설명

④ 기본적으로 상태 표시줄의 왼쪽에는 매크로 기록 아이콘(▤)이 있으며, 매크로 기록 중에는 기록 중지 아이콘(■)으로 변경된다.

## 29

➡ 노른자 070

다음 중 **워크시트의 이름 작성**에 관한 설명으로 옳지 **않은** 것은?

① 시트 탭의 시트 이름을 더블클릭하여 이름을 수정할 수 있다.

❷ 시트 이름은 영문 기준으로 대·소문자 구분 없이 최대 255자까지 지정할 수 있다. (×)
> → 시트 이름은 공백을 포함하여 최대 31자까지 지정할 수 있음

③ 하나의 통합 문서 안에서는 동일한 시트 이름을 지정할 수 없다.

④ 시트 이름 입력 시 *, ?, /, [ ] 등의 기호는 입력되지 않는다.

## 30

➡ 노른자 067

다음 중 엑셀의 **화면 설정**에 대한 설명으로 옳은 것은?

① 워크시트 화면의 확대/축소 배율 지정은 모든 시트에 같은 배율로 적용된다. (×)
> → 워크시트 화면의 확대/축소 배율은 현재 작업 중인 시트에만 적용할 수 있음

② 틀 고정과 창 나누기를 동시에 수행할 수 있다. (×)
> → 틀 고정과 창 나누기를 동시에 수행할 수 없음

❸ 화면에 표시되는 틀 고정 형태는 인쇄 시 적용되지 않는다.

④ 틀 고정 구분선은 마우스 드래그로 위치를 변경할 수 있다. (×)
> → 틀 고정 구분선은 마우스로 드래그하여 위치를 변경할 수 없음

## 31

➡ 노른자 077

다음 중 '**선택하여 붙여넣기**' 기능에 대한 설명으로 옳지 **않은** 것은?

① 선택하여 붙여넣기 명령을 사용하면 워크시트에서 클립보드의 특정 셀 내용이나 수식, 서식, 메모 등을 복사하여 붙여넣을 수 있다.

② 선택하여 붙여넣기의 단축키는 Ctrl + Alt + V 이다.

❸ 잘라낸 데이터 범위에서 서식을 제외하고 내용만 붙여넣으려면 '내용 있는 셀만 붙여넣기'를 선택한다. (×)
> → 잘라낸 데이터는 '선택하여 붙여넣기' 기능을 사용할 수 없고, 복사한 데이터에 대해서만 사용할 수 있음

④ '연결하여 붙여넣기'를 선택하면 원본 셀의 값이 변경되었을 때 붙여넣기한 셀 내용도 자동 변경된다.

## 32

➡ 노른자 082, 088, 091

아래 그림과 같이 **조건부 서식의 수식**을 사용하여 표의 홀수 행마다 배경색을 노란색으로 채우고자 한다. 다음 중 조건부 서식에서 작성해야 할 수식으로 옳은 것은?

| | A | B | C | D |
|---|---|---|---|---|
| 1 | 부서별 비품관리 | | | |
| 2 | 부서 | 보유량 | 요청량 | 합계 |
| 3 | 기획팀 | 25 | 5 | 30 |
| 4 | 관리팀 | 15 | 20 | 35 |
| 5 | 총무팀 | 32 | 9 | 41 |
| 6 | 인사팀 | 22 | 25 | 47 |
| 7 | 회계팀 | 18 | 5 | 23 |
| 8 | 경영지원팀 | 15 | 18 | 33 |
| 9 | 감사팀 | 25 | 19 | 44 |
| 10 | 합계 | 152 | 101 | 253 |
| 11 | | | | |

① =MOD(COLUMN( ),2)=1

❷ =MOD(ROW( ),2)=1 (○)
> → ROW( )는 행 번호를 나타내는 함수. 이 함수식은 행 번호를 2로 나눈 나머지가 1인 경우, 즉 행 번호가 홀수이면 지정된 서식이 적용됨. MOD 함수는 나머지 값을 구하는 함수로, 형식은 'MOD(인수,나누는 수)'임

③ =COLUMN( )/2=1

④ =ROW( )/2=1

## 33

➡ 노른자 073

다음 중 **데이터 입력 및 편집**에 대한 설명으로 옳지 **않은** 것은?

① 숫자 데이터를 문자 데이터로 입력하려면 숫자 앞에 문자 접두어(인용 부호 ')를 먼저 입력한 후 이어서 입력한다.

② 한 셀 안에서 줄을 바꾸어 입력하려면 Alt + Enter 를 이용한다.

❸ 여러 셀을 선택하여 동일한 데이터를 한 번에 입력하려면
  입력하자마자 [Shift]+[Enter]를 누른다. (×)
  → 여러 셀을 선택하여 동일한 데이터를 한 번에 입력하려면 [Ctrl]+
    [Enter]를 눌러야 함. [Shift]+[Enter]를 누르면 선택 셀이 하나씩 위로
    이동함

④ [홈] 탭-[편집] 그룹의 [지우기]를 이용하면 셀에 입력된
  데이터나 서식, 메모 등을 선택하여 지울 수 있다.

# 34
↪ 노른자 094

**다음 중 정보 함수에 대한 설명으로 옳은 것은?**

① ISBLANK 함수: 값이 '0'이면 'TRUE'를 반환한다. (×)
  → ISBLANK 함수는 값이 빈 셀이면 'TRUE'를 반환함

❷ ISERR 함수: 값이 #N/A를 제외한 오류값이면 'TRUE'를
  반환한다.

③ ISODD 함수: 숫자가 짝수이면 'TRUE'를 반환한다. (×)
  → ISODD 함수는 숫자가 홀수이면 'TRUE'를 반환함

④ TYPE 함수: 값의 데이터 형식을 나타내는 문자를 반환한
  다. (×)
  → TYPE 함수는 값의 데이터 형식을 나타내는 숫자를 반환함

# 35
↪ 노른자 111

**다음 중 각 차트 종류에 대한 설명으로 적절하지 않은 것은?**

① 영역형 차트: 워크시트의 여러 열이나 행에 있는 데이터에
  서 시간에 따른 변동의 크기를 강조하여 합계값을 추세와
  함께 살펴볼 때 사용된다.

❷ 표면형 차트: 일반적인 척도를 기준으로 연속적인 데이터
  를 표시할 수 있으므로 일정 간격에 따른 데이터의 추세를
  표시할 때 사용된다. (×)
  → 꺾은선형 차트의 기능으로, 표면형 차트는 두 데이터 집합 간의 최
    적 조합을 찾을 때 유용함

③ 도넛형 차트: 여러 열이나 행에 있는 데이터에서 전체에
  대한 각 부분의 관계를 비율로 나타내어 각 부분을 비교할
  때 사용된다.

④ 분산형 차트: 여러 데이터 계열에 있는 숫자값 사이의 관
  계를 보여주거나 두 개의 숫자 그룹을 xy 좌표로 이루어
  진 하나의 계열로 표시할 때 사용된다.

# 36
↪ 노른자 113

**다음 중 아래 차트에 대한 설명으로 옳지 않은 것은?**

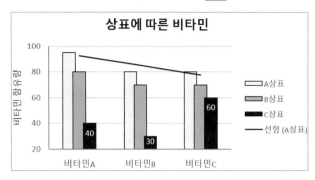

❶ [데이터 계열 서식] 대화상자에서 '계열 겹치기' 값이 0보
  다 작게 설정되었다. (×)
  → '계열 겹치기' 값이 0보다 작으면 데이터 계열 막대 사이의 간격이
    멀어지고, 0보다 크면 계열 간 간격이 가까워져서 데이터 계열 막대
    가 계열이 겹침

② 'A상표' 계열에는 선형 추세선이 추가되었고, 'C상표' 계열
  에는 데이터 레이블이 추가되었다.

③ 세로(값) 축의 주 단위는 20이고, 최소값과 최대값은 각각
  20과 100으로 설정되었다.

④ 기본 세로 축 제목은 '제목 회전'으로 '비타민 함유량'이 입
  력되었다.

# 37
↪ 노른자 116

**다음 중 [페이지 레이아웃] 보기 상태에서 설정 가능한 설명으
로 옳지 않은 것은?**

① 눈금자, 눈금선, 머리글 등을 표시하거나 숨길 수 있다.

❷ 마우스로 페이지 구분선을 클릭하여 페이지 나누기 위치
  를 조정할 수 있다. (×)
  → 페이지 나누기 위치는 [페이지 레이아웃] 보기 상태에서는 조정할
    수 없고, [페이지 나누기 미리 보기] 상태에서 조정할 수 있음

③ 기본 보기에서와 같이 셀 서식을 변경하거나 수식 작업을
  할 수 있다.

④ 머리글과 바닥글을 짝수 페이지와 홀수 페이지에 각각 다
  르게 지정할 수 있다.

## 38

노른자 090

다음 중 아래와 같이 워크시트에 데이터가 입력되어 있는 경우 보기의 **수식과 그 결과값**으로 옳지 **않은** 것은?

| | A |
|---|---|
| 1 | |
| 2 | 한국 대한민국 |
| 3 | 분기 수익 |
| 4 | 수익 |
| 5 | 아름다운 설악산 |
| 6 | |

① =MID(A5,SEARCHB(A1,A5)+5,3) → "설악산" (○)

→ ❶ [A1] 셀이 [A5] 셀에서 몇 번째 위치하는지 나타내는 함수식. 첫 번째 인수인 [A1] 셀이 빈 셀이므로 'SEARCHB("",A5)' 또는 'SEARCHB( ,A5)'와 같이 첫 번째 인수가 빈 셀이거나 생략되어 두 번째 인수만 지정하면 결과값은 '1'
❷ ❶의 결과값을 대입하면 'MID(A5,1+5,3)'이 되어 [A5] 셀에서 여섯(1+5) 번째부터 세 글자를 표시하면 결과값은 '설악산'

② =REPLACE(A5,SEARCHB("한",A2),5,"") → "설악산" (○)

→ ❶ '한'이 [A2] 셀에서 첫 번째에 위치하므로 결과값은 '1'
❷ ❶의 결과값을 대입하면 'REPLACE(A5,1,5,"")'가 되어 [A5] 셀의 첫 번째 글자부터 다섯 개의 글자를 빈칸으로 변경하면 결과값은 '설악산'

③ =MID(A2,SEARCHB(A4,A3),2) → "민국" (○)

→ ❶ [A4] 셀의 값은 [A3] 셀에서 여섯 번째에 위치하므로 결과값은 '6'(SEARCHB 함수는 숫자, 영어, 공백은 한 글자, 한글과 특수 문자 등은 두 글자로 계산)
❷ ❶의 결과값을 대입하면 'MID(A2,6,2)'가 되어 [A2] 셀에서 여섯 번째부터 두 글자를 표시하면 결과값은 '민국'

❹ =REPLACE(A3,SEARCHB(A4,A3),2,"명세서") → "분기명세서" (×)

→ ❶ [A4] 셀의 '수익'이 [A3] 셀에서 몇 번째 글자에 위치하는지 찾는 함수식으로, 결과값은 '6' (SEARCHB 함수는 숫자, 영어, 공백은 한 글자로, 한글과 특수 문자 등은 두 글자로 계산)
❷ ❶의 결과값을 대입하면 'REPLACE(A3,6,2,"명세서")'가 되어 [A3] 셀에서 여섯 번째 글자부터 두 글자를 '명세서'로 변경하면 결과값은 '분기 수익명세서'

## 39

노른자 095

아래 시트에서 [D2:D5] 영역을 선택한 후 **배열 수식**으로 한 번에 금액을 구하려고 한다. 다음 중 이를 위한 수식으로 옳은 것은? (금액 = 수량 * 단가)

| | A | B | C | D |
|---|---|---|---|---|
| 1 | 제품명 | 수량 | 단가 | 금액 |
| 2 | 디지털카메라 | 10 | 350,000 | |
| 3 | 전자사전 | 15 | 205,000 | |
| 4 | 모니터 | 20 | 155,000 | |
| 5 | 태블릿 | 5 | 550,000 | |
| 6 | | | | |

① {=B2*C2}

❷ {=B2:B5*C2:C5} (○)

→ '금액'은 '수량'×'단가'이므로 [B2:B5] 영역과 [C2:C5] 영역을 이용하여 수식을 입력하고 Ctrl + Shift + Enter를 눌러 배열 수식으로 계산하면 각 배열에 해당하는 값끼리 계산해서 결과값이 표시됨

③ {=B2*C2:B5*C5}

④ {=SUMPRODUCT(B2:B5,C2:C5)}

## 40

노른자 095

아래 워크시트의 [C3:C15] 영역을 이용하여 **출신 지역별로 인원수를 [G3:G7] 영역**에 계산하려고 한다. 다음 중 [G3] 셀에 수식을 작성한 뒤 채우기 핸들을 사용하여 [G7] 셀까지 수식 복사를 할 경우 [G3] 셀에 입력할 수식으로 옳은 것은?

| | A | B | C | D | E | F | G |
|---|---|---|---|---|---|---|---|
| 1 | | | | | | | |
| 2 | | 성명 | 출신지역 | 나이 | | | 인원 |
| 3 | | 김광철 | 서울 | 32 | | 서울 지역 | 3 |
| 4 | | 김다나 | 경기 | 35 | | 경기 지역 | 2 |
| 5 | | 고준영 | 서울 | 36 | | 호남 지역 | 3 |
| 6 | | 성영주 | 호남 | 38 | | 영남 지역 | 3 |
| 7 | | 김철수 | 경기 | 38 | | 제주 지역 | 2 |
| 8 | | 정석중 | 호남 | 42 | | | |
| 9 | | 이진주 | 영남 | 44 | | | |
| 10 | | 박성수 | 제주 | 45 | | | |
| 11 | | 최미나 | 영남 | 48 | | | |
| 12 | | 강희수 | 제주 | 50 | | | |
| 13 | | 조광식 | 서울 | 52 | | | |
| 14 | | 원춘배 | 호남 | 52 | | | |
| 15 | | 지민주 | 영남 | 54 | | | |
| 16 | | | | | | | |

① =SUM(IF($C$3:$C$15=LEFT(F3,2),1,0)) (×)
→ 수식은 배열 수식의 형태로 작성했지만, 중괄호({ })가 빠졌기 때문에 배열 수식이 아님

❷ {=SUM(IF($C$3:$C$15=LEFT(F3,2),1,0))} (○)
　　　　　　　　　❶
→ • 배열 수식을 사용할 때는 수식을 입력한 후 Ctrl + Shift + Enter 를 눌러 중괄호({ })로 묶어야 함
　• ❶ [$C$3:$C$15] 영역의 값이 [F3] 셀의 왼쪽에서 두 글자와 같으면 1, 아니면 0을 표시함

> **조건이 한 개일 때 배열 수식으로 개수를 구하는 방법**
> **방법1** {=SUM((조건)*1)} → {=SUM((C3:C15 = LEFT(F3,2))*1)}
> **방법2** {=SUM(IF(조건,1))} → {=SUM(IF($C$3:$C$15 = LEFT(F3,2),10))}
> **방법3** {=COUNT(IF(조건,1))}
> 　　　　→ {=COUNT(IF($C$3:$C$15 = LEFT(F3,2),1))}

③ =SUM(IF($C$3:$C$15=LEFT(F3,2),1,1)) (×)
→ 수식은 배열 수식의 형태로 작성했지만, 중괄호({ })가 빠졌기 때문에 배열 수식이 아니고, IF 함수에서 참일 경우와 거짓일 경우에 모두 1로 잘못 설정됨

④ {=SUM(IF($C$3:$C$15=LEFT(F3,2),1,1))} (×)
→ [$C$3:$C$15] 영역의 값이 [F3] 셀의 왼쪽에서 두 글자와 같으면 1, 아니면 1을 표시함. 참일 경우와 거짓일 경우에 모두 1이므로 IF 함수의 의미가 없음

---

## 3과목 데이터베이스 일반

# 41

다음 중 테이블의 '디자인 보기'에서 필드마다 한/영 을 사용하지 않고도 데이터 입력 시의 **한글이나 영문 입력 상태를 정할 수 있는 필드 속성**은?

① 캡션 (×)
→ 테이블에서 원래의 필드 이름 대신 표시될 새로운 필드 이름을 나타냄

② 문장 입력 시스템 모드 (×)
→ 해당 필드에 위치할 때 설정될 일본어 입력기의 상태를 지정함

❸ IME 모드

④ 스마트 태그 (×)
→ 스마트 태그는 'RFID'라고도 부르는데, 무선 주파수(RF; Radio Frequency)를 이용하여 물건이나 사람 등과 같은 대상을 식별(IDentification)할 수 있도록 해 주는 기술이므로 문제와 관련이 없음

# 42

다음 중 테이블의 **조회 속성**에 대한 설명으로 옳지 <u>않은</u> 것은?

① 조회 속성을 이용하면 사용자가 직접 값을 입력하는 과정에서 발생하는 오류를 줄일 수 있다.

② 조회 열에서 다른 테이블이나 쿼리에 있는 값을 조회하도록 설정할 수 있다.

③ 원하는 값을 직접 입력하여 조회 목록을 만들 수 있다.

❹ 조회 목록으로 표시할 열의 개수는 변경할 수 없으며, 행 원본에 맞추어 자동으로 설정된다. (×)
→ 조회 목록으로 표시할 열의 개수는 변경 가능

# 43

다음 중 특정 필드의 **입력 마스크를 'LA09#'으로** 설정하였을 때 입력 가능한 데이터로 옳은 것은?

① 12345

❷ A상345 (○)

| L | A | 0 | 9 | # |
|---|---|---|---|---|
| 영문자, 한글 필수 입력 | 영문자, 한글, 숫자 필수 입력 | 숫자 필수 입력 | 숫자 선택 입력 (공백 가능) | 숫자, +, − 선택 입력 (공백 가능) |
| A | 상 | 3 | 4 | 5 |

③ A123A

④ A1BCD

제5회 정기시험 기출문제 (2018년 9월 1일) **157**

## 44

→ 노른자 164

다음 중 하위 보고서 작성에 대한 설명으로 옳지 않은 것은?

① 하위 보고서를 통해서 기본 보고서 내용을 보강한 보고서를 만들 수 있다.

❷ 디자인 보기 화면에서는 삽입된 하위 보고서의 크기를 조절할 수 없다. (×)

　→ 하위 보고서는 보고서 안에 삽입되는 또 하나의 보고서를 의미하는데, 디자인 보기 화면에서는 삽입된 하위 보고서의 크기를 조절할 수 있음

③ 일대다 관계에 있는 테이블이나 쿼리를 효과적으로 표시할 수 있다.

④ 일반적으로 하위 보고서의 개수에는 제한이 없으나 하위 보고서를 중첩하는 경우 일곱 개의 수준까지 중첩시킬 수 있다.

## 45

→ 노른자 141

'부서코드'를 기본 키로 하는 [부서] 테이블과 '부서코드'를 포함한 사원정보가 있는 [사원] 테이블을 이용하여 관계를 설정하였다. 다음 중 이와 관련된 관계 설정에 대한 설명으로 옳은 것은? (단, 한 부서에는 여러 명의 사원이 소속되어 있으며, 한 사원은 하나의 부서에 소속된다.)

❶ '항상 참조 무결성 유지'를 설정하면 [사원] 테이블에 입력하려는 '사원'의 '부서코드'는 반드시 [부서] 테이블에 존재해야만 한다. (○)

　→ 참조 무결성 조건은 외래 키 값은 Null 값이거나 참조 테이블의 기본 키와 같은 값이어야 하므로 테이블은 참조할 수 없는 외래 키 값을 가질 수 없음. [사원] 테이블의 '부서코드'는 [부서] 테이블을 참조하는 외래 키임

② '항상 참조 무결성 유지'를 설정하면 [사원] 테이블에서 '부서코드'를 수정하는 경우 [부서] 테이블의 해당 '부서코드'도 자동으로 수정된다.

③ '항상 참조 무결성 유지'를 설정하지 않더라도 [사원] 테이블에 입력하려는 '사원'의 '부서코드'는 반드시 [부서] 테이블에 존재해야만 한다.

④ '항상 참조 무결성 유지'를 설정하지 않더라도 [사원] 테이블에서 사용 중인 '부서코드'는 [부서] 테이블에서 삭제할 수 없다.

## 46

→ 노른자 148

다음 중 아래 VBA 코드를 실행했을 때 MsgBox에 표시되는 값은?

```
Dim i As Integer
```
　└ 변수 i를 정수형으로 생성

```
Dim Num As Integer
```
　└ 변수 Num을 정수형으로 생성

```
For i = 0 To 7 Step 2
```
　└ i가 0에서 2씩 증가하면서 7보다 커질 때까지 하단 명령 반복 수행

```
    Num = Num+i
```
　└ Num에 i를 더하여 Num에 저장

```
Next i
```
　└ 반복문의 끝

```
MsgBox Str(Num)
```
　└ Num 값 12를 문자열로 변환하여 메시지 박스에 표시

① 7

❷ 12 (○)

　→ i에 따른 Num의 변화

| 반복 횟수 | i | Num |
|---|---|---|
| 1 | 0 | 0 |
| 2 | 2 | 2 |
| 3 | 4 | 6 |
| 4 | 6 | 12 |
|  | 8 |  |

③ 24

④ 28

## 47

→ 노른자 170

다음 중 매크로에 대한 설명으로 옳지 않은 것은?

① 매크로는 작업을 자동화하고 폼, 보고서 및 컨트롤에 기능을 추가하는 데 사용하는 도구이다.

② 특정 조건이 참일 때만 매크로 함수를 실행하도록 설정할 수 있다.

❸ 하나의 매크로에는 하나의 매크로 함수만 포함될 수 있다. (×)

　→ 하나의 매크로에 두 개 이상의 매크로 함수가 포함될 수 있음. 매크로는 반복 작업을 수행하는 경우 이를 하나의 명령어로 저장하여 간단하게 작업할 수 있게 함

④ 매크로를 컨트롤의 이벤트 속성에 포함시킬 수 있다.

## 48

↪ 노른자 128

다음 중 데이터베이스의 3단계 구조 중 하나로, **데이터베이스 전체의 논리적인 구조를 보여주는 스키마는?**

① 외부 스키마 (×)
→ 데이터베이스의 개별 사용자나 응용 프로그래머가 접근하는 데이터베이스를 정의한 것

② 서브 스키마 (×)
→ 외부 스키마(External Schema)를 '서브 스키마(Sub Schema)'라고 함

❸ 개념 스키마 (○)
→ 모든 응용 시스템이나 사용자들에게 필요한 데이터를 통합한 조직 전체의 데이터베이스를 기술한 것으로, 하나의 데이터베이스 시스템에는 하나의 개념 스키마만 존재함

④ 내부 스키마 (×)
→ 물리적인 저장 장치의 면에서 본 전체 데이터베이스의 구조로, 데이터베이스의 물리적인 저장 구조, 형식, 인덱스, 항목 표현 방법 등이 기술됨

## 49

↪ 노른자 132

다음 중 **정규화**에 대한 설명으로 옳지 **않은** 것은?

① 한 테이블에 너무 많은 정보를 포함해서 발생하는 이상 현상을 제거한다.

❷ 정규화를 실행하면 모든 테이블의 필드 수가 동일해진다. (×)
→ 정규화를 실행하면 테이블이 분리되지만 모든 테이블의 필드 수가 동일해지지는 않음

③ 정규화를 실행하면 테이블이 나누어져서 최종적으로는 일관성을 유지하게 된다.

④ 정규화를 실행하는 목적 중 하나는 데이터 중복의 최소화이다.

## 50

↪ 노른자 164

다음 중 **보고서를 작성하는 방법**으로 옳지 **않은** 것은?

① [보고서] 도구를 사용하여 보고서 만들기

② [보고서 디자인] 도구를 사용하여 보고서 만들기

③ [새 보고서] 도구를 사용하여 보고서 만들기

❹ [데이터] 도구를 사용하여 보고서 만들기 (×)
→ [데이터] 도구를 사용하여 보고서를 만드는 방법은 없음

## 51

↪ 노른자 166

다음 중 **보고서의 각 구역**에 대한 설명으로 옳지 **않은** 것은?

❶ 보고서 바닥글 영역에는 로고, 보고서 제목, 날짜 등을 삽입하며, 보고서의 모든 페이지에 출력된다. (×)
→ 보고서 바닥글은 마지막 페이지의 아래쪽에 한 번만 출력됨

② 페이지 머리글 영역에는 열 제목 등을 삽입하며, 모든 페이지의 맨 위에 출력된다.

③ 그룹 머리글/바닥글 영역에는 일반적으로 그룹별 이름, 요약 정보 등을 삽입한다.

④ 본문 영역은 실제 데이터가 레코드 단위로 반복 출력되는 부분이다.

## 52

↪ 노른자 168

다음 중 보고서에서 **페이지 번호를 표시하는** 컨트롤 원본과 그 표시 결과가 옳은 것은? (단, 현재 페이지는 1페이지이고, 전체 페이지는 5페이지이다.)

① ="Page" & [Page] & "/" & [Pages] → 1/5 Page (×)
→ 'Page1/5'로 반환됨

② =[Page] & "페이지" → 5페이지 (×)
→ '1페이지'로 반환됨

③ =[Page] & "/" & [Pages] & " Page" → Page1/5 (×)
→ '1/5 Page'로 반환됨

❹ =Format([Page], "00") → 01 (○)
→ Format(식,형식)은 식의 결과값을 형식대로 표시하는 함수로서 Format([Page], "00")은 현재 페이지를 두 자리 숫자로 나타냄

## 53

아래는 쿼리의 '디자인 보기'이다. 다음 중 아래 **쿼리의 실행 결과로 옳은 것은?**

| 필드: | 이름 | 전공 | 입학년도 | |
|---|---|---|---|---|
| 테이블: | 지도학생 | 지도학생 | 지도학생 | |
| 정렬: | | | | |
| 표시: | ☑ | ☑ | ☐ | |
| 조건: | | ='컴퓨터공학' | <"2018" | |
| 또는: | | | | |

① 2018년 전에 입학했거나 컴퓨터공학을 전공하는 지도 학생들의 이름과 전공을 표시

❷ 2018년 전에 입학하여 컴퓨터공학을 전공하는 지도 학생들의 이름과 전공을 표시 (○)
→ '전공'의 '조건'과 '입학년도'의 조건이 같은 행에 있기 때문에 AND 조건이 됨. '표시'에 '이름'과 '전공'이 체크되어 있으므로 이름과 전공이 표시됨

③ 2018년 전에 입학했거나 컴퓨터공학을 전공하는 지도 학생들의 이름, 전공, 입학연도를 표시

④ 2018년 전에 입학하여 컴퓨터공학을 전공하는 지도 학생의 이름, 전공, 입학연도를 표시

## 54

다음 중 SELECT문에 대한 설명으로 옳지 않은 것은?

① FROM절에는 SELECT문에 나열된 필드를 포함하는 테이블이나 쿼리를 지정한다.

② 검색 결과에 중복되는 레코드를 없애기 위해서는 'DISTINCT' 조건자를 사용한다.

③ AS문은 필드 이름이나 테이블 이름에 별명을 지정할 때 사용한다.

❹ GROUP BY문으로 레코드를 결합한 후에 WHERE절을 사용하면 그룹화된 레코드 중 WHERE절의 조건을 만족하는 모든 레코드가 표시된다. (×)
→ GROUP BY절에 대한 조건식을 지정할 때는 HAVING절이 와야 함

## 55

다음 중 분할 표시 폼에 대한 설명으로 옳지 않은 것은?

① 분할된 화면에서 데이터를 [폼 보기]와 [데이터시트 보기]로 동시에 볼 수 있다.

② 폼의 두 보기 중 하나에서 필드를 선택하면 다른 보기에서도 동일한 필드가 선택된다.

❸ 데이터 원본을 변경하는 경우 [데이터시트 보기]에서만 데이터를 변경할 수 있다. (×)
→ 데이터 원본 변경은 [폼 보기], [데이터시트 보기]에서 모두 가능함. 분할 표시 폼은 하나의 원본 데이터를 이용해 [폼 보기]와 [데이터시트 보기] 형식을 동시에 표시하는 것임

④ 데이터시트가 표시되는 위치를 폼의 위쪽, 아래쪽, 왼쪽, 오른쪽 중에서 선택할 수 있다.

## 56

다음 중 [학생] 테이블에서 '학년' 필드가 1인 레코드의 개수를 계산하고자 할 때의 수식으로 옳은 것은? (단, [학생] 테이블의 기본 키는 '학번' 필드이다.)

① =DLookup("*","학생","학년=1") (×)
→ DLookup(인수,도메인,조건): 도메인에서 조건에 만족하는 인수를 표시함

② =DLookup(*,학생,학년=1) (×)
→ 도메인 함수에서 사용하는 인수는 각각 큰따옴표로 묶어야 함

③ =DCount(학번,학생,학년=1) (×)
→ 레코드의 개수를 구해야 하므로 DCount 함수를 사용해야 하고 인수는 각각 큰따옴표로 묶어야 함

❹ =DCount("*","학생","학년=1") (○)
→ DCount(인수,도메인,조건): 도메인(테이블)에서 조건에 만족하는 인수의 개수를 구함

## 57

다음 중 아래 SQL문에 대한 설명으로 옳은 것은?

SELECT T1.품번, T2.제조사
  ㄴ [T1] 테이블의 '품번' 필드와 [T2] 테이블의 '제조사' 필드를 검색함

FROM T1, T2
  ㄴ [T1] 테이블과 [T2] 테이블을 사용함

WHERE T2.소재지 IN ('서울', '수원') AND
T1.품번 = T2.품번;
  ㄴ [T2] 테이블의 소재지가 '서울' 또는 '수원'이고 T1 품번과 T2 품번이 같은 레코드

**160** 답만 보는 정기시험 기출문제

① 테이블 T2에서 소재지가 서울 또는 수원이거나 T1과 품번이 일치하는 레코드들만 선택된다.

② 테이블 T1과 T2의 품번이 일치하면서 소재지는 서울과 수원을 제외한 레코드들만 선택된다.

③ 테이블 T1의 품번 필드와 테이블 T2의 소재지 필드만 SQL 실행 결과로 표시된다.

❹ 테이블 T1의 품번 필드와 테이블 T2의 제조사 필드만 SQL 실행 결과로 표시된다.

# 58

↪ 노른자 147

**다음 중 아래와 같은 결과를 표시하는 SQL문은?**

| 도서명 | 저자 | 출판사 | 출간연도 |
|---|---|---|---|
| 컴퓨터과학 | 이연산 | 두빛 | 2011 |
| 자바 | 고자바 | IT | 2012 |
| C# | 윤피디 | 가람 | 2017 |
| 액세스 | 김디비 | IT | 2018 |
| 엑셀 | 이연산 | 화요 | 2018 |

① SELECT * FROM book ORDER BY [저자], [출간연도]; (×)

→ [book] 테이블에서 '저자' 항목의 이름을 오름차순(ASC) 정렬하고, 저자 이름이 동일하면 '출간연도' 항목을 오름차순(ASC) 정렬함

| 도서명 | 저자 | 출판사 | 출간연도 |
|---|---|---|---|
| 자바 | 고자바 | IT | 2012 |
| 액세스 | 김디비 | IT | 2018 |
| C# | 윤피디 | 가람 | 2017 |
| 컴퓨터과학 | 이연산 | 두빛 | 2011 |
| 엑셀 | 이연산 | 화요 | 2018 |

② SELECT * FROM book ORDER BY [출간연도] DESC, [출판사] DESC; (×)

→ [book] 테이블에서 '출간연도' 항목을 내림차순(DESC) 정렬하고, 출간연도가 동일하면 '출판사' 항목을 내림차순(DESC) 정렬함

| 도서명 | 저자 | 출판사 | 출간연도 |
|---|---|---|---|
| 액세스 | 김디비 | IT | 2018 |
| 엑셀 | 이연산 | 화요 | 2018 |
| C# | 윤피디 | 가람 | 2017 |
| 자바 | 고자바 | IT | 2012 |
| 컴퓨터과학 | 이연산 | 두빛 | 2011 |

❸ SELECT * FROM book ORDER BY [출간연도] ASC, [저자] ASC; (○)

→ [book] 테이블에서 '출간연도' 항목을 오름차순(ASC) 정렬하고, 출간연도가 동일하면 '저자' 항목을 오름차순(ASC) 정렬함

④ SELECT * FROM book ORDER BY [저자] DESC, [출간연도] ASC; (×)

→ [book] 테이블에서 '저자' 항목의 이름을 내림차순(DESC) 정렬하고, 저자 이름이 동일하면 '출간연도' 항목을 오름차순(ASC) 정렬함

| 도서명 | 저자 | 출판사 | 출간연도 |
|---|---|---|---|
| 컴퓨터과학 | 이연산 | 두빛 | 2011 |
| 엑셀 | 이연산 | 화요 | 2018 |
| C# | 윤피디 | 가람 | 2017 |
| 액세스 | 김디비 | IT | 2018 |
| 자바 | 고자바 | IT | 2012 |

# 59

↪ 노른자 156

**다음 중 폼의 속성에 대한 설명으로 옳은 것은?**

① 팝업 속성을 설정하면 포커스를 다른 개체로 이동하기 위해서는 반드시 폼을 닫아야 한다. (×)

→ '모달' 속성에 대한 설명

❷ '레코드 잠금' 속성의 기본값은 '잠그지 않음'이며, 이 경우 레코드 편집 작업이 완료되기 전에 다른 사용자가 레코드를 변경할 수 있다.

③ 그림 맞춤 속성은 폼의 크기가 이미지의 원래 크기와 다른 경우 다양한 확대/축소 유형을 선택할 수 있다. (×)

→ '그림 크기 조정 모드' 속성에 대한 설명

④ 레코드 집합 종류 속성의 값이 '다이너셋'인 경우 원본 테이블의 업데이트는 안 되며, 조회만 가능하다. (×)

→ 레코드 집합의 종류가 '다이너셋'인 경우 업데이트가 가능함

# 60

↪ 노른자 161

**다음 중 폼에서 컨트롤의 탭 순서를 변경하는 방법으로 옳지 않은 것은?**

① 마법사 또는 레이아웃과 같은 도구를 사용하여 폼을 만든 경우 컨트롤이 폼에 표시되는 순서(위쪽에서 아래쪽 및 왼쪽에서 오른쪽)와 같은 순서로 탭 순서가 설정된다.

② 기본적으로는 컨트롤을 작성한 순서대로 탭 순서가 설정되며, 레이블에는 설정할 수 없다.

③ [탭 순서] 대화상자를 이용하면 컨트롤의 탭 순서를 컨트롤 이름 행을 드래그해서 조정할 수 있다.

❹ 탭 순서에서 컨트롤을 제거하려면 컨트롤의 탭 정지 속성을 '예'로 설정한다. (×)

→ 탭 순서에서 컨트롤을 제거하려면, 컨트롤의 '탭 정지' 속성을 '아니요'로 설정해야 함

# 답만 보는 제6회 기출문제

반복이 답이다!
합격 로딩 중 ☑□□□□

※ 수정 으로 표시된 문제는 개정 출제기준에 맞추어 수정한 문제입니다.

## 1과목  컴퓨터 일반

### 01
☞ 노른자 047

다음 중 사운드 데이터의 샘플링(Sampling)에 관한 설명으로 옳지 않은 것은?

❶ 디지털 신호를 아날로그 신호로 변환해 주는 작업이다. (×)
→ 샘플링은 아날로그 신호를 일정한 간격으로 나누어 진폭값을 부여하고 디지털 신호로 변환하는 과정. 디지털 신호를 아날로그 신호로 변환하는 작업은 복호화(Decoding) 작업임

② 샘플링 레이트(Sampling Rate)가 높을수록 원음에 가깝다.

③ 샘플링 레이트는 초당 샘플링 횟수를 의미한다.

④ 샘플링 레이트의 단위는 Hz(헤르츠)를 사용한다.

### 02
☞ 노른자 046

다음 중 이미지 데이터의 표현 방식에서 벡터(Vector) 방식에 관한 설명으로 옳지 않은 것은?

① 벡터 방식의 그림 파일 형식에는 wmf, ai 등이 있다.

② 이미지를 점과 선을 이용하여 표현하는 방식이다.

③ 그림을 확대하거나 축소할 때 계단 현상이 발생하지 않는다.

❹ 포토샵, 그림판 등의 소프트웨어로 그림을 편집할 수 있다. (×)
→ 벡터(Vector) 방식은 일러스트레이터(Illustrator)나 코렐드로(CorelDraw) 등으로 편집할 수 있음. 포토샵이나 그림판 등의 소프트웨어로 그림을 편집할 수 있는 것은 비트맵(Bitmap) 방식

### 03
☞ 노른자 062

다음 중 컴퓨터의 정상적인 작동을 방해하여 운영체제나 저장된 데이터에 손상을 입힐 수 있는 보안 위협의 종류는?

❶ 바이러스

② 키로거 (×)
→ 키로거(Key Logger)는 악성 코드에 감염된 시스템의 키보드 입력을 저장 및 전송하여 개인 정보를 빼내는 크래킹(Cracking) 행위

③ 애드웨어 (×)
→ 애드웨어(Adware)는 광고가 소프트웨어에 포함되어 이를 보는 조건으로 무료로 사용할 수 있는 소프트웨어

④ 스파이웨어 (×)
→ 스파이웨어(Spyware)는 사용자의 승인 없이 몰래 설치되어 컴퓨터 시스템의 정보를 빼내는 악성 소프트웨어

### 04
☞ 노른자 064

다음 중 방화벽(Firewall)에 대한 설명으로 옳지 않은 것은?

① 보안이 필요한 네트워크의 통로를 단일화하여 관리한다.

❷ 내부 네트워크에서 외부로 나가는 패킷을 체크하여 인증된 패킷만 통과시킨다. (×)
→ 방화벽은 외부에서 내부 네트워크로 '들어오는' 패킷에 대해서 내용을 체크하여 인증된 패킷만 통과시킴. 방화벽을 이용하면 외부에서의 불법적인 접근을 막고 인증된 데이터의 교환만 이용하는 방식으로 외부 네트워크부터 내부 네트워크를 보호할 수 있음

③ 역추적 기능으로 외부 침입자의 흔적을 찾을 수 있다.

④ 방화벽은 외부 네트워크와 내부 네트워크 사이에 위치한다.

### 05
☞ 노른자 055

다음 중 인터넷에서 사용하는 TCP/IP에 대한 설명으로 옳지 않은 것은?

① 서로 다른 기종의 컴퓨터들 간 데이터를 송·수신하기 위한 표준 프로토콜이다.

② 일부 망에 장애가 있어도 다른 망으로 통신이 가능한 신뢰성을 제공한다.

❸ TCP는 패킷 주소를 해석하고 최적의 경로를 결정하여 전송하는 역할을 한다. (×)
→ • TCP: 메시지를 송·수신자의 주소와 정보로 묶어 패킷 단위로 분류하고, 전송 데이터의 흐름을 제어하며, 데이터에 오류가 있는지 검사함. OSI 7계층 중 '전송(Transport) 계층(제4계층)'에 해당함
• IP: 패킷 주소 해석 후 경로를 결정하여 다음 호스트로 전송함. OSI 7계층 중 '네트워크(Network) 계층(제3계층)'에 해당함

④ IP는 OSI 7계층 중 네트워크 계층에 해당하는 프로토콜이다.

## 06

➲ 노른자 058

다음 중 유비쿼터스 센서 네트워크(USN)의 활용 분야에 속하는 것은?

① 테더링 (×)
→ 테더링(Tethering)은 인터넷에 연결된 기기를 이용하여 다른 기기도 인터넷을 사용할 수 있게 해 주는 기술로, 노트북과 같은 IT 기기를 휴대폰에 연결하여 무선 인터넷을 사용할 수 있음

❷ 텔레매틱스 (○)
→ 유비쿼터스 센서 네트워크(Ubiquitous Sensor Network)는 각종 센서에서 감지한 정보를 무선으로 수집할 수 있게 구성한 네트워크. 텔레매틱스(Telematics)는 통신망을 통해 확보된 위치 정보를 기반으로 교통 안내, 긴급 구난, 물류 정보 등을 제공하는 이동형 정보 활용 서비스

③ 블루투스 (×)
→ 블루투스(Bluetooth)는 근거리 무선 통신을 가능하게 해 주는 통신 방식으로, 핸드폰이나 노트북과 같은 다양한 기기들끼리 안전하고 저렴한 비용으로 서로 통신할 수 있음

④ 고퍼 (×)
→ 고퍼(Gopher)는 인터넷에 있는 정보를 메뉴 방식으로 찾아가는 서비스

## 07

➲ 노른자 056

다음 중 전자우편에서 사용하는 POP3 프로토콜에 관한 설명으로 옳은 것은?

① 사용자가 작성한 이메일을 다른 사람의 계정으로 전송해 주는 역할을 한다. (×)
→ SMTP(Simple Mail Transfer Protocol, 단순 전자우편 전송 규약)에 대한 설명

❷ 메일 서버의 이메일을 사용자의 컴퓨터로 가져올 수 있도록 메일 서버에서 제공하는 프로토콜이다.

③ 멀티미디어 전자우편을 주고받기 위한 인터넷 메일의 표준 프로토콜이다. (×)
→ MIME(Multipurpose Internet Mail Extensions, 다목적 인터넷 전자우편)에 대한 설명

④ 웹 브라우저에서 제공하지 않는 멀티미디어 파일을 확인하여 실행시켜 주는 프로토콜이다. (×)
→ MIME에 대한 설명

## 08

➲ 노른자 053

다음 중 인터넷을 사용하기 위한 IPv6 주소 체계에 대한 설명으로 옳지 않은 것은?

❶ IPv4의 업그레이드 버전으로, 주소 구조가 64비트로 확장되었다. (×)
→ IPv6 주소는 IPv4의 주소 공간을 확장한 '128비트'의 인터넷 주소 체계

② 주소의 각 부분은 콜론(:)으로 구분하여 16진수로 표현한다.

③ IPv4에 비해 주소의 확장성, 융통성, 연동성이 뛰어나다.

④ 실시간 흐름 제어로 향상된 멀티미디어 기능을 지원한다.

## 09

➲ 노른자 036

다음 중 컴퓨터 메인보드의 버스(Bus)에 관한 설명으로 옳지 않은 것은?

① 컴퓨터에서 데이터를 주고받는 통로로, 사용 용도에 따라 내부 버스, 외부 버스, 확장 버스로 구분된다.

❷ 내부 버스는 CPU와 주변장치 간의 데이터 전송에 사용되는 통로이다. (×)
→ 외부 버스(External Bus)에 대한 내용. 내부 버스(Internal Bus)는 CPU 안에서 레지스터 간의 연결임

③ 외부 버스는 전달하는 신호의 형태에 따라 데이터 버스, 주소 버스, 제어 버스로 구분된다.

④ 확장 버스는 메인보드에서 지원하는 기능 외에 다른 기능을 지원하는 장치를 연결하는 부분으로, 끼울 수 있는 형태이기에 '확장 슬롯'이라고도 한다.

## 10

➲ 노른자 044

다음 중 웹 프로그래밍 언어에 대한 설명으로 옳지 않은 것은?

① ASP는 서버 측에서 동적으로 수행되는 페이지를 만들기 위한 언어로, Windows 계열의 운영체제에서 실행 가능하다.

❷ PHP는 클라이언트 측에서 동적으로 수행되는 스크립트 언어로, Unix 운영체제에서 실행 가능하다. (×)
→ PHP는 '서버 측'에서 동적으로 수행되는 스크립트 언어

③ XML은 HTML의 단점을 보완하여 웹에서 구조화된 폭넓고 다양한 문서들을 상호교환할 수 있도록 설계된 언어이다.

④ JSP는 자바로 만들어진 서버 스크립트로, 다양한 운영체제에서 사용 가능하다.

## 11

↪ 노른자 031

**다음 중 임베디드 시스템에 관한 설명으로 옳은 것은?**

① 지역적으로 다른 위치에 있는 여러 대의 컴퓨터를 연결하여 분산 처리하는 시스템이다. (×)
→ 분산 처리 시스템(Distributed Processing System)에 대한 설명

② 처리할 데이터를 일정 시간 동안 모아서 일괄 처리하는 방식의 시스템이다. (×)
→ 일괄 처리 시스템(Batch Processing System)에 대한 설명

❸ 특정 기능을 수행하기 위하여 전체 장치의 일부분으로 내장되는 전자 시스템이다. (○)
→ 임베디드 시스템(Embedded System)은 특정 기능만 수행하도록 제작된 컴퓨팅 장치로, 어떤 장치가 다른 시스템에 의존하지 않고 독립적으로 기능을 수행할 수 있음

④ 두 개의 CPU가 동시에 같은 업무를 처리하는 방식으로, 업무의 신뢰도를 높이는 작업에 이용된다. (×)
→ 듀얼 시스템(Dual System)에 대한 설명

## 12

↪ 노른자 040

**다음 중 컴퓨터 운영체제의 성능 평가 기준에 해당하지 않는 것은?**

① 일정 시간 안에 시스템이 처리하는 양을 의미하는 처리 능력(Throughput)

② 작업을 의뢰한 시간부터 처리가 완료된 시간까지의 반환 시간(Turn Around Time)

❸ 중앙처리장치의 사용 정도를 측정하는 사용 가능도(Availability) (×)
→ 사용 정도의 측정은 현재의 사용량 측정을 의미함. 사용 가능도는 중앙처리장치뿐만 아니라 시스템의 모든 자원을 사용할 필요가 있을 때 언제든지 즉시 사용할 수 있는 가능 정도임

④ 주어진 문제를 정확하게 해결하는 정도를 의미하는 신뢰도(Reliability)

## 13

↪ 노른자 026

**다음 중 컴퓨터의 발전 과정으로 3세대 이후의 특징에 해당하지 않는 것은?**

① 개인용 컴퓨터의 사용 (○)
→ 제4세대 컴퓨터의 특징

② 전문가 시스템 (○)
→ 제5세대 컴퓨터의 특징

❸ 일괄 처리 시스템 (×)
→ 제1세대 컴퓨터의 형태

④ 집적회로의 사용 (○)
→ 제3세대 컴퓨터의 특징

## 14

↪ 노른자 035

**다음 중 CMOS 셋업 프로그램에서 설정할 수 없는 항목은?**

① 시스템 암호 설정

② 하드디스크의 타입

❸ 멀티부팅 시 사용하려는 BIOS의 종류 (×)
→ 멀티부팅은 CMOS 셋업 프로그램의 설정 항목이 아님

④ 하드디스크나 USB 등의 부팅 순서

## 15

↪ 노른자 037

**다음 중 컴퓨터 업그레이드에 관한 설명으로 적절하지 않은 것은?**

① 컴퓨터 처리 성능의 개선을 위해 하드웨어 업그레이드를 한다.

② 장치 제어기를 업그레이드하면 하드웨어를 교체하지 않더라도 보다 향상된 기능으로 하드웨어를 사용할 수 있다.

**❸** 하드디스크 업그레이드의 경우에는 부족한 공간 확보를 위해 파티션이 여러 개로 나뉘는 제품을 선택한다. (×)
→ 파티션(Partition)은 하나의 하드디스크를 여러 개의 논리적 영역으로 나누는 작업으로, 특정한 데이터만 별도로 보관할 드라이브를 확보하고, 하나의 하드디스크에 서로 다른 운영체제를 설치하기 위한 용도로 사용됨

④ 고사양을 요구하는 소프트웨어가 늘어남에 따라 컴퓨터의 처리 속도가 느려지거나 제대로 동작하지 않을 경우 가장 먼저 고려하는 것은 RAM 업그레이드이다.

# 16 [수정]

⤷ 노른자 014

다음 중 Windows 10 [제어판]의 [프로그램] 범주에서 할 수 있는 작업에 관한 설명으로 옳지 않은 것은?

**❶** [프로그램 제거]를 이용하여 앱을 제거할 수 있으며, 삭제된 앱 파일을 복원할 수도 있다. (×)
→ [프로그램 제거]를 이용하여 앱 제거 또는 변경이 가능하지만, 삭제된 앱을 복원할 수는 없음

② [설치된 업데이트 보기]를 이용하면 설치된 업데이트를 제거할 수 있다.

③ [Windows 기능 켜기/끄기(사용/사용 안 함)]를 이용하여 Windows에 포함되어 있는 인터넷 정보 서비스 같은 일부 앱 및 기능을 사용하도록 설정하거나 해제할 수 있다.

④ [기본 프로그램]을 이용하면 모든 파일 형식 및 프로토콜을 열 수 있는 기본 앱을 설정할 수 있다.

# 17

⤷ 노른자 001

다음 중 NTFS 파일 시스템에 관한 설명으로 옳지 않은 것은?

① 파일 및 폴더에 대한 액세스 제어를 유지하고 제한된 계정을 지원한다.

② Active Directory 서비스를 제공한다.

**❸** 하드디스크의 파티션(볼륨) 크기를 100GB까지 지원한다. (×)
→ 256TB까지 지원

④ FAT나 FAT32 파일 시스템보다 성능, 보안, 안전성이 높다.

# 18 [수정]

⤷ 노른자 055

다음 중 Windows 10에서 네트워크 연결 시 IP 설정이 자동으로 할당되지 않을 경우 직접 설정해야 하는 TCP/IP 속성에 해당하지 않는 것은?

① IP 주소

② 기본 게이트웨이

③ 서브넷 마스크

**❹** 라우터 주소 (×)
→ 라우터 주소는 네트워크를 연결할 때 직접 설정할 수 없음

# 19 [수정]

⤷ 노른자 016

다음 중 Windows 10의 [제어판] − [키보드]에서 설정할 수 있는 것으로 옳지 않은 것은?

**❶** 입력 위치를 표시하는 커서의 모양을 선택할 수 있다. (×)
→ 입력 위치를 표시하는 커서의 모양은 변경할 수 없음

② 키 반복 속도를 조절할 수 있다.

③ 커서 깜박임 속도를 조절할 수 있다.

④ 키 재입력 시간을 조절할 수 있다.

# 20 [수정]

⤷ 노른자 025

다음 중 Windows 10에서 설치된 기본 프린터의 [인쇄 관리자] 창에서 실행할 수 있는 작업으로 옳지 않은 것은?

① 인쇄 작업이 시작된 문서도 중간에 강제로 인쇄를 종료할 수 있으며 잠시 중지시켰다가 다시 인쇄할 수 있다.

② [프린터] 메뉴에서 [모든 문서 취소]를 선택하면 스풀러에 저장되어 있는 모든 인쇄 작업을 취소할 수 있다.

③ 인쇄 대기 중인 문서를 삭제하거나 출력 대기 순서를 임의로 조정할 수 있다.

**❹** 인쇄 중인 문서나 오류가 발생한 문서를 다른 프린터로 전송할 수 있다. (×)
→ 인쇄 중인 문서나 오류가 발생한 문서를 다른 프린터로 전송할 수 없음

## 21

노른자 098

다음 중 아래 워크시트의 '사번' 필드에 그림과 같이 **사용자 지정 자동 필터**를 적용하는 경우 표시되는 결과 행은?

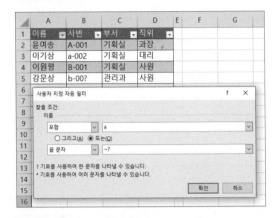

① 3행

② 2행, 3행

③ 3행, 5행

❹ 2행, 3행, 5행 (○)
→ 사번에 'a'나 'A'를 포함하거나 끝 문자가 '?'로 끝나는 데이터를 추출함. 자동 필터의 경우에는 영문자의 대문자와 소문자를 구별하지 않음

## 22 [수정]

노른자 096

다음 중 [데이터] 탭-[외부 데이터 가져오기] 그룹의 각 명령에 대한 설명으로 옳지 **않은** 것은?

① [기타 원본에서 데이터 가져오기]-[Microsoft Query]를 이용하면 여러 테이블을 조인(Join)한 결과를 워크시트로 가져올 수 있다.

② [기존 연결을 사용하여 데이터 가져오기]를 이용하면 Microsoft Query에서 작성한 쿼리 파일(*.dqy)의 실행 결과를 워크시트로 가져올 수 있다.

❸ [웹]을 이용하면 웹페이지의 모든 데이터를 원본 그대로 가져올 수 있다. (×)
→ [웹]을 이용하면 텍스트 위주로 가져오고 그림과 스크립트의 내용은 가져올 수 없으므로 웹페이지의 모든 데이터를 원본 그대로 가져오는 것은 불가능함

④ [Access]를 이용하면 원본 데이터의 변경 사항이 워크시트에 반영되도록 설정할 수 있다.

## 23

노른자 074

다음 중 날짜 데이터의 **자동 채우기 옵션**에 포함되지 **않는** 내용은?

① 일 단위 채우기

❷ 주 단위 채우기 (×)
→ 날짜 데이터 자동 채우기 옵션에서는 일, 평일(주말 제외), 월, 연 단위를 제공하며, 주 단위 채우기는 제공하지 않음. [홈] 탭-[편집] 그룹-[채우기]-[계열]을 선택하고 [연속 데이터] 대화상자에서 날짜 단위를 지정할 수 있음

③ 월 단위 채우기

④ 평일 단위 채우기

## 24

노른자 097

다음 중 데이터 정렬에 대한 설명으로 옳지 **않은** 것은?

① 정렬 조건을 최대 64개까지 지정할 수 있어서 다양한 조건으로 정렬할 수 있다.

② 숨겨진 열이나 행은 정렬 시 이동되지 않으므로 데이터를 정렬하기 전에 숨겨진 열과 행을 표시하는 것이 좋다.

❸ 정렬 기준을 글꼴 색이나 셀 색으로 선택한 경우의 기본 정렬 순서는 오름차순의 경우 밝은 색에서 어두운 색 순으로 정렬된다. (×)
→ 글꼴 색 또는 셀 색, 아이콘의 기본 정렬 순서는 없으므로 각 정렬 작업에 대해 원하는 순서를 정의해야 함. [정렬 옵션] 대화상자의 '방향'에서 '위쪽에서 아래쪽'을 선택하면 색이나 글꼴 색, 아이콘을 맨 위쪽이나 아래쪽에 오게 할 수 있지만, 오름차순이나 내림차순 정렬과는 관계없음

④ 첫째 기준뿐만 아니라 모든 정렬 기준에서 사용자 지정 목록을 정렬 기준으로 사용할 수 있다.

## 25

↪ 노른자 096

다음 중 Excel에서 Access와의 **데이터 교환 방법**에 대한 설명으로 적절하지 <u>않은</u> 것은?

① Excel 통합 문서를 열 때 Access 데이터에 연결하려면 보안 센터 표시줄을 사용하거나 통합 문서를 신뢰할 수 있는 위치에 둠으로써 데이터 연결을 사용할 수 있도록 설정해야 한다.

② [데이터] 탭-[외부 데이터 가져오기] 그룹에서 [기타 원본에서 데이터 가져오기]-[Microsoft Query]를 선택하면 Access 파일의 특정 테이블의 특정 필드만 선택하여 가져올 수도 있다.

③ [데이터] 탭-[외부 데이터 가져오기] 그룹에서 [Access]를 선택하면 특정 Access 파일에서 테이블을 선택하여 피벗 테이블 보고서로 가져올 수도 있다.

❹ [데이터] 탭-[연결] 그룹에서 [속성]을 클릭하면 기존 Access 파일의 연결을 추가하거나 제거할 수 있다. (×)

→ [데이터] 탭-[연결] 그룹-[속성]에서는 기존 Access 파일의 연결을 변경할 수 있지만, 새로 추가하거나 제거할 수 없음

## 26

↪ 노른자 076

다음 중 아래 워크시트에서 [C2:C4] 영역을 선택하여 작업한 결과가 <u>다른</u> 것은?

| ▲ | A | B | C | D | E |
|---|---|---|---|---|---|
| 1 | 이름 | 국어 | 영어 | 수학 | 평균 |
| 2 | 홍길동 | 83 | 90 | 73 | 82 |
| 3 | 이대한 | 65 | 87 | 91 | 81 |
| 4 | 한민국 | 80 | 75 | 100 | 85 |
| 5 | 평균 | 76 | 84 | 88 | 82.66667 |
| 6 | | | | | |

① Delete 를 누른 경우 (○)

→ [C2:C4] 영역의 셀 값이 모두 삭제됨

❷ Backspace 를 누른 경우 (×)

→ Backspace 를 누른 경우 [C2] 셀 값인 '90'만 삭제됨

③ 마우스 오른쪽 단추의 바로 가기 메뉴에서 [내용 지우기]를 선택한 경우 (○)

→ [C2:C4] 영역의 셀 값이 모두 삭제됨

④ [홈] 탭-[편집] 그룹에서 [지우기]-[내용 지우기]를 선택한 경우 (○)

→ [C2:C4] 영역의 셀 값이 모두 삭제됨

## 27

↪ 노른자 088, 091

아래 워크시트에서 **부서명[E2:E4]을 번호[A2:A11] 순서대로 반복하여 발령부서[C2:C11]에 배정**하고자 한다. 다음 중 [C2] 셀에 입력할 수식으로 옳은 것은?

| ▲ | A | B | C | D | E |
|---|---|---|---|---|---|
| 1 | 번호 | 이름 | 발령부서 | | 부서명 |
| 2 | 1 | 황현아 | 기획팀 | | 기획팀 |
| 3 | 2 | 김지민 | 재무팀 | | 재무팀 |
| 4 | 3 | 정미주 | 총무팀 | | 총무팀 |
| 5 | 4 | 오민아 | 기획팀 | | |
| 6 | 5 | 김혜린 | 재무팀 | | |
| 7 | 6 | 김윤중 | 총무팀 | | |
| 8 | 7 | 박유미 | 기획팀 | | |
| 9 | 8 | 김영주 | 재무팀 | | |
| 10 | 9 | 한상미 | 총무팀 | | |
| 11 | 10 | 서은정 | 기획팀 | | |
| 12 | | | | | |

① =INDEX($E$2:$E$4,MOD(A2,3)) (×)

→ INDEX 함수의 두 번째 인수는 자동 채우기 핸들을 이용하여 함수를 복사할 경우 차례대로 1, 2, 3이 반복되어야 하지만, 'MOD(A2,3)' 형식으로 작성하면 1, 2, 0이 반복됨

② =INDEX($E$2:$E$4,MOD(A2,3)+1) (×)

→ INDEX 함수의 두 번째 인수는 자동 채우기 핸들을 이용하여 함수를 복사할 경우 차례대로 1, 2, 3이 반복되어야 하지만, 'MOD(A2,3)+1' 형식으로 작성하면 2, 3, 1이 반복됨

❸ =INDEX($E$2:$E$4,MOD(A2-1,3)+1) (○)

→ ❶ MOD 함수의 형식은 MOD(숫자,나누는 수). 함수식에서 'A2-1'은 '0'이므로 'MOD(0,3)'이 되어 0을 3으로 나눈 나머지 결과값은 '0'. 여기에 1을 더하면 결과값은 '1'
❷ INDEX 함수의 형식은 INDEX(범위,행,열)로, '범위'에서 '행', '열'에 해당 값을 표시함. ❶의 결과값을 대입하면 'INDEX($E$2:$E$4,1)'이 되어 해당 영역에서 1행의 값인 '기획팀'이 표시됨

④ =INDEX($E$2:$E$4,MOD(A2-1,3)) (×)

→ INDEX 함수의 두 번째 인수는 자동 채우기 핸들을 이용하여 함수를 복사할 경우 차례대로 1, 2, 3이 반복되어야 하지만, 'MOD(A2-1,3)'의 형식으로 작성하면 0, 1, 2가 반복됨

## 28

↪ 노른자 089, 095

아래 워크시트에서 매출액[B3:B9]을 이용하여 매출 구간별 빈도수를 [F3:F6] 영역에 계산하고자 한다. 다음 중 이를 위한 **배열 수식**으로 옳은 것은?

| | A | B | C | D | E | F |
|---|---|---|---|---|---|---|
| 1 | | | | | | |
| 2 | | 매출액 | | 매출구간 | | 빈도수 |
| 3 | | 75 | | 0 | 50 | 1 |
| 4 | | 93 | | 51 | 100 | 2 |
| 5 | | 130 | | 101 | 200 | 3 |
| 6 | | 32 | | 201 | 300 | 1 |
| 7 | | 123 | | | | |
| 8 | | 257 | | | | |
| 9 | | 169 | | | | |
| 10 | | | | | | |

① {=PERCENTILE(B3:B9,E3:E6)} (×)
→ PERCENTILE(범위,인수)는 범위에서 인수 번째 백분위수 값을 표시하는 함수로, 데이터 배열 또는 범위에서 인수에 해당하는 백분위수를 구할 수 있음. 이 함수식을 사용하면 #NUM 오류가 발생함

② {=PERCENTILE(E3:E6,B3:B9)} (×)
→ 함수의 인수를 잘못 사용한 형태로, #NUM! 오류 발생

❸ {=FREQUENCY(B3:B9,E3:E6)} (○)
     ❶     ❷
→ FREQUENCY 함수는 값의 범위 안에서 해당 값의 발생 빈도를 계산하여 세로 배열의 형태로 나타내는 함수로, 형식은 '=FREQUENCY(배열,구간 배열)'임
   ❶ 배열 : 빈도를 계산할 값의 집합 → B3:B9
   ❷ 구간 배열 : 배열에서 값을 분류할 간격 → E3:E6

④ {=FREQUENCY(E3:E6,B3:B9)} (×)
→ FREQUENCY 함수는 적당하지만, 인수가 올바르지 않아 인수를 잘못 사용한 형태로, 함수가 적용되지 않음

## 29

↪ 노른자 080

다음 중 아래 워크시트의 [A1] 셀에 사용자 지정 표시 형식 **'#,###,'**를 적용했을 때 표시되는 값은?

| | A | B |
|---|---|---|
| 1 | 2451648.81 | |
| 2 | | |

① 2,451

❷ 2,452 (○)
→ #은 유효 자릿수만 나타내고 유효하지 않은 0은 표시하지 않음. '2451648.81'을 사용자 지정 형식인 '#,###,'로 지정한 경우 '2,451'인 '2,451' 다음의 '6'이 반올림 대상이므로 결과값은 '2,452'가 됨. 이때 사용자 지정 형식 '#,###,'에서 맨 끝의 쉼표(,)는 숫자 세 자리를 생략함

③ 2

④ 2.4

## 30

↪ 노른자 119

다음 중 [매크로] 대화상자에 대한 설명으로 옳지 <u>않은</u> 것은?

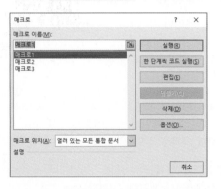

❶ 매크로 이름 상자에서는 매크로의 이름을 선택하여 변경할 수 있다. (×)
→ 매크로 이름은 [매크로] 대화상자에서 [편집] 단추를 클릭하여 VBA 창을 열고 변경할 수 있음

② [한 단계씩 코드 실행] 단추를 클릭하면 선택한 매크로를 한 줄씩 실행한다.

③ [편집] 단추를 클릭하면 선택한 매크로를 수정할 수 있도록 VBA가 실행된다.

④ [옵션] 단추를 클릭하면 바로 가기 키를 설정하거나 변경할 수 있다.

## 31

↪ 노른자 115~116

다음 중 **'머리글/바닥글'** 기능에 대한 설명으로 옳지 <u>않은</u> 것은?

① 머리글이나 바닥글의 텍스트에 앰퍼샌드(&) 문자 한 개를 포함시키려면 앰퍼샌드(&) 문자를 두 번 입력한다.

② 여러 워크시트에 동일한 [머리글/바닥글]을 한 번에 추가하려면 여러 워크시트를 선택하여 그룹화한 후 설정한다.

❸ [페이지 나누기 미리 보기] 상태에서는 워크시트에 머리글과 바닥글 영역이 함께 표시되어 간단히 머리글/바닥글을 추가할 수 있다. (×)
→ [페이지 나누기 미리 보기] 상태에서는 머리글이나 바닥글을 추가할 수 없고, [페이지 레이아웃] 상태에서 추가할 수 있음

④ 차트 시트인 경우 [페이지 설정] 대화상자의 [머리글/바닥글] 탭에서 머리글/바닥글을 추가할 수 있다.

## 32

↪ 노른자 126

아래의 워크시트에서 [D2] 셀에 SUM 함수를 사용하여 총점을 계산한 후 채우기 핸들을 [D5] 셀까지 드래그하여 총점을 계산하는 '총점' 매크로를 생성하였다. 다음 중 아래 '총점' 매크로의 VBA 코드 창에서 괄호( ) 안에 해당하는 값을 올바르게 나열한 것은?

| | A | B | C | D |
|---|---|---|---|---|
| 1 | 성명 | 국어 | 영어 | 총점 |
| 2 | 강동식 | 81 | 89 | |
| 3 | 최서민 | 78 | 97 | |
| 4 | 박동수 | 87 | 88 | |
| 5 | 박두식 | 67 | 78 | |
| 6 | | | | |

Sub 총점( )
  └ 프로시저의 시작이고 매크로 이름(총점)을 나타냄

  Range(" ⓐ ").Select
    └ 수식을 입력하기 위한 ⓐ의 셀 주소를 선택함

  ActiveCell.FormulaR1C1="=SUM( ⓑ )"
    └ SUM 함수의 인수 ⓑ를 설정하고 활성 셀(ActiveCell)인 [D2] 셀을 기준으로 상대적 위치를 작성함. 여기서 R은 행(Row)을, C는 열(Column)을 의미함

  Range("D2").Select
    └ [D2] 셀 범위(Range)를 선택(Select)함

  Selection.AutoFill Destination:=Range(" ⓒ ")._
  Type:=xlFillDefault
    └ 선택(Selection)한 자동 채우기(AutoFill) 대상(Destination) 범위(Range) ⓒ를 설정함. _(언더바)는 명령의 연결 문자로, 한 줄로 명령어를 입력할 경우에는 생략 가능

  Range(" ⓓ ").Select
    └ ⓓ 셀 범위(Range)를 선택(Select)함

  Range("D6").Select
    └ [D6] 셀의 범위(Range)를 선택(Select)함

End Sub

① ⓐ D2 ⓑ (RC[-1]:RC[-1]) ⓒ D5  ⓓ D5

② ⓐ A6 ⓑ (RC[-1]:RC[-0]) ⓒ D2:D5 ⓓ D5

③ ⓐ D2 ⓑ (RC[-2]:RC[-0]) ⓒ D5  ⓓ D2:D5

❹ ⓐ D2 ⓑ (RC[-2]:RC[-1]) ⓒ D2:D5 ⓓ D2:D5 (○)

→ ⓐ 가장 먼저 선택할 셀을 지정함
  ⓑ 국어 점수로 가려면 왼쪽으로 두 번 이동해야 하므로 RC[-2]이고, 영어 점수로 가려면 왼쪽으로 한 번 이동해야 하므로 RC[-1]임
  ⓒ 문제에서 제시된 자동 채우기 대상 범위는 [D2:D5]임
  ⓓ 자동 채우기한 후 선택할 셀로, [D5] 셀과 [D2:D5] 영역의 결과 값은 같음

## 33

↪ 노른자 088

다음 중 아래 워크시트에서 수식 '=SUM($B$2:C2)'가 입력된 [D2] 셀을 [D4] 셀에 복사하여 붙여넣었을 때의 결과값은?

| D2 | | × ✓ fx | =SUM($B$2:C2) | |
|---|---|---|---|---|
| | A | B | C | D |
| 1 | | | | |
| 2 | | 5 | 10 | 15 |
| 3 | | 7 | 14 | |
| 4 | | 9 | 18 | |
| 5 | | | | |

① 15

② 27

③ 42

❹ 63 (○)

→ [D2] 셀의 함수식 '=SUM($B$2:C2)'를 아래쪽으로 자동 채우기하면 $B$2 셀은 절대 참조이므로 셀 주소가 변하지 않고 C2는 상대 참조이므로 셀 주소가 변함. 즉 [D2] 셀은 '=SUM($B$2:C2)', [D3] 셀은 '=SUM($B$2:C3)', [D4] 셀은 '=SUM($B$2:C4)'이므로 [D2] 셀의 값은 '15(5+10)', [D3] 셀의 값은 '36(5+7+10+14)', [D4] 셀의 값은 '63(5+7+9+10+14+18)'임

## 34

↪ 노른자 073

다음 중 아래의 워크시트에서 [B3] 셀이 선택되어 있는 경우 각 키의 사용 결과로 옳지 않은 것은?

| | A | B | C |
|---|---|---|---|
| 1 | | 물품명 | 수량 |
| 2 | Fruit_01 | 사과 | 12 |
| 3 | Fruit_02 | 배 | 22 |
| 4 | Fruit_03 | 감귤 | 19 |
| 5 | Fruit_04 | 포도 | 24 |
| 6 | Fruit_05 | 멜론 | 11 |
| 7 | | | |

❶ [Home]을 눌러서 현재 열의 첫 행인 [B1] 셀로 이동한다. (×)
  → [Home]을 누르면 현재 행의 첫 번째 열인 [A3] 셀로 이동함

② [Ctrl] + [Home]을 눌러서 [A1] 셀로 이동한다.

③ [Ctrl] + [End]를 눌러서 데이터가 포함된 마지막 행/열에 해당하는 [C6] 셀로 이동한다.

④ [Shift] + [Enter]를 눌러서 한 행 위인 [B2] 셀로 이동한다.

# 35

다음 중 아래 워크시트에서 [A6] 셀에 수식 '=VLOOKUP
("C",A2:C5,3,0)'을 입력한 경우의 결과로 옳은 것은?

| DATE | ▼ | : | × | ✓ | fx | =VLOOKUP("C",A2:C5,3,0) |

| ▲ | A | B | C | D |
|---|---|---|---|---|
| 1 | 코드 | 품목 | 가격 | |
| 2 | A | 연필 | 1000 | |
| 3 | B | 볼펜 | 2000 | |
| 4 | D | 지우개 | 3000 | |
| 5 | E | 샤프 | 4000 | |
| 6 | =VLOOKU | | | |
| 7 | | | | |

❶ #N/A (○)
→ VLOOKUP 함수는 [A2:C5] 영역의 첫 번째 열에서 'C'를 찾아서
세 번째 열의 값을 반환하지만, 첫 번째 영역에서 'C'를 찾지 못했으
므로 #N/A 오류가 발생함. #N/A 오류는 수식에서 잘못된 값으로
연산을 시도한 경우에 발생함

② #Name? (×)
→ 함수 이름이나 정의되지 않은 셀 이름을 사용한 경우에 발생하는 오
류 메시지

③ B

④ 2000

# 36

다음 중 아래의 워크시트에서 작성한 수식으로 결과값이 다른
것은?

| ▲ | A | B | C | D |
|---|---|---|---|---|
| 1 | 1 | 30 | | |
| 2 | 2 | 20 | | |
| 3 | 3 | 10 | | |
| 4 | | | | |
| 5 | | | | |

① {=SUM((A1:A3*B1:B3))} (○)
→ 1*30+2*20+3*10=100

② {=SUM(A1:A3*{30;20;10})} (○)
→ 행을 세미콜론(;)으로 구분하고 '1*30+2*20+3*10'으로 계산하여
결과값 '100'

❸ {=SUM(A1:A3*{30,20,10})} (×)
→ [A1:A3] 영역의 합이 '6'이므로 6*30+6*20+6*10=360

④ =SUMPRODUCT(A1:A3,B1:B3) (○)
→ SUMPRODUCT 함수로 해당 요소들을 모두 곱하고 그 곱의 합을
구하므로 '1*30+2*20+3*10'으로 계산하여 결과값은 '100'

# 37

다음 중 아래 그림에서의 각 기능에 대한 설명으로 옳지 않은
것은?

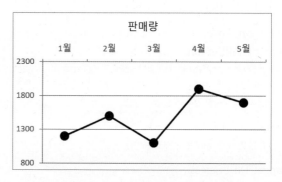

① [시트 보호]를 설정하면 기본적으로 셀의 선택만 가능하다.

② 시트 보호 시 특정 셀의 내용만 수정 가능하도록 하려면
해당 셀의 [셀 서식]에서 '잠금' 설정을 해제한다.

❸ [통합 문서 보호]를 설정하면 포함된 차트, 도형 등의 그래
픽 개체를 변경할 수 없다. (×)
→ [통합 문서 보호]를 클릭해도 포함된 차트, 도형 등의 그래픽 개체를
변경 및 이동/복사할 수 있음

④ [범위 편집 허용]을 이용하면 보호된 워크시트에서 특정
사용자가 범위를 편집할 수 있도록 허용할 수 있다.

# 38 [수정]

다음 중 아래 차트와 같이 X축을 위쪽에 표시하기 위한 방법으
로 옳은 것은?

| 판매량 | | | | |
|---|---|---|---|---|
| 1월 | 2월 | 3월 | 4월 | 5월 |

① 가로 축을 선택한 후 [축 서식] 창의 '축 옵션'에서 '세로 축
교차'를 '최대 항목'으로 설정한다.

② 가로 축을 선택한 후 [축 서식] 창의 '축 옵션'에서 '항목을
거꾸로'에 체크한다.

❸ 세로 축을 선택한 후 [축 서식] 창의 '축 옵션'에서 '가로 축
교차'를 '축의 최대값'으로 설정한다. (○)
→ 세로 축을 선택한 후 [축 서식] 창의 [축 옵션]에서 '가로 축 교차'를
'축의 최대값'으로 설정하면 가로 축 교차가 축의 최대값으로 위치
함. 축을 차트의 위쪽에 표시하려면 '축 옵션'에서 '가로 축 교차'를
'축의 최대값'이나 '값을 거꾸로' 중에서 선택할 수 있지만, '값을 거
꾸로'를 선택해야 축 범위까지 모두 바꿀 수 있음

④ 세로 축을 선택한 후 [축 서식] 창의 '축 옵션'에서 '값을 거
꾸로'를 설정한다.

**170** 답만 보는 정기시험 기출문제

## 39

↪ 노른자 110, 113

**다음 중 차트 만들기에 관한 설명으로 옳지 않은 것은?**

❶ 워크시트에 삽입된 차트는 '차트 이동' 기능을 이용하여 새 통합 문서의 차트 시트로 배치할 수 있다. (×)
  → 워크시트에 삽입된 차트는 '차트 이동' 기능을 이용하여 새 통합 문서의 차트 시트로는 배치할 수 없고, 현재 통합 문서의 차트 시트로 배치할 수 있음

② 차트를 만들 데이터를 선택하고 F11을 누르면 별도의 차트 시트(Chart1)에 기본 차트가 만들어진다.

③ 차트에서 사용할 데이터가 들어있는 셀을 하나만 선택하고 차트를 만들면 해당 셀을 직접 둘러싸는 셀의 데이터가 모두 차트에 표시된다.

④ 차트로 만들 데이터를 선택하고 Alt + F1 을 누르면 현재 시트에 기본 차트가 만들어진다.

## 40

↪ 노른자 116

**다음 중 [페이지 레이아웃] 보기 상태에 대한 설명으로 옳지 않은 것은?**

① 페이지 레이아웃 보기에서도 기본 보기와 같이 데이터 형식과 레이아웃을 변경할 수 있다.

② 페이지 레이아웃 보기에서 표시되는 눈금자의 단위는 [Excel 옵션] 창의 '고급' 범주에서 변경할 수 있다.

③ 마우스를 이용하여 페이지 여백과 머리글과 바닥글 여백을 조정할 수 있다.

❹ 페이지 나누기를 조정하는 페이지 구분선을 마우스로 드래그하여 페이지 나누기를 빠르게 조정할 수 있다. (×)
  → 페이지는 [페이지 레이아웃] 탭-[페이지 설정] 그룹-[나누기]-[페이지 나누기 삽입]에서 나눌 수 있음

## 3과목    데이터베이스 일반

## 41

↪ 노른자 172

**다음 중 VBA에서 [프로시저 추가] 대화상자의 각 옵션에 대한 설명으로 옳지 않은 것은?**

① Sub와 Public을 선택한 경우 Sub 프로시저는 모듈 내의 모든 프로시저에서 해당 Sub 프로시저를 호출할 수 있다.

② Sub와 Private를 선택한 경우 Sub 프로시저는 선언된 모듈 내의 다른 프로시저에서만 호출할 수 있다.

③ Function과 Public을 선택한 경우 Function 프로시저는 모든 모듈의 모든 프로시저에 액세스할 수 있다.

❹ Function과 Private를 선택한 경우 Function 프로시저는 모든 모듈의 다른 프로시저에서만 액세스할 수 있다. (×)
  → 모든 모듈이 아니라 선언된 모듈에서만 다른 프로시저에 액세스할 수 있음

## 42

↪ 노른자 164

**다음 중 하위 보고서에 대한 설명으로 옳지 않은 것은?**

① 관계 설정에 문제가 있을 경우 하위 보고서가 제대로 표시되지 않을 수 있다.

② 디자인 보기 상태에서 하위 보고서의 크기 조절 및 이동이 가능하다.

③ 테이블, 쿼리, 폼 또는 다른 보고서를 이용하여 하위 보고서를 작성할 수 있다.

❹ 하위 보고서에는 그룹화 및 정렬 기능을 설정할 수 없다. (×)
  → 하위 보고서에서도 그룹화 및 정렬 기능을 설정할 수 있음

## 43

➦노른자 170

다음 중 액세스의 작업을 자동화하고 폼이나 보고서의 컨트롤에 기능을 미리 정의하여 사용할 수 있도록 하는 기능은?

❶ 매크로 (○)
  → 매크로(Macro)는 반복적인 작업을 하나의 명령어로 지정하여 사용하는 기능으로, 반복 작업을 자동화할 때 사용함

② 응용 프로그램 요소

③ 업무 문서 양식 마법사

④ 성능 분석 마법사


## 44

➦노른자 131

다음 중 관계형 데이터 모델에서 데이터의 정확성과 일관성을 보장하기 위한 것은?

① 릴레이션

② 관계 연산자

❸ 무결성 제약 조건 (○)
  → 무결성(Integrity)은 데이터를 결함이 없는 상태, 즉 정확하고 유효한 상태로 유지하는 것임. 무결성 제약 조건은 데이터의 무결성을 보장하고 일관된 상태로 유지하기 위한 규칙을 말함

④ 속성의 집합


## 45

➦노른자 129

다음 중 E-R 다이어그램 표기법의 기호와 의미가 바르게 연결된 것은?

① 사각형 – 속성(Attribute) 타입 (×)
  → 사각형 – 개체(Entity) 타입

❷ 마름모 – 관계(Relationship) 타입

③ 타원 – 개체(Entity) 타입 (×)
  → 타원 – 속성(Attribute) 타입

④ 밑줄 타원 – 의존 개체 타입 (×)
  → 밑줄 타원 – 기본 키 속성 타입


## 46

➦노른자 166

다음 중 보고서의 시작 부분에 한 번만 표시되며 일반적으로 회사의 로고나 제목 등을 표시하는 구역은?

❶ 보고서 머리글

② 페이지 머리글 (×)
  → 보고서의 매 페이지의 위쪽에 표시되며, 열 제목 등의 항목을 삽입할 수 있음

③ 그룹 머리글 (×)
  → 그룹을 설정한 경우 그룹의 위쪽에 매번 표시되며, 그룹명이나 요약 정보 등을 삽입할 수 있음

④ 그룹 바닥글 (×)
  → 그룹을 설정한 경우 그룹의 아래쪽에 매번 표시되며, 그룹명이나 요약 정보 등을 삽입할 수 있음


## 47

➦노른자 162

다음 중 폼이나 보고서에서 사용되는 [조건부 서식]에 대한 설명으로 옳은 것은?

❶ 하나의 컨트롤에 여러 규칙이 설정되어 있는 경우 목록에서 규칙을 위/아래로 이동해 우선순위를 변경할 수 있다.

② 레이블 컨트롤에는 필드값을 기준으로 하는 규칙만 설정할 수 있다. (×)
  → [조건부 서식]은 텍스트 상자 컨트롤과 콤보 상자 컨트롤에 설정할 수 있고, 레이블 컨트롤에는 [조건부 서식]을 설정할 수 없음

③ 하나의 컨트롤에 대해 규칙을 세 개까지 지정할 수 있으며, 규칙별로 다양한 서식을 지정할 수 있다. (×)
  → 하나의 컨트롤에 조건부 서식을 최대 50개까지 적용할 수 있음

④ 규칙 유형에서 '다른 레코드와 비교'를 선택하면 적용할 형식으로 아이콘 집합을 적용할 수 있다. (×)
  → 아이콘 집합이 아니라 데이터 막대 형식을 설정할 수 있음


## 48

➦노른자 164~165

다음 중 보고서의 레코드 원본에 대한 설명으로 옳지 않은 것은?

① [보고서 마법사]를 통해 원하는 필드들을 손쉽게 선택하여 레코드 원본으로 지정할 수 있다.

❷ 하나의 테이블에서만 필요한 필드를 선택하여 레코드 원본으로 지정할 수 있다. (×)
  → 하나의 테이블에서뿐만 아니라 여러 개의 테이블에서 필요한 필드를 선택하여 레코드 원본으로 지정할 수 있음

③ [속성 시트]의 '레코드 원본' 드롭다운 목록에서 테이블이나 쿼리를 선택하여 지정할 수 있다.

④ 쿼리 작성기를 통해 쿼리를 작성하여 레코드 원본으로 지정할 수 있다.

# 49

↳ 노른자 147

부서별 제품별 영업 실적을 관리하는 테이블에서 부서별로 영업 실적이 1억 원 이상인 **제품의 합계를 구하고자** 한다. 다음 중 이를 위한 **SQL문에서 반드시 사용해야 할 구문**에 해당하지 않는 것은?

① SELECT문 (○)
→ 테이블에서 레코드를 검색해야 하므로 SELECT문을 사용함. 즉 검색하려는 열 목록인 '제품의 합계'를 SELECT문으로 지정해야 함

② GROUP BY절 (○)
→ GROUP BY절을 이용해 '부서별로' 레코드를 그룹화함

③ HAVING절 (○)
→ HAVING절을 이용해 그룹화된 레코드에 대해 조건을 설정해야 함. 즉 그룹에 대한 조건 '영업 실적이 1억 원 이상'을 HAVING절로 지정해야 함

❹ ORDER BY절 (×)
→ 테이블명이 [부서별영업실적]이면 올바른 SQL문은 'SELECT 부서, SUM(영업실적) FROM 부서별영업실적 GROUP BY 부서 HAVING SUM(영업실적)>100000000;'임. ORDER BY절은 특정 필드를 기준으로 레코드를 정렬하여 검색할 때 사용하는데, 문제에서는 정렬에 대한 조건이 없음

# 50

↳ 노른자 152

다음 중 **크로스탭 쿼리**에 관한 설명으로 옳지 않은 것은?

① 레코드의 요약 결과를 열과 행 방향으로 그룹화하여 표시할 때 사용한다.

② 쿼리 데이터시트에서 데이터를 직접 편집할 수 없다.

❸ 두 개 이상의 열 머리글 옵션과 행 머리글 옵션, 값 옵션 등을 지정해야 한다. (×)
→ 열 머리글은 한 개의 필드를 지정할 수 있고, 행 머리글은 최대 세 개까지 필드를 지정할 수 있음

④ 행과 열이 교차하는 곳의 숫자 필드는 합계, 평균, 분산, 표준 편차 등을 계산할 수 있다.

# 51

↳ 노른자 151

다음 중 쿼리의 [디자인 보기]에서 아래와 같이 설정한 경우 **동일한 결과를 표시하는 SQL문은?**

| 필드: | 모집인원 | 지역 |
|---|---|---|
| 테이블: | Table1 | Table1 |
| 업데이트: | 2000 | |
| 조건: | | "서울" |
| 또는: | >1000 | |

① UPDATE Table1 SET 모집인원 〉 1000 WHERE 지역=
"서울" AND 모집인원 = 2000;

② UPDATE Table1 SET 모집인원 = 2000 WHERE 지역=
"서울" AND 모집인원 〉 1000;

③ UPDATE Table1 SET 모집인원 〉 1000 WHERE 지역=
"서울" OR 모집인원 = 2000;

❹ UPDATE Table1 SET 모집인원 = 2000 WHERE 지역=
"서울" OR 모집인원〉1000; (○)
→ • 조건이 '모집인원 〉 1000'과 '지역 = "서울"'이 서로 다른 행에 있으므로 OR 조건임. 'Table1'의 지역이 '서울'이거나, '모집인원'이 '1000'보다 클 때 '모집인원' 필드의 값을 '2000'으로 수정한다는 것을 의미함
• UPDATE문의 형식: UPDATE (테이블명) SET (필드명 = 변경값) WHERE (조건식)

# 52

↳ 노른자 149

다음 중 각 **연산식에 대한 결과값이 옳지 않은** 것은?

① IF(1,2,3) → 결과값: 2 (○)
→ IF(조건,참,거짓) 함수에서 조건이 0이 아닐 경우 '참'으로 처리되므로 결과값은 '2'

② MID("123456",3,2) → 결과값: 34 (○)
→ '123456'에서 세 번째부터 두 개의 문자를 추출하므로 결과값은 '34'

③ "A" & "B" → 결과값: "AB" (○)
→ 문자를 연결하므로 결과값은 "AB"

❹ 4 MOD 2 → 결과값: 2 (×)
→ 4를 2로 나눈 나머지를 구하므로 결과값은 '0'

## 53

다음 중 외부 데이터인 Excel 통합 문서를 가져오거나 연결하기 위한 방법으로 옳지 <u>않은</u> 것은?

① 새 테이블로 추가하여 원본 데이터 가져오기

② 현재 데이터베이스의 테이블 중 하나를 지정하여 레코드로 추가하기

❸ 테이블, 쿼리, 매크로 등 원하는 개체를 지정하여 가져오기 (×)

> → 외부 데이터인 Excel 통합 문서를 가져오거나 연결하기 위한 방법으로 테이블이나 쿼리는 연결 가능하지만, 매크로는 연결할 수 없음. [외부 데이터] 탭-[가져오기 및 연결] 그룹-[Access]에서는 테이블, 쿼리, 폼, 보고서, 매크로 및 모듈 등 원하는 개체를 지정하여 가져올 수 있음

④ Excel의 원본 데이터에 대한 링크를 유지 관리하는 테이블로 만들기

## 54

다음 중 [학생] 테이블의 '나이' 필드에 유효성 검사 규칙을 아래와 같이 지정한 경우 데이터 입력 상황에 대한 설명으로 옳은 것은?

| 유효성 검사 규칙 | 〉20 |
|---|---|
| 유효성 검사 테스트 | 숫자는 〉20으로 입력합니다. |

① 데이터를 입력하려고 하면 항상 '숫자는 〉20으로 입력합니다.'라는 메시지가 먼저 표시된다. (×)

> → 입력되는 값이 유효성 검사 규칙에 어긋났을 때 해당 메시지가 표시됨

② 20을 입력하면 '숫자는 〉20으로 입력합니다.'라는 메시지가 표시된 후 입력값이 정상적으로 저장된다. (×)

> → 입력되는 값이 유효성 검사 규칙에 어긋났을 때는 저장되지 않음

❸ 20을 입력하면 '숫자는 〉20으로 입력합니다.'라는 메시지가 표시되며, 값을 다시 입력해야만 한다. (○)

> → 20보다 큰 값을 입력해야 하며, 그렇지 않은 경우 '숫자는 〉20으로 입력합니다.'라는 메시지가 표시됨

④ 30을 입력하면 '유효성 검사 규칙에 맞습니다.'라는 메시지가 표시된 후 입력값이 정상적으로 저장된다. (×)

> → 20보다 큰 값을 입력하면 메시지는 표시되지 않음

## 55

다음 중 기본 키에 대한 설명으로 옳지 <u>않은</u> 것은?

① 기본 키는 테이블 내 모든 레코드들을 고유하게 식별할 수 있는 필드에 지정한다.

❷ 테이블에서 기본 키는 반드시 지정해야 하며, 한 개의 필드에만 지정할 수 있다. (×)

> → 기본 키는 한 개의 필드에서 지정할 수도 있고, 두 개 이상의 필드를 복합하여 지정할 수도 있지만, 기본 키를 반드시 지정해야 하는 것은 아님

③ 데이터시트 보기에서 새 테이블을 만들면 기본 키가 자동으로 만들어지고 일련 번호 데이터 형식이 할당된다.

④ 하나 이상의 관계가 있는 테이블의 기본 키를 제거하려면 관계를 먼저 삭제해야 한다.

## 56

다음 중 [만들기] 탭-[폼] 그룹에서 [폼 보기]와 [데이터시트 보기]를 동시에 표시하는 폼을 만들 때 가장 적절한 명령은?

① 여러 항목 (×)

> → 한 번에 여러 레코드가 표시된 폼을 만드는 명령

❷ 폼 분할 (○)

> → 하나의 원본 데이터를 이용하여 [폼 보기]와 [데이터시트 보기]를 동시에 표시된 폼을 만드는 명령

③ 폼 마법사 (×)

> → 사용자가 지정할 수 있는 간단한 폼을 만드는 명령

④ 모달 대화상자 (×)

> → 어떤 동작을 실행하기 전까지 다른 작업을 할 수 없는 대화상자

## 57

노른자 153

**다음 중 폼의 레코드 원본으로 사용할 수 없는 것은?**

① 테이블

② 쿼리

③ SQL문

❹ 매크로 (×)

→ 폼은 테이블이나 쿼리, SQL문 등을 레코드 원본으로 사용하며, 매크로는 폼의 레코드 원본으로 사용할 수 없음

## 58 수정

노른자 134

**다음 중 필드의 각 데이터 형식에 대한 설명으로 옳지 않은 것은?**

① 통화 형식은 소수점 이하 넷째 자리까지의 숫자를 저장할 수 있으며, 기본 필드 크기는 8바이트이다.

② Yes/No 형식은 Yes/No, True/False, On/Off 등과 같이 두 값 중 하나만 입력하는 경우에 사용하는 것으로, 기본 필드 크기는 1비트이다.

③ 일련 번호 형식은 새 레코드를 만들 때 1부터 시작하는 정수가 자동 입력된다.

❹ 긴 텍스트 형식은 텍스트 및 숫자 데이터가 최대 255자까지 저장된다. (×)

→ 짧은 텍스트는 최대 255자까지, 긴 텍스트는 최대 64,000자까지 저장할 수 있음

## 59

노른자 156

**다음 중 아래와 같이 표시된 폼의 탐색 단추에 대한 설명으로 옳지 않은 것은?**

레코드: |◀  ◀  12/158  ▶  ▶|  ▽ 필터 없음  검색
　　　　↑↑　　　　　↑↑
　　　　㉠㉡　　　　㉢㉣

① ㉠ 첫 레코드로 이동한다.

② ㉡ 이전 레코드로 이동한다.

③ ㉢ 마지막 레코드로 이동한다.

❹ ㉣ 이동할 레코드 번호를 입력하여 이동한다. (×)

→ 비어있는 새로운 레코드로 이동함

## 60

노른자 153, 156

**다음 중 폼에 관련된 설명으로 옳지 않은 것은?**

① 폼을 구성하는 컨트롤들은 마법사를 이용하여 손쉽게 작성할 수도 있다.

❷ 모달 폼은 다른 폼 안에 컨트롤로 삽입되어 연결된 폼을 의미한다. (×)

→ 다른 폼 안에 컨트롤로 삽입되어 연결된 폼은 하위 폼임. 모달 폼이 열려있으면 다른 화면을 선택할 수 없는 특성을 갖은 폼

③ 폼은 매크로나 이벤트 프로시저를 이용하여 작업을 자동화할 수 있다.

④ 폼의 디자인 작업 시 눈금과 눈금자는 필요에 따라 표시하거나 숨길 수 있다.

# 답만 보는 제7회 기출문제

※ 수정 으로 표시된 문제는 개정 출제기준에 맞추어 수정한 문제입니다.

## 1과목 컴퓨터 일반

### 01
노른자 047

다음 중 사운드의 압축 및 복원과 관련된 기술이 아닌 것은?

① FLAC

② AIFF

❸ H.264 (×)
→ H.264는 동영상의 압축 및 복원과 관련된 기술임
- 오디오 데이터: WAV, MIDI, MP3, AIFF, FLAC 등
- 그래픽 데이터: BMP, WMF, TIF, GIF, JPEG, PNG, PCX, DXF 등
- 비디오 데이터: AVI, DVI, MOV, MPEG, ASF, DivX, H.264 등

④ WAV

### 02
노른자 046

다음 중 그래픽 데이터의 표현 방식에 대한 설명으로 옳지 않은 것은?

① 비트맵 방식은 픽셀(Pixel)이라고 하는 여러 개의 점들로 이미지를 표현하는 방식이다.

❷ 이미지를 비트맵 방식으로 저장한 경우 벡터 방식에 비해 메모리를 적게 차지하지만, 화면에 이미지를 보여주는 속도는 느리다. (×)
→ 비트맵(Bitmap) 방식은 다양한 색상을 사용하여 사실적인 이미지를 표현하는 방식으로, 메모리를 많이 차지하지만 화면 표시 속도는 빠름

③ 벡터 방식은 점과 점을 연결하는 직선이나 곡선을 이용하여 이미지를 표현하는 방식이다.

④ 벡터 방식은 그림을 확대 또는 축소할 때 화질의 손상이 거의 없다.

### 03
노른자 062

다음 중 프로그램을 직접 감염시키지 않고 디렉토리 영역에 저장된 프로그램의 시작 위치를 바이러스의 시작 위치로 변경하는 파일 바이러스 유형은?

❶ 연결형 바이러스 (○)
→ 프로그램의 시작 위치를 바이러스의 시작 위치로 변경하는 형태의 바이러스로, 프로그램을 실행하면 바이러스가 대신 실행됨

② 기생형 바이러스 (×)
→ 대부분의 파일 바이러스에 해당하며, 프로그램을 손상시키지 않으면서 프로그램의 앞이나 뒤에 기생하는 바이러스

③ 산란형 바이러스 (×)
→ EXE 파일을 감염시키지 않고 같은 이름의 COM 파일을 새로 만들어서 파일 속에 바이러스를 넣어두는 바이러스. 프로그램을 실행했을 때 원본의 EXE 파일 대신 바이러스가 들어있는 COM 파일이 실행되어 바이러스에 감염된 것과 같은 효과가 있음

④ 겹쳐쓰기형 바이러스 (×)
→ 원래 프로그램의 앞부분에 바이러스가 위치하기 때문에 파일을 실행하면 바이러스 프로그램만 실행되고, 원래 프로그램은 바이러스에 의해 파괴됨

### 04
노른자 064

다음 중 인터넷에서 방화벽을 사용하는 이유로 적절하지 않은 것은?

① 외부로부터 허가받지 않은 불법적인 접근이나 해커의 공격으로부터 내부의 네트워크를 효과적으로 보호할 수 있다.

② 방화벽의 접근 제어, 인증, 암호화와 같은 기능으로 네트워크를 보호할 수 있다.

③ 역추적 기능으로 외부의 침입자를 역추적하여 흔적을 찾을 수 있다.

❹ 외부에 대한 보안이 완벽하며, 내부의 불법적인 해킹도 막을 수 있다. (×)
→ 방화벽(Firewall)은 외부 네트워크부터 내부 네트워크를 보호하기 위한 것으로, 외부의 불법적인 침입을 막을 수 있지만 내부로부터의 불법적인 위험은 막지 못함

## 05

↪ 노른자 052

**다음 중 DNS가 가지고 있는 특정 도메인의 IP Address를 검색해 주는 서비스는?**

① Gopher (×)
→ 메뉴 방식을 이용해 정보 검색을 할 수 있도록 하는 서비스

② Archie (×)
→ FTP 서버의 인덱스를 만들어서 특정한 파일을 찾을 수 있도록 만들어진 세계 최초의 검색엔진

③ IRC (×)
→ Internet Relay Chat. 인터넷에서 여러 사람들과 실시간 대화를 할 수 있는 서비스(채팅)

❹ Nslookup (○)
→ 도메인을 이용하여 IP 주소를 찾을 수 있는 서비스

## 06

↪ 노른자 051

**다음 중 컴퓨터 통신의 OSI 7계층에서 사용되는 장비와 해당 계층의 연결이 옳지 않은 것은?**

① 물리 계층 – 리피터(Repeater), 허브(Hub)

② 데이터 링크 계층 – 브리지(Bridge), 스위치(Switch)

③ 네트워크 계층 – 라우터(Router)

❹ 응용 계층 – 게이트웨이(Gateway) (×)
→ 제7계층인 응용 계층(Application Layer)은 응용 프로세스와 직접 연관되어 다양한 응용 서비스를 수행하고, 별도의 장비가 필요 없음

| 제1계층(물리 계층) | 리피터, 허브 |
| 제2계층(데이터 링크 계층) | 브리지 |
| 제3계층(네트워크 계층) | 라우터 |

▲ OSI 7계층별 장비

## 07

↪ 노른자 056

**다음 중 전자우편에 사용되는 프로토콜인 POP3(Post Office Protocol 3)에 관한 설명으로 옳은 것은?**

① 사용자의 컴퓨터에서 작성한 메일을 다른 사람의 계정이 있는 곳으로 전송해 주는 역할을 한다. (×)
→ SMTP에 대한 설명

❷ 메일 서버에 도착한 메일을 사용자 컴퓨터로 가져와서 관리한다. (○)
→ 전자우편을 수신하기 위한 프로토콜에는 POP3와 IMAP이 있고, 송신하기 위한 프로토콜에는 SMTP와 MIME가 있음

③ 웹 브라우저가 지원하지 않는 각종 멀티미디어 파일의 내용을 확인한 후 실행해 준다. (×)
→ MIME에 대한 설명

④ 메일을 패킷으로 나누어 패킷 주소를 해석하고 경로를 결정하여 메일 서버로 보낸다. (×)
→ 메시지를 패킷 단위로 나누는 프로토콜은 TCP이고, 패킷의 주소를 해석하고 최적의 경로를 결정하여 전송하는 프로토콜은 IP임

## 08

↪ 노른자 049

**다음 중 네트워크 망의 구성 형태에 대한 설명으로 옳지 않은 것은?**

① 트리형(Tree)은 허브를 이용하여 계층적으로 구성한 형태이다.

② 버스형(Bus)은 하나의 통신 회선에 여러 대의 컴퓨터를 연결한 형태이다.

❸ 링형(Ring)은 모든 컴퓨터를 그물 모양으로 서로 연결한 형태이다. (×)
→ 링형은 인접한 컴퓨터들을 링 형태로 서로 연결한 형태이고, 모든 컴퓨터를 그물 모양으로 서로 연결한 형태는 망형(Mesh)임

④ 스타형(Star)은 각 컴퓨터를 허브와 점대점으로 연결한 형태이다.

## 09

↪ 노른자 040

**다음 중 컴퓨터 운영체제의 운영 방식에 대한 설명으로 옳지 않은 것은?**

① 일괄 처리(Batch Processing): 컴퓨터에 입력하는 데이터를 일정량 또는 일정 시간 동안 모았다가 한꺼번에 처리하는 방식이다.

② 실시간 처리(Real Time Processing): 처리할 데이터가 입력될 때마다 즉시 처리하는 방식으로, 각종 예약 시스템이나 은행 업무 등에서 사용한다.

❸ 다중 처리(Multi-processing): 한 개의 CPU로 여러 개의 프로그램을 동시에 처리하는 방식이다. (×)
→ 다중 처리는 여러 개의 CPU로 여러 개의 프로그램을 처리하는 방식

④ 시분할 시스템(Time Sharing System): 한 대의 시스템을 여러 사용자가 동시에 사용하는 방식으로, 처리 시간을 짧은 시간 단위로 나누어 각 사용자에게 순차적으로 할당하여 실행한다.

## 10

↪ 노른자 028

다음 중 컴퓨터의 수 연산에서 사용되는 보수(Complement)에 대한 설명으로 옳지 <u>않은</u> 것은?

① 보수는 컴퓨터 연산에서 덧셈 연산을 이용하여 뺄셈을 수행하기 위해 사용한다.

② N진법에는 N의 보수와 N-1의 보수가 존재한다.

❸ 2진수 1010의 1의 보수는 0을 1로, 1을 0으로 바꾼 0101에 1을 더한 것이다. (×)
→ 2의 보수에 대한 설명. 1의 보수 방식은 1은 0으로, 0은 1로 바꾸는 방식으로, '1010'의 1의 보수는 '0101'임

④ 2진수 10101의 2의 보수는 01011이다.


## 11

↪ 노른자 028

다음 중 컴퓨터에서 사용하는 유니코드(Unicode)에 대한 설명으로 옳지 <u>않은</u> 것은?

① 세계 각국의 언어를 통일된 방법으로 표현할 수 있게 제안된 국제적인 코드 규약의 이름이다.

❷ 8비트 문자 코드인 아스키(ASCII) 코드를 32비트로 확장하여 전 세계의 모든 문자를 표현하는 표준 코드이다. (×)
→ 유니코드는 전 세계의 모든 문자를 2바이트(16비트)로 표현할 수 있는 국제 표준 코드

③ 한글은 조합형, 완성형, 옛글자를 모두 표현할 수 있다.

④ 최대 65,536자의 글자를 코드화할 수 있다.


## 12

↪ 노른자 041

다음 중 컴퓨터 소프트웨어에서 셰어웨어(Shareware)에 관한 설명으로 옳은 것은?

① 정해진 금액을 지불하고 정식으로 사용하는 프로그램이다. (×)
→ 상용 소프트웨어에 대한 설명

❷ 사용 기간과 일부 기능을 제한하여 정식 제품의 구입을 유도하기 위한 프로그램이다.

③ 사용 기간의 제한 없이 무료 사용과 배포가 가능한 프로그램이다. (×)
→ 프리웨어(Freeware)에 대한 설명

④ ROM에 저장되며, BIOS와 관련이 있는 시스템 프로그램이다. (×)
→ 펌웨어(Firmware)에 대한 설명


## 13

↪ 노른자 058

다음 중 3D 프린터에 관한 설명으로 옳지 <u>않은</u> 것은?

① 입력한 도면을 바탕으로 3차원 입체 물품을 만들어내는 프린터이다.

❷ 인쇄 방식은 레이어로 쌓아 입체 형상을 만드는 적층형과 작은 덩어리를 뭉쳐서 만드는 모델링형이 있다. (×)
→ 3D 프린터의 인쇄 방식에는 크게 프린터에 넣어준 재료를 녹여서 쌓아가면서 제품을 만드는 '적층형 방식'과, 큰 덩어리의 소재를 깎아 만드는 '절삭형 방식'이 있음

③ 인쇄 원리는 잉크를 종이 표면에 분사하여 2D 이미지를 인쇄하는 잉크젯 프린터의 원리와 같다.

④ 기계, 건축, 예술, 우주 등 많은 분야에서 응용되고 있으며, 의료 분야에서도 활발히 활용되고 있다.


## 14

↪ 노른자 034

다음 중 캐시(Cache) 메모리에 관한 설명으로 옳은 것은?

① 캐시 메모리로 DRAM이 사용되어 접근 속도가 매우 빠르다. (×)
→ 캐시 메모리는 SRAM을 사용하며, 접근 속도가 매우 빠름

② 캐시 적중률이 높을수록 컴퓨터 시스템의 전체 처리 속도가 저하된다. (×)
→ 캐시 적중률이 높을수록 컴퓨터 시스템의 전체 처리 속도가 향상됨

③ 캐시 메모리는 보조기억장치의 일부를 주기억장치처럼 사용하는 메모리이다. (×)
→ 가상 메모리(Virtual Memory)에 대한 설명

❹ CPU와 주기억장치 사이에서 처리 속도를 향상시키기 위한 일종의 버퍼 메모리 역할을 한다.

## 15

↪ 노른자 037

**다음 중 PC 관리에 대한 설명으로 옳지 않은 것은?**

① 직사광선과 습기가 많거나 자성이 강한 물체가 있는 곳은 피하는 것이 좋다.

❷ 무정전 전원 공급장치(UPS)를 설치하면 전압이나 전류가 갑자기 증가할 경우 발생할 수 있는 시스템 손상을 방지할 수 있다. (×)
→ 서지 보호기(Surge Protector)에 대한 설명. 무정전 전원 공급장치(UPS; Uninterruptible Power Supply)는 갑자기 정전이 되었을 때 컴퓨터의 자료를 보호하기 위해 일정 시간 동안 전원을 공급하는 장치

③ 컴퓨터 전용 전원 장치를 단독으로 사용하고, 전원을 끌 때는 사용 중인 프로그램을 먼저 종료하는 것이 좋다.

④ 컴퓨터의 성능 향상을 위해 주기적으로 디스크 정리, 드라이브 오류 검사, 드라이브 조각 모음 및 최적화 등을 실행하는 것이 좋다.

## 16

↪ 노른자 036

**다음 중 중앙처리장치와 입·출력장치 사이의 속도 차이로 인한 문제를 해결하기 위한 장치는?**

① 범용 레지스터 (×)
→ 레지스터(Register)는 CPU에 존재하는 임시 기억장치이고, 범용 레지스터(General Purpose Register)는 여러 가지 목적으로 사용할 수 있는 레지스터임

② 터미널 (×)
→ 사용자가 정보를 입력하여 전송하고 컴퓨터에서 생성된 정보를 표시해 주는 장치

③ 콘솔 (×)
→ 입력장치와 출력장치를 총칭하는 말로, 키보드와 모니터가 대표적임

❹ 채널

## 17 [수정]

↪ 노른자 006, 008

**다음 중 Windows 10에서 파일의 검색 기능을 향상시키기 위한 기능은?**

❶ 색인 (○)
→ 드라이브의 색인을 허용하면 빠르게 검색할 수 있음

② 압축

③ 복원

④ 백업

## 18 [수정]

↪ 노른자 015

**다음 중 Windows 10에서 [시스템 속성] 대화상자의 [고급] 탭에서 설정 가능한 기능으로 옳지 않은 것은?**

① 프로세서 리소스 할당 방법, 가상 메모리의 크기 등을 지정할 수 있다. (○)
→ [시작]([■])–[설정]–[시스템]–[정보]–[고급 시스템 설정]을 선택하고 [시스템 속성] 대화상자의 [고급] 탭에서 '성능'의 [설정] 단추를 클릭하여 설정할 수 있음

❷ 컴퓨터의 디스크에 대해 시스템 보호를 설정하거나 해제할 수 있다. (×)
→ 시스템 보호는 [시스템 속성] 대화상자의 [시스템 보호] 탭에서 설정할 수 있음

③ 사용자 계정과 관련된 바탕 화면 설정과 기타 정보를 확인하고 사용자 유형 변경, 삭제, 복사 등의 작업을 할 수 있다. (○)
→ [시스템 속성] 대화상자의 [고급] 탭에서 '사용자 프로필'의 [설정] 단추를 클릭하여 설정할 수 있음

④ 시스템에 이상이 있을 경우에 취할 수 있는 방법을 지정할 수 있다. (○)
→ [시스템 속성] 대화상자의 [고급] 탭에서 '시작 및 복구'의 [설정] 단추를 클릭하여 설정할 수 있음

## 19 [수정]

↪ 노른자 005

**다음 중 Windows 10의 [휴지통]에 관한 설명으로 옳지 않은 것은?**

❶ 휴지통에 지정된 최대 크기를 초과하면 보관된 파일 중 가장 용량이 큰 파일부터 자동 삭제된다. (×)
→ 휴지통에 지정된 최대 크기를 초과하면 휴지통에 먼저 들어온 파일, 즉 가장 오래 보관된 파일부터 자동으로 삭제됨

② 휴지통에 보관된 실행 파일은 복원은 가능하지만, 휴지통에서 실행하거나 이름을 변경할 수는 없다.

③ 휴지통 속성에서 파일이나 폴더가 삭제될 때마다 삭제 확인 대화상자가 표시되지 않도록 설정할 수 있다.

④ 휴지통의 파일이 실제 저장된 폴더 위치는 일반적으로 'C:\$Recycle.Bin'이다.

# 20 수정

↗ 노른자 014

다음 중 Windows 10의 [제어판]-[프로그램 및 기능]에 대한 설명으로 옳지 <u>않은</u> 것은?

① Windows에 설치되어 있는 응용 프로그램을 변경하거나 제거할 수 있다.

② 게임, 인쇄 및 문서 서비스, 인터넷 정보 서비스 등 Windows 10에 포함되어 있는 다양한 기능의 사용 여부를 선택할 수 있다.

③ 설치된 업데이트를 확인할 수 있으며, 업데이트 목록에서 업데이트를 제거하거나 변경할 수 있다.

❹ [온라인으로 추가 테마 보기]를 선택하여 마이크로소프트에서 제공하는 다양한 테마를 추가 설치할 수 있다. (×)
→ 테마는 [시작](■)-[설정]-[개인 설정]을 선택하거나, Windows 바탕 화면에서 마우스 오른쪽 단추를 클릭하고 바로 가기 메뉴에서 [개인 설정]을 선택한 후 [테마]에서 추가할 수 있음

---

**2과목** **스프레드시트 일반**

# 21

↗ 노른자 107

다음 중 [목표값 찾기] 대화상자에 대한 설명으로 옳지 <u>않은</u> 것은?

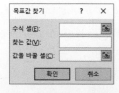

① '수식 셀' 상자에 목표값 찾기에 의해 변경되는 셀 주소를 입력한다.

❷ '찾는 값' 상자에 원하는 수식이 있는 셀 주소를 입력한다. (×)
→ '찾는 값' 상자에는 목표로 하는 값을 직접 입력해야 함

③ '값을 바꿀 셀' 상자에 조정할 값이 있는 셀 주소를 입력한다.

④ 목표값 찾기는 하나의 변수 입력값만 사용된다.

---

# 22

↗ 노른자 096

다음 중 워크시트에 <u>외부 데이터를 가져오는 방법</u>으로 적절하지 <u>않은</u> 것은?

① Microsoft Query 사용

② 웹 쿼리 사용

③ 데이터 연결 마법사 사용

❹ 하이퍼링크 사용 (×)
→ 하이퍼링크를 사용하여 외부 데이터를 가져올 수 없음
- 가져올 수 있는 파일 형식: 데이터베이스 파일(SQL, Access, dBASE, FoxPro, Oracle, Paradox), 텍스트 파일(.txt, .prn), 엑셀 파일(.xlsx), 쿼리 파일(.dqy), OLAP 큐브 파일(.oqy) 등
- 가져올 수 없는 파일 형식: 한글 파일(.hwp), MS-Word 파일(.doc), PDF 파일(.pdf), 압축된 Zip 파일(.zip) 등

---

# 23

↗ 노른자 078

다음 중 [찾기 및 바꾸기] 대화상자에 대한 설명으로 옳지 <u>않은</u> 것은?

① 특정 서식이 있는 텍스트나 숫자를 찾을 수 있다.

❷ 데이터를 뒤에서부터 앞으로 검색하려면 Ctrl을 누른 상태에서 [다음 찾기] 단추를 클릭한다. (×)
→ Shift를 누른 상태에서 [다음 찾기] 단추를 클릭해야 데이터를 뒤에서부터 앞으로 검색할 수 있음

③ 영문자의 경우 대/소문자를 구분하여 찾을 수 있다.

④ 찾는 위치를 수식, 값, 메모 중에서 선택하여 지정할 수 있다.

---

# 24

↗ 노른자 102

다음 중 아래 워크시트에서의 '**중복된 항목 제거**' 기능에 대한 설명으로 옳지 <u>않은</u> 것은?

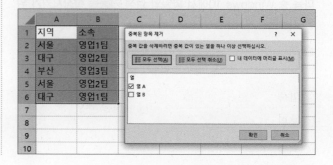

① [중복된 항목 제거]를 실행하면 동일한 데이터의 첫 번째 레코드를 제외한 나머지 레코드가 삭제된다.

② [중복된 항목 제거] 대화상자에서 [내 데이터에 머리글 표시]를 선택하면 대화상자의 '열' 목록에 '열 A' 대신 '지역'이, '열 B' 대신 '소속'이 표시된다.

❸ 중복 값을 제거하면 선택한 셀 범위나 테이블 값이 제거되고, 제거된 만큼의 해당 셀 범위나 테이블 밖의 다른 값도 변경되거나 이동된다. (x)
 → 중복 값을 제거하면 선택한 셀 범위의 테이블 값이 제거되고, 제거된 만큼의 해당 셀 범위나 테이블 밖의 다른 값은 변경되거나 이동되지 않음

④ 위 대화상자에서 '열 A'와 '열 B'를 모두 선택하고 실행하면 '중복된 값이 없습니다.'라는 메시지 박스가 나타난다.

# 25
노른자 099

다음 중 고급 필터의 조건 범위를 [E1:G3] 영역으로 지정한 후 고급 필터를 실행했을 때의 결과로 옳은 것은? (단, [G3] 셀에는 '=C2>=AVERAGE($C$2:$C$5)'가 입력되어 있다.)

| | A | B | C | D | E | F | G |
|---|---|---|---|---|---|---|---|
| 1 | 코너 | 담당 | 판매금액 | | 코너 | 담당 | 식 |
| 2 | 잡화 | 김남희 | 5122000 | | 잡화 | *남 | |
| 3 | 식료품 | 남궁미 | 450000 | | 식료품 | | TRUE |
| 4 | 잡화 | 이수남 | 5328000 | | | | |
| 5 | 식료품 | 서남수 | 6544000 | | | | |
| 6 | | | | | | | |
| 7 | | | | | | | |
| 8 | 코너 | 담당 | 판매금액 | | | | |
| 9 | 잡화 | 이수남 | 5328000 | | | | |
| 10 | 식료품 | 서남수 | 6544000 | | | | |
| 11 | | | | | | | |

① 코너가 '잡화'이거나 담당이 '남'으로 끝나고, 코너가 '식료품'이거나 판매금액이 판매금액의 평균 이상인 데이터

② 코너가 '잡화'이거나 '식료품'이고, 담당에 '남'이 포함되거나 판매금액의 평균이 5,122,000 이상인 데이터

❸ 코너가 '잡화'이고 담당이 '남'으로 끝나거나, 코너가 '식료품'이고 판매금액이 판매금액의 평균 이상인 데이터 (○)
 → 조건을 같은 행에 입력하면 AND 조건, 다른 행에 입력하면 OR 조건임
 And 조건1 '코너'가 '잡화'이고 '담당'의 조건이 '*남'이므로 '남'으로 끝나는 데이터
 And 조건2 '코너'가 '식료품'이고 '판매금액'이 '판매금액'의 평균 이상인 데이터

④ 코너가 '잡화'이고 담당이 '남'이 포함되거나, 코너가 '식료품'이고 판매금액의 평균이 5,122,000 이상인 데이터

# 26
노른자 111

다음 중 과학, 통계 및 공학 데이터와 같은 숫자값을 표시하고 비교하는 데 주로 사용되며, 두 개의 숫자 그룹을 XY 좌표로 이루어진 하나의 계열로 표시하기에 적합한 차트 유형은?

① 영역형 차트 (x)
 → 시간의 경과에 따른 변화량을 비교할 때 사용하는 차트

② 주식형 차트 (x)
 → 주가의 변동을 나타낼 때 사용하는 차트

❸ 분산형 차트

④ 방사형 차트 (x)
 → 가운데에서 뻗어나가는 형태의 차트로, 데이터 계열이 많을 때 사용하고 가로 축이 없는 차트

# 27
노른자 126

다음 중 A열의 글꼴 서식을 '굵게'로 설정하는 매크로로 옳지 않은 것은?

① Range("A:A").Font.Bold = True (○)
 → Range("A:A")는 A열 전체를 의미

② Columns(1).Font.Bold = True (○)
 → Columns(1)은 첫 번째 열 전체를 의미

❸ Range("1:1").Font.Bold = True (x)
 → Range("1:1")은 1행 전체를 의미

④ Columns("A").Font.Bold = True (○)
 → Columns("A")는 A열 전체를 의미

## 28

⬆ 노른자 085

아래의 워크시트에서 [D1] 셀에 숫자를 입력한 후 [오류 추적] 단추가 표시되었다. 다음 중 아래의 오류 표시에 대한 설명으로 옳지 않은 것은?

| D1 | ▼ | : | × | ✓ | fx | 789.45 |
|---|---|---|---|---|---|---|

| ▲ | A | B | C | D |
|---|---|---|---|---|
| 1 | | | ◇ | 789.45 |
| 2 | | | | |

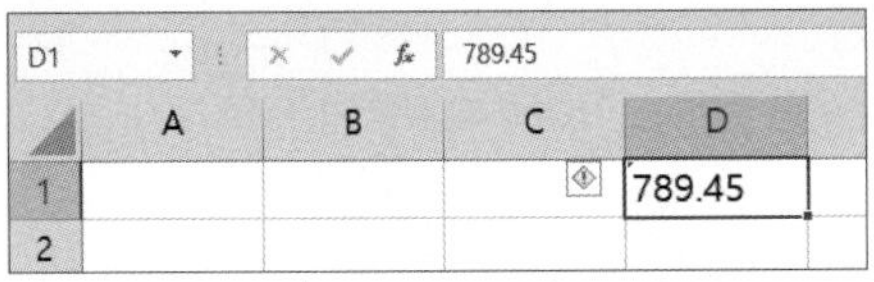

① 오류 검사 규칙으로 '오류를 반환하는 수식이 있는 셀'이 선택되어 있는 경우 그림과 같이 셀 왼쪽에 [오류 추적] 단추가 나타난다.

❷ 숫자를 셀에 입력한 후 텍스트로 서식을 지정한 경우에 나타난다. (×)
   → 숫자를 셀에 입력한 후 텍스트로 서식을 지정한 경우에는 오류가 표시되지 않고 숫자가 텍스트로 변경됨. 기본적으로 숫자는 오른쪽 정렬, 문자는 왼쪽 정렬됨

③ [오류 추적] 단추를 눌러 나타난 메뉴 중 [숫자로 변환]을 클릭하면 오류 표시가 사라지고 숫자로 정상 입력된다.

④ 텍스트로 서식이 지정된 셀에 숫자를 입력하는 경우 오류 표시기가 나타난다.

## 29

⬆ 노른자 074

다음 중 아래 워크시트의 [A1] 셀에서 10.1을 입력한 후 [Ctrl]을 누르고 자동 채우기 핸들을 아래로 드래그한 경우 [A4] 셀에 입력되는 값은?

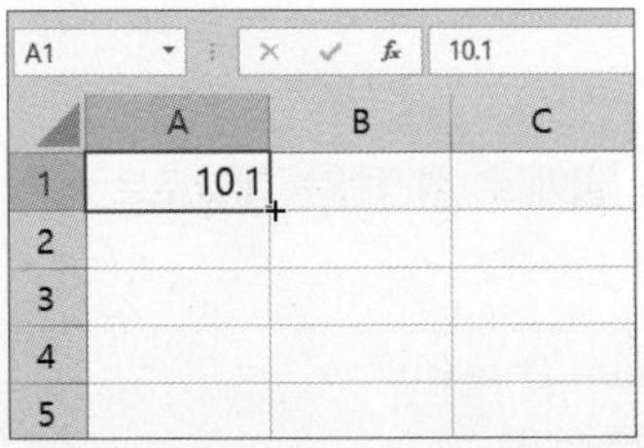

| A1 | ▼ | : | × | ✓ | fx | 10.1 |
|---|---|---|---|---|---|---|

| ▲ | A | B | C |
|---|---|---|---|
| 1 | 10.1 | | |
| 2 | | | |
| 3 | | | |
| 4 | | | |
| 5 | | | |

① 10.1

② 10.4

❸ 13.1 (○)
   → [A1] 셀에 '10.1'을 입력하고 [Ctrl]을 누른 상태에서 자동 채우기 핸들(+)을 아래쪽으로 드래그하면 값이 1씩 증가됨

④ 13.4

## 30

⬆ 노른자 080

다음 중 셀에 자료를 입력하고 표시 형식을 적용하였을 때 셀에 표시되는 결과로 옳지 않은 것은?

① 입력 자료: 0.5
   표시 형식: hh:mm
   결과: 12:00 (○)
   → 엑셀에서는 내부적으로 날짜와 시간을 일련번호 형식으로 저장하는데, 24시간을 기준으로 12시는 일련번호 '0.5'에 해당됨. 이것을 두 자리의 시간과 분으로 표시하기 위한 형식은 'hh:mm'으로, 결과값은 '12:00'

② 입력 자료: 10
   표시 형식: yyyy-mm-dd
   결과: 1900-01-10 (○)
   → 1900-1-1을 1로 인식하고 yyyy는 연도, mm은 월, dd는 일의 형식을 나타내므로 '10'을 입력하면 표시 형식 'yyyy-mm-dd'에 의해 결과값은 '1900-01-10'

③ 입력 자료: 1234
   표시 형식: #,
   결과: 1 (○)
   → 천 단위 미만은 생략함. 생략되는 값은 반올림하여 표시하기 때문에 결과값은 '1'

❹ 입력 자료: 13
   표시 형식: ##*!
   결과: 13*! (×)
   → 셀 서식에서 *는 * 다음의 문자를 셀 크기에 맞추어 반복하여 표시하므로 '13'을 입력하면 표시 형식 '##*!'에 의해 결과값은 '13!!!!!!'

## 31

⬆ 노른자 124

다음 중 아래의 VBA 코드로 표시되는 메시지 박스에 관한 설명으로 옳지 않은 것은?

a=MsgBox("작업을 종료합니까?", vbYesNoCancel+vbQuestion, "확인")
　　　　　❶　　　　　　　　　　　❷　　　　　　　　❸

❶ 메시지 박스에 정보 아이콘(⚠)이 표시된다. (×)
   → 메시지 박스에 질의 아이콘(❓)이 표시됨. 경고 아이콘(⚠)을 표시하려면 vbQuestion 대신 vbexclamation으로 작성해야 함
   ❶ 대화상자에 메시지를 표시하는 명령
   ❷ [예], [아니요], [취소]라는 세 개의 단추를 활성화
   ❸ 질의 아이콘(❓)

② 메시지 박스의 제목으로 '확인'이 표시된다.

③ 메시지 박스의 [Esc]를 누르면 작업이 취소된다.

④ 메시지 박스에 '예', '아니오', '취소' 버튼이 표시된다.

## 32

노른자 088, 092

다음 중 성별이 '여'인 직원의 근속연수 합계를 구하는 수식으로 옳지 않은 것은?

| | A | B | C | D | E | F |
|---|---|---|---|---|---|---|
| 1 | | | 사원 현황 | | | |
| 2 | 사원번호 | 이름 | 생년월일 | 성별 | 직위 | 근속연수 |
| 3 | 가-011 | 백수인 | 78-05-19 | 여 | 대리 | 13 |
| 4 | 나-012 | 장재근 | 79-04-30 | 남 | 대리 | 14 |
| 5 | 다-008 | 이성만 | 74-12-23 | 남 | 과장 | 19 |
| 6 | 가-005 | 김유신 | 71-03-12 | 여 | 부장 | 24 |
| 7 | 가-022 | 이덕화 | 88-01-12 | 남 | 사원 | 7 |
| 8 | 다-012 | 공재룡 | 87-12-23 | 남 | 사원 | 9 |
| 9 | 나-006 | 이현성 | 70-04-29 | 여 | 부장 | 22 |
| 10 | 다-008 | 홍록기 | 74-03-22 | 남 | 차장 | 17 |
| 11 | 가-004 | 신동엽 | 68-03-23 | 남 | 이사 | 29 |
| 12 | 나-009 | 김한석 | 70-05-04 | 여 | 이사 | 26 |
| 13 | | | | | | |

① =DSUM(A2:F12,F2,D2:D3)

❷ =SUMIFS(F3:F12,D3:D12,"=D3") (×)

→ SUMIFS 함수의 형식은 'SUMIFS(합계 구할 범위,조건 범위1,조건1, 조건 범위2,조건2,…)'이므로 올바른 함수식은 'SUMIFS(F3:F12, D3:D12,D3)' 또는 'SUMIFS(F3:F12,D3:D12,"여")'이어야 함

③ {=SUM(IF(D3:D12=D3,F3:F12,0))}

④ =SUMIF(D3:F12,D3,F3:F12)

## 33

노른자 091, 095

아래 워크시트에서 일자[A2:A7], 제품명[B2:B7], 수량 [C2:C7], [A9:C13] 영역을 이용하여 금액[D2:D7]을 배열 수식으로 계산하고자 한다. 다음 중 [D2] 셀에 입력된 수식으로 옳은 것은? (단, 금액은 단가*수량으로 계산하며, 단가는 [A9:C13] 영역을 참조하여 구한다.)

| | A | B | C | D |
|---|---|---|---|---|
| 1 | 일자 | 제품명 | 수량 | 금액 |
| 2 | 10월 03일 | 허브차 | 35 | 52,500 |
| 3 | 10월 05일 | 아로마비누 | 90 | 270,000 |
| 4 | 10월 05일 | 허브차 | 15 | 22,500 |
| 5 | 11월 01일 | 아로마비누 | 20 | 80,000 |
| 6 | 11월 20일 | 허브차 | 80 | 160,000 |
| 7 | 11월 30일 | 허브차 | 90 | 180,000 |
| 8 | | | | |
| 9 | 제품명 | 월 | 단가 | |
| 10 | 허브차 | 10 | 1,500 | |
| 11 | 허브차 | 11 | 2,000 | |
| 12 | 아로마비누 | 10 | 3,000 | |
| 13 | 아로마비누 | 11 | 4,000 | |
| 14 | | | | |

❶ {=INDEX($C$10:$C$13,MATCH(MONTH(A2)&B2, $B$10:$B$13&$A$10:$A$13,0))*C2} (○)

→ ❶ [A2] 셀의 월과 [B2] 셀에 입력된 데이터를 연결하여 표시하면 결과값은 '10허브차'

❷ [B10:B13] 영역과 [A10:A13] 영역을 연결한 데이터에서 '10허브차'와 같은 값을 찾은 후 상대 위치를 표시하면 해당 영역에서 '10허브차'의 '10'이 첫 번째에 있으므로 결과값은 '1'

❸ ❷의 결과값을 대입하면 'INDEX($C$10:$C$13,1,0))'이 되고, [$C$10:$C$13] 영역에서 1행 0열이므로 결과값은 '1500'이 됨. 결과값 '1500'에 [C2] 셀의 값인 '35'를 곱하면 [D2] 셀의 금액은 '52,500'임

② {=INDEX($C$10:$C$13,MATCH(MONTH(A2)&B2, $A$10:$A$13,$A$10:$A$13,0))*C2} (×)

→ MATCH 함수의 인수는 세 개여야 하는데 네 개이므로 '이 함수에 대해 너무 많은 인수를 입력했습니다.'라는 오류 메시지가 발생함

③ {=INDEX($C$10:$C$13,MATCH(MONTH(A2),B2, $B$10:$B$13&$A$10:$A$13,0))*C2} (×)

→ MATCH 함수의 인수는 세 개여야 하는데 네 개이므로 '이 함수에 대해 너무 많은 인수를 입력했습니다.'라는 오류 메시지가 발생함

④ {=INDEX($C$10:$C$13,MATCH(MONTH(A2),B2, $A$10:$A$13&$B$10:$B$13,0))*C2} (×)

→ MATCH 함수의 인수는 세 개여야 하는데 네 개이므로 '이 함수에 대해 너무 많은 인수를 입력했습니다.'라는 오류 메시지가 발생함

## 34

노른자 115, 117

다음 중 [인쇄 미리 보기] 상태에서 설정할 수 있는 기능에 대한 설명으로 옳지 않은 것은?

① '여백 표시'가 되어 있는 경우 미리 보기로 표시된 워크시트의 열 너비를 조정할 수 있다.

❷ [페이지 설정]에서 '인쇄 영역'을 변경하여 인쇄할 수 있다. (×)

→ [파일] 탭-[인쇄]를 선택하고 인쇄 미리 보기 화면에서 '페이지 설정'을 선택하면 열리는 [페이지 설정] 대화상자의 [시트] 탭에서는 인쇄 영역에 대한 명령이 비활성화되어 있어서 사용할 수 없음. 하지만 [페이지 레이아웃] 탭-[페이지 설정] 그룹-[페이지 설정] 아이콘(⬚)을 클릭하여 [페이지 설정] 대화상자를 열면 [시트] 탭에서 인쇄 영역을 변경할 수 있음

③ [머리글/바닥글]로 설정한 내용은 매 페이지의 상단이나 하단의 별도 영역에, 인쇄 제목의 반복할 행/열은 매 페이지의 본문 영역에 반복 출력된다.

④ [페이지 설정]에서 확대/축소 배율을 10%에서 최대 400% 까지 설정하여 인쇄할 수 있다.

# 35

↪ 노른자 088~089, 091

**다음 중 수식의 실행 결과가 나머지 셋과 다른 것은?**

① =COLUMNS(C1:E4) (○)
→ 해당 영역의 열의 개수는 '3'

② =COLUMNS({1,2,3;4,5,6}) (○)
→ 해당 영역에서 열의 개수는 '3'

❸ =MOD(2, −5) (×)
→ MOD(n,d)=n−d * INT(n/d)=2−5=−3
예시 =MOD(2,5) → 2, =MOD(2,−5) → −3, =MOD(−2,5) → 3,
=MOD(−2,−5) → −2

④ =COUNT(0,"거짓",TRUE,"1") (○)
→ 괄호 안에서 숫자는 세 개이므로 결과값은 '3'. 여기서는 '거짓'만 숫자에서 제외되고, 'TRUE'는 논리값이지만 숫자로 인정됨

# 36

↪ 노른자 087, 094

**다음 중 아래 워크시트를 이용한 수식의 실행 결과가 나머지 셋과 다른 것은?**

| | A |
|---|---|
| 1 | 결과 |
| 2 | 33 |
| 3 | TRUE |
| 4 | 55 |
| 5 | #REF! |
| 6 | 88 |
| 7 | #N/A |
| 8 | |

① =IFERROR(ISLOGICAL(A3),"ERROR") (○)

→ ❶ 'ISLOGICAL(인수)'는 인수가 논리값이면 'TRUE'를 반환함. ❶에서 [A3] 셀은 논리값이므로 결과값은 'TRUE'
❷ 'IFERROR(인수1,인수2)'는 '인수1'을 표시하는데, '인수1'이 오류이면 '인수2'를 표시함. 따라서 ❶의 결과값을 대입하면 'IFERROR(TRUE,"ERROR")'가 되고, 함수식이 오류가 아니므로 'TRUE'가 그대로 표시됨

❷ =IFERROR(ISERR(A7),"ERROR") (×)

→ ❶ 'ISERR(인수)'는 인수 셀이 #N/A 오류를 제외한 오류값을 가지고 있으면 'TRUE'를 반환함. ❶에서 [A7] 셀의 값이 #N/A 오류이므로 결과값은 'FALSE'
❷ 'IFERROR(인수1,인수2)'는 '인수1'을 표시하는데, '인수1'이 오류이면 '인수2'를 표시함. 따라서 ❶의 결과값을 대입하면 'IFERROR(FALSE,"ERROR")'가 되고, 함수식이 오류가 아니므로 'FALSE'가 그대로 표시됨

③ =IFERROR(ISERROR(A7),"ERROR") (○)
→ ❶ 'ISERROR(인수)'는 '인수'가 오류이면 'TRUE'. ❶에서 [A7] 셀 값이 #N/A 오류여서 'TRUE'이므로 '=IFERROR(TRUE,"ERROR")'가 됨
❷ 'IFERROR(인수1,인수2)'는 '인수1'을 표시할 경우 '인수1'이 오류이면 '인수2'를 표시하라는 의미. 여기서는 오류가 아니므로 'TRUE'가 그대로 표시됨

④ =IF(ISNUMBER(A4),TRUE,"ERROR") (○)
→ ❶ 'ISNUMBER(인수)'는 인수가 숫자이면 'TRUE'를 반환함. 'ISNUMBER(A4)'에서 [A4] 셀은 숫자이므로 결과값은 'TRUE'
❷ 'IF(조건,인수1,인수2)'는 조건이 참이면 '인수1'이, 아니면 '인수2'가 표시됨. 따라서 ❶의 결과값을 대입하면 'IF(TRUE,TRUE,"ERROR")'가 되고, 조건이 참이므로 'TRUE'가 표시됨

# 37

↪ 노른자 066

**다음 중 통합 문서 저장 시 사용하는 [일반 옵션]에 관한 설명으로 옳지 않은 것은?**

[일반 옵션 대화상자]
- 백업 파일 항상 만들기(B)
- 파일 공유
  - 열기 암호(O):
  - 쓰기 암호(M):
  - 읽기 전용 권장(R)
- 확인  취소

① '백업 파일 항상 만들기'는 통합 문서를 저장할 때마다 백업 복사본을 저장하는 기능이다.

② '열기 암호'는 암호를 모르면 통합 문서를 열어 사용할 수 없도록 암호를 지정하는 기능이다.

❸ '쓰기 암호'는 암호를 모르더라도 읽기 전용으로 열어 열람이 가능하나, 원래 문서 및 복사본으로 통합 문서를 저장할 수 없도록 암호를 지정하는 기능이다. (×)
→ '쓰기 암호'는 암호를 모르면 저장이 안 되지만, 다른 이름으로 저장할 수 있음. 즉 읽기 전용으로 문서를 열어 열람할 수도 있고, 복사본으로 문서를 저장할 수도 있음

④ '읽기 전용 권장'은 문서를 열 때마다 통합 문서를 읽기 전용으로 열도록 대화상자를 나타내는 기능이다.

## 38

➡️ 노른자 113

**다음 중 차트 도구의 [데이터 선택]에 대한 설명으로 옳지 않은 것은?**

① [차트 데이터 범위]에서 차트에 사용하는 데이터 전체의 범위를 수정할 수 있다.

② [행/열 전환]을 클릭하여 가로(항목) 축의 데이터 계열과 범례 항목(계열)을 바꿀 수 있다.

③ 데이터 계열이 범례에서 표시되는 순서를 바꿀 수 있다.

❹ 데이터 범위 안에 숨겨진 행이나 열의 데이터도 차트에 표시된다. (×)
→ 데이터 범위 안에 숨겨진 행이나 열의 데이터는 차트에 표시되지 않음

## 39

➡️ 노른자 067

**다음 중 '틀 고정' 기능에 대한 설명으로 옳지 않은 것은?**

① 워크시트를 스크롤할 때 특정 행이나 열이 한 자리에 계속 표시되도록 선택할 수 있는 기능이다.

② 첫 행과 첫 열을 동시에 고정하여 표시되도록 설정할 수 있다.

❸ 틀 고정은 통합 문서 보기가 [페이지 레이아웃] 상태일 때 설정할 수 있다. (×)
→ [페이지 레이아웃] 상태에서는 틀을 고정시킬 수 없음. 통합 문서 보기가 [기본] 보기(▦)와 [페이지 나누기 미리 보기](▥) 상태일 때 틀 고정이 가능함

④ 화면에 표시되는 틀 고정의 형태는 인쇄 시 적용되지 않는다.

## 40

➡️ 노른자 068

**다음 중 워크시트에 대한 설명으로 옳은 것은?**

① 워크시트 복사는 Alt를 누르면서 원본 워크시트 탭을 마우스로 드래그 앤 드롭하면 된다. (×)
→ Ctrl을 누르면서 원본 워크시트 탭을 마우스로 드래그 앤 드롭하면 워크시트를 복사할 수 있음

❷ 시트를 삭제하려면 시트 탭에서 마우스 오른쪽 단추를 클릭한 후 표시되는 [삭제] 메뉴를 선택하면 되지만, 삭제된 시트는 되살릴 수 없으므로 유의하여야 한다.

③ 연속된 여러 개의 시트를 선택할 때는 첫 번째 시트를 선택하고 Ctrl를 누른 상태에서 마지막 워크시트의 시트 탭을 클릭하면 된다. (×)
→ 연속된 여러 개의 시트를 선택할 때는 첫 번째 시트를 선택하고 Shift를 누른 상태에서 마지막 워크시트의 시트 탭을 클릭함

④ 떨어져 있는 여러 개의 시트를 선택할 때는 먼저 Shift를 누른 상태에서 원하는 워크시트의 시트 탭을 차례로 누르면 된다. (×)
→ Ctrl을 누른 상태에서 원하는 워크시트의 시트 탭을 차례로 누르면 떨어져 있는 여러 개의 시트를 선택할 수 있음

---

**3과목** **데이터베이스 일반**

## 41

➡️ 노른자 170

**다음 중 매크로(MACRO)에 관한 설명으로 옳지 않은 것은?**

① 매크로는 작업을 자동화하고 폼, 보고서 및 컨트롤에 기능을 추가하는 데 사용되는 도구이다.

② 매크로 개체는 탐색 창의 매크로에 표시되지만, 포함된 매크로는 표시되지 않는다.

③ 매크로가 실행 중일 때 한 단계씩 실행을 시작하려면 Ctrl + Break를 누른다.

❹ 자동 실행 매크로가 실행되지 않게 하려면 Ctrl을 누른 채 데이터베이스 파일을 연다. (×)
→ 데이터베이스 파일을 열 때 Shift를 누르면 자동 실행 매크로가 실행되지 않음

## 42

➡️ 노른자 172

**다음 중 VBA의 모듈에 대한 설명으로 적절하지 않은 것은?**

① 모듈은 여러 개의 프로시저로 구성할 수 있다.

② 전역 변수 선언을 위해서는 PUBLIC으로 변수명 앞에 지정해 주어야 한다.

❸ SUB는 결과값을 SUB를 호출한 곳으로 반환한다. (×)
→ FUNCTION에 대한 설명. SUB는 프로시저에 작성한 코드를 실행하는 가장 일반적인 형태로, 결과값을 반환하지 않음

④ 선언문에서 변수에 데이터 형식을 생략하면 변수는 VARIANT 형식을 가진다.

## 43

노른자 128

다음 중 데이터베이스 관리 시스템(DBMS)의 장점에 해당하지 않는 것은?

① 데이터의 일관성 유지

② 데이터의 무결성 유지

③ 데이터의 보안 보장

❹ 데이터 간의 종속성 유지 (×)
→ DBMS는 데이터 간의 종속성 유지가 아니라 독립성 유지가 장점임

## 44

노른자 147, 150

다음 중 아래 쿼리에서 두 테이블에 조인된 필드가 일치하는 레코드만 결합하기 위해 괄호 안에 넣어야 할 조인 유형으로 옳은 것은?

SELECT 필드 목록 FROM 테이블1 (        ) 테이블2
ON 테이블1. 필드 = 테이블2. 필드;

❶ INNER JOIN (○)
→ 내부 조인(Inner Join)은 두 테이블에서 공통적으로 있는 레코드만 포함됨

② OUTER JOIN (×)
→ 외부 조인(Outer Join)은 두 테이블에 공통적으로 없는 레코드도 포함됨

③ LEFT JOIN (×)
→ 왼쪽 조인(Left Join)은 왼쪽 테이블에서는 모든 레코드를 포함하고, 오른쪽 테이블에서는 조인된 필드가 일치하는 레코드만 표시됨

④ RIGHT JOIN (×)
→ 오른쪽 조인(Right Join)은 오른쪽 테이블에서는 모든 레코드를 포함하고, 왼쪽 테이블에서는 조인된 필드가 일치하는 레코드만 표시됨

## 45

노른자 138

다음 중 [학생] 테이블의 'S_Number' 필드를 [데이터시트 보기] 상태에서는 '학번'으로 표시하고자 할 때 설정해야 할 항목은?

① 형식 (×)
→ 데이터의 표시 형식을 지정하는 속성

❷ 캡션 (○)
→ 제목 표시줄에 표시될 텍스트를 지정하는 속성

③ 스마트 태그 (×)
→ 스마트 태그는 'RFID'라고도 부르는데, 무선 주파수(RF; Radio Frequency)를 이용하여 물건이나 사람 등과 같은 대상을 식별(IDentification)할 수 있도록 해 주는 기술이므로 문제와 관련이 없음

④ 입력 마스크 (×)
→ 데이터를 입력할 때 표시되는 형태와 제약 조건을 제시하는 속성

## 46

노른자 152

다음 중 하나의 테이블로만 구성되어 있는 데이터베이스에서 쿼리 마법사를 이용하여 만들 수 없는 쿼리는?

① 단순 쿼리

② 중복 데이터 검색 쿼리

③ 크로스탭 쿼리

❹ 불일치 검색 쿼리 (×)
→ 불일치 검색 쿼리는 두 개의 테이블을 비교하여 하나의 테이블에는 있는데 다른 테이블에는 없는 레코드를 검색하는 쿼리로, 두 개 이상의 테이블이나 쿼리가 있어야 함

## 47

노른자 164~166

다음 중 보고서에 관한 설명으로 옳은 것은?

① 보고서의 각 구역은 표시하거나 숨길 수 있으나 보고서 머리글은 항상 표시되어야 하는 구역으로, 숨김 설정이 안 된다. (×)
→ 보고서 머리글은 항상 표시되어야 하는 것은 아니지만, 표시 여부를 설정할 수 있음

❷ 보고서 레이아웃 보기에서는 실제 보고서 데이터를 바탕으로 열 너비를 조정하거나 그룹 수준 및 합계를 추가할 수 있다.

③ 보고서에서는 바운드 컨트롤과 계산 컨트롤만 사용 가능하므로 언바운드 컨트롤의 사용을 주의해야 한다. (×)
→ 보고서에서도 언바운드 컨트롤을 사용할 수 있음

④ 보고서의 그룹 중첩은 불가능하며, 같은 필드나 식에 대해 한 번씩만 그룹을 만들 수 있다. (×)
→ 보고서의 그룹 중첩은 가능함. 필드나 식을 기준으로 최대 열 개까지 그룹화할 수 있고, 같은 필드나 식도 계속 그룹화할 수 있음

## 48

➡ 노른자 165

다음 중 보고서 마법사로 보고서를 생성하는 과정에서 지정할 수 있는 요약 정보에 대한 설명으로 옳지 않은 것은?

① 텍스트 속성인 필드만으로 구성된 테이블에는 요약 옵션을 사용할 수 없다.

❷ 요약 옵션은 정렬 순서 지정 단계에서 지정하는 것으로, 그룹 수준과는 무관하다. (×)
 → 요약 옵션은 정렬 순서 지정 단계에서 지정하는 것으로, 그룹 수준을 지정해야만 요약 옵션을 사용할 수 있음

③ 요약 옵션으로 지정된 필드의 합계, 평균, 최대값, 최소값을 구할 수 있다.

④ 테이블 간의 관계를 미리 지정해 둔 경우 둘 이상의 테이블에 있는 필드를 사용할 수 있다.

## 49

➡ 노른자 160

회원 목록 보고서는 '지역' 필드를 기준으로 정렬되어 있다. 다음 중 동일한 지역인 경우 지역명이 맨 처음에 한 번만 표시되도록 하기 위한 속성으로 옳은 것은?

① '확장 가능' 속성을 '아니요'로 설정 (×)
 → '확장 가능'은 컨트롤의 데이터 길이에 따라 컨트롤을 수직 방향으로 자동으로 확장하는 속성

② '누적 합계' 속성을 '예'로 설정 (×)
 → '누적 합계' 속성은 보고서에서 레코드가 누적된 값을 계산함

❸ '중복 내용 숨기기' 속성을 '예'로 설정 (○)
 → '표시' 속성은 화면에 컨트롤의 표시 여부를 '예'나 '아니요'로 설정함

④ '표시' 속성을 '아니요'로 설정 (×)
 → '표시' 속성은 화면에 컨트롤의 표시 여부를 지정함

## 50

➡ 노른자 164

하위 보고서를 만들 때 아래의 조건을 만족하면 주 보고서와 하위 보고서가 자동으로 연결되어 목록에 표시된다. 다음 중 괄호에 들어갈 단어를 순서대로 바르게 나열한 것은?

---

• 주 보고서와 하위 보고서에서 사용되는 테이블/쿼리 등이 ( ⓐ ) 관계로 설정된 경우
• 주 보고서는 ( ⓑ )을(를) 가진 테이블/쿼리를 사용하고, 하위 보고서는 ( ⓒ )와(과) 같거나 호환되는 데이터 형식을 가진 필드가 포함된 테이블/쿼리를 사용할 경우

① ⓐ 일대일    ⓑ 필드    ⓒ 기본 키

❷ ⓐ 일대다    ⓑ 기본 키    ⓒ 기본 키 필드 (○)
 → 주 보고서와 하위 보고서는 일대다의 관계이고, 연결된 주 보고서의 해당 필드는 기본 키나 인덱스(중복 불가능)로 설정되어야 함. 연결된 하위 보고서의 해당 필드는 주 보고서의 기본 필드와 같거나 호환되는 데이터 형식을 가져야 함

③ ⓐ 일대일    ⓑ 레코드    ⓒ 기본 키 필드

④ ⓐ 일대다    ⓑ 기본 키 필드  ⓒ 필드

## 51

➡ 노른자 161

다음 중 폼의 탭 순서(Tab Order)에 대한 설명으로 옳지 않은 것은?

① 기본으로 설정되는 탭 순서는 폼에 컨트롤을 추가하여 작성한 순서대로 설정된다.

❷ [탭 순서] 대화상자의 [자동 순서]는 탭 순서를 위에서 아래로, 오른쪽에서 왼쪽으로 설정한다. (×)
 → 탭 순서는 기본적으로 폼에 컨트롤을 삽입한 순서대로 지정됨. [자동 순서] 단추를 사용하여 컨트롤이 삽입된 위치를 기준으로 위쪽에서 아래쪽으로, 왼쪽에서 오른쪽으로 탭 순서를 설정할 수 있음

③ 폼 보기에서 Tab을 눌렀을 때 각 컨트롤 사이에 이동되는 순서를 설정하는 것이다.

④ 탭 정지 속성의 기본값은 '예'이다.

## 52

➡ 노른자 143

다음 중 테이블에서 내보내기가 가능한 파일 형식에 해당하지 않는 것은?

① 엑셀(Excel) 파일

② ODBC·데이터베이스

③ HTML 문서

❹ VBA 코드 (×)
 → VBA 코드는 테이블에서 내보내기가 가능한 파일 형식이 아님

> **개체별로 내보내기할 수 있는 형식**
> • 테이블/쿼리: Excel, Access, 텍스트, XML, ODBC 데이터베이스, HTML, dBASE, Sharepoint 목록, Word RTF 파일, PDF 또는 XPS, Word로 병합
> • 폼/보고서: Access, Excel, 텍스트, XML, HTML, Word RTF 파일, PDF 또는 XPS

## 53

노른자 131

다음 중 아래 두 개의 테이블 사이에서 외래 키(Foreign Key)에 해당하는 필드는? (단, 밑줄은 각 테이블의 기본 키를 표시한다.)

직원(사번, 성명, 부서명, 주소, 전화, 이메일)
부서(부서명, 팀장, 팀원 수)

① 직원 테이블의 사번

② 부서 테이블의 팀원 수

③ 부서 테이블의 팀장

❹ 직원 테이블의 부서명 (○)
→ 외래 키는 다른 릴레이션의 기본 키를 참조하는 키임. [직원] 테이블에 있는 '부서명'이 외래 키로서 [부서] 테이블에 기본 키로 지정되어 있는 '부서명'을 참조함

## 54

노른자 145, 152

다음 중 아래의 '학년별검색' 매개변수 쿼리를 실행하여 나타나는 메시지 박스의 a에는 2를, b에는 3을 입력한 결과로 옳은 것은?

❶ 2학년과 3학년 레코드만 출력된다. (○)
→ Between [a] And [b]: 'a'에서 'b' 사이에 해당하는 레코드를 구함. Between [a] and [b]처럼 대괄호 안에 필드명이 아닌 문자를 입력하면 매개변수로 사용되므로 'a'에는 '2'가, 'b'에는 '3'이 입력되어 2부터 3까지의 내용인 2학년과 3학년 레코드가 표시됨

② 2학년 레코드만 출력된다.

③ 3학년 레코드만 선택된다.

④ 2학년과 3학년을 제외한 레코드만 출력된다.

## 55

노른자 147

다음 중 아래의 [급여] 테이블에 대한 SQL 명령과 실행 결과로 옳지 않은 것은? (단, 빈 칸은 Null이다.)

| 사원번호 | 성명 | 가족수 |
|---|---|---|
| 1 | 가 | 2 |
| 2 | 나 | 4 |
| 3 | 다 | |

① SELECT COUNT(성명) FROM 급여;를 실행한 결과는 3이다. (○)
→ COUNT(필드)는 비어있지 않은 데이터 개수를 구하기 때문에 'COUNT(성명)'은 '성명' 필드의 개수로, 결과값은 '3'

❷ SELECT COUNT(가족수) FROM 급여;를 실행한 결과는 3이다. (×)
→ COUNT(필드)는 비어있지 않은 데이터 개수를 구하므로 COUNT(가족수)의 결과값은 '2'

③ SELECT COUNT(*) FROM 급여;를 실행한 결과는 3이다. (○)
→ COUNT(*)는 총 레코드의 개수를 구하므로 결과값은 '3'

④ SELECT COUNT(*) FROM 급여 WHERE 가족수 Is Null;을 실행한 결과는 1이다. (○)
→ '가족수'의 필드값이 Null인 개수를 구하므로 결과값은 '1'

## 56

노른자 154

다음 중 아래의 설명에 해당하는 폼을 작성하기에 가장 용이한 방법은?

- 하나의 폼에서 폼 보기와 데이터시트 보기로 동시에 같은 데이터를 볼 수 있다.
- 같은 데이터 원본에 연결되어 있으며 항상 상호 동기화된다.
- 폼의 두 보기 중 하나에서 필드를 선택하면 다른 보기에서도 동일한 필드가 선택된다.

① 폼 도구 사용

② 폼 마법사 사용

③ 여러 항목 도구 사용

❹ 폼 분할 도구 사용 (○)
→ 하나의 폼에서 [폼 보기]와 [데이터시트 보기]로 동시에 같은 데이터를 보려면 위쪽에는 데이터시트를 보는 폼을 만들고, 아래쪽에는 데이터시트에서 선택한 레코드에 관한 정보를 주는 폼을 만들 수 있는 '폼 분할' 도구를 사용해야 함

## 57

➡️노른자 145

다음 중 Access에서 데이터를 찾거나 바꿀 때 사용하는 **와일드카드 문자**를 사용한 결과에 대한 설명이 옳지 <u>않은</u> 것은?

① 1#3 → 103, 113, 123 등 검색 (○)
→ #은 숫자 한 자리를 대신함

② 소?자 → 소비자, 소유자, 소개자 등 검색 (○)
→ ?는 문자 한 자리를 대신함

❸ 소[!비유]자 → 소비자와 소개자 등 검색 (×)
→ '[!]'는 대괄호 안에 있는 문자는 제외하므로 '소[!비유]자'를 입력하면 '비'와 '유', '비유'를 제외하고 검색함. 따라서 '소개자'는 찾지만 '소비자'와 '소유자'는 무시함

④ b[a-c]d → bad와 bbd 등 검색 (○)
→ 대괄호 안의 문자 중 일치하는 것을 검색함. [a-c]는 문자 범위 안에서 하나의 문자를 찾으므로 'bad', 'bbd', 'bcd'를 찾음

## 58

➡️노른자 134

다음 중 **데이터의 형식**에 관한 설명으로 옳지 <u>않은</u> 것은?

① 짧은 텍스트 형식에는 텍스트와 숫자를 모두 입력할 수 있다.

② 숫자 형식에는 필드 크기를 설정하여 숫자값의 크기를 제어할 수 있다.

❸ 긴 텍스트 형식에는 짧은 텍스트와 비슷하나 최대 255자까지 입력 가능하다. (×)
→ 긴 텍스트 형식(메모 형식)은 텍스트 형식과 비슷한 기능을 제공하고, 최대 64,000자까지 입력할 수 있음

④ 하이퍼링크 형식에는 웹 사이트나 파일의 특정 위치로 바로 이동하는 주소 데이터를 입력할 수 있다.

## 59

➡️노른자 162

다음 중 특정 데이터를 시각적으로 강조 표시하는 **조건부 서식**에 대한 설명으로 옳지 <u>않은</u> 것은?

① 하나 이상의 조건에 따라 폼과 보고서의 컨트롤 서식 또는 컨트롤값의 서식을 변경할 수 있다.

② 컨트롤값이 변경되어 조건에 만족하지 않으면 적용된 서식이 해제되고, 기본 서식이 적용된다.

❸ 폼이나 보고서를 다른 파일 형식으로 출력하거나 내보내도 조건부 서식은 유지된다. (×)
→ 폼이나 보고서를 다른 파일 형식으로 출력하거나 내보내면 기존에 설정된 조건부 서식은 해제됨

④ 지정한 조건 중 두 개 이상이 True이면 True인 첫 번째 조건의 서식만 적용된다.

## 60

➡️노른자 153

액세스에서 다음과 같은 **폼**을 편집하고자 한다. 다음 중 편집에 대한 설명으로 옳지 <u>않은</u> 것은?

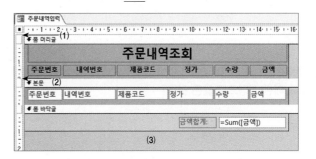

① (1)번 부분을 더블클릭하면 폼의 속성 창을 열 수 있다.

② (2)번의 세로 눈금자를 클릭하면 본문의 모든 컨트롤을 선택할 수 있다.

❸ (3)번 부분을 더블클릭하여 폼 바닥글의 배경색을 변경할 수 있다. (×)
→ 폼 바닥글의 배경색을 변경하려면 폼 바닥글 영역을 더블클릭해야 함

④ 이런 폼의 기본 보기 속성은 '연속 폼'으로 하는 것이 좋다.

# 답만 보는 제8회 기출문제

※ 수정 으로 표시된 문제는 개정 출제기준에 맞추어 수정한 문제입니다.

## 1과목 컴퓨터 일반

### 01
↪ 노른자 048

다음 중 멀티미디어의 동영상에 관련된 설명으로 옳지 않은 것은?

① 국제표준화단체인 MPEG에서는 다양한 규격의 압축 포맷과 부가 표준을 만들었다.

② 비디오 스트리밍은 인터넷에서 영상 파일을 다운로드하면서 실시간 재생하는 기법이다.

❸ MIDI는 애플에서 개발한 동영상 압축 기술로, 시퀀싱 작업을 통해 작성된다. (×)
→ MIDI(Musical Instrument Digital Interface)는 오디오와 관련된 기술로, 전자악기 간의 디지털 신호에 의한 통신이나 컴퓨터와 전자악기 사이의 통신 규약임. 애플에서 개발한 동영상 압축 기술은 '퀵타임(Quick Time MOV)'이라고 함

④ AVI는 Windows에서 기본적으로 지원하는 표준 동영상 파일 형식으로, 별도의 하드웨어 장치 없이 재생 가능하다.

### 02
↪ 노른자 046

다음 중 멀티미디어 그래픽과 관련하여 렌더링(Rendering) 기법에 대한 설명으로 옳은 것은?

① 제한된 색상을 조합하여 새로운 색을 만드는 기술이다. (×)
→ 디더링(Dithering)에 대한 설명

② 두 개의 이미지를 부드럽게 연결하여 변환하는 기술이다. (×)
→ 모핑(Morphing)에 대한 설명

❸ 3차원 그래픽에서 화면에 그린 물체의 모형에 명암과 색상을 입혀 사실감을 더해주는 기술이다.

④ 그림의 경계선을 부드럽게 처리해 주는 필터링 기술이다. (×)
→ 안티앨리어싱(Anti-aliasing)에 대한 설명

### 03
↪ 노른자 064

다음 중 컴퓨터 보안 기법의 하나인 방화벽에 관한 설명으로 옳지 않은 것은?

❶ 전자메일 바이러스나 온라인 피싱 등을 방지할 수 있다. (×)
→ 방화벽은 외부 네트워크로부터 내부 네트워크를 보호하기 위한 것으로, 외부에서의 불법적인 접근을 막고 인증된 데이터의 교환만 이용하는 방어 방식이어서 전자메일 바이러스나 온라인 피싱을 방지할 수 없음

② 해킹 등에 의한 외부로의 정보 유출을 막기 위해 사용하는 보안 기법이다.

③ 외부 침입자의 역추적 기능이 있다.

④ 내부의 불법 해킹은 막지 못한다.

### 04
↪ 노른자 062

다음 중 컴퓨터 바이러스의 특징으로 옳지 않은 것은?

① 디스크의 부트 영역이나 프로그램 영역에 숨어 있다.

② 자신을 복제할 수 있으며, 다른 프로그램을 감염시킬 수 있다.

❸ 인터넷과 같은 통신 매체를 통해서만 감염된다. (×)
→ 바이러스는 인터넷과 같은 통신 매체뿐만 아니라 외부에서 복사해 온 파일 등을 통해서도 감염됨

④ 소프트웨어뿐만 아니라 하드웨어의 성능에도 영향을 미칠 수 있다.

### 05
↪ 노른자 058

다음 중 사물 인터넷에 대한 설명으로 옳지 않은 것은?

① IoT(Internet of Things)라고도 하며 개인 맞춤형 스마트 서비스를 지향한다.

❷ 사람을 제외한 사물과 공간, 데이터 등을 이더넷으로 서로 연결시켜 주는 무선 통신 기술을 의미한다. (×)
→ 사물 인터넷(IoT)은 사람을 제외하는 것이 아니라 사물, 사람, 공간, 데이터 등과 같이 세상에 존재하는 사물들을 서로 연결시켜 주는 무선 통신 기술을 말함

③ 스마트 센싱 기술과 무선 통신 기술을 융합하여 실시간으로 데이터를 주고받는 기술이다.

④ 사물 인터넷 기반 서비스는 개방형 아키텍처를 필요로 하기 때문에 정보 공유에 대한 부작용을 최소화하기 위한 정보보안 기술의 적용이 중요하다.

## 06

↱ 노른자 057

다음 중 웹 브라우저를 이용하여 실행할 수 있는 기능에 대한 설명으로 옳지 <u>않은</u> 것은?

① 웹페이지의 내용을 저장하거나 인쇄할 수 있다.

② 플러그인을 설치하여 비디오, 애니메이션과 같은 멀티미디어 파일을 재생할 수 있다.

③ HTML 및 XML 형태의 소스 파일을 볼 수 있다.

❹ 원격의 컴퓨터에 접속하여 자신의 컴퓨터처럼 사용할 수 있다. (×)
  → 텔넷(Telnet)에 대한 설명

## 07

↱ 노른자 053

다음 중 인터넷 주소 체계에서 IPv6에 대한 설명으로 옳지 <u>않은</u> 것은?

❶ 16비트씩 8부분으로 구성되며 각 부분은 점(.)으로 구분된다. (×)
  → IPv6는 각 부분을 콜론(:)으로 구분함

② 각 부분은 네 자리의 16진수로 표현하며 앞자리의 0은 생략할 수 있다.

③ IPv4에 비해 등급별, 서비스별로 패킷을 구분할 수 있어서 품질 보장이 용이하다.

④ 유니캐스트, 애니캐스트, 멀티캐스트 형태의 유형으로 할당하기 때문에 할당된 주소의 낭비 요인을 줄이고 간단하게 주소를 결정할 수 있다.

## 08

↱ 노른자 055

다음 중 정보를 전송하기 위하여 송 · 수신기가 같은 상태를 유지하도록 하는 프로토콜의 기능을 의미하는 것은?

① 연결 제어 (×)
  → 통신 개체(Entity) 간에 '연결 설정', '데이터 전송', '연결 해제'의 3단계로 제어함

② 흐름 제어 (×)
  → 송신 측이 수신 측의 처리 속도보다 더 빨리 데이터를 보내지 못하도록 조절함

③ 오류 제어 (×)
  → 데이터 전송 도중에 발생하는 오류를 검출함

❹ 동기화 (○)
  → 프레임의 시작과 끝을 구분하기 위해 송 · 수신기를 같은 상태로 유지함

## 09

↱ 노른자 042

다음 중 컴퓨터 소프트웨어의 개발을 위한 객체 지향 언어에 관한 설명으로 옳지 <u>않은</u> 것은?

① 데이터와 그 데이터를 처리하는 함수를 객체로 묶어서 문제를 해결하는 언어이다.

② 상속, 캡슐화, 추상화, 다형성 등을 지원한다.

③ 시스템의 확장성이 높고 정보 은폐가 용이하다.

❹ 대표적인 객체 지향 언어로는 BASIC, Pascal, C 언어 등이 있다. (×)
  → 대표적인 객체 지향 언어에는 Smalltalk, C++, JAVA 등이 있음. BASIC, Pascal, C는 절차 지향 언어임

## 10 [수정]

↱ 노른자 038

다음 중 '드라이브 조각 모음 및 최적화'를 수행할 수 있는 대상으로 옳은 것은?

① CD-ROM 드라이브

② Windows가 지원하지 않는 형식의 압축 프로그램

❸ 외장 하드디스크 드라이브 (○)
  → 외장 하드디스크 드라이브는 '드라이브 조각 모음 및 최적화'를 수행할 수 있음. '드라이브 조각 모음 및 최적화'는 분산되어 저장된 파일들을 연속된 공간으로 최적화시켜서 디스크의 접근 속도를 향상시키는 기능임

④ 네트워크 드라이브

# 11

➡ 노른자 028

다음 중 컴퓨터에서 사용하는 자료의 표현에 관한 설명으로 옳지 않은 것은?

❶ 실수형 데이터는 정해진 크기에 부호(1Bit)와 가수부(7Bit)로 구분하여 표현한다. (×)
   → 실수형 데이터는 부동 소수점 표현 방식으로 표현하는데, 32비트 단정도 방식과 64비트 배정도 방식이 있음

② 2진 정수 데이터는 실수 데이터보다 표현할 수 있는 범위가 작으며 연산 속도는 빠르다.

③ 숫자 데이터 표현 중 10진 연산을 위하여 '팩(Pack)'과 '언팩(Unpack)' 표현 방식이 사용된다.

④ 컴퓨터에서 뺄셈을 수행하기 위해서는 보수와 덧셈 연산을 이용한다.

# 12

➡ 노른자 026

다음 중 아날로그 컴퓨터와 비교하여 디지털 컴퓨터의 특징으로 옳지 않은 것은?

① 데이터의 각 자리마다 0 혹은 1의 비트로 표현한 이산적인 데이터를 처리한다.

② 데이터 처리를 위한 명령어들로 구성된 프로그램에 의해 동작된다.

❸ 온도, 전압, 진동 등과 같이 연속적으로 변하는 데이터를 효율적으로 처리할 수 있다. (×)
   → 아날로그 컴퓨터에 대한 특징. 아날로그 컴퓨터는 미·적분 연산과 증폭 회로를 기반으로 특수 목적용 컴퓨터로 사용됨. 또한 곡선이나 그래프 형태로도 출력되고, 연산 속도가 빠르며, 기억 기능이 없고, 프로그래밍이 필요 없음

④ 산술 및 논리 연산을 처리하는 회로에 기반을 둔 범용 컴퓨터로 사용된다.

# 13

➡ 노른자 033

다음 중 컴퓨터의 하드디스크와 관련하여 RAID(Redundant Array of Inexpensive Disks) 기술에 관한 설명으로 옳지 않은 것은?

① 여러 개의 하드디스크를 모아서 하나의 하드디스크처럼 사용할 수 있도록 하는 기술이다.

② 하드디스크의 모음뿐만 아니라 자동으로 복제해 백업 정책을 구현해 주는 기술이다.

③ 미러링과 스트라이핑 기술을 결합하여 안정성과 속도를 향상시킨 디스크 연결 기술이다.

❹ 하드디스크, CD-ROM, 스캐너 등을 통합적으로 연결해 주는 기술이다. (×)
   → SCSI에 대한 설명. SCSI(Small Computer System Interface)는 국제표준화기구(ISO)에서 국제 표준으로 채택한 소형 컴퓨터의 입·출력 버스 인터페이스로, 마이크로컴퓨터를 하드디스크나 프린터와 같은 주변 기기 또는 다른 컴퓨터, 구내 정보 통신망(LAN)에 케이블로 연결하는 데 사용함

# 14

➡ 노른자 037

다음 중 추가로 설치한 하드디스크를 인식하지 못하는 경우에 대한 대책으로 적절하지 않은 것은?

① CMOS 셋업에서 하드디스크 타입이 일치하는지 확인한다.

② 하드디스크의 데이터 케이블 연결이나 전원 케이블 연결을 확인한다.

③ 부팅 디스크로 부팅한 후 디스크 검사로 부트 섹터를 복구한다.

❹ 운영체제가 설치되어 있는 경우 재설치하고, 그 외에는 포맷한다. (×)
   → 하드디스크를 인식하지 못하는 경우는 하드웨어에 대한 문제점으로 볼 수 있기 때문에 운영체제의 재설치나 포맷은 이 문제에 대한 해결 방법이 아니라 소프트웨어적인 문제를 해결하기 위한 방법임

# 15

➡ 노른자 032

다음 중 컴퓨터의 내부 기억장치에 관한 설명으로 옳은 것은?

① RAM은 일시적으로 전원 공급이 없더라도 내용은 계속 기억된다. (×)
   → RAM은 휘발성 메모리로, 전원이 꺼지면 기억된 내용이 모두 없어짐

② SRAM이 DRAM보다 접근 속도가 느리다. (×)
   → DRAM보다 SRAM의 접근 속도가 더 빠름

③ 주기억장치의 접근 속도 개선을 위하여 가상 메모리가 사용된다. (×)
→ 가상 메모리는 보조기억장치를 주기억장치처럼 사용하는 메모리. 주기억장치의 접근 속도 개선을 위하여 사용하는 메모리는 캐시 메모리

❹ ROM에는 BIOS, 기본 글꼴, POST 시스템 등이 저장되어 있다. (○)
→ ROM은 전원이 차단되어도 데이터를 기억하는 비휘발성 메모리로, BIOS, 기본 글꼴, POST(Power On Self Test) 시스템 등 컴퓨터 시스템에 가장 기본적인 데이터가 저장되어 있음

## 16

➡ 노른자 030

다음 중 컴퓨터의 제어장치에 있는 레지스터에 관한 설명으로 옳지 않은 것은?

① 다음 번에 실행할 명령어의 번지를 기억하는 프로그램 계수기(PC)가 있다.

② 현재 실행 중인 명령어를 기억하는 명령 레지스터(IR)가 있다.

③ 명령 레지스터에 있는 명령어를 해독하는 명령어 해독기(Decoder)가 있다.

❹ 해독된 데이터의 음수 부호를 검사하는 부호기(Encoder)가 있다. (×)
→ 부호기(Encoder)는 음수 부호를 검사하는 것이 아니라 해독된 명령에 따라 각 장치로 보낼 제어 신호를 생성함

## 17

➡ 노른자 040

다음 중 컴퓨터 고장으로 인한 작업 중단에 대비하고, 업무 처리의 신뢰도를 높이기 위해 두 개의 CPU가 같은 업무를 동시에 처리하여 그 결과를 상호 점검하면서 운영하는 시스템은?

① 듀플렉스 시스템 (×)
→ 듀플렉스 시스템(Duplex System)은 두 개의 CPU 중 한 개의 CPU만 사용하기 때문에 한 쪽 CPU가 고장 나면 대기 중인 다른 CPU가 투입되어 시스템이 안전하게 작동되도록 운영하는 시스템임

② 클러스터링 시스템 (×)
→ 클러스터링 시스템(Clustering System)은 여러 대의 컴퓨터들이 연결되어 하나의 시스템처럼 동작하는 컴퓨터 시스템임

❸ 듀얼 시스템 (○)
→ 듀얼 시스템(Dual System)은 처리 결과의 정확성을 위해 동일한 작업을 두 개의 CPU가 처리하여 결과가 같은 경우에만 결과를 출력하는 시스템임

④ 다중 처리 시스템 (×)
→ 다중 처리 시스템(Multi-processing System)은 두 개 이상의 처리기 CPU를 사용하여 작업을 동시에 처리하는 방식의 시스템임

## 18 [수정]

➡ 노른자 007

다음 중 Windows 10의 파일이나 폴더 검색에 대한 설명으로 옳지 않은 것은?

① 검색 상자에 찾으려는 내용을 입력하면 자동으로 검색이 시작된다.

② 검색 상자에서 내용 앞에 '-'를 붙이면 해당 내용이 포함되지 않은 파일이나 폴더를 검색할 수 있다.

③ 데이터를 검색한 후 검색 기준을 저장할 수 있고, 저장된 검색을 열기만 하면 원래 검색과 일치하는 최신 파일이 나타난다.

❹ 검색 상자에 만능 문자를 이용하여 파일 및 폴더를 검색할 수 없다. (×)
→ 검색 상자에 만능 문자를 입력하여 파일 및 폴더를 검색할 수 있음. 만능 문자에는 한 개의 문자를 대신하는 ?와 여러 문자열을 대신하는 *가 있음

## 19

다음 중 Windows 7에서 Device Stage에 대한 설명으로 옳지 않은 것은?

❶ Device Stage는 해당 장치의 제조업체에 의해 각 장치에 맞게 사용자가 지정되며, 연결 시 선택할 수 있는 옵션은 동일하게 표시한다.

② Device Stage는 ~~장치의 세부 정보 및 해당 장치로 수~~ 행할 수 있는 작업을 표시하며, 호환되는 장치를 컴퓨터에 연결하면 Device Stage가 자동으로 열린다.

③ 두 개 이상의 장치를 컴퓨터에 연결하는 경우 두 개 이상의 Device Stage 인스턴스가 동시에 열릴 수 있다.

④ 장치 동기화가 설정되어 있는 경우에는 Device Stage가 열리지만 Windows 작업 표시줄에 최소화되어 표시된다.

*개정 출제기준 제외 문제*

## 20 [수정]

↪ 노른자 022

다음 중 Windows 10의 **멀티부팅** 기능에 대한 설명으로 옳지 **않은** 것은?

① 컴퓨터의 디스크 공간이 충분한 경우 새 버전의 Windows를 별도의 파티션에 설치하고, 이전 버전의 Windows를 컴퓨터에 유지할 수 있게 하는 기능이다.

② 멀티부팅을 위해서는 컴퓨터의 하드디스크에 각 운영체제에 사용할 개별 파티션이 필요하다.

❸ 멀티부팅은 두 개의 Windows 중에서 최신 버전을 먼저 설치하고, 이전 버전을 다음에 설치해야 정상적으로 부팅된다. (×)
→ 멀티부팅은 Windows 버전에 관계없음. 하지만 일반적으로 이전 버전을 먼저 설치하고 최신 버전을 설치함

④ 컴퓨터를 시작할 때마다 실행할 Windows 버전을 선택할 수 있다.

---

### 2과목  스프레드시트 일반

## 21

↪ 노른자 080

다음 중 입력한 데이터에 지정된 **사용자 지정 표시 형식**의 결과가 옳지 **않은** 것은?

|  | 입력 자료 | 엑셀 |  |
|---|---|---|---|
| ① | 표시 형식 | @@@ | (○) |
|  | 결과 | 엑셀엑셀엑셀 |  |

→ @는 문자 데이터의 표시 위치를 지정하는 기호이고 '@@@'로 표시 형식을 지정하면 결과값은 '엑셀엑셀엑셀'

|  | 입력 자료 | 1 |  |
|---|---|---|---|
| ② | 표시 형식 | #"0,000" | (○) |
|  | 결과 | 10,000 |  |

→ #은 유효한 자릿수만 표시하는 기호이고 큰따옴표로 데이터를 표현하면 문자로 인식해서 결과값은 '10,000'

|  | 입력 자료 | 0.5 |  |
|---|---|---|---|
| ❸ | 표시 형식 | [<1]0.??;#,### | (×) |
|  | 결과 | 0.05 |  |

→ 1보다 작으면 '0.??' 형식을, 아니면 '#,###' 형식을 적용하는데, 0.5는 1보다 작으므로 '0.??' 형식을 적용하여 '0.5'로 표시됨. ?는 유효하지 않은 자릿수에 0 대신 공백을 표시하는 기호임

|  | 입력 자료 | 2012-10-09 |  |
|---|---|---|---|
| ④ | 표시 형식 | mmm-dd | (○) |
|  | 결과 | Oct-09 |  |

→ mmm은 월을 'Oct'로, dd는 일을 '09'로 표시함

## 22

↪ 노른자 074

다음 중 그림과 같이 [A1] 셀에 10을 입력하고 [A3] 셀까지 자동 채우기한 후 나타나는 [자동 채우기] 옵션에 대한 설명으로 옳지 **않은** 것은?

❶ 셀 복사: [A1] 셀의 값 10이 [A2] 셀과 [A3] 셀에 복사되고, [A1] 셀의 서식은 복사되지 않는다. (×)
→ 셀 복사는 셀의 값과 서식이 같이 복사됨

② 연속 데이터 채우기: [A1] 셀의 서식과 함께 [A2] 셀에는 값 11이, [A3] 셀에는 값 12가 입력된다.

③ 서식만 채우기: [A2] 셀과 [A3] 셀에 [A1] 셀의 서식만 복사되고 값은 입력되지 않는다.

④ 서식 없이 채우기: [A2] 셀과 [A3] 셀에 [A1] 셀의 서식은 복사되지 않고 [A1] 셀의 값 10이 입력된다.

## 23 [수정]

↪ 노른자 109

다음 중 **피벗 차트 보고서**에 대한 설명으로 옳지 **않은** 것은?

① 피벗 차트 보고서에 필터를 적용하면 피벗 테이블 보고서에 자동 적용된다.

② 처음 피벗 테이블 보고서를 만들 때 자동으로 피벗 차트 보고서를 함께 만들 수도 있고, 기존 피벗 테이블 보고서에서 피벗 차트 보고서를 만들 수도 있다.

❸ 피벗 차트 보고서를 정적 차트로 변환하려면 관련된 피벗 테이블 보고서를 선택한 후 [분석] 탭-[동작] 그룹의 [모두 지우기] 명령을 수행하여 피벗 테이블 보고서를 먼저 삭제한다. (×)
→ [모두 지우기] 명령은 피벗 테이블 보고서의 값뿐만 아니라 피벗 차트 보고서의 필드, 값, 서식, 필터 등의 모든 내용을 삭제하므로 정적 차트 보고서를 만드는 방법이 아님. 정적 차트로 변환하려면 피벗 테이블 보고서를 선택한 후 Delete 를 눌러 피벗 테이블을 삭제해야 함

④ 피벗 차트 보고서를 삭제해도 관련된 피벗 테이블 보고서는 삭제되지 않는다.

## 24

↱ 노른자 108

아래는 연이율 6%의 대출금 5,000,000원을 36개월, 60개월, 24개월로 상환 시 월상환액에 따른 시나리오 요약 보고서를 작성한 것이다. 다음 중 이에 관한 설명으로 옳지 <u>않은</u> 것은?

| | A | B | C |
|---|---|---|---|
| 1 | 원금 | 5000000 | |
| 2 | 연이율 | 6% | |
| 3 | 기간 | 36 | |
| 4 | | | |
| 5 | 월 상환액 | ₩152,110 | |
| 6 | 총 상환액 | ₩5,475,948.74 | |
| 7 | | | |

↓

**시나리오 요약**

| | 현재 값: | 기간연장 | 기간단축 |
|---|---|---|---|
| **변경 셀:** | | | |
| 기간 | 36 | 60 | 24 |
| **결과 셀:** | | | |
| 월상환액 | ₩152,110 | ₩96,664 | ₩221,603 |

① 시나리오 추가 시 사용된 '변경 셀'은 [B3] 셀이다.

② [B3] 셀은 '기간'으로, [B5] 셀은 '월상환액'으로 이름이 정의되어 있다.

❸ 일반적으로 시나리오를 만들 때 '변경 셀'에는 사용자가 값을 입력할 수는 있으나 여러 개의 셀을 참조할 수는 없다. (×)
→ 하나의 시나리오에 '변경 셀'은 최대 32개까지 참조할 수 있음

④ [B5] 셀은 시나리오 요약 시 '결과 셀'로 사용되었으며, 수식이 포함되어 있다.

## 25 수정

↱ 노른자 096

다음 중 Access 외부 데이터를 Excel로 가져와서 사용하는 방법에 대한 설명으로 옳지 <u>않은</u> 것은?

① 현재 통합 문서에 표, 피벗 테이블 보고서, 피벗 차트, 연결만 만들기 중 선택하여 가져올 수 있다.

❷ [데이터 가져오기] 대화상자에서 데이터가 들어갈 위치는 새 워크시트의 [A1] 셀이 기본으로 선택된다. (×)
→ [새 워크시트]를 선택하면 새 워크시트의 [A1] 셀이 기본적으로 선택되어 있지만, [데이터 가져오기] 대화상자에서 데이터가 들어갈 위치는 기본적으로 현재 활성화된 워크시트의 셀 포인터로 결정됨

③ 파일을 열거나 다른 작업을 하면서, 또는 일정한 간격으로 데이터에 대한 새로 고침을 실행할 수 있다.

④ [통합 문서 연결] 대화상자에 열로 표시되는 연결 이름과 설명을 변경할 수 있다.

## 26

↱ 노른자 097

다음 중 아래 워크시트 (가)를 (나)와 같이 정렬하기 위한 방법으로 옳은 것은?

(가)

| | A | B | C | D |
|---|---|---|---|---|
| 1 | 부서 | 사번 | 이름 | 직위 |
| 2 | 윤여송 | a-001 | 기획실 | 과장 |
| 3 | 이기상 | a-002 | 기획실 | 대리 |
| 4 | 이원평 | a-003 | 기획실 | 사원 |
| 5 | 강문상 | a-004 | 관리과 | 사원 |
| 6 | | | | |

↓

(나)

| | A | B | C | D |
|---|---|---|---|---|
| 1 | 부서 | 사번 | 이름 | 직위 |
| 2 | 기획실 | a-001 | 윤여송 | 과장 |
| 3 | 기획실 | a-002 | 이기상 | 대리 |
| 4 | 기획실 | a-003 | 이원평 | 사원 |
| 5 | 관리과 | a-004 | 강문상 | 사원 |
| 6 | | | | |

❶ 정렬 옵션을 '왼쪽에서 오른쪽'으로 설정 (○)
→ 정렬은 기본적으로 위에서 아래로 행 단위 정렬됨. 왼쪽에서 오른쪽으로 열 단위로 정렬하려면 [정렬 옵션] 대화상자의 '방향'에서 '왼쪽에서 오른쪽'을 선택해야 함

② 정렬 옵션을 '위쪽에서 아래쪽'으로 설정

③ 정렬 기준을 '셀 색', 정렬을 '위에 표시'로 설정

④ 정렬 기준을 '셀 색', 정렬을 '아래쪽에 표시'로 설정

## 27

↱ 노른자 114

다음 중 차트에서 3차원 막대 그래프에 적용할 수 <u>없는</u> 기능은?

① 상하 회전

② 원근감 조절

❸ 추세선 (×)
→ 3차원, 원형, 도넛형, 방사형, 표면형 그래프에는 추세선을 적용할 수 없음

④ 데이터 표 표시

## 28

↪ 노른자 073

다음 중 엑셀의 데이터 입력에 대한 설명으로 옳지 않은 것은?

① 한 셀에 여러 줄의 데이터를 입력하려면 Alt + Enter 를 사용한다.

❷ 셀에 데이터를 입력하고 Shift + Enter 를 누르면 셀 입력이 완료되고 바로 아래의 셀이 선택된다. (×)
 → 셀에 데이터를 입력하고 Shift + Enter 를 누르면 셀 입력이 완료되면서 바로 위의 셀이 선택됨

③ 같은 데이터를 여러 셀에 한 번에 입력하려면 Ctrl + Enter 를 사용한다.

④ 수식이 들어있는 셀을 선택하고 채우기 핸들을 두 번 클릭하면 수식이 적용되는 모든 인접한 셀에 대해 아래쪽으로 수식을 자동 입력할 수 있다.

## 29

↪ 노른자 126

아래의 프로시저를 이용하여 [A1:C3] 영역의 서식만 지우려고 한다. 다음 중 괄호 안에 들어갈 코드로 옳은 것은?

```
Sub Procedure( )
    Range("A1:C3").Select
    Selection.(      )
End Sub
```

① DeleteFormats (×)
 → Range 개체에 존재하지 않는 메서드

② FreeFormats (×)
 → Range 개체에 존재하지 않는 메서드

❸ ClearFormats (○)
 → ClearFormats는 서식을 지우는 메서드임. Clear는 모두 지우기, ClearContents는 내용 지우기, ClearComments는 메모 지우기 메서드임

④ DeactivateFormats (×)
 → Range 개체에 존재하지 않는 메서드

## 30

↪ 노른자 078

다음 중 [찾기 및 바꾸기] 대화상자에 대한 설명으로 옳지 않은 것은?

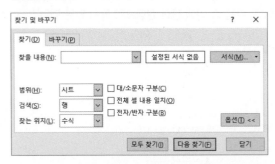

① 문서에서 '찾을 내용'에 입력한 내용과 일치하는 이전 항목을 찾으려면 Shift 를 누른 상태에서 [다음 찾기] 단추를 클릭한다.

② '찾을 내용'에 입력한 문자만 있는 셀을 검색하려면 '전체 셀 내용 일치'를 선택한다.

❸ 별표(*), 물음표(?) 및 물결표(~) 등의 문자가 포함된 내용을 찾으려면 '찾을 내용'에 작은따옴표(') 뒤에 해당 문자를 붙여 입력한다. (×)
 → 별표(*), 물음표(?) 및 물결표(~) 등의 문자가 포함된 내용을 찾으려면 '~*', '~?'와 같이 찾으려는 문자 앞에 ~ 기호를 입력해야 함

④ 찾을 내용을 워크시트에서 검색할지, 전체 통합 문서에서 검색할지 등을 선택하려면 '범위'에서 '시트' 또는 '통합 문서'를 선택한다.

## 31

↪ 노른자 120~121

다음 중 매크로 편집에 사용되는 Visual Basic Editor에 관한 설명으로 옳지 않은 것은?

① Visual Basic Editor는 바로 가기 키 Alt + F11 을 누르면 실행된다.

❷ 작성된 매크로는 한 번에 실행되며, 한 단계씩 실행될 수는 없다. (×)
 → F8 을 누르면 매크로를 한 단계씩 실행할 수 있음

③ Visual Basic Editor는 프로젝트 탐색기, 속성 창, 모듈 시트 등으로 구성되어 있다.

④ 실행하고자 하는 매크로 구문 안에 커서를 위치시키고 F5 를 누르면 매크로가 바로 실행된다.

## 32

↪노른자 088~089

다음 중 아래 시트에서 각 수식을 실행했을 때의 결과값으로 옳은 것은?

| | A | B | C | D | E |
|---|---|---|---|---|---|
| 1 | 이름 | 국어 | 영어 | 수학 | 평균 |
| 2 | 홍길동 | 83 | 90 | 73 | 82 |
| 3 | 이대한 | 65 | 87 | 91 | 81 |
| 4 | 한민국 | 80 | 75 | 100 | 85 |
| 5 | 평균 | 76 | 84 | 88 | 82.66667 |
| 6 | | | | | |

① =SUM(COUNTA(B2:D4),MAXA(B2:D4)) → 102 (×)
  ❶         ❷
        ❸

  → ❶ [B2:D4] 영역에서 비어있지 않은 셀의 개수를 구하는 함수로, 결과값은 '9'
    ❷ [B2:D4] 영역에서 논리값과 텍스트를 포함한 가장 큰 값을 구하지만, 내용이 숫자로만 이루어져 있어서 MAX 함수와 같은 의미로, 결과값은 '100'
    ❸ 함수식 '=SUM(9,100)'이 완성되어 =SUM(9,100)을 계산하면 결과값은 '109'

② =AVERAGE(SMALL(C2:C4,2),LARGE(C2:C4,2)) → 75 (×)
         ❶        ❷
            ❸

  → ❶ [C2:C4] 영역에서 두 번째로 작은 값을 구하는 함수로, 결과값은 '87'
    ❷ [C2:C4] 영역에서 두 번째로 큰 값을 구하는 함수로, 결과값은 '87'
    ❸ 함수식 '=AVERAGE(87,87)'이 완성되어 결과값은 '87'

❸ =SUM(LARGE(B3:D3,2),SMALL(B3:D3, 2)) → 174 (○)
       ❶       ❷
          ❸

  → ❶ [B3:D3] 영역에서 두 번째로 큰 값을 구하는 함수로, 결과값은 '87'
    ❷ [B3:D3] 영역에서 두 번째로 작은 값을 구하는 함수로, 결과값은 '87'
    ❸ 함수식 '=SUM(87,87)'이 완성되어 =SUM(87,87)=87+87을 계산하면 결과값은 '174'

④ =SUM(COUNTA(B2,D4),MINA(B2,D4)) → 109 (×)
       ❶       ❷
         ❸

  → ❶ [B2] 셀과 [D4] 셀의 공백을 제외한 셀의 개수는 '2'
    ❷ [B2] 셀과 [D4] 셀의 두 값 중 가장 작은 값을 구하는 함수로, 결과값은 '83'
    ❸ 함수식 '=SUM(2,83)'이 완성되어 =SUM(2,83)=2+83을 계산하면 결과값은 '85'

## 33

↪노른자 086

다음 중 아래 시트에서 각 수식을 실행했을 때의 결과값으로 옳지 않은 것은?

| | A |
|---|---|
| 1 | 2017년 3월 5일 일요일 |
| 2 | 2017년 3월 20일 월요일 |
| 3 | 2017년 4월 10일 월요일 |
| 4 | |

❶ =EOMONTH(A1,−3) → 2016−12−05 (×)
  → EOMONTH(날짜,월 수)는 지정한 날짜를 기준으로 몇 개월 이전(음수) 또는 이후(양수) 월의 마지막 날짜를 구하는 함수. 이 함수식에 있는 −3에 의해 2017−03−05 날짜로부터 3개월 전 날짜를 구하면 '2016−12−5'인데, 해당 월의 마지막 날짜를 다시 구하면 결과값은 '2016−12−31'

② =DAYS360(A1,A3) → 35 (○)
  → DAYS360(시작 날짜, 끝 날짜) 함수는 1년을 360일로 하여 두 날짜 사이의 일 수를 계산하는 함수. 이 함수식에 따라 2017−03−05부터 2017−04−10까지의 일 수를 계산하면 결과값은 '35'

③ =NETWORKDAYS(A1,A2) → 11 (○)
  → NETWORKDAYS(날짜1,날짜2,휴일 날짜)는 주말과 공휴일을 제외한 '날짜1'과 '날짜2' 사이의 작업일 수를 구하는 함수. NETWORKDAYS(A1,A2)에서 2017−03−05와 2017−03−20 사이의 일 수는 '16'이고, 휴일 날짜는 생략되었기 때문에 주말 날짜만 빼면 결과값은 '11'

④ WORKDAY(A1,10) → 2017−03−17 (○)
  → WORKDAY(시작 날짜,날짜 수,휴일)은 '시작 날짜'에서 토요일, 일요일, 지정한 '휴일'을 제외하고 지정한 '날짜 수'만큼 경과한 날짜를 반환하는 함수임. 이 함수식에 따라 2017−03−05부터 주말을 제외하고 10을 더하면 결과값은 '2017−03−17'

## 34

↪노른자 072

다음 중 통합 문서 공유에 대한 설명으로 옳지 않은 것은?

① 병합된 셀, 조건부 서식, 데이터 유효성 검사, 차트, 그림과 같은 일부 기능은 공유 통합 문서에서 추가하거나 변경할 수 없다.

❷ 공유된 통합 문서는 여러 사용자가 동시에 변경할 수 없다. (×)
  → 공유된 통합 문서는 여러 사용자가 동시에 변경할 수 있음

③ 통합 문서를 공유하는 경우 저장 위치는 웹 서버가 아니라 공유 네트워크 폴더를 사용해야 한다.

④ 셀을 잠그고 워크시트를 보호하여 액세스를 제한하지 않으면 네트워크 공유에 액세스할 수 있는 모든 사용자가 공유 통합 문서에 대한 모든 액세스 권한을 갖게 된다.

## 35

➡️ 노른자 095

아래 그림과 같이 워크시트에 배열 상수 형태로 배열 수식이 입력되어 있을 때 [A5] 셀에서 수식 =SUM(A1,B2)를 실행하였다. 다음 중 그 결과로 옳은 것은?

| | A | B | C |
|---|---|---|---|
| 1 | {={1,2,3;4,5,6}} | {={1,2,3;4,5,6}} | {={1,2,3;4,5,6}} |
| 2 | {={1,2,3;4,5,6}} | {={1,2,3;4,5,6}} | {={1,2,3;4,5,6}} |
| 3 | | | |

① 3

❷ 6 (○)

→ 열은 쉼표(,)로, 행은 세미콜론(;)으로 구분함. [A1:C2] 영역을 선택한 후 '={1,2,3;4,5,6}'을 입력하고 Ctrl + Shift + Enter 를 누르면 아래의 그림과 같이 입력됨. 따라서 SUM(A1,B2)=1+5가 되어 결과 값은 '6'

| | A | B | C |
|---|---|---|---|
| 1 | 1 | 2 | 3 |
| 2 | 4 | 5 | 6 |
| 3 | | | |

③ 7

④ 8

## 36

➡️ 노른자 066

다음 중 엑셀의 확장명에 따른 파일 형식과 설명이 옳지 않은 것은?

① .xlsb - Excel 바이너리 파일 형식이다.

② .xlsm - XML 기반의 Excel 파일 형식으로, 매크로를 포함할 수 있다.

③ .xlsx - XML 기반의 기본 Excel 파일 형식으로, VBA 매크로 코드나 Excel 4.0 매크로 시트를 저장할 수 없다.

❹ .xltx - Excel 서식 파일의 기본 파일 형식으로, VBA 매크로 코드나 Excel 4.0 매크로 시트를 저장할 수 있다. (×)

→ 매크로가 포함된 서식 파일의 확장명은 xltm임. 엑셀 파일이 xltx나 xltm 확장명으로 저장되면 템플릿 파일로 저장됨. 템플릿 파일은 새 통합 문서의 시작 파일로 사용되는데, 일반적으로 각 통합 문서에 기본 시트의 수와 서식, 수식, 그래픽 및 사용자 지정 도구 모음과 같이 저장된 설정이 함께 포함됨. xltm 형식의 경우 VBA 및 XML (Excel 4.0 매크로) 매크로 코드를 저장할 수 있다는 것이 xltx 확장명과의 가장 큰 차이점

## 37

➡️ 노른자 115

다음 중 엑셀의 [페이지 설정] 대화상자에 대한 설명으로 옳은 것은?

① 인쇄 배율을 수동으로 설정할 수 있으며, 배율은 워크시트 표준 크기의 10%에서 200%까지 설정 가능하다. (×)

→ 배율은 워크시트 표준 크기의 10~400%까지 설정할 수 있음

② [시트] 탭에서 머리글/바닥글과 행/열 머리글이 인쇄되도록 설정할 수 있다. (×)

→ [시트] 탭에서 행/열 머리글이 인쇄되도록 설정할 수 있지만, 머리글/바닥글의 인쇄는 [머리글/바닥글] 탭에서 설정 가능함

❸ [페이지] 탭에서 '자동 맞춤'의 용지 너비와 용지 높이를 각각 1로 지정하면 여러 페이지가 한 페이지에 인쇄된다.

④ 셀에 설정된 메모는 시트에 표시된 대로 인쇄할 수는 없으나 시트 끝에 인쇄되도록 설정할 수 있다. (×)

→ 셀에 설정된 메모는 시트에 표시된 대로 인쇄할 수도 있고, 시트 끝에 모아서 인쇄되도록 설정할 수도 있음

## 38

➡️ 노른자 116

다음 중 [페이지 나누기 미리 보기] 상태에서 설정할 수 있는 기능에 대한 설명으로 옳지 않은 것은?

① 행 높이와 열 너비를 변경하면 자동 페이지 나누기의 위치도 변경된다.

② 수동으로 삽입한 페이지 나누기를 제거하려면 페이지 나누기를 페이지 나누기 미리 보기 영역 밖으로 끌어다 놓는다.

❸ '페이지 나누기 삽입' 기능은 선택한 셀의 아래쪽 행, 오른쪽 열로 페이지 나누기를 삽입한다. (×)

→ '페이지 나누기 삽입' 기능을 이용하면 선택한 셀의 위쪽 행, 왼쪽 열을 기준으로 페이지를 나눌 수 있음

④ 수동 페이지 나누기를 모두 제거하려면 임의의 셀의 바로 가기 메뉴에서 [페이지 나누기 모두 원래대로]를 클릭한다.

## 39

➡️ 노른자 085

다음 중 수식에서 발생하는 각 오류에 대한 원인으로 옳지 않은 것은?

❶ #NULL! - 배열 수식이 들어있는 범위와 행 또는 열 수가 같지 않은 배열 수식의 인수를 사용하는 경우 (×)

→ #NULL!는 교차하지 않은 두 범위를 입력할 때 발생하는 오류임. 예를 들어 'SUM(C5 C8)'인 경우 #NULL! 오류가 발생하므로 'SUM(C5:C8)'로 수정하여 오류를 해결할 수 있음

② #VALUE! - 수식에서 잘못된 인수나 피연산자를 사용한 경우

③ #NUM! – 수식이나 함수에 잘못된 숫자값이 포함된 경우

④ #NAME? – 수식에서 이름으로 정의되지 않은 텍스트를 큰따옴표로 묶지 않고 입력한 경우

# 40
↗ 노른자 111

**다음 중 아래에서 설명하는 차트의 종류로 가장 적절한 것은?**

- 가로 축의 값이 일정한 간격이 아닌 경우
- 가로 축의 데이터 요소 수가 많은 경우
- 데이터 요소 간의 차이점보다는 큰 데이터 집합 간의 유사점을 표시하려는 경우

① 주식형 차트 (×)
→ 주가 변동을 나타낼 때 사용하는 차트

❷ 분산형 차트

③ 영역형 차트 (×)
→ 시간의 경과에 따른 변화량을 비교할 때 사용하는 차트

④ 방사형 차트 (×)
→ 많은 데이터 계열의 집합적인 값을 나타낼 때 사용하는 차트

---

**3과목** **데이터베이스 일반**

# 41
↗ 노른자 174

**다음 중 아래의 이벤트 프로시저에서 [Command1] 단추를 클릭했을 때의 실행 결과로 옳은 것은?**

Private Sub Command1_Click( )
  ∟ 'Command1'을 클릭하면 아래쪽의 명령을 실행함

DoCmd.OpenForm "사원정보", acNormal
  ∟ '사원정보' 폼이 열림

DoCmd.GoToRecord , , acNewRec
  ∟ 특정 레코드로 이동          ∟ 새 레코드를 추가할 수 있도록
                                빈 레코드의 첫 번째로 이동

End Sub

① [사원정보] 테이블이 열리고, 가장 마지막 행의 새 레코드에 포커스가 표시된다.

② [사원정보] 폼이 열리고, 첫 번째 레코드의 가장 왼쪽 컨트롤에 포커스가 표시된다.

③ [사원정보] 폼이 열리고, 마지막 레코드의 가장 왼쪽 컨트롤에 포커스가 표시된다.

❹ [사원정보] 폼이 열리고, 새 레코드를 입력할 수 있도록 비워진 폼이 표시된다.

# 42
↗ 노른자 174

**다음 중 VBA 모듈에서 선택 쿼리를 [데이터시트 보기], [디자인 보기], [인쇄 미리 보기] 등으로 열기 위해 사용하는 메서드는?**

① DoCmd.RunSQL

❷ DoCmd.OpenQuery (○)
→ DoCmd는 매크로 함수를 실행하기 위한 개체이고, OpenQuery는 쿼리를 여는 메서드임

③ DoCmd.RunQuery

④ DoCmd.OpenSQL

# 43
↗ 노른자 166

**다음 중 보고서의 각 구역에 대한 설명으로 옳지 않은 것은?**

① 보고서 머리글: 보고서의 맨 앞에 한 번 출력되며, 일반적으로 로고나 제목 및 날짜 등의 정보를 표시할 때 사용한다.

❷ 페이지 바닥글: 각 레코드 그룹의 맨 끝에 출력되며, 그룹에 대한 요약 정보를 표시할 때 사용한다. (×)
→ 페이지 바닥글은 각 페이지의 아래쪽에 표시되며, 주로 날짜와 페이지 번호를 표시함. 그룹에 대한 요약 정보는 그룹 머리글과 그룹 바닥글에 표시되어 있음

③ 본문: 레코드 원본의 모든 행에 대해 한 번씩 출력되며, 보고서의 본문을 구성하는 컨트롤이 여기에 추가된다.

④ 보고서 바닥글: 보고서 총합계 또는 전체 보고서에 대한 기타 요약 정보를 표시할 때 사용한다.

## 44

다음 중 정규화에 대한 설명으로 옳지 않은 것은?

① 정규화를 통해 삽입, 삭제, 갱신 이상의 발생을 방지할 수 있다.

② 정규화를 통해 데이터 삽입 시 테이블 재구성의 필요성을 줄일 수 있다.

③ 정규화는 테이블 속성 사이의 종속성을 최대한 배제하는 과정으로 볼 수 있다.

❹ 정규화를 수행하여 데이터의 중복을 완전히 제거할 수 있다. (×)
  → 정규화는 데이터의 추가, 갱신, 삭제 등의 작업 시 이상 현상(Anomaly)이 발생하지 않도록 데이터베이스를 설계하기 위한 작업으로, 중복을 완전히 제거할 수는 없고 최소화함

## 45

다음 중 기본 키(Primary Key)에 대한 설명으로 옳지 않은 것은?

① 기본 키로 지정된 필드는 다른 레코드와 동일한 값을 가질 수 없다.

② 기본 키 필드에 값이 입력되지 않으면 레코드가 저장되지 않는다.

③ 기본 키가 설정되지 않아도 테이블은 생성된다.

❹ 기본 키는 하나의 필드에만 설정할 수 있다. (×)
  → 기본 키는 여러 개의 필드를 합쳐 기본 키로 지정할 수 있는데, 이러한 키를 '복합키'라고 함

## 46

다음 중 폼이나 보고서에서 테이블이나 쿼리의 필드를 컨트롤 원본으로 사용하는 컨트롤을 의미하는 것은?

① 언바운드 컨트롤 (×)
  → 폼이나 보고서에서 테이블이나 쿼리의 필드를 컨트롤 원본으로 사용하지 않는 컨트롤

❷ 바운드 컨트롤

③ 계산 컨트롤 (×)
  → 원본 데이터로 식을 사용하는 컨트롤

④ 레이블 컨트롤 (×)
  → 제목이나 캡션, 설명 등과 같은 텍스트를 표시하는 컨트롤로, 다른 컨트롤에 덧붙일 수 있음

## 47

다음 중 [업무 문서 양식 마법사]를 이용한 보고서 작성에 대한 설명으로 옳지 않은 것은?

① 테이블을 이용하여 세금계산서를 작성할 수 있다.

② 테이블을 이용하여 거래명세서를 작성할 수 있다.

❸ 쿼리를 이용하여 우편물 레이블을 작성할 수 있다. (×)
  → 우편물 레이블은 '우편물 레이블 마법사'를 이용하여 작성함

④ 쿼리를 이용하여 서식이 없는 세금계산서를 작성할 수 있다.

## 48

다음 중 보고서의 [그룹, 정렬 및 요약] 창의 그룹 설정에 대한 설명으로 옳은 것을 모두 나열한 것은?

ⓐ 필드나 식을 기준으로 최대 다섯 개까지 그룹 수준을 정의할 수 있다. (×)
  → 필드나 식을 기준으로 최대 열 개까지 그룹화할 수 있음

ⓑ 같은 필드나 식을 두 번 이상 그룹화할 수 있다.

ⓒ 여러 필드에 요약을 추가하거나 같은 필드에 여러 종류의 요약을 계산할 수 있다.

ⓓ 그룹 수준을 삭제하려면 그룹의 머리글 구역과 바닥글 구역을 모두 제거하면 된다. (×)
  → 그룹 수준을 삭제하려면 [그룹, 정렬 및 요약] 창에서 그룹화 기준을 삭제함. 단지 그룹의 머리글 구역과 바닥글 구역만 제거해도 그룹 수준은 유지됨

ⓔ 그룹화하려면 그룹 머리글과 그룹 바닥글을 모두 선택해야 한다. (×)
  → 그룹을 만들려면 머리글 구역이나 바닥글 구역 중 하나 이상만 설정하면 됨

① ⓐ, ⓓ

② ⓐ, ⓓ, ⓔ

❸ ⓑ, ⓒ

④ ⓑ, ⓒ, ⓔ

## 49

다음 중 폼과 보고서에서 설정 가능한 [조건부 서식]에 대한 설명으로 옳지 않은 것은?

① 원하는 필드값에 대한 서식을 지정할 수 있다.

② 식이 TRUE 또는 FALSE로 평가되는 경우에 대한 서식을 지정할 수 있다.

**200**  답만 보는 정기시험 기출문제

③ 필드에 포커스가 있는지의 여부에 따라 서식을 지정할 수도 있다.

❹ 조건에 맞지 않는 경우의 서식은 조건을 식으로만 지정할 수 있다. (×)
   → 조건부 서식은 조건에 맞는 경우에만 서식을 적용하는 것이므로 조건에 맞지 않는 경우를 서식으로 지정할 수 없음

## 50

↗ 노른자 155

다음 중 [폼 마법사]를 이용한 폼 작성 시 선택 가능한 폼의 모양 중 각 필드가 왼쪽의 레이블과 함께 각 행에 표시되고 **컨트롤 레이아웃이 자동으로 설정되는 것은?**

❶ 열 형식

② 테이블 형식 (×)
   → 각 레코드의 필드가 한 줄에 나타나며, 레이블은 폼의 맨 위에 한 번만 표시됨

③ 데이터시트 (×)
   → 레코드는 행으로, 필드는 열로 표시됨

④ 맞춤 (×)
   → 필드 내용의 분량에 따라 각 필드를 균형 있게 배치함

## 51

↗ 노른자 147

다음 중 아래 그림과 같은 **결과를 표시하는 쿼리로 옳은 것은?**

| 영화명 | 감독 | 장르 | 제작연도 |
|--------|------|------|----------|
| 베테랑 | 백감독 | 멜로 | 2013 |
| 베테랑 | 류승완 | 액션 | 2015 |
| 퇴마전 | 김휘 | 스릴러 | 2014 |
| Mother | 난니 모레티 | 멜로 | 2015 |

❶ SELECT * FROM movie ORDER BY 영화명, 장르; (○)
   → 영화명으로 오름차순 정렬하고, 영화명이 같으면 장르별로 오름차순 정렬

② SELECT * FROM movie ORDER BY 영화명 DESC, 장르 DESC; (×)
   → 영화명으로 내림차순 정렬하고, 영화명이 같으면 장르별로 내림차순 정렬

| 영화명 | 감독 | 장르 | 제작연도 |
|--------|------|------|----------|
| Mother | 난니 모레티 | 멜로 | 2015 |
| 퇴마전 | 김휘 | 스릴러 | 2014 |
| 베테랑 | 류승완 | 액션 | 2015 |
| 베테랑 | 백감독 | 멜로 | 2013 |

③ SELECT * FROM movie ORDER BY 제작연도, 장르 DESC; (×)
   → 제작연도로 오름차순 정렬하고, 제작연도가 같으면 장르별로 내림차순 정렬

| 영화명 | 감독 | 장르 | 제작연도 |
|--------|------|------|----------|
| 베테랑 | 백감독 | 멜로 | 2013 |
| 퇴마전 | 김휘 | 스릴러 | 2014 |
| 베테랑 | 류승완 | 액션 | 2015 |
| Mother | 난니 모레티 | 멜로 | 2015 |

④ SELECT * FROM movie ORDER BY 감독, 제작연도; (×)
   → 감독으로 오름차순 정렬하고, 감독이 같으면 제작연도로 오름차순 정렬

| 영화명 | 감독 | 장르 | 제작연도 |
|--------|------|------|----------|
| 퇴마전 | 김휘 | 스릴러 | 2014 |
| Mother | 난니 모레티 | 멜로 | 2015 |
| 베테랑 | 류승완 | 액션 | 2015 |
| 베테랑 | 백감독 | 멜로 | 2013 |

## 52

↗ 노른자 147

다음 중 아래 [PERSON] 테이블에 대한 **쿼리의 실행 결과값은?**

[PERSON] 테이블

| Full_name |
|-----------|
| 오연서 |
| 이종민 |
| 오연수 |
| 오연서 |
| 김종오 |
| 오연수 |

〈쿼리〉

SELECT COUNT(Full_name)
   ∟ Full_name의 개수를 검색

FROM PERSON
   ∟ [PERSON] 테이블로부터

WHERE Full_name Like "*"&"오";
   ∟ '오'로 끝나는 이름에 한정하여

❶ 1 (○)
   → 'Like "*"&"오"'는 '오'로 끝나는 이름을 의미하기 때문에 '김종오'가 검색되고 개수는 '1'임. 반면 'Like "오"&"*"'는 '오'로 시작하는 이름을 의미함

② 2

③ 4

④ 5

## 53

➦ 노른자 151

다음 중 [사원] 테이블에서 호봉이 6인 사원의 연봉을 <mark>3% 인상</mark>
<mark>된 값으로 수정하는 실행 쿼리</mark>를 작성하고자 할 때 아래의 각
괄호에 넣어야 할 구문을 순서대로 나열한 것은?

---
UPDATE 사원
   (　　　　) 연봉＝연봉＊1.03
   (　　　　) 호봉＝6;
     ㄴ 'UPDATE 테이블 SET 수정 내용 WHERE 조건' 형식으로 레코
      드를 수정함

---

① FROM, WHERE

❷ SET, WHERE (○)
  → UPDATE문에서 수정 내용(연봉=연봉*1.03)은 SET절에 작성하고
    수정해야 할 대상을 정하는 조건(호봉=6)은 WHERE절에 작성함

③ VALUE, SELECT

④ INTO, VALUE

## 54

➦ 노른자 147, 149

다음 중 입사일이 '1990−03−02'인 사원의 <mark>현재까지 근무한</mark>
<mark>연수를 출력</mark>하기 위한 SQL문으로 옳은 것은?

❶ SELECT DATEDIFF("yyyy",'1990−03−02',date( )); (○)
  → DATEDIFF(형식,날짜1,날짜2)는 두 날짜 형식(년,월,일) 사이의 경과
    값을 표시하는 함수. '형식'은 연수를 구해야 하므로 yyyy, '날짜1'은
    시작 날짜에 해당하는 입사일 '1990−03−02'이고, '날짜2'는 현재
    날짜이기 때문에 date( )임

② SELECT DATEADD("yyyy",DATE( ),'1990−03−02'); (×)
  → DATEADD(형식,값,날짜)는 '형식'을 지정한 '값'만큼 증가시키는 함수

③ SELECT DATEVALUE("YY",'1990−03−02',DATE( )); (×)
  → DATEVALUE(날짜)는 텍스트로 표시된 '날짜'의 일련번호를 표시하
    는 함수

④ SELECT DATEDIFF("YY",'1990−03−02',DATE( )); (×)
  → DATEDIFF(형식,날짜1,날짜2)는 두 날짜 사이의 '형식'의 경과값을
    표시하는 함수

## 55

➦ 노른자 158

다음 중 제공된 항목에서만 값을 선택할 수 있으며 <mark>직접 입력</mark>
<mark>할 수 없는 컨트롤</mark>은?

① 텍스트 상자 (○)
  → 폼이나 보고서의 원본으로 사용되는 데이터나 계산 결과를 표시하
    는 컨트롤

② 레이블 (○)
  → 제목이나 캡션, 설명 등과 같은 텍스트를 표시하는 컨트롤

③ 콤보 상자 (○)
  → 텍스트 상자와 목록 상자가 결합된 형태의 컨트롤로, 좁은 공간에서
    매우 유용함

❹ 목록 상자 (×)
  → 콤보 상자와 비슷한 컨트롤로, 목록의 데이터만 선택하여 사용할 수
    있음

## 56

다음 중 테이블의 필드값을 손쉽게 요약 분석하여 통계적인 값
을 그래프로 보여주는 개체는?

① 폼　　　　　　　　　　개정 출제기준 제외 문제

❸ 피벗 차트　　　　　　④ 기타 폼−데이터시트

## 57

➦ 노른자 136

다음 중 <mark>입력 마스크를 '〉L0L L?0'으로 지정</mark>했을 때 유효한 입
력값은?

① a9b M

② M3F A07

❸ H3H 가H3 (○)

| 〉 | L | 0 | L | L | ? | 0 |
|---|---|---|---|---|---|---|
| 모든 문자를 대문자로 변환 | 영문자, 한글 필수 입력 | 숫자 필수 입력 | 영문자, 한글 필수 입력 | 영문자, 한글 필수 입력 | 영문자, 한글 선택 입력 | 숫자 필수 입력 |
| | H | 3 | H | 가 | H | 3 |

④ 9Z3 3?H

## 58

↗ 노른자 141

아래 그림과 같이 [주문내역] 테이블과 [제품] 테이블의 관계가 설정되어 있다. 다음 중 [제품] 테이블의 특정 레코드를 삭제했을 경우에 대한 설명으로 옳은 것은?

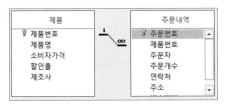

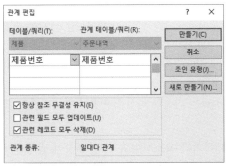

① [주문내역] 테이블에서 참조되고 있으므로 [제품] 테이블에서 특정 레코드를 삭제할 수 없다.

② [제품] 테이블에서만 특정 레코드가 삭제되고, [주문 내역] 테이블에는 아무런 변동이 없다.

❸ [제품] 테이블의 특정 레코드가 삭제되고, 이를 참조하는 [주문내역] 테이블의 모든 레코드도 함께 삭제된다. (○)
→ [관계 편집] 대화상자에서 '관련 레코드 모두 삭제'에 체크되어 있음. [제품] 테이블에서 특정한 레코드가 삭제되면 '제품번호' 필드로 연결된 [주문내역] 테이블의 관련 레코드도 같이 삭제됨

④ [제품] 테이블의 특정 레코드와 [주문내역] 테이블의 모든 레코드가 삭제된다.

## 59

↗ 노른자 137

다음 중 아래와 같이 필드 속성을 설정한 경우 입력값에 따른 결과가 옳지 않은 것은?

| 필드 크기 | 실수(Single) |
|---|---|
| 형식 | 표준 |
| 소수 자릿수 | 1 |
| 입력 마스크 | |
| 캡션 | |
| 기본값 | 0 |
| 유효성 검사 규칙 | <>1 And <>-1 |
| 유효성 검사 텍스트 | |
| 필수 | 예 |

① '1'을 입력하는 경우 값이 입력되지 않는다. (○)
→ '유효성 검사 규칙'의 '<>1 And <>-1'은 '1과 -1의 입력을 허용하지 않는다.'는 의미임

② '-1'을 입력하는 경우 값이 입력되지 않는다. (○)
→ '유효성 검사 규칙'의 '<>1 And <>-1'은 '1과 -1의 입력을 허용하지 않는다.'는 의미임

③ 필드값을 입력하지 않는 경우 기본값으로 '0.0'이 입력된다. (○)
→ '기본값'이 '0'이고, '필드 크기'는 '실수(Single)'이며, '소수 자릿수'를 '1'로 설정했기 때문에 '0.0'이 입력됨

❹ '1234'를 입력하는 경우 표시되는 값은 '1234.0'이 된다. (×)
→ '형식'을 '표준'으로 설정하면 1000 단위 구분 기호인 쉼표(,)가 표시되어 '1,234.0'이 입력됨

## 60

↗ 노른자 140

다음 중 아래와 같은 [학생] 테이블에서 필드의 순서를 변경하기 위한 방법으로 옳지 않은 것은?

| 학번 | 성명 | 주소 | 취미 | 전화 |
|---|---|---|---|---|
| 1111 | 홍길동 | 서울시 | 변장술 | 111-2222 |
| 2222 | 이도령 | 남원시 | 태권도 | 222-3333 |

① 디자인 보기에서 '주소' 필드를 선택한 후 이동할 위치로 끌어다놓는다.

② 디자인 보기에서 '주소' 필드를 선택한 후 Shift를 누른 상태에서 '전화' 필드를 선택하여 이동할 위치로 끌어다놓으면 '주소', '취미', '전화' 필드가 이동된다.

③ 데이터시트 보기에서 '전화' 필드를 선택한 후 이동할 위치로 끌어다놓는다.

❹ 데이터시트 보기에서 '주소' 필드명을 선택한 후 Ctrl을 누른 상태에서 '전화' 필드를 선택하여 이동할 위치로 끌어다 놓으면 '주소, 전화' 필드만 이동된다. (×)
→ [데이터시트 보기]에서는 필드를 선택할 때 Ctrl을 사용하지 않음. 반면 [디자인 보기]에서는 여러 필드를 선택할 때 Ctrl을 사용함

※ 수정 으로 표시된 문제는 개정 출제기준에 맞추어 수정한 문제입니다.

---

## 1과목 컴퓨터 일반

### 01
↗ 노른자 040

다음 중 네트워크 연결을 위한 동배 간 처리(Peer-to-Peer) 방식에 대한 설명으로 옳지 않은 것은?

① 컴퓨터와 컴퓨터가 동등하게 연결되는 방식이다.

② 각각의 컴퓨터는 클라이언트인 동시에 서버가 될 수 있다.

③ 워크스테이션이나 PC를 단말기로 사용하는 작은 규모의 네트워크에 많이 사용된다.

❹ 유지 보수가 쉽고, 데이터의 보안이 우수하며, 주로 데이터의 양이 많을 때 사용한다. (×)
→ 동배 간 처리 방식은 모든 컴퓨터가 클라이언트이면서 서버가 될 수 있는 방식으로, 유지 보수가 어렵고 데이터의 보안이 취약함

### 02
↗ 노른자 045

다음 중 멀티미디어의 특징으로 옳지 않은 것은?

① 디지털 데이터로 변환하여 통합 처리한다.

② 정보 제공자와 사용자 간의 상호작용에 의해 데이터가 전달된다.

❸ 데이터가 사용자 선택에 따라 순차적으로 처리되는 선형성의 특징을 가진다. (×)
→ 멀티미디어 데이터는 사용자 선택에 따라 순차적으로 처리되는 것이 아니라 다양한 방법으로 비순차적으로 처리되는 '비선형성' 특징을 가지고 있음

④ 문자, 그림, 사운드 등의 여러 미디어를 통합하여 처리한다.

### 03
↗ 노른자 046

다음 중 컴퓨터의 그래픽 데이터 표현에 사용되는 벡터 방식에 대한 설명으로 옳지 않은 것은?

❶ 이미지를 화소(Pixel)의 집합으로 표현하는 방식이다. (×)
→ 비트맵(Bitmap) 방식에 대한 설명. 비트맵 방식은 이미지를 화소(Pixel)의 집합으로 표현하여 확대 시 이미지의 품질을 떨어뜨리지만(계단 현상), 다양한 색상을 표현할 수 있기 때문에 사실적인 이미지 표현에 사용됨

② 점과 점을 연결하는 직선과 곡선을 이용하여 이미지를 그린다.

③ 이미지를 확대하거나 축소하여도 계단 현상이 발생하지 않는다.

④ 파일 형식은 WMF, AI 등이 있다.

### 04
↗ 노른자 063

다음 중 정보보안을 위해 사용하는 공개키 암호화 기법에 대한 설명으로 옳지 않은 것은?

① 알고리즘이 복잡하며 암호화와 복호화 속도가 느리다.

② 키의 분배가 용이하고 관리해야 할 키의 수가 적다.

❸ '비대칭 암호화 기법'이라고도 하며 대표적으로 DES가 있다. (×)
→ 공개키(비대칭키) 암호화 기법의 대표적인 알고리즘은 RSA(Rivest-Shamir-Adleman)이고, 비밀키(대칭키) 암호화 기법의 대표적인 알고리즘은 DES(Data Encryption Standard)임

④ 데이터를 암호화할 때 사용하는 키를 공개하고, 복호화할 때 키는 비밀로 한다.

### 05
↗ 노른자 054

다음 중 인터넷에서 사용하는 URL에 관한 설명으로 옳지 않은 것은?

① 인터넷 상에 존재하는 각종 자원의 위치를 나타내는 표준 주소 체계이다.

② URL의 일반적인 형식은 프로토콜://호스트 주소[:포트 번호][/파일 경로]이다.

❸ FTP 계정이 있는 경우의 URL은 'http://user_name: password@server_name:port_number' 형식을 사용한다. (×)
→ FTP 계정이 있는 경우의 URL은 'FTP://ID:PW@FTP주소'임

④ 일반적으로 HTTP 서비스는 80번 포트를 사용한다.

❸ 방화벽을 운영하면 네트워크의 부하가 감소되며, 네트워크 트래픽이 게이트웨이로 집중된다. (×)
→ 방화벽을 운영하면 네트워크의 부하가 증가하며, 네트워크 트래픽이 게이트웨이로 집중됨. 방화벽은 외부 네트워크부터 내부 네트워크를 보호하기 위한 것으로, 외부에서의 불법적인 접근을 막고 인증된 데이터의 교환만 이용하는 방어 방식임

④ 로그 정보를 통해 누가 외부에서 침입을 시도했는지 그 흔적을 찾아 역추적을 할 수 있다.

# 06
노른자 041

다음 중 소프트웨어의 저작권에 따른 분류에서 데모 버전과 가장 유사한 분류에 해당하는 것은?

① 프리웨어(Freeware) (×)
→ 무료로 사용이 가능한 소프트웨어

❷ 셰어웨어(Shareware) (○)
→ 데모(Demo) 버전은 정식 프로그램의 기능을 홍보하기 위해 사용 기간이나 기능을 제한하여 배포하는 소프트웨어. 셰어웨어(Shareware)는 일정 기간 동안 기능에 제한을 두어 배포하는 소프트웨어로, 무료로 사용해 본 후 정식 프로그램을 구입할 수 있음

③ 포스트카드웨어(Postcardware) (×)
→ 저작권자에게 우편엽서나 이메일을 보내고 사용하는 소프트웨어로, 거의 무료임

④ 상용 소프트웨어(Commercial Software) (×)
→ 정식으로 대가를 지불하고 사용하는 소프트웨어로, 모든 기능을 사용할 수 있음

# 07
노른자 064

다음 중 시스템 보안을 위해 사용하는 방화벽(Firewall)에 대한 설명으로 옳지 않은 것은?

① IP 주소 및 포트 번호를 이용하거나 사용자 인증을 기반으로 접속을 차단하여 네트워크의 출입로를 단일화함으로써 보안 관리 범위를 좁히고 접근 제어를 효율적으로 할 수 있다.

② '명백히 금지되지 않은 것은 허용한다.'는 소극적 방어 개념이 아니라 '명백히 허용되지 않은 것은 금지한다.'라는 적극적 방어 개념을 가지고 있다.

# 08
노른자 058

다음 중 와이파이(Wi-Fi)에 대한 설명으로 옳지 않은 것은?

① IEEE 802.11 기술 규격의 브랜드명으로 Wireless Fidelity의 약어이다.

② 무선 신호를 전달하는 AP(Access Point)를 중심으로 데이터를 주고받는 인프라스트럭처(Infrastructure) 모드와 AP 없이 데이터를 주고받는 애드혹(Ad Hoc) 모드가 있다.

❸ 유선 랜을 무선화한 것이기 때문에 사용 거리에 제한이 없고, 전송 속도가 3G 이동통신에 비해 느리며, 전송 비용이 고가이다. (×)
→ 와이파이(Wi-Fi)는 전송 속도가 3G 이동통신에 비해 빠르며, 전송 비용이 저렴함. 와이파이는 전자기기들이 일정한 거리 안에서 무선 랜(WLAN; Wireless Local Area Network)에 연결할 수 있게 하는 기술임

④ IEEE 802.11b 규격은 최대 11Mbps, IEEE 802.11g 규격은 최대 54Mbps의 속도를 지원한다.

# 09
노른자 052

다음 중 인터넷 서버까지의 경로를 추적하는 명령어인 'Tracert'의 실행 결과에 관한 설명으로 옳지 않은 것은?

① IP 주소, 목적지까지 거치는 경로의 수, 각 구간 사이의 데이터 왕복 속도를 확인할 수 있다.

② 특정 사이트가 열리지 않을 때 해당 서버가 문제인지, 인터넷 망이 문제인지 확인할 수 있다.

③ 인터넷 속도가 느릴 때 어느 구간에서 정체를 일으키는지 확인할 수 있다.

❹ 현재 자신의 컴퓨터에 연결된 다른 컴퓨터의 IP 주소나 포트 정보를 확인할 수 있다. (×)
→ Netstat에 대한 설명. Netstat는 네트워크 접속, 라우팅 테이블, 네트워크 인터페이스 등과 같은 사용자 컴퓨터의 네트워크 상태를 보여주는 Windows 명령어임

## 10

↪ 노른자 033

다음 중 컴퓨터에서 사용하는 <u>하드디스크의 파티션</u>에 관한 설명으로 옳지 <u>않은</u> 것은?

① 파티션 작업을 실행한 후에는 반드시 포맷을 실행하여야 하드디스크를 사용할 수 있다.

② 각 파티션 영역에는 다른 운영체제를 설치할 수 있다.

❸ 하나의 파티션에 여러 개의 파일 시스템을 사용할 수 있다. (×)
  → 하나의 파티션에는 하나의 파일 시스템을 사용할 수 있음

④ 하나의 물리적인 하드디스크를 여러 개의 논리적 영역으로 분할하거나 다시 합치는 작업이다.

## 11 수정

↪ 노른자 023

다음 중 Windows 10의 [메모장]에 관한 설명으로 옳지 <u>않은</u> 것은?

① 텍스트 파일이나 웹페이지를 편집하는 간단한 도구로 사용할 수 있다.

❷ [이동] 명령으로 원하는 줄 번호를 입력하여 문서의 특정 줄로 이동할 수 있으며, 자동 줄 바꿈이 설정된 경우에도 이동 명령을 사용할 수 있다. (×)
  → [편집]-[이동] 메뉴를 선택하여 [줄 이동] 대화상자를 열고 원하는 줄 번호를 입력하여 문서의 특정 줄로 이동할 수 있음. 하지만 자동 줄 바꿈이 설정되면 [이동] 명령을 사용할 수 없음

③ 특정 문자나 단어를 찾아서 바꾸거나, 창 크기에 맞추어 텍스트 줄을 바꾸어 문서의 내용을 표시할 수 있다.

④ 머리글과 바닥글을 설정하여 문서의 위쪽과 아래쪽 여백에 원하는 텍스트를 표시하여 인쇄할 수 있다.

## 12

↪ 노른자 028

다음 중 컴퓨터에서 <u>문자를 표현하는 코드</u> 체계에 대한 설명으로 옳지 <u>않은</u> 것은?

① BCD 코드: 64가지의 문자를 표현할 수 있으나 영문 소문자는 표현 불가능하다.

❷ Unicode: 세계 각국의 언어를 4바이트 체계로 통일한 국제 표준 코드이다. (×)
  → 유니코드(Unicode)는 세계 각국의 언어를 '2바이트(16비트)'로 표현하는 국제 표준 코드임

③ ASCII 코드: 128가지의 문자를 표현할 수 있으며, 주로 데이터 통신용이나 PC에서 많이 사용된다.

④ EBCDIC 코드: BCD 코드를 확장한 코드 체계로, 256가지의 문자를 표현할 수 있다.

## 13

↪ 노른자 027

다음 중 컴퓨터에서 사용하는 <u>데이터의 논리적 구성 단위</u>를 작은 것에서 큰 것 순으로 바르게 나열한 것은?

① 비트(Bit)−바이트(Byte)−레코드(Record)−워드(Word)

② 워드(Word)−필드(Field)−바이트(Byte)−레코드(Record)

③ 워드(Word)−필드(Field)−파일(File)−레코드(Record)

❹ 필드(Field)−레코드(Record)−파일(File)−데이터베이스(Database) (○)
  → • 물리적 구성 단위: 비트(Bit) → 니블(Nibble) → 바이트(Byte) → 워드(Word)
     • 논리적 구성 단위: 필드(Field) → 레코드(Record) → 파일(File) → 데이터베이스(Database)

## 14 수정

↪ 노른자 015

다음 중 Windows 10의 <u>[장치 관리자] 창에서 설정 가능한 하드웨어 관리</u>에 대한 설명으로 옳지 <u>않은</u> 것은?

① 장치들의 드라이버를 식별하고, 설치된 장치 드라이버에 대한 정보를 알 수 있다.

❷ 가상 메모리에 대한 정보를 확인하고, 설정값을 변경할 수 있다. (×)
  → 가상 메모리의 정보를 확인하고 설정값을 변경하려면 [제어판]-[시스템]-[정보]-[고급 시스템 설정]을 선택하여 [시스템 속성] 대화상자를 열고 [고급] 탭에서 진행해야 함

③ 장치 드라이버를 업데이트할 수 있다.

④ 하드웨어가 올바르게 작동하는지 확인할 수 있다.

## 15

↪ 노른자 031

다음 중 컴퓨터에서 사용하는 **마이크로프로세서(Microprocessor)**에 관한 설명으로 옳지 **않은** 것은?

❶ 제어장치, 연산장치, 주기억장치가 하나의 반도체 칩에 내장된 장치이다. (×)
- → 마이크로프로세서는 제어장치, 연산장치, 레지스터가 하나의 반도체 칩에 내장된 장치임

② 클록 주파수와 내부 버스의 Bit 수로 성능을 평가한다.

③ 트랜지스터의 집적도에 따라 기본적인 처리 속도가 결정된다.

④ 현재는 작은 규모의 임베디드 시스템이나 휴대용 기기에서부터 메인프레임이나 슈퍼컴퓨터까지 사용된다.

## 16

↪ 노른자 030

다음 중 **레지스터(Register)**에 대한 설명 중 옳지 **않은** 것은?

① CPU 내부에서 처리할 명령어나 연산 결과값을 일시적으로 저장하는 기억장치이다.

② 레지스터의 크기는 컴퓨터가 한 번에 처리할 수 있는 데이터의 크기를 나타낸다.

❸ 펌웨어(Firmware)를 저장하는 비휘발성 메모리로, 액세스 속도가 가장 빠른 기억장치이다. (×)
- → 레지스터는 CPU에 존재하는 휘발성 임시 기억장치임. 펌웨어는 ROM에 저장되고, ROM은 전원을 꺼도 내용이 지워지지 않는 비휘발성 메모리임

④ 구조는 플립플롭(Flip-Flop)이나 래치(Latch)를 직렬 또는 병렬로 연결한다.

## 17 수정

↪ 노른자 019

다음 중 Windows 10의 [관리 도구] 중 [컴퓨터 관리]에서 수행 가능한 [디스크 관리] 작업에 해당하지 **않는** 것은?

① 볼륨을 확장하거나 축소할 수 있다.

② 드라이브 문자를 변경할 수 있다.

③ 포맷을 실행할 수 있다.

❹ 분석 및 디버그 로그를 표시할 수 있다. (×)
- → [제어판]-[관리 도구]를 선택하고 [관리 도구] 창에서 [이벤트 뷰어] (📖)를 더블클릭하여 [이벤트 뷰어] 창을 열고 분석 및 디버그로 로그 표시할 수 있음

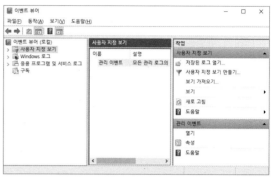

## 18

다음 중 Windows의 [제어판]-[백업 및 복원]에서 '백업 설정'에 대한 설명으로 옳지 **않은** 것은?

① 정기적으로 예약된 백업 시간에 컴퓨터가 꺼져있거나, 절전 모드이거나 ~~최대 절전~~ 모드이면 Windows 백업에서는 해당 백업을 건너뛰고 예약된 다음 백업 때까지 기다린다.

*(개정 출제기준 제외 문제)*

② '자동 선택' 방식으로 백업하는 경우 해당 컴퓨터에 사용자 계정이 있는 모든 사용자의 기본 Windows 폴더, 바탕 화면 및 라이브러리에 저장된 데이터 파일을 백업한다.

❸ '직접 선택' 방식으로 백업하는 경우 사용자가 알려진 시스템 폴더의 모든 파일을 선택하여 백업할 수 있다.

④ 기본적으로 백업은 정기적으로 만들어지며, 일정을 변경하고 백업을 수동으로 만들 수 있다.

## 19 수정
노른자 007

다음 중 Windows 10에서 [연결 프로그램]에 대한 설명으로 옳지 않은 것은?

① 문서나 그림 같은 데이터 파일을 더블클릭하면 자동으로 실행되는 앱이다.

② 데이터 파일의 바로 가기 메뉴에서 [연결 프로그램]을 선택하면 연결 프로그램을 변경할 수 있다.

③ 연결 프로그램이 지정되지 않았을 경우 데이터 파일을 더블클릭하면 연결 프로그램을 선택하기 위한 대화상자가 표시된다.

❹ 연결 프로그램을 삭제하면 연결된 데이터 파일도 함께 삭제된다. (×)
 → 연결 프로그램은 연결 정보만 가지고 있기 때문에 삭제하면 연결 정보만 삭제되고, 연결된 데이터 파일은 삭제되지 않음

## 20
노른자 033

다음 중 반도체를 이용한 컴퓨터 보조기억장치로 크기가 작고, 충격에 강하며, 소음 발생이 없는 대용량 저장장치에 해당하는 것은?

① HDD(Hard Disk Drive) (×)
 → 자성 물질을 입힌 금속 원판을 여러 장 겹쳐서 만든 기억 매체로, 충격에 약함

② DVD(Digital Versatile Disk) (×)
 → 4.7~17GB의 저장이 가능한 기억 매체로, 뛰어난 화질과 음질의 멀티미디어 데이터를 저장할 수 있음

❸ SSD(Solid State Drive)

④ CD-RW(Compact Disk Rewritable) (×)
 → 데이터를 여러 번 저장할 수 있는 CD

### 2과목  스프레드시트 일반

## 21
노른자 073

다음 중 데이터 입력에 대한 설명으로 옳지 않은 것은?

① 동일한 문자를 여러 개의 셀에 입력하려면 셀에 문자를 입력한 후 채우기 핸들을 드래그한다.

② 두 개 이상의 셀을 선택하고 채우기 핸들을 드래그할 때 Ctrl을 누르고 있으면 '자동 채우기' 기능을 해제할 수 있으며, 선택한 값은 인접한 셀에 복사되고 데이터가 연속으로 확장되지 않는다.

③ 일정 범위 안에 동일한 데이터를 한 번에 입력하려면 범위를 지정하여 데이터를 입력한 후 바로 이어서 Shift + Enter 를 누른다. (×)
 → 일정 범위 안에 동일한 데이터를 한 번에 입력하려면 범위를 지정하여 데이터를 입력한 후 곧바로 Ctrl + Enter 를 눌러야 함

④ 사용자 지정 연속 데이터 채우기를 사용하여 데이터를 입력하는 경우 사용자 지정 목록에는 텍스트나 텍스트/숫자 조합만 포함될 수 있다.

## 22
노른자 099

아래의 워크시트에서 '영어'가 중간값을 초과하면서 '성명'의 두 번째 문자가 '영'인 데이터를 필터링하고자 한다. 다음 중 고급 필터 실행을 위한 조건의 입력값으로 옳은 것은?

|  | A | B | C | D |
|---|---|---|---|---|
| 1 | 성명 | 반 | 국어 | 영어 |
| 2 | 강동식 | 1 | 80 | 80 |
| 3 | 강영주 | 2 | 50 | 90 |
| 4 | 박강영 | 1 | 90 | 91 |
| 5 | 박영식 | 1 | 60 | 85 |
| 6 | 박민영 | 2 | 80 | 80 |
| 7 | 영수김 | 2 | 70 | 81 |
| 8 | 박영에리 | 1 | 95 | 92 |
| 9 | 김영미 | 2 | 88 | 86 |
| 10 | 이영 | 1 | 75 | 87 |
| 11 |  |  |  |  |

①

| 영어 중간값 | 성명 |
|---|---|
| =$D2>MEDIAN($D$2:$D$10) | ="=*영*" |

② (○)

| 영어 중간값 | 성명 |
|---|---|
| =$D2>MEDIAN($D$2:$D$10) | ="=?영*" |

 → *는 모든 문자를, ?는 한 문자를 나타내는데, 두 번째 글자가 '영'인 데이터를 찾는 조건이므로 '?영*'이어야 함. 고급 필터의 조건에 수식을 사용할 경우 조건의 필드 이름은 원본 데이터에 있는 필드명과는 다른 필드명을 입력하거나 입력하지 않아야 함

③

| 영어 | 성명 |
|---|---|
| =$D2>MEDIAN($D$2:$D$10) | ="=*영*" |

④

| 영어 | 성명 |
|---|---|
| =$D2>MEDIAN($D$2:$D$10) | ="=?영*" |

## 23

📌 노른자 100

다음 중 아래와 같이 왼쪽 그림의 [B2:B5] 영역에 **[텍스트 나누기]**를 실행하여 오른쪽 그림과 같이 소속이 분리되도록 실행하는 과정에 대한 설명으로 옳지 <u>않은</u> 것은?

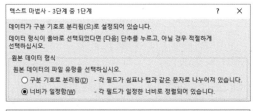

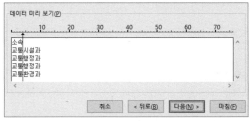

① 텍스트 마법사 2단계에서 구분선의 위치를 변경하려면 구분선을 마우스로 클릭한 상태에서 원하는 위치로 드래그한다.

❷ 분할하려는 범위에 포함할 수 있는 행과 열의 개수는 제한이 없다. (×)
  → 텍스트 나누기는 여러 개의 행을 대상으로 실행할 수 있지만, 열은 하나를 대상으로 해야 함

③ 구분선을 삭제하려면 구분선을 마우스로 두 번 클릭한다.

④ 구분선을 넣으려면 원하는 위치를 마우스로 클릭한다.

## 24

📌 노른자 114

다음 중 엑셀의 **오차 막대**에 대한 설명으로 옳지 <u>않은</u> 것은?

① 3차원 차트는 오차 막대를 표시할 수 없다.

② 차트에 고정값, 백분율, 표준 편차, 표준 오차, 사용자 지정 중 하나를 선택하여 오차량을 표시할 수 있다.

③ 오차 막대를 화면에 표시하는 방법은 두 가지로, 양의 값, 음의 값이 있다. (×)
  → 오차 막대를 화면에 표시하는 방법은 '방향'과 '끝 스타일'이 있음. 이 중에서 '방향'에는 '양의 값', '음의 값', '모두'가 있고, '끝 스타일'에는 '끝 모양 없음'과 '끝 모양'이 있음

④ 분산형과 거품형 차트에는 세로 오차 막대, 가로 오차 막대를 적용할 수 있다.

## 25

📌 노른자 101

다음 중 워크시트의 데이터 목록에 **윤곽선 설정**을 하는 경우 옳지 <u>않은</u> 것은?

① 그룹화하여 요약하려는 데이터 목록이 있는 경우 데이터에 최대 여덟 개 수준의 윤곽을 설정할 수 있다.

② 1, 2, +, - 등의 윤곽 기호가 표시되지 않는 경우 [Excel 옵션]에서 표시되도록 설정할 수 있다.

❸ 그룹별로 요약된 데이터에 설정된 윤곽을 제거하면 윤곽 기호와 함께 요약 정보가 표시된 원본 데이터도 삭제된다. (×)
  → 그룹별로 요약된 윤곽을 제거해도 원본 데이터는 삭제되지 않음

④ 윤곽을 만들 때나 만든 후에 윤곽에 스타일을 적용할 수 있다.

## 26

📌 노른자 108

다음 중 **시나리오**에 대한 설명으로 옳지 <u>않은</u> 것은?

❶ 시나리오 관리자에서 시나리오를 삭제하면 시나리오 요약 보고서의 해당 시나리오도 자동으로 삭제된다. (×)
  → [데이터] 탭-[예측] 그룹-[가상 분석]-[시나리오 관리자]를 선택하여 시나리오를 삭제해도 시나리오 요약 보고서에 이미 작성되어 있는 시나리오는 삭제되지 않음

② 특정 셀의 변경에 따라 연결된 결과 셀의 값이 자동으로 변경되어 결과값을 예측할 수 있다.

③ 여러 시나리오를 비교하기 위해 시나리오를 피벗 테이블로 요약할 수 있다.

④ 변경 셀과 결과 셀에 이름을 지정한 후 시나리오 요약 보고서를 작성하면 결과에 셀 주소 대신 지정한 이름이 표시된다.

## 27

➦ 노른자 082

다음 중 조건부 서식에 대한 설명으로 옳지 않은 것은?

① 동일한 셀 범위에 둘 이상의 조건부 서식 규칙이 True로 평가되어 충돌하는 경우 [조건부 서식 규칙 관리자] 대화 상자의 규칙 목록에서 가장 위에 있는, 즉 우선순위가 높은 규칙 하나만 적용된다.

❷ [홈] 탭-[편집] 그룹-[찾기 및 선택]-[이동 옵션]을 이용하면 조건부 서식이 적용되고 있는 셀을 적용한 순서대로 찾아 이동할 수 있다. (×)

→ [홈] 탭-[편집] 그룹-[찾기 및 선택]-[이동 옵션]을 선택하여 [이동 옵션] 대화상자의 '조건부 서식' 명령을 이용하면 조건부 서식이 적용되고 있는 셀을 알려주지만, 조건부 서식이 적용된 순서대로 찾아서 이동할 수는 없음

③ 조건부 서식을 만들 때 조건으로 다른 통합 문서에 참조는 사용할 수 없다.

④ 셀 범위에 대한 서식 규칙이 True로 평가되면 해당 규칙의 서식이 사용자가 임의로 지정한 서식보다 우선한다.

## 28

➦ 노른자 126

다음 중 각 VBA 코드에 대한 설명으로 옳지 않은 것은?

① Range("A5").Select → [A5] 셀로 셀 포인터를 이동한다.

② Range("C2").Font.Bold = "True" → [C2] 셀의 글꼴 스타일을 '굵게'로 설정한다.

❸ Range("A1").Formula = 3 * 4 → [A1] 셀에 수식 '=3*4'가 입력된다. (×)

→ 3*4의 계산 결과값인 '12'가 [A1] 셀에 입력됨

④ Workbooks.Add → 새 통합 문서를 생성한다.

## 29

➦ 노른자 095

다음 중 [H2:H10] 영역에 '총점'으로 순위를 구한 후 동점자에 대해 '국어'로 순위를 구할 경우 [H2] 셀에 들어갈 수식으로 옳은 것은?

| | A | B | C | D | E | F | G | H |
|---|---|---|---|---|---|---|---|---|
| 1 | 성명 | 국어 | 수학 | 영어 | 사회 | 총점 | 순위 | 순위(총점,국어) |
| 2 | 홍길동 | 90 | 50 | 30 | 10 | 180 | 1 | 1 |
| 3 | 한민국 | 80 | 50 | 20 | 30 | 180 | 1 | 3 |
| 4 | 이대한 | 90 | 40 | 20 | 30 | 180 | 1 | 1 |
| 5 | 이나래 | 70 | 50 | 30 | 30 | 180 | 1 | 4 |
| 6 | 마상욱 | 80 | 50 | 30 | 10 | 170 | 5 | 6 |
| 7 | 박정인 | 90 | 40 | 20 | 20 | 170 | 5 | 5 |
| 8 | 사수영 | 70 | 40 | 30 | 30 | 170 | 5 | 8 |
| 9 | 고소영 | 85 | 40 | 30 | 20 | 175 | 5 | 6 |
| 10 | 장영수 | 70 | 50 | 10 | 5 | 135 | 9 | 9 |
| 11 | | | | | | | | |

① {=RANK($F2,$F$2:$F$10)+RANK($B$2,$B$2:$B$10)}

② {=RANK($B$2,$B$2:$B$10)*RANK($F2,$F$2:$F$10)}

❸ {=RANK($F2,$F$2:$F$10)+SUM(($F$2:$F$10=$F2)*

         ❶             ❷

($B$2:$B$10>$B2))} (○)

      ❸

→ Rank(값,참조 영역,정렬 방법)은 '참조 영역'에서 '값'의 순위를 구하는 함수임

❶ [F2:F10] 영역에서 [F2] 셀의 순위값을 구하고 [F2] 셀의 자동 채우기 핸들을 드래그하면 함수 인수 'F2'는 'F3', 'F4', … 등으로 변경되어야 하므로 'F2' 또는 '$F2'로 지정해야 함

❷ 동점자인 경우 'True(1)'라는 의미

❸ 기준이 되는 국어 점수보다 높은 점수를 찾음

조건이 두 개일 때 배열 수식을 이용하여 개수를 구하는 다음 세 가지 방법 중 방법1에 해당되어 'SUM(($F$2:$F$10=$F2)*($B$2:$B$10)$B2))'로 처리함. 즉 ❷와 ❸을 이용하여 동점자 중에서 국어 점수가 높은 인원수를 구하여 ❶의 순위에 더해주어 동점자를 처리함

**조건이 두 개일 때 배열 수식으로 개수를 구하는 방법**
방법1 {=SUM((조건1)*(조건2))}
방법2 {=SUM(IF((조건1)*(조건2),1))}
방법3 {=COUNT(IF((조건1)*(조건2),1))}

④ {=SUM(($F$2:$F$10=$F2)*($B$2:$B$10>$B2))*RANK($F2,$F$2:$F$10)}

# 30

📥 노른자 076

다음 중 셀의 내용을 편집할 수 있는 셀의 편집 모드로 전환하는 방법에 대한 설명으로 옳지 <u>않은</u> 것은?

① 편집하려는 데이터가 있는 셀을 더블클릭한다.

② 편집하려는 셀을 클릭하고 수식 입력줄을 클릭한다.

❸ 셀을 선택한 후 F2를 누르면 셀에 입력된 내용의 맨 앞에 삽입 포인터가 나타난다. (×)

> → 셀을 선택한 후 F2를 누르면 셀에 입력된 내용의 맨 앞이 아니라 맨 뒤에 삽입 포인터가 나타남

④ 새 문자를 입력하여 기존 문자를 즉시 바꿀 수 있도록 겹쳐쓰기 모드를 활성화하려면 편집 모드 상태에서 Insert를 누른다.

# 31

📥 노른자 121

다음 중 [개발 도구] 탭-[컨트롤] 그룹에 대한 설명으로 옳지 <u>않은</u> 것은?

① 컨트롤은 데이터 표시/입력 또는 작업 수행을 위해 양식에 넣은 그래픽 개체로, 텍스트 상자, 목록 상자, 옵션 단추, 명령 단추 등이 있다.

② ActiveX 컨트롤은 양식 컨트롤보다 다양한 이벤트에 반응할 수 있으나, 차트 시트에서는 사용할 수 없는 등 양식 컨트롤보다 호환성은 낮다.

❸ [디자인 모드] 상태에서는 양식 컨트롤과 ActiveX 컨트롤 모두 매크로 등 정해진 동작은 실행하지 않으며, 컨트롤의 선택, 크기 조절, 이동 등의 작업을 할 수 있다. (×)

> → [디자인 모드] 상태에서 'ActiveX 컨트롤'은 매크로 등 정해진 동작이 실행되지 않지만, '양식 컨트롤'은 [디자인 모드] 상태와 상관없이 매크로 동작이 실행됨

④ 양식 컨트롤의 '단추(양식 컨트롤)'를 클릭하거나 드래그해서 추가하면 [매크로 지정] 대화상자가 자동으로 표시된다.

# 32

📥 노른자 075

다음 중 메모 기능에 대한 설명으로 옳지 <u>않은</u> 것은?

① 새 메모를 작성하려면 Shift + F2를 누른다.

② 메모 텍스트에는 [홈] 탭의 [글꼴] 그룹에 있는 [채우기 색]과 [글꼴 색] 옵션을 사용할 수 없다.

③ 삽입된 메모는 시트에 표시된 대로 인쇄하거나 시트 끝에 모아서 인쇄할 수 있다.

❹ [홈] 탭-[편집] 그룹에 있는 [지우기]-[모두 지우기]를 이용하여 셀을 지운 경우 셀의 내용과 서식만 삭제되고 메모는 삭제되지 않는다. (×)

> → [홈] 탭-[편집] 그룹-[지우기]-[모두 지우기]를 선택하여 셀을 지우면 셀의 내용, 서식, 메모 등 모든 것이 삭제됨

# 33

📥 노른자 111, 113

다음 중 세로 막대형 차트에 대한 설명으로 옳지 <u>않은</u> 것은?

① 시간의 경과에 따른 데이터 변동을 표시하거나 항목별 비교를 나타내는 데 유용하다.

❷ [계열 겹치기] 값을 0에서 100 사이의 백분율로 조정하여 세로 막대의 겹침 상태를 조정할 수 있으며, 값이 높을수록 세로 막대 사이의 간격이 증가한다. (×)

> → 계열 겹치기의 값은 -100%~100% 사이에서 조정할 수 있고, 값이 클수록 세로 막대 사이의 '겹치는 부분이 증가'함

③ [간격 너비] 값을 0에서 500 사이의 백분율로 조정하여 각 항목에 대해 표시되는 데이터 요소 집합 사이의 간격을 조정할 수 있다.

④ 세로(값) 축 값의 순서를 거꾸로 표시할 수 있다.

# 34 [수정]

📥 노른자 072

다음 중 통합 문서 공유에 대한 설명으로 옳지 <u>않은</u> 것은?

① 여러 사용자가 동시에 동일한 셀을 변경하려면 충돌이 발생한다.

❷ 통합 문서를 공유한 후 하이퍼링크, 시나리오, 매크로 등의 기능은 변경할 수 없지만 조건부 서식, 차트, 그림 등의 기능은 변경할 수 있다. (×)

> → 통합 문서를 공유한 후 하이퍼링크, 시나리오, 조건부 서식, 차트, 그림 등의 기능을 추가하거나 변경할 수 없지만, 데이터의 입력과 편집은 가능함

③ 공유 통합 문서를 네트워크 위치에 복사해도 다른 통합 문서나 문서의 연결은 그대로 유지된다.

④ 공유 통합 문서를 열면 창의 제목 표시줄의 엑셀 파일명 옆에 '공유'라는 글자가 표시된다.

# 35

➦ 노른자 117

다음 중 인쇄 기능에 대한 설명으로 옳지 않은 것은?

① 기본적으로 워크시트의 눈금선은 인쇄되지 않으나 인쇄되도록 설정할 수 있다.

❷ [페이지 설정] 대화상자의 [시트] 탭에서 '간단하게 인쇄'를 선택하면 셀의 테두리를 포함하여 인쇄할 수 있다. (×)

→ '간단하게 인쇄'를 선택하면 워크시트에 입력된 괘선, 그림 등의 모든 그래픽 요소를 제외하고 텍스트만 인쇄함

③ Ctrl + F2를 누르면 [인쇄 미리 보기]가 실행된다.

④ [인쇄 미리 보기]에서 [여백 표시](▦)를 선택한 경우 마우스로 여백을 변경할 수 있다.

# 36

➦ 노른자 091

다음 중 [A13] 셀에 수식 '=INDEX((A1:C6,A8:C11),2,2,2)'를 입력한 결과로 옳은 것은?

| | A | B | C | D |
|---|---|---|---|---|
| 1 | 과일 | 가격 | 개수 | |
| 2 | 사과 | 690 | 40 | |
| 3 | 바나나 | 340 | 38 | |
| 4 | 레몬 | 550 | 15 | |
| 5 | 오렌지 | 250 | 25 | |
| 6 | 배 | 590 | 40 | |
| 7 | | | | |
| 8 | 아몬드 | 2800 | 10 | |
| 9 | 캐슈넛 | 3550 | 16 | |
| 10 | 땅콩 | 1250 | 20 | |
| 11 | 호두 | 1750 | 12 | |
| 12 | | | | |
| 13 | =INDEX((A1:C | | | |
| 14 | | | | |

① 690

② 340

③ 2800

❹ 3550 (○)

→ • =INDEX(범위,행 번호,열 번호,참조 영역 번호) 함수는 '범위'에서 (행,열)의 값을 표시함
   • =INDEX((A1:C6,A8:C11),2,2,2)는 '범위'가 '(A1:C6,A8:C11)'인데, '참조 영역 번호'가 '2'이므로 두 번째 범위인 [A8:C11] 영역을 선택함. 그리고 2행 2열의 값을 표시하므로 [A8:C11] 영역에서 2행 2열의 값인 '3550'이 표시됨

# 37

➦ 노른자 086, 090~091

다음 중 수식의 결과가 옳지 않은 것은?

① =FIXED(3456,789,1,FALSE) → 3,456.8 (○)

→ FIXED(숫자,자릿수,옵션)은 숫자를 반올림하여 지정한 자릿수까지 텍스트로 표시하는 함수로, '옵션'이 FALSE이거나 생략되면 텍스트에 쉼표가 포함됨. 따라서 '3456.789'를 소수점 이하 첫째 자리까지 표시되도록 반올림하면 결과값은 '3,456.8'

② =EOMONTH(DATE(2015,2,25),1) → 2015-03-31 (○)

→ ❶ DATE(년,월,일)은 세 개의 인자를 받아 날짜로 표시하는 함수로, '2015년 2월 25일'이 됨
   ❷ EOMONTH(시작일,개월 수)는 시작일로부터 특정한 개월 수 이후의 마지막 날을 반환하는 함수로, 2015년 2월 25일에서 1개월 이후 달의 마지막 날짜인 '2015-03-31'이 표시됨

③ =CHOOSE(ROW(A3:A6),"동","서","남",2015) → 남 (○)

→ ❶ ROW(셀 주소)는 셀의 행 번호를 나타내는 함수로, 'ROW(A3:A6)'처럼 범위를 지정하면 범위의 첫 번째 셀인 [A3] 셀의 행 번호인 '3'이 반환됨
   ❷ ❶의 결과값을 대입하면 'CHOOSE(3,"동","서","남",2015)'가 되므로 '동', '서', '남', '2015' 중에서 세 번째에 있는 값인 '남'이 표시됨

❹ =REPLACE("February",SEARCH("U","Seoul-Unesco"),5,"") → Febru (×)

→ ❶ SEARCH(찾을 문자,문자열,시작 위치)는 '시작 위치'부터 '찾을 문자'를 문자열에서 찾아 위치를 표시하는 함수로, 영문자의 대·소문자를 구분하지 않음. 따라서 'Seoul-Unesco'에서 'U'를 찾아 위치를 표시하면 결과값은 '4'
   ❷ ❶의 결과값을 대입하면 'REPLACE("February",4,5,"")'가 되므로 'February'에서 네 번째 글자부터 다섯 글자를 빈칸으로 변경하면 결과값은 'Feb '

# 38

➦ 노른자 083

다음 중 3차원 참조에 대한 설명으로 옳지 않은 것은?

① 여러 워크시트에 있는 동일한 셀 데이터나 셀 범위 데이터에 대한 참조를 뜻한다.

② 'Sheet2'부터 'Sheet4'까지의 [A2] 셀을 모두 더하라는 식을 '=SUM(Sheet2:Sheet4!A2)'와 같이 3차원 참조로 표현할 수 있다.

③ SUM, AVERAGE, COUNTA, STDEV 등의 함수를 사용할 수 있다.

❹ 배열 수식에 3차원 참조를 사용할 수 있다. (×)
→ 배열 수식에는 3차원 참조를 사용할 수 없음

# 39
➡ 노른자 068

**다음 중 워크시트 사용에 관한 설명으로 옳지 않은 것은?**

① 현재 워크시트의 앞이나 뒤의 시트를 선택할 때는 Ctrl+PageUp과 Ctrl+PageDown을 이용한다.

② 현재 워크시트의 왼쪽에 새로운 시트를 삽입할 때는 Shift+F11을 누른다.

③ 연속된 여러 개의 시트를 선택할 때는 첫 번째 시트를 선택하고 Shift를 누른 채 마지막 시트의 시트 탭을 클릭한다.

❹ 그룹으로 묶은 시트에서 복사하거나 잘라낸 모든 데이터는 다른 한 개의 시트에 붙여넣을 수 있다. (×)
→ 그룹으로 묶은 시트에서 복사하거나 잘라낸 모든 데이터를 다른 한 개의 시트에 붙여넣을 경우에는 '서로 겹칩니다.'라는 오류가 발생함

# 40
➡ 노른자 117

**다음 중 워크시트의 인쇄 영역 설정에 대한 설명으로 옳지 않은 것은?**

① 인쇄 영역을 정의한 후 워크시트를 인쇄하면 해당 인쇄 영역만 인쇄된다.

❷ 사용자가 설정한 인쇄 영역은 엑셀을 종료하면 인쇄 영역 설정이 자동으로 해제된다. (×)
→ 사용자가 설정한 인쇄 영역은 통합 문서를 저장할 때 함께 저장되므로 인쇄 영역은 계속 유지됨

③ 필요한 경우 기존 인쇄 영역에 다른 영역을 추가하여 인쇄 영역을 확대할 수 있다.

④ 인쇄 영역으로 여러 영역이 설정된 경우 설정한 순서대로 각기 다른 페이지에 인쇄된다.

---

**3과목   데이터베이스 일반**

# 41
➡ 노른자 129~130

**다음 중 관계형 데이터베이스에 대한 설명으로 옳지 않은 것은?**

① 개념적으로 개체와 관계로 구성된다.

❷ 개체의 특성이나 상태를 기술해 주는 것을 개체 인스턴스(Instance)라고 한다. (×)
→ 개체의 특성이나 상태를 기술해 주는 것은 '속성(Attribute)'임. 개체 인스턴스(Instance)는 테이블에서 행에 해당하는 데이터, 즉 실제 데이터가 들어가 있는 상태를 말함

③ 개체와 관계를 도식으로 표현한 것을 ER 다이어그램이라 한다.

④ 관계는 개체 관계와 속성 관계로 나누어볼 수 있다.

# 42
➡ 노른자 146

**다음 중 데이터 조작어(DML ; Data Manipulation Language)에 대한 설명으로 옳지 않은 것은?**

① 사용자가 응용 프로그램을 통하여 데이터베이스에 저장된 데이터를 액세스하거나 조작할 수 있도록 하는 언어이다.

② 비절차식 데이터 조작 언어는 사용자가 어떠한 데이터가 필요한지를 명시할 뿐, 어떻게 구하는지는 명시할 필요가 없다.

③ 비절차식 데이터 조작 언어는 절차식 데이터 조작 언어보다 배우기 쉽고 사용하기 쉽지만 코드의 효율성은 떨어진다.

❹ SELECT, UPDATE, CREATE, DELETE문이 해당된다. (×)
→ • 데이터 정의어(DDL): 스키마를 정의하거나 수정, 삭제하기 위해 사용하는 언어로, CREATE, ALTER, DROP 등의 명령어가 있음
• 데이터 조작어(DML): 데이터의 삽입, 삭제, 수정, 검색 등의 처리를 요구하기 위한 언어로, INSERT, DELETE, UPDATE, SELECT 등의 명령어가 있음
• 데이터 제어어(DCL): 내부적으로 필요한 규칙이나 기법을 정의하기 위해 사용하는 언어로, COMMIT, ROLLBACK, GRANT, REVOKE 등의 명령어가 있음

## 43

➡ 노른자 152

다음 중 쿼리 실행 시 값이나 패턴을 묻는 메시지를 표시한 후 사용자에게 조건값을 입력받아 사용하는 쿼리는?

① 선택 쿼리 (×)
→ 기본적인 단순 쿼리로 하나 이상의 테이블이나 기존 쿼리 또는 이 두 가지의 조합에서 특정 질문에 대답하는 데 사용할 수 있는 쿼리

② 요약 쿼리 (×)
→ 집계 함수(SUM, AVG, COUNT, MAX, MIN 함수 등)를 이용하여 그룹별로 계산하기 위한 쿼리

❸ 매개변수 쿼리

④ 크로스탭 쿼리 (×)
→ 엑셀의 피벗 테이블과 유사하며, 테이블의 특정 필드의 요약값(합계, 개수, 평균 등)을 표시함. 해당 값들을 그룹별로 묶은 집합은 데이터시트의 왼쪽에, 또 하나의 집합은 데이터시트의 위쪽에 나열함

## 44

➡ 노른자 164

다음 중 [우편물 레이블 마법사]를 이용한 보고서 작성에 대한 설명으로 옳지 <u>않은</u> 것은?

① 마법사로 완성된 보고서의 [인쇄 미리 보기] 상태에서는 [페이지 설정] 대화상자를 사용하여 레이블 사이의 간격이나 여백을 변경할 수 있다.

② 마법사의 각 단계에서 레이블 크기, 텍스트 모양, 사용 가능한 필드, 정렬 기준 등을 지정할 수 있다.

③ 마법사의 마지막 단계에서 '인쇄될 우편물 레이블 미리 보기'를 선택한 경우 완성된 보고서가 [인쇄 미리 보기] 상태로 표시된다.

❹ 마법사에서 사용 가능한 필드 지정 시 우편물 레이블에 추가 가능한 필드의 개수는 최대 다섯 개이다. (×)
→ 우편물 레이블 마법사는 우편 발송을 위해 편지봉투에 붙일 주소 레이블을 작성하는 보고서로, 우편물 레이블에 추가 가능한 필드의 개수는 최대 열 개임

## 45

➡ 노른자 167

다음 중 보고서의 [그룹, 정렬 및 요약] 창을 이용한 정렬 및 그룹 설정에 대한 설명으로 옳지 <u>않은</u> 것은?

① 보고서의 그룹 수준 및 정렬 수준은 최대 열 개까지 정의할 수 있다.

❷ 그룹 수준을 삭제하는 경우 그룹 머리글 또는 그룹 바닥글 구역에 삽입되어 있는 모든 컨트롤들은 자동으로 본문 구역으로 이동된다. (×)
→ 그룹 수준을 삭제하는 경우 그룹 머리글 구역이나 그룹 바닥글 구역에 삽입되어 있는 모든 컨트롤은 함께 삭제됨

③ '전체 그룹을 같은 페이지에 표시' 옵션을 선택한 경우 페이지의 나머지 공간에 그룹을 표시할 수 없는 경우 빈 공간으로 두고 대신 다음 페이지에서 그룹이 시작된다.

④ 그룹 간격 옵션은 레코드가 그룹화되는 방식을 결정하는 설정이며, 텍스트 필드인 경우 '전체 값', '첫 문자', '처음 두 문자', '사용자 지정 문자'를 기준으로 그룹화할 수 있다.

## 46

➡ 노른자 166

다음 중 보고서의 각 구역에 대한 설명으로 옳지 <u>않은</u> 것은?

① '페이지 머리글'은 인쇄 시 모든 페이지의 맨 위에 출력되며, 모든 페이지에 특정 내용을 반복하려는 경우 사용한다.

❷ '보고서 머리글'은 보고서의 맨 앞에 한 번 출력되며, 함수를 이용한 집계 정보를 표시할 수 없다. (×)
→ 보고서 머리글은 보고서의 맨 앞에 한 번 출력됨. 로고, 보고서 제목, 작성 날짜 등을 요약하여 주로 표시하고, 함수를 이용한 집계 정보를 표시할 수 있음

③ '그룹 머리글'은 각 새 레코드 그룹의 맨 앞에 출력되며, 그룹 이름이나 그룹별 계산 결과를 표시할 때 사용한다.

④ '본문'은 레코드 원본의 모든 행에 대해 한 번씩 출력되며, 보고서의 본문을 구성하는 컨트롤이 추가된다.

## 47

↪노른자 151

다음 중 아래와 같은 필드로 구성된 [SERVICE] 테이블에서 실행 가능한 쿼리로 적절하지 않은 것은?

| 필드 이름 | 데이터 형식 |
|---|---|
| 등급 | 짧은 텍스트 |
| 비용 | 숫자 |
| ⚷ 번호 | 숫자 |

❶ INSERT INTO SERVICE (등급, 비용) VALUES ('C', 7000); (×)

→ [SERVICE] 테이블에서 '번호'가 기본 키로 설정되어 있어서 '번호' 필드에는 반드시 값을 입력해야 하므로 오류가 발생함

② UPDATE SERVICE SET 등급 = 'C' WHERE 등급 = 'D'; (○)

→ [SERVICE] 테이블에서 등급이 'D'인 데이터의 등급을 'C'로 수정

③ INSERT INTO SERVICE (등급, 비용, 번호) VALUES ('A', 10000, 10); (○)

→ [SERVICE] 테이블의 '등급', '비용', '번호' 필드에 'A', '10000', '10'의 내용으로 삽입

④ UPDATE SERVICE SET 비용 = 비용＊1.1; (○)

→ [SERVICE] 테이블에서 비용을 '비용×1.1'로 수정

## 48

↪노른자 147

다음 중 [도서] 테이블에서 정가 필드의 값이 10000 이상이면서 20000 이하인 도서를 검색하기 위한 SQL문으로 옳은 것은?

① SELECT ＊ FROM 도서 WHERE 정가 IN (10000, 20000)

② SELECT ＊ FROM 도서 WHERE 정가〉10000 OR 정가〈20000

③ SELECT ＊ FROM 도서 WHERE 10000〈＝정가〈＝20000

❹ SELECT ＊ FROM 도서 WHERE 정가 BETWEEN 10000 AND 20000 (○)

→ [도서] 테이블에서 '정가' 필드의 값이 10000 이상이면서 20000 이하의 도서를 검색하기 위한 SELECT문의 WHERE절은 '정가 BETWEEN 10000 AND 20000' 또는 '정가〉＝10000 AND 정가〈＝20000'

## 49

↪노른자 147

다음 중 [사원] 테이블에서 주소가 '서울'인 사원의 이름과 부서를 입사연도가 오래된 사원부터 최근인 사원의 순서로 검색하기 위한 SQL문으로 옳은 것은?

① SELECT 이름, 부서 FROM 사원 ORDER BY 주소='서울' ASC WHERE 입사연도;

② SELECT 이름, 부서 FROM 사원 ORDER BY 입사연도 DESC WHERE 주소='서울';

③ SELECT 이름, 부서 FROM 사원 WHERE 입사연도 ORDER BY 주소='서울' DESC;

❹ SELECT 이름, 부서 FROM 사원 WHERE 주소='서울'
❶    ❷    ❸
ORDER BY 입사연도 ASC; (○)
❹

→ 검색 명령어의 형식은 'SELECT 필드 FROM 테이블 WHERE 조건'임
❶ 이름과 부서 검색
❷ [사원] 테이블에서 검색
❸ 주소가 '서울'인 레코드 검색. WHERE절의 형식은 'WHERE 주소='서울'임
❹ ORDER BY는 정렬하기 위한 명령어. 입사연도가 오래된 사원부터 정렬하므로 오름차순 정렬해야 함. 'ORDER BY 입사연도 ASC'와 같이 검색함

> • ORDER BY [필드명] DESC;: 해당 필드에 있는 레코드들을 내림차순 정렬
> • ORDER BY [필드명] ASC;: 해당 필드에 있는 레코드들을 오름차순 정렬

## 50

↪노른자 175

다음 중 인덱싱된 테이블 형식 Recordset 개체에서 현재 인덱스에 지정한 조건에 맞는 레코드를 검색하여 현재 레코드로 설정하는 Recordset 객체의 메서드는?

❶ Seek (○)

→ Recordset 개체에서 인덱스를 이용하여 레코드를 검색하는 메서드로, Find 메서드보다 빠름. 인덱스에서 검색하려면 Seek 메서드를 사용해야 함

② Move

③ Find (×)

→ 인덱스가 없으면 Find 메서드를 사용해야 함. 만약 인덱스가 없는데 Seek 메서드를 사용하면 오류가 발생함

④ Search

## 51

⤷노른자 172

다음 중 모듈에 대한 설명으로 적절하지 않은 것은?

① 모듈은 표준 모듈과 클래스 모듈로 구분된다.

❷ 사용자 정의 개체를 만들 때는 표준 모듈만 사용한다. (×)
→ 모듈은 여러 개의 프로시저로 구성할 수 있고, 사용자 정의 개체를 만들 때는 클래스 모듈을 사용함. 클래스 모듈은 새로운 개체를 정의하기 위한 모듈임

③ 선언부에서는 변수, 상수, 외부 프로시저 등을 정의한다.

④ 폼의 이벤트 프로시저로 작성된 모듈은 폼과 함께 저장된다.

## 52

⤷노른자 135, 141

다음 중 Access의 기본 키에 대한 설명으로 옳지 않은 것은?

① 기본 키는 테이블의 [디자인 보기] 상태에서 설정할 수 있다.

② 기본 키로 설정된 필드에는 널(Null) 값이 허용되지 않는다.

③ 기본 키로 설정된 필드에는 항상 고유한 값이 입력되도록 자동으로 확인된다.

❹ 관계가 설정되어 있는 테이블의 기본 키를 해제하면 해당 테이블의 관계도 삭제된다. (×)
→ 관계가 설정된 테이블의 기본 키는 해제할 수 없으며, 기본 키 설정을 해제하려면 먼저 관계를 해제(삭제)해야 함

## 53

⤷노른자 157

다음 중 기본 폼과 하위 폼을 연결하기 위한 기본 조건에 대한 설명으로 옳지 않은 것은?

① 기본 필드와 하위 필드의 데이터 형식과 필드의 크기는 같거나 호환되어야 한다.

❷ 중첩된 하위 폼은 최대 두 개 수준까지 만들 수 있다. (×)
→ 하위 폼의 개수는 제한이 없고, 최대 일곱 개 수준까지 중첩할 수 있음. 하위 폼은 기본 폼 안에 있는 폼을 말하는 것으로, 테이블이나 쿼리의 필드 또는 이미 만들어져 있는 폼을 이용해 작성할 수 있음

③ 테이블 간에 관계가 설정되어 있지 않은 경우에도 하위 폼으로 연결할 수 있다.

④ 하위 폼의 '기본 필드 연결' 속성은 기본 폼을 하위 폼에 연결해 주는 기본 폼의 필드를 지정하는 속성이다.

## 54

⤷노른자 141

다음 중 Access에서 테이블의 관계 설정에 대한 설명으로 옳지 않은 것은?

① [관계] 문서 탭에서 해당 관계에 대해 참조 무결성, 조인 유형 등을 설정할 수 있다.

② A 테이블과 A 테이블의 기본 키를 외래 키로 사용하는 B 테이블 간에 관계를 설정하는 경우 관계 종류는 '일대다 관계'로 자동 지정된다.

❸ 이미 [디자인 보기] 상태로 열려있는 테이블에 대한 관계 설정 시 해당 테이블은 자동 저장되어 닫힌다. (×)
→ 열려있는 테이블에 대한 관계 설정 시 오류가 발생하므로 관계 설정 시 열려있는 테이블은 닫고 진행해야 함

④ 테이블 관계를 제거하려면 관계선을 클릭하여 더 굵게 표시된 상태에서 Delete를 누른다.

## 55

⤷노른자 136

다음 중 특정 필드의 입력 마스크를 'LA09#'으로 설정하였을 때 입력 가능한 데이터로 옳은 것은?

① 12345

❷ A상345 (○)

| L | A | 0 | 9 | # |
|---|---|---|---|---|
| 영문자, 한글 필수 입력 | 영문자, 한글, 숫자 필수 입력 | 숫자 필수 입력 | 숫자 선택 입력 (공백 가능) | 숫자, +, − 선택 입력 (공백 가능) |
| A | 상 | 3 | 4 | 5 |

| 지정 기호 | 입력 여부 | 설명 |
|---|---|---|
| 0 | 필수 | 0~9까지의 숫자만 입력 |
| 9 | 선택 | 0~9까지의 숫자나 공백 입력 |
| # | 선택 | 0~9까지의 숫자나 공백 입력, 덧셈과 뺄셈 기호 가능 |
| L | 필수 | A~Z의 영문자, 한글 입력 |
| ? | 선택 | |
| A | 필수 | 영문자와 숫자, 한글 입력 |
| a | 선택 | |

▲ 입력 마스크의 사용자 지정 기호

③ A123A

④ A1BCD

## 56

↪ 노른자 154, 161

다음 중 폼 작성에 관한 설명으로 옳지 않은 것은?

① 여러 개의 컨트롤을 선택하여 자동 정렬할 수 있다.

❷ 컨트롤의 탭 순서는 자동으로 화면 위에서 아래로 지정된다. (×)
→ 탭 순서는 기본적으로 폼에 컨트롤을 삽입한 순서대로 지정됨. [자동 순서] 단추를 사용하여 컨트롤이 삽입된 위치를 기준으로 위쪽에서 아래쪽으로, 왼쪽에서 오른쪽으로 탭 순서를 설정할 수 있음

③ 사각형, 선 등의 도형 컨트롤을 삽입할 수 있다.

④ 컨트롤 마법사를 사용하여 폼을 닫는 매크로를 실행시키는 단추를 만들 수 있다.

## 57

↪ 노른자 158

다음 중 폼이나 보고서에서 사용되는 컨트롤에 대한 설명으로 옳지 않은 것은?

① '페이지 번호' 컨트롤을 추가하는 경우 페이지 번호식을 포함한 '텍스트 상자' 컨트롤이 삽입된다.

② '목록 상자' 컨트롤은 바운드 또는 언바운드 컨트롤로 사용할 수 있다.

③ '로고' 컨트롤을 추가하는 경우 머리글 구역에 '이미지' 컨트롤이 삽입된다.

❹ 'Yes/No' 필드를 추가하는 경우 기본적으로 '토글 단추' 컨트롤이 삽입된다. (×)
→ 'Yes/No' 필드를 추가하는 경우 기본적으로 '확인란' 컨트롤이 삽입됨

## 58

↪ 노른자 137

다음 중 [학생] 테이블의 '성적' 필드에 성적을 입력하는 경우 0에서 100 사이의 숫자만 입력 가능하도록 설정하기 위한 필드 속성은?

① 필드 크기

② 필수

❸ 유효성 검사 규칙 (○)
→ 필드에 입력할 데이터의 종류나 범위를 지정하여 입력 데이터를 제한할 때 사용함

④ 기본값 (×)
→ 레코드가 추가될 때 컨트롤에 기본적으로 입력될 값을 설정함

## 59

↪ 노른자 153~157

다음 중 폼에 대한 설명으로 옳지 않은 것은?

① 분할 표시 폼을 이용하여 동일한 테이블에 대한 전체 목록과 각 레코드에 대한 단일 폼을 함께 보여줄 수 있다.

② [레이아웃 보기] 상태에서는 [필드 목록] 창을 이용하여 원본으로 사용하는 테이블이나 쿼리의 필드를 추가할 수 있다.

③ 일반적으로 기본 폼과 하위 폼은 일대다 관계이다.

❹ [폼 보기] 상태에서는 [컨트롤] 그룹의 '로고', '제목', '날짜 및 시간' 등의 제한적 컨트롤만 사용 가능하다. (×)
→ [레이아웃 보기] 상태에서는 [컨트롤] 그룹의 '로고', '제목', '날짜 및 시간' 등의 제한적 컨트롤만 사용할 수 있고, [폼 보기] 상태에서는 데이터의 입력, 삭제, 수정 등이 가능함

## 60

↪ 노른자 158

다음 중 보고서에서 '텍스트 상자' 컨트롤의 속성 설정에 대한 설명으로 옳지 않은 것은?

① '상태 표시줄 텍스트' 속성은 컨트롤을 선택했을 때 상태 표시줄에 표시할 메시지를 설정한다.

❷ '컨트롤 원본' 속성에서 함수나 수식 사용 시 문자는 작은따옴표('), 필드명이나 컨트롤 이름은 큰따옴표(")를 사용하여 구분한다. (×)
→ '컨트롤 원본' 속성에서 함수나 수식은 큰따옴표(" ")를 사용하고, 필드명은 대괄호([ ])를 사용하여 묶어줌

③ '사용 가능' 속성은 컨트롤에 포커스를 이동시킬 수 있는지의 여부를 설정한다.

④ '중복 내용 숨기기' 속성은 데이터가 이전 레코드와 같을 때 컨트롤을 숨길지의 여부를 설정한다.

# 답만 보는 제10회 기출문제

반복이 답이다!
합격 로딩 중 ☑☐☐☐☐

※ 수정 으로 표시된 문제는 개정 출제기준에 맞추어 수정한 문제입니다.

## 1과목 컴퓨터 일반

### 01
↗ 노른자 028

다음 중 컴퓨터에서 사용하는 유니코드(Unicode)에 관한 설명으로 옳은 것은?

❶ 국제 표준으로, 16비트의 만국 공통의 국제 문자 부호 체제이다.

② 6비트로 구성되어 있으며, 대·소문자를 구별할 수 없다. (×)
→ BCD(Binary-Coded Decimal) 코드에 대한 설명

③ 미국 표준국에서 통신을 위해 최근에 개발된 7비트 문자 부호 체제이다. (×)
→ ASCII(American Standard Code Information Interchange) 코드에 대한 설명

④ 대형 컴퓨터에서 주로 사용하며, BCD 코드에서 확장된 8비트 체제이다. (×)
→ EBCDIC(Extended Binary Coded Decimal Interchange Code) 코드에 대한 설명

### 02
↗ 노른자 035

다음 중 USB 규격의 버전별 최대 데이터 전송 속도로 옳지 않은 것은?

① USB 1.1: 12Mbps

② USB 2.0: 480Mbps

❸ USB 3.0: 1Gbps (×)
→ USB 3.0의 최대 데이터 전송 속도는 5Gbps임

④ USB 3.1: 10Gbps

### 03
↗ 노른자 036

다음 중 컴퓨터에서 사용하는 모니터에 관한 설명으로 옳지 않은 것은?

① 모니터 해상도는 픽셀(Pixel) 수에 따라 결정된다.

❷ 모니터 크기는 화면의 가로와 세로 길이를 더한 값이다. (×)
→ 모니터 크기는 화면의 '대각선 길이'를 표시한 것임

③ 재생률(Refresh Rate)이 높을수록 모니터의 깜박임이 줄어든다.

④ 플리커 프리(Flicker Free)가 적용된 모니터의 경우 눈의 피로를 줄일 수 있다.

### 04
↗ 노른자 032

다음 중 컴퓨터 주기억장치로 사용되는 SRAM과 DRAM에 관한 설명으로 옳지 않은 것은?

❶ SRAM은 주로 콘덴서로 구성되며, 재충전이 필요하다. (×)
→ DRAM에 대한 설명. SRAM은 재충전이 필요 없고, 플립플롭으로 구성되어 있으며, 주로 캐시 메모리에 사용됨

② SRAM은 DRAM보다 전력 소모가 많으나, 접근 속도가 빠르다.

③ DRAM은 SRAM보다 집적도가 높아 일반적인 주기억장치로 사용된다.

④ SRAM은 전원이 공급되는 동안에는 기억 내용이 유지된다.

### 05 수정
↗ 노른자 010

다음 중 Windows 10의 [작업 관리자]에서 실행 가능한 작업으로 옳지 않은 것은?

❶ 네트워크에 연결되어 있는 경우 네트워크의 작동 상태를 확인하고 수정할 수 있다. (×)
→ 네트워크의 작동 상태는 [시작]( ▦ )-[설정]-[네트워크 및 인터넷]에서 수정할 수 있음. Ctrl + Shift + Esc 를 눌러 [작업 관리자] 창을 열면 [프로세스] 탭, [성능] 탭, [앱 기록] 탭, [시작프로그램] 탭, [사용자] 탭, [세부 정보] 탭, [서비스] 탭으로 구성되어 있음

② 실행 중인 앱이나 프로세스에 대한 정보를 확인할 수 있다.

③ 둘 이상의 사용자가 컴퓨터에 연결되어 있는 경우 연결된 사용자 및 작업 상황을 확인하고 사용자에게 메시지를 보낼 수 있다.

④ 컴퓨터에서 사용되고 있는 메모리 및 CPU 리소스의 양에 대한 자세한 정보를 볼 수 있다.

## 06

↱ 노른자 034

**다음 중 컴퓨터에서 사용하는 기억장치에 관한 설명으로 옳지 않은 것은?**

① 플래시(Flash) 메모리는 비휘발성 기억장치로, 주로 디지털카메라나 MP3, 개인용 정보 단말기, USB 드라이브 등 휴대용 기기에서 대용량 정보를 저장하는 용도로 사용된다.

② 하드디스크 인터페이스 방식은 EIDE, SATA, SCSI 방식 등이 있다.

③ 캐시(Cache) 메모리는 CPU와 주기억장치 사이에 위치하여 두 장치 간의 속도 차이를 줄여서 컴퓨터의 처리 속도를 빠르게 하기 위한 메모리이다.

❹ 연관(Associative) 메모리는 보조기억장치를 마치 주기억장치와 같이 사용하여 실제 주기억장치 용량보다 기억 용량을 확대하여 사용하는 방법이다. (×)
  → 가상 메모리에 대한 설명. 연관 메모리는 기억장치에서 자료를 찾을 때 주소에 의해 접근하지 않고, 기억된 내용의 일부를 이용하여 접근하는 방식을 이용함

## 07

**다음 중 Windows 7의 고급 부팅 옵션 화면에서 '시스템 복구'를 선택한 경우 표시되는 [시스템 복구 옵션] 대화상자의 복구 도구에 대한 설명으로 옳지 않은 것은?**

① '시동 복구' 도구는 시스템 파일 누락이나 손상과 같은 특정 문제만 해결할 수 있다.

❷ '시스템 복원 ~~개정 출제기준 제외 문제~~ 자용자 데이터와 프로그램을 포함하는 시스템 이미지를 사전에 만든 후에 이를 복원한다.'

③ 'Windows 메모리 진단' 도구는 컴퓨터의 메모리 하드웨어 오류가 있는지 확인한다.

④ '명령 프롬프트' 도구는 복구 관련 작업을 수행할 수 있으며, 문제 진단 및 해결을 위해 다른 명령줄 도구를 실행할 수도 있다.

## 08

**다음 중 Windows 7에서 홈 그룹 설정에 대한 설명으로 옳지 않은 것은?**

① 홈 그룹은 홈 네트워크에서만 사용할 수 있다.

② 홈 그룹에 참여하면 Guest 계정을 제외한 내 컴퓨터의 모든 계정이 홈 그룹의 구성원이 ~~개정 출제기준 제외 문제~~

❸ 모든 사람이 ~~개정 출제기준 제외 문제~~ 홈 그룹은 존재한다.

④ 자동으로 공유되지 않는 파일과 폴더는 공유 대상 메뉴를 사용하여 개별 파일과 폴더를 선택하고 다른 사용자와 공유할 수 있다.

## 09

↱ 노른자 017

**다음 중 컴퓨터 변경 내용에 대한 알림 조건을 선택할 수 있는 사용자 계정 컨트롤(UAC) 설정에 대한 설명으로 옳지 않은 것은?**

① 유해한 앱이나 불법 사용자가 컴퓨터 설정을 임의로 변경하지 못하도록 제어하는 기능이다.

❷ 표준 사용자 계정에서는 [사용자 계정 컨트롤 설정] 창에서 관리자 계정의 암호를 입력해야 UAC의 알림 빈도를 제어할 수 있다. (×)
  → Guest 계정에서는 [사용자 계정 컨트롤 설정] 창이 표시되지 않고, Guest 계정은 암호가 없음. UAC(User Account Control)의 알림 빈도는 관리자 계정에서만 제어할 수 있음

③ UAC를 '항상 알림'으로 설정하는 것이 가장 안전한 설정이며, 프로그램에서 관리자 수준 권한이 필요한 컴퓨터 변경 작업을 수행하거나 사용자가 직접 Windows 설정을 변경할 때 알림이 표시된다.

④ UAC를 기본값으로 설정하는 경우 프로그램에서 사용자 모르게 컴퓨터를 변경하려는 경우에만 알림이 표시되며, 사용자가 직접 Windows 설정을 변경하는 경우에는 알림이 표시되지 않는다.

## 10

**다음 중 CMOS와 BIOS에 대한 설명으로 옳지 않은 것은?**

① 일반적으로 부팅 시 Delete 또는 F2 등을 눌러 CMOS 셋업 프로그램을 실행할 수 있다.

② BIOS는 POST, 시스템 초기화, 시스템 부트 등을 수행하는 제어 프로그램이다.

❸ BIOS는 CMOS에 저장되어 있다. (×)
→ BIOS(Basic Input Output System)는 기본 입·출력장치나 메모리 등 하드웨어 작동에 필요한 명령을 모아놓은 프로그램으로, ROM에 저장되어 있음

④ CMOS는 부팅 시에 필요한 하드웨어 정보를 담고 있는 반도체이다.

## 11

**다음 중 게시판 입력, 상품 검색, 회원 가입 등과 같은 데이터베이스 처리 작업을 수행하기 위해 사용하며, 웹 서버에서 작동하는 스크립트 언어들로만 모아놓은 것은?**

① HTML, XML, SGML (×)
→ HTML, XML, SGML은 클라이언트 사이드 스크립트 언어임

② Java, Java Applet, Java Script (×)
→ Java Script는 클라이언트 사이드 스크립트 언어임

③ Java Script, VB Script (×)
→ VB Script는 클라이언트 사이드 스크립트 언어임

❹ ASP, JSP, PHP (○)
→ ASP, JSP, PHP는 웹 서버에서 작동하는 서버 사이드 스크립트 언어임

## 12

**다음 중 아래의 설명에 해당하는 Windows의 제공 기능은?**

· 데이터와 데이터를 연결하여 원본 데이터를 수정할 때 연결된 데이터도 함께 수정되도록 지원하는 기능이다.
· 이 기능을 지원하는 그래픽 프로그램에서 그린 그림을 문서 편집기에 연결한 경우 그래픽 프로그램에서 그림을 수정하면 문서 편집기의 그림도 같이 변경된다.

① 선점형 멀티태스크(Preemptive Multitasking) (×)
→ 응용 프로그램 실행 중 문제가 발생하면 해당 프로그램을 강제 종료시키고, 모든 시스템의 자원을 반환하는 운영 방식

② GUI(Graphic User Interface) (×)
→ 그래픽 사용자 인터페이스

③ PnP(Plug & Play) (×)
→ 하드웨어를 연결했을 때 해당 하드웨어를 사용하는 데 필요한 시스템 환경을 운영체제가 자동으로 구성해 주는 기능

❹ OLE(Object Linking and Embedding)

## 13

**다음 중 인터넷에서 사용하는 IPv6에 관한 설명으로 옳지 않은 것은?**

① IPv4와의 호환성이 우수하다.

❷ 128비트의 주소를 사용하며, 주소의 각 부분은 .(Period)로 구분한다. (×)
→ 주소의 각 부분은 콜론(:)으로, IPv4는 .(Period)로 구분함

③ 실시간 흐름 제어로 향상된 멀티미디어 기능을 지원한다.

④ 인증성, 기밀성, 데이터 무결성의 지원으로 보안 문제를 해결할 수 있다.

## 14

**다음 중 디지털 데이터 신호를 변조하지 않고 원래의 신호를 그대로 직접 전송하는 방식으로, LAN과 같은 근거리 통신망에 사용되는 것은?**

① 단방향 전송 (×)
→ 단방향 전송(Simplex Transmission)은 한쪽에서는 송신만, 다른 쪽에서는 수신만 하는 방식으로, 항상 한 방향으로만 데이터를 전송함. 라디오와 TV가 대표적인 단방향 전송 방식임

② 반이중 전송 (×)
→ · 반이중 전송(Half-duplex Transmission)은 데이터를 양쪽 방향으로 전송할 수 있지만, 동시에 전송은 불가능함. 무전기와 팩스가 대표적인 반이중 전송 방식임
· 전이중 전송(Full-duplex Transmission)은 데이터를 동시에 양방향으로 전송할 수 있는 방식으로, 전화기가 대표적인 전이중 전송 방식임

❸ 베이스밴드 전송

④ 브로드밴드 전송 (×)
→ 브로드밴드 전송(Broadband Transmission)은 디지털 신호를 아날로그 신호로 변조하여 전송하는 방식

**220**   답만 보는 정기시험 기출문제

## 15

➡ 노른자 052

다음 중 네트워크와 관련하여 Ping 서비스에 대한 설명으로 옳은 것은?

① 인터넷의 기원, 구성, 사용 가능한 인터넷 서비스 등 기초적인 정보를 제공하는 서비스이다.

② 웹 브라우저와 웹 서버 사이의 정보 전달을 위한 인터페이스를 제공해 주는 서비스이다.

③ DNS가 가지고 있는 특정 도메인의 IP 주소를 검색해 주는 서비스이다. (×)
→ nslookup에 대한 설명

❹ 지정된 호스트에 대해 네트워크층의 통신이 가능한지의 여부를 확인하는 서비스이다. (○)
→ ping 명령은 원격 컴퓨터가 현재 네트워크에 연결되어 정상적으로 작동하고 있는지 알아보는 서비스

## 16

➡ 노른자 048

다음 중 음성 또는 영상의 아날로그 신호를 디지털 신호로 변환하거나 그 반대로 디지털 신호를 아날로그 신호로 변환하는 장치는?

① 허브(HUB) (×)
→ 여러 대의 컴퓨터를 하나의 네트워크로 연결해 주는 장치

② 디지털 서비스 유니트(DSU) (×)
→ 디지털 신호가 디지털 전송로로 전송되기에 적합하도록 변환해 주는 장치로, 단극성(Unipolar) 신호를 양극성(Bipolar) 신호로 변환함

❸ 코덱(CODEC) (○)
→ 코덱(CODEC)은 '코더(Coder)'와 '디코더(Decoder)'의 합성어로, 영상과 음성 및 다양한 데이터를 디지털 신호로 압축 전송하고, 수신된 신호를 다시 복원함

④ 통신제어장치(CCU) (×)
→ 데이터 전송 회선과 컴퓨터 사이에 위치하고, 데이터 처리계인 컴퓨터가 데이터를 잘 처리할 수 있도록 통신에 대한 각종 제어 기능을 담당하는 장치

## 17

➡ 노른자 061

다음 중 인터넷의 보안을 위협하는 행위에 대한 설명으로 옳은 것은?

① 어떤 프로그램이 정상적으로 실행되는 것처럼 속임수를 사용하는 것은 Sniffing이다. (×)
→ 스니핑은 네트워크의 주변을 돌아다니는 패킷을 엿보면서 계정과 패스워드와 같은 개인 정보를 알아내는 유형의 컴퓨터 범죄 행위임

② 네트워크 주변을 지나다니는 패킷을 엿보면서 아이디와 패스워드를 알아내는 것은 Spoofing이다. (×)
→ 검증된 사람이 네트워크를 통해 데이터를 보낸 것처럼 데이터를 변조하여 접속을 시도하는 행위

❸ 크래킹의 도구로 키보드의 입력을 문서 파일로 저장하거나 주기적으로 전송하여 ID나 암호 등의 개인 정보를 빼내는 것은 Key Logger이다.

④ 특정 사이트에 오버플로를 일으켜서 시스템이 서비스를 거부하도록 만드는 것은 Trap Door이다. (×)
→ 정보 시스템의 데이터나 자원을 정당한 사용자가 적절한 대기 시간 동안 사용하는 것을 방해하는 행위인 DoS(Denial of Service, 서비스 거부)에 대한 설명. 트랩 도어(Trap Door)는 프로그래머가 편리하게 액세스하도록 시스템 설계자가 고의로 만들어 놓은 시스템의 보안 구멍으로, '백도어(Backdoor)'라고도 함

## 18

➡ 노른자 064

다음 중 컴퓨터 통신에서 사용하는 프록시(Proxy) 서버의 기능으로 옳은 것은?

❶ 방화벽 기능과 캐시 기능 (○)
→ 방화벽(Firewall)은 프록시 서버를 통해 외부와 연결한 후 허용된 사용자만 연결되도록 함. 캐시(Cache)는 액세스하는 인터넷 사이트를 저장해 두었다가 그 사이트를 다시 읽을 때 프록시 서버에서 읽어들여서 속도를 향상시킴

② 웹 서비스와 IP 주소 확인 기능

③ 팝업 차단과 방문한 웹 주소 기억 기능

④ 서버 인증과 바이러스 차단 기능

## 19

↪ 노른자 045

다음 중 **멀티미디어**에 대한 설명으로 옳지 **않은** 것은?

① 멀티미디어와 관련된 표준안은 그래픽, 오디오, 문서 등 매우 다양하다.

② 대표적인 정지 화상 표준으로는 손실, 무손실 압축 기법을 다 사용할 수 있는 JPEG과 무손실 압축 기법을 사용하는 GIF가 있다.

❸ 국제 표준 규격인 MPEG은 Windows 표준 동영상 파일 형식으로, Windows에서 별도의 하드웨어 장치 없이 재생할 수 있다. (×)
→ AVI에 대한 설명. MPEG 포맷은 동영상 데이터를 압축하여 실시간으로 재생할 수 있는 동영상 압축 기술임

④ 스트리밍이 지원되는 파일 형식은 ASF, WMV, RAM 등이 있다.

## 20

↪ 노른자 046

다음 중 멀티미디어 그래픽과 관련하여 **이미지 표현 방식**에 관한 설명으로 옳지 **않은** 것은?

① 비트맵 방식은 이미지를 모니터 화면에 표시하는 속도가 벡터 방식에 비해 빠르다.

② 비트맵 방식은 다양한 색상을 사용하므로 사진과 같은 사실적 표현이 가능하고 여러 가지 특수 효과를 쉽게 줄 수 있다.

③ 벡터 방식은 점, 직선, 도형 정보를 사용하여 수학적인 계산에 의해 이미지를 표현한다.

❹ 벡터 방식의 대표적인 프로그램의 종류는 포토샵, 일러스트레이터, 플래시 등이 있다. (×)
→ • 벡터(Vector) 방식: 점과 점을 연결하는 직선이나 곡선으로 이미지를 매끄럽게 표현하는 출력 방식. 일러스트레이터, 코렐드로 등이 벡터 방식을 이용하는 대표적인 프로그램임
• 비트맵(Bitmap) 방식: 픽셀의 집합으로 이미지를 표현하는 출력 방식으로, 테두리가 거칠어서 사실적인 이미지 표현에 사용됨. 포토샵, 그림판, 페인트샵 등이 비트맵 방식을 이용하는 대표적인 프로그램임

---

## 21

↪ 노른자 109

다음 중 **피벗 테이블과 피벗 차트**에 대한 설명으로 옳지 **않은** 것은?

① 새 워크시트에 피벗 테이블을 생성하면 보고서 필터의 위치는 [A1] 셀에서, 행 레이블은 [A3] 셀에서 시작한다.

② 피벗 테이블과 연결된 피벗 차트가 있는 경우 피벗 테이블에서 [모두 지우기] 명령을 사용하면 피벗 테이블과 피벗 차트의 필드, 서식 및 필터가 제거된다.

❸ 하위 데이터 집합에도 필터와 정렬을 적용하여 원하는 정보만 강조할 수 있으나, 조건부 서식은 적용되지 않는다. (×)
→ 하위 데이터 집합에도 조건부 서식을 적용하여 강조할 수 있음

④ [피벗 테이블 옵션] 대화상자에서 오류값을 빈 셀로 표시하거나 빈 셀에 원하는 값을 지정하여 표시할 수도 있다.

## 22

↪ 노른자 098

다음 중 **자동 필터**에 관한 설명으로 옳지 **않은** 것은?

❶ 날짜가 입력된 열에서 요일로 필터링하려면 '날짜 필터' 목록에서 필터링 기준으로 사용할 요일을 하나 이상 선택하거나 취소한다. (×)
→ 날짜 필터인 경우 주, 달, 분기, 연도 등의 필터링을 제공하지만, 요일은 필터링을 지원하지 않음. 즉 자동 필터의 날짜 필터 목록에 요일은 없음

② 두 개 이상의 필드에 조건을 설정하는 경우 필드 간에는 AND 조건으로 결합되어 필터링된다.

③ 열 머리글에 표시되는 드롭다운 화살표에는 해당 열에서 가장 많이 나타나는 데이터 형식에 해당하는 필터 목록이 표시된다.

④ 자동 필터를 사용하면 목록 값, 서식 또는 조건 등 세 가지 유형의 필터를 만들 수 있으며, 각 셀의 범위나 표 열에 대해 한 번에 한 가지 유형의 필터만 사용할 수 있다.

## 23

노른자 103

다음 중 데이터 유효성 검사를 실행하기 위해 유효성 조건으로 설정할 수 있는 '제한 대상'에 대한 설명으로 옳지 않은 것은?

① 목록: 목록으로 정의한 항목으로 데이터 제한

② 정수: 지정된 범위를 벗어난 숫자 제한

❸ 데이터: 지정된 데이터 형식에 대한 제한 (×)

→ 데이터 유효성 검사는 셀에 잘못된 데이터가 입력되지 않게 제한하여 정확한 데이터를 입력할 수 있게 지원하는 기능임. [데이터] 탭-[데이터 도구] 그룹-[데이터 유효성 검사]를 클릭하고 [데이터 유효성] 대화상자의 [설정] 탭에서 '유효성 조건'의 '제한 대상'을 지정할 수 있는데, '데이터'는 없음

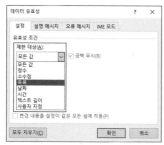

④ 사용자 지정: 수식을 사용하여 허용되는 값 제한

## 24

노른자 096

다음 중 '외부 데이터 가져오기'를 이용하여 데이터를 추출한 경우 연결된 데이터에 새로 고침을 실행하는 작업에 대한 설명으로 옳지 않은 것은?

① 통합 문서를 열 때 외부 데이터 범위를 자동으로 새로 고칠 수 있으며, 외부 데이터는 저장하지 않고 통합 문서를 저장하여 통합 문서 파일의 크기를 줄일 수도 있다.

❷ 새로 고침 옵션에서 '다른 작업하면서 새로 고침'을 선택하여 OLAP 쿼리를 백그라운드로 실행하면 쿼리가 실행되는 동안에도 Excel을 사용할 수 있다. (×)

→ OLAP 쿼리는 백그라운드로 실행할 수 없지만, 일반 쿼리는 백그라운드로 실행이 가능하여 쿼리가 실행되는 동안 엑셀을 사용할 수 있음. OLAP(On-Line Analytical Processing, 온라인 분석 프로세싱)은 사용자가 직접 데이터베이스를 검색 및 분석해서 문제점이나 해결책을 찾는 분석형 애플리케이션 개념임

③ 열려있는 통합 문서가 여러 개이면 각 통합 문서에서 '모두 새로 고침'을 클릭하여 외부 데이터를 새로 고쳐야 한다.

④ 일정한 간격으로 데이터 새로 고침을 자동 수행하도록 설정할 수 있으며, 수행 간격은 분 단위로 지정한다.

## 25

노른자 080

다음 중 서식 코드를 셀의 사용자 지정 표시 형식으로 설정한 경우 입력 데이터와 표시 결과가 옳지 않은 것은?

|   | 서식 코드 | 입력 데이터 | 표시 |
|---|---|---|---|
| ⓐ | # ???/??? | 3.75 | 3  3/4 |
| ⓑ | 0.00#, | -6789 | -0.007 |
| ⓒ | *-#,##0 | 6789 | *----6789 |
| ⓓ | ▲#;▼#;0 | -6789 | ▼6789 |

① ⓐ (○)

→ # ???/???에서 ?는 유효하지 않은 자릿수에 0 대신 공백을 표시함. 셀에 입력된 값을 분수로 표시하는데, 소수점 이상 부분은 '3'이고, 소수점 이하 부분의 0.75를 분수로 표시하면 '3/4'임

② ⓑ (○)

→ 0.00#,에서 0.00# 다음에 표시된 콤마(,)는 숫자 세 자리(천 단위) 생략을 의미함. '-6789'에서 천 단위를 생략하면 반올림되어 '-7'이 되고, '0.00#' 형식으로 표시하면 '-0.007'임

❸ ⓒ (×)

→ *-#,##0에서 *는 * 기호의 다음에 있는 특정 문자를 셀의 너비만큼 반복하여 채워 표시하는 기호로, '----6,789'임

④ ⓓ (○)

→ 사용자 지정 표시 형식은 '양수;음수;0;텍스트' 순임. ▲#;▼#;0에서 -6789는 음수이므로 ▼# 형식이 지정되어 '▼6789'임

## 26

노른자 073

다음 중 데이터 입력에 대한 설명으로 옳지 않은 것은?

① 고정 소수점이 포함된 숫자를 입력하려면 [Excel 옵션]의 '고급' 편집 옵션에서 '소수점 자동 삽입' 확인란을 선택하고 소수점 위치를 설정한다.

❷ 셀에 입력하는 글자 중 처음 몇 자가 해당 열의 기존 내용과 일치하면 나머지 글자가 자동으로 입력되며, 텍스트나 텍스트/숫자 조합, 날짜가 입력되는 경우에만 자동으로 입력된다. (×)

→ 셀 내용 자동 완성 기능은 텍스트나 텍스트/숫자 조합에만 적용되고, 날짜가 입력되는 경우에는 적용되지 않음

③ 두 개 이상의 셀을 선택하고 채우기 핸들을 끌 때 Ctrl을 누르고 있으면 자동 채우기 기능을 해제할 수 있다.

④ 시간을 12시간제로 입력하려면 '9:00 pm'과 같이 시간 뒤에 공백을 입력하고 am 또는 pm을 입력한다.

# 27

↪ 노른자 071

다음 중 아래와 같이 **통합 문서 보호**를 설정한 경우 이에 대한 설명으로 옳지 않은 것은?

① 워크시트의 이동, 삭제, 숨기기, 워크시트의 이름 변경 등의 기능을 실행할 수 없다.

❷ 삽입되어 있는 차트를 다른 워크시트로 이동시킬 수 없다. (×)
> → 통합 문서 보호를 지정한 경우 워크시트에 삽입된 차트는 다른 워크시트로 이동할 수 있음. 통합 문서 보호를 설정하면 시트 삭제, 이동, 숨기기, 이름 바꾸기, 창 이동, 창 크기 조절 등을 할 수 없도록 기능을 제한하여 통합 문서를 보호할 수 있음

③ 시나리오 요약 보고서를 만들 수 없다.

④ 피벗 테이블 보고서에서 데이터 영역의 셀에 대한 원본 데이터를 표시하거나 별도 워크시트에 필드 페이지를 표시할 수 없다.

# 28 수정

↪ 노른자 077

다음 중 **셀을 이동하거나 복사**하는 과정에 대한 설명으로 옳지 않은 것은?

① 셀을 이동하거나 복사하면 수식과 결과값, 셀 서식 및 메모를 포함한 셀 전체가 이동되거나 복사된다.

② 선택 영역의 테두리를 클릭한 채 다른 위치로 드래그하면 해당 영역이 이동된다.

③ 선택한 복사 영역에 숨겨진 행이나 열이 있는 경우 숨겨진 영역도 함께 복사된다.

❹ Ctrl + X를 이용하여 잘라내기한 경우 붙여넣기 중 '값(📋)'을 실행할 수 있다. (×)
> → '값(📋)'은 복사한 경우에는 실행할 수 있지만, 잘라내기한 경우에는 값을 붙여넣을 수 없음

# 29

↪ 노른자 126

다음 중 아래의 워크시트에서 〈보기〉의 **프로시저 실행 결과**로 옳은 것은?

| | A | B | C |
|---|---|---|---|
| 1 | 데이터1 | 데이터2 | 데이터3 |
| 2 | 사과 | 레몬 | |
| 3 | 바나나 | 배 | |
| 4 | | | 귤 |
| 5 | | 배 | |
| 6 | 바나나 | | |
| 7 | | 2 | |
| 8 | | | |

┃ 보기 ┠

```
Sub B3선택( )
    Range("B3").CurrentRegion.Select
            └ 데이터가 있는 인접된 영역에서 데이터가 입력
              된 범위를 선택함

End Sub
```

① [B3] 셀이 선택된다.

② [A1:B3] 셀이 선택된다.

③ [A1:C3] 셀이 선택된다.

❹ [A1:C7] 셀이 선택된다. (○)
> → Range는 워크시트의 셀이나 셀 범위를, CurrentRegion은 데이터가 있는 인접된 영역의 범위를, Select는 선택하는 명령어임. 따라서 'Range("B3").CurrentRegion'은 [B3] 셀과 인접된 영역을 모두 포함하는 명령이므로 [A1:C7] 영역이 선택됨

# 30

↪ 노른자 126

다음 중 아래의 **서브 프로시저**가 실행된 후 [A2] 셀의 값으로 옳은 것은?

```
Sub 예제( )
    Range("A1:C3").Value = 10
    └ [A1:C3] 영역에 '10' 입력

    Range("A1", "C3").Value = 20
    └ [A1:C3] 영역에 '20' 입력

    Range("A1, C3").Value = 30
    └ [A1]과 [C3] 셀에 각각 '30' 입력

End Sub
```

① 10                   ❷ 20

③ 30                   ④ 0

# 31

↪ 노른자 091, 094

다음 중 아래의 워크시트에서 수식의 결과로 '부사장'을 출력하지 <u>않는</u> 것은?

| | A | B | C | D |
|---|---|---|---|---|
| 1 | 사원번호 | 성명 | 직함 | 생년월일 |
| 2 | 101 | 구민정 | 영업 과장 | 1980-12-08 |
| 3 | 102 | 강수영 | 부사장 | 1965-02-19 |
| 4 | 103 | 김진수 | 영업 사원 | 1991-08-30 |
| 5 | 104 | 박용만 | 영업 사원 | 1990-09-19 |
| 6 | 105 | 이순신 | 영업 사원 | 1971-09-20 |
| 7 | | | | |

❶ =CHOOSE(CELL("row",B3),C2,C3,C4,C5,C6) (×)
              ❶
              ❷

→ ❶ [B3] 셀의 행 번호인 '3'을 반환함
   ❷ ❶의 결과값이 '3'이므로 CHOOSE 함수에서 세 번째 값인 [C4] 셀의 '영업 사원'이 표시됨

② =CHOOSE(TYPE(B4),C2,C3,C4,C5,C6) (○)
             ❶
             ❷

→ ❶ [B4] 셀 값인 '김진수'가 텍스트 형식이므로 '2'를 반환함. TYPE 함수에서 숫자는 '1', 텍스트는 '2', 논리값은 '4', 오류값은 '16'으로 표시됨
   ❷ ❶의 결과값이 '2'이므로 CHOOSE 함수에서 두 번째 값인 [C3] 셀의 '부사장'이 표시됨

③ =OFFSET(A1:A6,2,2,1,1) (○)
→ [A1:A6] 영역의 시작인 [A1] 셀을 기준으로 2행 2열 떨어진 [C3] 셀의 셀 주소를 찾음. 이 셀 주소를 기준으로 1행 1열인 [C3] 셀의 '부사장'이 표시됨

④ =INDEX(A2:D6,MATCH(A3,A2:A6,0),3) (○)
                  ❶
               ❷

→ ❶ MATCH 함수의 [A2:A6] 영역에서 [A3] 셀의 값과 동일한 값을 찾은 후 상대 위치를 표시하여 결과값 '2'를 반환함
   ❷ ❶의 결과값 '2'를 INDEX 함수에 적용하면 [A2:D6] 영역에서 2행 3열인 [C3] 셀의 '부사장'이 표시됨

# 32

↪ 노른자 095

다음 중 아래의 워크시트에서 [A4:B5] 영역을 선택한 후 수식 '=A1:B2+D1:E2'를 입력하고, Ctrl + Shift + Enter 를 눌렀을 때 [B5] 셀에 표시되는 값으로 옳은 것은?

| | A | B | C | D | E | F |
|---|---|---|---|---|---|---|
| 1 | 1 | 2 | | 1 | 2 | |
| 2 | 3 | 4 | | 3 | 4 | |
| 3 | | | | | | |
| 4 | | | | | | |
| 5 | | | | | | |
| 6 | | | | | | |

① 4

❷ 8 (○)
→ 두 개의 배열을 더하면 같은 위치에 있는 숫자값끼리 더하는 방식으로 동시에 계산하므로,
   [A4] 셀에 표시되는 값은 [A1]+[D1]=1+1=2
   [B4] 셀에 표시되는 값은 [B1]+[E1]=2+2=4
   [A5] 셀에 표시되는 값은 [A2]+[D2]=3+3=6
   [B5] 셀에 표시되는 값은 [B2]+[E2]=4+4=8

③ 10

④ 20

# 33

↪ 노른자 095

다음 중 아래 시트에서 자격증 응시자에 대한 과목별 평균을 구하려고 할 때 [C11] 셀에 입력해야 할 배열 수식으로 옳은 것은?

| | A | B | C |
|---|---|---|---|
| 1 | 자격증 응시 결과 | | |
| 2 | 응시자 | 과목 | 점수 |
| 3 | 강선미 | 1과목 | 80 |
| 4 | | 2과목 | 86 |
| 5 | 이수진 | 1과목 | 90 |
| 6 | | 2과목 | 80 |
| 7 | 김예린 | 1과목 | 78 |
| 8 | | 2과목 | 88 |
| 9 | | | |
| 10 | | 과목 | 평균 |
| 11 | | 1과목 | |
| 12 | | 2과목 | |
| 13 | | | |

① {=AVERAGE(IF(MOD(ROW(C3:C8),2)=0,C3:C8))}

❷ {=AVERAGE(IF(MOD(ROW(C3:C8),2)=1,C3:C8))} (○)
                    ❶
               ❷
             ❸

→ ❶ 'ROW(셀)'은 주어진 셀의 행 번호를 구하는 함수로, 'C3:C8'처럼 영역으로 지정되어 있으면 첫 번째 셀인 [C3] 셀의 행 번호를 구해서 결과값은 '3'
   ❷ 'MOD(3,2)'가 되어 3 나누기 2를 하여 나머지를 구하면 결과값은 '1'
   ❸ 'AVERAGE(IF(1=1,C3:C8))'이 되어 참인 경우 C3:C8이 평균을 구할 범위가 됨

③ {=AVERAGE(IF(MOD(ROWS(C3:C8),2)=0,C3:C8))}

④ {=AVERAGE(IF(MOD(ROWS(C3:C8),2)=1,C3:C8))}

## 34

📑 노른자 088, 095

다음 중 배열 수식 및 배열 함수에 대한 설명으로 옳지 않은 것은?

① 배열 수식에서 사용되는 배열 상수에는 숫자, 텍스트, TRUE나 FALSE 등의 논리값 또는 #N/A와 같은 오류값이 포함될 수 있다.

❷ MDETERM 함수는 배열로 저장된 행렬에 대한 역행렬을 산출한다. (×)
  → MDETERM 함수는 배열의 행렬식을 구하고, MINVERSE 함수는 역행렬을 구함

③ PERCENTILE 함수는 범위에서 k번째 백분위수 값을 구하며, 이때 k는 0에서 1까지 백분위수 값 범위이다.

④ FREQUENCY 함수는 값의 범위 내에서 해당 값의 발생 빈도를 계산하여 세로 배열 형태로 나타낸다.

## 35

📑 노른자 067

다음 중 [틀 고정]에 대한 설명으로 옳지 않은 것은?

① 워크시트를 스크롤할 때 특정 행이나 열이 계속 표시되도록 하는 기능이다.

② 워크시트의 화면상 첫 행이나 첫 열을 고정할 수 있으며, 선택한 셀의 위쪽 행과 왼쪽 열을 고정할 수도 있다.

❸ 표시되어 있는 틀 고정 구분선을 더블클릭하여 틀 고정을 취소할 수 있다. (×)
  → 틀 고정은 [보기] 탭-[창] 그룹-[틀 고정]-[틀 고정 취소]를 선택하여 취소할 수 있음

④ 인쇄 시 화면에 표시되는 틀 고정의 형태는 적용되지 않는다.

## 36

📑 노른자 066

다음 중 엑셀에서 지원하는 파일 형식에 대한 설명으로 옳지 않은 것은?

① 통합 문서에 매크로나 VBA 코드가 없으면 '*.xlsx' 파일 형식으로 저장한다.

❷ Excel 2003 파일을 Excel 2016에서 열어 작업할 경우 파일은 자동으로 Excel 2016 형식으로 저장된다. (×)
  → 이 경우 파일은 Excel 2003 형식으로 저장됨. Excel 2016 형식으로 저장하려면 [파일] 탭-[다른 이름으로 저장]-[찾아보기]를 선택하고 [다른 이름으로 저장] 대화상자에서 '파일 형식'을 'Excel 통합 문서 (*.xlsx)'로 변경한 후 저장해야 함

③ 통합 문서를 서식 파일로 사용하려면 '*.xltx' 파일 형식으로 저장한다.

④ 이전 버전의 Excel에서 만든 파일을 Excel 2007 파일로 저장하면 새로운 Excel 기능을 모두 사용할 수 있다.

## 37

📑 노른자 111

다음 중 아래 설명에 해당하는 차트의 종류는?

• 항목의 값을 점으로 표시하여 여러 데이터값의 관계를 보여주며, 주로 과학 데이터의 차트 작성에 사용된다.
• 가로 축의 값이 일정한 간격이 아닌 경우나 데이터 요소의 수가 많은 경우 사용된다.
• 기본적으로 다섯 개의 하위 차트 종류가 제공되며, 3차원 차트로 작성할 수 없다.

❶ 분산형 차트 (○)
  → 가로와 세로의 좌표로 이루어진 하나의 계열로 두 개의 숫자 그룹을 나타내며, 데이터의 불규칙한 간격이나 묶음을 보여주는 차트로, 데이터 요소 수가 많은 과학 공학용 데이터 분석에 사용함

② 도넛형 차트 (×)
  → 전체에 대한 각 부분의 관계를 비율로 나타내어 각 부분을 비교할 때 사용하는 차트로, 원형 차트와는 다르게 여러 개의 데이터 계열을 가지고 있음

③ 방사형 차트 (×)
  → 많은 데이터 계열의 집합적인 값을 나타낼 때 사용하는 차트

④ 혼합형 차트 (×)
  → 차트에서 서로 다른 종류의 정보를 강조하기 위해 두 개 이상의 차트를 혼합한 형태의 차트

## 38

📑 노른자 114

다음 중 엑셀 차트의 추세선에 관한 설명으로 옳지 않은 것은?

① 추세선은 지수, 선형, 로그, 다항식, 거듭제곱, 이동 평균 등 여섯 종류가 있다.

❷ 하나의 데이터 계열에 두 개 이상의 추세선을 동시에 표시할 수는 없다. (×)
  → 하나의 데이터 계열에 두 개 이상의 추세선을 동시에 표시할 수 있음

③ 추세선이 추가된 데이터 계열의 차트 종류를 3차원 차트로 변경하면 추세선은 자동으로 삭제된다.

④ 추세선을 삭제하려면 차트에 표시된 추세선을 선택한 후 Delete를 누르거나 추세선의 바로 가기 메뉴에서 [삭제]를 선택한다.

## 39

📤 노른자 116

다음 중 [보기] 탭-[페이지 나누기 미리 보기]에 대한 설명으로 옳지 <u>않은</u> 것은?

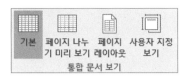

① 페이지 나누기는 구분선을 이용하여 인쇄를 위한 페이지 나누기를 빠르게 조정하는 기능이다.

② 행 높이와 열 너비를 변경하면 자동 페이지 나누기의 위치도 변경된다.

❸ [페이지 나누기 미리 보기]에서 수동으로 삽입된 페이지 나누기는 파선으로 표시되고 자동으로 추가된 페이지 나누기는 실선으로 표시된다. (×)

→ 수동으로 삽입된 페이지 나누기는 실선으로 표시되고, 자동으로 추가된 페이지 나누기는 파선으로 표시됨

④ 용지 크기, 여백 설정, 배율 옵션 등에 따라 자동 페이지 나누기가 삽입된다.

## 40

📤 노른자 065

다음 중 워크시트의 화면 [확대/축소]에 관한 설명으로 옳지 <u>않</u>은 것은?

① 여러 워크시트가 선택된 상태에서 확대/축소 배율을 변경하면 선택된 워크시트 모두 확대/축소 배율이 적용된다.

② [보기] 탭-[확대/축소] 그룹의 [선택 영역 확대/축소] 명령은 선택된 영역으로 전체 창을 채우도록 워크시트를 확대하거나 축소한다.

③ 확대/축소 배율은 최소 10%, 최대 400%까지 설정할 수 있다.

❹ [확대/축소] 대화상자에서 지정한 배율은 인쇄 시 [페이지 설정]의 확대/축소 배율에 반영된다. (×)

→ [확대/축소] 대화상자에서 지정한 배율은 인쇄에 적용되지 않음

---

## 41

📤 노른자 171

다음 중 아래의 <mark>매크로 함수</mark>에 대한 설명으로 옳은 것은?

① '부서.htm' 파일을 인쇄한 후 '부서.htm' 파일의 내용을 [부서] 테이블로 저장한다.

② HTML 문서인 '부서.htm' 파일을 읽어 [부서] 테이블로 가져오기 마법사를 실행한다.

❸ [부서] 테이블의 내용을 HTML 문서인 '부서.htm' 파일로 저장한다. (○)

→ ExportWithFormatting 함수는 데이터베이스 개체를 지정된 형식으로 내보내는 함수로, [부서] 테이블의 문서 형식을 html로 지정하여 '부서.htm' 파일로 내보내기를 수행함

④ [부서] 테이블의 형식을 HTML 형식으로 변경한 후 [부서] 테이블에 저장한다.

## 42

📤 노른자 158

다음 중 이름이 'txt제목'인 텍스트 상자 컨트롤에 <mark>'매출내역'</mark>이라는 내용을 입력하는 VBA 명령으로 옳지 <u>않은</u> 것은?

① txt제목 = "매출내역" (○)

→ 'txt제목' = "매출내역"에는 'value'나 'text' 속성이 생략된 것으로 봄

② txt제목.text = "매출내역" (○)

→ 'txt제목' 텍스트 상자의 'text'에 '매출내역'을 표시함

③ txt제목.value = "매출내역" (○)

→ 'txt제목' 텍스트 상자의 'value'에 '매출내역'을 표시함

❹ txt제목.caption = "매출내역" (×)

→ 텍스트 상자 컨트롤에는 'caption' 속성이 없음. 'caption' 속성은 언바운드 컨트롤에 텍스트를 표시할 때 사용함

## 43

➤ 노른자 131

다음 중 외래 키 값을 관련된 테이블의 기본 키 값과 동일하게 유지해 주는 제약 조건은?

① 동시 제어성

② 관련성

❸ 참조 무결성 (○)
  → 참조 무결성(Referential Integrity)이란, 릴레이션(Relation)은 참조할 수 없는 외래 키(Foreign Key) 값을 가져서는 안 된다는 조건임. 외래 키 값은 참조하는 릴레이션의 기본 키 값이거나 Null이어야 하는데, 외래 키는 다른 릴레이션의 기본 키를 참조하는 키임

④ 동일성

## 44

➤ 노른자 151

다음 중 실행 쿼리에 해당하지 않는 것은?

① 테이블 만들기 쿼리

② 추가 쿼리

③ 업데이트 쿼리

❹ 선택 쿼리 (×)
  → 실행 쿼리는 '삭제' 쿼리, '업데이트' 쿼리, '추가' 쿼리, '테이블 만들기' 쿼리가 있음

## 45

➤ 노른자 128

다음 중 데이터 보안 및 회복, 무결성, 병행 수행 제어 등을 정의하는 데이터베이스 언어로, 데이터베이스 관리자가 데이터 관리를 목적으로 주로 사용하는 언어는?

❶ 데이터 제어어(DCL) (○)
  → Data Control Language. 내부적으로 필요한 규칙이나 기법을 정의하기 위해 사용하는 언어로, COMMIT, ROLLBACK, GRANT, REVOKE 등의 명령어가 있음

② 데이터 부속어(DSL) (×)
  → Data SubLanguage. 호스트 프로그램에 삽입되어 있는 데이터 조작어(DML)

③ 데이터 정의어(DDL) (×)
  → Data Definition Language. 스키마를 정의하거나 수정, 삭제하기 위해 사용하는 언어로, CREATE, ALTER, DROP 등의 명령어가 있음

④ 데이터 조작어(DML) (×)
  → Data Manipulation Language. 데이터의 삽입, 삭제, 수정, 검색 등의 처리를 요구하기 위한 언어로, INSERT, DELETE, UPDATE, SELECT 등의 명령어가 있음

## 46

➤ 노른자 166

다음 중 보고서의 각 구역에 대한 설명으로 옳지 않은 것은?

❶ 보고서 바닥글 영역에는 로고, 보고서 제목, 날짜 등을 삽입하며, 보고서의 모든 페이지에 출력된다. (×)
  → 보고서 머리글은 보고서의 맨 앞에 한 번만 출력됨. 보고서 머리글 영역에는 로고, 보고서 제목, 작성 날짜 등을 요약하여 주로 표시하고, 함수를 이용한 집계 정보를 표시할 수 있음

② 페이지 머리글 영역에는 열 제목 등을 삽입하며, 모든 페이지의 맨 위에 출력된다.

③ 그룹 머리글/바닥글 영역에는 일반적으로 그룹별 이름, 요약 정보 등을 삽입한다.

④ 본문 영역은 실제 데이터가 레코드 단위로 반복 출력되는 부분이다.

## 47

➤ 노른자 167

다음 중 보고서의 그룹화 및 정렬에 대한 설명으로 옳지 않은 것은?

① '그룹'은 머리글과 같은 소계 및 요약 정보와 함께 표시되는 레코드의 모음으로, 그룹 머리글, 세부 레코드 및 그룹 바닥글로 구성된다.

② 그룹화할 필드가 날짜 데이터이면 실제 값(기본)·일·주·월·분기·연도를 기준으로, 문자 데이터이면 전체 필드(기본) 또는 처음 첫 자에서 다섯 자까지 문자 수를 기준으로 그룹화할 수 있다.

③ Sum 함수를 사용하는 계산 컨트롤을 그룹 머리글에 추가하면 현재 그룹에 대한 합계를 표시할 수 있다.

❹ 필드나 식을 기준으로 최대 5단계까지 그룹화할 수 있으며, 같은 필드나 식은 한 번씩만 그룹화할 수 있다. (×)
  → 필드나 식을 기준으로 최대 열 개까지 그룹화할 수 있고, 같은 필드나 식도 계속 그룹화할 수 있음

## 48

↗노른자 168

다음 중 보고서 작성 시 페이지 번호 출력을 위한 식과 그 결과의 연결이 옳지 않은 것은? (Page, Pages 변수값은 각각 20과 80으로 설정되었다고 가정한다.)

① 식: =[Page]            결과값: 20

② 식: =[Page] &" Page"     결과값: 20 Page

③ 식: =Format([Page],"000")   결과값: 020

❹ 식: =[Page/Pages]       결과값: 20/80 (×)
- → 페이지 번호를 '20/80'으로 표시하려면 [Page] & "/" & [Pages]로 작성해야 함

  - [Page]: 현재 페이지 표시
  - [Pages]: 전체 페이지 표시
  - &: 식이나 문자열 연결
  - 큰따옴표(" "): 큰따옴표 안의 내용을 그대로 표시
  - Format(식,형식): 계산 결과에 표시 형식 지정

## 49

↗노른자 164

다음 중 레이블 보고서에 관한 설명으로 옳지 않은 것은?

① 레이블은 표준 레이블 또는 사용자 지정 레이블을 사용할 수 있다.

❷ 여러 개의 열로 이루어지고, 그룹 머리글과 그룹 바닥글, 세부 구역이 각 열마다 나타난다. (×)
- → 크로스탭 보고서에 대한 설명. 레이블 보고서는 우편 발송용 레이블을 만드는 기능으로, 레이블 크기, 레이블 형식, 텍스트 모양, 사용 가능한 필드, 정렬 기준, 보고서 이름 등을 지정함

③ 레이블 형식에서 낱장 용지와 연속 용지를 선택할 수 있다.

④ 레이블에서 이름 필드의 값에 '귀하'를 붙여 출력하려면 '{이름}귀하'로 설정한다.

## 50

↗노른자 141

다음 중 [관계 편집] 대화상자에 대한 설명으로 옳지 않은 것은?

① 관계를 구성하는 어느 한 쪽의 테이블 또는 필드 및 쿼리를 변경할 수 있다.

② 조인 유형을 내부 조인, 왼쪽 우선 외부 조인, 오른쪽 우선 외부 조인 중에서 선택할 수 있다.

③ '항상 참조 무결성 유지'를 선택한 경우 '관련 필드 모두 업데이트'와 '관련 레코드 모두 삭제' 옵션을 선택할 수 있다.

❹ 관계의 종류를 일대다, 다대다, 일대일 중에서 선택할 수 있다. (×)
- → 관계의 종류는 [관계 편집] 대화상자에서 선택하는 것이 아니라 관계를 구성하는 테이블 간의 기본 키와 외래 키의 설정 상태에 따라 자동으로 설정됨. 일반적인 데이터베이스에서 관계의 종류에는 일대다(1:M), 다대다(M:M), 일대일(1:1)이 있음

## 51

↗노른자 152

'갑' 테이블의 속성 A가 1, 2, 3, 4, 5의 도메인을 가지고 있고, '을' 테이블의 속성 A가 0, 2, 3, 4, 6의 도메인을 가지고 있다고 가정할 때 다음 SQL 구문의 실행 결과는?

SELECT A FROM 갑 UNION SELECT A FROM 을;
- ↳ 테이블 '갑'과 '을'을 통합 질의(UNION)하여 하나의 테이블로 합한 후 컬럼 A를 검색함

① 2, 3, 4

❷ 0, 1, 2, 3, 4, 5, 6 (○)
- → 통합 질의 'UNION'은 두 개의 테이블이나 질의의 내용을 합쳐 하나의 테이블을 만들기 위한 것임. 같은 레코드는 한 번만 기록하므로 위의 식에 의해서 A가 각각 가지고 있는 '1, 2, 3, 4, 5'와 '0, 2, 3, 4, 6'에서 중복되는 레코드는 한 번만 기록한 후 내용을 합치면 실행 결과값은 '0, 1, 2, 3, 4, 5, 6'이 됨

③ 1, 5, 6

④ 0

## 52

↗노른자 147

다음 중 SQL의 SELECT문에 대한 설명으로 옳지 않은 것은?

① ORDER BY문을 이용하여 정렬할 때 기본값은 오름차순 정렬(ASC) 값을 가진다.

② 검색 필드의 구분은 콤마(,)로 구분한다.

③ 검색 결과에 중복되는 레코드를 없애기 위해서는 'DISTINCT'를 명세해야 한다.

❹ FROM절에는 테이블 이름만 지정할 수 있다. (×)
- → FROM절에 테이블 이름뿐만 아니라 쿼리도 지정할 수 있음

## 53

➥노른자 134, 136, 138

**다음 중 필드 속성에 대한 설명으로 옳지 않은 것은?**

① 입력 마스크는 짧은 텍스트, 숫자, 날짜/시간, 통화 형식에서 사용할 수 있다.

② 필드값이 반드시 있어야 하는 경우 필수 속성을 '예'로 설정하면 된다.

❸ 'Yes/No'의 세부 형식은 'Yes/No'와 'True/False', 두 가지만 제공한다. (×)
→ 'Yes/No'의 세부 형식에는 'Yes/No'와 'True/False' 외에도 'On/Off' 형식이 있음

④ 텍스트, 숫자, 일련 번호 형식에서만 필드 크기를 지정할 수 있다.

## 54

➥노른자 139

**다음 중 조회 속성에서 콤보 상자에 대한 설명으로 옳지 않은 것은?**

① 바운드 열의 기본값은 1이며, 열 개수보다 큰 숫자를 지정할 수는 없다.

❷ 행 원본 유형을 '값 목록'으로 설정한 경우 콤보 상자에 표시된 값만 입력할 수 있다. (×)
→ 행 원본 유형을 '값 목록'으로 설정한 후 '목록 값만 허용'을 '예'로 지정하면 콤보 상자에 표시된 값만 입력할 수 있지만, '아니요'로 지정하면 목록 값 이외의 값도 입력할 수 있음

③ 행 개수는 최대 255개까지 가능하다.

④ 실제 행 수가 지정된 행 개수를 초과하면 스크롤바가 표시된다.

## 55

➥노른자 154

**다음 중 액세스의 다양한 폼 보기에 대한 설명으로 적절하지 않은 것은?**

① 데이터시트: 행과 열로 구성된 형태로 표시하여 여러 레코드를 한 화면에 표시한다.

❷ 모달 폼: 해당 폼을 전체 화면 크기의 창으로 표시한다. (×)
→ 모달 속성이 설정되면, 폼이 열려있을 경우 다른 화면을 선택할 수 없음. 모달 설정이 된 폼을 실행시키고 있는 경우 모달 폼을 닫아야만 다른 창을 실행시킬 수 있음. 즉 모달은 하나의 폼만 실행할 수 있어서 다양한 폼 보기에는 적합하지 않음

③ 연속 폼: 현재 창을 채울 만큼 여러 레코드를 함께 표시한다.

④ 하위 폼: 연결된 기본 폼의 현재 레코드와 관련된 레코드만 표시한다.

## 56

➥노른자 160

**다음 중 폼에서의 컨트롤 속성에 대한 설명으로 옳지 않은 것은?**

❶ 우편번호를 검색할 수 있는 폼에서 텍스트 상자에 사용자가 검색어를 입력하고 Enter를 누를 때 검색이 일어나게 하는 이벤트 속성은 'On Data Change'이다. (×)
→ Enter를 누를 때 일어날 작업을 선택하는 속성은 'Enter 키 기능'임. 텍스트 상자에 사용자가 검색어를 입력하고, Enter를 누를 때 검색을 발생시키는 이벤트 속성은 'On Change'임

② 텍스트 상자의 '컨트롤 원본' 속성은 텍스트 상자와 테이블의 필드를 연결하는 역할을 한다.

③ '자동 고침 사용' 속성을 '예'로 설정한 경우에는 사용자가 잘못 입력한 영어 단어를 올바른 단어로 자동 정정한다.

④ 콤보 상자의 '바운드 열' 속성은 콤보 상자에 표시되는 열 중에서 '컨트롤 원본' 속성에 연결된 필드에 입력할 열을 지정한다.

## 57

📤 노른자 149

**다음 중 아래 문자열 함수의 결과값으로 옳은 것은?**

InStr(3, "I Have A Dream", "A", 1)
❶

   ↳ InStr 함수의 형식에서 'start'는 '3'이므로 ❶의 세 번째인 'H'부터 검색을 시작하는데, '찾을 문자열'이 'A'이고 '옵션' 값이 '1'이기 때문에 영문자의 대·소문자를 구분하지 않아 앞에서부터 네 번째에 있음

① 0

② 1

③ 3

❹ 4 (○)

   → InStr 함수의 형식: InStr(start, "문자열", "찾을 문자열", 옵션). '옵션'에서 0은 영문자의 대·소문자를 구분하고, 1은 구분하지 않음

## 58

📤 노른자 138

**다음 중 데이터베이스에서 인덱스를 사용하는 목적으로 가장 적절한 것은?**

❶ 데이터 검색 및 정렬 작업 속도 향상 (○)

   → 인덱스는 데이터의 검색 및 정렬 작업 속도 향상을 목적으로 데이터를 일정한 기준에 맞게 정렬되도록 설정하는 기능

② 데이터의 추가, 수정, 삭제 속도 향상

③ 데이터의 일관성 유지

④ 최소 중복성 유지

## 59 수정

📤 노른자 162

**다음 중 폼이나 보고서에서 조건에 맞는 특정 컨트롤에만 서식을 적용하는 조건부 서식에 대한 설명으로 옳은 것은?**

ⓐ 조건부 서식은 식이 아닌 필드값으로만 설정이 가능하다. (×)

   → 조건부 서식은 필드나 식을 기준으로 서식을 설정할 수 있음

ⓑ 컨트롤값이 변경되어 조건을 만족하지 않으면, 적용된 서식이 해제되고 기본 서식이 적용된다.

ⓒ 조건은 50개까지 지정할 수 있으며, 조건별로 다른 서식을 적용할 수 있다.

ⓓ 지정한 조건 중 두 개 이상이 참이면 조건이 참인 서식이 모두 적용된다. (×)

   → 지정한 조건 중 두 개 이상의 조건이 참이면 첫 번째 조건이 적용됨

① ⓐ, ⓑ　　　　　　❷ ⓑ, ⓒ

③ ⓒ, ⓓ　　　　　　④ ⓐ, ⓓ

## 60

📤 노른자 157

**다음 중 하위 폼에 대한 설명으로 옳지 않은 것은?**

① 하위 폼에서 여러 개의 연결 필드를 지정할 때 사용되는 구분자는 세미콜론(;)이다.

❷ 하위 폼은 단일 폼, 연속 폼, 데이터 시트 형태로 표시할 수 있으며, 기본 폼은 단일 폼 또는 연속 폼 형태로 표시할 수 있다. (×)

   → 기본 폼은 단일 폼만 가능하며, 하위 폼은 단일 폼, 연속 폼, 데이터 시트 형태로 표시할 수 있음

③ 기본 폼과 하위 폼을 연결할 필드의 데이터 형식은 같거나 호환되어야 한다.

④ [하위 폼 필드 연결기]를 이용하여 간단히 기본 폼과 하위 폼의 연결 필드를 지정할 수 있다.

eduwill

끝이 좋아야 시작이 빛난다.

– 마리아노 리베라(Mariano Rivera)

# 2022 에듀윌 EXIT 컴퓨터활용능력 1급 필기

| | |
|---|---|
| **초판인쇄** | 2021년 10월 7일 |
| **초판발행** | 2021년 10월 19일 |
| **편 저 자** | 문혜영 · 이상미 |
| **펴 낸 이** | 박명규 |
| **펴 낸 곳** | (주)에듀윌 |
| **등록번호** | 제25100–2002–000052호 |
| **주 소** | 08378 서울특별시 구로구 디지털로34길 55 |
| | 코오롱싸이언스밸리 2차 3층 |

ISBN 979-11-360-1233-3 (13000)

**www.eduwill.net**

대표전화 1600-6700

# 여러분의 작은 소리
# 에듀윌은 크게 듣겠습니다.

본 교재에 대한 여러분의 목소리를 들려주세요.
공부하시면서 어려웠던 점, 궁금한 점,
칭찬하고 싶은 점, 개선할 점, 어떤 것이라도 좋습니다.

에듀윌은 여러분께서 나누어 주신 의견을
통해 끊임없이 발전하고 있습니다.

**EXIT 합격 서비스** exit.eduwill.net
- 부가학습자료 및 정오표: EXIT 합격 서비스 → 자료실 / 공지사항 게시판
- 교재문의: EXIT 합격 서비스 → 실시간 질문답변 게시판(내용) /
  Q&A 게시판(내용 외)

# 베스트셀러 1위
# 에듀윌 취업 교재 시리즈

## 공기업 NCS | 쏟아지는 100% 새 문항*

월간 NCS
NCS BASIC 기본서 | NCS 모듈형 기본서
NCS 모듈학습 2021 Ver. 핵심요약집

**1위** 21. 2월 4주

NCS 통합 기본서/봉투모의고사
NCS 피듈형 | 행과연 봉투모의고사
PSAT형 NCS 자료해석 실전 380제
매일 1회씩 꺼내 푸는 NCS

**1위** 21. 10월

한국철도공사 | 부산교통공사
서울교통공사 | 5대 철도공사·공단
국민건강보험공단 | 한국전력공사
한국전력+7대 에너지공기업

**1위** 21. 9월

한수원+5대 발전회사
한국수자원공사 | 한국수력원자력
한국토지주택공사 | IBK 기업은행
인천국제공항공사

**NEW**

NCS를 위한 PSAT 기출완성 시리즈
NCS, 59초의 기술 시리즈
NCS 6대 출제사 기출PACK
NCS 결정적 기출문제집

## 대기업 인적성 | 온라인 시험도 완벽 대비!

**1위** 21. 10월

대기업 인적성 통합 기본서

**1위** 20. 11월

GSAT 삼성직무적성검사

**1위** 21. 10월

LG그룹 인적성검사

**1위** 21. 10월

SKCT SK그룹 종합역량검사
롯데그룹 L-TAB

**1위** 21. 3월

농협은행
지역농협

## 취업상식 1위!*

**1위** 20. 2월

월간 시사상식

**1위** 20. 1월

多통하는 일반상식
상식 통합대비 문제풀이집

**1위** 21. 1월

공기업기출 일반상식
언론사 기출상식
기출 금융경제 상식

## 자소서부터 면접까지!

NCS 자소서&면접
면접관이 말하는 NCS 자소서와
면접_사무·행정/전기 직렬

**1위** 21. 4월 2주

끝까지 살아남는 대기업 자소서

* 에듀윌 취업 공기업 NCS 통합 봉투모의고사, 코레일 봉투모의고사, 서울교통공사 봉투모의고사 교재 해당 (2021년 상반기 출간 교재 기준)
* YES24 수험서 자격증 취업/상식/적성검사 취업/면접/상식 베스트셀러 1위 (2020년 2월 월별 베스트)
* YES24 국내도서 해당 분야 월별, 주별 베스트 기준

더 많은
에듀윌 취업 교재

# 취업, 공무원, 자격증 시험준비의 흐름을 바꾼 화제작!

# 에듀윌 히트교재 시리즈

에듀윌 교육출판연구소가 만든 히트교재 시리즈!
YES24, 교보문고, 알라딘, 인터파크, 영풍문고 등 전국 유명 온/오프라인 서점에서 절찬 판매 중!

공인중개사 기초서/기본서/핵심요약집/문제집/기출문제집/실전모의고사 외 10종

주택관리사 기초서/기본서/핵심요약집/문제집/기출문제집/실전모의고사

7·9급공무원 기본서/단원별 기출&예상 문제집/기출문제집/기출팩/실전, 봉투모의고사

공무원 국어 한자·문법·독해/영어 단어·문법·독해/한국사 모의고사·흐름노트/행정학 요약노트/행정법 판례집

7급공무원 PSAT 기본서/기출문제집

계리직공무원 기본서/문제집/기출문제집

군무원 기출문제집/봉투모의고사

경찰공무원 기본서/기출문제집/모의고사/판례집/면접

소방공무원 기출문제집/실전, 봉투모의고사

맞춤형 화장품 조제관리사

검정고시 고졸/중졸 기본서/기출문제집/실전모의고사/총정리

사회복지사(1급) 기본서/기출문제집/핵심요약집

직업상담사(2급) 기본서/기출문제집

경비 기본서/기출/1차 한권끝장/2차 모의고사

전기기사 필기/실기/기출문제집

전기기능사 필기/실기

한국사능력검정시험 기본서/2주끝장/기출600제/우선순위50

조리기능사 필기/실기

제과제빵기능사 필기/실기

SMAT 모듈A/B/C

ERP정보관리사 회계/인사/물류/생산(1, 2급)

전산세무회계 기초서/기본서/기출문제집

진흥회 한자 3급 | 상공회의소한자 3급

ToKL 한권끝장/2주끝장

KBS한국어능력시험 한권끝장/2주끝장/문제집/기출문제집

한국실용글쓰기

매경TEST 기본서/문제집/2주끝장

TESAT 기본서/문제집/기출문제집

스포츠지도사 필기/실기구술 한권끝장

산업안전기사 | 산업안전산업기사

위험물산업기사 | 위험물기능사

무역영어 1급 | 국제무역사 1급

운전면허 1종·2종

컴퓨터활용능력 | 워드프로세서

월간시사상식 | 일반상식

월간 NCS | 매1N

NCS 통합 | 모듈형 | 피듈형

PSAT형 NCS 자료해석 380제

PSAT 기출완성 | 6대 출제사 기출PACK

한국철도공사 | 서울교통공사 | 부산교통공사

국민건강보험공단 | 한국전력공사

한수원 | 수자원 | 토지주택공사

행과연 | 기업은행 | 인천국제공항공사

대기업 인적성 통합 | GSAT

LG | SKCT | CJ | L-TAB

ROTC·학사장교 | 부사관

# 꿈을 현실로 만드는
# 에듀윌

DREAM

## 공무원 교육
- 선호도 1위, 인지도 1위!
  브랜드만족도 1위!
- 합격자 수 1,495% 폭등시킨
  독한 커리큘럼

## 자격증 교육
- 합격자 수 최고 기록 공식 인증 3회 달성
- 가장 많은 합격자를 배출한
  최고의 합격 시스템

## 직영학원
- 직영학원 수 1위, 수강생 규모 1위!
- 표준화된 커리큘럼과 호텔급 시설
  자랑하는 전국 50개 학원

## 종합출판
- 4대 온라인서점 베스트셀러 1위!
- 출제위원급 전문 교수진이
  직접 집필한 합격 교재

## 학점은행제
- 96.9%의 압도적 과목 이수율
- 13년 연속 교육부 평가 인정 기관 선정

## 콘텐츠 제휴 · B2B 교육
- 고객 맞춤형 위탁 교육 서비스 제공
- 기업, 기관, 대학 등 각 단체에 최적화된
  고객 맞춤형 교육 및 제휴 서비스

## 공기업 · 대기업 취업 교육
- 브랜드만족도 1위!
- 공기업 NCS, 대기업 직무적성,
  자소서와 면접까지
  빈틈없는 온·오프라인 취업 지원

## 부동산 아카데미
- 부동산 실무교육 1위!
- 전국구 동문회 네트워크를 기반으로 한
  부동산 실전 재테크 성공 비법

## 국비무료 교육
- 고용노동부 인증 우수훈련기관
- 4차 산업, 뉴딜 맞춤형 훈련과정

**에듀윌 교육서비스** **공무원 교육** 9급공무원/7급공무원/경찰공무원/소방공무원/계리직공무원/기술직공무원/군무원 **자격증 교육** 공인중개사/주택관리사/전기기사/
세무사/전산세무회계/경비지도사/검정고시/소방설비기사/소방시설관리사/사회복지사1급/건축기사/토목기사/직업상담사/전기기능사/산업안전기사/위험물산업기사/
위험물기능사/ERP정보관리사/재경관리사/도로교통사고감정사/유통관리사/물류관리사/행정사/한국사능력검정/한경TESAT/매경TEST/KBS한국어능력시험/실용글쓰기/
IT자격증/국제무역사/무역영어 **직영학원** 공무원학원/기술직공무원 학원/군무원학원/경찰학원/소방학원/공인중개사 학원/주택관리사 학원/전기기사학원/취업아카데미
**종합출판** 공무원·자격증 수험교재 및 단행본/월간지(시사상식) **공기업·대기업 취업 교육** 공기업 NCS·전공·상식/대기업 직무적성/자소서·면접 **학점은행제** 교육부
평가인정기관 원격평생교육원(사회복지사2급/경영학/CPA)/교육부 평가인정기관 원격사회교육원(사회복지사2급) **콘텐츠 제휴·B2B 교육** 교육 콘텐츠 제휴/기업 맞춤
자격증 교육/대학 취업역량 강화 교육 **부동산 아카데미** 부동산 창업CEO과정/부동산 실전재테크과정/부동산 최고위과정 **국비무료 교육(국비교육원)** 전기기능사/
전기(산업)기사/빅데이터/자바프로그래밍/파이썬/게임그래픽/3D프린터/웹퍼블리셔/그래픽디자인/영상편집디자인/전산세무회계/컴퓨터활용능력/ITQ/GTQ/
실내건축디자인

교육
문의 **1600-6700** www.eduwill.net

# eduwill